MW01105630

Teil II: Verwaltungsgerichtsbarkeit

Allgemeines: Aufgrund einer Anregung der Präsidenten der Oberverwaltungsgerichte/   **5**
Verwaltungsgerichtshöfe ist in den Jahren 1988/89 im BVerwG ein Streitwertkatalog für
die Verwaltungsgerichtsbarkeit mit dem Ziel erarbeitet worden, die arg zersplitterte und
kaum mehr überschaubare Streitwertrechtsprechung zu vereinheitlichen.[1] Dieser in der
Folgezeit von Richtern der Verwaltungsgerichtsbarkeit überarbeitete Entwurf ist schließlich im Jahre 1991 als „Streitwertkatalog für die Verwaltungsgerichtsbarkeit – StrWK"
veröffentlicht worden.[2] **Der Katalog, dem keinerlei Bindungswirkung zukommt,[3] enthält Empfehlungen (Richtwerte) für die Praxis** und kann selbstverständlich aufgrund
von Besonderheiten des Einzelfalles modifiziert werden. Aus Gründen der Praktikabilität
und im Interesse der Rechtssicherheit und Berechenbarkeit sollten die Gerichte sich bei
der Streitwertbemessung aber weitestgehend an die dort ausgesprochenen Empfehlungen
halten, obwohl auch diese ihre Schwächen haben können.[4] Im Wesentlichen besteht auch
bei den Gerichten die Tendenz, sich an die im StrWK vorgeschlagenen Richtwerte zu halten, soweit es um Ermessensentscheidungen bei der Streitwertfestsetzung geht.[5, 6] Wenn
der Katalog angewendet wird, ist die zur Zeit der Klageerhebung/Antragstellung gültige
Fassung anzuwenden.[7] Wegen der seit 1994 gestiegenen allgemeinen Lebenshaltungskos-
ten kann es angebracht sein, auch die im Streitwertkatalog vorgeschlagenen Werte entsprechend (etwa um 15%–20%) höher zu bemessen. Infolge der Währungsumstellung
auf Euro sind die in der alten Fassung des Streitwertkataloges als DM ausgewiesenen Werte der Einfachheit halber halbiert worden. Für alle ab dem 1. 7. 2004 eingehenden Klagen
etc. ist jedoch der neue Streitwertkatalog 2004 anzuwenden.

1.　　**Streitwertkatalog für die Verwaltungsgerichtsbarkeit**　　　　　　　　**6**
　　　(Streitwertkatalog 2004)[8]

　　　Vorbemerkungen　　　　　　　　　　　　　　　　　　　　　　　　　**7**

1. Seit der Bekanntgabe des Streitwertkataloges für die Verwaltungsgerichtsbarkeit in der
Fassung vom Januar 1996[9] haben sich einige für die Streitwertrechtsprechung bedeutsa-
me Änderungen ergeben, wobei der Anhebung des Auffangwertes von 4 000 € auf 5 000 €
durch § 52 Abs. 2 GKG i.d.F. d. Kostenrechtsmodernisierungsgesetzes die größte Bedeutung zukommt. Da der Katalog somit nicht mehr der aktuellen Rechtslage entspricht, haben die Präsidenten des Bundesverwaltungsgerichts und der Oberverwaltungsgerichte

---

1   Vgl. NVwZ 1989, 1042 und dazu *Sendler* NVwZ 1989, 1041.
2   NVwZ 1991, 1156 = DÖV 1992, 257 = DVBl. 1991, 1239.
3   BVerfG NVwZ-RR 1994, 107.
4   Vgl. dazu etwa bei *Hartmann* Anh. I B zu § 52 Rn. 3 – 4 m. N.
5   Vgl. VGH Mannheim NVwZ 1991, 597.
6   Zur Entwicklung des Streitwertrechts nach dem Streitwertkatalog vgl. auch *Zimmer* NVwZ 1995,
138; NVwZ 1991, 12 ff. mit Einf. von *Schinkel*.
7   OVG Schleswig SchlHA 1998, 320.
8   Abgedruckt in JurBüro 2005, 7 ff.
9   In der Neufassung Januar 1996 (vgl. NVwZ 1996, 563 = DVBl. 1996, 605 = AnwBl. 1996, 393); dazu
auch *Geiger* BayVBl. 1997, 106.

bzw. der Verwaltungsgerichtshöfe die Streitwertkommission reaktiviert und mit der Überarbeitung des Streitwertkataloges beauftragt.

2. Im Hinblick darauf, dass der Gesetzgeber den Auffangwert angehoben hat, hält die Streitwertkommission ebenfalls eine Anhebung der mit dem Katalog vorgeschlagenen Werte für angemessen. Dabei hat sie sich an dem Ausmaß der gesetzlichen Erhöhung orientiert, gleichzeitig aber darauf geachtet, möglichst einfach zu handhabende Werte vorzuschlagen. Wie schon bei der Erstellung des Streitwertkataloges 1996 orientiert sich die Kommission im Übrigen an der Rechtsprechung des Bundesverwaltungsgerichts und an den Ergebnissen einer Umfrage zur Streitwertpraxis bei den Oberverwaltungsgerichten bzw. den Verwaltungsgerichtshöfen.

Da Nr. 5502 des Kostenverzeichnisses zu § 3 GKG nunmehr für die sonstigen Beschwerden eine Festgebühr vorsieht, hat die Kommission davon abgesehen, Streitwerte für Zwischenverfahren vorzuschlagen.

3. Mit dem Katalog werden – soweit nicht auf gesetzliche Bestimmungen hingewiesen wird – auf der Grundlage der bisherigen Rechtsprechung Empfehlungen ausgesprochen, denen das Gericht bei der Festsetzung des Streitwertes bzw. des Wertes der anwaltlichen Tätigkeit (§ 33 RVG) **aus eigenem Ermessen** folgt oder nicht folgt. Entsprechend dem Grundgedanken des Kataloges, zur Vereinheitlichung und Vorhersehbarkeit der Streitwertfestsetzung beizutragen, hält die Kommission Richtwerte in der Regel für sinnvoller als Rahmenwerte.

8 1.   Allgemeines

1.1.   Klage-/Antragshäufung

1.1.1   Werden mehrere Anträge mit selbständiger Bedeutung gestellt, so werden die Werte in der Regel addiert (vgl. aber § 39 GKG).

1.1.2   Für Hilfsanträge gilt § 45 Abs. 1 GKG.

1.1.3   Klagen mehrere Kläger gemeinschaftlich, sind die Werte der einzelnen Klagen zu addieren, es sei denn, die Kläger begehren oder bekämpfen eine Maßnahme als Rechtsgemeinschaft.

1.2   Verbandsklagen: Maßgeblich sind die Auswirkungen der begehrten Entscheidung auf die vertretenen Interessen, mindestens 15 000 €.

1.3   Feststellungsklagen und Fortsetzungsfeststellungsklagen sind in der Regel ebenso zu bewerten wie eine auf das vergleichbare Ziel gerichtete Anfechtungs- oder Verpflichtungsklage.

1.4   Wird lediglich die Bescheidung beantragt, so kann der Streitwert einen Bruchteil, mindestens jedoch $1/2$ des Wertes der entsprechenden Verpflichtungsklage betragen.

1.5   In Verfahren des vorläufigen Rechtsschutzes beträgt der Streitwert in der Regel $1/2$, in den Fällen des § 80 Abs. 2 Satz 1 Nr. 1 VwGO und bei sonstigen auf bezifferte Geldleistungen gerichteten Verwaltungsakten $1/4$ des für das Hauptsacheverfahren anzunehmenden Streitwertes. In Verfahren des vorläufigen Rechtsschutzes, die die Entscheidung in der Sache ganz oder zum Teil vorwegnehmen, kann der Streitwert bis zur Höhe des für das Hauptsacheverfahren anzunehmenden Streitwerts angehoben werden.

1.6   Vollstreckung
1.6.1   In selbstständigen Vollstreckungsverfahren entspricht der Streitwert der Höhe des
        festgesetzten Zwangsgeldes oder der geschätzten Kosten der Ersatzvornahme; im
        Übrigen beträgt er $1/4$ des Streitwertes der Hauptsache. Bei der Androhung von
        Zwangsmitteln ist die Hälfte des sich nach Satz 1 ergebenden Betrages festzuset-
        zen.
1.6.2   Wird in dem angefochtenen Bescheid neben der Grundverfügung zugleich ein
        Zwangsgeld oder die Ersatzvornahme angedroht, so bleibt dies für die Streitwert-
        festsetzung grundsätzlich außer Betracht. Soweit die Höhe des angedrohten
        Zwangsgeldes bzw. des für die Ersatzvornahme zu entrichtenden Vorschusses hö-
        her ist als der für die Grundverfügung zu bemessende Streitwert, ist dieser höhere
        Wert festzusetzen.

2.   Abfallentsorgung

2.1   Klage des Errichters/Betreibers   Es gelten grundsätzlich die nachstehend
                                              aufgeführten Werte. Soweit diese die Be-
                                              deutung der Genehmigung, des Vorbe-
                                              scheides oder der Anfechtung einer belas-
                                              tenden Maßnahme für den Kläger nicht
                                              angemessen erfassen, gilt stattdessen das
                                              geschätzte wirtschaftliche Interesse bzw.
                                              der Jahresnutzwert.

2.1.1   auf Zulassung einer Anlage   2,5% der Investitionssumme
        oder Anlagenänderung
2.1.2   gegen belastende Nebenbestim-   Betrag der Mehrkosten
        mung
2.1.3   gegen Untersagung des Betriebs)   1% der Investitionssumme
2.1.4   gegen sonstige Ordnungsverfügung   Betrag der Aufwendungen
2.1.5   gegen Mitbenutzungsanordnung[10]   Anteil der Betriebskosten (einschließlich
                                              Abschreibung) für Dauer der Mitbenutzung

2.2   Klage eines drittbetroffenen Pri-
**   vaten**
2.2.1   wegen Eigentumsbeeinträchtigung   Betrag der Wertminderung des Grund-
                                              stücks, höchstens 50% des geschätzten Ver-
                                              kehrswertes
2.2.2   wegen sonstiger Beeinträchtigun-   15 000 € (ggf. zusätzlich zum Betrag der Ei-
        gen   gentumsbeeinträchtigung)
2.2.3   gegen Vorbereitungsarbeiten   7 500 €
2.3   Klage einer drittbetroffenen Ge- 60 000 €
**   meinde**
2.4   Klage des Abfallbesitzers
2.4.1   Beseitigungsanordnung   20 € je cbm Abfall
2.4.2   Untersagungsverfügung   20 000 €
3.   Abgabenrecht[11]

---

10 Vgl. dazu auch VGH Kassel JurBüro 1992, 188 (3 000 €/1000 t).
11 Vgl. OVG Koblenz NVwZ-RR 1995, 62 (Grundlagenfeststellung $2/3$ des 5-fachen Jahresbetrages).

3.1	Abgabe[12]	Betrag der streitigen Abgabe, bei wiederkehrenden Leistungen: $3^1/_2$-facher Jahresbetrag, sofern nicht die voraussichtliche Belastungsdauer geringer ist
3.2	Stundung	6% des Hauptsachewertes je Jahr (§ 238 AO)
3.3.	Normenkontrollverfahren	mindestens Auffangwert
4.	**Arzneimittelrecht**	siehe Lebensmittelrecht
5.	**Asylrecht**	siehe § 30 RVG
6.	**Atomrecht**	
6.1	**Klage des Errichters/ Betreibers**	
6.1.1	auf Genehmigung oder Teilgenehmigung oder Planfeststellung[13] einer Anlage, §§ 7, 9, 9b AtG	2,5% der Investitionssumme
6.1.2	auf Aufbewahrungsgenehmigung, § 6 AtG	1% der für Aufbewahrung(-sanlage) getätigten Investitionssumme
6.1.3	gegen belastende Nebenbestimmungen	Betrag der Mehrkosten
6.1.4	auf Vorbescheid nach § 7a AtG	1% der Investitionssumme für die beantragten Maßnahmen
6.1.5	auf Standortvorbescheid	1% der Gesamtinvestitionssumme
6.1.6	gegen Einstellung des Betriebs	wirtschaftlicher Verlust infolge der Betriebseinstellung
6.2	**Klage eines drittbetroffenen Privaten[14]**	wie Abfallentsorgung Nr. 2.2
6.3	**Klage einer drittbetroffenen Gemeinde**	60 000 €
7.	**Ausbildungsförderung[15]**	
7.1	Klage auf bezifferte Leistung	geforderter Betrag
7.2	Klage auf Erhöhung der Förderung	Differenzbetrag im Bewilligungszeitraum
7.3	Klage auf Verpflichtung zur Leistung in gesetzlicher Höhe	gesetzlicher Bedarfssatz für den streitigen Bewilligungszeitraum
7.4	Klage auf Änderung der Leistungsform	$^1/_2$ des bewilligten Förderbetrages
7.5	Klage auf Vorabbescheidung	gesetzlicher Bedarfssatz im ersten Bewilligungszeitraum
8.	**Ausländerrecht**	
8.1	Aufenthaltserlaubnis, Aufenthaltsberechtigung, Aufenthaltsbewilligung, Aufenthaltsbefugnis	Auffangwert pro Person; keine Erhöhung durch eventuell beigefügte Abschiebungsandrohung[16]

---

12 Vgl. BVerwG NVwZ-RR 1989, 279 und weitere Nachw. bei *Hartmann* § 52 Anh. I B Rn. 13.
13 Vgl. auch bei „Planfeststellung".
14 Vgl. BVerwG NVwZ-RR 1994, 384 (30 000 €) und JurBüro 1992, 447; JurBüro 1993, 173.
15 Vgl. dazu die Nachweise bei *Hartmann* Anh. I B zu § 52 Rn. 16.
16 Vgl. dazu auch OVG Saarlouis JurBüro 2000, 420.

8.2	Ausweisung[17]	Auffangwert pro Person; keine Erhöhung durch eventuell beigefügte Abschiebungsandrohung
8.3	Abschiebung, isolierte Abschiebungsandrohung	1/2-Auffangwertes pro Person
8.4.	Pass/Passersatz	Auffangwert pro Person
9.	**Bau- und Bodenrecht[18]**	
9.1.	Klage auf Erteilung einer Baugenehmigung für:	
9.1.1	Einfamilienhaus	20 000 €
9.1.2	Doppelhaus	25 000 €
9.1.3	Mehrfamilienhaus	10 000 € je Wohnung
9.1.4	Einzelhandelsbetrieb	150 €/qm Verkaufsfläche[19]
9.1.5	Spielhalle	600 €/qm Nutzfläche (ohne Nebenräume)
9.1.6	Großflächige Werbetafel	5 000 €
9.1.7	Imbissstand	6 000 €
9.1.8	Windkraftanlagen	10% der geschätzten Herstellungskosten
9.1.9	sonstige Anlagen regelmäßig	je nach Einzelfall: Bruchteil der Rohbaukosten, Bodenwertsteigerung
9.2.	**Erteilung eines Bauvorbescheides, einer Teilungsgenehmigung**	mindestens 1/2 des Ansatzes für die Baugenehmigung
9.3	**Abrissgenehmigung**	wirtschaftliches Interesse am dahinterstehenden Vorhaben
9.4	**Bauverbot, Stilllegung, Nutzungsverbot, Räumungsgebot**	Höhe des Schadens oder der Aufwendungen (geschätzt)
9.5	**Beseitigungsanordnung**	Zeitwert der zu beseitigenden Substanz plus Abrisskosten
9.6.	**Vorkaufsrecht**	
9.6.1	Anfechtungsklage des Käufers	25% des Kaufpreises
9.6.2	Anfechtungsklage des Verkäufers	Preisdifferenz
9.7.	**Klage eines Drittbetroffenen**	
9.7.1	Nachbar[20]	7 500 €, mindestens Betrag einer Grundstückswertminderung
9.7.2	Nachbargemeinde[21]	30 000 €
9.8.	**Normenkontrolle gegen Bebauungsplan**	
9.8.1	Privatperson	7 500 bis 60 000 €
9.8.2	Nachbargemeinde	60 000 €
9.9.	Genehmigung eines Flächennutzungsplanes	mindestens 10 000 €

17 Vgl. dazu BVerwG NVwZ-RR 1991, 669; VGH Kassel NVwZ-RR 1993, 56.
18 Dazu auch BVerwG NVwZ-RR 1993, 108; OVG Lüneburg NVwZ-RR 1993, 167; OVG Hamburg NVwZ-RR 1993, 108 und die Nachweise bei *Hartmann* Anh. I B zu § 52 Rn. 18.
19 BVerwG JurBüro 1997, 198.
20 Vgl. aber SächsOVG JurBüro 2004, 598.
21 VGH München NVwZ-RR 2001, 228.

10.	**Beamtenrecht**	
10.1	(Großer) Gesamtstatus: Begründung, Umwandlung, Bestehen, Nichtbestehen, Beendigung eines Beamtenverhältnisses	§ 52 Abs. 5 S. 1 Nr. 1, 2 GKG (13-facher Betrag des Endgrundgehalts bei Dienst- oder Amtsverhältnis auf Lebenszeit, in sonstigen Fällen 6,5-facher Betrag des Anwärtergrundbetrages
10.2	(Kleiner) Gesamtstatus: Verleihung eines anderen Amtes, Zeitpunkt der Versetzung in den Ruhestand, Schadensersatz wegen verspäteter Beförderung, Zahlung einer Amtszulage, Verlängerung der Probezeit ...	§ 52 Abs, 5 S. 2 GKG: Hälfte von 10.1
10.3	Neubescheidung eines Beförderungsbegehrens	Hälfte des sich aus § 52 Abs. 5 S. 2 ergebenden Betrages (¹/₄ von 10.1)
10.4	Teilstatus,[22] (Streit um höhere Versorgung, Besoldung oder Zusagen sowie Anrechnungs- und Ruhensbeträge, Berücksichtigung von Vordienstzeiten bei Versorgung, Zeiten für BDA, Unfallausgleich, Unfallruhegehalt, Hinterbliebenenversorgung	2-facher Jahresbetrag der Differenz zwischen innegehabten und erstrebten Status
10.5	Dienstliche Beurteilung	Auffangwert
10.6	Genehmigung einer Nebentätigkeit	Gesamtbetrag der Einkünfte aus der Nebentätigkeit, höchstens Jahresbetrag
10.7	Gewährung von Trennungsgeld	Gesamtbetrag des Trennungsgeldes, höchstens Jahresbetrag
10.8	Anerkennung eines Dienstunfalls	Wert der erstrebten Unfallfürsorge, ggf. zuzüglich des Wertes Nach 10.4
11.	**Bergrecht**	
11.1	**Klage des Unternehmers**	Es gelten grundsätzlich die nachstehend aufgeführten Werte. Soweit diese die Bedeutung der Genehmigung des Vorbescheides oder der Anfechtung einer belastenden Maßnahme für den Kläger nicht angemessen erfassen, gilt stattdessen das geschätzte wirtschaftliche Interesse bzw. der Jahresnutzwert.
11.1.1	auf Planfeststellung[23] eines Rahmenbetriebsplans	2,5% der Investitionssumme
11.1.2	auf Zulassung eines Rahmenbetriebsplans	1% der Investitionssumme

---

22 BVerwG NVwZ-RR 2000, 188 = JurBüro 2000, 253.
23 Vgl. auch bei „Planfeststellung".

11.1.3	auf Zulassung eines Sonder- und Hauptbetriebsplans	2,5% der Investitionssumme
11.1.4	gegen belastende Nebenbestimmungen	Betrag der Mehrkosten
11.2	**Klage eines drittbetroffenen Privaten**	wie Abfallentsorgung Nr. 2.2.
11.3	**Klage einer drittbetroffenen Gemeinde**	60 000 €
12	**Denkmalschutzrecht**	
12.1	Feststellung der Denkmaleigenschaft, denkmalschutzrechtliche Anordnungen, Bescheinigungen	wirtschaftlicher Wert, sonst Auffangwert
12.2	Vorkaufsrecht	s. Nr. 9.6
13.	**Flurbereinigung/Bodenordnung**	
13.1	**Anordnung des Verfahrens**	Auffangwert
13.2	**Entscheidungen im Verfahren**	
13.2.1	Wertermittlung	Auswirkungen der Differenz zwischen festgestellter und gewünschter Wertverhältniszahl
13.2.2	Abfindung	Auffangwert, es sei denn, abweichendes wirtschaftliches kann festgestellt werden
13.2.3	sonstige Entscheidungen	Auffangwert, es sei denn, abweichendes wirtschaftliches kann festgestellt werden
14.	**Freie Berufe (Recht der freien Berufe)**	
14.1	Berufsberechtigung, Eintragung, Löschung	Jahresbetrag des erzielten oder erwarteten Gewinns, mindestens 15 000 €
14.2.2	Mitgliedschaft im berufsständigen Versorgungswerk, Befreiung	dreifacher Jahresbetrag des Beitrags
14.3.3	Rentenanspruch	dreifacher Jahresbetrag der Rente[24]
15.	**Friedhofsrecht**	
15.1	Grabnutzungsrechte	Auffangwert
15.2	Umbettung	Auffangwert
15.3	Grabmalgestaltung	$^1/_2$ Auffangwert
15.4	Gewerbliche Betätigung auf Friedhöfen	Betrag des erzielten oder erwarteten Jahresgewinns, mindestens 15 000 €
16.	**Gesundheitsverwaltungsrecht[25]**	
16.1	Approbation	Jahresbetrag des erzielten oder erwarteten Verdienstes, mindestens 30 000 €
16.2	Facharzt, Zusatzbezeichnung	15 000 €

---

24 OVG Münster NVwZ-RR 1998, 527. Vgl. auch Nieders.OVG JurBüro 2008, 148 (Unanwendbarkeit bei Rentenanwartschaften.
25 Vgl. auch bei *Hartmann* Anh. I B zu § 52 Rn. 22 m. N.

16.3	Erlaubnis nach § 10 BÄO	20 000 €
16.4	Notdienst	Auffangwert
16.5	Beteiligung am Rettungsdienst	15 000 € pro Fahrzeug
17.	**Gewerberecht**[26]	s. Wirtschaftsverwaltungsrecht, Nr. 54
18.	**Hochschulrecht, Recht der Führung akademischer Grade**	
18.1	Anerkennung der Hochschulreife, Zulassung zum Studium, Immatrikulation, Exmatrikulation	Auffangwert
18.2	Zulassung zu einzelnen Lehrveranstaltungen	$1/_2$ Auffangwert
18.3	Zwischenprüfung	Auffangwert
18.4	Diplomprüfung, Graduierung, – Nachgraduierung	15 000 €
18.5	Leistungsnachweis	$1/_2$ Auffangwert
18.6	Promotion, Entziehung des Doktorgrades	15 000 €
18.7	Nostrifikation	15 000 €
18.8	Habilitation	20 000 €
18.9	Lehrauftrag	Auffangwert
18.10	Ausstattung eines Instituts/ Lehrstuhls	10 % der streitigen Mehrausstattung, mindestens 7 500 €
18.11	Hochschulwahlen	Auffangwert
19.	**Immissionsschutzrecht**[27]	
19.1	**Klage des Errichters/Betreibers**	Es gelten grundsätzlich die nachstehend aufgeführten Werte. Soweit diese die Bedeutung der Genehmigung, des Vorbescheides oder der Anfechtung einer belastenden Maßnahme nicht angemessen erfassen, gilt stattdessen das geschätzte wirtschaftliche Interesse bzw. der Jahresnutzwert
19.1.1	auf Genehmigung oder Teilgenehmigung oder Planfeststellung einer Anlage	2,5 % der Investitionssumme, mindestens Auffangwert
19.1.2	gegen belastende Nebenbestimmung	Betrag der Mehrkosten
19.1.3	Vorbescheid (soweit nicht 19.1.4 einschlägig)	1 % der Investitionssumme für die beantragten Maßnahmen, mindestens Auffangwert
19.1.4	Standortvorbescheid	1 % der Gesamtinvestitionssumme, mindestens Auffangwert
19.1.5	gegen Stilllegung, Betriebsuntersagung	1 % der Investitionssumme, soweit nicht feststellbar entgangener Gewinn, mindestens Auffangwert

---

26 Vgl. OVG Koblenz NVwZ-RR 1994, 303 (Konkurrentenklage).
27 BVerwG NVwZ-RR 1993, 445 = BauR 1993, 445.

19.1.6	Gegen sonstige Anordnungen im Einzelfall	Betrag der Aufwendungen
19.2	**Klage eines drittbetroffenen Privaten**	s. Abfallentsorgung Nr. 2.2
19.3	**Klage einer drittbetroffenen Gemeinde**	s. Abfallentsorgung 2.3
20.	**Jagdrecht**	
20.1	Bestand und Abgrenzung von Jagdbezirken	10 000 €
20.2	Verpachtung von Jagdbezirken	Jahresjagdpacht
20.3	Erteilung/Entzug des Jagdscheins	8 000 €
20.4	Jägerprüfung	Auffangwert
21.	**Kinder- und Jugendhilferecht**	
21.1	Laufende Leistungen	Wert der streitigen Leistung, höchstens Jahresbetrag
21.2	Einmalige Leistungen, Kostenerstattung, Aufwendungsersatz, Kostenersatz	Wert der streitigen Leistung
21.3	Überleitung von Ansprüchen	höchstens $\frac{1}{2}$ des Jahresbetrags
21.4	Heranziehung zur Kostentragung	höchstens Jahresbetrag
21.5	Erteilung der Erlaubnis nach § 45 SGB VIII	Jahresgewinn aus dem Betrieb, mindestens 15 000 €
21.6	Pflegeerlaubnis nach Art. 1 § 44 KJHG	Auffangwert
22.	**Kommunalrecht**	
22.1	**Kommunalwahl**	
22.1.1	Anfechtung durch Bürger	Auffangwert
22.1.2	Anfechtung durch Partei, Wählergemeinschaft	mindestens 15 000 €
22.1.3	Anfechtung durch Wahlbewerber	mindestens 7 500 €
22.2	**Sitzungs- und Ordnungsmaßnahmen**	2 000 €
22.3	**Benutzung/Schließung einer Gemeindeeinrichtung**	wirtschaftliches Interesse, sonst Auffangwert
22.4	**Anschluss- und Benutzungszwang**	ersparte Anschlusskosten + Betrag der zu erwartenden Abgaben
22.5	**Kommunalaufsicht**	15 000 €
22.6	**Bürgerbegehren**	Auffangwert
22.7	**Kommunalverfassungsrecht**	10 000 €
23.	**Krankenhausrecht**	
23.1	Aufnahme in den Krankenhausbedarfsplan	Jahresbetrag der Investitionspauschale je Planbett
23.2	Planbettenstreit	500 € pro Bett
23.3	Festsetzung von Pflegesätzen	streitiger Anteil des Pflegesatzes × Bettenzahl × Belegungsgrad

24.	**Land- und Forstwirtschaft –**	
24.1	Festsetzung einer Referenzmenge	streitige Referenzmenge × 0,10 €/kg
24.2	Zuteilung der zahlenmäßigen Ober-grenze prämienberechtigter Tiere	75% pro Tier und Jahr
25.	**Lebensmittel-/Arzneimittelrecht**	
25.1	Einfuhr-, Verkaufsverbot, Vernich-tungsauflage	Verkaufswert der betroffenen Waren
25.2	Sonstige Maßnahmen	Jahresbetrag der zu erwartenden wirt-schaftlichen Auswirkung, sonst Auffangwert
26.	**Erlaubnis für Luftpersonal**	
26.1	Privatflugzeugführer	7 500 €
26.2	Berufsflugzeugführer	15 000 €
26.3	Verkehrsflugzeugführer	20 000 €
26.4	sonstige Erlaubnisse für Luft-personal	7 500 €
27.	**Mutterschutzrecht**	
27.1	Streit um Zustimmung zur Kündigung	Auffangwert
27.2	Zulässigkeitserklärung gemäß § 18 BErzGG	Auffangwert
28.	**Namensrecht**	
28.1	Änderung des Familiennamens oder des Vornamens	Auffangwert
28.2	Namensfeststellung	Auffangwert
29.	**Naturschutzrecht**	
29.1	Klage auf Erteilung einer Fällge-nehmigung	Auffangwert
29.2	Normenkontrolle gegen Schutzge-bietsausweisung	wie Bebauungsplan (Nr. 9.8)
30.	**Passrecht**	
30.1	Personalausweis, Reisepass	Auffangwert
31.	**Personalvertretungsrecht**	Auffangwert
32.	**Personenbeförderungsrecht**	vgl. Verkehrswirtschaftsrecht
33.	**Pflegegeld**[28]	Wert der streitigen Leistung, höchstens Jahresbetrag
34.	**Planfeststellungsrecht**[29]	
34.1	**Klage des Errichters/Betreibers**	Es gelten grundsätzlich die nachstehend aufgeführten Werte. Soweit diese die Bedeutung der Genehmigung, des Vorbe-scheides oder der Anfechtung einer belas-tenden Maßnahme nicht angemessen erfassen, gilt stattdessen das geschätzte

---

28 Vgl. VGH München BayVBl. 1992, 30 und 414.
29 Dazu BVerwG NVwZ-RR 1993, 331.

		wirtschaftliche Interesse bzw. der Jahres-nutzwert
34.1.1	auf Planfeststellung einer Anlage oder Änderung des Planfeststellungsbeschlusses	2,5% der Investitionssumme
34.1.2	gegen belastende Nebenbestimmungen	Betrag der Mehrkosten
34.2	**Klage eines drittbetroffenen Privaten**[30]	wie Abfallentsorgung Nr. 2.2
34.3	**Klage einer drittbetroffenen Gemeinde**[31]	wie Abfallentsorgung Nr. 2.3
35.	**Polizei- und Ordnungsrecht**	
35.1.	Polizei- und ordnungsrechtliche Verfügung, polizeiliche Sicherstellung	wirtschaftliches Interesse, sonst Auffangwert
35.2	Anordnung gegen Tierhalter	Auffangwert; sofern die Anordnung einer Gewerbeuntersagung gleichkommt, wie Nr. 54.2.1
35.3	Obdachloseneinweisung	Auffangwert
35.4	Streit um erkennungsdienstliche Maßnahmen und kriminalpolizeiliche Unterlagen	Auffangwert
35.5	Normenkontrolle	wirtschaftliche Interesse, sonst Auffangwert
36.	**Prüfungsrecht**	
36.1	Das Studium abschließende Staatsprüfung, ärztliche oder pharmazeutische Prüfung, soweit nicht 36.2	7 500 €
36.2	Den Vorbereitungsdienst abschließende Staatsprüfung, abschließende ärztliche oder pharmazeutische Prüfung	15 000 €
36.3	sonstige berufseröffnende Prüfungen	15 000 €
36.4	Sonstige Prüfungen[32]	Auffangwert
37.	**Rundfunkrecht**	
37.1	Hörfunkkonzession	200 000 €
37.2	Fernsehkonzession	350 000 €
37.3	Kanalbelegung	wie Hörfunk-/Fernsehkonzession
37.4	Einräumung von Sendezeit	15 000 €

30 Vgl. dazu auch BVerwG NVwZ-RR 1993, 331 m. N.; BVerwG NVwZ 1991, 567; BVerwG JurBüro 1992, 331; VGH Mannheim AnwBl. 1994, 45; BayVGH JurBüro 2005, 543 (LS mit Volltextservice) betr. Inanspruchnahme eines Grundstücksteil für Verlauf einer öffentlichen Straße = Wert der Fläche).
31 Vgl. dazu auch VGH München NVwZ-RR 2001, 228, 229.
32 Vgl. BVerwG NVwZ-RR 1993, 304 (studienbegleitende Leistungsnachweise).

38.	**Schulrecht**[33]	
38.1	Errichtung, Zusammenlegung, Schließung einer Schule (Klage der Eltern bzw. Schüler)	Auffangwert
38.2	Genehmigung zum Betrieb[34] einer Ersatzschule	30 000 €
38.3	Schulpflicht, Einweisung in eine Sonderschule, Entlassung aus der Schule	Auffangwert
38.4	Aufnahme in eine bestimmte Schule oder Schulform	Auffangwert
38.5	Versetzung, Zeugnis[35]	Auffangwert
38.6	Reifeprüfung	Auffangwert
39.	**Schwerbehindertenrecht**	
39.1	Zustimmung der Hauptfürsorgestelle	Auffangwert
40.	**Soldatenrecht**	
40.1	Berufsoldaten	wie Beamte auf Lebenszeit
40.2	Soldaten auf Zeit	wie Beamte auf Probe
41.	**Sozialhilfe**[36]**/Kriegsopferfürsorge**	s. Streitwertkatalog i. d. F. Jan. 1996 (NVwZ 1996, 562; DVBl. 1996, 605)[37]
42.	**Staatsangehörigkeitsrecht**	
42.1	Einbürgerung[38]	doppelter Auffangwert pro Person
42.2	Feststellung der Staatsangehörigkeit	doppelter Auffangwert pro Person
43.	**Straßen und Wegerecht** (ohne Planfeststellung), **Straßenreinigung**	
43.1	Sondernutzung[39]	zu erwartender Gewinn bis zur Grenze des Jahresbetrages, mindestens 500 €
43.2	Sondernutzungsgebühr	Siehe Abgabenrecht
43.3	Widmung, Einziehung	wirtschaftliches Interesse, mindestens 7 500 €[40]

---

33 Vgl. OVG Schleswig NVwZ-RR 1992, 280.
34 Vgl. BVerwG JurBüro 1992, 488.
35 Für Schulstrafen: OVG Schleswig NVwZ-RR 1992, 280 (3 000 €).
36 Vgl. VGH Kassel NVwZ-RR 1993, 331.
37 40. Sozialhilfe
40.1 Laufende Leistungen: Wert der streitigen Leistung,[45] höchstens Jahresbetrag
40.2 Einmalige Leistungen: streitiger Betrag
40.3 Überleitung von Ansprüchen: Auffangwert
40.4 Auskunft nach § 116 BSHG ½-Auffangwert
40.5 Streitigkeiten um Aufwendungsersatz (§ 11 Abs. 2 1. Halbsatz, § 29 S. 2 BSHG)
40.6 Streitigkeiten um Kostenersatz: streitiger Betrag
38 Vgl. BVerwG BayVBl. 1994, 221; NVwZ-RR 1994, 182 (L).
39 Vgl. BVerwG VBlBW 1994, 96 (Abgrenzung vom Nutzungsvertrag).
40 OVG Münster JurBüro 2002, 532.

43.4	Anfechtung einer Umstufung zur Vermeidung der Straßenbaulast	3^1/$_2$-facher Jahreswert
43.5	Straßenreinigungspflicht	wirtschaftliches Interesse
44.	**Subventionsrecht**	
44.1	**Vergabe einer Subvention:**	
44.1.1	Leistungsklage	streitiger Betrag
44.1.2	Konkurrentenklage	50% des Subventionsbetrages
44.2	**Bescheinigung, als Voraussetzung für eine Subvention**	75% der zu erwartenden Subvention
44.3	**zinsloses oder zinsermäßigtes Darlehen**	Zinsersparnis; im Zweifel pauschaliert: zinsloses Darlehen 25%, zinsermäßigtes Darlehen 10% des Darlehensbetrages
45.	**Vereins- und Versammlungs- recht**	
45.1	**Vereinsverbot**[41]	
45.1.1	durch oberste Landesbehörde	15 000 €
45.1.2	durch oberste Bundesbehörde	30 000 €
45.2	**Anfechtung eines Verbots durch einzelne Mitglieder**	Auffangwert je Kläger
45.3	**Auskunftsverlangen**	Auffangwert
45.4	**Versammlungsverbot, Auflage**	Auffangwert
46.	**Verkehrsrecht**[42]	
46.1	Fahrererlaubnis[43] Klasse A	Auffangwert[44]
46.2	Fahrerlaubnis Klasse A 1	^{1}/$_2$-Auffangwert
46.3	Fahrerlaubnis Klasse B	Auffangwert
46.4	Fahrerlaubnis Klasse C	1^1/$_2$-Auffangwert
46.5	Fahrerlaubnis Klasse C 1	Auffangwert
46.6	Fahrerlaubnis Klasse D	1^1/$_2$-facher Auffangwert
46.7	Fahrerlaubnis Klasse D 1	Auffangwert
46.8	Fahrerlaubnis Klasse E	^{1}/$_2$-Auffangwert
46.9	Fahrerlaubnis Klasse M	^{1}/$_2$ Auffangwert
46.10	Fahrerlaubnis Klasse L	^{1}/$_2$-Auffangwert
46.11	Fahrererlaubnis Klasse T	^{1}/$_2$-Auffangwert
46.12	Fahrerlaubnis zur Fahrgast- beförderung	2-facher Auffangwert
46.13	Fahrtenbuchauflage[45]	400 € je Monat

---

41 Nachbarschaftsklage gegen Gestattung eines Straßenfestes, 500 bei fünftägigem Fest, OVG Koblenz NVwZ-RR 1995, 62 (L); bei bundesweiten Wirkungen ist angemessene Überschreitung gerechtfertigt, BVerwG MDR 1992, 734.
42 Dazu auch ausführlich *Geiger* DAR 2005, 491.
43 Vgl. auch BVerwG bei Buchholz Nr. 360 zu § 13; OVG Bautzen LKV 1994, 224; VGH Mannheim JurBüro 1992, 487. Vgl. auch unten alphabetischer Streitwertschlüssel „Fahrerlaubnis".
44 Eine Erhöhung wegen beruflicher Nutzung kommt bei Wiedererteilung nicht (mehr) in Betracht, vgl. HambOVG JurBüro 2005, 479. **A.M.** *Geiger* DAR 2005, 492.
45 BVerwG NJW 1989, 1624; OVG Lüneburg DAR 1993, 364 und NVwZ-RR 1994, 183.

46.14	Verkehrsregelnde Anordnung	Auffangwert
46.15	Sicherstellung, Stillegung eines Fahrzeugs	¹/₂-Auffangwert
46.16	Teilnahme an einem Aufbauseminar	¹/₂-Auffangwert
47.	**Verkehrswirtschaftsrecht**[46]	
47.1	Güterfernverkehrsgenehmigung, Gemeinschaftslizenz für EG-Ausland, grenzüberschreitender Verkehr	30 000 €
47.2	Bezirksverkehrsgenehmigung	20 000 €
47.3	Nahverkehrsgenehmigung	15 000 €
47.4	Taxigenehmigung	15 000 €
47.5	Mietwagengenehmigung	10 000 €
47.6	Linienverkehr mit Omnibussen	20 000 € je Linie
47.7	Gelegenheitsverkehr mit Omnibussen	20 000 €
48.	**Vermögensrecht**	
48.1	Rückübertragung	
48.1.1	Grundstück	aktueller Verkehrswert
48.1.2	Unternehmen	aktueller Verkehrswert
48.1.3	sonstige Vermögensgegenstände	wirtschaftlicher Wert
48.2	Besitzeinweisung	30% des aktuellen Verkehrswertes
48.3	Investitionsvorrangbescheid	30% des aktuellen Verkehrswertes
48.4	Einräumung eines Vorkaufsrechts	50% des aktuellen Verkehrswertes
49.	**Vertriebenen- und Flüchtlingsrecht**	
49.1	Erteilung oder Entziehung eines Vertriebenenausweises[47]	Auffangwert
49.2	Erteilung oder Rücknahme eines Aufnahmebescheids/einer Bescheinigung nach § 15 BVFG	Auffangwert
50.	**Waffenrecht**	
50.1	Waffenschein[48]	7 500 €
50.2	Waffenbesitzkarte[49]	Auffangwert zuzüglich 750 € je Waffe
50.3	Munitionserwerbsberechtigung	1 500 €
50.4	Waffenhandelserlaubnis	s. Gewerbeerlaubnis Nr. 54.2.2
51.	**Wasserrecht (ohne Planfeststellung)**	
51.1	Erlaubnis, Bewilligung	wirtschaftlicher Wert
51.2	Anlagen an oder in Gewässern	
51.2.1	gewerbliche Nutzung	Jahresgewinn

---

46 Dazu auch bei *Geiger* DAR 2005, 491 ff., 494.
47 A. M. OVG Koblenz NVwZ-RR 1992, 387 (Auffangwert).
48 VGH Mannheim NVwZ-RR 1992, 448.
49 Abw. BVerwG GewArch. 1992, 314; VGH Mannheim bei *Mellius* MDR 1994, 338.

51.2.2	nichtgewerbliche Nutzung	Auffangwert
51.2.3	Steganlagen incl. ein Bootsliege-platz	Auffangwert zuzüglich 750 € für jeden weiteren Liegeplatz
52.	**Wehr- und Zivildienst**	
52.1	Anerkennung als Kriegsdienstver-weigerer	Auffangwert
52.2	Musterung, Tauglichkeit	Auffangwert
52.3	Wehrdienstausnahme, Zurück-stellung	Auffangwert, evtl. wirtschaftliches Interesse
52.4	Einberufung	Auffangwert
52.5	Wehrübung	Auffangwert
53.	**Weinrecht**	
53.1	Veränderung der Rebfläche	150 €/qm Rebfläche
53.2	Genehmigung zur Vermarktung oder Verarbeitung von nicht ver-kehrsfähigem Wein	2 €/Liter
54.	**Wirtschaftsverwaltungsrecht**	
54.1	Gewerbeerlaubnis, Gaststättenkonzession	Jahresbetrag des erzielten oder erwarteten Gewinns, mindestens 15 000 €
54.2	Gewerbeuntersagung	
54.2.1	ausgeübtes Gewerbe	Jahresbetrag des erzielten oder erwarteten Gewinns, mindestens 15 000 €
54.2.2	erweiterte Gewerbeuntersagung	Erhöhung um 5 000 €
54.3	**Handwerksrecht**	
54.3.1	Eintragung/Löschung in der Handwerksrolle	Jahresbetrag des erzielten oder erwarteten Gewinns, mindestens 15 000 €
54.3.2	Meisterprüfung	15 000 €
54.3.3	Gesellenprüfung	7 500 €
54.4	**Sperrzeitregelung**	Jahresbetrag des erzielten oder erwarteten Gewinns, mindestens 7 500 €
54.5	**Zulassung zu einem Markt**	erwarteter Gewinn, mindestens 300 € pro Tag
55.	**Wohngeldrecht**	
55.1	Miet- oder Lastenzuschuss	Streitiger Zuschuss, höchstens Jahresbetrag
56.	**Wohnraumrecht**	
56.1	Anerkennung als steuerbegünstigte Wohnung	Gesamtbetrag der Steuerersparnis
56.2	Bewilligung öffentlicher Mittel	Zuschussbetrag zuzüglich 10% der Darle-henssumme
56.3	Erteilung einer Wohnberechti-gungsbescheinigung	Auffangwert
56.4	Fehlbelegungsabgabe[50]	streitiger Betrag, höchstens 3,5-facher Jahresbetrag

---

50 Abw. OVG Hamburg NJW-RR 1993, 335.

56.5	Freistellung von der Wohnungs-bindung	Auffangwert je Wohnung
56.6	Zweckentfremdung	
56.6.1	Erlaubnis mit Ausgleichszahlung	Jahresbetrag der Ausgleichszahlung, bei laufender Zahlung: Jahresbetrag
56.6.2	Erlaubnis ohne Ausgleichszahlung	Auffangwert
56.6.3	Aufforderung, Wohnräume wieder Wohnzwecken zuzuführen	Falls eine wirtschaftlich günstigere Nutzung stattfindet: Jahresbetrag des Interesses, sonst Auffangwert je Wohnung
56.7	Wohnungsaufsichtliche Anordnung	veranschlagte Kosten der geforderten Maßnahmen

9   2.   Alphabetischer Streitwertschlüssel

10 Abänderungsverfahren nach § 80 Abs. 7 VwGO: unabhängig vom Streitwert des vorausgegangenen Aussetzungsverfahrens zu bewerten.[51]

Abbruchgenehmigung: Regelmäßig ²/₃ des Wertes der für die Genehmigung des abzubrechendes Bauwerks anzusetzen wäre.

Abfall: Vgl. Streitwertkatalog 2. Vgl. auch unter Altlasten.

Abgaben: Vgl. Streitwertkatalog 3.

Abgrabung: Wert des aus der Abgrabung erwarteten Gewinns; Erlös aus Abgrabung und Verfüllung (pauschal 2,5 €/cbm).[52]

Abitur: Streitwertkatalog 38.6.

Ablehnung von Richtern/Sachverständigen: Vgl. Streitwertkatalog Teil I, Ziff. 9. 20% des Wertes der Hauptsache, höchstens 5 000 €[53] oder Auffangwert.[54] Die Rspr. ist hier noch sehr uneinheitlich.[55] Vgl. auch oben, 52 Rn. 22.

Abrissverfügung: Vgl. Streitwertkatalog 9.5.

Abwahl von Kommunalen Wahlbeamten: Interesse des Abgewählten. § 42 Abs. 3 analog.

Abwasser: Wert der zur Abwehr der Nachteile aufzuwendenden Kosten.[56]

Ackerflächen – Stilllegung: Höhe der Stilllegungsprämie (§ 41 Abs. 1 ist unanwendbar).[57]

Akteneinsicht: Auffangwert.[58]

---

51 OVG Lüneburg NVwZ-RR 1999, 813.
52 OVG Münster NVwZ-RR 1999, 479.
53 Vgl. VGH Mannheim NVwZ-RR 1994 303 = MDR 1994, 338.
54 VGH Kassel MDR 1993, 302.
55 Vgl. dazu bei *Oe/Wi/He* Streitwerthandbuch, S. 305; *Hartmann* § 52 Anh. I B Rn. 9.
56 OVG Münster KR § 20 GKG Nr. 31.
57 VGH Kassel Agrarrecht 1994, 55.
58 OVG Münster KR § 13 GKG Nr. 569.

Altlasten: Orientierung an den tatsächlichen Sanierungskosten, ausnahmsweise Auffangwert.[59] Vgl. auch Streitwertkatalog 1 (Abfall).

Anerkennung ausländischer Grade: Nostrifikation. Vgl. Streitwertkatalog 15.6.

Anerkennungsbescheid im Wohnungsbau: Höhe des steuerlich ersparten Betrages.[60]

Anschluss-/Benutzungszwang: Streitwertkatalog 22.4.

Anwohnerparkausweis: 2 500 €.[61] Vgl. auch Streitwertkatalog 46.14.

Apotheker: Streitwertkatalog 16.1 (Approbation).[62]

Architektenliste: Streitwertkatalog 14.1.

Artenschutz: Bruchteil des Verkehrswertes (50 – 80%).[63]

Arzneimittel: Bei Streit um Zulassung ist von der Bedeutung der Sache für den Kläger auszugehen, i.d.R. erwarteter Jahresgewinn.[64]

Arztrecht: Streitwertkatalog 16.

Asylrecht: Vgl. oben Rn. 1 – 2. Bei Leistungen nach dem Asylbewerberleistungsgesetz: Jahresbetrag der wiederkehrenden Leistungen (§ 17 Abs. 1);[65] wenn es nur darum geht, ob Geld- oder Sachleistungen zu gewähren sind ¼ des Jahreswertes.[66]

Atomrecht: Streitwertkatalog 6.

Aufbaudarlehen: Geldbetrag des begehrten Darlehens (§ 52 Abs. 3).

Aufenthaltserlaubnis: Im vorläufigen Rechtsschutzverfahren gegen Versagung zur Ausübung einer selbständigen Tätigkeit ½-Auffangwert.[67]

Auflage: Höhe der sich aus der Auflage ergebenden Kosten oder Ersparnisse.

Auflösungsantrag, Arbeitsverhältnis: 1 Bruttomonatsgehalt.[68]

Aufwendungsdarlehen: Geldbetrag des Darlehens (§ 52 Abs. 3).

Ausbildungsförderung: Keine Gerichtskosten (§ 188 VwGO). Streitwertfestsetzung nur auf Antrag nach § 33 Abs. 1 RVG.[69] Antrag auf Förderung als Darlehn und Zuschuss je zur Hälfte: € des gesamten Förderungsbetrags.[70] Klage auf Auskunftserteilung gegen den Unterhaltsverpflichteten über seine Einkunftsverhältnisse: Regelwert.[71]

---

59 OVG Berlin NVwZ-RR 2001, 277.
60 OVG Hamburg DWW 1980, 173 = ZMR 1980, 249.
61 OVG Münster KR Nr. 131 zu § 13 GKG m. krit. Anm. von *Noll.*
62 Dazu auch OVG Münster NJW 1999, 2760 (Psychologischer Therapeut).
63 Vgl. bei *Oe/Wi/He* Streitwerthandbuch, S. 308.
64 BVerwG JurBüro 1991, 1539 = NVwZ 1991, 1180.
65 OVG Weimar NVwZ-Beilage 1997, 56 (L).
66 OVG Weimar NVwZ-Beilage 1997, 56 (L).
67 OVG Saarlouis JurBüro 2000, 420.
68 ArbG Würzburg NZA-RR 2001, 420.
69 Vgl. dazu bei *Oe/Wi/He* Streitwerthandbuch, S. 313.
70 OVG Münster NVwZ-RR 2001, 412.
71 OVG Münster NVwZ-RR 2001, 413.

Ausfuhrgenehmigung: $1/3$ des voraussichtlichen Jahresgewinns, der aus der beabsichtigten Ausfuhr der betreffenden Ware zu erwarten ist.[72]

Auskunftserteilung: Wirtschaftliches Interesse des Klägers, i. d. R. Wert des für die Auskunftserteilung erforderlichen Zeitaufwandes.[73]

Ausländerrecht: Streitwertkatalog 6. Bei Duldung und Abschiebeanordnung im Hauptsachverfahren $1/2$-Auffangwert[74] i. d. R. Auffangwert,[75] bei Duldung voller Auffangwert jedenfalls dann, wenn sich das mit der Klage verfolgte Sachinteresse nicht exakt in einem Geldwert ausdrücken lässt;[76] Verkürzung der Sperrfrist nach § 8 Abs. 1 S. 2 AuslG Regelwert.[77]

11 BaföG: S. „Ausbildungsförderung".

Baubeseitigungsverfügung: bei gewerblicher Nutzung ist die wirtschaftliche Bedeutung der Nutzung maßgebend, es sei denn, die Beseitigungskosten und der Substanzwert liegen höher.[78]

Baugenehmigung: Streitwertkatalog 9.1. Für Verpflichtungsklage auf Erteilung zur Klärung des Standorts und der Art des Vorhabens.[79] Entgegen Streitwertkatalog ist bei Klage auf Erteilung stets die durch die Genehmigung zu erwartende Bodenwertsteigerung zu nehmen.[80] Baugenehmigung für eine Windkraftanlage $1/10$ des Substanzwertes.[81] Bei Einfamilienhaus regelmäßig 15 000 €, bei Streit über Bebaubarkeit des Grundstück Erhöhung um Wert der mutmaßlichen Bodenwertsteigerung.[82] Wird nur ein Vorbescheid begehrt, kann Abschlag bis zu 50% erfolgen.[83]

Baulast: Wert der Verpflichtungsklage zur Eintragung einer Baulast orientiert sich am Streitwert für Klage auf Erteilung einer Baugenehmigung bzw. einer Bauvoranfrage.[84]

Baunachbarstreit: Streitwertkatalog 9.7.[85] Bei Klage gegen Genehmigung kann auch die substantiiert dargelegte Wertminderung des klägerischen Grundstücks maßgebend sein.[86] Bei nur ganz geringfügiger oder nicht messbarer Wertminderung kann auch geringerer Wert aus Regelwert des Streitwertkatalogs genommen werden.[87]

---

72 VGH Kassel MDR 1994, 217.
73 OVG Greifswald NVwZ-RR 2001, 279.
74 VGH München NVwZ-Beilage I 2000, 92.
75 VGH München NVwZ-Beilage I 1999, 35.
76 VGH Mannheim NVwZ-RR 1999, 813.
77 HessVGH JurBüro 2001, 595.
78 OVG Mecklenburg-Vorpommern JurBüro 2004, 543.
79 VGH Mannheim NVwZ-RR 1998, 459.
80 VGH Baden-Württemberg JurBüro 1999, 197.
81 OVG Nordrhein-Westfalen JurBüro 2001, 479.
82 BVerwG NVwZ 2001, 1055; OVG NRW JurBüro 2004, 30.
83 OVG NRW JurBüro 2004, 30.
84 OVG NRW JurBüro 2004, 31.
85 OVG Schleswig JurBüro 2004, 543; abweichend VG Darmstadt NJW 1998, 2992 (L); vgl. auch OVG Greifswald NVwZ-RR 1999, 279.
86 BVerwG NVwZ 1999, 879.
87 SächsOVG JurBüro 2004, 598.

Baurecht: Streitwertkatalog 9.

Bauvoranfrage: Bei Klärung der Bebaubarkeit eines Grundstücks die nach der Feststellung der Bebaubarkeit zu erwartende Steigerung des Grundstückswertes,[88] im Einzelfall Herabsetzung bis zu 50% des Wertes für Erteilung der Genehmigung, jedoch nicht, wenn Fragen der Bebaubarkeit zu klären sind.[89]

Bauvorbescheid: Streitwertkatalog 9. 2.[90] $1/2$ des wirtschaftlichen Jahresnutzwertes bei einem wirtschaftlich zu nutzenden Bauwerk;[91] $1/10$ des Wertes der mutmaßlichen Bodenwertsteigerung.[92] Für Doppelhaus Mittelwert von Streitwertkatalog 7.1.1. und 7.1.2.[93]

Beamtenrecht: Vgl. § 52 Abs. 5–6 und Streitwertkatalog 10. und „Konkurrentenklage"; „Erholungsurlaub".

Bebauungsplan: Streitwertkatalog 9.8.

Beförderung gefährlicher Güter: Vgl. Streitwertkatalog 47. Zusätzlicher Jahresgewinn.[94]

Befreiung von der Grunderwerbsteuer: Volle Höhe der Steuerschuld.

Beigeladener: Der für den Beigeladenen betreffende (Anteil des) Streitwert(s) für den Kläger.[95]

Bergrecht: Vgl. Streitwertkatalog 11. Festsetzung nach Ermessen des Gerichts aus der sich aus dem Antrag ergebenden Bedeutung der Sache für den Kläger.[96]

Berufserlaubnis: Durchschnittliche Jahreseinnahmen, die von einem Angehörigen des jeweiligen Berufes zu erzielen sind.[97]

Berufsständisches Versorgungswerk: Streitwertkatalog 14.3.3. Wenn keine Bezifferung möglich ist, die in das Vermögen des Klägers übergehen soll, ist § 52 Abs. 1 anwendbar, so dass der Wert z. B. bei Rentenanwartschaften nach der durch die höhere Beitragszahlung zu erwartenden Rentensteigerung zu bemessen ist.[98]

Berufsunfähigkeitsrente: § 42 Abs. 3.

Bescheidungsklage: Bruchteil, mindestens aber $1/4$ der entsprechenden Verpflichtungsklage.

Beseitigungsanordnung: Abzustellen ist auf die Bedeutung der Sache für den Kläger, Abbruch-/Beseitigungskosten sowie Substanzwert.[99]

---

88 VGH Baden-Württemberg JurBüro 1998, 264.
89 OVG NRW JurBüro 2004, 30.
90 VGH Baden-Württemberg JurBüro 1998, 264.
91 OVG Münster JurBüro 1999, 421.
92 VGH München NVwZ-RR 2001, 614 = BauR 2001, 934 = JurBüro 2002, 144.
93 BVerwG NVwZ-RR 2001, 802 = BauR 20001, 1565.
94 OVG Berlin NVwZ-RR 1991, 672.
95 OVG Lüneburg NVwZ-RR 2001, 278.
96 BVerwG JurBüro 1997, 88.
97 VGH Mannheim AnwBl. 1988, 677.
98 Nieders.OVG, JurBüro 2008, 148.
99 BVerwG JurBüro 1990, 523.

Besoldung: Vgl. Streitwertkatalog 10.4.

Beweisverfahren: wie bei zivilrechtlichen Streitigkeiten (Bruchteil, etwa $^1/_3$–$^1/_2$ des Hauptsachewerts).[100]

Bootsliegeplatz: Streitwertkatalog 51.2.3.

12 **Campingplatz:** Für Genehmigung Wert des geschätzten (Jahres)gewinns aus dem Betrieb für den Bewilligungszeitraum.[101]

Chefarztbeteiligung: Streit ist Kassenarztstreitigkeit i.S.v. § 3 Abs. 2 RVG, i.d.R. der für einen bestimmten Zeitraum zu erwartende Bruttogewinn.[102]

13 **Darlehen:** Darlehensbewilligungsbescheid Betrag des Darlehns abzgl. evtl. geleisteter Tilgungen.[103]

Diplomprüfung: Streitwertkatalog 18.4. Für Zwischenprüfungen Auffangwert. Für Vorprüfungen $^1/_2$-Auffangwert.[104]

14 **Einbürgerung:** Streitwertkatalog 42.1.

Emissionsbegrenzung: Schätzbetrag der dem Kläger bei der Befolgung der streitigen Anordnung entstehenden Kosten.[105]

Empfangsbekenntnis: Streit um Pflicht zur Übersendung an Gericht bzw. Frankierung Auffangwert.[106]

Enteignung: Bei Streit über Zulässigkeit Verkehrswert der streitgegenständlichen Fläche.[107]

Entlassung aus der Schule: Vgl. Schulrecht und Streitwertkatalog 38.3.

Entwicklungsbereich: entwicklungsrechtliche Genehmigung etwa 10% des vereinbarten Kaufpreises.[108]

Erbengemeinschaft: Bei Streit um Rückerstattung Wert des jeweiligen Erbteils.[109]

Erhaltungssatzung: Unterschied des wirtschaftlichen Wertes zwischen Gültigkeit und Ungültigkeit, Wertverlust.

Erholungsurlaub: 50 € je Urlaubstag.[110]

Erledigung der Hauptsache: Kosteninteresse.[111]

---

100 VGH München NVwZ-RR 2001, 278.
101 BVerwG KR § 13 Nr. 340.
102 LSG Stuttgart MedR 1989, 211; dazu auch *bei Oe/Wi/He* Streitwerthandbuch, S. 326.
103 OVG Bremen JurBüro 1991, 580.
104 BVerwG, Beschl v. 4. 9. 1998, 7 C 33/89.
105 VGH Kassel NVwZ-RR 1998, 786.
106 OLG Hamm JurBüro 1997, 601.
107 BVerwG KR § 13 GKG Nr. 151; VGH München BayVBl. 1987, 380.
108 OVG Berlin MDR 1996, 1079 = NVwZ-RR 1997, 754.
109 BVerwG VIZ 1999, 733.
110 OVG Koblenz NVwZ-RR 2001, 279.
111 VGH Mannheim NVwZ-RR 2000, 329; OVG Bremen AnwBl. 1994, 251.

Ersatzschulen: Streitwertkatalog 38.2.

Ersatzvornahme: Höhe der Kosten der Ersatzvornahme.[112]

Erschließungsbeitrag: Streitwertkatalog 3.1.

Fahrerlaubnis: Streitwertkatalog 46.   **15**
– Berufliche Nutzung: keine Erhöhung bei Entziehung oder Wiedererteilung nach Entziehung.[113]
– Entziehung, Wiederverteilung, Umschreibung: bei mehreren Klassen ist Streitwert der Wert der höchsten Klasse gemäß Streitwertkatalog.[114] Dabei ist aber zu beachten, dass dann, wenn und soweit eine Klasse die Berechtigungen anderer Klassen einschließt, nur der Wert der höchsten (einschließenden) Klasse gilt. Die Werte der übrigen (nicht eingeschlossenen) Klassen sind in diesem Sinne zu hinzurechnen.[115] Die Klasse E ist aber stets besonders zu bewerten und ggf. zu addieren.[116]
– Fahrgastbeförderung: (gleichzeitige) Entziehung der Fahrerlaubnis zur Fahrgastbeförderung ist stets besonders streitwerterhöhend zu bewerten.[117]

Fahrtenbuch: Streitwertkatalog 46.13.

Familienkasse: Streitigkeiten mit Familienkasse des Arbeitsamts über Kindergeld vgl. unten, Teil III – Finanzgerichtsbarkeit.[118]

Familienname: Streitwertkatalog 28.

Fehlbelegungsabgabe: Streitiger Betrag, höchstens Jahresbetrag. Vgl. Streitwertkatalog 56.4.

Fernsehkonzession: Streitwertkatalog 37.2. Für nichtkommerzielle Konzessionen aber nur Auffangwert.[119]

Feststellungsklage: bei negativer F. Höhe der Geldforderung; sind keine Anhaltspunkte dafür vorhanden Auffangwert.[120]

Flüchtlingsrecht: Streitwertkatalog 49.

Flughafenausbau: Wertverlust der betroffenen Fläche.[121]

Flurbereinigung: Streitwertkatalog 13.

---

112 OVG Berlin NVwZ-RR 2001, 276.
113 HambOVG JurBüro 2005, 479 – DAR 2005, 527 = NVwZ-RR 2006, 221 = VRS 108, 462; OVG Koblenz NJW 2006, 2715 = NZV 2006, 612 = DAR 2007, 161 = ZfS 2006, 417.
114 VGH Baden-Württemberg JurBüro 1997, 199.
115 Vgl. VGH Mannheim JurBüro 2008, 203; VG Braunschweig, 10. 2. 2004 – 6 B 91/04 – (das aber für die übrigen Klassen nur 50% des Regelwertes addieren will).
116 OVG Lüneburg SVR 2006, 313 = BeckRS 2006, 22469.
117 OVG Lüneburg JurBüro 2005, 597.
118 Dazu bei D. *Meyer* JurBüro 1999, 182.
119 OVG Greifswald NVwZ-RR 2000, 732.
120 VGH München NVwZ-RR 2001, 277.
121 VGH Mannheim NVwZ-RR 1990, 385.

Fortsetzungsfeststellungsklage: Gleicher Wert wie entsprechende Leistungs- oder Anfechtungsklage.

Friedhofsrecht: Streitwertkatalog 15.

16 **Gaststättenerlaubnis:** Streitwertkatalog 54.1. (s. auch „Nachbarklage").

Gemeindliche Einrichtungen: Im Regelfall ist von einem Wert zwischen 1 000 € und 5 000 € auszugehen.[122] Dazu auch Streitwertkatalog 22.3.

Gemeindliches Vorkaufsrecht: s. Vorkaufsrecht.

Gesellenprüfung: Streitwertkatalog 54. 3. 3.

Gewerberecht: Vgl. Streitwertkatalog 17. und 54.

Grabnutzungsrecht: Streitwertkatalog 15.1.

Graduierung: Streitwertkatalog 18.4.

Grundbescheid: Bei Zahlungsverpflichtungen (auch dem Grund nach) nach § 13 Abs. 1.[123]

Grundsicherung: Im Verfahren um Grundsicherung nach dem Gesetz über eine bedarfsorientierte Grundsicherung im Alter und bei Erwerbsminderung v. 26. 6. 2001 (BGBl. I, 1310, 1335) werden keine Gerichtskosten erhoben.[124]

Grundstücksverkehrsgenehmigung: 1/5 des Verkehrswertes des Grundstücks.[125]

Güterverkehr: Vgl. Streitwertkatalog 46.

17 **Häftlingshilfe:** Es gilt § 52 Abs. 3.

Handwerksrecht: Grundsätzlich wie Gewerberecht (Streitwertkatalog 54).

Heilkunde: Untersagung der Ausübung 25 000 €.[126]

Hochschulrecht: Streitwertkatalog 18. Ausstattung eines Lehrstuhls Streitwertkatalog 15.9.[127] Für Numerus-clausus-Verfahren Auffangwert für Hauptsache, für Eilverfahren 1/4 des Auffangwertes.[128] Man wird aber jedenfalls dann, wenn das Eilverfahren – was die Regel sein wird – de facto zu einer endgültigen Zulassung führt, ebenfalls den Auffangwert ansetzen müssen.[129]

Hörfunkkonzession: Streitwertkatalog 37.1.

---

[122] Vgl. *Oe/Wi/He* Streitwerthandbuch, S. 341; dazu auch BVerwG KR § 13 Nr. 315.
[123] Vgl. dazu bei *Oe/Wi/He* Streitwerthandbuch, S. 344 m. N.
[124] BVerwG, Beschl. v. 1. 1. 2005 – 5 B 57/04.
[125] OVG Bautzen NVwZ-RR 1998, 460.
[126] OVG Münster JurBüro 1998, 474.
[127] OVG Hamburg NVwZ-RR 1999, 349 L.
[128] OVG Münster JurBüro 1997, 88 m. Anm. v. *Hellstab.*
[129] So auch *Hellstab* JurBüro 1997, 89.

Imbissstand: Sondernutzung (Streitwertkatalog 43.1). Bei vom Imbissstand ausgehenden **18** Immissionen 5 000 €.[130]

Immissionsschutz: Streitwertkatalog 19.

Informationsstand einer Partei: vgl. „Sondernutzung".

Insolvenzsicherung: Bei Klage gegen Bescheid betr. Beitragskürzung zur Insolvenzsicherung 80% des nach § 17 Abs. 3 zu berechnenden Wertes.[131]

Investitionsvorrangverfahren: Streitwertkatalog gilt entsprechend.[132]

Jagdrecht: Streitwertkatalog 20. **19**

Jubiläumsdienstalter: Der Streitwert bei der Festsetzung beträgt einen Bruchteil der erwarteten Zuwendung, wenn der Streit um die Anrechnung von Beschäftigungszeiten geht, und zwar $1/2$ oder weniger.[133] Dazu auch oben § 52 Rn. 22.

Juristische Staatsprüfung: Erste Staatsprüfung Streitwertkatalog 18.4. Zweite Staatsprüfung 10 000 €.[134] Bei Wiederholungsprüfung nach „Freischuss" Auffangwert.

Kassenarztrecht: Streit um Arzthonorar Honorarmehrbetrag. Bei Zulassungsstreitig- **20** keiten keine Gerichtskosten, weil Sozialgerichtsverfahren. Anwaltshonorar nach § 23 RVG.

Kernkraftwerk: Vgl. „Atomrecht".

Kiesabbau: Höhe des durch den (weiteren) Kiesabbaus zu erzielende Gewinn.[135]

Kindergarten: Streit um (vorläufige) Anerkennung Auffangwert.

Kinder- und Jugendhilferecht: Streitwertkatalog 21.

Kleingartenrecht: Bei Streit um Wohnnutzung $1/2$-Jahresmiete für gleichgroße Wohnung.[136]

Kommunalrecht: Vgl. Streitwertkatalog 22.

Kommunalwahl: Vgl. Streitwertkatalog 22.1.

Konkurrentenklage: im Zusammenhang mit Beförderung und Einstellung im Beamtenrecht bei Verfahren nach § 123 VwGO: 2 000 € (Auffangwert).[137]

Krankenhausrecht: Vgl. Streitwertkatalog 23.

Kriegsdienstverweigerung: Vgl. Streitwertkatalog 52.1.

---

130 BVerwG bei *Buchholz* § 13 Nr. 70.
131 BVerwG JurBüro 1988, 343 = NVwZ 1988, 1919 = KTS 1988, 543.
132 BVerwG VIZ 1999, 214.
133 OVG Greifswald RVG-Letter 2004, 11.
134 BVerwG JurBüro 1995, 371.
135 BGH Mannheim JurBüro 1990, 911 = NVwZ-RR 1990, 386.
136 OVG Bremen JurBüro 1986, 1542.
137 VGH München NVwZ-RR 2000, 332.

Konkurs: § 148 KO (jetzt: § 182 InsO) *ist anwendbar.*[138]

Kriegsopferfürsorge: Streitwert wie Sozialhilfe (Streitwertkatalog 41.).

21 **Lastenausgleich:** Vgl. Streitwertkatalog 1996 (Vorauflage) 24.1.–24.4. und NVwZ 1996, 563.

Lebensmittelrecht: Vgl. Streitwertkatalog 25.

Leistungsklagen: Bei Klage auf Tätigwerden gegenüber einem Dritten Interesse des Klägers.[139]

Leistungskontrollen: Vgl. Streitwertkatalog 18.5. Bei Anfechtungsklage gegen den Bescheid über das endgültige Nichtbestehen der studienbegleitenden Leistungskontrolle 5 000 €.[140]

Linienverkehr: Vgl. Streitwertkatalog 47.

Luftfahrerschein: Vgl. Streitwertkatalog 26.

22 **Marktzulassung:** Vgl. Streitwertkatalog 54.5.

Medizinische Einrichtung: Für die Zulassung grundsätzlich Wert des angestrebten wirtschaftlichen Erfolgs, mindestens aber 500 000 €.[141]

Meisterprüfung: Streitwertkatalog 54.3.2.

Mietpreisbindung: Bei Verfahren um die Freistellung von der Mietpreisbindung Jahresbetrag der streitigen Mietpreiserhöhung.[142]

Mietwagengenehmigung: Vgl. Streitwertkatalog 47.5. Für Konzession 5 000 /Fahrzeug, bei Eilverfahren 2 500 €/Fahrzeug.[143]

Milchgarantiemenge: Vgl. Streitwertkatalog 24.1.

Modernisierungs-/Instandsetzungsgebot: 20% der voraussichtlichen Kosten der streitigen Maßnahme.[144]

Munitionserwerb: Vgl. „Waffenrecht" und Streitwertkatalog 50.

Mutterschutzgesetz: Zustimmungsverfahren zur Kündigung nach MSchtzG Auffangwert (Streitwertkatalog 27.1.).[145]

23 **Nachbarklage:** Vgl. Baunachbarstreit. Bei Anfechtung einer Gaststättenerlaubnis wegen Immissionen ist das Interesse des Anfechtenden maßgebend.[146]

---

138 VGH Mannheim KR Nr. 461; *Lappe* NJW 1994, 112.
139 OVG Münster NVwZ-RR 1999, 790.
140 BVerwG NVwZ-RR 1993, 304 = KR GKG § 13 Nr. 476.
141 BSG JurBüro 2003, 86.
142 OVG Koblenz BBauBl. 1989, 420 (L).
143 OVG Münster JurBüro 1998, 542.
144 VGH Kassel JurBüro 1991, 105.
145 Die Frage ist nach wie vor sehr str. vgl. bei *Oe/Wi/He* Streitwerthandbuch, S. 392.
146 OVG Rheinland-Pfalz JurBüro 2000, 81.

Nachgraduierung: Vgl. Streitwertkatalog 18.3.

Namensrecht: Bei Namensänderung etc. Auffangwert.[147] Bei mehreren Kindern gilt für jedes Kind ein eigener Auffangwert; da insoweit keine Rechtsgemeinschaft besteht.[148] Im Übrigen Streitwertkatalog 28.

Naturschutz: Auffangwert.[149]

Nebentätigkeit: Vgl. Beamtenrecht.

Negativzeugnis: Vgl. Vorkaufsrecht.

Nichtzulassungsbeschwerde: Wert des Revisionsverfahrens (§ 47 Abs. 3).

Normenkontrollverfahren: Vgl. Atomrecht, Bebauungsplan, Erhaltungszwang.

Nostrifikation: Streitwertkatalog 18.7.

Nutzungsuntersagung/-verbot: Jahresnutzwert.[150] Vgl. auch Streitwertkatalog 9.4.

Obdachloseneinweisung: Streitwertkatalog 35.3.   24

Ordnungsgeld: Höhe des Ordnungsgeldes.[151]

Ordnungsverfügung: Höhe der zur Erfüllung der Verfügung erforderlichen Aufwendungen.[152]

Parteienfinanzierung: Bedeutung der Sache für den Kläger, bei Klagen gegen die Festset- 25 zung i. d. R. Höhe des festgesetzten Betrages bzw. des begehrten Betrages.[153]
Passrecht: Vgl. Streitwertkatalog 30.

Personalausweis: Vgl. Streitwertkatalog 30.1.

Personalvertretungsrecht: Für die Gerichtsgebühren gilt § 2 Abs. 2 entsprechend, wonach Gerichtsgebühren nicht anfallen. Für die Anwaltsgebühr gelten nach § 23 RVG die Grundsätze des § 52 Abs. 3.

Personenbeförderung: Vgl. Linienverkehr (Streitwertkatalog 45.5.).

Pflegegeld: Vgl. Sozialhilfe (Streitwertkatalog 41.).

Pflegesätze: Vgl. Krankenhausrecht (Streitwertkatalog 23.).

Pilotenschein: Vgl. Luftfahrtschein (Streitwertkatalog 26.).

Planfeststellung: Streitwertkatalog 34.[154] Anfechtung von Planfeststellungsbeschlüssen 30–50% des Verkehrswertes der in Anspruch genommenen Fläche.[155] Klage eines drittbe-

---

147 BVerwG, Beschl. v. 17. 5. 1993 – 6 B 13/93; OVG Münster, DVBl. 1994, 651.
148 VG Darmstadt NJW 1998, 2992 (L).
149 Vgl. OVG Bremen JurBüro 1994, 119; dazu auch bei *Oe/Wi/He* Streitwerthandbuch, S. 361.
150 OVG Münster NVwZ-RR 1990, 110.
151 VGH München KR § 13 GKG Nr. 295.
152 OVG München KR GKG § 13 Nr. 455.
153 OVG Münster VVwZ 2000, 335 = NVWZ-RR 2000, 333 (L).
154 Vgl. dazu auch die zahlreichen Nachweise bei *Oe/Wi/He* Streitwerthandbuch, S. 365.
155 BVerfG NVwZ 1999, 1104.

troffenen Grundeigentümers wegen Eigentumsbeeinträchtigung 10 000 €, wegen Grundstücksgefährdung zusätzlich je 5 000 € je Kläger.[156] Bei Beschluss ohne enteignungsrechtliche Vorwirkung für Kläger 4 000 €.[157]

Polizei- und Ordnungsrecht: Vgl. Streitwertkatalog 35.

Privatdozentur: Regelmäßig 5 000 €.[158]

Private Grundschule: Vgl. Ersatzschulen (Streitwertkatalog 38.2.).

Prozessvergleich: Betrag über den verglichen worden ist, nicht der Betrag auf den verglichen wurde.[159]

Prüfungsrecht: Streitwertkatalog 36.

26 **Räumungsanordnung:** § 41 ist unanwendbar; Regelmäßig Auffangwert.[160]

Räumungsgebot: Vgl. Streitwertkatalog 9.4.

Rechtsanwalt: Bei Feststellung der Notwendigkeit der Hinzuziehung eines R im Vorverfahren Geschäftsgebühr (VV-RVG 2400–2403) nach dem Feststellungswert des Streitgegenstandes der vertretenden Sache.[161]

Rechtsberatungsgesetz: Erlaubnisüberprüfung 10 000 €[162] (vgl. Streitwertkatalog „Gewerbeerlaubnis").

Rentenansprüche: s. Berufsunfähigkeitsrente.

Richterrecht: In Prüfungsverfahren nach §§ 66 Abs. 1, 62 Abs. 1 Ziff. 3 und 4 DRiG ist nicht § 42, sondern § 52 anwendbar. Für Anfechtung der Entlassung eines Richters auf Probe einjähriger Betrag des Endgrundgehalts nach der Besoldungsgruppe R 1.[163]

Ruhegehalt: Verpflichtungsklage auf anderweitige Festsetzung ist nach § 52 Abs. 2 unter Berücksichtigung des Maßstabs nach § 42 Abs. 3 zu bewerten; § 42 Abs. 4 ist unanwendbar.[164]

Ruhegehaltsfähige Dienstzeit: Vgl. Streitwertkatalog 10.4.[165]

Rundfunk: Befreiung von der Gebührenpflicht Jahreswert der Gebühr.[166]

Rundfunkrecht: Vgl. Streitwertkatalog 37.

156 OVG Hamburg NVwZ-RR 1999, 700.
157 OVG Schleswig NVwZ-RR 2000, 332.
158 BVerwG KR § 13 GKG Nr. 316.
159 OVG Münster NVwZ-RR 2000, 332.
160 VGH München BayVBl. 1988, 476 = KR § 13 GKG Nr. 208 (L).
161 OVG Sachsen JurBüro 2003, 136.
162 Dazu bei D. *Meyer* JurBüro 2003, 130.
163 BGH KR § 13 Nr. 462.
164 VGH Mannheim NVwZ-RR 1990, 111 = RiA 1989, 213.
165 A. A. VGH Mannheim JurBüro 1991, 1688 (wie Ruhegehalt).
166 OVG Hamburg JurBüro 2000, 534.

Sachverständiger: Bei Zulassungsstreitigkeiten, auch bei Anfechtung oder Widerruf, **27** Verdienstmöglichkeit für 1 Jahr.[167] Bei Klagen auf öffentliche Bestellung und Vereidigung nach § 36 GewO 5000 €.[168]

Schülerbeförderung: Jahresbetrag der Kosten.[169]

Schulrecht: Vgl. Streitwertkatalog 38.

Schwerbehinderter: Vgl. Streitwertkatalog 39.

Sendezeit: Vgl. Rundfunkrecht (Streitwertkatalog 37.).

Sicherstellung eines Kraftfahrzeugs: Streitwertkatalog 46.15. ($1/2$-Auffangwert).

Soldatenrecht: Vgl. Streitwertkatalog 40.

Sondereigentümer: Regelmäßig aus einem Rahmen von 1500 € bis 15000 €.[170]

Sondernutzung: Vgl. Streitwertkatalog 43.1.

Sondernutzungsrecht: 10% des von dem konzessionierten Mitbewerber erwirtschafteten Jahresumsatzes;[171] für einen einzelnen Informationsstand einer politischen Partei an nur einem bestimmten Tag 1000 € (2000 DM).[172]

Sonderschule: s. Schulrecht (Streitwertkatalog 38).

Sozialhilfe: Streitwertkatalog 41. Bei Rücknahme der Bewilligung Summe der bewilligten Leistungen;[173] im Übrigen regelmäßig Leistung im Zeitraum bis zum Erlass des Widerspruchsbescheides.[174] (s. a. „Grundsicherung")

Sperrzeitverlängerung/-verkürzung: Streitwertkatalog 54.4. Im Verfahren nach § 80 Abs. 5 VwGO $1/2$.

Spielhallenerlaubnis: 2000 €/Spielgerät.[175] Für Verpflichtungsklage auf Erteilung einer Erlaubnis zum Betrieb 6000 €/Spielhalle.[176]

Staatsangehörigkeit: Streitwertkatalog 42.

Stiftungsrecht: Geschätzter oder tatsächlicher Jahresbetrag der Vermögenserträge der Stiftung.[177]

Stilllegung: Für baurechtliche Stilllegung Streitwertkatalog 9.4.

Strafvollzugssachen: s. § 60 GKG

---

167 VGH München BayVBl. 1982, 668; OLG Schleswig JurBüro 1992, 330 = AnwBl. 1992, 280.
168 BVerwG, KR § 13 GKG Nr. 319.
169 VGH Kassel KR § 13 GKG Nr. 393.
170 OVG Münster JurBüro 1991, 1103 = NVwZ-RR 1992, 11.
171 OVG Schleswig AnwBl. 1992, 281.
172 OVG Mecklenburg-Vorpommern JurBüro 2003, 144.
173 OVG Münster JurBüro 2001, 419.
174 OVG Bremen JurBüro 2002, 80.
175 BVerwG GewArch. 1992, 63.
176 BVerwG GewArch. 1991, 431 = NVwZ-RR 1992, 516.
177 OVG Münster NWVBl. 1994, 393.

Straßenrecht: Vgl. Streitwertkatalog 43. Klage eines Landes gegen Weisung des Bundes auf Herabstufung der mit der Veränderung der Straßenbaulast verbundene Belastung (3½-facher jährlicher Erhaltungs- und Unterhaltungsaufwand des betreffenden Straßenabschnitts).[178] Für Widmungsstreitigkeiten betr. eines öffentlichen Feld- oder Waldwegs Interesse des Klägers, mindestens 5 000 €.[179] Vgl. auch Streitwertkatalog 43.3.

Straßenrechtliche Planfeststellung: Vgl. „Planfeststellung".

Streitgenossen: Addition der einzelnen Streitwerte gem. § 5 ZPO.[180]

Stromtarif: Für Streit über Genehmigung von Stromtarifen 70% des zu erwartenden jährlichen Mehrerlöses.[181]

Stundung: Bei Rücknahme einer zinslosen Stundung ohne festen Endpunkt gem. § 9 ZPO das 3½-fache des Jahresbetrags der ortsüblichen Stundungszinsen.[182]

Subventionsrecht: Vgl. Streitwertkatalog 44. Kündigung eines Darlehens nach Widerruf der Subventionsbewilligung ¼ des Verfahrens der Hauptsache (d. i. der Widerruf der Subvention).[183]

28   **Tätigkeitsuntersagung:** nach § 48 SGB VIII als Kindergärtnerin Auffangwert.[184]

Taxengenehmigung: Streitwertkatalog 46.4. = 10 000 €/Fahrzeug, bei Eilverfahren 5 000 €/Fahrzeug.[185]

Teilungsgenehmigung: Der Wert entspricht dem der entsprechenden Baugenehmigung.[186]

Trennungsgeld: streitiger Betrag, höchstens Jahresbetrag (Streitwertkatalog 10.7.).

29   **Untätigkeitsklage:** Ausmaß des wirtschaftlichen Schadens durch die Verzögerung für den Betroffenen.

Unterrichtsverpflichtung: Für Unterrichtsverpflichtung eines Lehrers Auffangwert.[187]

30   **Vereinsrecht:** Streitwertkatalog 45.

Verkehrsrecht: Streitwertkatalog 46.

Verlust der Dienstbezüge: Betrag der streitgegenständlichen Bezüge, höchstens 3-facher Jahresbetrag.[188]

---

178   BVerwG JurBüro 1998, 263 = NVwZ-RR 1998, 458.
179   BayVGH JurBüro 1998, 94.
180   OVG Münster JurBüro 2002, 532.
181   OVG Bautzen NVwZ-RR 1998, 459.
182   OVG NRW JurBüro 2004, 31.
183   OVG Mecklenburg-Vorpommern JurBüro 2001, 594.
184   VGH Baden-Württemberg JurBüro 2000, 421.
185   OVG Münster JurBüro 1998, 542.
186   OVG Münster JurBüro 1995, 238.
187   OVG Bremen KR § 13 Nr. 530.
188   VGH München ZBR 1989, 24 = NVwZ-RR 1989, 54.

Vermögensgesetz: § 52 Abs. 4.

Vermögenszuordnungsgesetz: Es werden keine Gerichtskosten erhoben (§ 6 Abs. 1 S. 3 VZOG).

Versammlung: Verfahren gem. § 80 Abs. 5 VwGO betr. Auflagen in einer Anmeldebestätigung $^1/_2$-Auffangwert.

Versammlungsverbot: s. Vereinsrecht (Streitwertkatalog 45.).

Versetzung: s. Schulrecht (Streitwertkatalog 38.5.).

Vertriebenenrecht: Streitwertkatalog 49.

Verwaltungszwang: Kosten der Ersatzvornahme.[189]

Vollstreckungsverfahren: Höhe des Zwangsgeldes. Bei bloßer Androhung $^1/_2$ des angedrohten Betrages.[190]

Vorbescheid: Es ist auf die faktische Wirkung der Entscheidung in Bezug auf das Hauptverfahren abzustellen. Wird mit dem Vorbescheid bereits eine dem Planfeststellungsbeschluss ähnliche Wirkung erreicht, 30 – 50% des Verkehrswertes des betroffenen Grundstücks.[191]

Vorkaufsrecht: Wie Zivilrechtliches Vorkaufsrecht. Für Anfechtungsklage gegen Ausübung Bruchteil des vereinbarten Kaufpreises (etwa 10–25%).[192]

Vorverfahren: Wie für das entsprechende gerichtliche Verfahren.[193]

Waffenrecht: Streitwertkatalog 50. Widerruf von Waffenbesitzkarten Streitwertkatalog **31** 50.1.[194]

Wahlrecht: Keine Addition der Streitwerte bei subjektiver Klagehäufung.[195]

Wasserrecht: Streitwertkatalog 51.

Wehrpflichtrecht: Bei Streit um die Einberufung oder die Gewährung von Ausnahmen gilt der Auffangwert.[196]

Wehrübung: Auffangwert.[197]

Weinrecht: Streitwertkatalog 53.

Werbenutzungsvertrag: s. Sondernutzung (Streitwertkatalog 43.2.); für Informationsstand einer Partei Auffangwert.[198]

---

189 OVG Münster KR § 13 GKG Nr. 158.
190 VGH Mannheim NVwZ-RR 1998, 692.
191 BVerwG JurBüro 1999, 195; vgl. auch VGH München NVwZ-RR 1999, 413.
192 OVG Lüneburg JurBüro 2002, 424; vgl. dazu bei *Oe/Wi/He* Streitwerthandbuch, S. 384.
193 VGH München NVwZ-RR 1993, 334.
194 OVG Lüneburg JurBüro 1999, 530 m. Anm. von *Diering*.
195 VGH München NVwZ-RR 1997, 755.
196 BVerwG DÖV 1994, 170 = NVwZ- RR 182 (L) und NVwZ 1983, 608; *Hartmann* Anh. I B § 52 Rn. 39.
197 BVerwG JurBüro 1994, 118.
198 VGH München JurBüro 2001, 420.

Werbetafel: Streit um Genehmigung 500 €/qm.[199]

Winterbauumlage: Keine Gerichtskosten, weil sozialgerichtliches Verfahren.

Wohnungsrecht: Streitwertkatalog 56.

32 **Zeugnis:** Streitwertkatalog 38.5.

Zweckentfremdung: Streitwertkatalog 56.6.

Zulassung der Berufung/Beschwerde: § 14 Abs. 3.

Zulassung eines Arzneimittels: Erwarteter Jahresgewinn aus dem Verkauf.[200]

Zulassung zum Studium: Auffangwert sowohl für Eilverfahren als auch für Hauptsacheverfahren.[201]

Zustimmungsverfahren: Streitwertkatalog 27.1. (Mutterschutz) und 39.1. (Schwerbehinderte)

Zwangsgeld: Höhe des festgesetzten oder angedrohten Zwangsgeldes.[199]

Zwangsmittelandrohung: Bei Verbindung mit Grundverfügung streitwerterhöhend zu berücksichtigen.[200] Selbständige Androhung etwa 1/4 des Wertes der Kosten der Ersatzvornahme.[201]

Teil III: Streitwertschlüssel für Finanzgerichtssachen

34 **I. Allgemeines:**

Nach § 52 Abs. 4 beträgt der Wert in Finanzgerichtssachen mindestens 1 000 € (Mindestwert). Dieser Mindestwert darf niemals unterschritten werden. Von dieser Basis ausgehend, gilt: Wenn nicht der bezifferte Geldbetrag gem. § 52 Abs. 3 anzusetzen ist, ist maßgebend die Bedeutung der Sache für den Kläger, welche durch sein finanzielles Interesse an der erstrebten Entscheidung für den streitigen Veranlagungszeitraum bestimmt wird. Bemessungsgrundlage ist aber immer nur der Steuerbetrag, um den gestritten wird.[1] Mittelbare Auswirkungen, insbesondere auf die Besteuerung der folgenden Jahre bleiben regelmäßig außer Betracht.[2] Nur wenn um eine Entscheidung gestritten wird, die einen Zeitraum von mehreren Jahren umfasst, ist der zusammengerechnete Betrag maßgebend.[3] Lässt sich der Betrag nicht ermitteln, kann als Wert die Hälfte der festgesetzten Steuer geschätzt werden.[4]

---

199 VG Meiningen LKV 1998, 38.
200 BVerwG Jur Büro 1991, 1539.
201 VGH München JurBüro 2001, 420.
1 BFH KostRspr. § 13 Nr. 467.
2 BFH BStBl. III, 385.
3 BFH BStBl. II 1969, 587.
4 BGH-NV 1992, 190 m. N.

II. Einzelfälle

Ablehnung 35
- *des Lohnsteuerjahresausgleichs*: beantragter Lohnsteuererstattungsbetrag,
- *von Richtern*: Interesse des Ablehnenden, i.d.R. $1/_{10}$ des Hauptsachewertes,[5]
- *von Sachverständigen*: geringerer Wert als der der Hauptsache. Vgl. oben, Anh. zu 48 Rn. 10.

Abrechnungsbescheid: Nennbetrag der Steuerforderung.[6]

Antrag:
- *auf bezifferte Geldleistung* oder darauf gerichteten Verwaltungsakt: § 52 Abs. 3,
- **auf nicht bezifferte Geldleistung:** Bedeutung der Sache für den Kläger, im Zweifel Auffangstreitwert,
- auf *Aufhebung eines Steuerbescheides*: festgesetzte (Teil-)Steuerschuld.

Arrest: 53 i.V.m. § 3 ZPO, i.d.R. die Hälfte der Hinterlegungssumme.[7]

Artfeststellung:
- *Betriebsgrundstück*: 20% des festgestellten Einheitswertes,[8]
- *Einfamilienhaus*: 50% aus der ganzen Höhe des festgestellten Einheitswertes.[9]

Aufrechnung: § 45. Ist Bestand der Aufrechnungsforderung Streitgegenstand, dann voller Wert der Forderung.[10] Bei Anfechtung einer Aufrechnung des Finanzamts mit Steuerforderungen: $1/_{10}$ des Wertes der Forderungen, wenn es nur um die Zulässigkeit der Aufrechnung geht.[11]

Auskunft: 10% des Wertes der verlangten Auskunftssache.[12] Wenn Wert des Interesses nicht erkennbar ist, dann für jedes Begehren Auffangstreitwert.[13]

Außenprüfung: 50% der mutmaßlichen Mehrsteuer.[14]

Aussetzung:
- wegen schwebender *Musterprozesse*: 5%–10% des streitigen Steuerbetrages,[15]
- *einstweilige* Aussetzung *der Vollziehung*: 10%[16]–$1/_3$[17] des Hauptsacheverfahrens.

Beitreibung: Wert des Betrages, der beigetrieben werden soll.[18] 36

---

5 BFH RPfleger 1977, 250 = BB 1976, 1445.
6 FG Berlin BB 1970, 64.
7 BFHE 86, 786; BFH BStBl. II 1982, 691.
8 BFH BB 1976, 1541.
9 BFH BB 1975, 75; *Offerhaus* NJW 1975, 1951, 1953; *Horn* BB 1973, 828.
10 BFH NVwZ 1992, 208.
11 FG Berlin EFG 1976, 583.
12 BFH BB 1974, 1378.
13 BFH BStBl. II 1982, 705.
14 BFH KostRspr. § 13 GKG Nr. 308.
15 BFH BB 1971, 154; BFH BStBl. III 1959, 311.
16 SächsFinG JurBüro 2002, 640.
17 BFH BFHE 87, 410.
18 BFH BB 1978, 347.

Bekanntgabe: Vgl. „Auskunft".

Beschwer: § 47 Abs. 2. Der Steuerpflichtige kann auch durch Festsetzung einer zu niedrigen Steuer beschwert sein, wenn diese sich später zu seinen Ungunsten auswirken kann.[19]

Besteuerungszeitraum: Wert des Zinsvorteils entsprechend § 238 AO.[20]

Betriebsprüfung: Für Streit über Anordnung 50% der zu erwartenden Mehrsteuer, im Zweifel Auffangwert.[21] Bei Streit um Wiederholung 50% der endgültig erstrebten Steuerherabsetzung.[22]

Betriebsvermögen: Bei Streitigkeiten über Einheitswert 20% der Differenz zwischen festgestellten und begehrten Einheitswert, und zwar auch, wenn der beantragte Wert negativ ist. U. U. kann auch nur 10% ausreichen.[23]

Bevollmächtigter: $^1/_{10}$ der Hauptsache bei Beschwerde gegen die Anordnung des Finanzgerichts, einen Bevollmächtigten zu bestellen.[24]

Branntwein: Rechtsstreit betreffend die Rechtmäßigkeit der Sicherstellung 50% des Wertes der sichergestellten Gegenstände.[25]

Buchführungserleichterung:[26] In der Regel Auffangstreitwert.[27]

37   C

38   **Duldungsbescheid:** Wert der zugrunde liegenden Steuerforderung bzw. abweichender Wert der betroffenen Gegenstände.[28]

39   **Eidesstattliche Versicherung** nach § 284 AO: Regelmäßig 50% der rückständigen Beträge.[29]

Eigenheimzulage: Betrag des gesamten Förderzeitraums (nicht nur Jahresbetrag).[30]

Einfamilienhaus: Vgl. „Artfeststellung".

Einfuhrumsatzsteuer: Einfuhrumsatzsteuerbetrag ohne Rücksicht auf Vorsteuerabzugsberechtigung.[31]

---

19   BFH BFHE 87, 431.
20   BFH-NV 1992, 127.
21   BFH BStBl. II 1985, 257.
22   FG Düsseldorf EFG 1972, 350.
23   BFH BFHE 115, 304; FG Düsseldorf EFG 1968, 429.
24   BFH BB 1978, 347.
25   BFH BB 1978, 488 (L).
26   Dazu FG Hamburg EFG 1979, 514 = KostRspr. GKG § 23 Nr. 26 (L).
27   BFH BStBl. II 1984, 39; a. M. *Lappe* NJW 1985, 1880.
28   BFH-NV 1992, 690; FG Kassel EFG 1989, 652.
29   BFH BB 1977, 1034 = Der Betrieb 1978, 143 (L).
30   FG Saarbrücken JurBüro 2002, 533.
31   BFH BFHE 113, 407.

Einheitliche Feststellung von Einkünften: Das durch die Auswirkungen auf die Steuerpflicht maßgebliche Interesse der im Verfahren unmittelbar Betroffenen,[32] das pauschal mit einem %-Satz des streitigen Gewinnanteils bewertet werden kann.[33]

Einheitswert: In der Regel%-Satz des streitigen Einheitswertes. Bei vor dem 1. 1. 1974 festgestellten Einheitswerten Grundstücke 60% des streitigen Wertunterschiedes.[34] Ermäßigung entsprechend der tatsächlichen Wirkungsdauer, wenn feststeht, dass er Besteuerungsgrundlage für weniger als drei Jahre ist.[35] Bei Bescheiden über Hauptfeststellung 1964 40% des streitigen Wertunterschiedes.[36] Bei Behauptung, die bewerteten Grundflächen seien Teil einer größeren wirtschaftlichen Einheit, ist der Streitwertberechnung die Wertvorstellung des Behauptenden in voller Höhe zugrunde zu legen und davon der Tausendsatz zu entnehmen.[37] Vgl. auch „Betriebsvermögen", „Betriebsgrundstück", „Einfamilienhaus".

Einkommensteuer: Unterschied zwischen dem festgesetzten und dem erstrebten Steuerbetrag für ein Jahr ohne einkommensteuerlich abhängige Zuschläge und Abgaben[38] und Folgesteuern.[39]

Einstweilige Anordnung, § 114 FGO: vgl. § 53. In der Regel 1/3 des Hauptsachewertes.[40] Bei einstweiliger Anordnung gegen Pfändungsmaßnahmen 10% des Betrages, wegen dem Zwangsvollstreckung betrieben wird.[41] Bei Streit um einstweilige Aussetzung der Vollziehung aber 1/3 des Hauptsachewertes.[42]

Ergänzungsabgabe: Betrag, gegen den sich der Kläger wendet.

Erhöhung: Der volle Betrag der erstrebten Steuererhöhung.[43]

Erlass § 227 AO: Maßgebend ist der Betrag, um dessen Erlass gestritten wird.[44]

Erledigung der Hauptsache: Kosteninteresse.[45]

Erstattung: Betrag, um dessen Erstattung gestritten wird.[46]

Fälligkeit: 10% der Forderung, wenn die Forderung unstreitig ist.[47] Bei Streit um Vorverlegung der Fälligkeit (§ 221 AO) Jahresbetrag des Zinsnachteils.[48]   **40**

---

32 FG Saarland EFG 1988, 258.
33 BFH-NV 1993, 377; vgl. dazu auch die zahlreichen Nachweise bei *Hartmann* § 52 Anh. II Rn. 4.
34 BFH BB 1978, 1507 (L) = Der Betrieb 1978, 2299.
35 BFH JurBüro 1977, 934.
36 BFH BFHE 117, 524 = BB 1976, 493.
37 BFH BFHE 118, 71.
38 BFH BStBl. II 1979, 441.
39 BFH BStBl. III 1967, 291 und BStBl. II 1975, 58; vgl. i. Üb. die Nachweise bei *Hartmann* § 52 Anh. II Rn. 6.
40 BFH BFHE 120, 338.
41 BFH BFHE 120, 338.
42 BFH BFHE 121, 311.
43 BFH BB 1970, 994.
44 BFH BB 1972, 906.
45 BFH BStBl. II 1989, 106 m. N.
46 BFH BStBl. II 1971, 603 = BB 1971, 1039 (L).
47 FG Düsseldorf EFG 1974, 435.
48 FG Saarland EFG 1975, 24.

Familienkasse: Höhe des streitigen Betrages, höchstens Jahresbetrag.[49]

Feststellungsklage: negative F.: Wert der entsprechenden Anfechtungsklage.[50]

Forderungspfändung: Vgl. „Beitreibung".

41 **Gesamtgutvermögen:** Streitwert der einheitlichen und gesonderten Feststellung der Anteile beträgt 20% des streitigen Wertunterschiedes gem. den Anträgen des Klägers.[51]

Gesamtstreitwert: Vgl. „einheitliche Feststellung von Einkünften".

Gewinn: Streitwert für die Zurechnung eines der Höhe nach unstreitigen Einheitswertes auf die beteiligten Gesellschafter bestimmt sich nach dem steuerlichen Interesse, das sich unter Berücksichtigung der Sachanträge des Klägers ergibt.[52] Der Streitwert des Verfahrens darüber, ob die einem Gesellschafter gezahlte Vergütung zu seinen gewerblichen oder zu den Einkünften aus nichtselbständiger Arbeit zählt, bestimmt sich nach dem Antrag des Klägers und dem darin zum Ausdruck gekommenen geldlichen Interesse (§ 52 Abs. 1).[53] Der Streitwert der Anfechtung der gesonderten Feststellung des gemeinen Wertes nichtnotierter Anteile an Kapitalgesellschaften entspricht dem einfachen Jahresbetrag der Vermögensteuer, die auf dem streitigen Wertunterschied der Anteile des Klägers lastet.[54]

Gewinnfeststellung: In Verfahren der einheitlichen Gewinnfeststellung i.d.R. 25% des streitigen Gewinnsatzes. Auswirkungen auf die Höhe der Gewerbesteuer bleiben unberücksichtigt. Bei hohen Gewinnen ist ein höherer Prozentsatz angebracht, bei kleineren Gewinnen ein geringerer Prozentsatz bis zu 10%. Ergeben sich im Gewinnfeststellungsverfahren keine Auswirkungen auf die Einkommensteuerpflicht, beträgt der Streitwert 1% des streitigen Betrages.[55] Ist allein die Höhe streitig, ist der Streitwert stets nach dem %-Satz des streitigen Gewinnanteils anzusetzenden Interesse des Klägers an der Minderung seiner Einkommensteuer zu bemessen (§ 52 Abs. 1). Das Interesse der vom Verfahren sonst noch unmittelbar Betroffenen an der Minderung ihrer Einkommensteuer ist nur dann mit zu bewerten, wenn sie als Mitkläger oder Mitunternehmer der klagenden Gesellschaft am Verfahren beteiligt sind. Folgewirkungen auf andere Steuerpflichtige bleiben außer Betracht.[56] Diese Grundsätze gelten auch, wenn ein Gesellschafter klagt. Bei Klagen der Gesellschaft ist maßgebend das Interesse der Gesellschaft und nicht das der einzelnen Gesellschafter.[57] Der Grundsatz, dass bei Streit um die Gewinnverteilung der einheitlichen Gewinnfeststellung der Streitwert mit 25% des streitigen Gewinns zu bemessen ist, gilt auch, wenn ein Gesellschafter klagt. Ist nicht die Höhe, sondern allein die Verteilung des Gewinns streitig, dann beträgt der Streitwert immer 25% des Teils des Gewinns, um dessen Verteilung gestritten wird.[58] Das gilt auch, wenn der Streit um die er-

---

49 Vgl. dazu bei *D. Meyer* JurBüro 1999, 182.
50 HessFG EFG 1968, 513 = JurBüro 1968, 974 (L); FG Münster EFG 1971, 452.
51 BFH BStBl. II 1969, 626.
52 BFH BB 1971, 1267 m. Anm. v. *Roller.*
53 BFH BB 1967, 487; BFH BB 1972, 906.
54 BFH BB 1977, 1644 = Der Betrieb 1977, 2262.
55 BFH BB 1970, 994.
56 BFH JurBüro 1978, 1319 (L) = WM 1978, 1278 (L) = Der Betrieb 1978, 1259.
57 BFH BStBl. II 1979, 608.
58 BFH BB 1974, 261.

satzlose Aufhebung des Feststellungsbescheides geht.[59] Ist im Verfahren der einheitlichen Gewinnermittlung einer Abschreibungsgesellschaft die Höhe des Verlustes streitig, so ist der Streitwert i. d. R. 50% des streitigen Verlustbetrages.[60] Sind die Verfahren über die Einkommenssteuerveranlagung und die Gewinnermittlung verbunden, so ist neben dem Streitwert der Einkommenssteuerveranlagung nicht auch noch der des Gewinnermittlungsverfahrens zu berücksichtigen.[61] Anders bei getrennten Verfahren.[62] Bei Streit um Veräußerungsgewinn ist als Regelsatz 15% des streitigen Gewinnbetrages zu nehmen,[63] bei höheren Gewinnanteilen der beteiligten Gesellschafter auch höhere Sätze. Hinsichtlich der Beschwer gilt, dass an einem einheitlichen und gesonderten Gewinnfeststellungsverfahren Beteiligte auch dann beschwert sind, wenn die von ihnen erstrebte Herabsetzung des Gesamtgewinns zwangsläufig zugleich zu einer Erhöhung des auf ihn entfallenden Gewinnanteils führt.[64]

Gewerbesteuer: Der mit der Klage erstrebte finanzielle Erfolg des Klägers; d. i. der Unterschied zwischen festgestelltem und erstrebtem Steuermessbetrag.[65]

Grunderwerbssteuer: Wird ein Grundsteuerbescheid in vollem Umfang angefochten, ist der nach dem Bescheid geschuldete Betrag der Streitwert.[66]

Grundsteuer: Wenn es um einen festen Geldbetrag geht, gilt § 52 Abs. 3, sonst ist zu schätzen. In der Regel ist als Streitwert der auf den streitigen Messbetrag entfallende Jahressteuerbetrag zu nehmen.[67]

Haftungsbescheid: Die in dem Bescheid festgestellte Haftungsschuld.[68] Bei Klagen meh- **42** rerer Gesellschafter gegen gesonderte Haftungsbescheide gleicher Höhe bemisst sich der Wert nach einer einzigen Haftungsschuld.[69]

Hauptfeststellung: Vgl. „Einheitswert".

Hilfeleistung in Steuersachen: Streitwert bei Untersagung i. d. R. das letzte Jahreseinkommen des Betroffenen.[70]

Insolvenz: s. „Konkurs". **43**

J **44**

Kapitalgesellschaft: Vgl. „Gewinnfeststellung". **45**

59 BFH BFHE 116, 350.
60 BFH BStBl. II 1980, 520 = JurBüro 1980, 1805 (L).
61 FG Düsseldorf EFG 1976, 194.
62 Vgl. dazu BFH BB 1978, 347.
63 BFH BFHE 89, 235 = Der Betrieb 1967, 1882.
64 BFH BB 1971, 1038.
65 BFH-NV 1993, 559 und 1994, 55.
66 BFH BStBl. II 1973, 820.
67 BFH BStBl. II 1952, 283.
68 BFH BStBl. II 1972, 181.
69 FG Münster EFG 1978, 475.
70 BFH NJW 1979, 1176 (L) und BB 1978, 1508 (L).

Kindergeld: Aufhebung einer Festsetzung: Jahresbetrag des Kindergeldes zuzüglich der bei Klageeinreichung zu zahlenden Beträge.[71] S. auch „Familienkasse". Finanzgerichtliches Vorverfahren Interesse des Berechtigten von der Versagung bis zum Erlass eines Einspruchsentscheides.[72]

Kirchensteuer: Maßgebend ist der streitige Betrag, ggf. ohne Hinzurechnung der Kirchenlohnsteuer.[73]

Körperschaftssteuer:[74] Vgl. „Einkommenssteuer". Grundsätzlicher streitiger Betrag.

Kommanditgesellschaft: Vgl. „Auskunft", „Gesellschaft" und „Gewinnfeststellung".

Konkurs: *§ 148 KO* (jetzt: § 182 InsO). Für Feststellungsverfahren nach § 251 Abs. 3 AO kommt es außerhalb der Anwendung von *§ 148 KO* (jetzt: § 182 InsO) auf den Mehrbetrag an, der sich aus dem beanspruchten Vorrecht ergeben würde.[75]

Kosten: Auch ein Verfahren über Aussetzung der Vollstreckung des Kostenansatzes zählt zu den Streitigkeiten über Kosten, Gebühren und Auslagen i.S.v. § 128 FGO. Die Gerichtskosten, von denen das Finanzamt befreit ist, bleiben bei der Festsetzung des Streitwertes außer Betracht.[76]

Kraftfahrzeugsteuer: Bei unbefristeter Festsetzung der Jahresbetrag, bei befristeter Festsetzung der ganze Betrag.

46 Lastenausgleich: § 52 Abs. 3. Anhaltspunkte für den Streitwert bietet der Ablösewert.[77]

Lohnsteuer: Vgl. „Einkommenssteuer". Maßgeblich ist der umstrittene Betrag für das jeweilige Jahr.[78] Bei Freibetrag der sich daraus ergebende Steuerbetrag für höchstens ein Jahr.[79] Bei Klage auf Durchführung des Ausgleichs der beantragte Erstattungsbetrag.[80]

Lohnsteuerhilfeverein: Auffangwert.[81]

47 Mehrwertsteuer: Vgl. „Umsatzsteuer".

Musterprozess: Aussetzung oder Ruhen im Hinblick auf einen Musterprozess 5% des streitigen Steuerbetrages für das Zwischenverfahren.[82] Der Streitwert des Musterverfahrens bleibt deswegen unberührt.

48 Nachprüfungsvorbehalt, § 164 AO: In der Regel Auffangwert.[83]

---

71 BFH NVwZ-RR 2001, 280.
72 FG Baden-Württemberg JurBüro 2001, 480.
73 BFH BStBl. II 1975, 145.
74 Vgl. dazu auch FG Düsseldorf EFG 1994, 714; FG Hamburg EFG 1989, 34; FG Saarland EFG 1994, 124.
75 BFH BStBl. II 1988, 125.
76 BFH BB 1971, 991.
77 BFH BStBl. II 1974, 141.
78 BFH BStBl. III 1958, 385.
79 BFH KostRspr. § 13 GKG Nr. 296.
80 BFH BStBl. II 1973, 685 und 1975, 145.
81 BFH BStBl. II 1981, 105; dazu kritisch *Lappe* NJW 1982, 1739.
82 BFH BB 1973, 1153.
83 BFH BStBl. II 1980, 417.

Nichtzulassungsbeschwerde, § 115 FGO: Voraussichtlicher Streitwert des angestrebten Revisionsverfahrens.[84]

O   **49**

Pfändung: Im Verfahren der einstweiligen Anordnung gegen Pfändungsmaßnahme 10% **50** des Betrages, wegen dem die Zwangsvollstreckung betrieben wird.[85] Ansonsten der Betrag, wegen dem vollstreckt bzw. beigetrieben wird, es sei denn, der Wert des gepfändeten Gegenstandes ist geringer.[86] Vgl. auch § 6 ZPO.

Q   **51**

Rechtsbehelfsentscheidung: Bei Anfechtung Wert der angefochtenen Sache.[87]   **52**

Rechtsmittel: § 47.

Revision: Bei Revision und Anschlussrevision sind die Streitwerte beider Rechtsmittel zusammenzurechnen, soweit sie nicht denselben Streitgegenstand betreffen, sonst gilt nur der einfache Wert, vgl. § 45.

Säumniszuschlag: Vgl. „Steuersäumniszuschlag".   **53**

Schätzung: Voller Unterschiedsbetrag zwischen festgesetzter Steuer und der Steuer, die nach den Angaben der nachgereichten Steuererklärung festzusetzen wäre.[88]

Schlussbesprechung, § 201 AO: Streit um die Verpflichtung zu ihrer Abhaltung 10% der steuerlichen Auswirkungen.[89]

Sicherstellung: Vgl. „Branntwein".

Steuerberaterprüfung: Bei Streit um Bestehen 5 000 €.[90] Bei Streit um Zulassung zur Prüfung 4 000 €.[91] Bei Streit um Aufhebung von Entscheidungen der Prüfungsausschüsse 2 500 €.[92] Die untergerichtliche Rechtsprechung nimmt aber teilweise erheblich höhere Werte an.[93]

Steuerberatung:
- *Zulassung:* Mehrbetrag der Einkünfte für 5 Jahre,[94]
- *Anerkennung einer Steuerberatungsgesellschaft:* Mindestens 25 000 €,[95]

84   BFH-NV 1992, 54; BFH-NV 1994, 572.
85   BFH BStBl. II 1978, 159.
86   BFH BB 1978, 347.
87   BFH BStBl. II 1982, 328.
88   BFH BStBl. II 1979, 565.
89   BFH BStBl. II 1980, 751.
90   BFHE 137, 574.
91   BFHE 118, 145.
92   BFH/NV 1989, 315.
93   Vgl. die Nachweise bei *Oe/Wi/He* Streitwert 6. 2 „Steuerberaterprüfung".
94   BezG Magdeburg EFG 1992, 296; *Tipke/Kruse* Rn. 103; *Hartmann* Anh. II zu § 52 GKG Rn. 16.
95   BFH BStBl. II 1990, 75; *Lappe* NJW 1991, 1214.

- *Klage auf Zulassung zum Seminar gem. § 157 StBerG oder zur Prüfung:* Auffangwert,
- *Streit um Bestehen der Prüfung:* Richtwert 5 000 €,[96]
- *Untersagung der Hilfeleistung in Steuersachen oder Widerruf der Bestellung als Steuerberater:* Einkünfte aus dieser Tätigkeit im vergangenen Kalenderjahr.[97]

Steuerbescheid: Bei Anfechtung Unterschiedsbetrag zwischen festgesetzter und angestrebter Steuer.[98]

Steuererklärung: Bei Verpflichtung zur Abgabe halber Betrag der mutmaßlichen Steuerpflicht.[99]

Steuerbescheid: Vgl. „Antrag".

Steuerbevollmächtigtenprüfung: wie Steuerberaterprüfung.

Steuererstattung: Vgl. „Erstattung".

Steuermessbescheid: Maßgebend ist die Rechtmäßigkeit des Steuermessbescheides, nicht das einzelne Merkmal.[100] Es kommt auf das finanzielle Interesse des Klägers an der Herabsetzung der späteren Steuer an.[101]

Steuersäumniszuschlag: Er zählt zu den im § 22 GKG genannten Nebenforderungen und ist i. d. R. neben dem Hauptsachewert nicht zu bewerten.[102]

Stundung: In der Regel 10% des Steuerbetrages, dessen Stundung begehrt wurde.[103]

54 T

55 **Umsatzsteuer:** § 52 Abs. 3. Maßgebend ist der bestrittene Betrag.

Untätigkeitsklage: 10% des Wertes des streitigen Betrages, hinsichtlich dessen die Behörde tätig werden soll.[104] Wird nur eine bestimmte Tätigkeit gefordert, ist deren Wert maßgebend.[105]

56 **Verjährung:** Betrag der angeblich verjährten Forderung.[106]

Vermögenssteuer: Wert des dreifachen streitigen Jahresbetrages,[107] wenn nicht Neu- oder Hauptveranlagung bevorsteht.[108]

---

96 BFH BStBl. II 1983, 422; kritisch dazu *Lappe* NJW 1984, 1214.
97 BFH BStBl. II 1979, 264 und BFH-NV 1992, 406.
98 BFH JurBüro 1999, 373.
99 FG Berlin EFG 1988, 504; FG Karlsruhe EFG 1983, 146.
100 BFH NJW 1968, 1948.
101 BFH BFHE 93, 413.
102 BGH NJW 1956, 1562 = JurBüro 1959, 111 (L).
103 BFH BStBl. III 1963, 76; BStBl. II 1971, 603; *Mümmler* JurBüro 1978, 1294.
104 BFH BStBl. III 1963, 270.
105 BFH BStBl. III 1967, 253.
106 FG Berlin BB 1970, 64.
107 BFH BStBl. II 1983, 528.
108 BFH BStBl. II 1972, 627.

Vermögensverzeichnis, § 284 AO: 50% des rückständigen Betrages.[109]

Vertriebenenausweis, Verpflichtung zur Erteilung: Auffangwert.[110]

Vollstreckung: Höhe der Forderung.[111] Vgl. auch „Pfändung".

Vollziehung: Streitwert um die Aussetzung 10% des Betrages, um dessen Rechtmäßigkeit gestritten wird.[112]

Vorläufigkeitserklärung: Wie „Vollziehung"[113] oder Auffangwert.[114]

Widerruf: Wert des widerrufenen Bescheides.   **57**

X, Y   **58**

Zinsen: § 43. Sie bleiben als Nebenforderung außer Betracht.   **59**

Zoll: Wert einer verbindlichen Zolltarifauskunft ist i. d. R. der Auffangwert.[115]

Zurückweisung eines Bevollmächtigten: 10% des Hauptsachewertes.[116]

Zwangsvollstreckung: Vgl. „Pfändung", „Vollstreckung".

Zwischenentscheidungen: Vgl. „Musterprozess".

Teil IV: Sozialgerichtsbarkeit   **60**

1.   Allgemeines   **61**

Wenn und soweit weder der Kläger noch der Beklagte zu den nach § 183 SGG kostenrechtlich **62**
privilegierten Personenkreis gehört, werden die Kosten nach den Vorschriften des GKG erhoben (§ 197a Abs. 1 SGG), soweit diese Verfahren nach dem 2. 1. 2002 rechtshängig geworden sind.[1] Das bedeutet, dass Gerichtskosten (Gebühren und Auslagen) dann ausschließlich nach dem GKG erhoben werden, die §§ 52, 42 gelten dann auch für das Sozialgerichtverfahren.

Soweit der Gegenstandswert nicht feststeht, sondern nach billigem Ermessen festgesetzt **63**
werden muss, gilt stets § 52 uneingeschränkt (§ 52 Abs. 1). Das ist schon deshalb sinnvoll, um Abweichungen gegenüber dem Verwaltungsgerichtsverfahren und dem Finanzgerichtsverfahren zu vermeiden.[2] I. d. R ist auch im Sozialgerichtverfahren der Gegenstands-

---

109 BGH BB 1977, 1034.
110 BayVGH JurBüro 1997, 87.
111 BFH BStBl. II 1971, 25.
112 BFH BFHE 118, 298.
113 Vgl. FG Nürnberg EFG 1993, 604 m. zust. Anm. v. *Noll* KostRspr. § 13 Nr. 504.
114 BFH-NV 1991, 763.
115 BFH-NV 1992, 562.
116 BFH NVwZ 1983, 376.
1 BSG JurBüro 2004, 92.
2 BSG NZS 1996, 400.

wert nach der Bedeutung zu bemessen, welche die Sache nach dem Antrag des Klägers für ihn hat[3]und entspricht seinem wirtschaftlichen Interesse an der erstrebten Entscheidung und ihren Auswirkungen für ihn.[4] Wenn Anhaltspunkte für eine Schätzung fehlen, gilt der Auffangwert von 5000 € (§ 52 Abs. 1), der dann aber absolut ist.[5] Die gegenteilige Ansicht[6] steht mit der eindeutigen Fassung des Gesetzes im Widerspruch. Insgesamt darf aber der Betrag von 2500000 € nicht überschritten werden (§ 52 Abs. 4). Der Mindestwert von 1000 € gilt indessen nicht. Die Sondervorschrift des § 42 Abs. 3 S. 2 ermöglicht hier aber eine Erleichterung bei der Schätzung.

64 Um eine gewisse Rechtsgleichheit und -sicherheit zu schaffen, haben die Präsidentinnen und Präsidenten der Landessozialgerichte in Anlehnung an die Verwaltungsgerichtsbarkeit sich auf einen Streitwertkatalog geeinigt.[7] Dieser ist allerdings für die Gerichte nicht bindend und – wie in den Vorbemerkungen ausdrücklich klargestellt wurde – nur als Anregung gedacht.

65 2.   Streitwertkatalog für die Sozialgerichtsbarkeit – Streitwertkatalog 2007 –[8]

(Beschluss der Konferenz der Präsidentinnen und Präsidenten der Landessozialgerichte vom 16. 5. 2006 auf Vorschlag des Landessozialgerichts Rheinland-Pfalz)

66 A.   Vorbemerkungen

1. Der **Streitwert** (Wert des Streitgegenstandes; § 3 des Gerichtskostengesetzes – GKG –) ist auch in den Verfahren vor den Gerichten der Sozialgerichtsbarkeit maßgebend für die Höhe der gerichtlichen Kosten (Gebühren und Auslagen). Kosten werden nur in den Verfahren erhoben, in denen § 197a des Sozialgerichtsgesetzes (SGG) anzuwenden ist (§ 1 Abs. 1 Nr. 4 des GKG).

1. Für die Festsetzung der Höhe des Streitwerts gilt grundsätzlich:

a) Der Streitwert ist nach der sich aus dem Antrag des Klägers für ihn ergebenden Bedeutung der Sache nach Ermessen zu bestimmen (§ 52 Abs.1 GKG).

b) Bietet der Sach- und Streitstand für die Bestimmung des Streitwerts keine genügenden Anhaltspunkte, ist ein Streitwert von 5000 Euro anzunehmen (§ 52 Abs. 2 GKG: Regelstreitwert [BSG, 20. 10. 2004 – B 6 KA 15/04 R –; 1. 2. 2005 – B 6 KA 70/04 B –]; auch: Auffangwert [LSG Schleswig-Holstein, 14. 3. 2006 – L 4 KA 3/04 –; *Hartmann*, Kostengesetze, 36. Aufl., § 52 Rn. 171).

c) Betrifft der Antrag des Klägers eine bezifferte Geldleistung oder einen hierauf gerichteten Verwaltungsakt ist deren Höhe maßgebend (§ 52 Abs. 3 GKG).

d) In Verfahren des einstweiligen Rechtsschutzes nach § 86b SGG bestimmt sich der Streitwert nach § 52 Abs. 1 und 2 GKG (§ 53 Abs. 3 Nr. 4 GKG).

---

3 *Meyer-Ladewig* § 197 Rn. 7e.
4 BSG NZS 1996, 400.
5 So wohl auch *Enders* Rn. 1989.
6 SG Berlin bei *Breith* 1989, 73.
7 Abgedruckt in NZS 2006, 250 und JurBüro 2007, 175 (*Willersinn*). Der Katalog wurde geringfügig überarbeitet. Überarbeitung abgedruckt in JurBüro 2007, 459 (*Willersinn*).
8 Vgl. auch bei *Willersinn* JurBüro 2007, 459.

e) Werden Ansprüche auf wiederkehrende Leistungen dem Grunde oder der Höhe nach geltend gemacht oder abgewehrt, ist der dreifache Jahresbetrag der wiederkehrenden Leistungen maßgebend, wenn nicht der Gesamtbetrag der geforderten Leistungen geringer ist (§ 42 Abs. 1 GKG).

Ist die Höhe des Jahresbetrags nicht nach dem Antrag des Klägers bestimmt oder nach diesem Antrag mit vertretbarem Aufwand bestimmbar, ist der Streitwert nach § 52 Abs. 1 und 2 GKG zu bestimmen (§ 42 Abs. 3 Satz 2 GKG).

f) Sind außer dem Hauptanspruch noch Nebenforderungen (z.B. Zinsen, Kosten) betroffen, wird der Wert der Nebenforderungen nicht berücksichtigt (§ 43 Abs. 1 GKG).

Sind Nebenforderungen ohne den Hauptanspruch betroffen, ist der Wert der Nebenforderungen maßgebend, soweit er den Wert des Hauptanspruchs nicht übersteigt (§ 43 Abs. 2 GKG).

Sind die Kosten des Rechtsstreits ohne den Hauptanspruch betroffen, ist der Betrag der Kosten maßgebend, soweit er den Wert des Hauptanspruchs nicht übersteigt (§ 43 Abs. 3 GKG).

g) Für die Wertberechnung ist der Zeitpunkt der den jeweiligen Streitgegenstand betreffenden Antragstellung maßgebend, die den Rechtszug einleitet (§ 40 GKG). Nach teilweiser Erledigung des Rechtsstreits ist für die danach anfallenden Gebühren ein geringerer Streitwert anzusetzen (*Hartmann*, Kostengesetze, 36. Aufl., § 52 Rn 13; LSG Rheinland-Pfalz, 13. 3. 2007 – L 5 B 373/06 KNK –).

2. Der Streitwert ist sogleich mit der Einreichung der Klage-, Antrags- oder Rechtsmittelschrift oder mit der Abgabe der entsprechenden Erklärung zu Protokoll **vorläufig festzusetzen** (§ 63 Abs. 1 Satz 1 GKG).

Spätestens nach Abschluss des Verfahrens ist der Streitwert **endgültig festzusetzen** (§ 63 Abs. 2 GKG).

Diese Festsetzungen sind auch für die Gebühren des Rechtsanwalts maßgebend (§ 32 Abs. 1, § 3 Abs. 1 Satz 2 des Rechtsanwaltsvergütungsgesetzes – RVG –).

3. Der Streitwertkatalog soll dazu beitragen, die Maßstäbe der Festsetzung des Streitwerts zu **vereinheitlichen** und die Entscheidungen der Gerichte **vorhersehbar** zu machen.

Der Streitwertkatalog ist eine **Empfehlung** auf der Grundlage der Rechtsprechung der Gerichte der Sozialgerichtsbarkeit unter Berücksichtigung der einschlägigen Rechtsliteratur. Die Empfehlungen sind Vorschläge ohne verbindliche Wirkung für die Gerichte der Sozialgerichtsbarkeit.

4. Der Streitwertkatalog wird in regelmäßigen Zeitabständen aktualisiert und fortgeschrieben werden. Zuständig hierfür ist das Landessozialgericht Rheinland-Pfalz.

B.   Allgemeines; Verfahrensrecht   67

1.	Grundsätzliches
1.1.	Für die Anwendung des § 197a SGG kommt es auf die Stellung des Beteiligten im jeweiligen Rechtszug an. Ein Kostenprivilegierter hat auch dann keine Gerichtskosten zu tragen, wenn er in seiner ursprünglichen Rolle als Beigeladener in einem Prozess zwischen Nichtprivilegierten Rechtsmittel einlegt. Diese Kos-

	tenprivilegierung erstreckt sich auch auf einen nicht privilegierten Rechtsmittelführer (BSG, 13. 4. 2006 – B 12 KR 21/05 B –; 29. 5. 2006 – B 2 U 391/05 B –); vgl. auch B. 5.5.
1.2.	Versicherter gem. § 183 S. 1 SGG ist – unabhängig vom Ausgang des Verfahrens – jeder Beteiligte, über dessen Status als Versicherter gestritten wird. Auch wenn der Beteiligte die vom Versicherungsträger behauptete Versicherteneigenschaft bestreitet, gilt der insoweit allgemeine Rechtsgedanke des § 183 S. 3 SGG (BSG, 5. 10. 2006 – B 10 LW 5/05 R –).
1.3.	Die Kostenprivilegierung des § 182 S. 1 SGG entfällt bei einem Beteiligtenwechsel vor dem Beginn des Rechtszuges; vgl. auch § 183 S. 2 SGG (BSG, 3. 8. 2006 – B 3 KR 24/05 R–)
1.4.	Bei Musterverfahren sind die wirtschaftlichen Folgewirkungen für andere Klageansprüche nicht zu berücksichtigen (BSG, 25. 9. 1997 – 6 RKa 65/91 –).
1.5.	Die Höhe des Streitwerts unterliegt nicht der Dispositionsfreiheit der Beteiligten (arg. § 61, § 63 Abs. 1 Satz 1, Abs. 2 Satz 1 GKG).
2.	**Feststellungsklage**
2.1.	Der Streitwert ist grundsätzlich niedriger als der Streitwert der Leistungsklage (Bay.LSG, 15. 7. 2005 – L 3 B 154/05 KA –). Bei einer Feststellungsklage, die mit einer Leistungsklage gleichwertig ist, bemisst sich der Streitwert nach dem Betrag, den der Kläger letztlich erstrebt. Ein Abzug ist nicht vorzunehmen (BSG, 5. 10. 1999 – B 6 Ka 24/98 R –).
3.	**Bescheidungsklage**
3.1.	Der Wert des Streitgegenstandes beträgt drei Viertel bis zur Hälfte des Streitwerts der „Hauptsache" (Hälfte: SG Stuttgart, 30. 12. 1999 – S 10 KA 6840/99 W-A –; drei Viertel: LSG Niedersachsen-Bremen, 31. 1. 2000 – L 5 B 197/98 KA –, LSG Schleswig-Holstein, 22. 9. 2003 – L 6 SF 22/03 SG –)
4.	**Untätigkeitsklage**
4.1.	Der Wert des Streitgegenstandes beträgt 10 bis 25 v. H. des Streitwerts der „Hauptsache". (LSG Rheinland-Pfalz, 11. 8. 1994 – L 3 Sb 19/94 –)
5.	**Klage-/Antragshäufung**
5.1.	Richtet sich eine Klage gegen mehrere Beklagte, so ist der Streitwert auf ein Mehrfaches des wirtschaftlichen Wertes für den Kläger (§ 39 Abs. 1 GKG; BSG, 8. 4. 2005 – B 6 Ka 60104 B –), hilfsweise auf ein Mehrfaches des Regelstreitwertes festzusetzen.
5.2.	Ein hilfsweise geltend gemachter Anspruch wird mit dem Hauptanspruch zusammengerechnet, soweit über ihn entschieden wird (§ 45 Abs. 1 S. 2 GKG).
5.3.	Bei subjektiver Klagehäufung kommt es nicht auf die Anzahl der Prozessrechtsverhältnisse, sondern darauf an, ob mehrere unterschiedliche Streitge-

	genstände vorliegen (BSG, 14. 9. 2006 – B 6 KA 24/06 B –; 19. 9. 2006 – B 6 KA 30/06 B –).
5.4.	Ist bei teilbarem Streitgegenstand nur ein Teil kostenprivilegiert, so ist bei der Kostenentscheidung nach den Streitgegenständen zu differenzieren. Dies gilt sowohl bei einer objektiven Klagehäufung als auch bei einer Eventualklagehäufung. (BSG, 27. 7. 2006 – B 3 KR 6/06 B –; 26. 9. 2006 – B 1 KR 1/06 R –)
5.5.	Ist bei unteilbarem Streitgegenstand ein kostenrechtlich Privilegierter Hauptbeteiligter, gilt für die jeweilige Instanz einheitlich die Regelung für Kostenprivilegierte. Dies gilt auch für den Fall subjektiver Klagehäufung mit einem nicht Kostenprivilegierten. (BSG, 29. 5. 2006 – B 2 U 397/0-5 B –; 26. 7. 2006 – B 3 KR 6/06 E; 26. 9. 2006 – B 1 KR 1/06 R –)
6.	**Beigeladene**
6.1.	Für Beigeladene ist grundsätzlich der Antrag des Klägers maßgebend. Eine gesonderte Streitwertfestsetzung ist zulässig (BSG, 19. 2. 1996 – 6 RKa 40/93 –). Der Streitwert darf jedoch nicht höher als der für die Hauptbeteiligten festgesetzt werden (BSG, 25. 11. 1992 – 1 RR 1/91 –)
7.	**Einstweilige Anordnung**
7.1.	Bei Regelanordnungen nach § 86b Abs. 2 SGG: Der Streitwert beträgt ein Viertel bis zur Hälfte des Streitwerts der Hauptsache je nach deren wirtschaftlicher Bedeutung. Bei Vorwegnahme der Hauptsache ist in der Regel der volle Streitwert festzusetzen.
7.2.	Bei Verfahren nach § 86a Abs. 2 Nr. 1 SGG: ein Viertel des Hauptsachestreitwertes (LSG Baden-Würtemberg, 14. 2. 2007 – L 5 KR 2854/06 W-A –).
8.	**Gegenvorstellung**
8.1.	Gegen unanfechtbare Beschlüsse ist die Gegenvorstellung statthaft. Die Einlegung muss innerhalb eines Monats erfolgen (BSG, 8. 9. 1997 – 3 RK 27/95 –)
9.	**Rechtswegbeschwerde**
9.1.	Im Verfahren über eine Rechtswegbeschwerde ist eine Entscheidung über den Streitwert zu treffen(BSG, 9. 2. 2006 – B 3 SF 1/05 R –). Der Streitwert beträgt 1/5 des Begehrens in der Hauptsache (LSG Baden-Württemberg, 30. 8. 2005 – L 9 SF 863/05 B –).
10.	**Nichtzulassungsbeschwerde**
10.1.	Der Streitwert bemisst sich gemäß § 47 Abs. 3 GKG nach dem Streitwert des Rechtsmittelverfahrens (BSG, 12. 9. 2006 – B 6 KA 70/05 B –).
11.	**Beschwerde gegen Festsetzung des Streitwertes**
11.1.	Das Gericht ist an keine Anträge gebunden. Es gilt auch nicht das Verschlechterungsverbot (BSG, 5. 10. 2006 – b 10 LW 5/05 R – vgl. B.1.7).

11.2.	Auf eine unzulässige Streitwertbeschwerde darf das Rechtsmittelgericht den Streitwert nicht von Amts wegen ändern (LSG Rheinland-Pfalz, 20. 7. 2006 – L 5 ER 130/06 KA –).
11.3.	Der Rechtsanwalt kann aus eigenem Recht eine Streitwertbeschwerde erheben (§ 32 Abs. 2 RVG; LSG Nordrhein-Westfalen, 24. 2. 2006 – L 10 B 21/05 KA –); dies gilt nicht bei einer vorläufigen Festsetzung des Streitwertes (LSG Rheinland-Pfalz, 21. 12. 2006 – L 5 B 350/06 KA –).
11.4.	Das Verfahren ist gebührenfrei (§ 68 Abs. 3 Satz 1 GKG).
11.5.	Außergerichtliche Kosten sind nicht zu erstatten (§ 68 Abs. 3 Satz 2 GKG).
12.	**Abänderung des Streitwertes durch das Rechtsmittelgericht**
12.1.	Für den Wert des Streitgegenstandes des ersten Rechtszuges ist gem. § 47 Abs. 2 GKG nicht der in erster Instanz festgesetzte, sondern der objektiv angemessene Streitwert maßgeblich. Die Abänderung der erstinstanzlichen Streitwertfestsetzung steht gemäß § 63 Abs. 3 S. 1 GKG im Ermessen des Rechtsmittelgerichts (BSG, 19. 9. 2006 – B 6 KA 30/06 B –)
12.2.	Eine unterbliebene Streitwertfestsetzung kann vom Rechtsmittelgericht jedenfalls bei betragsmäßig von vornherein feststehendem und offensichtlich gleich gebliebenem Streitwert in erweiternder Auslegung des § 63 Abs. 3 S. 1 GKG nachgeholt werden (BSG, 5. 10. 2006 – B 10 LW 5/05 R –).
13.	**Einseitige Erledigungserklärung durch den Kläger**
13.1.	Der Kläger hat nicht zwingend die Kosten gemäß § 197a SGG i. V. m. § 155 Abs. 2 VwGO zu tragen, sondern das Gericht entscheidet nach billigem Ermessen (§ 161 Abs. 2 VwGO; LSG Nordrhein-Westfalen, 7. 3. 2005 – L 10 KA 36/03 –).
14.	**Verjährung**
14.1.	Es gilt keine Verjährung für den Antrag auf Festsetzung des Streitwerts (BSG, 15. 2. 2001 – 6 RKa 20/83 –). Nach § 63 Absätze 1 und 2 GKG ist der Streitwert von Amts wegen festzusetzen.
15.	**Zurückweisung des Bevollmächtigten im Widerspruchsverfahren (§ 13 Abs. 5 SGB X); Klage des Bevollmächtigten.**
15.1.	Höhe des Gebührenanspruchs des Bevollmächtigten für die begehrte Vertretung (LSG Baden-Würtemberg, 3. 1. 2007 – L 13 AL 4889/05 B –).

68 C.   Streitwertkatalog

I. Arbeitsförderungsrecht		
1.	**Arbeitsgenehmigung (Arbeitserlaubnis, Arbeitsberechtigung) § 284 Abs. 1, Abs. 2 SGB III)**	
1.1.	Erteilung (§ 284 SGB III)	Wirtschaftliches Interesse des Unternehmers (HessLSG, 31. 8. 1998 – L 6 AL 1106/97 ER –)

1.2.	Gebühr für die Erteilung (§ 287 Abs. 1, Abs. 2 SGB III, § 3 ASAV)	Höhe der Gebühr (BSG, 13. 12. 2000 – B 7 AL 58/99 R –)
2.	**Arbeitnehmerüberlassung**	
2.1.	Erteilung der Erlaubnis (§ 2 AÜG)	Unmittelbares wirtschaftlichen Interesse
2.2.	Rücknahme, Widerruf der Erlaubnis (§ 4, 3 5 AÜG)	unmittelbarer wirtschaftlicher „Schaden" (LSG Niedersachsen-Bremen, 6. 5. 2003 – L 8 AL 336/02 ER –) bzw. bei normalem Geschäftsbetrieb erzielbarer Unternehmensgewinn (Bay.LSG, 13. 12. 2006 – L 9 B 823/06 AL ER –), hilfsweise Regelstreitwert (LSG Niedersachsen-Bremen, 21. 1. 2003 – L 8 B 158/03 AL).
2.3.	Auflage (§ 3 AÜG)	Regelstreitwert bei Klage des Arbeitnehmers und fehlenden Anhaltspunkten für das wirtschaftliche Interesse (SG Koblenz, 5. 9. 2006 – S 9 ER 102/06 AL –).
3.	**Zulassung als förderungswürdige Bildungsmaßnahme (§ 61, § 77 SGB III)**	Hälfte des Streitwerts für die Genehmigung einer Ersatzschule: 15 000 €
		(Nr. 38.2. Streitwertkatalog Verwaltungsgerichtsbarkeit; LSG Baden-Württemberg, 4. 4. 2005 – L 13 AL 219/05 W-A –)
4.	**Eingliederungszuschüsse (§§ 217 ff. SGB III)**	keine Streitwertfestsetzung, da gerichtskostenfrei nach § 183 SGG (BSG, 22. 9. 2004 – B 11 AL 33703 R –)
5.	**Erstattungspflicht des Arbeitgebers (§ 147a SGB III)**	
5.1.	Grundlagenbescheid	Regelstreitwert (BSG, 22. 3. 2001 – B 11 AL 91/00 R; 4. 9. 2001 – B 7 AL 6/01 R –)
5.2.	Abrechnungsbescheid	Höhe der Erstattungsforderung (BSG, 3. 3. 1998 – 11 RAr 103/96 –)
6.	**Kurzarbeitergeld, Klagen des Arbeitnehmers oder der Betriebsvertretung (§§ 169 ff. SGB III)**	Keine Streitwertfestsetzung, da gerichtskostenfrei nach § 183 SGB (*Meyer-Ladewig/Keller/ Leitherer*, SGG, 8. Aufl., § 183 Rn. 6)
7.	**Vermittlungsgutschein (§ 421g SGB III)**	
7.1.	Ausstellung des Vermittlungsgutscheins	Wert des Gutscheins

7.2.	Ablehnung der Auszahlung der Vermittlungsvergütung	Der Vermittler ist kein Leistungsempfänger im Sinne des § 183 SGG (BSG, 6.4.2006, B 7a AL56/05 R –); 1 000 € als Teilbetrag der ersten oder zweiten Rate (LSG Sachsen, 16. 2. 2005, L 3 B 64/04 AL; 20. 7. 2005 – L 3 AL 132/04 –)
8.	**Winterbau – Umlage (§§ 354 ff SGB III)**	
8.1.	Grundlagenbescheid	Regelstreitwert
8.2.	Festsetzung der Umlagen-höhe	dreifacher Jahresbetrag der Umlage(BSG, 20. 6. 1995 – 10 RAr 7/94 –)
9.	**Anzeigepflichtige Entlas-sungen (§§ 17 ff. KSchG); Klage eines Arbeitnehmers gegen den Bescheid der Bundesagentur**	Der Arbeitnehmer ist kein Versicherter im Sinne des § 183 SGG; Regelstreitwert (LSG Baden-Würtemberg, 8. 1. 2007, – L 9 AL 3242/06 AK-A –).
10.	**Insolvenzgeld; Übertra-gung des Anspruchs auf Ar-beitsentgelt auf einen Drit-ten (§ 188 Abs. 1 SGB III)**	Dritter ist kein Versicherter im Sinne des § 183 SGG; kein Fall der Rechtsnachfolge nach § 183 SGG (BSG, 5. 12. 2006 – 11a AL 19/05 R –)
II. Aufsichtsrecht		
1.	**Genehmigung zur Errich-tung oder Erweiterung ei-ner Krankenkasse (§§ 147 ff., §§ 157 ff. SGB V, §§ 87 ff. SGB IV)**	Bedeutung der Sache: bei bis zu 1 000 betroffe-nen Pflichtmitgliedern 20-facher, bei bis zu 5 000 Pflichtmitgliedern 30-facher Regelstreit-wert (BSG, 12. 12. 1996 – 1 RR 5/90 –)
2.	**Genehmigung zur Ermäßi-gung der Beiträge einer**	dreifacher Regelstreitwert (LSG Baden-Würt-temberg, 9. 2. 2005 – L 1 A5378/04 W-B –); bei
	Krankenkasse (§ 220 Abs. 3 SGB V)	Erwartung eines konkreten Mitgliederzuwach-ses wie II.1. (LSG Schleswig-Holstein, 4. 3. 2004 – L 1 B 23/04 KR ER –)
3.	**Genehmigung der Verle-gung des Sitzes einer Kran-kenkasse (§ 195 SGB V i. V. m. Satzung)**	Regelstreitwert (LSG Berlin-Brandenburg, 9. 9. 2005 – L 24 B 1038/05 KR ER –)
III. Beitragsrecht		
1.	**Gesamtsozialversiche-rungsbeitrag (§ 28d, § 28e SGB IV)**	Höhe der Forderung (BSG, 1. 6. 2006 – B12 KR 34/05 B –)
2.	**Säumniszuschlag (§ 24 SGB IV)**	
2.1.	Von der Hauptforderung ge-trennte Erhebung	Höhe der Forderung

Anh. nach § 52

2.2.	Erhebung zusammen mit der Hauptforderung	a) als Nebenforderung nicht zu berücksichtigen nach § 43 GKG analog („Zinsen") (LSG Rheinland-Pfalz, 3. 11. 2005 – L 5 B 192/05 KR –) b) Streitwerterhöhend zu berücksichtigen bei Haftungsbescheid gegenüber Gesellschafter einer Vor-GmbH (§ 11 Abs. 2 GmbHG) (LSG Rheinland-Pfalz, 2.12.2005 – L 2 B 129/05 R –)
3.	**Künstlersozialversicherung (KSVG)**	
3.1.	Erfassungsbescheid gegenüber einem Unternehmer nach §§ 23 ff. KSVG	Betrag der zu erwartenden Künstlersozialabgabe in den ersten 3 Jahren (BSG, 30. 5. 2006 – B 3 KR 7/06 R –)
3.2.	Beitragsbescheid gegen einen Unternehmer	Höhe der festgesetzten Künstlersozialabgabe. Keine Erhöhung nach § 42 Abs. 3 S. 1 GKG (wiederkehrende Leistungen), da jahresbezogene einmalige Leistung (BSG, 7. 12. 2006 – B 3 KR 2/06 R –)
IV. Krankenversicherung		
1.	**Klage des Herstellers gegen das Hilfsmittelverzeichnis (§ 128, § 33 SGB V)**	
1.1.	Änderung einer Produktgruppe	5 v.H. des durchschnittlichen Jahresumsatzes in einem Zeitraum von zwei Jahren (LSG Baden-Württemberg, 17. 10. 2005 – L 5 KR 2351/05 W-A –)
1.2.	Streichung einer Produktgruppe	Gewinn in einem Zeitraum von fünf Jahren (LSG Baden-Württemberg, 15. 6. 2005 – L 11
		KR 1158/05 –, hilfsweise: mehrfacher Regelstreitwert
2.	**Krankentransportleistungen (§ 133 SGB V)**	
2.1.	Abschluss einer Vergütungsvereinbarung	dreifacher Betrag der zu erwartenden Einnahmen (LSG Berlin-Brandenburg, 27. 11. 2003 – L 4 B 75/03 KR ER –), hilfsweise dreifacher Regelstreitwert
3.	**Erstattung von Arbeitgeberaufwendungen bei Entgeltfortzahlung (§ 1 des Aufwendungsausgleichsgesetzes – AAG; bis 31. 12. 2005: § 10 LFZG)**	Keine Streitwertfestsetzung, da gerichtskostenfrei nach § 183 SGG (BSG, 20. 12. 2005 – B 1 KR 5/05 B –)
4.	**Mitgliederwerbung**	Regelstreitwert (LSG Rheinland-Pfalz, 3. 5. 2005 – L 1 ER 11/05 KR; 14. 6. 06 – L 5 ER 57/06 KR –; LSG Saarland, 21.6.2006 – L 2 B 5/06 KR –)

5.	Sonderkündigungsrecht der Mitglieder (§ 175 Abs. 4 Satz 5 SGB V), (unzulässiges) Feststellungsverfahren zwischen Krankenkassen	Wirtschaftliche Bedeutung der Sache; wie bei II.1.
6.	Feststellung der Versicherungpflicht durch die Einzugsstelle (Krankenkasse; § 28h SGB IV) (§ 25 Abs. 1 Satz 1 SGB III, § 5 Abs. 1 Nr. 1 SGB V, § 1 Satz 1 Nr. 1 SGB VI, § 20 Abs. 1 Satz 2 Nr. 1 SGB XI)	
6.1.	Klage des Arbeitnehmers	Keine Streitwertfestsetzung, da gerichtskostenfrei nach § 183 SGB
6.2.	Klage des Arbeitgebers	Höhe der Beiträge
7.	Zulassungsstreitigkeiten	
7.1	Krankenhäuser und Rehabilitationseinrichtungen (§§ 108 ff. SGB V)	Überschuss aus den Gesamteinnahmen und den Betriebsausgaben innerhalb von drei Jahren; Vergleichsberechnung anhand bestehender Einrichtungen gleicher Art und Größe möglich (BSG, 10. 11. 2005 – B 3 KR 36/05 B –); bei fehlendem Zahlenmaterial pauschaler Streitwert von 2 500 000 € (BSG, 11. 11. 2003 – B 3 KR 8/03 B –)
7.2.	Nichtärztliche Leistungserbringer (§ 124, § 126 SGB V)	Überschuss aus den Gesamteinnahmen und den Betriebsausgaben innerhalb von drei Jahren; Vergleichsberechnung anhand bestehender Einrichtungen gleicher Art und Größe möglich(BSG, 10. 11. 2005 – B 3 KR 36/05 B –)
7.3.	Widerruf der Zulassung zur Abgabe von Hilfsmitteln (§ 126 Abs. 4 SGB V)	Fünf Prozent der Bruttoauftragssumme entsprechend § 50 Abs. 2 GKG; bei weit in die Zukunft hineinragenden Genehmigungen für drei Jahre (LSG Baden-Württemberg, 10. 10. 2006 – L 5 KR 897/06 W-A –)
8.	Vergütung von Krankenhausbehandlungen (§ 109 Abs. 4 Satz 3 SGB V i. V. m. dem Krankenhausbehandlungsvertrag nach § 112 Abs. 2 Nr. 1 SGB V)	Höhe der Vergütung
9.	Feststellung der Eignung für die Leitung eines ambulanten Krankenpflegedienstes (§ 132a Abs. 2 SGB V)	Zu schätzender Betrag der künftigen verminderten Einkünfte für drei Jahre (BSG, 7. 12. 2006 – B 3 KR 5/06 R –)

10.	Arzneimittelabrechnung im Datenträgeraustauschverfahren (§ 300 SGB V)	Voraussichtliche Kosten der Umstellung des Abrechnungsverfahrens (LSG Nordrhein-Westfalen, 6. 10. 2005 – L 16 KR 232/04 –)
V. Pflegeversicherung		
1.	**Zulassung zur Pflege durch Versorgungsvertrag (§ 72 SGB XI)**	Wie bei Nr. IV. 7. 2.
2.	**Kündigung des Versorgungsvertrages (§ 74 SGB XI)**	erzielbare Einnahmen für drei Jahre (Hess. LSG, 26. 9. 2005 – L 14 P 1300/00 –; LSG Berlin-Brandenburg, 31. 8. 2006 – L 24 B 31/06 P ER –)
3.	**Pflegesatzvereinbarung; Auskunftsklage zur Vorbereitung einer Zahlungsklage (§§ 82 ff. SGB XI)**	Grad der Abhängigkeit der Durchsetzbarkeit der Ansprüche von der Auskunft, idR ein Fünftel des Zahlungsanspruchs (LSG Schleswig-Holstein, 14. 10. 2005 – L 3 P 4/05 –)
4.	**Private Pflegeversicherung**	
4.1.	Übergang von Ansprüchen im Wege der Gesamtrechtsnachfolge	Jedenfalls bei Ehegatten findet die Kostenprivilegierung des § 183 S. 1 SGG entsprechende Anwendung (BSG, 28. 9. 2006 – 3 P 3/5 R –)
VI. Rentenversicherung		
1.	**Betriebsprüfung, Feststellung der Versicherungpflicht (§ 28p SGB IV)**	
1.1.	Klage des Arbeitnehmers	keine Streitwertfestsetzung, da gerichtskostenfrei nach § 183 SGG
1.2.	Klage des Arbeitgebers	Höhe der Beträge
2.	**Antragsverfahren (§ 7a SGB IV)**	
2.1.	Klage des Arbeitnehmers	keine Streitwertfestsetzung, da gerichtskostenfrei nach § 183 SGG
2.2.	Klage des Arbeitgebers	Dreifacher Regelstreitwert angesichts der Bedeutung des zukunftsgerichteten Verfahrens (Bay. LSG, 29. 11. 2006 – L 5 B 572/06 KR –).
3.	**Klage eines Geldinstituts gegen Rücküberweisung von Rentenleistungen (§ 118 Abs. 2 Satz 3 SGB VI)**	Höhe des Betrags
VII. Sozialhilfe		
1.	**Abschluss von Vereinbarungen mit Einrichtungen (§§ 75 ff. SGB XII)**	Gewinn bzw. Mindereinnahmen im angestrebten Vereinbarungszeitraum (LSG Baden-Württemberg, 13. 7. 2006 – L 7 SO 1902/06 ER-B –)

2.	Erteilung einer Auskunft über die Einkommens- und Vermögensverhältnisse (§ 117 SGB XII)	Hälfte des Regelstreitwertes
VIII. Unfallversicherung		
1.	**Anfechtung der Wahl der Vertreterversammlung (§ 46, § 57 SGB IV)**	Regelstreitwert (LSG Baden-Württemberg, 6. 8. 2004 – L 7 U 3170/04 W-A –); vgl. auch IX. 14.
2.	**Beitragsforderung (§ 150, § 168 SGB VII)**	
2.1.	Veranlagungsbescheid	Das Zweifache des Differenzbetrages zwischen dem geforderten und dem bei einem Erfolg der Klage zu erwartenden Jahresbeitrag, mindestens der dreifache Regelstreitwert (BSG, 3. 5. 2006 – B 2 U 415/06 B –; a. A.: LSG Baden-Württemberg, 25. 9. 2006, L 10 U 1403706 W-A [L 10 U 2736/05] –; tatsächliche bzw. zu erwartende Beitragslast für die ersten drei Umlagejahre, sofern der Gefahrtarif keine kürzere Laufzeit hat; bei Nichtfeststellbarkeit der erstrebten Beitragsersparnis die Hälfte der Beitragslast für die ersten drei Beitragsjahre.
2.2.	Beitragsbescheid	Höhe der Forderung
3.	**Mitgliedschaft bei Berufsgenossenschaft (§§ 121 ff., § 136 SGB VII); Zuständigkeitsstreit**	Dreifacher Jahresbetrag des Unfallversicherungsträgers, gegen dessen Zuständigkeit sich der Kläger wendet, mindestens der vierfache Regelstreitwert (BSG, 28. 2. 2006 – B 2 U 31/05 R; 9. 5. 2006 – B 2 U 34/05 R –)
4.	**Versicherungspflicht als Unternehmer (§ 2 SGB VII)**	Keine Streitwertfestsetzung, da gerichtskostenfrei nach § 183 SGG, wenn zugleich Versicherter (LSG Sachsen, 2. 5. 2005 – L 2 B 236/04 U/LW/ER –; 22. 11. 2005, L 2 B 206/05 U –; a. A. *Meyer-Ladewig/Keller/Leitherer*, SGG, 8. Aufl., § 183 Rn. 5)
IX. Vertragsarztrecht		
1.	**Genehmigung zur Erbringung und Abrechnung von Leistungen außerhalb der Zulassung (§ 72 Abs. 2, § 82 Abs. 1 S. 1 SGB V i. V. m. den Verträgen)**	– beim Vorhandensein von Umsatzzahlen oder Umsatzerwartungen: Honorareinnahmen abzüglich der Praxiskosten für zwei Jahre (LSG Sachsen, 10. 5. 2004 – L 1 B2103 KA ER –) – ansonsten: Regelstreitwert (BSG, 26. 2. 1996 – 6 RKa 20195 –)

2.	Anstellung eines Arztes in der Vertragsarztpraxis (§ 95 Abs. 9, § 115, § 98 Abs. 2 Nr. 13 i. V. m. Zulassungsverordnung)	– bei einem Dauerassistenten: 80 v. H. der zu erwartenden Umsatzsteigerung für zwei Jahre abzüglich der Praxiskosten und des Gehalts (BSG, 7. 1. 1998 – 6 RKa 84/95 –) – bei einem Vorbereitungsassistenten: Regelstreitwert; im Sonderfall einer nachträglichen Genehmigung: die Mehreinnahmen (LSG Niedersachsen-Bremen, 26. 9. 2005 – L 3 B 16/05 KA –)
3.	Belegarzt (§ 121 SGB V, Vertrag nach § 82 Abs. 1 SGB V)	Honorareinnahmen abzüglich der Betriebskosten für drei Jahre (Wenner/Bernard NZS 2006, 1, 4)
4.	**Budgetierungsmaßnahmen (§ 87 Abs. 1 S. 1 SGB V, einheitlicher Bewertungsmaßstab)**	
4.1.	Budgeterweiterung	Differenz der Fallpunktzahl im streitigen Zeitraum, hilfsweise für zwei Jahre: dabei ist der Punktwert des letzten vor der Klageerhebung abgerechneten Quartals zugrunde zu legen (LSG Sachsen, 23. 10. 2002 – L 1 B 66/02 KA –; LSG Baden-Württemberg, 22. 9. 1998 – L 5 KA 2660/98 W-B –)
4.2.	Budgetüberschreitung	Höhe der Honorarkürzung
4.3.	Budgetfreistellung	Regelstreitwert
4.4.	Fallzahlzuwachsbegrenzung (§ 85 Abs. 4 SGB V, Honorarverteilungsmaßstab)	Höhe der Honorarkürzung
5.	**Disziplinarmaßnahmen (§ 81 Abs. 5 SGB V i. V. m. Disziplinarordnung)**	
5.1.	Verwarnung, Verweis, Geldbuße	Regelstreitwert zuzüglich des Betrages der Geldbuße (BSG, 1. 2. 2005 – B 6 KA 70/04 B –)
5.2.	Anordnung des Ruhens der Zulassung	mutmaßlicher Umsatz im Ruhenszeitraum abzüglich der Praxiskosten, Zuschlag von 25 v. H. wegen der Folgewirkungen (u. a. „Abwandern" von Patienten) (Bay. LSG, 23. 6. 1993 – L 12 B 163/92 Ka –)
6.	**Ermächtigung (§ 98 Abs. 2 Nr. 11 SGB V i. V. m. Zulassungsverordnung)**	
6.1	persönliche Ermächtigung von Krankenhausärzten zur Teilnahme an der vertragsärztlichen Versorgung (§ 116 SGB V)	– erzielbare Einnahmen abzüglich der Praxiskosten und Angaben an das Krankenhaus im streitigen Zeitraum

		(BSG, 6. 9. 1993 – 6 RKa 25/91) – bei Streit über Inhalt bzw. Umfang der erteilten Ermächtigung: Regelstreitwert
6.2.	Ermächtigung ärztlich geleiteter Einrichtungen (§§ 117 – 120 SGB V)	Bruttoeinnahmen im streitigen Zeitraum abzüglich der Einnahmen aus erteilten oder zu Unrecht nicht erteilten Ermächtigungen, bei fehlenden Anhaltspunkten: pauschaler Abzug von 50 v. H. (BSG, 21. 12. 1995 – 6 RKa 7/92 –); a. A.: LSG Berlin, 15. 12. 1998 – L 7 KA S 53/98 – dreifachen Jahresbetrag des Einkommens abzüglich der Praxisunkosten)
6.3.	Konkurrentenklage gegen Ermächtigung	im Einzelfall zu schätzender Anteil der Umsatzeinbuße der von der Ermächtigung betroffenen Leistungen abzüglich der Praxisunkosten (BSG, 24. 2. 1997 – 6 BKa 54/95 –)
6.4.	Ermächtigung zur Teilnahme an der vertragspsychotherapeutischen Versorgung	Geschätzter Jahresgewinn für den – im Regelfall zweijährigen – Zeitraum (BSG, 19. 7. 2006 – B 6 KA 33/05 B –)
7.	**Gemeinschaftspraxis (§ 98 Abs. 2 Nr. 13 SGB V i. V. m. Zulassungsverordnung)**	
7.1.	Genehmigung	Schätzung anhand der Einkommensverhältnisse und der Schwierigkeit der Angelegenheit (BSG, 6. 1. 1984 – 6 RKa 7/81 –)
7.2.	Anordnung der Auflösung	Regelstreitwert (LSG Hessen, 6. 1. 2003 – L 7 KA 1116/02 ER –)
7.3.	Vergütungsanspruch	Keine Berechnung von Einzelstreitwerten, da Gesellschaft bürgerlichen Rechts (BSG, 20. 10. 2004 – B 6 KA 15/04 R –)
7.4.	Genehmigung der Verlegung des Vertragsarztsitzes durch den Praxispartner; Klage des verbleibenden Praxispartners	dreifacher Regelstreitwert (entspr. Nr. IX. 16.4.: BSG, 14. 3. 2002 – B 6 KA 60/00 B –)
8.	**Gesamtvergütung, Klage der KÄV/ KZÄV gegen die Krankenkasse (§ 85 Abs. 1, 2 SGB V)**	Höhe des Zahlungsanspruchs
9.	**Verlangen der Herausgabe von Krankenunterla-**	Bei geringem in Betracht kommenden Schadensregressbetrag: Hälfte des Regelstreitwertes

	gen eines Arztes zur Prüfung eines Schadensregresses	(LSG Baden-Württemberg, 25. 6. 1997 – L 5 KA 885/97 W-A –)
10.	**Honorarstreitigkeiten (§ 85 Abs. 4 ff. SGB V)**	
10.1.	Honoraransprüche oder Honorarberichtigungen	Höhe des geltend gemachten Honorars oder der vorgenommenen Honorarberichtigung (BSG, 6. 11. 1996 – 6 RKa 19/95 –; LSG Nordrhein-Westfalen, 18. 4. 2006 – L 10 B 1/06 KA –; 5. 7. 2006 – L 10 B 8/06 KA –) bei Zugrundelegung eines durchschnittlichen oder geschätzten Punktwertes (*Wenner/Bernard* NZS 2001, 57, 61)
10.2.	Einheitlicher Bewertungsmaßstab (EBM) (§ 87 Abs. 1 S. 1 SGB V)	bei Abwertung von Leistungspositionen: Höhe der Honorareinbuße (BSG, 6. 11. 1996 – 6 RKa 49/95; 6. 2. 1997 – 6 RKa 48/95 –); wenn nicht konkretisierbar: Regelstreitwert (BSG, 10. 5. 2004 – B 6 KA 129/03 B –)
10.3.	Abrechenbarkeit einer Gebührennummer (§ 87 Abs. 1 S. 1 SGB V i. V. m. EBM)	Wert der Leistung für ein Jahr (vgl. Nr. IX. 10.4.2.)
10.4.	Honorarverteilungsmaßstäbe (HVM) (§ 85 Abs. 4 SGB V)	
10.4.1.	Zuordnung zum Honorarfonds der Fachärzte	Höhe der Nachvergütung der streitigen Quartale (LSG Sachsen, 27. 1. 2005 – L 1 KA 6/04 –)
10.4.2.	Zuordnung zu einer anderen Arztgruppe (EBM)	Nachvergütungsbetrag eines Quartals mal vier (ein Jahr: BSG, 20. 10. 2004 – B 6 KA 15/04 R –)
10.5.	Praxiskosten	Kein Abzug vom Streitwert (Wenner/Bernard NZS 2001, 57, 61)
10.6.	Fallpunktzahlmenge (§ 85 Abs. 4 ff. SGB V)	Differenz der abgerechneten und der maximal zustehenden Punkte (BSG, 5. 5. 2000 – B 6 KA 71/97 R –; 9. 5. 2000 – B6 KA 72/97 R –)
10.7.	Zusätzliches Honorar bei „fachfremder" Behandlung (Überweisungsverbot; zulassungsrelevante Entscheidung) (§ 73 SGB V)	Erzielbare Einnahmen für drei Jahre unter Abzug der Praxiskosten; bei einem Überweisungsverbot unter Abzug der erzielbaren Einnahmen aus dem „Verkauf" an andere Vertragsärzte (BSG, 3. 3. 1997 – 6 RKa 21/95 –)
10.8.	(unzulässige) vorbeugende Unterlassungsklage gegen Honorarbescheid	Regelstreitwert (LSG Niedersachsen-Bremen, L 3 KA 139/05 ER –)

10.9.	Verhinderung einer Honorarverteilung durch Schiedsspruch (Weitergeltung der früheren günstigeren Honorarverteilung) (§ 89 SGB V)	50 000 € (LSG Niedersachsen-Bremen, 22. 12. 2004 – L 3 KA 368/04 ER)
11.	**Notdienst (§ 75 Abs. 1 S. 2 SGB V i. V. m. Satzungsregelung der KÄV/ KZÄV, § 81 SGB V)**	
11.1.	Abberufung als Vorsitzender der Notdienstkommission	Regelstreitwert (LSG Sachsen, 15. 7. 2002 – L 1 B 12/02 KA –)
11.2.	Befreiung vom Notdienst	Regelstreitwert (LSG Schleswig-Holstein, 25.2. 2005 – L 4 B 32/04 KA ER –; LSG Hessen, 25. 2. 2005 – L 6/07 KA –; LSG Niedersachsen-Bremen, 25. 8. 2005 – L 3 KA 74/05 ER –)
11.3.	Eingliederung von Fachärzten in den allgemeinen Notdienst	Regelstreitwert (SG Dresden, 10. 2. 2005 – S 11 KA 260/04 –)
11.4.	Klage auf Teilnahme am Notdienst	Zusätzliche Honorarsumme im Quartal für zwei Jahre (LSG Niedersachsen-Bremen, 11. 8. 2005 – L 3 KA 78/05 ER –)
11.5.	Vertretung für den Notfalldienst	Kosten der Vertretung (LSG Rheinland-Pfalz, 29. 8. 1977 – L 6 Ka 5/76 –)
12.	**Praxisübernahme**	
12.1.	Praxiskauf	Kaufpreis (LSG Berlin, 23. 9. 1997 – L 7 Ka-SE 27/97 –)
12.2.	Antrag auf zusätzliche Zulassung bei angestrebtem Praxiskauf	siehe Erstzulassung (vgl. Nr. IX. 16.4.), da Zulassungsstreit (LSG Baden-Württemberg, 27. 8. 1999 – L 5 KA 1576/99 W-B –)
13.	**Schiedsverfahren (§ 89 SGB V)**	Regelstreitwert (LSG Niedersachsen, 20. 9. 2001 – L 3 b 252/01 KA –)
14.	**Wahlanfechtung (§ 80, § 81 Abs. 1 Nr. 2 SGB v i. V. m. Wahlordnung)**	Regelstreitwert; mehrfacher Regelstreitwert (§ 39 Abs. 1 GKG), wenn die Besetzung mehrerer Positionen angefochten wird, für die jeweils gesonderte Wahlhandlungen vorgesehen sind. Die Zahl der die Wahlanfechtung betreibenden Kläger ist ohne Bedeutung (BSG, 14. 9. 2006 – B 6 KA 24/06 B –; 19. 9. 2006 – B 6 KA30/06 B –)

15.	Wirtschaftlichkeitsprüfung	
15.1.	Beratung (§ 106 Abs. 1a SGB V)	ein Viertel des Regelstreitwertes (Bay. LSG, 7. 9. 1998 – l 12 B 350/97 KA –)
15.2.	Bescheidungsantrag bei Honorarkürzung oder Regress	Höhe des Kürzungs- oder des Regressbetrages ohne Abschlag (BSG, 23. 2. 2005 – B 6 KA 72/03 R –); dies gilt auch bei einer Klage der Krankenkasse gegen die Ablehnung eines Regresses; keine Herabsetzung, wenn auch Versicherte anderer Kassen betroffen sind, mit Ausnahme einer Einzelfallprüfung (LSG Rheinland-Pfalz, 24. 8. 2006 – L 5 KA 201/06 KA –)
15.3.	Honorarkürzung oder Regress	Höhe des Kürzungs- oder des Regressbetrages(BSG, 15. 6. 1998 – 6 RKa 40/96 –); wenn nur eingeschränkte Anfechtung in nicht quantifizierbarem Umfang: Hälfte der Differenz zwischen dem zuerkannten und dem abgerechneten Honorar (LSG Niedersachsen-Bremen, 19. 8. 2003 – L 3 38/03 KA –)
16.	Zulassungsverfahren von Ärzten, Zahnärzten und Psychotherapeuten (§ 95 SGB V i. V. m. der Zulassungsverordnung nach § 98 SGB V)	
16.1.	Eintragung in das Arztregister als Vorstufe der Zulassung (§§ 95a, 95c SGB V)	– bei faktischer Vorwegnahme der Zulassung: Höhe der Einnahmen wie bei Nr. IX. 16.4 – im Übrigen: Höhe der Einnahmen in dem streitigen Zeitraum der Weiterbildung (BSG, 21. 3. 1997 – 6 RKa 29/95 –)
16.2.	Einstweilige Anordnung	Höhe der Einnahmen (wie bei Nr. IX.16.4) während der voraussichtlichen Verfahrensdauer von einem Jahr ohne Abschlag (*Wenner/Bernard* NZS 2001, 57, 59; 2003, 568, 571; 2006, 1, 3 f.)
16.3.	Entziehung der Zulassung	wie bei Nr. IX.16.4, wobei auf die konkret erzielten Umsätze zurückgegriffen werden kann (BSG, 7. 4. 2000 – B 6 KA 61/99 B –)
16.4.	Erstzulassung	– Höhe der bundesdurchschnittlichen Umsätze der Arztgruppe (in den neuen Bundesländern: Durchschnitt dieser Länder) abzüglich des durchschnittlichen Praxiskostenanteils in einem Zeitraum von drei Jahren (BSG, 1. 9. 2005 – B 6 KA 41/04 R; 12. 10. 2005 – B 6 KA 47104 B –)[9] – bei fehlenden Daten bzgl. Umsätzen und Praxiskostenanteilen: Rückgriff auf

9 LSG Schleswig, Beschl. v. 28. 6. 2007 – L 4B 269/06 KA ER –.

		durchschnittliche Werte aller Arztgruppen (BSG, 12. 10. 2005 – B 6 KA 47104 B –); – bei fehlenden Daten bzgl. Praxiskostenanteilen: Rückgriff auf einen pauschal gegriffenen Kostensatz von 50 v. H. (BSG, 12. 10. 2005 – 8 6 Ka 47/04 B –) – Unterschreiten des „Berechnungszeitraums" von drei Jahren möglich, wenn kürzere Tätigkeit zu erwarten ist (BSG, 28. 1. 2000 – B 6 KA 22/99 R –) – in einem atypischen Fall, in welchem die durchschnittlichen Umsätze der Arztgruppe dem wirtschaftlichen Interesse des Arztes nicht annähernd entsprechen, ist für jedes Quartal des Dreijahreszeitraums der Regelstreitwert ohne Abzug von Praxiskosten anzusetzen (BSG, 12. 9. 2006 – B 6 KA 70/05 B –).
16.5.	Erteilung einer weiteren Zulassung	Mehreinnahmen innerhalb eines Zeitraumes von drei Jahren (BSG, 11. 11. 2005 – B 6 KA 12105 B –)
16.6.	Konkurrentenklage gegen Zulassung	– Zulassung: dreifacher Regelstreitwert (a. A.: (Mehr-)Einnahmen einer durchschnittlichen Praxis innerhalb von drei Jahren, SG Dresden, 8. 3. 2001 – S 1 KA- 202/00 KO –) – Praxisübernahme: Durchschnittsumsatz in der Arztgruppe ohne Abzug von Praxiskosten (*Wenner/Bernard* NZS 2001, 57, 60)
16.7.	Nebenbestimmungen zu einer Zulassung (Bedingung)	wie bei Nr. IX.16.4
16.8.	Verlegung des Arztsitzes	dreifacher Regelstreitwert (*Wenner/Bernard* NZS 2001, 57, 60)
16.9.	Weiterführung von Behandlungen nach Versagung der Zulassung zur vertragspsychotherapeutischen Versorgung	zu erwartendes Honorar (BSG, 8. 4. 2005 – B 6 KA 52/04 B –)
16.10.	Zweigpraxis	dreifacher Regelstreitwert (*Wenner/Bernard* NZS 2003, 568, 572)
16.11.	Erteilung einer Nebentätigkeitsgenehmigung als Konsiliararzt	Voraussichtliche Honorareinnahmen für drei Jahre abzüglich der Betriebskosten (LSG Nordrhein-Westfalen, 24. 2. 2006 – L 10 B 21/05 KA –).

3. Alphabetischer Streitwertschlüssel für die Sozialgerichtsbarkeit   69

Einzelfälle   70

Grundsätzlich gelten hier die gleichen Bemessungskriterien wie für die Streitwerte der 71
Verwaltungs- und Finanzgerichtsbarkeit.

Anfechtungsklage: Maßgebend ist das wirtschaftliche Interesse des Klägers am Wegfall 72
des Verwaltungsaktes.

Arbeitsförderungsrecht: Streitwertkatalog C. I.

Aufsichtsrecht: Streitwertkatalog C. II.

Beigeladene: Grundsätzlich ist das Interesse des Klägers maßgeblich,[10] weil der Streitwert 73
i.d.R. für sämtliche Beteiligte einheitlich festgesetzt wird.[11] Nur ausnahmsweise kann ein
unterschiedlicher Wert angebracht sein,[12] der aber nur niedriger,[13] selten aber höher[14] als
der für den Kläger sein kann. Bei Existenzgefährdung kann auch $^3/_4$[15] in Betracht kommen. Wenn allerdings die einstweilige Anordnung der Hauptsache nahe kommt, ist ein
Abschlag nicht angebracht.[16]

BKK: Bei Errichtung einer BKK ist wirtschaftliches Interesse der klagenden AOK maßge- 74
bend.[17] Bei Interesse der AOK, Pflichtmitglieder zu behalten, 50 € pro Mietglied, bei bis
zu 1000 Pflichtmitgliedern mindestens 60000 €, bis zu 5000 Pflichtmitgliedern mindestens 90000 €.[18]

Beitragsrecht: Streitwertkatalog C. III

Disziplinarmaßnahme: Regelstreitwert.[19] Vgl. auch Streitwertkatalog C. IX. 5.   75

Einstweiliger Rechtsschutz: Niedriger als der Wert der Hauptsache aber nicht weniger 76
als $^1/_3$[20] und höchstens $^1/_2$[21]. Vgl. auch Streitwertkatalog B. 7.

Ermächtigung: Einnahmen aus der Ermächtigung für 2 Jahre,[22] wenn Anhaltspunkte
fehlen oder schwer zu ermitteln sind Auffangwert.

F   77

10 LSG Hamburg bei *Breith* 1987, 170.
11 BSG NZS 1997, 438; LSG SH NZS 1997, 343.
12 LSG BW SGb 1988, 212.
13 BSG NZS 1996, 400.
14 BSG NZS 1993, 228.
15 SG Wiesbaden NZS 1997, 296.
16 LSG Berlin NZS 1998, 400.
17 BSG NZS 1993, 228.
18 BSG NZS 1997, 438.
19 LSG Hamburg JurBüro 2005, 547 (gegen einen Vertragsarzt).
20 LSG Berlin bei *Breth* 2000, 686.
21 LSG Nds NZS 1997, 296.
22 BSG NZS 1994, 142.

78 G

79 **Honoraranspruch:** Differenz zwischen erhaltenem und angestrebten Honorar.

Honorarstreitigkeiten: Bei Kürzung ist ihr Betrag ohne Abzug der Praxisunkosten maßgeblich.[23] Streit um Festsetzung höherer Honorare aufgrund individueller Punktzahlvolumina (JPZV) nach Ermessen gemäß in der Klage angegebener Bedeutung für den Kläger, wobei das wirtschaftliche Interesse und die Auswirkungen auf den Kläger zu beachten sind.[23a]

80 I / J

Konkurrentenverfahren: um eine Praxisnachfolge Streitwertkatalog 16.4.; im Verfahren des einstweiligen Rechtsschutzes zu halbieren.[24]

81 **Krankenversicherung:** vgl. Streitwertkatalog C. IV.

82 **Leistungsvereinbarung:** Regelstreitwert.[25]

83 M

Nachbesetzungsverfahren: s. „Konkurrentenklage".

84 **Nichtzulassungsbeschwerde:** Wert der Hauptsache.

85 O

86 **Pflegeversicherung:** s. Streitwertkatalog C. V.

Prüfungsvereinbarung: Regestreitwert.[26]

Praxisübernahme: Wert der Praxis, i. d. R. Kaufpreis. S. a. Streitwertkatalog C. IX.

87 Q

88 **Rentenversicherung:** s. Streitwertkatalog C. VI.

89 **Sozialhilfe:** s. Streitwertkatalog C. VII.

90 T

91 **Unfallversicherung:** s. Streitwertkatalog C. VIII.

---

23   LSG Hess SGB 1994, 479; LSG NW SGb 2000, 265.
23a LSG Schleswig-Holstein, Beschl. v. 5. 3. 2008 – L 4 KA 7/07.
24   LSG Schleswig, Beschl. v. 28. 6. 2007 – L 4B 269/06 KA ER –.
25   LSG Niedersachsen-Bremen, Beschl. v. 19. 12. 2006 – L 8 B 37/06 – SO.
26   LSG Niedersachsen-Bremen, Beschl. v. 19. 12. 2006 – L 8 B 37/06 – SO.

Untätigkeitsklage: s. auch Streitwertkatalog B. 4. Maßgebend ist, wieweit der Verwaltungsakt den Kläger seinem Endziel näher bringt, wobei auch hier Ausgangspunkt die wirtschaftliche Bedeutung der angestrebten Handlung ist.[27] Dabei ist das Ausmaß der Verzögerung zu berücksichtigen.[28] Im Allgemeinen wird der Wert geringer sein als der einer Anfechtungs- oder Verpflichtungsklage,[29] und zwar etwa 25%.[30]

Vertragsarztrecht: s. „Zulassungsstreitigkeit", „Disziplinarverfahren".   **92**

Verpflichtungsklage: Wert des wirtschaftlichen Interesses des Klägers am Erlass des Verwaltungsaktes.

Wahlanfechtungsklage: I. d. R. Auffangwert.[31]   **93**

Wiederkehrende Leistungen: § 42 Abs. 3 GKG. Maßgebend ist der Antrag des Klägers.

Wirtschaftlichkeitsprüfung: Summe der insgesamt streitigen Kürzungsbeträge.

Zulassungsstreit: **94**
Im Vertragsarztrecht: Höhe der in 5 Jahren erzielbaren Einkünfte, wenn die Tätigkeit nicht nur für kürzere Zeit ausgeübt werden soll,[29] abzüglich Praxisunkosten.[30]

Zulassung nichtärztlicher Leistungserbringer: Die in Jahren erzielbaren Einkünfte abzüglich Praxisunkosten in Höhe von 50%.[31]

§ 53
Einstweiliger Rechtsschutz, bestimmte Verfahren nach dem Aktiengesetz und dem Umwandlungsgesetz

(1) In folgenden Verfahren bestimmt sich der Wert nach § 3 der Zivilprozessordnung:

1. über einen Antrag auf Anordnung, Abänderung oder Aufhebung eines Arrests oder einer einstweiligen Verfügung,
2. über den Antrag auf Zulassung der Vollziehung einer vorläufigen oder sichernden Maßnahme des Schiedsgerichts,
3. auf Aufhebung oder Abänderung einer Entscheidung auf Zulassung der Vollziehung (§ 1041 der Zivilprozessordnung),

---

27 LSG Berlin bei *Breith* 1988, 979; SG Düsseldorf SGb 1992, 361.
28 *Meyer-Ladewig* § 197 Rn. 7 f.
29 LSG NNW bei *Breith* 1995, 155; LSG Nds bei *Breith* 1996, 699; LSG RhPf SGb 1995, 73; SG Berlin bei *Breith* 1989, 73.
30 LSG RhPf bei *Breith* 2001, 395.
31 LSG Berlin NZS 1998, 400; BayVGH BayVBl. 1991, 637.
29 Dazu bei *Meyer-Ladewig* § 197 Rn. 7g m. N.
30 LSG Bremen SGb 1989, 110 LSG Nds bei *Breith* 1996, 700 mit Anm. v. *Plagemann*
31 LSG Niedersachsen SGb 1998, 272 und bei *Breith* 2001, 827.

4. nach § 148 Abs. 1 und 2, §§ 246a, 319 Abs. 6 des AktG, auch in Verbindung mit § 327e Abs. 2 des Aktiengesetzes, und

5. nach § 16 Abs. 3 des Umwandlungsgesetzes. Er darf jedoch im Falle des Satzes 1 Nr. 4 und 5 ein Zehntel des Grundkapitals oder Stammkapitals des übertragenden oder formwechselnden Rechtsträgers oder, falls der übertragende oder formwechselnde Rechtsträger ein Grundkapital oder Stammkapital nicht hat, ein Zehntel des Vermögens dieses Rechtsträgers, höchstens jedoch 500 000 Euro, nur insoweit übersteigen, als die Bedeutung der Sache für die Parteien höher zu bewerten ist.

(2) Ist in einem Verfahren nach § 620 Satz 1 Nr. 4 und 6, § 644, jeweils auch in Verbindung mit § 661 Abs. 2, oder § 641d der Zivilprozessordnung die Unterhaltspflicht zu regeln, so wird der Wert nach dem sechsmonatigen Bezug berechnet. Im Verfahren nach § 620 Nr. 7 und 9 der Zivilprozessordnung, auch in Verbindung mit § 661 Abs. 2 der Zivilprozessordnung, beträgt der Wert, soweit die Benutzung der Wohnung zu regeln ist, 2 000 Euro; soweit die Benutzung des Hausrats zu regeln ist, beträgt der Wert 1 200 Euro.

(3) In folgenden Verfahren bestimmt sich der Wert nach § 52 Abs. 1 und 2:

1. über einen Antrag auf Erlass, Abänderung oder Aufhebung einer einstweiligen Anordnung nach § 123 der Verwaltungsgerichtsordnung oder § 114 der Finanzgerichtsordnung,

2. nach § 47 Abs. 6, § 80 Abs. 5 bis 8, § 80a Abs. 3 der Verwaltungsgerichtsordnung,

3. nach § 69 Abs. 3, 5 der Finanzgerichtsordnung

4. nach § 86b des Sozialgerichtsgesetzes und

5. nach § 50 Abs. 3 bis 5 des Wertpapiererwerbs- und Übernahmegesetzes.

Übersicht

Allgemeines: Die Bestimmung entspricht inhaltlich weitgehend dem § 20 a.F. Sie soll **1** dem Umstand Rechnung tragen, dass die dort aufgeführten Maßnahmen grundsätzlich nur vorläufiger Art sind und dass es deshalb unbillig sein kann, als Streitwert den Betrag des Hauptsacheverfahrens zugrunde zu legen.

Abs. 1 (Arrest und einstweilige Verfügung pp.): Die Bestimmung ist nur anwendbar bei **2** einem Antrag auf Anordnung, Abänderung oder Aufhebung eines Arrestes oder einer einstweiligen Verfügung, §§ 916 ff., 935 ff. ZPO sowie auf Eilmaßnahmen im Schiedsverfahren, § 1041 ZPO einschließlich des Widerspruchsverfahrens nach § 924 ZPO und des Antrages auf Anordnung der Klageerhebung nach § 926 ZPO. Denn beide gehören zum Anordnungsverfahren und können deshalb keine besonderen Gebühren auslösen. Das Anordnungsverfahren und das Aufhebungsverfahren bilden je für sich ein gesondertes Verfahren (Vorbem. 1.4.1. vor KV 1410). Die Bestimmung gilt auch für Vergleiche über die Sicherstellung des Arrestanspruchs (KV 1411, 1414 Nr. 3). Entsprechend anzuwenden ist § 53 auf die vorzeitige Besitzeinweisung nach dem BBauG.[1]

Nicht anwendbar ist § 53 auf das Verfahren zur **Vollziehung des Arrestes,** §§ 928 ff. ZPO. **3** Dieses ist gebührenrechtlich ein besonderes Verfahren, auch wenn der Antrag gem. § 930 ZPO mit dem Arrestbeschluss verbunden ist.[2] Hier bestimmt sich der Streitwert nach § 6 ZPO.[3] Die Streitwerte sind ggf. zu addieren. Für Zivilsachen kommt dieser Streitfrage für den Ansatz der Gerichtsgebühren allerdings kaum noch Bedeutung zu, weil nach KV Nr. 1640 eine Festgebühr vorgesehen ist. Für die Verwaltungs-, Sozialgerichts- und Finanzgerichtssachen gilt die Sonderregelung nach Abs. 3. Gerichtskosten, die durch die Eintragung eines Widerspruchs oder einer Vormerkung im Grundbuch anfallen, sind keine Kosten der Vollziehung.[4] Nicht anwendbar ist Abs. 1 auch auf die einstweiligen Anordnungen im Eheprozess nach § 620 ZPO. Insoweit gilt Abs. 2.

Der **Streitwert** des Arrestanordnungsverfahrens bestimmt sich nach § 3 ZPO, ist also nach **4** freiem, aber pflichtgemäßem Ermessen des Gerichts unter Berücksichtigung aller Umstände des Einzelfalles[5] zu bestimmen.[6] Maßgebend ist das Interesse des Antragstellers an der einstweiligen Regelung oder Sicherung.[7] Das Interesse des Antragsgegners ist für die Streitwertbestimmung irrelevant. Der Streitwert einer einstweiligen Verfügung kann daher geringer sein, als eine in der einstweiligen Verfügung angedrohten Geldstrafe für den Fall einer Zuwiderhandlung.[8] Allerdings kann der Streitwert niemals höher sein als der volle Wert der Hauptsache im Zeitpunkt des Antrags auf die einstweilige Verfügung oder den Ar-

---

1 OLG Hamburg NJW 1965, 2404.
2 *Vollkommer-Zöller* § 922 Rn. 20; *Oe/Wi/He* Streitwert 7. 0 „Arrestvollziehung".
3 Streitig. Vgl. – wie hier – LG Hannover JurBüro 1969, 432; *Oe/Wi/He* Streitwert 7.0 „Arrestvollziehung"; *Göttlich-Mümmler-Rehberg-Xanke* „Arrest" 4 einerseits und OLG Köln RPfleger 1993, 508; OLG Hamm JurBüro 1969, 163; LG Darmstadt JurBüro 1967, 1090; *Hartmann* Anh. I zu § 48 (§§ 3 ZPO) Rn. 17 andererseits (Streitwert des Anordnungsverfahrens).
4 OLG München MDR 1974, 939.
5 LG Frankfurt aM JurBüro 1995, 487.
6 OLG Schleswig SchlHA 1978, 22.
7 OLG Düsseldorf WettbR 1996, 44; OLG Koblenz MDR 1994, 738; OLG Hamburg MDR 1961, 156; OLG Köln MDR 1963, 510.
8 OLG Neustadt JurBüro 1961, 457.

rest. In der Regel wird er niedriger sein, und zwar etwa $1/3$–$1/2$.[9] Ein unter einem Drittel des Wertes der Hauptsache liegender Wert wäre allerdings kaum gerechtfertigt.[10] Im Einzelfall kann sogar der Wert der Hauptsache erreicht werden.[11] Das wird insbesondere dann der Fall sein müssen, wenn zu erwarten ist, dass durch die einstweilige Entscheidung der Streit abschließend geklärt werden wird, so dass es zu einem Hauptsacheverfahren gar nicht mehr kommt.[12] Das wird vornehmlich in Wettbewerbssachen häufig zutreffen[13] oder dann, wenn nur infolge der Sicherstellung durch den Arrest eine Befriedigungsmöglichkeit gewährleistet ist und für diese Befriedigung voll ausreichende im Wege des Arrestes pfändbare Vermögenswerte des Arrestschuldners vorhanden sind.[14] Ebenso verhält es sich, wenn sich im Arrestverfahren herausstellt, dass zu sichernde Forderungen im Hauptverfahren nicht zu beweisen sein werden, so dass ein Hauptverfahren aus der Sicht einer wirtschaftlich denkenden Partei sinnlos erscheint, oder wenn durch einstweilige Verfügung auf Eintragung einer Auflassungsvormerkung der Totalverlust des Grundstücks vermieden werden soll.[15] Der Umfang und die Schwierigkeit des Verfahrens haben aber nur in nichtvermögensrechtlichen Angelegenheiten Einfluss auf den Streitwert.[16] Bei einstweiligen Regelungen muss unter Berücksichtigung der gesamten Darlegungen des Antragstellers dessen wirkliches Begehren klargestellt und in freier Schätzung beziffert werden.[17]

5 Beispiele:
– *Arrest:* Halber Wert der durch Arrest zu sichernden Forderung,[18] teilweise auch nur ein Drittel bis ein Viertel.[19]
– *Auflassungsvormerkung, Eintragung im Grundbuch durch einstweilige Verfügung:* Ein Drittel bis die Hälfte des Interesses des Antragstellers.[20]
– *Besondere Wertvorschriften:* Bestehen für das Hauptsacheverfahren besondere Wertvorschriften (z.B.: §§ 48 Abs. 2, 41, 42 § 9 ZPO), so kann der Wert des Eilverfahrens diese Wertgrenzen nicht über-, sondern nur unterschreiten.[21]
– *Besitzstörungen:* Der halbe Wert des Hauptsacheverfahrens.[22] Der volle Hauptsachewert ist aber anzusetzen, wenn die Besitzstörung auf verbotener Eigenmacht (§§ 858 ff. BGB) beruht.
– *einstweilige Verfügung:* In der Regel der halbe Wert der Hauptsache.[23]

---

9 Das ist unstr. vgl. etwa OLG Oldenburg NJW-RR 1996, 946; LG Frankfurt aM JurBüro 1995, 487; OLG Bamberg JurBüro 1991, 1690; OLG Saarbrücken JurBüro 1990, 1661; OLG Schleswig JurBüro 1971, 538, jeweils m.N.
10 So zutr *Hartmann* § 53 Rn. 2 gegen OLG Köln GRUR 1988, 726 ($1/2$-$1/8$).
11 OLG Bamberg JurBüro 1975, 793; vgl. auch bei *Hartmann* § 53 Rn. 3 m.N.
12 OLG Bamberg JurBüro 1978, 1552; OLG Schleswig SchlHA 1978, 22; OLG Köln JurBüro 1977, 1118; LAG Hamm AnwBl. 1981, 107; vgl. auch *Hartmann* § 53 Rn. 4.
13 OLG Frankfurt JurBüro 1981, 605 = WRP 1979, 792; *Hartmann* § 53 Rn. 4.
14 OLG Celle JurBüro 1970, 167 = NdsRPfl. 1970, 111.
15 OLG Frankfurt aM JurBüro 1958, 253.
16 LG Darmstadt JurBüro 1976, 1090.
17 OLG Köln JurBüro 1980, 741.
18 OLG Frankfurt aM JurBüro 1960, 221 = MDR 1960 411 (L).
19 Vgl. etwa OLG Bamberg JurBüro 1980, 278; OLG Celle JurBüro 1969, 539; KG JVBl. 1960, 228.
20 OLG Frankfurt aM JurBüro 1958, 253.
21 OLG Hamm JurBüro 1979, 875.
22 OLG Köln VersR 1976, 740 (L).
23 OLG Saarbrücken KostRspr. GKG § 20 Nr. 18 (L).

– *ehrverletzende Behauptungen, Unterlassung*: Der Wert des Eilverfahrens hängt vom Interesse des Antragstellers ab und ist der Höhe nach nur durch den Wert eines Hauptsacheverfahrens begrenzt. In der Regel wird er dem Wert der Hauptsache sehr nahe kommen müssen oder diesen sogar erreichen, wenn zu erwarten ist, dass ein Hauptsacheverfahren nicht weitergeführt werden wird.

– *Herausgabe von Sachen*: Der Verkehrswert der Sache bildet die Höchstgrenze des Wertes des Eilverfahrens,[24] selbst wenn der durch die einstweilige Verfügung abzuwendende drohende Schaden des Antragstellers größer wäre.[25]

– *Hinterlegung eines Grundschuldbriefes durch einstweilige Verfügung*: Das Interesse des Antragstellers an der Hinterlegung.

– *Markenrechtsstreitigkeiten*: Nur wenn der markenrechtliche Angriff von besonderer Qualität oder Gefährlichkeit oder sonst objektive Gründe vorliegen, die eine höhere Bewertung zulassen, ist vom Regelstreitwert von 900 € abzuweichen.[26]

– *Mindeststreitwert*: 300 € bei nichtvermögensrechtlichen Streitigkeiten darf auch bei Eilverfahren nicht unterschritten werden.

– *Überbau, Einstellung im Wege der einstweiligen Verfügung*: Interesse des Antragstellers an der Einstellung.

– *Vormerkung, Eintragung durch einstweilige Verfügung im Grundbuch, insbesondere zur Sicherung einer Bauhandwerkersicherungshypothek*: Ein Drittel bis ein Viertel der zugrunde liegenden (Handwerker-)Forderung.[27]

– *Vormerkung zur Sicherung eines Vorkaufsrechts*: Wie Auflassungsvormerkung.

– *Widerspruch, Eintragung im Grundbuch durch einstweilige Verfügung*: Von einem Drittel bis zur Hälfte des Hauptsachewertes.[28]

– *Zugang, Erzwingung des Zugangs zu einem Grundstück*: 10% des Verkehrswertes des Grundstücks.[29]

Werden **mehrere Ansprüche** geltend gemacht, so sind die Einzelstreitwerte nach den allgemeinen Bestimmungen zusammenzuzählen. Das gilt auch für mehrere nichtvermögensrechtliche Ansprüche. Es ist ohne Einfluss auf den Streitwert, wenn das Eilverfahren wiederholt wird, obwohl ein Verbot vorliegt.[30] Wird in dem Eilverfahren die noch nicht anhängige Hauptsache mitverglichen, sind die Streitwerte des Eilverfahrens und des Hauptsacheverfahrens nur für den Vergleichswert zusammenzuzählen.[31] Ein Antrag, der auf Erlass des persönlichen und des dinglichen Arrestes gerichtet ist, hat nur einen Streitwert. Werden in einem Antrag sowohl Arrest als auch einstweilige Verfügung beantragt, so hat jeder Antrag einen eigenen Streitwert; beide Werte sind dann zu addieren.[32] Ist einer dieser Anträge nur hilfsweise gestellt, gilt § 45.   **6**

---

24 OLG Bamberg JurBüro 1975 9, 438.
25 KG RPfleger 1962, 120 (L).
26 Dazu OLG Schleswig SchlHA 1998, 163.
27 OLG Düsseldorf JurBüro 1975, 649 m. w. N.
28 OLG Braunschweig JurBüro 1974, 1435; vgl. dazu auch *Schneider* JurBüro 1978, 1603 m. N.
29 OLG München JurBüro 1973, 1191.
30 OLG Frankfurt aM JurBüro 1969, 342.
31 OLG München JurBüro 1969, 514 m. Anm. v. *Schneider*.
32 OLG München BayJMinBl. 1952, 164.

7 Der Streitwert des **Aufhebungsverfahrens** entspricht dem des Anordnungsverfahrens, sofern der Antrag im Aufhebungsverfahren nicht gegenüber dem Anordnungsverfahren beschränkt wird.[33] Beantragt der Arrestschuldner keine Aufhebung nach § 927 ZPO, sondern klagt er auf Abgabe einer Löschungsbewilligung, bestimmt sich der Streitwert nach § 6 ZPO.[34]

8 Das **Zins- und Kostenpauschquantum** ist nicht zu berücksichtigen,[35] weil es sich hierbei um Nebenforderungen i.S. § 43, § 4 Abs. 1 ZPO handelt.[36]

9 Abs. 1 ist auch in **Arbeitsgerichtsverfahren** anzuwenden.

10 **Einstweilige Anordnungen auf Unterhalt in Ehe- Lebenspartnerschafts- und Kindschaftssachen sowie Wohnungs- und Hausratssachen, Abs. 2:** Nach § 620 S. 1 Nr. 4, 6 ZPO; § 661 Abs. 2 ZPO kann das Gericht in Ehesachen und in Lebenspartnerschaftssachen auf Antrag im Wege der einstweiligen Anordnung u.a. die Unterhaltspflicht gegenüber einem Kind im Verhältnis der Ehegatten zueinander und den Unterhalt eines Ehegatten regeln. Beide Unterhaltsanordnungen fallen unter Abs. 2. Wird ein unzulässiger Antrag i.S.v. Abs. 2 gestellt, so ist der Streitwert gleichwohl nach Abs. 2 zu bestimmen. Zulässig ist der Antrag, sobald die Ehesache anhängig oder der Antrag auf Bewilligung von Prozesskostenhilfe eingereicht worden ist. Wird aber der auf § 620 ZPO gestützte Antrag als ein Antrag auf einstweilige Verfügung umgedeutet, so ist der Streitwert nach Abs. 1 i.V.m. § 3 ZPO zu bestimmen.

11 **Verfahren nach § 641d ZPO:** Hiernach kann in einem Rechtsstreit auf Feststellung des Bestehens der Vaterschaft das Gericht auf Antrag des nichtehelichen Kindes durch einstweilige Anordnung bestimmen, dass der als Vater beklagte Mann dem Kinde Unterhalt zu zahlen oder für diesen Unterhalt Sicherheit zu leisten hat, und die Höhe des Unterhalts regeln. Sofern es um eine einstweilige Verfügung nach § 1615o BGB geht, richtet sich der Streitwert aber immer nach Abs. 1.[37]

12 **Nicht anzuwenden** ist Abs. 2 auf Unterhaltsklagen, für die § 42 Abs. 1 einschlägig ist. Ebenso findet Abs. 2 keine Anwendung auf einstweilige Anordnungen hinsichtlich der elterlichen Sorge (§ 620 S. 1 Nr. 1 ZPO), des persönlichen Verkehrs mit dem Kinde (§ 620 S. 1 Nr. 2 ZPO), der Herausgabe des Kindes an den anderen Elternteil (§ 620 S. 1 Nr. 3 ZPO), des Getrenntlebens der Ehegatten (§ 620 S. 1 Nr. 5 ZPO) wegen Herausgabe oder Benutzung von Sachen (§ 620 S. 1 Nr. 8 ZPO) und der Leistung eines Prozesskostenvorschusses (§ 620 S. 1 Nr. 9 ZPO) bzw. der entsprechenden einstweiligen Anordnungen in Lebenspartnerschaftssachen (§ 661 Abs. 2 ZPO). Hier ist der Streitwert nach Abs. 1 i.V.m. § 3 ZPO zu bestimmen. Soweit es sich um eine negative Feststellungsklage gegen eine einstweilige Anordnung handelt, richtet sich der Kostenstreitwert ebenfalls immer nach § 42 und nicht nach Abs. 2.[38]

---

33 OLG Bamberg JurBüro 1974, 1150; OLG Frankfurt aM ZIP 1980, 1044 (Beschwert); OLG Köln VersR 1973, 1032 (L) = Der Betrieb 1973, 20, 2036 (L); *Schneider* JurBüro 1977, 1516.
34 OLG München JurBüro 1963, 357; a. M. OLG Köln MDR 1977, 495 (Anwendung des § 20 GKG).
35 OLG Köln MDR 1962, 60; KG NJW 1965, 1029 = JurBüro 1965, 224.
36 OLG Köln MDR 1962, 60 = JurBüro 1961, 621.
37 *Hartmann* § 53 Rn. 17.
38 OLG Schleswig JurBüro 1992, 489, m. w. N.

Der Streitwert der unter Abs. 2 fallenden einstweiligen Anordnungen berechnet sich nach   **13** dem 6-monatigen Bezug (Abs. 2 S. 1), wie er sich aus dem Antrag des Antragstellers ergibt. Es kommt nicht darauf an, welchen Betrag das Gericht tatsächlich zuspricht. Selbst wenn die durch die einstweilige Anordnung geregelte Zeit der Unterhaltsleistung wegen einer Beendigung des Rechtsstreits innerhalb der 6-Monatsfrist kürzer als 6 Monate ist, gilt für den Streitwert der 6-monatige Betrag.[39] Anders verhält es sich nur, wenn im Antrag die Unterhaltsleistung von vornherein auf einen kürzeren Zeitraum beschränkt wird, was dann aber im Antrag deutlich zum Ausdruck gebracht werden muss.[40] Dann ist dieser kürzere Zeitraum maßgebend.[41] Umgekehrt erhöht sich der 6-Monatsstreitwert nicht, wenn die einstweilige Anordnung über den Zeitpunkt der Rechtskraft der Ehescheidung oder Aufhebung der Lebenspartnerschaft hinaus wirkt. Auch wenn der Antrag im Falle des § 641d ZPO nur auf Sicherheitsleistung geht, richtet sich der Streitwert nach dem 6-Monatsbetrag. Abs. 2 unterscheidet nicht zwischen Zahlung und Sicherheitsleistung. Das wäre auch nicht angemessen, zumal der Streitwert nach dem 6-Monatsbetrag ohnehin sehr niedrig bemessen wird, wenn man bedenkt, dass der Vaterschaftsprozess sich mitunter über Jahre hinziehen kann.

Freiwillige Leistungen des Schuldners haben auf den Streitwert keinerlei Einfluss.[42] Un-   **14** terhaltsrückstände sind dagegen hinzuzurechnen, auch wenn ihre Geltendmachung im Verfahren der einstweiligen Verfügung nicht möglich ist.[43] Auch ein unzulässiger Antrag hat einen Streitwert nach Abs. 2 S. 1. Bei einer **Vollstreckungsgegenklage** gegen eine der in Abs. 2 S. 1 genannten einstweiligen Anordnungen richtet sich der Streitwert nach Abs. 2 S. 1. Die bis zur Einreichung der Klage erwachsenen Rückstände sind in entsprechender Anwendung des § 42 Abs. 5 dem Streitwert hinzuzurechnen.[44] Die Werte **mehrerer** der im § 620 ZPO genannten **Verfahren** auf einstweilige Anordnung sind gemäß § 48 Abs. 1 GKG, 5 ZPO zu addieren. Soweit es sich aber um aus einem nichtvermögensrechtlichen Anspruch abgeleitete vermögensrechtliche Ansprüche handelt, ist § 48 Abs. 4 (und nicht die Sonderbestimmung des § 46 Abs. 2) anzuwenden.[45]

Abs. 2 S. 2 (Benutzung der Ehewohnung bzw. der gemeinsamen Wohnung der Lebens-   15 partner und des Hausrats): Nach §§ 620 S. 1 Nr. 7 und 9; 661 Abs. 2 ZPO kann das Gericht in Ehesachen und in Lebenspartnerschaftssachen auch die Benutzung der Ehe-/Lebenspartnerwohnung und des Hausrats regeln. Während für die endgültige Regelung der Streitwert für das Nutzungsrecht an der Wohnung nach § 21 Abs. 2 HausrVO dem einjährigen Mietwert entspricht, sind in Abs. 2 S. 2 aus Vereinfachungsgründen Festwerte bestimmt.

Der Streitwert einer einstweiligen Anordnung über die **Benutzung der Wohnung** und die   **16** **vorläufige Anordnungen nach dem Gewaltschutzgesetz** (§ 620 S. 1 Nr. 7 und 9 ZPO) beträgt der Festwert 2 000 €. Bei einer vorläufigen Regelung der **Benutzung des Hausrats** ist ein Festwert von 1 200 € einzusetzen.

---

39   OLG Brandenburg JurBüro 2001, 94; OLG Nürnberg JurBüro 1997, 196; OLG Hamm JurBüro 1982, 105.
40   OLG Hamm JurBüro 1991, 1535.
41   OLG Nürnberg JurBüro 1997, 196.
42   KG RPfleger 1962, 118 (L).
43   OLG Saarbrücken KostRspr GKG § 20 Nr. 39 (L).
44   OLG Nürnberg RPfleger 1963, 178 (L); LG Duisburg JurBüro 1960, 492.
45   A. M. *Herbert Schmidt* JurBüro 1979, 1268.

17 **Vergleich:** Nach Abs. 2 berechnet sich auch der Streitwert eines im Verfahren nach § 620 ZPO abgeschlossenen Vergleichs, soweit der Vergleich den Unterhalt oder die Benutzung der Ehewohnung und des Hausrats nur für die Dauer des Rechtsstreits regelt. Geht der Vergleich über diesen Rahmen hinaus, sind für die Berechnung des Wertes des Vergleichsgegenstandes die §§ 48 Abs. 2, 42 Abs. 1, §§ 3, 6 ZPO, § 21 Abs. 2 HausrVO anzuwenden.[46] Ausgleichsleistungen, die im Rahmen eines Vergleichs der andere Ehegatte für die Aufgabe der Wohnung erhält, erhöhen den Wert des Vergleichsgegenstandes nicht.[47]

18 **Beschwerde:** Soweit Entscheidungen nach §§ 620, 620b ZPO überhaupt anfechtbar sind (vgl. § 620c S. 2 ZPO), bestimmt sich der Beschwerdewert für die nichtvermögensrechtlichen Angelegenheiten nach § 48 Abs. 2. Hinsichtlich der Ehewohnung richtet sich der Beschwerdewert nach Abs. 2 (dreimonatiger Mietwert). Wird eine unzulässige Beschwerde erhoben, erwächst die Gebühr nach KV 2021, 2124, deren Wert sich für nichtvermögensrechtliche Angelegenheiten nach § 48 Abs. 2 und für vermögensrechtliche Angelegenheiten nach § 3 ZPO richtet.

19 **Abs. 3 (Einstweilige Anordnungen nach § 123 VwGO usw.):** Abs. 3 regelt den Streitwert für einstweilige Anordnungsverfahren in Verwaltungs-, Finanzgerichts- und Sozialgerichtssachen und für die solchen Angelegenheiten verwandten Verfahren über Maßnahmen wegen der sofortigen Vollziehung oder der Aussetzung oder des Aufschubs der Vollziehung von Verwaltungsakten im gerichtlichen Verfahren der Verwaltungs- und Finanzgerichtsbarkeit.

20 Nach **§ 123 VwGO/§ 114 FGO/86b SGG** kann das Gericht vor und nach der Klageerhebung eine einstweilige Anordnung in bezug auf den Streitgegenstand treffen, um zu vermeiden, dass die Verwirklichung eines Rechts des Antragstellers/Klägers vereitelt oder wesentlich erschwert werden könnte, oder aber Regelungen wegen eines vorläufigen Zustandes treffen. Die einstweilige Anordnung nach §§ 123 VwGO, 114 FGO, § 86b SGG entspricht ihrem Inhalt nach im Wesentlichen der einstweiligen Verfügung nach §§ 935, 940 ZPO.

21 **Verfahren über einen Antrag auf Erlass, Abänderung oder Aufhebung:** Für das Verfahren erster Instanz erwachsen ohne Rücksicht auf die Entscheidung des Gerichts im Verwaltungsgerichtsverfahren die Gebühren nach KV 5210ff., im Finanzgerichtsverfahren nach 6210ff. und im Sozialgerichtsverfahren nach KV 7210ff., und zwar sowohl für den Antrag im Anordnungs- als auch für den Antrag im Aufhebungsverfahren. Für die jeweiligen Rechtsmittelverfahren kommen KV 5240, 5241, 6220, 6221, 7220 und 7221 zur Anwendung. **Das Anordnungs- und das Aufhebungsverfahren sind gebührenrechtlich zwei getrennte Verfahren.** Beantragt eine Partei die Aufhebung und hilfsweise die Abänderung der einstweiligen Anordnung, ist der Hilfsantrag auf Abänderung für den Streitwert nur maßgebend, wenn er höherwertiger sein sollte als der Hauptantrag und wenn über ihn entschieden wird, § 45 Abs. 3. In keinem Fall sind aber Haupt- und Hilfsantrag zusammenzuzählen, auch wenn über beide entschieden wird.

22 **Streitwert des Anordnungsverfahrens:** Der Streitwert ist nach § 52 Abs. 1 zu bestimmen. Demnach ist die sich aus dem Antrag des Antragstellers für ihn ergebende Bedeutung der

---

46 OLG Schleswig JurBüro 1976, 345 m. Anm. v. *Mümmler.*
47 KG RPfleger 1972, 464 und NJW 1970, 104 (L).

Sache für die nach dem pflichtgemäßen Ermessen des Gerichts zu treffende Entscheidung maßgebend (vgl. dazu oben § 52 Rn. 3 ff.). Weil es sich nicht um endgültige Entscheidungen handelt, wird der Streitwert des Anordnungsverfahrens i.d.R. niedriger sein müssen als der Wert des Hauptsacheverfahrens,[48] und zwar die Hälfte,[49] selten aber weniger als ein Drittel[50] des Wertes der Hauptsache. Nur wenn die einstweilige Anordnung endgültige oder quasi-endgültige Verhältnisse schafft, kann der Streitwert des Anordnungsverfahrens den der Hauptsache erreichen.[51] Er sollte dann aber nicht unter drei Vierteln liegen.[52] Die Anordnung einer Sicherheitsleistung hat keinen Einfluss auf den Streitwert.

Die Bestimmung des **§ 52 Abs. 2 (Auffangwert)** gilt auch für das Anordnungsverfahren. **23** Wenn der bisherige Sach- und Streitstand keine hinreichenden Anhaltspunkte bietet, ist ein Streitwert in Höhe von 5000e anzunehmen. Der Annahmewert wirkt wie ein Festwert, wenn die Voraussetzungen dafür erfüllt sind (vgl. §52 Rn.22). Er darf folglich nicht mit Rücksicht darauf ermäßigt werden, dass Verfahren wegen einstweiliger Anordnungen regelmäßig niedriger bewertet zu werden pflegen als die korrespondierenden Hauptsacheverfahren. Wenn das Gericht den Annahmewert für nicht angemessen hält, muss es einen der Bedeutung des Antrags des Klägers entsprechenden unter oder über dem Annahmewert von 5000€ liegenden Streitwert nach §52 Abs.2 bestimmen und von einer Anwendung des §52 Abs.1 absehen.[53]

Beispiele: **24**
- Sicherung des Bewerbungsverfahrensanspruchs[53a]
- *Zeitlich begrenzte Zuweisung eines Studienplatzes:* Halber Streitwert der Hauptsache.[54]
- *Unbefristete Zuweisung eines Studienplatzes:* Drei Viertel bis voller Hauptsachewert.[55]
- *Bafög-Angelegenheit:* Halber Streitwert,[56] aber niedriger, wenn sich der Antrag auf einen kürzeren Zeitraum als im Hauptsacheverfahren bezieht.[57]
- *Aussetzung der Vollziehung eines Versammlungsverbots:* Hauptsachewert.[58]
- *Einstweilige Anordnung nach § 114 FGO:* In der Regel ein Drittel des Hauptsachewertes,[59] wenn keine besonderen Umstände vorliegen.
- *Einstweilige Anordnung gegen eine Vollstreckungsmaßnahme:* In der Regel 10% der Forderung,[60] auch wenn sich die Anordnung auf ein Vollziehungsverbot während eines Klageverfahrens richtet.[61]

---

48 Unstr. vgl. etwa BayVGH NJW 1973, 2046.
49 BayVGH NJW 1973, 2046.
50 Vgl. *Hartmann* § 53 Rn. 25; dazu auch z. B.: BFH JurBüro 1980, 520.
51 Vgl. z. B. FG Saarland EFG 73, 117.
52 *Hartmann* § 53 Rn. 26.
53 VGH Baden-Württemberg KostRspr. § 20 Rn. 6, 7; a. M. wohl *Hartmann* § 53 Rn. 26.
53a Dazu OVG Münster JurBüro 2008, 315.
54 VGH Mannheim BWVPr 76, 278.
55 OVG Münster KostRspr. § 20 GKG Nr. 2.
56 OVG Hamburg VerwRspr. 32, 1054 m. N.
57 *Hartmann* § 53 Rn. 25.
58 Vgl. bei *Hartmann* § 53 Rn. 24 m. w. N.
59 BFH BStBl. II 1977, 80.
60 BFH BB 1978, 347 und KTS 1983, 151.
61 BGH NJW 1977, 1216; a. M. FG Hamburg EFG 1978, 94 (5).

25   **§ 47 Abs. 6 VwGO:** Die Bedeutung der Sache wird durch den „schweren Nachteil", der abgewehrt werden soll, oder durch die gleichfalls ausreichenden „anderen wichtigen Gründe"
sowie durch das „dringende Gebot" der vorläufigen Maßnahme nach § 47 Abs. 6 VwGO ge-
prägt. Diese Gesichtspunkte können vermögensrechtlicher oder nichtvermögensrechtli-
cher Art sein. Dabei kommt es nicht allein auf das Interesse des Antragstellers, sondern
auch auf das öffentliche Interesse an.[62]

26   **§ 80 Abs. 5–8 VwGO, § 80a Abs. 3 VwGO, § 69 Abs. 3–4 FGO, § 86b SGG:** Der Streitwert dieser vorläufigen Verfahren wird nach den Bemessungsgesichtspunkten des § 52
Abs. 1 GKG bestimmt, also nach der Bedeutung der Sache für den Antragsteller gemäß
seinem Antrag. In aller Regel wird die Bedeutung der Sache geringer anzusehen sein als
die der Hauptsache, so dass auch der Streitwert regelmäßig geringer anzunehmen ist.[63]
Allerdings gilt auch hier, dass sich der Streitwert dem der Hauptsache nähern kann, wenn
die begehrte Maßnahme in ihrer Wirkung Tatsachen schafft, die den Hauptsachegegen-
stand voll umfassen, also vollendete Tatsachen.[64] Das ist z. B. bei der Wiederherstellung
der aufschiebenden Wirkung einer Klage gegen einen kraft behördlicher Anordnung sofort vollziehbaren Widerruf einer Aufenthaltserlaubnis nach § 52 Abs. 1 Satz 4 AufenthG
der Fall.[65] Im Allgemeinen wird man aber einen Wert nehmen müssen, der zwischen einem Drittel[66] und der Hälfte des Hauptsachewertes liegt. Bei **Abgabesachen** oder bei Anträgen nach **§ 69 Abs. 3, 5 FGO** wird unter Umständen sogar nur ein Zehntel des Hauptsachewertes ausreichend sein.[67] In den Fällen des **§ 80a Abs. 3 VwGO** ist das Interesse des
nach § 80a Abs. 1 VwGO vorgehenden Dritten an der Aufhebung des einen anderen be-
günstigenden Verwaltungsaktes maßgebend, das allerdings begrenzt ist durch die nach
§ 80a Abs. 3 VwGO erzielbare Aufhebung oder Änderung.[68] Auch hier beeinflusst es den
Streitwert nicht, wenn das Gericht die Maßnahme mit einer Sicherheitsleistung oder mit
anderen Auflagen verbindet.

27   Die Werte für die in **Abs. 3 Nrn. 1–5** bezeichneten Verfahren sind nach § 52 Abs. 1 und 2,
§ 3 ZPO nach billigem Ermessen zu bestimmen, und zwar unter Beachtung der Höchstwerte. Soweit die Überschreitung der Höchstwerte zulässig ist, ist die Bestimmung eng
auszulegen. Es muss sich schon um eine erhebliche Überschreitung oder um eine nach objektiven Kriterien zu beurteilende überdurchschnittlich große Bedeutung der Sache für
die eine oder die andere Partei – nicht notwendig für beide Parteien – handeln. Das gilt
auch in Verfahren nach § 123 VwGO betreffend die vorläufige Zulassung zum Studium.[69]
Im Zweifelsfall gilt der Auffangwert von 5 000 €.

---

62 *Hartmann* § 53 Rn. 30.
63 H. M. vgl. auch bei *Hartmann* § 53 Rn. 32 m. N.
64 OVG Lüneburg DÖV 1971, 141.
65 VG Göttingen JurBüro 2005, 597.
66 VGH Kassel NJW 1965, 1829; OVG Hamburg HambJVBl. 1989, 45; vgl. auch *Mellius* MDR
1990, 17.
67 Vgl. OVG Münster MDR 1984, 344 m.N.; BFH BStBl. II 1973, 16; FG Münster EFG 1976,
24.
68 *Hartmann* § 53 Rn. 35.
69 OVG Hamburg JurBüro 2006, 201 (LS mit Volltextservice).

§54
Zwangsversteigerung

(1) Bei der Zwangsversteigerung von Grundstücken sind die Gebühren für das Verfahren im Allgemeinen und für die Abhaltung des Versteigerungstermins nach dem gemäß §74a Abs. 5 des Gesetzes über die Zwangsversteigerung und die Zwangsverwaltung festgesetzten Wert zu berechnen. Ist ein solcher Wert nicht festgesetzt, so ist der Einheitswert maßgebend. Weicht der Gegenstand des Verfahrens vom Gegenstand der Einheitsbewertung wesentlich ab oder hat sich der Wert infolge bestimmter Umstände, die nach dem Feststellungszeitpunkt des Einheitswerts eingetreten sind, wesentlich verändert, oder ist ein Einheitswert noch nicht festgestellt, ist der nach den Grundsätzen der Einheitsbewertung geschätzte Wert maßgebend. Wird der Einheitswert nicht nachgewiesen, so ist das Finanzamt um Auskunft über die Höhe des Einheitswerts zu ersuchen; §30 der Abgabenordnung steht der Auskunft nicht entgegen.

(2) Die Gebühr für die Erteilung des Zuschlags bestimmt sich nach dem Gebot ohne Zinsen, für das der Zuschlag erteilt ist, einschließlich des Werts der nach den Versteigerungsbedingungen bestehen bleibenden Rechte zuzüglich des Betrages, in dessen Höhe der Ersteher nach §114a des Gesetzes über die Zwangsversteigerung und die Zwangsverwaltung als aus dem Grundstück befriedigt gilt. Im Falle der Zwangsversteigerung zur Aufhebung einer Gemeinschaft vermindert sich der Wert nach Satz 1 um den Anteil des Erstehers an dem Gegenstand des Verfahrens; bei Gesamthandeigentum ist jeder Mitberechtigte wie ein Eigentümer nach dem Verhältnis seines Anteils anzusehen.

(3) Die Gebühr für das Verteilungsverfahren bestimmt sich nach dem Gebot ohne Zinsen, für das der Zuschlag erteilt ist, einschließlich des Werts der nach den Versteigerungsbedingungen bestehen bleibenden Rechte. Der Erlös aus einer gesonderten Versteigerung oder sonstigen Verwertung (§65 des Gesetzes über die Zwangsversteigerung und die Zwangsverwaltung) wird hinzugerechnet.

(4) Sind mehrere Gegenstände betroffen, so ist der Gesamtwert maßgebend.

(5) Bei Zuschlägen an verschiedene Ersteher wird die Gebühr für die Erteilung des Zuschlags von jedem Ersteher nach dem Wert der auf ihn entfallenden Gegenstände erhoben. Eine Bietergemeinschaft gilt als ein Ersteher.

Die mit §29 a.F. identische Bestimmung bezieht sich nur auf das der Entscheidung über **1** die Eröffnung oder das der Entscheidung über den Beitritt und nach Terminanberaumung folgende Verfahren sowie auf die Abhaltung des Versteigerungstermins. Die Eröffnungsentscheidung bzw. Beitrittsentscheidung selbst ist mit der Festgebühr nach KV 2210 abgegolten, während die Anberaumung eines Termins mit der allgemeinen Verfahrensgebühr abgegolten wird.[1]

Nach Abs. 1 S. 1 ist für das **Zwangsversteigerungsverfahren im Allgemeinen** der gemäß **2** §74a Abs. 5 ZVG vom Vollstreckungsgericht zu ermittelnde **Verkehrswert**[2] des Grund-

1 Vgl. BT-Drs. 12/6962, S. 24.
2 Vgl. auch LG Paderborn RPfleger 1989, 168.

stücks maßgebend, der erforderlichenfalls nach Anhörung von Sachverständigen bestimmt werden muss. Der Wert der **beweglichen Gegenstände,** auf die sich die Versteigerung erstreckt, ist frei zu schätzen und dem Verkehrswert des Grundstücks zuzuschlagen. Der Wertfestsetzungsbeschluss des Vollstreckungsgerichts, der nur im Verfahren nach dem ZVG mit der befristeten Erinnerung anfechtbar ist, ist für das Gericht bei der Kostenberechnung absolut bindend. Vom Vollstreckungsgericht festgesetzt und damit bindend ist der Wert aber erst, wenn er rechtskräftig, d. h. nicht mehr anfechtbar ist.[3]

3 Soweit das Vollstreckungsgericht **keinen Wert festgesetzt** hat, ist der **Einheitswert** für die Gebührenberechnung maßgebend, Abs. 1 S. 2, den der Kostenschuldner nachzuweisen hat. Unterlässt er das, ist das Finanzamt entsprechend Abs. 1 S. 4 um Auskunft über die Höhe zu ersuchen.

4 **Vom Einheitswert abzuweichen** hat das Gericht bei der Wertberechnung, wenn eine wesentliche Abweichung des Wertes des Verfahrensgegenstandes vom Einheitswert vorliegt, sich der Wert infolge von Umständen verändert hat, die nach dem Feststellungszeitpunkt des Einheitswertes eingetreten sind, und noch kein Einheitswert festgestellt worden ist. Ein höherer Wert des Verfahrensgegenstandes kann z. B. vorliegen, wenn dem Zwangsversteigerungsverfahren auch Maschinen und Betriebsanlagen unterliegen.[4] Für eine Veränderung des Einheitswertes dürfen allerdings nur solche Umstände herangezogen werden, die auch für die Festsetzung des Einheitswertes beachtlich sind. Das Gericht hat mithin nach den Grundsätzen des BewG zu ermitteln, was auch gilt, wenn noch kein Einheitswert festgesetzt worden ist.[5]

5 Abs. 1 S. 4 stellt klar, dass die Schweigepflicht des § 30 AO einer einzuholenden **Auskunft des Finanzamts** über die Höhe des Einheitswertes nicht entgegensteht, wenn der Kostenschuldner den Nachweis nicht erbringt. Nach der Struktur des Abs. 1 soll die Datenanforderung beim Finanzamt aber das letzte Mittel zur Wertermittlung sein. Das entspricht auch dem Verfassungsrecht folgenden und für jede Datenweitergabe geltenden Grundsatz der Verhältnismäßigkeit.[6]

6 Der Wert für die **Abhaltung des Versteigerungstermins,** der neben dem Verfahren im Allgemeinen zu vergüten ist (Abs. 1 S. 1 „und"), ist nach den gleichen Grundsätzen wie der Wert für das Verfahren im Allgemeinen zu ermitteln, wenn und soweit nicht eine Wertfestsetzung nach § 74a Abs. 5 ZVG vorliegt. Das oben (Rn. 2–5) Gesagte gilt entsprechend.

7 Der Wert für die Erteilung des Zuschlags (**Zuschlagsgebühr,** Abs. 2) nach KV 2214 wird nicht dem nach § 74a ZVG festgesetzten oder nach dem nach den Grundsätzen des Abs. 1 ermittelten Wert, sondern nach dem **Gebot** ohne Zinsen berechnet, für das der Zuschlag erteilt wird. Demzufolge scheiden etwaige höhere, aber zurückgewiesene Gebote bei der Berechnung des Gebührenwerts aus. Gemäß § 60 ZVG bewilligte Zahlungsfristen sind für die Wertberechnung ohne Belang. Zinsen werden nach der ausdrücklichen Anweisung des Gesetzes nicht hinzugerechnet. Ob gemäß § 114a ZVG der Ersteher hinsichtlich seiner Forderung ganz oder teilweise aus dem Grundstück als befriedigt zu erachten ist, berührt

---

3 Vgl. auch *Lappe* § 29 Rn. 3; **a. M.** *Oe/Wi/He* § 54 Rn. 8.
4 LG München RPfleger 1973, 71.
5 BT-Drs. 12/6962, S. 64; *Hartmann* § 54 Rn. 3.
6 BT-Drs. 12/6962, S. 64.

den Wert ebenfalls nicht. Gleichgültig ist auch, ob der Wert des Grundstücks geringer ist als das Gebot, für das der Zuschlag erteilt wird.

Nach den Versteigerungsbedingungen bestehen bleibende Rechte (Abs. 2 S. 1) sind **8**
dem Gebot, für das der Zuschlag erteilt wird, hinzuzurechnen. Ein **nicht nach den Versteigerungsbedingungen**, sondern nach einer **Vereinbarung** zwischen dem Berechtigten und dem Ersteher gem. § 91 Abs. 2 ZVG **bestehen bleibendes Recht** wird ebenfalls hinzugerechnet.[7] Die neben dem geringsten Gebot kraft Gesetzes bestehen bleibenden Belastungen sind bei der Berechnung des Gebührenwertes ebenfalls nicht zu berücksichtigen, weil es sich auch um „nach den Versteigerungsbedingungen bestehen bleibende Rechte" handelt, welche ohne Rücksicht auf die Versteigerungsbedingungen kraft Gesetzes erhalten bleiben. Die Nichtberücksichtigung dieser Rechte ist auch berechtigt. Ein derartig – etwa mit einer Notweg- oder Überbaurente belastetes – Grundstück ist weniger wert als ein gleichartiges und von solchen Rechten freies Grundstück. Stellt die Belastung eine echte Wertminderung dar, wird sie das Gebot des Erstehers beeinflussen. Es wäre nicht richtig, sein Gebot für den Gebührenwert um den Wert dieser Belastungen zu erhöhen. Anders verhält es sich bei nach den Versteigerungsbedingungen übernommenen bestehen bleibenden Rechten. Sie ergeben zusammen mit dem Bargebot die vom Ersteher zu erbringende Leistung und werden deshalb zu Recht dem Bargebot hinzugerechnet.[8]

Der Wert der nach den Versteigerungsbedingungen **bestehen bleibenden Rechte** be- **9**
misst sich nach dem Kapitalbetrag oder nach ihrem Ablösebetrag, auch wenn dieser den Grundstückswert übersteigt.[9] Höchstbetragshypotheken werden dabei mit dem eingetragenen Höchstbetrag bewertet. Gleichgültig ist, ob bei den Rechten eine Löschungsvormerkung eingetragen ist oder ob der Ersteher schon vor dem Zuschlag persönlich haftete oder selbst Gläubiger der Hypothek oder Grundschuld ist.[10] Der **Erlös aus einer gesonderten Versteigerung oder sonstigen Verwertung** (§ 65 ZVG) wird nicht hinzugerechnet. **Gesamtgrundpfandrechte** sind mit ihrem vollen Wert zu berücksichtigen, wenn der Zuschlag der belasteten Grundstücke auf Grund eines Gesamtaufgebots erfolgt oder die Grundstücke einzeln mit der Gesamthypothek zugeschlagen werden. Wird das Gesamtgrundpfandrecht auf die belasteten Grundstücke gem. § 64 Abs. 1 ZVG nach Teilbeträgen verteilt, so ist bei der Berechnung des Wertes lediglich der auf das zugeschlagene Einzelgrundstück entfallende Teilbetrag zu berücksichtigen. Werden mehrere Grundstücke gemeinsam versteigert, ist deren Gesamtwert maßgebend (Abs. 4).

Teilungsversteigerung, Abs. 2 S. 2: Wird eine Zwangsversteigerung zur Aufhebung einer **10**
Gemeinschaft betrieben, § 180 ZVG, wird bei der Berechnung des der Zuschlagsgebühr zugrunde zu legenden Wertes der Anteil des Erstehers an dem Verfahrensgegenstand abgezogen, Abs. 2 S. 2 Hs. 1. Handelt es sich um **Bruchteilseigentum,** so ist der auf den nach S. 1 errechneten Wert sich ergebende Bruchteil zu errechnen und von dem nach S. 1 errechneten Wert abzuziehen

> **Beispiel:** Der Wert nach Abs. 2 S. 1 beträgt 90000 €. Ist der Ersteher Miteigentümer zu einem Drittel, ist die Zuschlagsgebühr aus 60000 € zu berechnen).

7 *Hartmann* § 54 Rn. 5; a. M. *Oe/Wi/He* § 54 Rn. 18.
8 A. M. aber *Oe/Wi/He* § 54 Rn. 18.
9 A. M. LG Freiburg Die Justiz 1977, 349.
10 *Hartmann* § 54 Rn. 5; *Oe/Wi/He* § 54 Rn. 19; a. M. *Lappe* § 29 Rn. 4.

Ist der Versteigerungsgegenstand in **Gesamthandseigentum**, so ist so zu verfahren, als wenn jeder Miteigentümer einen Bruchteil besäße, Abs. 2 S. 2 Hs. 2. Ist z. B. ein Nachlass-grundstück einer aus 5 Personen bestehenden Erbengemeinschaft zwecks Aufhebung der Gemeinschaft zu versteigern, so ist die Gebühr nur aus einem Fünftel des Wertes zu berechnen. Wird der Zuschlag an mehrere Personen erteilt, die an dem Versteigerungsgegen-stand als Miteigentümer oder als Gesamthandseigentümer beteiligt waren, so ist für die Berechnung der von den einzelnen Erstehern geschuldeten Zuschlagsgebühren der Wert zugrunde zulegen, der sich unter Berücksichtigung des jeweiligen Anteils des Erstehers an dem Versteigerungsgegenstand ergibt. Ein Ersteher, für den sich eine geringere Ge-bühr ergibt, haftet dann nur bis zur Höhe der auf ihn entfallenden Gebühr mit dem Ersteher, der für die Zuschlagsgebühr aus dem höheren Wert aufzukommen hat. **Anteil des Erstehers** i.S.d. Vorschrift ist nur das Miteigentum, kein wirtschaftliches Recht, wie es etwa ein Pfandrecht an dem Gegenstand verleiht. Die Gebühren für die Eintragung des Erstehers im Grundbuch richten sich stets nach der KostO.[11]

11 Verteilungsverfahren: Die Verteilungsgebühr (KV 2215, 2216) bestimmt sich wie bei der Zuschlagsgebühr mit der Ausnahme, dass der **Erlös einer gesonderten Versteigerung oder sonstigen Verwertung**, § 65 ZVG, hier dem Wert, der sich aus dem Gebot ohne Zin-sen und nach den Versteigerungsbedingungen bestehen bleibenden Rechten bestimmt, **hinzugerechnet** wird, Abs. 3 S. 2. Ein durch Vereinbarung der Beteiligten nach § 91 Abs. 2 ZVG bestehen bleibendes Recht bleibt außer Betracht.[12]

12 Mehrheit von Gegenständen, Abs. 4: Sind von der Zwangsversteigerung mehrere Gegen-stände betroffen (vgl. § 18 ZVG), so ist für die Berechnung der Gebühren nach Abs. 1 bis 3 der Gesamtwert maßgebend. Werden verbundene Verfahren getrennt, so tritt nach der Trennung Gebührenberechnung nach den einzelnen Werten ein, wobei aber zu beachten ist, dass die Verfahrensgebühren für jedes Verfahren von den nach der Trennung maßge-benden Werten zu erheben sind. Eine auf verbundene Verfahren bereits gezahlte Verfah-rensgebühr ist auf die nunmehr geschuldeten Gebühren anzurechnen. Soweit die verbun-denen Verfahren nicht einheitlich verlaufen, findet Abs. 4 nur insoweit Anwendung, als hinsichtlich mehrerer Grundstücke dieselben Gebühren erwachsen, nicht aber, wenn ein gebührenpflichtiger Vorgang sich nur auf ein Grundstück bezieht. Dagegen ist es un-schädlich, wenn die Gebühren hinsichtlich der einzelnen Grundstücke innerhalb dessel-ben Verfahrens getrennt anfallen. Sind aber in den verbundenen Verfahren vor der Ver-bindung bereits Gebühren nach den getrennten Werten angefallen, so werden sie durch die nachfolgende Verbindung der Verfahren nicht berührt.

13 Mehrere Gegenstände liegen vor, wenn jeder von ihnen Gegenstand eines gesonder-ten Zwangsversteigerungsverfahrens sein könnte, z.B. grundbuchrechtlich selbständige Grundstücke, Miteigentumsanteile, grundstücksgleiche Berechtigungen. Gleichgültig ist, ob die Behandlung der mehreren Gegenstände in einem Verfahren oder die Verbindung mehrerer Verfahren zu einem Verfahren zulässigerweise erfolgt ist. Nach § 18 ZVG ist die Verbindung möglich, wenn mehrere Grundstücke desselben Schuldners oder mehrere Grundstücke, die für dasselbe Recht haften, versteigert werden sollen.

11 OLG Düsseldorf JVBl. 1971, 62; LG Bayreuth JurBüro 1976, 85; LG Aschaffenburg JVBl. 1971, 233.
12 LG Krefeld RPfleger 1978, 392.

Verschiedene Ersteher, Bietergemeinschaft, Abs. 5: Erfolgt der Zuschlag an **verschiede-** **14**
ne **Ersteher,** ist für jeden Ersteher nur der Wert der auf ihn entfallenden Gegenstände für
die **Zuschlagsgebühr** maßgebend, Abs. 5 S. 1. Dagegen gilt eine **Bietergemeinschaft** als
ein Ersteher, Abs. 5 S. 2, für die das Gesamtgebot einschließlich aller bestehen bleibenden
Rechte maßgebend ist. Das gilt auch, wenn die einzelnen Grundstücke entsprechend § 63
Abs. 1 ZVG einzeln angeboten und zugeschlagen werden. Erfolgen aber Zuschläge an verschiedene Ersteher in dem Sinne, dass einzelne Grundstücke verschiedenen Erstehern
aufgrund von Einzelangeboten zugeschlagen werden, dann wird die Zuschlagsgebühr
auch nach dem für den einzelnen Gegenstand maßgebenden Wert besonders berechnet
und vom einzelnen Ersteher nach § 26 Abs. 2 S. 1 besonders erhoben.

Werden **mehrere Grundstücke einer Gemeinschaft** aufgrund eines gemeinsamen An- **15**
trags sämtlicher an der Gemeinschaft Beteiligten versteigert, hat nach Abs. 2 S. 2 bei der
Berechnung der Zuschlagsgebühr der Anteil des Erstehers an dem Gegenstand außer Betracht zu bleiben. Erstehen die mehreren an der Gemeinschaft Beteiligten je eines der Ein-
zelgrundstücke für sich, so berechnet sich die Zuschlagsgebühr für den einzelnen Ersteher
nach dem um den Teil des Erstehers an der Gemeinschaft verminderten Wert des erstan-
denen Grundstücks.

§ 55
Zwangsverwaltung

Die Gebühr für die Durchführung des Zwangsverwaltungsverfahrens bestimmt sich
nach dem Gesamtwert der Einkünfte.

Die Bestimmung ist identisch mit § 30 a. F. Als Verfahren der Zwangsverwaltung i. S. d. **1**
§ 55 kommt nur das förmliche Verfahren nach §§ 146–161, 172, 173 ZVG in Betracht, das
die Befriedigung des betreibenden Gläubigers durch zwangsweise Bewirtschaftung, nicht
durch Veräußerung bezweckt. Hierunter fällt auch die Zwangsverwaltung auf Antrag des
Insolvenzverwalters nach § 172 ZVG und die auf Antrag des Gläubigers erfolgende Fortsetzung einer ergebnislosen Zwangsversteigerung als Zwangsverwaltung, §§ 77 Abs. 2
ZVG. Nach anderen Vorschriften ergehende Verwaltungsmaßnahmen, die das Gericht im
Rahmen des Zwangsversteigerungsverfahrens trifft, z. B. Sicherungsmaßregeln nach § 25
ZVG, die gerichtliche Verwaltung nach § 94 ZVG (die keine Zwangsmaßnahme gegen den
Schuldner, sondern eine Sicherungsmaßregel gegen den Ersteher darstellt) oder Anordnungen über die Bewachung und Verwahrung eines Schiffes, § 165 ZVG, oder eines Luft-
fahrzeuges, § 171c ZVG, fallen ebenso wenig unter § 55 wie die Anordnung einer Sequestration im Wege der einstweiligen Verfügung, § 938 ZPO, wohl aber die Zwangsverwaltung
eines Grundstücks, die ein Gläubiger auf Grund der in einer einstweiligen Verfügung getroffenen Anordnung beim Vollstreckungsgericht beantragt. Gleichgültig für die Anwendbarkeit des § 55 ist, wer zum Zwangsverwalter bestellt ist, der sog. Institutsverwal-
ter, § 150a ZVG, oder der Schuldner, § 150b ZVG.

2   Außergerichtliche Zwangsverwaltungen, z.B. nach dem preußischen Gesetz betreffend die Zwangsvollstreckung aus Forderungen landwirtschaftlicher (ritterschaftlicher) Kreditanstalten vom 3. 8. 1897 (GS S. 388), lösen die Gebühr nicht aus.

3   Das vom Anordnungsverfahren, § 28 ZVG, zu unterscheidende **Zwangsverwaltungsverfahren beginnt** mit dem Wirksamwerden der Beschlagnahme, nicht mit dem Erlass des Anordnungsbeschlusses, also mit der Zustellung des Anordnungsbeschlusses an den Schuldner oder Eigenbesitzer, §§ 146, 22, 147 ZVG, oder mit dem Eingang des Ersuchens um Eintragung des Zwangsverwaltungsvermerks beim Grundbuchamt, sofern auf das Ersuchen die demnächst Eintragung erfolgt, §§ 22, 147 ZVG. Maßgebend ist das erste der für den Eintritt der Beschlagnahme entscheidende Ereignis. Das Verfahren **endet** mit dem Wirksamwerden des Aufhebungsbeschlusses, auch wenn die Rechnungslegung erst nach dem Aufhebungsbeschluss erfolgt, § 161 ZVG, oder mit dem Eingang der Antragsrücknahme bei Gericht.

4   Der **Wert** richtet sich nach dem Gesamtwert der Einkünfte aus dem zwangsverwalteten Gegenstand, die im Laufe des für die Fälligkeit der Gebühr maßgeblichen Jahres (§ 7 Abs. 2) erzielt werden. Maßgebend ist nicht das Kalenderjahr, sondern das mit dem Tag der Beschlagnahme beginnende Jahr, KV 2221. Es endet mit dem Tag, der vor der Wiederkehr des Beschlagnahmetages endet. Wenn die Beschlagnahme weniger als ein Jahr gedauert hat, sind die im dem kürzeren tatsächlichen Zeitraum angefallenen Einkünfte zugrunde zu legen.

5   Einkünfte sind die Bruttoerträge (Nutzungen) und nicht nur die Überschüsse. Nicht zu den Einkünften zählt der Erlös aus Verkäufen von Gegenständen, die zum wirtschaftlichen Bestand (Substanz) des Grundstücks gehören, wohl aber der Zins aus der Anlage des erzielten Erlöses. Von den Einkünften sind keine Abzüge zu machen, auch nicht die dem Zwangsverwalter oder der Aufsichtsperson zustehende Vergütung oder die laufenden öffentlichen Lasten. Ist bei einem landwirtschaftlichen, forstwirtschaftlichen oder gärtnerischen Grundstück der Schuldner zum Verwalter bestellt, so ist hierfür keine Vergütung abzuziehen, auch nicht in Höhe der Erträge, die er u. U. zur Befriedigung seiner persönlichen und familiären Bedürfnisse verwenden darf. Der Schuldner erhält als Verwalter keine Vergütung, §§ 150b, 150c ZVG. Auch die dem Schuldner nach § 149 Abs. 3 S. 1 ZVG zur Verfügung gestellten Mittel sind nicht abzuziehen.[1] Andererseits ist der Mietwert der dem Schuldner gemäß § 149 Abs. 1 ZVG unentgeltlich überlassenen Wohnräume nicht den Einkünften zuzurechnen.[2] Auch die Hypothekengewinnabgabe ist nicht abzuziehen, wie auch Grundsteuern und andere auf dem Gegenstand der Zwangsverwaltung lastende Abgaben wie Müllabfuhrgebühren usw. unberücksichtigt zu bleiben haben. Nur die tatsächlichen Einkünfte zählen, nicht die ihnen zugrunde liegenden Forderungen, z.B. bei dem Zwangsverwalter gegenüber unwirksamen Zahlungen Dritter an den Schuldner.[3] Gehen nach der Beendigung der Zwangsverwaltung noch Zahlungen bei dem Zwangsverwalter ein, rechnen sie nicht mehr mit. Ein neben der Zwangsversteigerung laufendes Zwangsverwaltungsverfahren wird durch den Zuschlag nicht beendet. Die bis zur förmlichen Be-

---

1   *Oe/Wi/He* § 55 Rn. 5, 6.
2   *Oe/Wi/He* § 55 Rn. 8.
3   *Oe/Wi/He* § 55 Rn. 7, 9.

endigung des Zwangsverwaltungsverfahrens erfolgenden Einkünfte sind deshalb dem Gebührenwert hinzuzurechnen.[4]

Werden in demselben Verfahren **mehrere Grundstücke** zwangsverwaltet, ist der Gesamt- **6** wert der Einkünfte in sinngemäßer Anwendung des § 54 Abs. 4 maßgebend,[5] wobei für den Beginn des Gebührenjahres hinsichtlich der Einkünfte aus den mehreren Grundstücken der Beginn des ersten Zwangsverwaltungsverfahrens maßgebend ist.[6] Nicht abzuziehen sind auch die auf dem Anwesen ruhenden Hypotheken, Grundschulden und Rentenschulden und die auf sie zu leistenden Zins- und Tilgungsbeträge.

§ 56
Zwangsversteigerung von Schiffen, Schiffsbauwerken, Luftfahrzeugen und grundstücksgleichen Rechten

Die §§ 54 und 55 gelten entsprechend für die Zwangsversteigerung von Schiffen, Schiffsbauwerken und Luftfahrzeugen sowie für die Zwangsversteigerung und die Zwangsverwaltung von Rechten, die den Vorschriften der Zwangsvollstreckung in das unbewegliche Vermögen unterliegen, einschließlich der unbeweglichen Kuxe.

Die Vorschrift ist identisch mit § 31 a.F. Sie regelt die Gebührenwerte bei der Zwangsver- **1** steigerung von Schiffen (Binnenschiffen und Seeschiffen), Schiffsbauwerken (vgl. §§ 162– 171 ZVG) und Luftfahrzeugen (§§ 171a–171n ZVG), sowie von Rechten, die der Zwangsvollstreckung in das unbewegliche Vermögen unterliegen. Hierher gehören Erbbaurechte, Wohnungs- und Stockwerkseigentum, Bergwerksberechtigungen, unbewegliche Kuxe, gewerbliche Realrechte und Hochseekabel. In diesen Fällen sind die Vorschriften über die Zwangsversteigerung (§ 54) und die Zwangsverwaltung (§ 55), Letztere soweit möglich, entsprechend anwendbar. Die Zwangsverwaltung von Schiffen, im Bau befindlichen oder fertigen Schwimmdocks[1] und Luftfahrzeugen ist unzulässig (§ 870a ZPO, § 99 Ges. über Rechte an Luftfahrzeugen v. 26. 2. 1959 – BGBl. I 1959, 57). Die Zwangsvollstreckung in einen Schiffspart, d.i. der Anteil eines Mitreeders an der Reederei (§§ 489ff. HGB), richtet sich nach den Vorschriften über die Zwangsvollstreckung in das bewegliche Vermögen (§ 858 ZPO). Gerichtskosten hierfür werden nach KV 2110 berechnet. Dagegen unterliegt die Zwangsversteigerung von Bruchteilseigentum an Schiffen und Schiffsbauwerken dem ZVG. Für die Zwangsvollstreckung in Ersatzteile eines Luftfahrzeugs gelten die Vorschriften über die Zwangsvollstreckung in körperliche Sachen. Für das Verfahren des Vollstreckungsgerichts auf Festsetzung des Mindestgebots wird hier ein Viertel der vollen Gebühr erhoben nach dem Betrag der beizutreibenden Forderung, höchstens jedoch nach dem Wert der Sache (§§ 100, 101 des Ges. über Rechte an Luftfahrzeugen). Wird ein Schiff, Schiffsbauwerk oder Luftfahrzeug aufgrund eines Arrestes gepfändet, sind die Vorschrif-

---

4 *Oe/Wi/He* § 55 Rn. 9.
5 *Oe/Wi/He* § 55 Rn. 11.
6 *Oe/Wi/He* § 55 Rn. 11.
1 Vgl. *Oe/Wi/He* § 56 Rn. 1.

ten über die Pfändung beweglicher Sachen anwendbar.[2] Dass § 56 auch für die in §§ 172 ff. ZVG genannten besonderen Zwangsversteigerungen gilt, folgt aus § 54 Abs. 2 S. 2.

2 **Einzelnes:** Entsprechend anzuwenden sind die Bestimmungen der §§ 54 und 55 über die Werte. Die Kosten der gemäß §§ 165, 171c ZVG anzuordnenden Bewachung und Verwahrung zählen zu den Kosten des Verfahrens nach § 109 ZVG, nicht aber zu dem Anspruch nach § 10 Abs. 1 Nr. 1, Abs. 2 ZVG. Für diese Auslagen (KV 9009) kann gemäß § 17 Abs. 3 vom betreibenden Gläubiger ein Vorschuss gefordert werden. Die Fortsetzung des Verfahrens darf aber von der Vorschussleistung nicht abhängig gemacht werden. Soweit eine Wertfestsetzung nach § 74a ZVG nicht erfolgt (z.B. bei Seeschiffen, § 169a ZVG), ist der Wert nach dem auch hier anwendbaren § 61 festzusetzen, für Binnenschiffe nach § 15 des Binnenschifffahrtsvollstreckungsschutzgesetzes (RGBl. I, 1933, S. 289, 365 1934, S. 251, 1082). Das Gleiche gilt für Schiffsbauwerke und Schwimmdocks. Wenn ein Wert nach § 74a Abs. 5 ZVG nicht festgesetzt ist, ist der Wert mangels eines Einheitswertes nach § 61 zu bestimmen.[3] Das gilt auch bei Luftfahrzeugen.[4]

§ 57
Zwangsliquidation einer Bahneinheit

Bei der Zwangsliquidation einer Bahneinheit bestimmt sich die Gebühr für das Verfahren nach dem Gesamtwert der Bestandteile der Bahneinheit.

1 Die Vorschrift ist identisch mit § 32 a.F. und betrifft nur die Gebühr über das Verfahren. Für die Entscheidung über den Antrag auf Eröffnung der Zwangsliquidation einer Bahneinheit ist die Festgebühr nach KV 2230 zu erheben.

2 Die Bestimmung betrifft die **Zwangsliquidation** einer Bahneinheit, also nicht eine freiwillige Liquidation, und auch nicht eine Zwangsversteigerung und Zwangsverwaltung. In den beiden letztgenannten Fällen sind die §§ 54 und 55 unmittelbar anzuwenden.[1] Der Zweck der Zwangsliquidation einer Bahneinheit ist die abgeschlossene Befriedigung der Pfandgläubiger der Bahn aus den Bestandteilen der Bahneinheit.

3 **Verfahrensgebühr** für das Zwangsliquidationsverfahren: Es wird die halbe Gebühr nach KV 2231 erhoben, die sich bei Einstellung des Verfahrens auf eine viertel Gebühr ermäßigt, KV 2241, 2243. Die halbe Gebühr wird für das ganze Verfahren erhoben, das nach der Entscheidung über den Antrag auf Eröffnung der Zwangsliquidation folgt. Nur wenn das Verfahren deshalb eingestellt wird, weil es nicht zu einer abschließenden Durchführung kommt, tritt die Ermäßigung nach KV 2232 ein. Keine Einstellung iS dieser Vorschrift liegt vor, wenn das Verfahren nach seiner Durchführung, also nach Erteilung des Erlöses und Rechnungslegung aufgehoben wird. § 53 ist also nicht entsprechend anwendbar.

---

1 *Oe/Wi/He* § 56 Rn. 2.
2 *Oe/Wi/He* § 56 Rn. 8, 9.
3 *Oe/Wi/He* § 56 Rn. 11.
1 *Oe/Wi/He* § 57 Rn. 1.

Wert: Die Gebühr wird nach dem Gesamtwert der Bestandteile der Bahneinheit, also ihres **4** beweglichen und unbeweglichen Vermögens, berechnet. Maßgeblich ist der Verkehrswert, nicht der Einheitswert, zur Zeit der Eröffnung des Verfahrens. Sollte er bei Beendigung des Verfahrens höher als bei der Eröffnung sein, ist der höhere Wert maßgebend. Die auf den Bestandteilen der Bahneinheit lastenden Verbindlichkeiten sind nicht abzuziehen.[2]

§58
Insolvenzverfahren

(1) Die Gebühren für den Antrag auf Eröffnung des Insolvenzverfahrens und für die Durchführung des Insolvenzverfahrens werden nach dem Wert der Insolvenzmasse zur Zeit der Beendigung des Verfahrens erhoben. Gegenstände, die zur abgesonderten Befriedigung dienen, werden nur in Höhe des für diese nicht erforderlichen Betrags angesetzt.

(2) Ist der Antrag auf Eröffnung des Insolvenzverfahrens von einem Gläubiger gestellt, so wird die Gebühr für das Verfahren über den Antrag nach dem Betrag seiner Forderung, wenn jedoch der Wert der Insolvenzmasse geringer ist, nach diesem Wert erhoben.

(3) Bei der Beschwerde des Schuldners oder des ausländischen Insolvenzverwalters gegen die Eröffnung des Insolvenzverfahrens oder gegen die Abweisung des Eröffnungsantrags mangels Masse gilt Absatz 1. Bei der Beschwerde eines sonstigen Antragstellers gegen die Abweisung des Eröffnungsantrags gilt Absatz 2.

Allgemeines: Abs. 1 und 2 sind identisch mit §37 a.F., Abs. 2 entspricht §38 a.F. Die **1** Abs. 1 und 2 gelten nur für die Berechnung der Gebühren sowohl für das **Insolvenzeröffnungsverfahren** (KV 2310, 2311) als auch für das **Insolvenzdurchführungsverfahren** (KV 2320ff.). Wer Kostenschuldner ist, bestimmt §23.

Wertberechnung für die Gebühren des Abs. 1: Maßgebend für die Gebühren des Eröff- **2** nungs- und des Durchführungsverfahrens ist grundsätzlich der Wert der Insolvenzmasse zur Zeit der **Beendigung** des Verfahrens. Für die **Gebühr des Gläubigers** als Antragsteller ist maßgebend der Betrag seiner Forderung oder der Betrag der Insolvenzmasse, wenn er geringer ist als der der Forderung. Wird in einem Beschluss das Insolvenzverfahren über das Vermögen mehrerer Schuldner eröffnet, handelt es sich verfahrensrechtlich und damit auch gebührenrechtlich um eine entsprechende Anzahl mehrerer getrennter Insolvenzen. Die Werte dieser Insolvenzen sind jeweils getrennt nach der den einzelnen Schuldnern betreffenden Insolvenzmassen zu berechnen. Hat ein Gläubiger den Insolvenzantrag gestellt und ist für die Gebührenberechnung im Eröffnungsverfahren seine Forderung maßgebend (Abs. 2), ist die Eröffnungsgebühr nach dem Betrag dieser Forderung in jedem der mehreren Insolvenzverfahren zu erheben.[1] Für bestimmte Handlungen, nämlich für den

---

2 *Oe/Wi/He* §57 Rn. 2.
1 OLG Oldenburg RPfleger 1953, 533.

besonderen Prüfungstermin nach § 177 InsO und für Entscheidungen über Anträge im Restschuldbefreiungsverfahren (§§ 296, 297, 300, 303 InsO) sind Festgebühren vorgesehen (KV 2340, 2350).

3   Insolvenzmasse: Eine Legaldefinition der Insolvenzmasse enthält der durch §§ 36, 37 InsO konkretisierte § 35 InsO. Es ist das gesamte dem Schuldner gehörende Vermögen, auch wenn es der Zwangsvollstreckung nicht unterläge, zuzüglich des von ihm während des Verfahrens erlangten Vermögens (§ 35 InsO) einschließlich der Früchte, Nutzungen, Zinsen.[2] § 43 ist unanwendbar, weil es sich bei der Aktivmasse nicht um einen Hauptanspruch i.S.v. § 43 Abs. 1 handelt. Anders verhält es sich im Fall des Abs. 2. Führt der Insolvenzverwalter ein Geschäft des Schuldners weiter, ist dieses Geschäft nach seinem Wert zu berücksichtigen, der sich aus Aktiven und Passiven und dem Façonwert ergibt. Dieser Wert ist zu schätzen.[3] Gegenstände, die der abgesonderten Befriedigung dienen, sind nur mit dem Betrag anzusetzen, der nach der abgesonderten Befriedigung verbleibt (§§ 49–52 InsO). Der zur Tilgung der **Massekosten und Masseschulden** benötigte Teil der Insolvenzmasse ist nicht abzuziehen. **Nicht zur Insolvenzmasse** gehören die Gegenstände, die dem Gemeinschuldner nicht gehören und deshalb auszusondern sind. Die vom Insolvenzverwalter freigegebenen Gegenstände (etwa wegen Nichtverwertbarkeit) zählen ebenfalls nicht zur Aktivmasse.

4   Abgesonderte Befriedigung (Abs. 1 S. 2): Das Absonderungsrecht ist die Befugnis, aus einzelnen Gegenständen, die zur Masse gehören, für eine Forderung Befriedigung zu suchen, z.B. aus einem Pfandrecht. Gegenstände, die einer abgesonderten Befriedigung dienen, werden nur mit dem Betrag zur Aktivmasse gerechnet, der nach abgesonderter Befriedigung übrigbleibt.[4]

5   Maßgeblicher Zeitpunkt: Zwar werden die Gebühren bereits mit der Antragstellung bzw. dem Beginn des Durchführungsverfahrens fällig, § 6. Der maßgebliche Zeitpunkt für die Berechnung der Insolvenzmasse ist aber die Zeit der **Beendigung des Verfahrens** (Abs. 1 S. 1). Der Wert der Insolvenzmasse ist daher für die vorläufige bei Fälligkeit erforderliche Gebührenberechnung zu schätzen. Das Ergebnis ist dann gemäß dem sich bei der Beendigung des Verfahrens ergebenden Wert zu berichtigen. Als Grundlage für die Schätzung kann das vom Insolvenzverwalter zu errichtende Verzeichnis dienen. Wird das Insolvenzverfahren nicht bis zum Abschluss durchgeführt, so ergibt sich als Wert der Insolvenzmasse der aus ihrer Verwertung erzielte Erlös.

6   Wird der Antrag auf Eröffnung des Verfahrens zurückgenommen oder abgewiesen oder das Verfahren eingestellt, ist bei Verfahren auf Antrag eines Gläubigers dessen Forderung oder der geringere Betrag der Insolvenzmasse maßgebend, bei Verfahren auf Antrag des Schuldners die Insolvenzmasse, welche, soweit notwendig, zu schätzen ist.[5] Die §§ 4–9 ZPO sind unanwendbar. Ist überhaupt keine Insolvenzmasse vorhanden, ist abweichend von § 34 Abs. 2 die Mindestgebühr in Höhe von 150 € zu erheben (KV 2311).[6]

2 *Oe/Wi/He* § 58 Rn. 4.
3 *Lappe* § 58 Rn. 5; a.M. (der nach Abzug der Geschäftsausgaben verbleibende Einnahmeüberschuss) LG Hof RPfleger 1966, 85; *Hartmann* § 58 Rn. 4.
4 Vgl. *Braun/Riggert/Kind* S. 62.
5 *Hartmann* § 58 Rn. 4; *Meyer-Stolte* RPfleger 1986, 110, m.N.
6 *Hartmann* § 58 Rn. 8; *Meyer-Stolte* RPfleger 1983, 332 und 375; a.M. LG Krefeld RPfleger 1983, 332; LG Mainz, Rechtspfleger 1986, 110 (maßgebend sei auch dann die Forderung).

Schuldenmasse ist die Summe der im Insolvenzverfahren festgestellten und – soweit **7** Feststellung fehlt – der angemeldeten bis zur Beendigung des Verfahrens nicht zurückgenommenen Forderungen einschließlich der bis zur Insolvenzeröffnung als Nebenforderung erwachsenen Vertragsstrafen, nicht aber der Früchte, Nutzungen, Zinsen und Kosten.[7] Gleichgültig ist die Qualität der Forderungen. Maßgebend sind die Nennbeträge der Forderungen, nicht ihre Werte. Betagte Forderungen gelten als fällig. **Maßgebender Zeitpunkt** ist für die Berechnung der Schuldenmasse die Beendigung des Verfahrens (Abs. 1 S. 1).

Betrag der Forderungen eines Gläubigers, Abs. 2. Maßgebend ist zunächst der ange- **8** meldete, nicht der dem Gläubiger tatsächlich zustehende Betrag der Forderung.[8] Denn es kann dem Gläubiger nicht verwehrt werden, sich im Interesse der Kostenersparnis an dem Insolvenzverfahren nur mit einer Teilforderung zu beteiligen. Meldet der Gläubiger dann aber zur Insolvenztabelle einen höheren Betrag an, ist dieser höhere Betrag der Betrag seiner Forderung i. S. v. Abs. 2.[9] Hinzuzurechnen sind die bis zur Antragszurücknahme oder bis zur rechtskräftigen Abweisung des Antrags auf Eröffnung des Insolvenzverfahrens oder bis zur Eröffnung des Verfahrens als Nebenforderung erwachsenen Vertragsstrafen, nicht aber Früchte, Zinsen, Nutzungen und Kosten.[10] Unmaßgeblich ist, welchen Wert die Forderung tatsächlich hat, inwieweit sie im Verfahren zum Zuge kommt oder ob sie bestritten wird.

Maßgebender Zeitpunkt ist der Wert der Forderung bei ihrer Anmeldung. Hat er zu- **9** nächst nur einen Teil der Forderung angegeben, gilt nur dieser, der dann mit später nachgeschobenen Teilen addiert wird. Ist der Wert der Insolvenzmasse geringer als der Betrag der Forderung, ist der Wert der Insolvenzmasse maßgebend. Die Mindestgebühr beträgt jedoch 150 € (KV 2311), um die Hemmschwelle zur Auslösung des so bedeutsamen und langwierigen Insolvenzverfahrens spürbarer werden zu lassen.

Abs. 3 (Beschwerden): Abs. 3 gilt für **alle Beschwerden im Insolvenzverfahren,** mögen **10** sie einfache oder sofortige Beschwerden sein. Auch der Schuldner hat nach § 6 InsO ein Beschwerderecht, wenn die Eröffnung des Verfahrens mangels Masse abgelehnt wurde. Sie ist auch anwendbar auf Beschwerden im Zusammenhang mit der Wiederaufnahme eines Insolvenzverfahrens. Abs. 3 gibt – allerdings nicht erschöpfend – Vorschriften über den Beschwerdewert. **Mehrere selbständige Beschwerdeverfahren** lösen die Gebühr mehrmals aus. § 35 gilt insoweit nicht. Mehrere Beschwerden gegen dieselbe Entscheidung (z. B.: mehrerer Gläubiger) lösen – jedenfalls bei Beschwerden über die Abweisung des Eröffnungsantrags – getrennte Beschwerdegebühren aus, mögen die Beschwerden auch in einem Schriftsatz eingebracht worden sein.

Eine vorangehende Entscheidung im **Erinnerungsverfahren** ist gerichtsgebührenfrei, **11** aber auslagenpflichtig (§ 11 Abs. 4 RPflG). Wird die Beschwerde vor dem Ergehen einer gerichtlichen Verfügung zurückgenommen, fällt eine Beschwerdegebühr nicht an (§ 11 Abs. 2 S. 4 RPflG).

---

7 A. M. *Hartmann* § 58 Rn. 6; *Oe/Wi/He* § 58 Rn. 20.
8 *Oe/He/Wi* § 58 Rn. 20; *Hartmann* § 58 Rn. 6.
9 LG Freiburg RPfleger 1992, 312.
10 *Oe/Wi/He* § 58 Rn. 20.

12 **Beschwerdewert:** Bei einer **Beschwerde des Schuldners** oder seines gesetzlichen Vertreters ist der Wert der Beschwerde mit dem der Insolvenzmasse identisch. (vgl. dazu oben Rn. 3) bzw. der etwaige geringere Wert der Schuldenmasse (vgl. dazu oben Rn. 7) maßgebend. Ohne Bedeutung ist der wirtschaftliche Vorteil, den die Durchführung des Zwangsvergleichs für den Schuldner bedeuten würde. Abzustellen ist immer auf den Zeitpunkt der Beendigung des Verfahrens (vgl. oben Rn. 5). Vor diesem Zeitpunkt kann die Verjährung der Beschwerdegebühr nicht beginnen, weil ein endgültiger Kostenansatz früher nicht möglich ist.[11]

13 Bei der **Beschwerde eines sonstigen Antragstellers,** also eines Gläubigers oder seines gesetzlichen Vertreters, Vorstandsmitglieds oder Liquidators gegen die Abweisung des Eröffnungsantrags (Abs. 3 S. 2) richtet sich der Beschwerdewert nach Abs. 2. Somit ist der Betrag der Forderung des Beschwerdeführers ohne Zinsen und Kosten maßgebend, aber der Betrag der Insolvenzmasse (vgl. oben Rn. 3), wenn dieser geringer ist als der Betrag der Forderung.

14 Bei **sonstigen Beschwerden** ist maßgebend der Wert des verworfenen oder zurückgewiesenen Beschwerdegegenstandes, so dass bei einer zurückgewiesenen Beschwerde des Insolvenzverwalters gegen ein Zwangsgeld dessen Betrag, bei einer Beschwerde gegen die Festsetzung seiner Vergütung der Mehrbetrag, den der Beschwerdeführer mit der Beschwerde erstrebt, maßgebend ist. Soweit der Beschwerdewert sich nicht ziffernmäßig errechnen lässt, ist er nach 3 ZPO zu schätzen. Das kann etwa zutreffen bei Beschwerden im Verfahren wegen eidesstattlicher Versicherung. Bei einem Antrag auf Versagung der Restschuldbefreiung ist auf das objektive wirtschaftliche Interesse des Antragstellers abzustellen, wobei nicht der Nennbetrag der Forderung, sondern deren wirtschaftlicher Wert maßgebend ist, bei dem auch die Erfolgsaussichten einer künftigen Beitreibung zu berücksichtigen sind.[12]

§ 59
Verteilungsverfahren nach der Schifffahrtsrechtlichen Verteilungsordnung

Die Gebühren für den Antrag auf Eröffnung des Verteilungsverfahrens nach der Schifffahrtsrechtlichen Verteilungsordnung und für die Durchführung des Verteilungsverfahrens richten sich nach dem Betrag der festgesetzten Haftungssumme. Ist diese höher als der Gesamtbetrag der Ansprüche, für deren Gläubiger das Recht auf Teilnahme an dem Verteilungsverfahren festgestellt wird, so richten sich die Gebühren nach dem Gesamtbetrag der Ansprüche.

1 **Allgemeines:** Die Vorschrift entspricht § 39 a.F. Das schifffahrtsrechtliche Verteilungsverfahren ist geregelt in der seerechtlichen Verteilungsordnung vom 21. 6. 1972 (BGBl. I 1972, 953) – SeeVertO. Es ist nicht zu verwechseln mit dem Dispacheverfahren nach

11 OLG München RPfleger 1961, 421 (L).
12 ■

§§ 728 HGB, 149 ff. FGO, 123 KostO.[1] Das Verfahren ist den Bestimmungen der §§ 872–882 ZPO nachgebildet. § 59 bestimmt, welche Werte den im schifffahrtsrechtlichen Verteilungsverfahren erwachsenden Gebühren (KV 2410–2441) zugrunde zu legen sind.

Im Verfahren über den **Antrag auf Eröffnung** des schifffahrtsrechtlichen Verteilungsver- 2
fahrens wird eine Gebühr nach KV 2410 berechnet, deren Kostenschuldner der Antragsteller ist (§ 25) und die mit Antragsstellung fällig wird (§ 6). Sie wird berechnet nach dem Betrag der festgesetzten Haftungssumme, welcher sich nach § 487a HGB bestimmt. Der Betrag wird gemäß § 5 SeeVertO vom Gericht festgesetzt. Wird er auf Erinnerung oder Beschwerde geändert, ist für die Gebührenberechnung der letzte festgesetzte Wert maßgebend. Das gilt auch, wenn die nachträgliche Erweiterung des Verfahrens nach § 30 SeeVertO beantragt wird. Hier ist wegen des beantragten Mehrbetrages der die Erweiterung beantragende Schuldner Antragsteller und damit Kostenschuldner (§ 30 Abs. 5 SeeVertO).

Gesamtbetrag der Ansprüche der teilnahmeberechtigten Gläubiger, S. 2: Der Anspruch 3
und das Recht seines Gläubigers auf Teilnahme wird im Prüfungsverfahren – soweit unstreitig – festgestellt und vom Gericht in die Tabelle eingetragen. Diese Eintragung wirkt wie ein rechtskräftiges Urteil zugunsten des Gläubigers und gegen alle Gläubiger und Schuldner von Ansprüchen, die an dem Verfahren teilnehmen, sowie gegen den Sachwalter (§ 19 SeeVertO). Die Summe dieser Ansprüche bildet den Gesamtbetrag der Ansprüche, der nach S. 2 mit dem Betrag der festgesetzten Haftungssumme zu vergleichen ist. Wird sie im Laufe des Verfahrens berichtigt (§ 19 Abs. 3 SeeVertO), ist der berichtigte Gesamtbetrag maßgebend. Bei der Berechnung des Wertes der Forderungen der Gläubi-ger sind die im § 43 genannten Früchte, Nutzungen Zinsen und Kosten nicht mitzurechnen.[2]

Der Betrag der festgesetzten Haftungssumme und der Gesamtanspruch der teilnahmebe- 4
rechtigten Gläubiger sind miteinander zu vergleichen. Ergibt sich, dass der Gesamtbetrag der Ansprüche der Gläubiger niedriger ist als die Haftungssumme, ist als Gebührenwert nur der Gesamtbetrag der Ansprüche der Gläubiger zugrunde zu legen, S. 2 (vgl. auch § 37 Abs. 2 GKG).

Für die **Durchführung des Verteilungsverfahrens** wird nach KV 2420 eine doppelte 5
Gebühr berechnet, deren Kostenschuldner der Antragsteller ist (§ 25) und die mit dem Eröffnungsbeschluss nach § 7 SeeVertO fällig wird (§ 6). Auch hier ist der Betrag der festgesetzten Haftungssumme maßgebend (S. 1). Falls der Gesamtbetrag der Ansprüche der teilnahmeberechtigten Gläubiger niedriger sein sollte als die Haftungssumme, ist der Gesamtbetrag der Ansprüche maßgebend, S. 2.

Für einen **besonderen Prüfungstermin** (§ 11 SeeVertO) ist im KV 2430 eine Festgebühr 6
bestimmt. Für die Beschwerdegebühr nach KV 2440, 2441 ist der Beschwerdewert nach § 3 ZPO zu bestimmen.

---

1 *Hartmann* § 59 Rn. 1.
2 **A. M.** *Oe/Wi/He* § 59 Rn. 3.

§ 60
Gerichtliche Verfahren nach dem Strafvollzugsgesetz, auch in Verbindung mit § 92 des Jugendgerichtsgesetzes

Für die Bestimmung des Werts in gerichtlichen Verfahren nach dem Strafvollzugsgesetz, auch in Verbindung mit § 92 des Jugendgerichtsgesetzes, ist § 52 Abs. 1 bis 3 entsprechend anzuwenden; im Verfahren über den Antrag auf Aussetzung des Vollzugs einer Maßnahme der Vollzugsbehörde oder auf Erlass einer einstweiligen Anordnung gilt § 52 Abs. 1 und 2 entsprechend.

1 Die dem § 48a a. F. entsprechende Bestimmung ist durch das Zweite Gesetz zur Änderung des Jugendgerichtsgesetzes[1] erweitert und neu gefasst worden. Die Neuregelung des gerichtlichen Rechtsschutzes im Vollzug des Jugendarrests, der Jugendstrafe und der Unterbringung in einem psychiatrischen Krankenhaus oder einer Entziehungsanstalt gebietet angesichts der in beiden Verfahren im Wesentlichen gleichgelagerten tatsächlichen und rechtlichen Entscheidungssachverhalte die Gleichstellung der Kosten für die Verfahren nach dem Jugendgerichtsgesetz und die Verfahren nach dem Strafvollzugsgesetz.[2] § 60 regelt den **Wert** der Gebühren, die im Verfahren nach dem StVollzG und dem JGG gemäß 3810–3830 erwachsen können. Hiernach fallen Gebühren an bei Zurückweisung des Antrags, bei Zurücknahme des Antrags, bei Verwerfung der Rechtsbeschwerde und bei Zurücknahme der Rechtsbeschwerde sowie bei einstweiligen Anordnungen.

2 Das **gerichtliche Verfahren** nach dem Strafvollzugsgesetz ist geregelt in §§ 109–121 StVollzG bzw. § 92 JGG. Hiernach gibt es einen Antrag des Strafgefangenen auf gerichtliche Entscheidung und gegen die gerichtliche Entscheidung die Rechtsbeschwerde. Sind in einer dieser gerichtlichen Entscheidungen dem Strafgefangenen oder Jugendlichen nach § 92 Abs. 6 JGG die Kosten des Verfahrens auferlegt, hat er die angefallenen Gebühren und Auslagen zu tragen.

3 **Gebühren** fallen an:
– Bei Zurückverweisung des Antrags eine Gebühr, KV 3810.
– Bei Zurücknahme des Antrags eine halbe Gebühr, KV 3811.
– Bei Verwerfung der Rechtsbeschwerde eine Gebühr, KV 3820.
– Bei Zurücknahme der Rechtsbeschwerde eine halbe Gebühr, KV 3821.
– Bei Zurückweisung des Antrags auf Erlass einer Entscheidung nach § 114 Abs. 2 StVollzG eine halbe Gebühr, KV 3812.
– Bei einem Antrag auf Aussetzung des Vollzuges einer Maßnahme der Vollzugsbehörde oder auf Erlass einer einstweiligen Anordnung, KV 3830.

4 § 60 GKG regelt nur den der Gebührenbestimmung zugrunde zu legenden **Wert**. Dieser ist von Amts wegen festzusetzen. Maßgebend für die Höhe des Wertes im gerichtlichen Verfahren ist § 52 Abs. 1–3. Für das Verfahren nach § 114 Abs. 2 StVollzG gilt § 52 Abs. 1–2 entsprechend.

1 BGBl. I 2007 Seite 2894,2895.
2 So die Begründung zum JGG-ÄndG (BT-Drs. 16/6293 Seite 12).

Der Wert für die Verfahren nach dem StVollzG bzw. nach § 92 JGG ist demzufolge nach **5** den für das Verfahren vor den Verwaltungs- und Finanzgerichten getroffenen Grundsätzen zu bestimmen. Hiernach ist der Wert nach der **Bedeutung der Sache** zu bestimmen, die diese für den Antragsteller hat. Maßgebend ist daher stets, was der Antragsteller mit seinem Antrag erreichen will und was er zur Begründung seines Ziels vorträgt. Die Würdigung seines Vorbringens in der gerichtlichen Entscheidung kann lediglich Rückschlüsse, Anhaltspunkte darauf zulassen, welche Bedeutung der Antragsteller seinem Antrag beigemessen hat. Ob die Entscheidung eine grundsätzliche Bedeutung auch für andere Strafgefangene oder gar für die Justizverwaltung hat, ist belanglos.[3] Die (subjektive) Bedeutung der Sache, so wie der Antragsteller es sieht und darlegt, ist nach Ermessen zu bewerten. So kann bei der Beanstandung der Beschaffenheit des Strafraums (menschenwürdige Unterbringung) zur Vorbereitung einer Schadensersatzforderung ein Wert von 9 000 € durchaus angebracht sein, der sich beim Entfallen der Haftraumbeanstandung in der zweiten Instanz auf 2 000 € verringern kann.[4]

Geht es dem Antragsteller um eine bezifferte Geldleistung oder einen hierauf gerichteten **6** Verwaltungsakt, ist nach § 52 Abs. 2 deren Höhe maßgebend. Das trifft aber nur zu, wenn der Antragsteller einen Geldbetrag für sich beansprucht oder einen darauf gerichteten Anspruch abwehren will. Geht es ihm lediglich darum, über einen Geldbetrag frei verfügen zu dürfen, ist nicht der Geldbetrag als Wert maßgebend, sondern die Bedeutung einer etwaigen Verfügungsbeschränkung als das Interesse des Antragstellers an einer freien Verfügung.

Nur wenn ausnahmsweise der bisherige Sach- und Streitstand keine genügenden An- **7** haltspunkte für eine Bewertung der Bedeutung der Sache für den Antragsteller bietet, ist der Auffangwert von 5 000 €[5] anzunehmen (§ 52 Abs. 1 S. 2). Die Höhe dieses Auffangwertes allein gebietet es schon, in einem Verfahren nach dem StVollzG den Wert der Bedeutung der Sache für den Antragsteller möglichst auf Grund aller Umstände des Einzelfalles sorgfältig zu schätzen. Man sollte vom Auffangwert nur dann Gebrauch machen, wenn jeder Anhaltspunkt für eine Schätzung (z.B. Dauer der Freiheitsstrafe, ihre Auswirkungen auf die Zukunft des Antragstellers und seine Pflichten gegenüber Angehörigen, insbesondere gegenüber Unterhaltsberechtigten) fehlt. Ergeben sich im weiteren Verlauf des Verfahrens (z.B. im Rechtsbeschwerdeverfahren) genügend Anhaltspunkte für die Bedeutung der Sache für den Antragsteller, so ist ein auf 5 000 € lautender Festsetzungsbeschluss zu berichtigen (§§ 60, 63).

Wertfestsetzung: Vgl. § 65. **8**

---

3 *Hartmann* § 60 Rn. 8.
4 KG, Beschl. v. 25. 9. 2007 – 2/5 Ws 189/05 Vollz.
5 **A. M.** – jedoch ohne nähere Begr. – *Hartmann* § 60 Rn. 8 (5 000 €).

Unterabschnitt 3
Wertfestsetzung

§ 61
Angabe des Wertes

Bei jedem Antrag ist der Streitwert, sofern dieser nicht in einer bestimmten Geld-summe besteht, kein fester Wert bestimmt ist oder sich nicht aus früheren Anträgen ergibt, und nach Aufforderung auch der Wert eines Teils des Streitgegenstands schriftlich oder zu Protokoll der Geschäftsstelle anzugeben.

1 Die auch in allem dem GKG unterfallenden Verfahren anwendbare Vorschrift ist inhalts-gleich mit § 23 a.F. Sie will in Erweiterung der in § 253 Abs. 3 ZPO zum Zwecke der Be-stimmung der gerichtlichen Zuständigkeit bei Klagen und Widerklagen gegebenen Vor-schrift dem Kostenbeamten eine Grundlage für die Berechnung der Gebühren und dem Gericht einen Anhaltspunkt für die Streitwertfestsetzung (§ 63) geben. Es handelt sich um eine **Ordnungsvorschrift**. Nach §§ 253 Abs. 3, 621b ZPO soll die Klageschrift, wenn der Streitgegenstand nicht in einer bestimmten Geldsumme besteht, die Angabe des Wertes des Streitgegenstandes enthalten.

2 **Wertangabe**, Abs. 1: Sie hat **bei jedem Antrag** zu erfolgen, der ein **gebührenpflichtiges Verfahren** einleitet. Hierzu gehören: Klage, Klageerweiterung, Widerklage, Rechtsmittel-anträge, Anträge auf Arrest und einstweilige Verfügung (§ 53), Anträge auf Einleitung eines selbständigen Beweisverfahrens, Zwangsvollstreckungsanträge, Verfahren auf eides-stattliche Versicherung und Richterablehnungsgesuche. Die Verpflichtung bleibt beste-hen, solange ihr nicht genügt ist oder solange keine gerichtliche Streitwertfestsetzung erfolgt ist. Anzugeben ist der nach Meinung der Partei richtige Streitwert. Es kann sich dabei auch – etwa beim Antrag auf Durchführung eines Beweisverfahrens nach §§ 485 ff. ZPO – um einen – notwendigerweise – vorläufigen Wert handeln.[1] Das Gericht und die Parteien sind aber an die Angabe nicht gebunden.

3 **Keine Wertangabe** ist erforderlich,
– wenn der Wert des Streitgegenstandes in einer bestimmten Geldsumme besteht. Hier kann die Angabe den Anträgen mühelos entnommen werden. Das trifft nicht nur bei Leistungsklagen auf Geld zu, sondern auch bei Feststellungsklagen und Vollstre-ckungsgegenklagen, soweit sie sich auf bestimmte Geldforderungen beziehen. Eine be-stimmte Geldsumme liegt nicht vor, wenn die Forderung auf Leistung in ausländischer Währung gerichtet ist oder wenn sie zwar bestimmbar, aber nicht errechnet ist (z.B. bei Klagen auf Zinsleistungen oder bei Ansprüchen aus einem Kontokorrentverhältnis). Die Wertangabe ist immer nötig, wenn der Streitwert nach § 3 ZPO oder § 52 zu schätzen ist, oder wenn er aus dem Antrag nicht klar ersichtlich ist, sowie stets bei nichtvermögens-rechtlichen Streitigkeiten nach § 48 Abs. 2,

---

1 OLG Naumburg MDR 1999, 1093.

– wenn der Streitwert sich aus früheren Anträgen ergibt. Das ist der Fall, wenn er bereits bei früheren Anträgen angegeben oder vom Gericht festgesetzt wurde. Streitwertangaben, die in anderen Verfahren gemacht wurden, binden nicht,
– wenn nach dem GKG ausschließlich Festwerte gelten.

Anzugeben ist immer nur der **gesamte Wert** des Streitgegenstandes. Erfordern aber der **4** Kostenbeamte oder das Gericht die Angabe des **Wertes eines Teils des Streitgegenstandes,** so muss die Partei diesem Verlangen entsprechen. Sie sollte die Anfrage unverzüglich beantworten, um Nachteile zu verhindern.[2] Erforderlichenfalls hat das Gericht aufzuklären, was durch Schätzung erfolgen kann.[3] Die Angabe des Wertes von Teilen des Streitgegenstandes – auch eine Aufgliederung des ganzen Streitgegenstandes – kann notwendig werden bei Handlungen, die nur einen Teil des Streitgegenstandes betreffen (§ 37).

Die Angabe des Streitwertes ist die **Pflicht des** jeweiligen **Antragstellers,** nicht auch sei- **5** nes Gegners. Diesem steht es frei, sich zu äußern. Die Angabe des Streitwertes hat schriftlich oder zu Protokoll der Geschäftsstelle zu erfolgen. Sie unterliegt nicht dem Anwaltszwang, § 78 Abs. 2 ZPO.

Die **Befolgung** der Vorschrift **kann unmittelbar nicht erzwungen werden.** Doch kann **6** die Nichtbefolgung zu mittelbaren Nachteilen führen, z. B. zur Kostentragung, wenn eine Abschätzung durch Sachverständige erforderlich wird, § 64 S. 2. Auch die Verhängung einer Verzögerungsgebühr (§ 38) kann in Betracht kommen. **Unrichtige Angaben** können zu denselben Rechtsfolgen führen wie die völlige Unterlassung der Angabe (vgl. § 64 S. 2).

Berichtigung, S. 2: Sie ist jederzeit in derselben Weise möglich wie die Wertangabe. **7** Sie kann auch auf Anregung des Kostenbeamten erfolgen. Aus der Möglichkeit einer Berichtigung folgt, dass die Partei an ihre frühere Wertangabe nicht gebunden ist.[4] Andererseits sind auch der Kostenbeamte und das Gericht an die Wertangabe nicht gebunden, selbst wenn die Parteien übereinstimmende Angaben machen.[5] Ist ein endgültiger Streitwertbeschluss ergangen, bleibt aber für eine Berichtigung durch eine Partei kein Raum mehr, wenn die Umstände, die für die Festsetzung des Streitwerts bedeutend sind, erst nach der letzten mündlichen Verhandlung bekannt werden.[6] Eine trotzdem erfolgte Berichtigung kann jedoch als Antrag auf Änderung des Streitwertbeschlusses oder als Beschwerde gegen den Streitwertbeschluss umzudeuten sein.[7] Vgl. auch § 19 Rn. 4.

---

2 Vgl. dazu BGH NJW 1972, 1948, 1949.
3 OLG Schleswig JurBüro 1999, 595 m. Anm. v. *Enders.*
4 Vgl. OLG Köln JMBlNRW 1961, 60 und AnwBl. 1962, 129; OLG Neustadt JurBüro 1961, 457; KG RPfleger 1962, 121 (L).
5 OLG Neustadt JurBüro 1961, 457; *Hartmann* § 61 Rn. 10.
6 OLG Bremen OLG-Report Bremen/Hamburg/Schleswig-Holstein 1997, 302.
7 OLG Koblenz WRP 1981, 333.

§ 62
Wertfestsetzung für die Zuständigkeit des Prozessgerichts oder die Zulässigkeit des Rechtsmittels

Ist der Streitwert für die Entscheidung über die Zuständigkeit des Prozessgerichts oder die Zulässigkeit des Rechtsmittels festgesetzt, so ist die Festsetzung auch für die Berechnung der Gebühren maßgebend, soweit die Wertvorschriften dieses Gesetzes nicht von den Wertvorschriften des Verfahrensrechts abweichen. Satz 1 gilt nicht in Verfahren vor den Gerichten für Arbeitssachen.

1 Die Vorschrift entspricht inhaltlich den § 24 a.F. und § 12 Abs. 7 S. 3 ArbGG a.F. Der Sinn dieser Bestimmung liegt darin, sich widersprechende Streitwertfestsetzungen zu vermeiden, wenn und soweit die Streitwertfestsetzung für die Zuständigkeit des Gerichts oder die Zulässigkeit eines Rechtsmittels und für die Gebührenberechnung nach denselben Vorschriften zu erfolgen hat. Dadurch soll vermieden werden, dass in derselben Angelegenheit unter Annahme eines niedrigeren Streitwertes ein Rechtsmittel für unzulässig erklärt wird und aus einem höheren Streitwert die Gebühren berechnet werden müssen.[1]

2 Die **Streitwertfestsetzung für die Entscheidung über die Zuständigkeit des Prozessgerichts oder die Zulässigkeit eines Rechtsmittels erfolgt** regelmäßig in den Entscheidungsgründen (Urteil, Beschluss), welche die Zuständigkeit des Gerichts oder die Zulässigkeit eines Rechtsmittels im Hinblick auf die hierfür maßgebenden Wertgrenzen (Beschwer) verneint oder bejaht. Im letzteren Fall reicht es nicht aus, wenn das Gericht schlechthin erklärt, es sei zuständig oder das Rechtsmittel sei zulässig, oder wenn es die Zuständigkeit oder die Zulässigkeit stillschweigend bejaht.[2] Es muss sich schon mit den für die Zuständigkeit oder die Zulässigkeit maßgeblichen Wertbeträgen ausdrücklich befasst haben, wobei allerdings die Feststellung genügt, dass die hierfür maßgeblichen Wertgrenzen erreicht seien.[3] Erst recht liegt eine bindende Streitwertfestsetzung vor, wenn das Gericht in den Gründen der Entscheidung über die Zuständigkeit oder über die Zulässigkeit des Rechtsmittels den Streitwert beziffert. Keine für den Wertansatz nach dem GKG bindende Entscheidung liegt vor, wenn das Gericht zunächst einen Streitwertfestsetzungsbeschluss und dann in einem gesonderten Verweisungsbeschluss erlässt, mag der Streitwertfestsetzungsbeschluss auch der Vorbereitung der Verweisung gedient haben. Denn ein Beschluss nach § 62 liegt nur vor, wenn die Streitwertfestsetzung in einer Entscheidung enthalten ist, die in der für eine Entscheidung über die sachliche Zuständigkeit erforderlichen Form ergangen ist.[4] Eine Abänderung der Entscheidung über die Zuständigkeit oder die Zulässigkeit eines Rechtsmittels ist nur im Wege der Anfechtung der Hauptentscheidung möglich.[5] Auch eine Abänderung der Entscheidung von Amts wegen ist ausgeschlossen, selbst wenn die Entscheidung offensichtlich falsch ist. Das gilt

1 Vgl. *Schneider* JurBüro 1974, 823.
2 KG JurBüro 1980, 1220.
3 OLG Köln JurBüro 1975, 1354.
4 KG JurBüro 1965, 487; 750; MDR 1959, 136. Vgl. auch BGH, Beschl. v. 30. 4. 2008 – III ZR 202/07 = BeckRS 2008, 09113.
5 KG, JR 1950, 731; MDR 1955, 177 = JurBüro 1955, 158 (L); MDR 1959, 136; OLG Braunschweig RPfleger 1956, 115 (L); OVG Lüneburg SchlHA 1957, 208.

jedenfalls dann, wenn Umstände erst nach der letzten mündlichen Verhandlung bekannt werden.[6] Keine nach § 62 bindende Streitwertfestsetzung für die Zulässigkeit des Rechtsmittels liegt vor, wenn das Oberlandesgericht den Wert der Beschwer gem. § 546 Abs. 2 ZPO in seinem Berufungsurteil festsetzt.[7] Seit der Streichung des § 546 ZPO a. F. im Zuge der ZPO-Reform setzt das Revisionsgericht die Beschwer selbständig fest, so dass es an eine Festsetzung durch das Berufungsgericht nicht gebunden, folglich auch eine Bindung für die Gerichtskosten nach § 62 nicht mehr gegeben ist.

Die **Streitwertfestsetzung ist maßgebend,** d. h. es darf **keine** ihr widersprechende ander- **3** weitige Streitwertfestsetzung für Gerichtsgebühren erfolgen. Hat das Gericht die Zuständigkeit des Prozessgerichts oder die Zulässigkeit eines Rechtsmittels im Hinblick auf die hierfür maßgeblichen gesetzlichen Wertgrenzen bejaht oder verneint, so bindet die Wertfestsetzung für die Gerichtsgebühren nur insoweit, als die für die Zuständigkeit oder die Zulässigkeit des Rechtsmittels gesetzlich geregelten Wertgrenzen nicht verletzt werden dürfen.[8] Hat beispielsweise das Amtsgericht seine Zuständigkeit verneint und die Sache an das Landgericht verwiesen, so darf für die Gerichtsgebühren kein niedrigerer, wohl aber ein höherer Streitwert angenommen werden.[9] Dasselbe gilt umgekehrt im Falle der Verweisung vom Landgericht zum Amtsgericht oder wenn das Gericht bei Bejahung oder Verneinung seiner Zuständigkeit oder der Zulässigkeit des Rechtsmittels einen bestimmten Betrag als Streitwert genannt hat.[10] Der BGH kann daher den Kostenstreitwert für die Revisionsinstanz auf einen Betrag festsetzen, der über der vom Berufungsgericht bestimmten Beschwer liegt.[11] Die Festsetzung des Wertes von Teilen des Streitgegenstandes ist innerhalb der durch eine Festsetzung aus § 62 gezogenen Grenzen stets zulässig. Streitwerterhöhungen oder Ermäßigungen, die nach einer Streitwertfestsetzung aus § 62 erfolgen, sind für die Gerichtsgebühren jedoch immer zu berücksichtigen. Bei einer Entscheidung über die Frage der Zuständigkeit oder der Zulässigkeit eines Rechtsmittels ist das Prozessgericht an eine von ihm etwa bereits vorgenommene Streitwertfestsetzung für die Gerichtsgebühren aus § 63 nicht gebunden. Für die Gerichtsgebühren gilt dann der für die Zuständigkeit oder die Zulässigkeit des Rechtsmittels festgesetzte Streitwert, sofern nicht eine der Ausnahmen nach S. 1 Hs. 2 vorliegt, und nicht der durch diese Entscheidung überholte Beschluss nach § 63.

Die **Bindung** gilt grundsätzlich **nur für die Instanz,** für welche die Festsetzung nach § 62 **4** erfolgt ist. Hebt aber das Rechtsmittelgericht die vom Erstrichter getroffene Entscheidung hinsichtlich des der angefochtenen Entscheidung zugrunde gelegten Streitwertes auf, so ist auch für den Rechtszug beim Erstgericht die Entscheidung des Rechtsmittelgerichts bindend. Anders aber, wenn das Rechtsmittelgericht aus anderen Gründen entscheidet. Keinesfalls wirkt die Entscheidung nach § 62 aber für andere Verfahren.

Ausnahmen, S. 1 Hs. 2: In den Fällen, in denen die Streitwertberechnung für die Ge- **5** richtskosten nach anderen Gesichtspunkten erfolgt als für die Zuständigkeit oder für die Zulässigkeit eines Rechtsmittels, bindet seine für die Entscheidung über die Zuständig-

---

6 OLG Bremen OLG-Report Bremen/Hamburg/Schleswig-Holstein 1997, 302.
7 BGH NJW-RR 2005, 224.
8 KG MDR 1959, 136; OLG Nürnberg JurBüro 1960, 168.
9 OLG Frankfurt aM JurBüro 1964, 206 = MDR 1964, 246; OLG Nürnberg RPfleger 1963, 179 (L).
10 OLG Nürnberg RPfleger 1963, 179 (L); OLG Celle NJW 1957, 1640.
11 BGH KostRspr. GKG § 24 Nr. 1.

keit oder die Zulässigkeit von Rechtsmitteln erfolgte Streitwertfestsetzung nicht. Insoweit sind jene anderen Vorschriften leges speciales gegenüber § 62 S. 1.

6 Arbeitsgerichtsverfahren: S. 2 bestimmt ausdrücklich, dass diese Vorschrift auf die Wertberechnung im Arbeitsgerichtsverfahren **keine** Anwendung findet; vgl. auch §§ 61 Abs. 1; 69 Abs. 2 ArbGG.[12]

§ 63
Wertfestsetzung für die Gerichtsgebühren

(1) Sind Gebühren, die sich nach dem Streitwert richten, mit der Einreichung der Klage-, Antrags-, Einspruchs- oder Rechtsmittelschrift oder mit der Abgabe der entsprechenden Erklärung zu Protokoll fällig, setzt das Gericht sogleich den Wert ohne Anhörung der Parteien durch Beschluss vorläufig fest, wenn Gegenstand des Verfahrens nicht eine bestimmte Geldsumme in Euro ist oder gesetzlich kein fester Wert bestimmt ist. Einwendungen gegen die Höhe des festgesetzten Wertes können nur im Verfahren über die Beschwerde gegen den Beschluss, durch den die Tätigkeit des Gerichts aufgrund dieses Gesetzes von der vorherigen Zahlung von Kosten abhängig gemacht wird, geltend gemacht werden. Die Sätze 1 und 2 gelten nicht in Verfahren vor den Gerichten der Finanzgerichtsbarkeit. Die Gebühren sind in diesen Verfahren vorläufig nach dem in § 52 Abs. 4 bestimmten Mindestwert zu bemessen.

(2) Soweit eine Entscheidung nach § 62 Satz 1 nicht ergeht oder nicht bindet, setzt das Prozessgericht den Wert für die zu erhebenden Gebühren durch Beschluss fest, sobald eine Entscheidung über den gesamten Streitgegenstand ergeht oder sich das Verfahren anderweitig erledigt. In Verfahren vor den Gerichten für Arbeitssachen oder der Finanzgerichtsbarkeit gilt dies nur dann, wenn ein Beteiligter oder die Staatskasse die Festsetzung beantragt oder das Gericht sie für angemessen hält.

(3) Die Festsetzung kann von dem Gericht, das sie getroffen hat, und, wenn das Verfahren wegen der Hauptsache oder wegen der Entscheidung über den Streitwert, den Kostenansatz oder die Kostenfestsetzung in der Rechtsmittelinstanz schwebt, von dem Rechtsmittelgericht von Amts wegen geändert werden. Die Änderung ist nur innerhalb von sechs Monaten zulässig, nachdem die Entscheidung in der Hauptsache Rechtskraft erlangt oder das Verfahren sich anderweitig erledigt hat.

Übersicht

12 LAG Hamm JurBüro 1980, 246 = MDR 1980, 172 = AnwBl. 1980, 74.

Allgemeines: Die Bestimmung entspricht inhaltlich der des § 25 Abs. 1 und 2 a.F. und re- **1** gelt das Verfahren zur Festsetzung des für die Gerichtsgebühren maßgebenden Streitwer- tes (**Kostenstreitwert**). Sie ist jedoch im Verhältnis zur Bestimmung des § 62 subsidiär. D.h.: Nur soweit eine Entscheidung nach § 62 noch nicht ergangen oder nicht bindend ist (d.h.: wenn Zuständigkeits- bzw. Zulässigkeitsstreitwert und Kostenstreitwert nicht iden- tisch sind), bleibt noch Raum für eine Gebührenwertfestsetzung nach § 63. Denn es ist u.a. auch Sinn dieser Regelung, einander widersprechende Gerichtsentscheidungen zu vermeiden.[1] Der für die Berechnung der Gerichtsgebühren endgültig zugrunde gelegte Wert kann auch im Wege des Erinnerungs- oder Beschwerdeverfahrens gegen den Kosten- ansatz bemängelt werden, wobei eine gerichtliche Überprüfung in jenem Verfahren aber ein solches nach § 66 und nicht nach §§ 63, 68 darstellt. Das Verfahren nach § 66 kann – und sollte i.d.R. auch – ausgesetzt werden, bis das förmliche Verfahren nach § 63 durchge- führt worden ist. Unter Umständen kann eine Erinnerung nach § 66 auch als Antrag auf Streitwertfestsetzung nach § 63 umgedeutet werden.[2] § 63 gilt auch für die Gebühren- wertfestsetzung in Insolvenzverfahren und schifffahrtsrechtlichen Verteilungsverfahren,

---

1 So zutr. *Schneider* JurBüro 1994, 823 ff.
2 OLG Frankfurt aM JurBüro 1979, 601; OLG Bamberg JurBüro 1976, 185.

während im Verfahren nach dem Strafvollzugsgesetz § 63 entsprechend anzuwenden ist. Desgleichen ist § 63 anwendbar im Verfahren nach § 247 AktG, § 144 PatG, § 26 GebrMG, § 12 UWG, § 89 GWB, § 105 EnWG und § 142 MarkG.[3] Die Vorschrift gilt auch im Verwaltungsgerichts-, Sozialgerichts- und Finanzgerichtsverfahren sowie im Arbeitsgerichtsverfahren. Für das Arbeitsgerichtsverfahren gilt § 61 Abs. 1 ArbGG als lex specialis zu § 63. Danach setzt das ArbG im Tenor oder in den Entscheidungsgründen den Streitwert fest. Die Festsetzung hat zwar primär Bedeutung für die Rechtsmittelfähigkeit, bindet aber auch für den Streitwert, wenn und soweit nicht § 63 GKG Abänderungen zulässt.[4]

2   Solange weder eine Wertfestsetzung durch das Gericht zur Entscheidung über die Zuständigkeit oder die Zulässigkeit eines Rechtsmittels nach §§ 62, 63 durchgeführt ist, hat der Kostenbeamte nach den gesetzlichen Streitwertvorschriften der Kostenberechnung zugrunde zu legenden Streitwert selbst zu ermitteln, §§ 4 Abs. 1, 27 Abs. 1 KostVfg. Das kann etwa dann der Fall sein, wenn ein gerichtlicher Streitwertbeschluss eine Prozessverbindung nicht berücksichtigt.[5] Auch das Verfahren über die Zulassung eines Rechtsmittels bedarf keiner Streitwertfestsetzung.[6] Hierin liegt dann noch keine Streitwertfestsetzung nach § 63, für die der Kostenbeamte ohnehin nicht zuständig ist. Erforderlichenfalls hat der Kostenbeamte seinen Kostenansatz später zu berichtigen, was aber wegen des § 63 Abs. 1 nur sehr selten notwendig sein wird. Erst recht kommt bei einer Prozesstrennung keine Streitwertfestsetzung für die abgetrennten oder verbliebenen Teile in Betracht, weil dieser schon für sämtliche Teile feststeht.[7]

3   **Abs. 1 (Vorläufige Wertfestsetzung):** Nach Abs. 1 soll in Verfahren, deren Gegenstand nicht eine bestimmte Geldsumme in inländischer Währung ist und in denen nach dem GKG eine Vorauszahlungspflicht besteht, mit dem Eingang der Klage von Amts wegen eine vorläufige Festsetzung des Gebührenwertes stattfinden. Soweit eine bestimmte Geldsumme in €-Währung gefordert ist, ist das Verfahren nach Abs. 1 nicht erforderlich, weil der Gebührenberechnungswert sich ohne weiteres aus dem Klagantrag ergibt. Wenn nach dem GKG keine Vorauszahlungspflicht besteht, muss auch keine vorläufige Festsetzung zu erfolgen. In solchen Fällen wird nämlich nur der nach anderen Vorschriften festzusetzende Zuständigkeitsstreitwert vonnöten sein (vgl. § 19 Rn. 4). Mit der Bestimmung des Abs. 1 soll erreicht werden, dass der Kostenbeamte bereits bei Anforderung der Vorauszahlung i.d.R. auch dann von dem voraussichtlich endgültigen Wert ausgehen kann, wenn der Gegenstand des Verfahrens nicht eine bestimmte Geldsumme in €-Währung ist. Das gilt auch in Verfahren vor den Gerichten der Finanzgerichtsbarkeit, in denen der vorläufige Streitwert nach dem Auffangwert festzusetzen ist (Abs. 1 S. 3). Allerdings wird man auch – ausnahmsweise – dann, wenn der Auffangwert offensichtlich zu niedrig ist, einen höheren Wert festsetzen dürfen. Denn der tiefere Sinn und Zweck der vorläufigen Festsetzung liegt darin, dem Staat die Gebühren zu sichern. Bei sehr hohen Streitwerten können aber beträchtliche Gebührenforderungen entstehen, deren Beitreibbarkeit später – nach der endgültigen Abrechnung – mitunter schwierig werden kann.

---

3   Vgl. etwa OLG Frankfurt JurBüro 1976, 347; OLG Karlsruhe WRP 1973, 49.
4   Vgl. *Hartmann* § 42 Rn. 49–50 m. w. N.
5   FG Münster JurBüro 1970, 495 (L).
6   VGH Mannheim NVwZ-RR 1997, 758 = DÖV 1997, 965 = DVBl. 1997, 1325 = VBlBW 1997, 262.
7   OVG Saarlouis NVwZ-RR 1998, 789 (L).

Voraussetzungen für die vorläufige Wertfestsetzung nach Abs. 1 sind: **4**
- *Vorauszahlungspflicht* nach Maßgabe der des Abschnitts 3 (§§ 10 ff.).
- *Wertabhängigkeit.* Die zu zahlende Gebühr muss nach dem KV von einem Wert abhängig
  sein. Wenn das GKG eine Festgebühr oder gar keine Gebühr vorsieht, bedarf es einer
  vorläufigen Wertfestsetzung nicht. Soweit allerdings beide Gebührenarten zusammentreffen, ist entsprechend dem Sinn des Abs. 1 eine vorläufige Wertfestsetzung geboten.[8]
- *Keine bestimmte €-Forderung.* Nur wenn nicht ausschließlich ein bestimmter €-Betrag gefordert wird, ist Abs. 1 anwendbar. So z.B., wenn neben einem -Betrag auch noch ein
  Betrag in ausländischer Währung verlangt wird oder wenn eine Zahlungsklage mit einer Räumungsklage verbunden wird. Das Gleiche gilt auch, wenn der €-Betrag nicht
  eindeutig zu beziffern ist, etwa bei einer an einen Lebenshaltungsindex anknüpfenden
  Summe oder bei einem auf einen anderen Wert (z.B. Basiszinssatz) bezogenen Betrag.[9]
  Natürlich handelt es sich auch nicht um einen bestimmten €-Betrag, wenn diese nur bestimmbar ist oder gar in das Ermessen des Gerichts gestellt wird. In solchen Fällen muss
  das Gericht den Streitwert festsetzen, insbesondere wenn die Zulässigkeit eines Rechtsmittels von der Höhe des Streitwertes abhängt.[10] Nicht nur bestimmbar, sondern be-
  tragsmäßig bestimmt ist ein auf einen festen €-Betrag bezogener Wert (z.B. bei der
  Räumungsklage, § 41).

Liegen die genannten Voraussetzungen vor, hat das Gericht **von Amts wegen** den vorläu-   **5**
figen Wert festzusetzen, sobald die Klage oder der Antrag bei Gericht eingegangen oder
durch Erklärung zu Protokoll fällig geworden ist (Abs. 1 S. 1). Das Gericht hat den vorläufigen Wert in solchen Fällen unverzüglich festzusetzen und soll vorher keine weiteren
Handlungen vornehmen. Das muss ggf. nochmals erfolgen, wenn ein weiterer der vorläufigen Festsetzung bedürftiger Antrag (Gegenantrag, Widerklage) eingeht.[11] Ein Festsetzungsantrag eines Beteiligten in diesem Stadium des Verfahrens ist nur als Anregung
aufzufassen. Allerdings gebietet es die Fairness (nobile officium), dass das Gericht auf
substantiiert begründete Anregungen eines Beteiligte eingeht und ggf. kurz zu erkennen
gibt, aus welchen Gründen es dem nicht folgt.

Nach dem Wortlaut des Abs. 1 S. 1 erfolgt die vorläufige Festsetzung **ohne Anhörung der**   **6**
Parteien, was in Ansehung des Art. 103 Abs. 1 GG unschädlich ist,[12] weil die Festsetzung
nur vorläufig ist und bei einer endgültigen Festsetzung in jedem Fall zu erfolgen hat.
Gleichwohl ist eine Anhörung, wenn dadurch das Verfahren nicht verzögert wird oder
dem Sinn des Prozessrechts (etwa bei Eilanträgen, die ohne vorherige mündliche Verhand-
lung entschieden werden) zuwiderlaufen würden, nicht verboten.[13] Entsprechend dem
Sinn und Zweck des Abs. 1, möglichst gleich am Anfang des Verfahrens den richtigen
Streitwert zu wissen, wird es ohne weiteres erlaubt sein, in Zweifelsfällen beim Kläger/
Antragsteller nachzufragen und/oder ihn aufzufordern, seine Vorstellungen über den
Streitwert mitzuteilen, wenn dieser Angaben nach § 61 S. 1 unterlassen hat. Dabei können

---

8 Vgl. *Hartmann* § 63 Rn. 8.
9 Vgl. *Hartmann* § 63 Rn. 9.
10 OLG Koblenz NJW-RR 2000, 71.
11 Vgl. *Hartmann* § 63 Rn. 10.
12 Vgl. BT-Drs. 12/6962, S. 63–64.
13 A.M. *Hartmann* § 63 Rn. 12.

ihm auch kurze Fristen gesetzt werden Das folgt schon aus § 61, wonach es zu einer ordnungsgemäßen Klageerhebung gehört, den Streitwert mitzuteilen.

7 Die vorläufige Streitwertfestsetzung erfolgt durch einen Beschluss des Gerichts, bei Kolle-
gialgerichten des Spruchkörpers. Er ist den Parteien mitzuteilen oder zu verkünden. Eine
kurze stichwortartige Begründung kann zweckmäßig sein, ist aber nicht geboten, jedenfalls dann nicht, wenn kein Beteiligter substantiierte Anregungen gegeben hat (vgl. Rn. 5).
Denn einmal präjudiziert der vorläufige Streitwert grundsätzlich nichts, zum anderen
kann auch in den Fällen möglicher indirekter Anfechtung über § 67 (vgl. dazu oben Rn. 6)
jederzeit Abhilfe geschaffen werden. Die Mitteilung erfolgt formlos.

8 Außer im Verfahren nach § 67 sind **Rechtsmittel** gegen die vorläufige Festsetzung der
Höhe des Wertes nur ausnahmsweise i. V. m. der Anforderung eines Vorschusses oder einer
Vorauszahlung statthaft, Abs. 1 S. 2 (Dazu auch § 68 Rn. 3).[14] Insbesondere ist die Be-
schwerde gegen die vorläufige Streitwertfestsetzung als solche nach dem eindeutigen
Wortlaut und dem Sinn der Bestimmung ausgeschlossen.[15] Einwendungen gegen die
Festsetzung der Höhe des Streitwerts sind mithin grundsätzlich nur nach § 68 zulässig,
wenn der Streitwert endgültig bestimmt ist und Einwendungen (Rn. 9) erfolglos waren.
Ob der Rechtsanwalt aus eigenem Recht (§ 32 Abs. 2 RVG) Rechtsmittel gegen die vorläufige Festsetzung einlegen kann, ist streitig, im Ergebnis aber abzulehnen (vgl. § 67
Rn. 10). Unstreitig ist indessen, dass das nicht statthaft ist, wenn er einen höheren Streitwert anstrebt. Auch wenn der Rechtsanwalt die vorläufig festgesetzte Höhe des Streitwerts
für zu gering hält, ist eine Beschwerde nicht statthaft und auch nicht geboten. Zwar ist
dem Anwalt ein Interesse auf Festsetzung des „richtigen" Streitwerts wegen seines Anspruchs auf einen angemessenen Vergütungsvorschuss (§ 9 RVG) zu einem frühestmögli-
chen Zeitpunkt zuzuerkennen, was auch im Interesse der vertretenen Partei liegt. Gleichwohl ist auch hier keine Ausnahme geboten: Wenn nach § 32 Abs. 1 RVG der gerichtlich
festgesetzte Streitwert auch für die Anwaltsvergütung verbindlich ist, so kann sich dieser
Verweis nach seinem Sinn und Zweck nur auf die endgültige Festsetzung nach § 63 Abs. 2
beziehen. Das kommt im Übrigen auch dadurch zum Ausdruck, dass § 32 Abs. 2 RVG von
Festsetzung allgemein spricht, während § 68 nur eine Beschwerde gegen endgültige Festsetzungen nach § 63 Abs. 2 zulässt. Wollte der Gesetzgeber eine Beschwerde des Anwalts
nach § 32 Abs. 2 RVG nur gegen endgültige Festsetzungen zulassen, hätte ein entsprechender Hinweis in der Bestimmung des § 32 Abs. 2 RVG aufgenommen werden können.
Wendet sich somit der Anwalt gegen die Höhe der vorläufigen Festsetzung, handelt es sich
zunächst um Einwendungen, also um ein Ersuchen zur Abänderung der vorläufigen Festsetzung (Rn. 9). Wenn die Einwendungen nicht beachtet worden sind und ggf. auch Gegenvorstellungen erfolglos geblieben sind, ist auch in diesen Fällen keine Beschwerde zulässig. In der Praxis wird dieser Problematik ohnehin keine große Bedeutung zukommen
sein. Zum einen decken sich die vorläufigen – u. U. im Verlaufe des Rechtsstreits angepass-
ten – Festsetzungen mit der späteren endgültigen Festsetzung, welche dann im Ergebnis
nur noch eine klarstellende Wirkung hat. Zum anderen wird es selten im (Vergütungs-)
Interesse des Anwalts liegen, einen geringeren Streitwert festgesetzt zu bekommen, wäh-

14 KG NJW-RR 2004, 864.
15 OLG Bremen MDR 2006, 418; OLG Hamm FamRZ 2005, 1767; KG NJW-RR 2004, 864; OLG Brandenburg MDR 2000, 174 und JurBüro 2008, 316; *Hartmann* § 63 Rn. 14; *D. Meyer* JurBüro 2000, 396.
A. M. *Schneider* MDR 2000, 174.

rend er bei einem Begehren nach höherer (vorläufiger) Wertfestsetzung in Erklärungskonflikte gegenüber dem Mandanten geraten kann. Darüber hinaus kann und wird der Anwalt im Rahmen des gebotenen Hinweises nach § 49b BRAO auch zum Ausdruck bringen, dass die gerichtliche Festsetzung des Streitwertes nach § 63 Abs. 1 GKG nur vorläufig ist mit der Folge, dass die endgültigen (höheren oder niedrigeren) Gebühren erst bei endgültiger Festsetzung des Streitwerts definitiv bestimmt werden können. In solchen Fällen bleibt es dem Anwalt auch unbenommen, eine Vergütungsvereinbarung (§ 4 RVG, § 49b Abs. 5 BRAO) in der Form zu treffen, dass man sich auf einen bestimmten Gegenstandswert einigt.

Eine **Änderung** der vorläufigen Wertfestsetzung ist jederzeit bis zur endgültigen Festset- **9** zung möglich. Das folgt schon aus der Natur der Festsetzung als nur vorläufig. Sie kommt namentlich dann in Betracht, wenn sich der Gesamtkostenwert infolge Klageänderung oder von Gegenansprüchen etc. verändert, aber auch dann, wenn Umstände zutage treten, die bei der ursprünglichen vorläufigen Festsetzung noch nicht erkennbar waren oder übersehen worden sind (vgl. auch oben Rn. 5). Dazu gehören auch (zu begründende) Einwendungen des Rechtsanwalts gegen einen zu geringen Wert (Rn. 8), die dem Gericht wegen der zulässigen Nichtanhörung der Parteien vor der vorläufigen Festsetzung nicht bekannt waren oder unzutreffend gewertet werden. Übergeht das Gericht solche Einwendungen oder hat es ihm schon im Verfahren der vorläufigen Festsetzung (Rn. 6–7) bekannte Argumente des Anwalts ohne weiteres übergangen, scheidet die Anhörungsrüge (§ 69a) allerdings aus. Zwar ist vor jeder Änderung einer den Beteiligten bekannt gegebenen Entscheidung den davon Betroffenen rechtliches Gehör zu gewähren, die Festsetzung kann aber noch im Verfahren nach § 63 Abs. 2 korrigiert werden. Das wird im Übrigen auch bestätigt durch Abs. 1 Satz 1, wonach keine Anhörung der Parteien erforderlich ist.

Abs. 2 (Endgültige Wertfestsetzung): Das Prozessgericht hat mit jeder Entscheidung **10** über den gesamten noch anhängigen Streitgegenstand oder nach Beendigung des Verfahrens auf andere Weise eine Wertfestsetzung von Amts wegen vorzunehmen. Durch die Wertfestsetzung soll dem Kostenbeamten insbesondere erspart bleiben, anhand der Akten zu prüfen, ob sich der Streitwert durch Klageerweiterung oder Widerklage im Laufe des Verfahrens noch verändert hat. In Finanz-[16] und Arbeitsgerichtssachen braucht die Wertfestsetzung aber nur auf Antrag eines Beteiligten oder der Staatskasse erfolgen, wenn nicht das Gericht von sich aus eine solche für angemessen erachtet.

Voraussetzung einer endgültigen Festsetzung nach Abs. 2 ist also: **11**

– *Eine endgültige Entscheidung über den gesamten Streitgegenstand:* Der gesamte Streitgegenstand muss – zumindest zunächst – endgültig entschieden sein. Die Art und Form sind unerheblich. So kommt z.B. ein Endurteil in Betracht, insbesondere bei einer Stufenklage,[17] ein Vorbehaltsurteil, eine Kostenentscheidung nach § 91a ZPO oder eine solche nach § 269 Abs. 3 ZPO. Auch eine Klagerücknahme ohne Antrag nach § 269 Abs. 3 ZPO gehört – jedenfalls in Zivilrechtsstreitigkeiten – hierher.[18] Ein Grund- oder Teilurteil hingegen erfasst den Streitgegenstand noch nicht vollständig. Auch eine einseitige Teil-

---

16 Kritisch dazu für den Bereich der Finanzgerichtsbarkeit *Zenke* StB 1994, 509.
17 OLG Brandenburg JurBüro 1997, 394 m. Anm. v. *D. Meyer*.
18 A.M. BVerwG JurBüro 1997, 255 (für Verwaltungsrechtsstreitigkeiten) m. krit. Anm. v. *Hellstab*.

erledigung des Mahnverfahrens in der Weise, dass der Gläubiger nur einen Teil der Forderung aufrechterhält, lässt den Streitwert für das folgende Streitverfahren unberührt.[19] Auch während einer Aussetzung des Rechtsstreits (etwa nach § 246 ZPO) darf keine Streitwertfestsetzung von Amts wegen erfolgen.[20]

– *Eine anderweitige Erledigung des gesamten Rechtsstreits:* Das können sein: Erledigung im Termin zur Erörterung Im Prozesskostenhilfeprüfungsverfahren (§ 118 Abs. 1 S. 3 ZPO),[21] beiderseitige wirksame Erledigungserklärungen, ein vorbehaltsloser oder nicht mehr unter einen Vorbehalt fallender Prozessvergleich, eine Aussetzung des Rechtsstreits, das Nichtbetreiben durch die Parteien über einen Zeitraum von mehr als 6 Monaten[22] oder das Ruhen des Verfahrens über einen Zeitraum von mehr als 6 Monaten. Ebenso bei Klagerücknahme ohne Kostenantrag nach § 269 Abs. 3 ZPO kommt eine anderweitige Erledigung in Betracht.[23]

– *Keine Bindung nach § 62.* Wenn eine Entscheidung nach § 62 S. 1 vorliegt oder eine solche nach § 62 S. 1 2. Alt. bindet, ist eine weitere Wertfestsetzung nach § 63 Abs. 2 ausgeschlossen. Dazu oben, § 62 Rn. 3.

– Das *Beweisverfahren nach §§ 485ff.* ZPO ist regelmäßig erst mit der Beendigung des Hauptverfahrens erledigt,[24] es sei denn, das Hauptverfahren hat sich durch das Ergebnis des Beweisverfahrens erledigt. Eine unterschiedliche Streitwertfestsetzung nur für die außergerichtlichen Auslagen eines Beteiligten ist aber – besonders im Insolvenzverfahren – nicht ausgeschlossen.[25]

– Es muss eine Wertfestsetzung geboten sein. Das ist nicht der Fall, wenn für die Gerichtskosten Festwerte gelten oder wenn und soweit das Verfahren kostenfrei ist. Festwert in diesem Sinne liegt aber vor, wenn – wie z. B. in § 48 Abs. 3 S. 2 – Mindestwerte gelten.

12 Ein **Antrag** ist – außer in Finanz- und Arbeitsgerichtssachen (Abs. 2 S. 2) und in den Fällen des § 32 Abs. 2 RVG – nicht nötig, weil die endgültige Festsetzung ausdrücklich **von Amts wegen** vorgeschrieben ist („... setzt ... fest ..."). Wird ein solcher von einer Partei, von einem sonst wie am Verfahren Beteiligten oder von einem am Verfahren beteiligten Rechtsanwalt eingebracht, ist er als Anregung zur Überprüfung der vorläufigen oder auf endgültige Wertfestsetzung zu behandeln. Eine solche Anregung wird selbstverständlich auch durch die von dem zuständigen Bezirksrevisor vertretene Staatskasse gegeben werden können. Auch die Vorlage der Akten durch den Urkundsbeamten der Geschäftsstelle kann als Anregung i. d. S. gesehen werden, den Wert endgültig festzusetzen. In Finanz- und Arbeitsgerichtssachen kommt nach Beendigung des Verfahrens nur dann eine endgültige Streitwertfestsetzung in Betracht, wenn ein Beteiligter des Verfahrens oder die Staatskasse das beantragt oder die Staatskasse oder das Gericht es für angemessen hält (Abs. 2 S. 2). Letzteres wird in der Regel für angebracht erachtet werden müssen, wenn sich Streitwertvorgänge des Verfahrens als kompliziert oder komplex herausstellen.[26]

19 OLG München JurBüro 1996, 368.
20 BGH NJW 2000, 1199.
21 OLG Nürnberg MDR 2003, 835.
22 Vgl. OLG Hamm MDR 1971, 495; *Hartmann* § 63 Rn. 18.
23 OLG Rostock MDR 1995, 212.
24 OLG Naumburg MDR 1999, 1093 = JurBüro 1999, 596.
25 KG NJW-RR 2000, 1622.
26 So auch *Brinkmann* JurBüro 2005, 119.

Besonderheiten gelten, wenn ein **Rechtsanwalt aus eigenem Recht** nach § 32 Abs. 2 RVG   **13**
eine Wertfestsetzung beantragt. Gemeint sind hier die Fälle, in denen das Gericht eine von
Amts wegen zu treffende Entscheidung unterlassen hat oder – was häufiger der Fall sein
wird – in denen keine Partei (etwa dann, wenn sie Kontenfreiheit genießt) ein Interesse an
einer Festsetzung hat oder wenn eine Festsetzung von Amts wegen nicht vorgesehen ist
(Finanz- und Arbeitsgerichtssachen). Bei der ersten Fallgruppe wird der Antrag aber in der
Sache regelmäßig als Beschwerde nach § 68 anzusehen sein und die Nachholung der Festsetzung als Abhilfe gelten müssen. Kein Antrag des Rechtsanwalts i.d.S. ist hingegen ein
Antrag nach § 33 Abs. 1 RVG. Dabei handelt es sich um ein vom GKG unabhängiges Verfahren, was schon aus der besonderen Zulässigkeitsbestimmung (§ 33 Abs. 2 RVG) und der
ausschließlichen Zuständigkeit des Gerichts des ersten Rechtszuges (§ 33 Abs. 1 RVG)
folgt.

Liegen die Voraussetzungen für eine endgültige Wertfestsetzung vor (vgl. oben Rn. 11), ist   **14**
das Gericht zu einer **Entscheidung von Amts** wegen nicht nur berechtigt, sondern **verpflichtet.**[27] Ein Ermessen zur endgültigen Festsetzung hat das Gericht außer im finanzgerichtlichen und arbeitsgerichtlichen Verfahren grundsätzlich nicht.[28]

Zuständig für die endgültige Festsetzung ist stets das **Prozessgericht,** vor dem die Ins-   **15**
tanz abgeschlossen wurde, wenn und soweit der Gegenstand bei ihm anhängig war oder in
einem Vergleich erfasst wurde,[29] also die Kammer, der Einzelrichter, der Vorsitzende der
Kammer für Handelssachen (§ 349 Abs. 2 Ziff. 11 ZPO) oder der Senat eines Obergerichts.
Der Urkundsbeamte der Geschäftsstelle nimmt i.d.S. niemals eine (vorläufige oder gar
endgültige) Wertfestsetzung vor. Prozessgericht i.d.S. ist auch das Arrestgericht und in
der Zwangsvollstreckung das Vollstreckungsgericht, das aber nur den Wert seines Zwangs-
vollstreckungsverfahrens festsetzen kann. Beim **selbständigen Beweisverfahren** ist Prozessgericht das Gericht, bei dem dieses Verfahren durchgeführt wurde, und die ihm im
Instanzenzug übergeordneten Gerichte, niemals aber das Gericht, welches das Beweiser-
gebnis verwertet.[30] Die Streitwertfestsetzung für den Berufungsrechtszug des Patentnich-
tigkeitsverfahrens verbleibt dem Bundespatentgericht, falls das Rechtsmittel vor Abgabe
der Akten an den BGH zurückgenommen wurde.[31] Soweit der **Rechtspfleger** eine Sache in
eigener Zuständigkeit entscheidet (§ 4 RPflG), hat er auch den Wert endgültig festzusetzen.[32] Im Mahnverfahren ist § 63 nicht anwendbar.[33]

Jede **Instanz** hat **für sich** festzusetzen.[34] Ist eine Sache vom Amtsgericht an das Landge-   **16**
richt verwiesen, so setzt das Landgericht auch hinsichtlich eines im Verfahren vor dem
Amtsgericht schon erledigten Teils der Streitsache endgültig fest. Dasselbe gilt auch für
den umgekehrten Fall einer Verweisung vom Landgericht an das Amtsgericht oder von einer Gerichtsbarkeit an die andere (etwa: vom Arbeitsgericht an das ordentliche Gericht
und umgekehrt). Setzt das Gericht einer höheren Instanz den Streitwert für sein Verfahren

---

27   OVG Münster, NVwZ-RR 1999, 402.
28   *Hartmann* § 63 Rn. 20.
29   OLG Hamm JurBüro 1980, 238; OLG Bremen JurBüro 1979, 1395.
30   OLG Hamm NJW 1976, 116; OLG Saarbrücken JurBüro 1968, 903; *Markl* JVBl. 1969, 179.
31   BGH MDR 1970, 138 = JurBüro 1970, 165.
32   BayObLG RPfleger 1974, 392; *Hartmann* § 63 Rn. 23.
33   LAG Düsseldorf JurBüro 1999, 532.
34   BGH RPfleger 1987, 38; BFH BStBl. II 1977, 42; KG VersR 1981, 151.

endgültig fest, so kann es nicht gleichzeitig den Streitwert des Verfahrens der unteren Instanz mit festsetzen.[35] Das kann sogar ohne Rücksicht auf einen Antrag oder an das Verschlechterungsverbot geschehen.[36] § 68 gibt dem Rechtsmittelgericht nur die Möglichkeit, eine bereits erfolgte Streitwertfestsetzung des unteren Gerichts im Beschwerdeverfahren zu ändern.[37] Niemals kann die untere Instanz nach § 63 den Streitwert für die höhere Instanz festsetzen, auch nicht, wenn das höhere Gericht bei einer Zurückverweisung die Kostenentscheidung dem Vordergericht übertragen hat. Denn die Übertragung kann sich insoweit immer nur auf die grundsätzliche Kostentragungspflicht beziehen, niemals aber auf die Höhe des Streitwerts oder auf die Beschwer. Im Kostenfestsetzungs- und -ansatzverfahren ist der Rechtspfleger oder der Kostenbeamte an die ergangenen Streitwertfestsetzungsbeschlüsse gebunden. Das Erinnerungs- und Beschwerdegericht kann lediglich den Streitwert des Kostenfestsetzungs- oder -ansatzverfahrens, nicht aber den des zugrunde liegenden Hauptsacheverfahrens, förmlich festsetzen, und zwar auch dann nicht, wenn die Sache wegen der Kostenfestsetzung erneut in die Rechtsmittelinstanz gelangt.[38]

17 **Anhörung der Parteien:** Nach allgemeinen Grundsätzen (Art. 103 Abs. 1 GG) hat das Gericht den Parteien und den weiteren Beteiligten (z.B. den Nebenintervenienten[39]) vor der endgültigen Festsetzung rechtliches Gehör zu gewähren.[40] Es gelten hier die Verfahrensgrundsätze der §§ 567 ff. ZPO. Ob das Gericht über den Kostenstreitwert mündlich verhandelt, steht in seinem freien Ermessen. Es ist insoweit an Anträge eines Beteiligten nicht gebunden. Entscheidet das Gericht aber in mündlicher Verhandlung, besteht auch in Anwaltsprozessen **kein Anwaltszwang.**

18 Im Zeitpunkt der Entscheidung muss selbstverständlich ein **Rechtsschutzbedürfnis** gegeben sein,[41] das auch dann noch besteht, wenn der Kostenbeamte bereits einen Kostenansatz vorgenommen hat.[42] Ein solches wird aber nur ausnahmsweise fehlen, so etwa, wenn mit Sicherheit keinerlei Gerichtsgebühren anfallen[43] und auch die Anwaltskosten nicht von einer gerichtlichen Wertfestsetzung nach Abs. 2 abhängig sind.[44]

19 Die Entscheidung erfolgt durch einen **förmlichen Beschluss.** Zulässig ist es auch, wenn das Gericht die endgültige Festsetzung in die Urteilsformel oder in die Entscheidungsgründe aufnimmt.[45] Insoweit bleibt die Entscheidung aber ein selbständiger Beschluss, der nur im Rahmen des § 63 angefochten oder geändert werden kann. Dagegen enthält ein außerhalb eines Entscheidungssatzes oder der Gründe eines Urteils angebrachter Vermerk „Streitwert ... €" nicht in jedem Fall eine Festsetzung i.S.d. Abs. 2. Es muss vielmehr der Wille des Prozessgerichts, den Streitwert endgültig festsetzen zu wollen, eindeutig er-

35   OLG Köln VersR 1973, 1032 und DGVZ 1986, 151.
36   LAG Thüringen MDR 2001, 538.
37   Vgl. dazu *Mümmler* JurBüro 1972, 671 (zum alten Recht).
38   OLG Koblenz MDR 2004, 417 = NJW-RR 2004, 1510; OLG Hamm JurBüro 1959, 473.
39   OLG München NJW-RR 1998, 420 = MDR 1998, 788.
40   HessLAG JurBüro 1999, 306; OLG Brandenburg OLG-NL 1994, 250.
41   BFH BStBl. II 1988, 289; *Hartmann* § 63 Rn. 25.
42   BFH BB 1978, 1507.
43   LG München AnwBl. 1988, 72.
44   *Hartmann* § 63 Rn. 25.
45   OVG Saarland JurBüro 1997, 198, 199; *Wenzel* BB 1981, 166; *Hartmann* § 63 Rn. 26.

kennbar sein.[46] Eine alsbald nach dem Eingang der Klage erfolgte Festsetzung wird im Zweifel nur als Festsetzung des Zuständigkeitsstreitwertes anzusehen sein,[47] insbesondere dann, wenn diese mit einer Verweisungsanregung verbunden wird.[48] Es ist zwar nicht notwendig, kann aber mitunter zweckmäßig sein, auf die vorläufige Festsetzung hinzuweisen.

Die endgültige Streitwertfestsetzung kann auch für **einzelne Prozessabschnitte** oder 20 Teile des **Streitgegenstandes** erfolgen, soweit durch eine Entscheidung oder auf andere Weise der Streitgegenstand endgültig erledigt wird.

Die endgültige Streitwertfestsetzung nach Abs. 2 wirkt für und gegen alle am Prozess Be- 21 teiligten,[49] einschließlich der des Kostenfestsetzungsverfahrens, insbesondere auch für den Gebührenprozess des Rechtsanwalts (§ 32 Abs. 2 RVG). Das gilt auch, wenn in Arbeitsgerichtssachen oder Finanzgerichtssachen nach Abs. 2 Satz 2 ein Streitwert festgesetzt wurde.

Die Bestimmungen über den an die Stelle der weggefallenen **Gerichtsferien** getretenen 22 Anspruch auf Terminsverlegung nach § 227 ZPO[50] sind (auch nicht entsprechend) anwendbar.

Bei der **Entscheidung** über die Höhe des endgültig festzusetzenden Wertes ist das **Klage-** 23 **begehren** maßgebend. Darauf, ob die geltend gemachten Ansprüche (teilweise) bestritten sind oder nicht, kommt es nicht an, wie das Gericht auch an übereinstimmende Angaben oder Vorstellungen der Parteien nicht gebunden ist.[51] Es sind alle im Zeitpunkt der letzten mündlichen Verhandlung oder dem der letzten mündlichen Verhandlung gleichstehenden Zeitpunkt zu berücksichtigen.[52] Umstände oder Tatsachen, die nicht allen am Streitwertfestsetzungsverfahren Beteiligten bekannt gegeben worden sind oder von denen sie in prozessordnungsgemäßer Weise nicht hätten Kenntnis erlangen können (z.B. vertrauliche Umsatzzahlen), müssen unberücksichtigt bleiben.[53] Bei der Wertfestsetzung ist auch zu berücksichtigen, dass wegen mangelnder Prozessfähigkeit und darauf beruhender Umstände überzogene und/oder unrealistische, ja sogar selbstschädigende Anspruchsvorstellungen des Antragstellers gegeben sein können.[54]

Grundsätzlich bedarf die endgültige Streitwertfestsetzung einer **Begründung**.[55] Von ei- 24 ner Begründung kann aber abgesehen werden, wenn die Höhe des Streitwertes mit den Beteiligten – was zweckmäßigerweise im Protokoll oder in einem Aktenvermerk festgehalten werden sollte, aber nicht muss – erörtert wurde[56] und/oder der Streitwert gemäß

46 *Hartmann* § 63 Rn. 26.
47 OLG München MDR 1998, 1242.
48 OLG Köln NJW-RR 1998, 279.
49 OLG Hamm RPfleger 1956, 77 (L); *Hartmann* § 63 Rn. 33.
50 Ges. v. 28. 10. 1996 – BGBl. I, 1546.
51 OLG Brandenburg MDR 1997, 106; KG RPfleger 1962, 121.
52 OLG Bamberg JurBüro 1980, 1865.
53 KG NJW 1975, 743 (L) = RPfleger 1975, 109 = AnwBl. 1974, 394.
54 Dazu OLG Koblenz JurBüro 2007, 34.
55 BVerfGE 6, 44; OLG Köln NJW-RR 1991, 1280.
56 *Hartmann* § 63 Rn. 29.

den übereinstimmenden Vorstellungen der Beteiligten endgültig[57] festgesetzt wird. Außerdem ist eine Begründung entbehrlich, wenn in keinerlei Rechte der Parteien eingegriffen wird[58] oder wenn mit einer Anfechtung nicht gerechnet zu werden braucht. Wenn aber ein Beteiligter substantiierte Anregungen zur Festsetzung der Höhe des Wertes abgibt (Rn. 12), ist eine Begründung stets erforderlich, wenn und soweit das Gericht dem nicht folgt, weil dann der Anregende beschwert sein kann (vgl. § 68 Rn. 6). Zum Ausdruck gebracht werden soll aber stets, dass es sich um eine endgültige Festsetzung handelt.[59] Wenn und soweit aber gegen einen nicht begründeten Beschluss eine zulässige Beschwerde nach § 68 eingelegt wird, muss das Gericht die Begründung nachholen, soweit es der Beschwerde nicht abhilft.[60]

25 Haben alle Parteien wirksam **Rechtsmittelverzicht** gegen die Wertfestsetzungsentscheidung nach Abs. 2 erklärt, ist selbstverständlich auch keine Begründung notwendig. Das gilt auch, wenn der zutreffende Kostenstreitwert sich aus dem Streitstoff selbst ergibt.[61] Ob eine übereinstimmende Erklärung der Prozessbevollmächtigten als Rechtsmittelverzicht zu betrachten ist,[62] ist streitig.[63] Man muss hier wohl differenzieren: Wird der Verzicht auf eine Begründung vor dem Erlass (der Verkündung/Bekanntgabe) der Streitwertfestsetzung erklärt, kann die Verzichterklärung auf eine Begründung auch als Rechtsmittelverzicht ausgelegt werden, wenn die Entscheidung den erkennbaren Erwartungen der Partei(en) entspricht. Dies ist in der Regel der Fall, wenn der Streitwert so festgesetzt wird, wie es das Gericht nach Erörterung in Aussicht gestellt hat. Anders liegt der Fall, wenn die Partei(en) nach Verkündung des Beschlusses ausdrücklich auf eine Begründung verzichten. Dann tun sie damit inzidenter kund, dass sie mit der Festsetzung einverstanden sind, so dass es einer Begründung nicht mehr bedarf.

26 Ausreichend ist es, wenn die **Begründung** nur **stichwortartig** verfasst ist. Es müssen lediglich die wesentlichen für die Entscheidung des Gerichts maßgeblichen Gesichtspunkte genannt werden. Ausreichend ist auch die Bezugnahme auf den (begründeten) Beschluss der vorläufigen Festsetzung nach Abs. 1 oder auf den Inhalt eines Schriftsatzes einer Partei, dem das Gericht im Wesentlichen folgt.

27 **Mitteilung.** Der endgültige Streitwertfestsetzungsbeschluss braucht nicht förmlich zugestellt zu werden. Die Frist des Abs. 3 S. 2 ist keine eigentliche Rechtsmittelfrist,[64] sondern eine Ausschlussfrist. Ergeht er in der mündlichen Verhandlung, reicht die Verkündung nach § 329 Abs. 1 ZPO aus. Eine **förmliche Zustellung** ist aber geboten, wenn nach einer Kostenfestsetzung eine Streitwertfestsetzung erfolgt und diese Wertfestsetzung von der Wertberechnung des Kostenfestsetzungsbeschlusses abweicht, § 107 ZPO.

---

57 Vgl. OLG Bamberg JurBüro 1975, 1463 (keine Beschwer der Parteien).
58 BVerfG NJW 1957, 298.
59 Vgl. dazu bei *Hartmann* § 63 Rn. 28 m. N.
60 Unstr. vgl. etwa OLG Dresden JurBüro 1998, 317 = OLG-NL 1998, 144; OLG Frankfurt aM GRUR 1989, 934; OLG Hamm RPfleger 1989, 104.
61 OLG Bamberg JurBüro 1978, 1360.
62 So OLG Köln MDR 2000, 472 (bei einer Kostenentscheidung nach § 91a ZPO); verneinend OLG München JurBüro 2000, 141.
63 Zur Problematik vgl. ausführlich *E. Schneider* MDR 2000, 987.
64 OVG Hamburg, NVwZ-RR 1993, 167.

Kosten. Die Entscheidung über die endgültige Streitwertfestsetzung ist gebührenfrei. **28** Außergerichtliche Kosten sind allerdings zu erstatten.[65] Denn § 68 Abs. 3 bezieht sich ausdrücklich nur auf das Beschwerdeverfahren.

Der Beschluss erwächst **nicht in äußere Rechtskraft.** Eine rechtskräftige Entscheidung **29** über die Anwaltsgebühren im Prozess zwischen dem Anwalt und seinem Mandanten steht eine Abänderbarkeit des Kostenstreitwertbeschlusses nicht entgegen.[66]

Eine falsche endgültige Festsetzung des Kostenstreitwertes kann eine **Amtshaftung** aus- **30** lösen.[67] Denn Streitwertfestsetzungsbeschlüsse sind nicht dem Richterprivileg unterworfen.[68] Allerdings werden die Voraussetzungen für einen Amtshaftungsanspruch wegen § 839 Abs. 1 S. 1, Abs. 3 BGB nur in seltenen, schon an Rechtsbeugung grenzenden, Fällen gegeben sein.

Abs. 3 (Änderung des endgültigen Streitwertfestsetzungsbeschlusses): Nach Abs. 3 **31** kann das Gericht, das den endgültigen Wertfestsetzungsbeschluss erlassen hat, oder das Rechtsmittelgericht, wenn der Streit bereits in der Rechtsmittelinstanz schwebt, die Wertfestsetzung **von Amts wegen** ändern. Dabei beziehen sich die Begriffe „Verfahren" und „Hauptsache" auf das Verfahren, für welches der Streitwert festgesetzt wurde und geändert werden soll, und nicht etwa – im Falle eines vorangegangenen Eilverfahrens – auf das dazu gehörende Hauptsacheverfahren.[69] In entsprechender Anwendung der Bestimmung kann das Rechtsmittelgericht den Streitwert auch dann von Amts wegen ändern, wenn das Verfahren nur noch wegen einer nach § 99 Abs. 2 ZPO isoliert anfechtbaren Kostenentscheidung schwebt.[70] Selbstverständlich kann das auch auf einen insoweit als Anregung aufzufassenden Antrag eines Beteiligten geschehen.[71] Folgt das Gericht indessen einer solchen Anregung nicht, wird es diese als Beschwerde gegen die Wertfestsetzung behandeln, falls der Anregende beschwert ist.[72] Im Zweifel wird das Gericht nachzufragen haben. Das Gericht kann einen hohen Streitwert auch festsetzen, wenn der Kläger eine Klageerweiterung einreicht und diese später nicht weiter verfolgt, und zwar auch dann, wenn mangels ordnungsgemäßer Zustellung der Klageerweiterung ein Prozessrechtsverhältnis nicht entstanden ist.[73] Hat indessen das Rechtsmittelgericht den Streitwert im Hauptsacheverfahren bereits unanfechtbar festgesetzt, ist diese Festsetzung bindend, wenn die Sache später wegen der Kostenfestsetzung erneut in die Rechtsmittelinstanz gelangt.[74]

Voraussetzung für eine Änderung ist, dass bereits ein förmlicher endgültiger gericht- **32** licher Streitwertfestsetzungsbeschluss nach Abs. 2 ergangen ist.

---

65 Vgl. z. B. OLG München NJW 1968, 1937; OLG Nürnberg NJW 1968, 849; *Hartmann* § 63 Rn. 33; **a. M.:** OLG Schleswig SchlHA 1975, 67; OLG Frankfurt aM NJW 1975, 742; OLG Hamburg MDR 1966, 770; OVG Münster DVBl. 1972, 838.
66 *Hartmann* § 63 Rn. 34.
67 *Matzen* AnwBl. 1976, 333; *Hartmann* § 63 Rn. 34.
68 BGHZ 36, 144.
69 BVerwG, NVwZ-RR 1998, 142.
70 OLG Brandenburg JurBüro 1998, 648.
71 VGH Mannheim JurBüro 1992, 110.
72 *Hartmann* § 63 Rn. 39.
73 OLG Koblenz JurBüro 2006, 646 (L mit Volltextservice) = OLG Report-Frankfurt 2007, 75 = BeckRS 2006, 11336.
74 OLG Koblenz JurBüro 2004, 32.

33 Keine Änderung hingegen ist die **Berichtigung** einer als offenbar unrichtig erkannten Wertfestsetzung nach § 319 ZPO.[75]

34 **Abs. 3 S. 2 (Änderungsfrist):** Im Interesse aller Beteiligten an einer sicheren Rechtslage ist die Möglichkeit zur Änderung des endgültigen Wertfestsetzungsbeschlusses auf 6 Monate befristet. Hat die Entscheidung in der Hauptsache – gemeint ist hier der Hauptsacheanspruch samt Nebenforderungen und Kosten[76] – Rechtskraft erlangt oder hat sich das Verfahren anderweitig erledigt, ist die Änderung des endgültigen Wertfestsetzungsbeschlusses nur innerhalb von 6 Monaten ab Rechtskraft oder endgültiger Erledigung des Verfahrens möglich.[77] Das gilt selbst dann, wenn die Parteien unrichtige Angaben gemacht haben.[78] Hat der Kläger die Klage zurückgenommen, so beginnt die 6-Monatsfrist mit der gerichtlichen Kostenentscheidung zu laufen, wenn diese binnen zwei Wochen nach der Klagerücknahme beantragt und anschließend der Streitwert festgesetzt wird.[79] Die nach den Bestimmungen der §§ 221 ff. ZPO zu berechnende Frist beginnt aber erst nach endgültiger Erledigung des Rechtsstreits und nicht bereits nach der Erledigung einer Instanz.[80] Auch der rechtskräftige Abschluss eines Rechtsmittelverfahrens setzt die Frist noch nicht in Lauf, wenn der Rechtsstreit in der Hauptsache durch Zurückverweisung in die untere Instanz noch nicht erledigt ist.[81] In Ehesachen beginnt im Verfahren der einstweiligen Anordnung (§§ 620 ff. ZPO) die Frist nicht vor der Erledigung der Hauptsache zu laufen.[82] Ob noch abgetrennte Folgesachen anhängig sind, ist unerheblich.[83] Im Arrestverfahren beginnt der Fristlauf, wenn der Arrestantrag endgültig zurückgewiesen oder dem Aufhebungsantrag rechtskräftig stattgegeben oder bei Aufrechterhaltung des Arrestes der Hauptsacheprozess endgültig abgeschlossen ist.[84] Im Finanzgerichtverfahren beginnt die Frist nach einem Gerichtsbescheid des BFH, wenn kein Beteiligter mehr einen Antrag auf mündliche Verhandlung stellen kann.[85] Im selbständigen Beweisverfahren ist die Beendigung dieses Verfahrens maßgebend[86] und nicht die Beendigung des Verfahrens, in dem der Beweis verwertet wird,[87] auch wenn dieses vergleichsweise endet und das Ergebnis des Beweisverfahrens nicht mehr verwertet wird.[88] Dafür sprechen vor allem praktische Gesichtspunkte, insbesondere dann, wenn dem Beweisverfahren kein Hauptprozess folgt.[89] Das Beweisverfahren ist mit der Beendigung der Beweisaufnahme, regelmäßig also mit der Übersendung des Sachverständigengutachtens an die Parteien oder der mündlichen

75 OLG Celle JurBüro 1976, 1338.
76 Vgl. etwa OLG Nürnberg AnwBl. 1981, 499.
77 VGH Baden-Württemberg JurBüro 1996, 645; OLG Köln MDR 1973, 236 (L).
78 OLG Nürnberg NJW-RR 1999, 613.
79 OLG Rostock MDR 1995, 212.
80 OLG München JurBüro 1991, 951.
81 BGH NJW 1961, 1819 = JurBüro 1961, 493 = MDR 1961, 926.
82 KG JurBüro 1978, 1700.
83 OLG Schleswig SchlHA 1981, 119; OLG München JurBüro 1991, 951; *Hartmann* § 63 Rn. 55.
84 OLG Frankfurt aM JurBüro 1958, 130 = MDR 1958, 348 = RPfleger 1958, 287.
85 BFH JurBüro 2001, 593.
86 KG MDR 2002, 1453; OLG Nürnberg MDR 2002, 538; *Hartmann* § 63 Rn. 54, jeweils m. w. N.
87 LG Detmold MDR 2000, 910; LG München I AnwBl. 1978, 231; LG Bayreuth JurBüro 1991, 259; **a. M.** OLG Celle MDR 1993, 1019; OLG Düsseldorf MDR 1997, 692 = JurBüro 1997, 532; OLG Naumburg MDR 1999, 193.
88 OLG Düsseldorf JurBüro 1997, 532 = MDR 1997, 692.
89 LG Detmold MDR 2000, 910 m. kritischer Besprechung von *Schneider* MDR 2000, 1230.

Anhörung des Sachverständigen abgeschlossen. Richtet sich die Klage gegen mehrere Gesamtschuldner, so beginnt die Frist erst mit der Erledigung des Rechtsstreits gegen alle Gesamtschuldner wegen aller erhobenen Ansprüche.[90] Das gilt grundsätzlich auch, wenn nur ein Teil des Rechtsstreits rechtskräftig oder anderweitig endgültig erledigt ist. Durch Parteiwechsel wird das Verfahren noch nicht i.S.v. Abs. 3 S. 2 endgültig erledigt. Wird ein Verfahren nach längerem Ruhen wieder aufgenommen, so beweist dies, dass das Verfahren tatsächlich noch nicht erledigt war, die Frist des Abs. 2 S. 3 mithin noch nicht abgelaufen ist. Die Frist für einen Änderungsbeschluss ist noch gewahrt, wenn er vor dem Ablauf der Frist verkündet oder unterzeichnet wurde.

Die Frist des Abs. 3 S. 2 gilt nur für die Abänderung eines endgültigen Wertfestsetzungs- **35** beschlusses und nicht für eine erstmalige Festsetzung. Erfolgt die erstmalige endgültige Festsetzung erst kurz vor dem Ablauf der Frist des Abs. 3 S. 2, so kann die Festsetzung noch innerhalb angemessener Nachfrist geändert werden.[91] Angemessen ist eine Frist von einem Monat nach dem endgültigen Streitwertfestsetzungsbeschluss.[92]

Ist das Gericht von der Unrichtigkeit einer endgültigen Wertfestsetzung überzeugt, dann **36** **muss** es – soweit die Frist des Abs. 3 S. 2 noch nicht abgelaufen ist – den Wertfestsetzungsbeschluss ändern.[93] Die Unrichtigkeit kann sowohl darauf beruhen, dass das Gericht bei der Festsetzung wesentliche Gesichtspunkte übersehen hat, als auch darauf, dass neue Gesichtspunkte zutage treten.[94] So sind die Kosten des Beweisverfahrens Kosten des Hauptsacheverfahrens, wenn und soweit der Streitgegenstand identisch ist, so dass insoweit eine unterschiedliche Bewertung widersprüchlich und von Amts wegen zu korrigieren ist, wenn eine Korrektur wegen der Frist des Abs. 3 Satz 2 noch möglich ist.[95] Nachträgliche Erkenntnismöglichkeiten sind stets zu berücksichtigen und zu nutzen.[96] Auch eine Änderung der höchstrichterlichen Rechtsprechung kann eine Streitwertänderung rechtfertigen,[97] wozu auch schon die Änderung der Rechtsprechung des dem festsetzenden Gericht übergeordneten Beschwerdegerichts ausreichen kann. Obwohl die Parteien kein förmliches Antragsrecht haben, können auch Anregungen und Gegenvorstellungen der Parteien zu einer Änderung Anlass geben, sofern diese noch binnen der Frist des Abs. 3 S. 2 berücksichtigt werden können. Die Streitwertfestsetzung kann auch dann geändert werden, wenn sie auf übereinstimmenden Angaben der Parteien beruht.[98]

Auswirkungen der Änderung auf die Kostenentscheidung: Die Änderung einer end- **37** gültigen Streitwertfestsetzung kann zur Folge haben, dass eine inzwischen rechtskräftig

---

90 OLG Karlsruhe Die Justiz 1963, 60.
91 BGH MDR 1964, 483 = NJW 1964, 2062 und MDR 1979, 577 = GRUR 1979, 433; OLG Köln JurBüro 1977, 540.
92 BGH NJW 1966, 2061 = MDR 1966, 907 = JurBüro 1966, 763.
93 BGH NJW 1962, 584; OLG Nürnberg JurBüro 1968, 543; OLG Bamberg JurBüro 1977, 1422; OLG Celle JurBüro 1969, 174; **a.M.** aber BGH JurBüro 1972, 499, der insoweit nur eine Ermächtigung, aber keine Pflicht zur Änderung sieht.
94 OLG Frankfurt aM NJW 1962, 1921; OLG München JurBüro 1963, 298.
95 OLG Düsseldorf JurBüro 2006, 143.
96 A.M. OLG Schleswig RPfleger 1962, 425 (L).
97 A.M. OLG Hamm JurBüro 1979, 1546 = MDR 1979, 591 und NJW 1973, 198 = MDR 1973, 147 m. Anm. v. *Schneider* MDR 1973, 418; LG Kiel VersR 1975, 1037.
98 OLG Koblenz JurBüro 1999, 188; VGH München JurBüro 1999, 197; vgl. aber auch OLG Köln JurBüro 1979, 1554.

gewordene **Kostenentscheidung ungerecht** wird. In solchen Fällen ist es streitig, ob eine Streitwertänderung nach Abs. 2 noch zulässig ist. Während die einen dann die Zulässigkeit der Streitwertänderung ablehnen,[99] soll nach a. A. die Bestimmung des Abs. 2 ohne Rücksicht auf mögliche Auswirkungen[100] auf die Kostenentscheidung oder nur bei Herabsetzung[101] zulässig sein. Beide einander widersprechenden Ansichten nehmen ein Unrecht in Kauf, nämlich einen sachlich unzutreffenden Streitwert oder eine sachlich unrichtige Kostenentscheidung. Um solche Ergebnisse zu vermeiden, wird vorgeschlagen, die Bestimmung des § 319 ZPO in diesen Fällen zugunsten einer „Berichtigung" der Kostenentscheidung weit auszulegen.[102]

38 **Stellungnahme:** Die Frage ist im letztgenannten Sinne zu lösen. Stellt sich nämlich heraus, dass ein früher endgültig festgesetzter Wert sachlich unrichtig ist, so **muss** er geändert werden, solange die hierfür vorgesehene Frist des Abs. 3 S. 2 noch nicht abgelaufen ist. Dem gesetzlichen Gebot darf nicht mit der Begründung zuwidergehandelt werden, die Änderung des Streitwerts auf seinen wirklichen Wert wirke sich nachträglich auf eine gerichtliche Kostenentscheidung aus, die dadurch unrichtig werde. Schon aus der Positionierung des § 63 Abs. 3 S. 1 ist erkennbar, dass sie der Wahrung fiskalischer Interessen dient, nämlich die Berechnung der Gebühren nach dem tatsächlichen – wenn auch erst nach Rechtskraft für richtig erkannten – Gebührenwert zu gewährleisten.[103] Von der Höhe des Streitwertes hängen zudem u. a. auch die den Rechtsanwälten zu zahlenden Gebühren ab, so dass der Gebührenwert auch anderweitig materiell rechtliche Auswirkungen hat. Das Interesse der Rechtsanwälte grundsätzlich geringer zu werten, als die Kostenbelastung der Parteien, stellt einen auch verfassungsrechtlich nicht unbedenklichen Eingriff in die Berufsausübung der Rechtsanwälte dar. Es ist deshalb schwer zu rechtfertigen, dass eine bei richtigem Streitwert unrichtige Kostenentscheidung aufrechterhalten werden müsste. Ist somit der Streitwert zu ändern und führt die Änderung dazu, dass die inzwischen rechtskräftig gewordene Kostenentscheidung unrichtig ist, so ist es Aufgabe der Gerichte, die durch eine gebotene Streitwertänderung nachträglich fehlerhaft gewordene Grundlage für die Kostenentscheidung in eine richtige umzuwandeln, zumal die Parteien regelmäßig auf eine solche Verfahrensentwicklung keinen oder nur einen geringen Einfluss nehmen können. Denn eine durch die Streitwertänderung unrichtig gewordene Kostenentscheidung kann im Verhältnis zueinander jedenfalls eine der Parteien, gegenüber der Staatskasse aber beide Parteien zu höheren Kosten verpflichten als eine dem geänderten Streitwert angepasste Kostenentscheidung. Richtig ist nun, dass für die Handhabung solcher Fälle eine unmittelbar anwendbare Vorschrift – wie etwa § 107 ZPO – für

99 BGH MDR 1977, 925; OLG Düsseldorf NJW-RR 1992, 1532; OLG Köln JurBüro 1977, 1134; OLG Nürnberg MDR 1969, 853; OLG Celle NJW 1969, 279 m. abl. Bespr. von *Hartung* MDR 1978, 195; *H. Schmidt* MDR 1968, 886.
100 OLG Köln JurBüro 2007, 34 (LS mit Volltextservice); OLG Düsseldorf NJW-RR 1992, 1407; OLG Köln BB 1979, 1378; VGH Kassel AnwBl. 1988, 180; OLG Hamm VersR 1977, 935; OLG Köln MDR 1977, 584 = RPfleger 1977, 187; KG NJW 1975, 2107 und NJW 1970, 255 = MDR 1970, 60; *Schneider* MDR 1972, 100; wohl auch OLG Düsseldorf JurBüro 1977, 707, jeweils m. w. N.
101 OLG Celle NJW 1974, 371; OLG Zweibrücken JurBüro 1970, 984.
102 So OLG Düsseldorf AnwBl. 1990, 845 und NJW-RR 1992, 1407 m. N.; OLG Frankfurt aM NJW 1970, 436; LG Hechingen VersR 1975, 93; *Hartmann* § 63 Rn. 40; *Hartung* MDR 1978, 195; *Speckmann* NJW 1972, 235.
103 OLG Köln JurBüro 2007, 34 (LS mit Volltextservice).

das Kostenfestsetzungsverfahren fehlt. Das Verfahrensrecht existiert aber nicht um seiner selbst Willen, sondern es hat die Aufgabe, die Durchsetzung sachlicher Ansprüche zu ermöglichen. Zeigt sich – wie hier –, dass eine Lücke im Verfahrensrecht besteht, die zu ungerechten Ergebnissen führt, ist es Aufgabe der Gerichte, diese Lücke in angemessener Weise zu schließen. Ob das z. B. über eine sinngemäße Anwendung des § 319 ZPO erreicht werden kann, ist aber zweifelhaft.[104] Denn nach der zulässigen Änderung des Streitwertes ist die Kostenentscheidung nicht „offenbar unrichtig" geworden, weil der Erklärungswert der Kostenentscheidung dem richterlichen Willen zum Zeitpunkt der Entscheidung entspricht.[105] Das ist aber ein Problem des jeweiligen Prozessrechts. Dem Kostenrecht kann jedenfalls nicht die Aufgabe zukommen, durch eine „weitherzige Auslegung" des § 319 ZPO eine vermeintliche Lücke des Prozessrechts zu schließen.

Zuständigkeit für die nachträgliche Änderung: Zuständig ist nur das Gericht, welches **39** die endgültige Streitwertfestsetzung getroffen oder das Rechtsmittelgericht, wenn das Verfahren wegen der Hauptsache oder wegen der Entscheidung über den Streitwert, den Kostenansatz oder die Kostenfestsetzung in der Rechtsmittelinstanz schwebt.

Das **untere Gericht** kann immer nur seine eigene endgültige Streitwertfestsetzung än- **40** dern. Dabei ist es gleichgültig, ob die Sache noch in derselben Instanz schwebt oder bereits in einer höheren Instanz anhängig ist. Im letzteren Fall darf aber das Rechtsmittelgericht noch keine endgültige Festsetzung des Kostenstreitwerts auch für die untere Instanz vorgenommen, d. h. dessen Entscheidung bereits abgeändert haben.[106] Ist die endgültige Festsetzung schon im Beschwerdeverfahren bestätigt worden, darf es aufgrund neuer Tatsachen den endgültigen Streitwertbeschluss ändern, wobei es aber nicht in Widerspruch zu der Entscheidung des Rechtsmittelgerichts geraten darf. Hat das Rechtsmittelgericht zur Entscheidung über die Zuständigkeit des Gerichts oder die Zulässigkeit eines Rechtsmittels gemäß § 63 den Streitwert festgesetzt, ist diese Festsetzung auch für das untere Gericht grundsätzlich bindend, sofern nicht eine der im § 63 genannten Ausnahmen vorliegt. Eine durch das Rechtsmittelgericht für die untere Instanz erfolgte Festsetzung – gleichgültig ob erstmalig oder auf eine Beschwerde – darf das untere Gericht niemals abändern. Insoweit ist allein das Rechtsmittelgericht zur Abhilfe befugt. Solange aber noch keine Änderungsentscheidung durch das Rechtsmittelgericht ergangen ist, darf das untere Gericht seinen Streitwertfestsetzungsbeschluss ändern, auch wenn die Hauptsache bei dem Rechtsmittelgericht noch anhängig ist.

Das **Rechtsmittelgericht,** auch der entscheidende und der entscheidende oder der vorbe- **41** reitende Einzelrichter nach §§ 526, 527 ZPO,[107] ist für die Abänderung zuständig, wenn es wegen (mindestens eines Teils)[108] der Hauptsache, einer Streitwertbeschwerde oder einer Beschwerde gegen den Kostenansatz oder die Kostenfestsetzung mit der Sache erstmalig oder erneut[109] befasst ist.[110] Zuständig ist also das mit der Sache befasste Berufungs-, Revi-

---

104 So auch OLG Düsseldorf MDR 2001, 1074 = JurBüro 2002, 82.
105 BGH MDR 1977, 925; OLG Stuttgart FamRZ 2002, 679; OLG Köln JurBüro 2007, 34, jeweils m. N.
106 Vgl. OLG Frankfurt aM MDR 1982, 589; *Hartmann* § 63 Rn. 44.
107 OLG Frankfurt aM JurBüro 1991, 1387.
108 VGH Kassel AnwBl. 1988, 180.
109 OVG Saarlouis JurBüro 1994, 240.
110 BGH VersR 1989, 817 m. w. N.; *Hartmann* § 63 Rn. 47; **abw.** *Schneider* MDR 1972, 100; **a. M.** LG Aachen MDR 1990, 63.

sions- und Beschwerdegericht, jedoch nur für den Zeitraum, in dem die Sache in der Rechtsmittelinstanz schwebt.[110] Voraussetzung ist nicht, dass das Rechtsmittelgericht in zulässiger Weise mit dem Rechtsmittel befasst ist. Bei einem unzulässigen Rechtsmittel gibt es keine Änderungsmöglichkeit.[111] Das gilt natürlich erst recht, wenn das Rechtsmittel lediglich zu dem Zweck eingelegt wird, eine Streitwertänderung durch das Rechtsmittelgericht zu erreichen.[112] Wenn das Rechtsmittelgericht lediglich im Prozesskostenhilfeprüfungsverfahren mit der Sache befasst ist, kann es den Streitwertfestsetzungsbeschluss der unteren Instanz allerdings nicht ändern,[113] wohl aber bei Beschwerde im Verfahren zur Festsetzung der Prozesskostenhilfeanwaltskosten.[114] Hat das Rechtsmittelgericht den Streitwertfestsetzungsbeschluss des unteren Gerichts geändert, so darf es diese Entscheidung von Amts wegen oder auf eine Gegenvorstellung der Beteiligten hin auch dann noch ändern, wenn es mit der Sache selbst in der Rechtsmittelinstanz nicht mehr befasst ist. Ebenso wie es seine Streitwertfestsetzung für das Rechtsmittelverfahren auch noch nach dem Abschluss des Rechtsmittelverfahrens innerhalb der Frist des Abs. 3 S. 2 ändern kann,[115] muss es auch seinen hinsichtlich der unteren Instanz erlassenen Änderungsbeschluss ändern können. Denn andernfalls wäre dieser Beschluss unabänderbar, weil ihn das untere Gericht niemals ändern darf.

42 Die **Entscheidung** erfolgt durch Beschluss ohne obligatorische (aber empfehlenswerte) Anhörung der Parteien. Erlässt das Gericht einen endgültigen Streitwertfestsetzungsbeschluss, ohne eine vorhergegangene endgültige Wertfestsetzung zu erwähnen, so ist anzunehmen, dass der spätere Beschluss der maßgebende ist und eine Abänderung des ersten Beschlusses in sich schließt.[116]

§ 64
Schätzung des Wertes

Wird eine Abschätzung durch Sachverständige erforderlich, so ist in dem Beschluss, durch den der Wert festgesetzt wird (§ 63), über die Kosten der Abschätzung zu entscheiden. Diese Kosten können ganz oder teilweise der Partei auferlegt werden, welche die Abschätzung durch Unterlassen der ihr obliegenden Wertangabe, durch unrichtige Angabe des Wertes, durch unbegründetes Bestreiten des angegebenen Wertes oder durch eine unbegründete Beschwerde veranlasst hat.

1 **Allgemeines:** Die dem § 26 a.F. entsprechende Vorschrift bezieht sich nur auf die Wertfestsetzung nach 63 GKG i.V.m. § 3 ZPO und gilt für alle Verfahren, auf die das GKG nach

---

110 BGH RPfleger 1959, 2 (L) und VersR 1989, 817.
111 *Hartmann* § 63 Rn. 49; Lappe § 25 Rn. 17; OVG Bremen KostRspr. § 25 GKG Nr. 65; OLG Hamm RPfleger 1973, 106; OLG Celle JurBüro 1964, 274.
112 BGH NJW 1952, 66.
113 *E. Schneider* MDR 1972, 99; *Hartmann* § 63 Rn. 50.
114 KG JurBüro 1978, 1700; OLG Köln JurBüro 1981, 1011.
115 BGH NJW 1962, 584; OLG Hamm RPfleger 1973, 186.
116 KG RPfleger 1962, 121 (L).

§ 1 anwendbar ist. Sie hat jedoch in anderen Verfahren als solche nach der ZPO, insbesondere im Arbeitsgerichtsverfahren,[1] nur sehr geringe Bedeutung. Die Bestimmung ist in der Sache als Ergänzung der §§ 48 ff. für die Bestimmung des Kostenstreitwerts (§§ 62, 63 Abs. 2) zu verstehen. Da unstrittig auch die nach §§ 62 GKG, 3 Satz 2 ZPO für die Ermittlung des Streitwertes für die sachliche Zuständigkeit des Prozessgerichts oder für die Zulässigkeit eines Rechtsmittels beantragte Beweisaufnahme, von Amts wegen vorgenommene Augenscheinseinnahme oder Begutachtung durch Sachverständige entstandenen Kosten hingegen zu den Prozesskosten zählen, die von den Parteien getragen werden müssen, kann grundsätzlich auch für die entstehenden Kosten nach § 64 nichts anderes gelten. Die Vorschrift ist insoweit unvollständig, als sie nur bestimmt, dass über die Kosten zu entscheiden ist, nicht aber sagt, wer die Kosten zu tragen hat, wenn und soweit sie nicht gemäß S. 2 einer Partei auferlegt werden. Das ist aber auch nicht unbedingt erforderlich. Denn dann, wenn sie nicht ausdrücklich einem anderen Beteiligten als der Staatskasse auferlegt sind, bedeutet das automatisch, dass die Kosten dann dem Staat zur Last fallen müssen, § 1.[2]

Voraussetzungen: Es muss zunächst eine **Abschätzung zum Zwecke der Wertfestset-** **2** **zung nach § 63 Abs. 2** erfolgt sein. Diese Abschätzung muss auch **erforderlich,** d. h. der Wert darf in anderer Weise nicht zuverlässig ermittelbar gewesen sein. Soweit es um die Abschätzung durch Sachverständige geht, wird das nur sehr selten notwendig werden. Sie ist nur geboten, wenn die Angaben der Parteien offensichtlich zu niedrig sind und sie trotz Aufforderung des Gerichts, Anknüpfungstatsachen mitzuteilen und glaubhaft zu machen (§ 61), nicht oder nur unzureichend reagiert haben und auch das Gericht nicht über ausreichende Sachkunde (etwa durch häufige Befassung mit ähnlichen Sachen, keine Spezialzuständigkeit) verfügt.[3] Umgekehrt gilt das auch für den Fall, dass der für die Schätzung des Wertes maßgebenden Behauptungen des Antragstellers sich durch ein Sachverständigengutachten nicht bestätigt haben. Hier ist bei der Schätzung erforderlichenfalls der Sachverständige zu den Tatsachen über die Höhe des Anspruchs ergänzend zu befragen.[4]

§ 64 spricht expressis verbis nur von den Kosten einer Abschätzung durch Sachverständi- **3** ge. Nach § 3 Satz 2 ZPO sind aber auch Beweiserhebungen anderer Art, insbesondere durch Augenschein, möglich. Man wird **§ 64 sinngemäß** auch auf solche Beweisaufnahmen anzuwenden haben, da kein Grund erkennbar ist, andere durch Beweisaufnahmen notwendig gewordene Kosten auszuschließen, wenn dadurch ein kostenträchtiges Sachverständigengutachten vermieden werden kann *(Schluss a maiore ad minus)*[5].

Kosten der Abschätzung sind die durch die Abschätzung verursachten Kosten (Gebühren **4** und Auslagen, § 1), vor allem die an den Sachverständigen nach dem JVEG gezahlte Entschädigung, bei anderen Beweisaufnahmen erforderlich gewordene Zeugenauslagen oder die durch eine Augenscheinseinnahme entstandenen Kosten. Auslagen des Gerichts sind nach KV Teil 9 zu erstatten.

---

1 *Tschischgale* S. 37.
2 So auch *Hartmann* § 64 Rn. 10.
3 Vgl. auch *Hartmann* § 64 Rn. 4.
4 OLG München, Urt. v. 12. 3. 2002 – 27 W 55/02 = NJOZ 2002, 1181.
5 A. M. *Hartmann* § 64 Rn. 4.

5 Die **Entscheidung über die Kosten** ist **zwingend vorgeschrieben.** Satz 2 besagt insoweit nur, dass und wieweit sie auch einer Partei aufgegeben werden können, betrifft also nicht die Kostengrundentscheidung als solche. Für den Fall, dass sie keiner Partei auferlegt werden müssen, ist eine Entscheidung an sich überflüssig, weil die Kosten ohnehin zu Lasten der Staatskasse gehen, so dass der Kostenausspruch dann nur der Klarstellung dient. Wenn ein Fall des S. 2 vorliegt, ist ein Kostenausspruch auch dann zu treffen, wenn die pflichtige Partei Kosten- oder Auslagenfreiheit genießt. Denn in der Sache stellt § 64 auch eine Sanktionsbestimmung wegen schuldhafter Obliegenheitsverletzung der Partei dar. Auch eine kosten- oder auslagenbefreite Partei hat die ihr aufgegebenen Obliegenheiten zu erfüllen.

6 Es trifft zwar zu, dass die Abschätzung durch Sachverständige oder andere Beweiserhebungen grundsätzlich zur Wahrung der (fiskalischen) Interessen der Staatskasse gedacht war.[6] Das ist heute aber nur ein Gesichtspunkt, dessen Gewichtigkeit nicht mehr im Vordergrund steht. Denn auch die Rechtsanwälte können durchaus ein Interesse an einer richtigen und den tatsächlichen Verhältnissen entsprechende Streitwertfestsetzung haben (§ 32 RVG). Des Weiteren dient eine richtige Streitwertfestsetzung am Ende auch den Parteien, welche nach § 3 Satz 2 ZPO i. V. m. § 63 eine Beweisaufnahme über den Kostenstreitwert beantragen können. Zumindest der Antragsgegner kann daran interessiert sein, nicht mit Klagen überzogen zu werden, bei denen er mittelbar auch von einem potenten Gegner einem übermäßigen Kostenrisiko ausgesetzt wird (vgl. auch § 48 Abs. 1 i. V. m. § 3 S. 2 ZPO). Denkbar ist auch, dass die Staatskasse sich an dem Streitwertfestsetzungsverfahren nach § 63 GKG gar nicht beteiligt. Dann aber ist nicht einsichtig, aus welchem Grunde ihr dann aus ihrer Sicht unnötige und oft sehr erhebliche Kosten auferlegt werden.

7 § 64 sagt nämlich nichts weiter, als dass über die Kosten entschieden werden muss und wem sie auferlegt werden können. Das Gericht **kann** die Kosten aber auch ganz oder teilweise einer Partei oder einem Beteiligten auferlegen, S. 2. Partei in diesem Sinne ist z. B. auch der aus eigenem Recht die Wertfestsetzung beantragende Rechtsanwalt (§ 32 RVG). Das bedeutet, dass das Gericht insoweit nach freiem, jedoch pflichtgemäßem Ermessen zu befinden hat.

8 Das Gericht kann die Kosten – oder einen Teil der Kosten – einer Partei, bei Streitgenossen einzelnen von ihnen, aber auch beiden Parteien als Gesamtschuldner oder quotenmäßig auferlegen. Auch den im Streitwertfestsetzungsverfahren nach § 63 aus eigenem Recht Beteiligten (z. B. Rechtsanwälten, § 32 RVG) können die Kosten auferlegt werden,[7] nicht aber dem gesetzlichen Vertreter einer Partei oder ihrem Prozessbevollmächtigten in dieser Eigenschaft, auch wenn ihn ein Verschulden trifft. Dieses ist dann der vertretenen Partei zuzurechnen.[8] Der in die Kosten des Streitwertfestsetzungsverfahrens nach § 63 Verurteilte wird hinsichtlich dieser Kosten Erstschuldner nach § 31 Abs. 2 vor der antragstellenden Partei, § 22 Abs. 1.

---

6 KG JW 1935, 2650; *Schmidt* JurBüro 1965, 515.
7 OLG Nürnberg JurBüro 1968, 242; *Markl* JVBl. 1969, 180.
8 *Hartmann* § 64 Rn. 17.

Voraussetzung der Kostentragungspflicht nach § 64 ist, dass die Partei, der Rechtsan- 9
walt oder auch die Staatskasse, welche die Kostenfestsetzung betreibt, die Abschätzung
veranlasst hat. Dabei ist grundsätzlich kein Verschulden (Verantwortlichkeit i.S.v. § 276
BGB) erforderlich.[9] Es gilt auch hier – wie im GKG allgemein (§ 22) – das Veranlassungs-
prinzip. Auch ein entschuldbarer Irrtum für die Annahme einer Veranlassung kann schon
ausreichen. In der Regel wird aber die Schätzung nach § 64 durch ein vorwerfbares Verhalten einer Partei oder eines Beteiligten veranlasst worden sein.

Die Veranlassung kann erfolgen durch: 10
– *Unterlassen der gebotenen Wertangabe:* Die Partei veranlasst hier die Kosten nach § 64 erst,
  wenn sie zur Wertangabe ausdrücklich und mit Fristsetzung aufgefordert wurde, wozu
  das Gericht nach § 139 ZPO jedenfalls dann gehalten ist, wenn es eine Beweisaufnahme
  vorzunehmen gedenkt.
– *Unrichtige Wertangaben:* Gleichgültig ist dabei, ob die Wertangaben bewusst oder irrtümlich unrichtig waren. Allerdings ist auch hier vorherige Mitteilung nach § 139 ZPO mit
  Fristsetzung geboten.
– *Unbegründetes Bestreiten des angegebenen Wertes:* Auch insoweit kommt es auf ein Verschulden nicht an. Erweist sich das Bestreiten als begründet, kommt die Alternative der „unrichtigen Wertangabe" durch den anderen in Betracht. Dabei ist an die Angaben des
  Antragstellers i.d.R. ein schärferer Maßstab anzulegen als an die des Gegners.[10]
– *Unbegründete Beschwerde:* Auch hier kommt es grundsätzlich nicht darauf an, ob ein Ver-
  schulden des Beschwerdeführers vorliegt oder nicht. Erweist sich die Beschwerde aber
  als begründet, kommt eine Auferlegung nach der Variante „unrichtige Wertangaben" in
  Betracht.

Liegt in den Fällen des S. 2 ein **Verschulden** vor, hat das allerdings eine Auswirkung auf 11
den Ermessensspielraum des Gerichts nach S. 1. Handelt es sich um Vorsatz oder grobe
Fahrlässigkeit oder Nachlässigkeit in der Sphäre einer Partei, wird das Gericht die Kosten
regelmäßig der Partei oder dem Beteiligten aufzuerlegen haben, der sie dann i.S.v. S. 2
veranlasst hat. Das kann z.B. dann der Fall sein, wenn der Prozessgegner die Angaben des
Antragstellers oder Beschwerdeführers bestreitet, obwohl er weiß oder hätte wissen müssen, dass sie objektiv richtig sind.

Auch dann, wenn die Staatskasse kein überwiegendes Interesse an der Beweisaufnahme 12
haben kann, werden die Kosten stets einem anderen Beteiligten aufzuerlegen sein, wobei
dann die Verschuldensfrage keine Rolle spielt, sondern Billigkeitsgesichtspunkte maßgebend sein werden.

Verfahren: Die Entscheidung hat in dem Beschluss – ggf. in einem Abänderungsbeschluss 13
– zu erfolgen, durch den die endgültige Wertfestsetzung nach § 63 ergeht. Ist sie unterblieben, kann eine Berichtigung oder Ergänzung entsprechend §§ 319, 321 ZPO vorgenommen werden.

Zuständig ist das Gericht. Soweit der Rechtspfleger zur Entscheidung nach § 63 Abs. 2 14
über die Wertfestsetzung zuständig ist, hat er auch nach § 64 zu entscheiden.

---

9 VGH Mannheim NVwZ-RR 1991, 670; **a. M.** *Hartmann* § 64 Rn. 11.
10 *Hartmann* § 64 Rn. 14.

15 **Der Beteiligte,** dem die Kosten auferlegt werden sollen, ist – mindestens durch die An-
heimgabe, binnen einer Frist zum Streitwert Stellung zu nehmen – zu hören.[11] Das folgt
schon daraus, dass die Kostenentscheidung auch ohne Antrag ergehen kann (vgl. auch
§ 308 Abs. 2 ZPO).

16 Nach allgemeinen Regeln ist eine mündliche Verhandlung nicht vorgeschrieben, andererseits aber auch nicht verboten.

17 **Rechtsmittel:** Gegen den Beschluss nach § 64 ist die Beschwerde nach § 68 statthaft. Sie ist
entsprechend § 99 Abs. 1 ZPO aber immer nur zusammen mit der endgültigen Wertfestsetzung nach § 63 Abs. 2 statthaft. Hat das Gericht aber nach § 64 isoliert entschieden, ist
gegen einen Beschluss analog §§ 319, 321 ZPO die Beschwerde nach § 66 zulässig und
nicht die sofortige Beschwerde nach §§ 319 Abs. 3, 321 Abs. 2 ZPO. Das folgt aus § 68,
denn die Entscheidung nach § 64 ist nur ein Annex zu der nach § 68. Die Höhe der Kosten
kann mit der Beschwerde aber nicht angegriffen werden.

§ 65
Wertfestsetzung in gerichtlichen Verfahren nach dem Strafvollzugsgesetz, auch in Verbindung mit § 92 des Jugendgerichtsgesetzes

In gerichtlichen Verfahren nach dem Strafvollzugsgesetz, auch in Verbindung mit § 92
des Jugendgerichtsgesetzes, ist der Wert von Amts wegen festzusetzen. § 63 Abs. 3
gilt entsprechend.

1 Die Vorschrift regelt das Verfahren zu § 60, welcher den Wert in gerichtlichen Verfahren
nach dem StVollzG bestimmt.

2 Die **Wertfestsetzung** in Verfahren nach dem StVollzG und § 92 JGG hat **von Amts wegen**
zu erfolgen. Die Entscheidung kann auch von Amts wegen geändert werden (§ 63 Abs. 3
S. 1 analog), und zwar von dem Gericht, das die Wertfestsetzung getroffen hat, sowie
durch das Rechtsmittelgericht, wenn das Verfahren wegen der Hauptsache oder wegen der
Entscheidung über den Kostenansatz in der Rechtsmittelinstanz schwebt. Hauptsache
ist hier das Verfahren nach dem StVollzG bzw. § 92 JGG. Die Änderung ist an eine Frist
von 6 Monaten gebunden, nachdem die Entscheidung in der Hauptsache, also nach dem
StVollzG oder § 92 JGG , Rechtskraft erlangt oder das Verfahren sich anderweitig erledigt
hat (§ 63 Abs. 3 S. 2).

3 Gegen die Wertfestesetzung ist die **Beschwerde** nach § 68 gegeben.

---

11 *Hartmann* § 64 Rn. 5.

Abschnitt 8
Erinnerung und Beschwerde

In diesem Teil des GKG sind jetzt alle im alten Recht in verschiedenen Vorschriften ver- **1**
streut geregelten Rechtsmittel gegen Maßnahmen nach dem GKG zusammengefasst.[1]

Zur Vereinheitlichung der Beschwerdeverfahren in den verschiedenen Kostengesetzen ist **2**
durch die Regelung die weitere Beschwerde, wie sie insbesondere bereits in der Kostenordnung und in § 33 RVG gilt, eingeführt worden. Zum einen soll hierdurch ein gewisser
Ausgleich für die Erhöhung des Beschwerdewerts von 50 € auf 200 € geschaffen werden.
Zum anderen soll die Einführung der weiteren Beschwerde zu einer weiteren Vereinheitlichung der Rechtsprechung beitragen. Außerdem ist klargestellt worden, dass das Landgericht der weiteren Beschwerde gegen seine Entscheidung abhelfen kann, das Oberlandesgericht als Gericht der weiteren Beschwerde entsprechend § 574 Abs. 3 S. 2 ZPO an ihre
Zulassung gebunden und die Nichtzulassung der weiteren Beschwerde unanfechtbar ist.

Wenn das Verfahren vor dem 1. Juli 2004 anhängig geworden und deshalb die Gerichts- **3**
kosten noch nach dem alten Recht abzurechnen sind, ist auch für die Rechtsmittelverfahren nach dem GKG weiterhin das GKG in der bis zum 30. Juni 2004 geltenden Fassung anzuwenden. Die Ausnahme des § 72 Nr. 1 Halbsatz 1 gilt nur für Rechtsmittel in der
Hauptsache, nicht aber für die im GKG geregelten Rechtsbehelfe.[2]

§ 66
Erinnerung gegen den Kostenansatz, Beschwerde

(1) Über Erinnerungen des Kostenschuldners und der Staatskasse gegen den Kostenansatz entscheidet das Gericht, bei dem die Kosten angesetzt sind. Sind die Kosten
bei der Staatsanwaltschaft angesetzt, ist das Gericht des ersten Rechtszugs zuständig.
War das Verfahren im ersten Rechtszug bei mehreren Gerichten anhängig, ist das Gericht, bei dem es zuletzt anhängig war, auch insoweit zuständig, als Kosten bei den
anderen Gerichten angesetzt worden sind. Soweit sich die Erinnerung gegen den Ansatz der Auslagen des erstinstanzlichen Musterverfahrens nach dem Kapitalanleger-
Musterverfahrensgesetz richtet, entscheidet hierüber das für die Durchführung des
Musterverfahrens zuständige Oberlandesgericht.

(2) Gegen die Entscheidung über die Erinnerung findet die Beschwerde statt, wenn
der Wert des Beschwerdegegenstands 200 Euro übersteigt. Die Beschwerde ist auch
zulässig, wenn sie das Gericht, das die angefochtene Entscheidung erlassen hat, wegen der grundsätzlichen Bedeutung der zur Entscheidung stehenden Frage zulässt.

(3) Soweit das Gericht die Beschwerde für zulässig und begründet hält, hat es ihr abzuhelfen; im Übrigen ist die Beschwerde unverzüglich dem Beschwerdegericht vor-

---

1 Zur Neuregelung auch *Schütt* MDR 2005,1150.
2 BGH NJW-RR 2006, 1504 = FamRZ 2006, 1107.

zulegen. Beschwerdegericht ist das nächsthöhere Gericht, in bürgerlichen Rechtsstreitigkeiten der in § 119 Abs. 1 Nr. 1, Abs. 2 und 3 des Gerichtsverfassungsgesetzes
bezeichneten Art das Oberlandesgericht. Eine Beschwerde an einen obersten Gerichtshof des Bundes findet nicht statt. Das Beschwerdegericht ist an die Zulassung
der Beschwerde gebunden; die Nichtzulassung ist unanfechtbar.

(4) Die weitere Beschwerde ist nur zulässig, wenn das Landgericht als Beschwerdegericht entschieden und sie wegen der grundsätzlichen Bedeutung der zur Entscheidung stehenden Frage zugelassen hat. Sie kann nur darauf gestützt werden, dass die
Entscheidung auf einer Verletzung des Rechts beruht; die §§ 546 und 547 der Zivilprozessordnung gelten entsprechend. Über die weitere Beschwerde entscheidet das
Oberlandesgericht. Absatz 3 Satz 1 und 4 gilt entsprechend.

(5) Anträge und Erklärungen können zu Protokoll der Geschäftsstelle abgegeben
oder schriftlich eingereicht werden; die §§ 129a und 130a der Zivilprozessordnung
gelten entsprechend. Für die Bevollmächtigung gelten die Regelungen der für das
zugrunde liegende Verfahren geltenden Verfahrensordnung entsprechend. Die Erinnerung ist bei dem Gericht einzulegen, das für die Entscheidung über die Erinnerung zuständig ist. Die Erinnerung kann auch bei der Staatsanwaltschaft eingelegt
werden, wenn die Kosten bei dieser angesetzt worden sind. Die Beschwerde ist bei
dem Gericht einzulegen, dessen Entscheidung angefochten wird.

(6) Das Gericht entscheidet über die Erinnerung durch eines seiner Mitglieder als
Einzelrichter; dies gilt auch für die Beschwerde, wenn die angefochtene Entscheidung von einem Einzelrichter oder einem Rechtspfleger erlassen wurde. Der Einzelrichter überträgt das Verfahren der Kammer oder dem Senat, wenn die Sache besondere Schwierigkeiten tatsächlicher oder rechtlicher Art aufweist oder die Rechtssache
grundsätzliche Bedeutung hat. Das Gericht entscheidet jedoch immer ohne Mitwirkung ehrenamtlicher Richter. Auf eine erfolgte oder unterlassene Übertragung kann
ein Rechtsmittel nicht gestützt werden.

(7) Erinnerung und Beschwerde haben keine aufschiebende Wirkung. Das Gericht
oder das Beschwerdegericht kann auf Antrag oder von Amts wegen die aufschiebende
Wirkung ganz oder teilweise anordnen; ist nicht der Einzelrichter zur Entscheidung
berufen, entscheidet der Vorsitzende des Gerichts.

(8) Die Verfahren sind gebührenfrei. Kosten werden nicht erstattet.

Übersicht

Allgemeines: Die im Zuge der Neuregelung durch das Rechtsberatungsrecht[1] ergänzte **1** Vorschrift soll die Erinnerung gegen den Kostenansatz und die diesbezügliche Beschwerde für ab dem 1. Juli 2004 anhängig gewordene Verfahren[2] (vgl. vor § 66 Rn. 3) regeln. Sie basiert auf § 5 a. F. Im Vergleich zum alten Recht ist das Beschwerdeverfahren vom Hauptsacheverfahren abgekoppelt, der Beschwerdewert verdoppelt und die Zulassungsbeschwerde und die weitere Beschwerde eingeführt worden. Beschwerderegelungen des Hauptsacheverfahrens sollen auf die Kostenbeschwerde grundsätzlich nicht mehr anwendbar sein.[3] Sinngemäß anwendbar ist die Vorschrift auf den Ansatz von Gerichtsvollzieherkosten (§ 9 GvKostG). Die Vorschrift ist nicht anwendbar auf Erinnerungen gegen die Art und Weise der Zwangsvollstreckung nach § 766 ZPO, auch wenn Gegenstand der Vollstreckung und der Erinnerung Gerichtskosten sind.

Abs. 1 entspricht in redaktionell angepasster Form § 5 Abs. 1 a. F. Sie regelt die sachliche **2** Zuständigkeit für die Erinnerung und für die Beschwerde. Erinnerung und Beschwerde sind die gegen den Kostenansatz vorgesehenen Rechtsbehelfe.[4] Der ordentliche Rechtsweg ist ausgeschlossen.[5] Daneben gibt es selbstverständlich noch die Dienstaufsichtsbeschwer-

---

1 Art. 18 Abs. 1 Nr. 1 G. v. 12. 12. 2007 (BGBl. I, 2858).
2 BGH NJW-RR 2006, 1504 = FamRZ 2006, 11,07.
3 Dazu *Rummel* MDR 2002, 623.
4 BFH RPfleger 1992, 365.
5 BGH NJW 1984, 871 m. w. N.

de, die aber nur das dienstliche Verhalten des Kostenbeamten zum Gegenstand haben kann, während mit Erinnerung und Beschwerde die sachliche Berechtigung des Kostenansatzes verfolgt werden. Die Erinnerung nach § 66 ist auch zu unterscheiden von den Einwendungen im Kostenbeitreibungsverfahren nach §§ 1 Nr. 4, 8 JBeitrO, welche sich nicht gegen den Kostenansatz als solchen richten, sondern den beizutreibenden Anspruch selbst, die Haftung für den Anspruch oder die Verpflichtung zur Duldung der Vollstreckung (z.B.: die Geltendmachung der beschränkten Erbenhaftung) betreffen.[6] Gegen die Art und Weise der Kostenbeitreibung ist nicht die Erinnerung nach § 66, sondern die nach § 766 ZPO gegeben (§ 6 Nr. 1 JBeitrO). Über sie entscheidet das Vollstreckungsgericht (§§ 766, 764, 828 Abs. 2 ZPO).[7] In § 30a EGGVG ist die Anfechtung von Verwaltungsakten, die im Bereich der Justizverwaltung ergehen, durch Antrag auf gerichtliche Entscheidung vorgesehen.[8] Nach §§ 23ff. EGGVG geht das Kostenansatzverfahren nach § 66 dem Verfahren nach §§ 23ff. EGGVG als lex specialis vor.

3 Zulässigkeit der Erinnerung:

4 Die Erinnerung ist an **keine Frist** gebunden, was durch Art. 32 Nr. 1b des ZPO-RG für das alte Recht klargestellt und durch die Neuregelung des Rechtsmittelrechts des GKG nicht geändert worden ist. Sie ist auch noch nach vorbehaltloser Erfüllung der Kostenschuld bis zum Eintritt der Verjährung möglich.[9] Die Erinnerung wird auch nicht allein durch Zeitablauf[10] unzulässig. Eine zeitliche Begrenzung ergibt sich allerdings für die Staatskasse aus § 20, und allgemein aus den Verjährungsvorschriften des § 5[11] sowie aus der Möglichkeit der **Verwirkung** des Erinnerungsrechts. Für die Annahme einer Verwirkung genügt jedoch der bloße Zeitablauf allein nicht. Es müssen vielmehr noch besondere Umstände hinzukommen, welche die Annahme rechtfertigen, der Kostenschuldner werde sein Erinnerungsrecht nicht mehr geltend machen.[12]

5 Weitere Voraussetzung für die Zulässigkeit ist, dass der Erinnerungsführer durch den Kostenansatz **beschwert** ist.[13] Ist der Kostenansatz im Ergebnis richtig, in einzelnen Teilbeträgen aber fehlerhaft, kommt es für die Beurteilung einer Beschwer darauf an, ob nur ein Rechenfehler vorliegt oder ob zu Unrecht eine nicht geschuldete Gebühr oder unzutreffende Auslagen angesetzt oder solche weggelassen wurden. Bei bloßen Rechenfehlern fehlt bei einer im Ergebnis richtigen Kostenrechnung die Beschwer.[14] Eine Beschwer des

6 KG RPfleger 1962, 117 (L).
7 VGH Bad-Würt. DÖV 1974, 538 (L).
8 Vgl. auch §§ 23ff. EGGVG; dazu BGH RPfleger 1974, 305.
9 OLG Karlsruhe Die Justiz 1968, 230; OLG Bremen RPfleger 1957, 270 (L); *Hartmann* § 66 Rn. 15; *Oe/Wi/He* § 66 Rn. 25; a.M. OLG Hamm NJW 1967, 1476 = MDR 1967, 504 = JVBl. 1967, 112 = JMBL-NRW 1967, 216; OLG Bremen JurBüro 1973, 1195.
10 A.M. OLG Köln MDR 1958, 694.
11 KG JW 1933, 1071.
12 Vgl. dazu OLG Frankfurt aM JurBüro 1978, 100 = JZ 1977, 148 (L); OLG Frankfurt aM RPfleger 1977, 261; OLG München MDR 1957, 561; OLG Bamberg RPfleger 1958, 283; *Oe/Wi/He* § 5 Rn. 6; a.M. OLG Hamm NJW 1967, 1476; KG RPfleger 1962, 117 (L), die den bloßen Zeitablauf als ausreichend ansehen wollen; vgl. auch OLG Hamburg RPfleger 1962, 234 (L); OLG Frankfurt aM RPfleger 1965, 182 = JurBüro 1965, 144; *Lappe* § 5 Rn. 5; *Schneider* JurBüro 1965, 505.
13 OLG Düsseldorf JurBüro 1985, 1065 = RPfleger 1985, 255.
14 Vgl. auch *Hartmann* § 66 Rn. 12.

Antragstellers fehlt auch, wenn antragsgemäß eine zu hohe Gebühr gegen den Gegner im Kostenfestsetzungsverfahren festgesetzt wird.[15] In den anderen Fällen ist dagegen trotz des rechnerisch richtigen Ergebnisses eine Beschwer gegeben, weil der Kostenschuldner mit einer zusätzlichen Nachforderung der geschuldeten Gebühr, die Staatskasse aber mit der Rückzahlung der nicht geschuldeten Kosten und/oder der Einrede der Verjährung auf die nicht geschuldeten Kosten rechnen müsste. Wird gegen den Willen des Erstschuldners der Zweitschuldner in Anspruch genommen, so ist er nicht beschwert und deshalb auch nicht erinnerungsberechtigt.

Anders als die Beschwerde ist die Erinnerung nicht von einem Mindestbetrag abhängig. **6**

Unzulässige Erinnerungen können aber häufig in der Sache als **Antrag auf Nichterhe-** **7** **bung** von Kosten wegen unrichtiger Sachbehandlung (§ 21) zu behandeln sein. (Vgl. auch § 21 Rn. 15). So z. B. der Einwand, das Berufungsverfahren wäre nicht notwendig geworden, wenn das Erstgericht dem Kläger nicht Prozesskostenhilfe bewilligt und seiner Klage stattgegeben hätte, oder die Einlassung, das Gericht habe vor dem Abschluss eines Vergleichs nicht auf die Kostenfolgen hingewiesen.[16]

Erinnerungsberechtigung: Erinnerungsberechtigt sind der **Kostenschuldner** und die **8** **Staatskasse.**

Kostenschuldner (§§ 22 ff.) ist derjenige, der in der Kostenrechnung als Schuldner be- **9** zeichnet und zur Zahlung der Kosten aufgefordert worden ist.[17] Letzteres ist deshalb erforderlich, weil die Gerichtskostenrechnung einen Verwaltungsakt darstellt. Einen solchen kann aber grundsätzlich nur derjenige anfechten, der dadurch in seinen Rechten rechtswidrig verletzt worden ist.[18] Das wiederum setzt voraus, dass der Verwaltungsakt Außenwirkung erhalten hat. Unter dieser Voraussetzung steht auch dem als Vermögensübernehmer (§ 419 BGB bis 31. 12. 1998, dazu auch bei § 29 Rn. 27) in Anspruch genommenen Kostenschuldner[19] und dem Rechtsnachfolger des in Anspruch genommenen Kostenschuldners die Erinnerung zu. Erinnerungsberechtigt ist auch der Kostenschuldner, dessen Antrag auf Rückerstattung zuviel gezahlter Kosten abgelehnt wurde oder der gesamtschuldnerisch als Kostenschuldner haftet und in der Kostenrechnung nicht genannt ist.[20] Werden Dritte, etwa infolge Namensverwechslung oder irrtümlich, als Kostenschuldner herangezogen, so sind auch sie erinnerungsberechtigt.[21] So etwa das Vorstandsmitglied eines nicht rechtsfähigen Vereins, wenn es für den Verein aufgetreten ist.[22] Das gilt auch für den Insolvenzverwalter, selbst wenn von ihm Kosten angefordert werden, die weder Massekosten noch Masseschulden sind.[23] Vorher erhobene Erinnerungen können

15 OLG Karlsruhe JurBüro 2001, 315.
16 OLG Karlsruhe RPfleger 1957, 43.
17 BGH RPfleger 1956, 12; BGH Beschl. v. 5. 2. 2004 – IX ZB 67/03; OLG Schleswig JurBüro 1981, 403; **a. M.** OLG Nürnberg JurBüro 1963, 550; BayObLG JurBüro 1975, 492; OLG München JurBüro 1982, 884 m. Anm. v. *Mümmler*; OLG München JurBüro 1990, 357 = MDR 1990, 62; VG Wiesbaden DRiZ 1994, 345, 346.
18 OLG Schleswig JurBüro 1981, 403 = SchlHA 1981, 71.
19 BGH RPfleger 1956, 12; 1959, 1 (L) = JurBüro 1955, 449 (L) = NJW 1955, 1399 (L).
20 OLG München JurBüro 1990, 357.
21 BGH RPfleger 1956, 12.
22 VGH Baden-Württemberg JurBüro 1999, 205.
23 Vgl. LG Dortmund RPfleger 1963, 311.

nur als Antrag oder Anregung des Kostenschuldners angesehen werden, die Kostenrechnung in einer von ihm gewünschten Weise zu erstellen.

10 Die **Staatskasse** ist ebenfalls zur Einlegung der Erinnerung berechtigt.[24] Sie wird nach den einschlägigen Länderbestimmungen, i.d.R. durch den **Bezirksrevisor,** vertreten. Sie soll allerdings nur bei grundsätzlichen Fragen Erinnerung einlegen und im Übrigen den Weg der Anweisung des Kostenbeamten zur Berichtigung wählen.[25] Sie kann sowohl Erinnerung einlegen, wenn ihr der Kostenansatz zu hoch[26] als auch (im eigenen Namen),[27] wenn er ihr zu niedrig erscheint. Denn wegen des Rückzahlungsanspruchs des Kostenschuldners ist sie auch in solchen Fällen beschwert. Der Vertreter der Staatskasse kann die Erinnerung auch schon dann einlegen, wenn der Kostenansatz dem Kostenschuldner noch nicht bekannt gegeben ist.[28]

11 **Anderen Beteiligten** als dem Kostenschuldner und der Staatskasse steht die Erinnerung nicht zu. Demzufolge kann auch eine Einwendung aus dem Mandatsverhältnis des Rechtsanwalts, die eine ausgeurteilte Kostentragungspflicht betrifft, nicht Gegenstand der Erinnerung sein,[29] ganz abgesehen davon, dass es sich auch um eine unzulässige Einwendung gegen die Grundentscheidung handelt. Wird wegen einer Kostenschuld in das Vermögen eines Unbeteiligten, der in der Kostenrechnung als Kostenschuldner nicht benannt oder nicht als Rechtsnachfolger eines genannten Kostenschuldners fungiert, vollstreckt, so kann er Drittwiderspruchsklage nach § 771 ZPO erheben, nicht aber Erinnerung einlegen; wird er aber auf Duldung der Vollstreckung in Anspruch genommen, steht ihm die Erinnerung nach § 8 JBeitrO i.V.m. § 67 offen. Wer in der Kostenrechnung nicht als Kostenschuldner benannt ist, kann auch dann keine Erinnerung erheben, wenn der Kostenschuldner ihn auf Erstattung der Kosten in Anspruch nimmt. Ihm steht, mag er im Kostenfestsetzungsverfahren in Anspruch genommen oder im Wege des Zivilprozesses herangezogen werden, lediglich in jenen Verfahren der Einwand zu, der Kostenschuldner habe eine nicht geschuldete Leistung bewirkt.[30] Wenn er dort mit dem Einwand durchdringt, kann der Kostenschuldner, falls § 5 Abs. 2 dem nicht entgegensteht, im Wege der Erinnerung die Rückvergütung zuviel gezahlter Kosten verlangen. Abzulehnen ist danach auch die Ansicht, der Versicherer, der für den Kostenschuldner unmittelbar an die Staatskasse gezahlt hat, sei erinnerungsberechtigt.[31] Im Wege des Zwangsversteigerungsverfahrens ist der Ersteher des Grundstücks hinsichtlich daraus dem Erlös zu entnehmenden Gerichtskosten nicht Kostenschuldner und daher auch nicht erinnerungs- und beschwerdeberechtigt.[32] Auch eine Aufforderung des Kostenbeamten, zum Zwecke der Gebührenberechnung den Wert des Grundstücks anzugeben, ist nicht mit der Erinnerung anfechtbar.[33] Insoweit mangelt es schon an einem Kostensatz überhaupt, weil eine solche Anfrage

24 LAG Düsseldorf MDR 2007, 370, 27. 9. 2006 – 16 Ta 512/06.
25 Vgl. *Hartmann* § 66 Rn. 7.
26 KG RPfleger 1977, 227; LG Gießen DGVZ 1989, 184.
27 LG Gießen DGVZ 1989, 184; *Hartmann* § 66 Rn. 7.
28 KG JurBüro 2004, 325 m. Anm. v. *D. Meyer.*
29 BGH NJW-RR 1998, 503.
30 BGH JurBüro 1978, 517 = RPfleger 1978, 45; OLG München JurBüro 1979, 122.
31 So aber OLG Düsseldorf VersR 1983, 239; OLG Düsseldorf VersR 1983, 250 = JurBüro 1983, 581 = MDR 1983, 321 und einschränkend *Hartmann* § 66 Rn. 4.
32 LG Krefeld JVBl. 1960, 94.
33 *Lappe* § 5 Rn. 4.

bestenfalls im Rahmen der Ermittlungen der Grundlagen für einen Kostenansatz getätigt wird.

Gegenstand der Erinnerung 12

Mit der Erinnerung ist nur der Kostenansatz nach § 19 zu beanstanden,[34] also nur die Be- **13** hauptung einer Verletzung des Kostenrechts.[35] Einwendungen des Kostenschuldners, aus dem Mandatsverhältnis mit seinem Prozessbevollmächtigten, sind niemals statthaft, selbst dann, wenn der Prozessbevollmächtigte im Innenverhältnis zum Kostenschuldner gar nicht vertretungsberechtigt war[36] (vgl. dazu auch § 22 Rn. 4). Eine Verletzung des Kostenrechts kann auch in der Inanspruchnahme als Kostenschuldner liegen,[37] gleichgültig, ob als Erst- oder Zweitschuldner und/oder ob die Voraussetzungen zur Heranziehung als Zweitschuldner (§ 31 Abs. 2) gegeben ist, ferner die Kostenfreiheit (§ 2), die Art und die Höhe der in Rechnung gestellten Kosten und deren Fälligkeit,[38] des Ausgangs vom richtigen – vom Gericht nach § 63 festgesetzten – Streitwert.[39] So ist z.B. eine Erinnerung des Erstattungsschuldners gegen einen Kostenfestsetzungsbeschluss, die sich ausschließlich gegen die zu seinen Lasten angesetzten Sachverständigenauslagen richtet, als Erinnerung gegen den Kostenansatz auszulegen.[40] Ist die Vergütung des Sachverständigen bereits durch das Gericht nach § 4 JVEG festgesetzt worden, hat das keinen Einfluss auf die Erinnerung gegen den Kostenansatz, mit der eine Partei den Grund oder die Höhe der Sachverständigenentschädigung moniert (vgl. auch KV 9005 Rn. 47).[41] Wird allerdings die Richtigkeit des Streitwerts als solche angegriffen, muss dieser erst nach §§ 63 Abs. 2, 68 vom Gericht festgesetzt werden, so dass eine Erinnerung dann als Antrag auf Festsetzung oder als Beschwerde gegen die Festsetzung des Streitwerts nach § 68 zu behandeln ist[42]. Die Verrechnung (soweit sie nicht die Anordnung eines – weiteren – Vorschusses wegen einer Vorauszahlung betrifft, vgl. § 67 Rn. 10) oder Erstattung[43] von Vorschüssen der Parteien (nicht aber Dritter[44]), die Beachtung der formellen Bestimmungen über den notwendigen Inhalt der KostVfg.,[45] die gegenüber dem Kostenschuldner verbindliche und im Ansatzverfahren überprüfbare[46] Ermessensrichtlinien enthält,[47] und der Anspruch auf Kostenrückerstattung kann ebenfalls Gegenstand der Erinnerung sein, wie auch die Einrede der Verjährung mit der Erinnerung erhoben werden kann, gleichgültig, ob behauptet wird,

---

34 BGH NJW 1992, 1458; OLG Frankfurt a.M., JurBüro 1987, 728.
35 BGH JurBüro 2008, 43 m. w. N.; KG JurBüro 2006, 651 (LS mit Volltextservice).
36 BGH NJW-RR 1998, 503; KG JurBüro 2006, 651 (LS mit Volltextservice); OLG Schleswig SchlHA 1995, 301.
37 BGH Beschl. v. 5. 2. 2004 – IX ZB 67/03 – nicht veröffentlicht (betr. Beschwerdeverfahren gegen einen Zwangsgeldbeschluss).
38 *Hartmann* § 66 Rn. 18.
39 Vgl. *Hartmann* § 66 Rn. 18.
40 OLG Düsseldorf JurBüro 2006, 143 (LS mit Volltextservice).
41 OLG Koblenz JurBüro 2006, 213 (LS mit Volltextservice).
42 OLG Oldenburg JurBüro 1992, 169; *Hartmann* § 66 Rn. 19.
43 Vgl. OLG Düsseldorf JurBüro 1999, 477.
44 Vgl. OLG Köln JurBüro 1999, 260; OLG Nürnberg JurBüro 1964, 269.
45 BGH NJW 1992, 1458; OLG Koblenz RPfleger 1988, 384.
46 KG MDR 2002, 1276; *Oe/Wi/He* § 5 Rn. 27, jeweils m. w. N.
47 KG MDR 2002, 1276; OLG Frankfurt aM JurBüro 2001, 37.

die Kostenforderung sei schon vor oder erst nach dem Kostenansatz verjährt.[48] Die Erinnerung kann auch darauf gestützt werden, dass zu Unrecht eine Nichterhebung von Kosten (§ 21) verweigert oder bewilligt worden sei, oder dass eine Nachforderung von Kosten (§ 20) zu Unrecht erfolgt sei. Aber die bloße **Ankündigung** eines Kostenansatzes ist nicht mit der Erinnerung anfechtbar, weil insoweit noch kein förmlicher Kostenansatz (d. h. eine definitiv erstellte und nach Außen gelangte Kostenrechnung) gegeben ist.[49]

14 Der Einwand des Kostenschuldners, er habe die angesetzten **Gerichtskosten bereits gezahlt**, wendet sich dagegen nicht gegen den Kostenansatz, sondern gegen dessen Vollzug. Gleichwohl ist der Einwand im Wege der Erinnerung geltend zu machen. Das folgt aus § 8 Abs. 1 JBeitrO i. V. m. § 66. Die Zahlung hat der Kostenschuldner aber zu beweisen, die Glaubhaftmachung genügt nicht.[50] Dasselbe gilt, wenn der Kostenschuldner einwendet, die Forderung sei durch Aufrechnung erloschen. Eine Aufrechnung ist nur zulässig, wenn die Gegenforderung anerkannt oder gerichtlich festgestellt worden ist (§ 8 Abs. 1 JBeitrO). Die Aufrechnungserklärung der Justizverwaltung gegenüber Erstattungsansprüchen bei einem Teilfreispruch ist ein nach § 30a EGGVG anfechtbarer Verwaltungsakt.[51] Wegen Einwendungen des Kostenschuldners nach §§ 781, 784 ZPO gilt die Bestimmung des § 8 Abs. 1 JBeitrO. Der Kostenschuldner hat keinen Anspruch darauf, dass der Kostenansatz wegen seines „dauernden Unvermögens" i. S. v. § 10 KostVfg. unterbleibt. Er kann deshalb auch nicht die Verletzung dieser Bestimmung – wie der KostVfg. als solche überhaupt – im Wege der Erinnerung nach § 66 rügen.[52] Die KostVfg. ist nur eine interne Verwaltungsanweisung, die allenfalls mittelbar ein Indiz dafür abgeben kann, ob bei der Kostenfestsetzung grobe Ermessensfehler unterlaufen sind, soweit beim Kostenansatz Ermessensspielraum gegeben ist. Zulässig ist der Einwand, der Kostenbeamte sei unzuständig, aber dann, wenn der Kostenbeamte nicht dem nach Abs. 1 zuständigen Gericht bzw. Staatsanwaltschaft angehört, weil die Zuständigkeit des Kostenbeamten (§ 19) auch die Zuständigkeit des Erinnerungsgerichts begründet. Dass mit der Erinnerung gegen den Kostenansatz nicht die dem Kostenansatz zugrundeliegende gerichtliche Kostenentscheidung angegriffen werden kann, ist selbstverständlich.

15 Auch **Auslagen** können Gegenstand der Erinnerung sein.[53] Der Erinnerungsführer muss dann die Beanstandungen der in Rechnung gestellten Auslagen im Einzelnen darlegen.[54] Die grundsätzliche Notwendigkeit und Zweckmäßigkeit der Auslagen sind im Erinnerungsverfahren aber nicht nachprüfbar,[55] wohl aber deren Höhe (Überzahlung).[56] Die ge-

---

48 Vgl. zum letzten Fall § 8 Abs. 1 JBeitrO.
49 OLG Karlsruhe Die Justiz 1980, 419.
50 OLG München RPfleger 1956, 28 (L).
51 OLG Frankfurt aM JVBl. 1972, 232; OLG Bamberg JurBüro 1977, 1250 und bei *Oe/Wi/He* § 66 Rn. 58.
52 LG Paderborn JurBüro 1979, 565 m. Anm. v. *Mümmler*; *Oe/Wi/He* § 5 Rn. 27; a. M. OLG Frankfurt/Main JurBüro 2001, 37; KG JurBüro 1969, 262 = RPfleger 1969, 101; dazu auch *Lappe* § 5 Rn. 20; *Hartmann* § 66 Rn. 18.
53 BGH NJW 1992, 1458; NJW 2000, 1128.
54 BGH NJW 1992, 1458; OLG Düsseldorf JurBüro 1978, 1847; *Hartmann* § 66 Rn. 20, 21; a. M. OLG Dresden NJW-RR 2001, 862.
55 OLG Koblenz wistra 1986, 121; OLG Düsseldorf AnwBl. 1983, 462; OLG Hamm JVBl. 1961, 220 = RPfleger 1961, 316; KG RPfleger 1964, 288; VG Wiesbaden DRiZ 1994, 345, 346.
56 OLG Dresden NJW-RR 2001, 862; OLG Koblenz VersR 1988, 297; *Hartmann* § 66 Rn. 21.

genteilige Ansicht[57] überzeugt nicht. Sie stützt sich auf eine Entscheidung des BVerfG,[58] welches aber nur ausspricht, dass der Kostenschuldner nur solche Auslagen zu tragen hat, die durch das (Strafermittlungs-)Verfahren entstanden sind, was selbstverständlich im Kostenansatz nachprüfbar sein muss. Die Frage, ob die dem Verfahren zuzurechnenden Auslagen notwendig und/oder zweckmäßig waren, stellt sich überhaupt erst, wenn die Kausalität feststeht. Zweckmäßigkeit und/oder Notwendigkeit können nur im Rahmen des § 21 geprüft werden. Andernfalls würde diese Spezialbestimmung ausgehöhlt werden.

Sind die Auslagen in einem **besonderen Verfahren** festgesetzt worden, an dem die Parteien oder Beschuldigten nicht beteiligt waren und deshalb auch kein Erinnerungs- oder Beschwerderecht haben (z.B. nach § 4 JVEG), kann der Kostenschuldner im Kostenansatzverfahren die insoweit in Ansatz gebrachten Kosten mit der Erinnerung nach § 66 angreifen und die Berechtigung ihres Ansatzes nach Grund und Höhe nachprüfen lassen (vgl. auch KV 9005 Rn. 47).[59] Das gilt auch dann, wenn die Entscheidung in dem besonderen Verfahren für die an diesem Verfahren Beteiligten rechtskräftig ist. Werden die in dem Verfahren nach § 4 JVEG festgesetzten und ausgezahlten Auslagen im Verfahren nach § 66 herabgesetzt, kann die Justizkasse den überhöhten Betrag in angemessener Frist vom Empfänger zurückfordern.[60] Nachprüfbar ist aber auch hier nicht die Zweckmäßigkeit solcher Auslagen, wie z.B. die Notwendigkeit eines auswärtigen Termins,[61] weil das auf eine unzulässige Überprüfung der Grundentscheidung, welche von der Staatskasse nicht angefochten werden kann,[62] oder ein Eindringen in den Regelungsbereich des § 21 hinauslaufen würde. Deshalb ist z.B. der Einwand, die dem Sachverständigen gezahlte Vergütung sei verwirkt, weil er erfolgreich wegen Befangenheit abgelehnt worden ist, zunächst nicht als Rechtmittel gegen den Kostenansatz zu behandeln, sondern als Antrag auf Nichterhebung der Auslagen nach § 21. Erst nach einer Bescheidung des Antrags auf Nichterhebung ist das Beschwerdeverfahren nach § 66 statthaft (vgl. § 21 Rn. 17). Grundsätzlich dem Erinnerungsverfahren zur Prüfung entzogen ist in diesem Zusammenhang aber die Berechtigung einer Prozesskostenhilfebewilligung.[63]   **16**

Wenn mit der Erinnerung bemängelt wird, dass der **Kostenbeamte** einen unrichtigen **Streitwert** zugrunde gelegt habe, ist sie als Antrag auf Festsetzung des Streitwertes nach § 63 zu behandeln und dem zuständigen Prozessgericht zur weiteren Entscheidung zuzuleiten. Das Ansatzverfahren ist bis zur Entscheidung des Gerichts auszusetzen. Liegt aber schon eine **richterliche Streitwertfestsetzung** vor, ist der Kostenbeamte an sie gebunden. Die Erinnerung, ist dann als Gegenvorstellung oder als Beschwerde gem. § 67 zu behandeln[64] und dem zuständigen Gericht vorzulegen. Wenn der Kostenbeamte den Streitwert   **17**

57 Vgl. *Oe/Wi/He* § 66 Rn. 54; unklar insoweit *Hartmann* § 66 Rn. 20.
58 BVerfG NJW 1970, 853 = MDR 1979, 485 = RPfleger 1970, 161.
59 OLG Koblenz JurBüro 2006, 213 (LS mit Volltextservice); OLG Naumburg OLGZ-NL 1998, 288 vgl. auch *Bischof* NJ 1998, 46.
60 Dazu bei *Bischof* NJ 1998, 46.
61 OLG Schleswig RPfleger 1956, 324 (L).
62 Vgl. OLG Köln NJW 1970, 874 = MDR 1970, 348 = RPfleger 1970, 28 = JVBl. 1970, 183.
63 Ganz h.M. vgl. etwa bei *Hartmann* § 66 Rn. 23.
64 OLG Düsseldorf JurBüro 1972, 1021 = RPfleger 1972, 463; OLG Frankfurt JurBüro 1970, 853.

berechnet hat, muss das Gericht, das über die Erinnerung zu befinden hat, diesen nicht übernehmen, § 62.[65]

18 Der Erinnerung entzogen ist auch der Beschluss des Gerichts, mit dem es seine Tätigkeit von der Zahlung eines **Kostenvorschusses** abhängig macht, desgleichen auch die vom Gericht festgesetzte Höhe des Kostenvorschusses (§ 67) und erst recht, wenn die Anordnung einer Vorschussleistung, die nicht aufgrund des GKG, sondern nach anderen Vorschriften erfolgt (dazu bei § 67 Rn. 2).[66] Das gilt auch, wenn der Kostenbeamte den Vorschuss angefordert und/oder dessen Höhe bestimmt hat. Auch dann ist nur die Beschwerde nach § 67 möglich.[67] Allerdings ist der Kostenbeamte befugt, der Beschwerde abzuhelfen. Die Frage, ob ein gezahlter und nicht verbrauchter Auslagenvorschuss auf eine bestehende Gebührenschuld verrechnet werden darf oder ob er an den Einzahler zurückzuzahlen ist, kann nicht zum Gegenstand einer Erinnerung gegen den Kostenansatz gemacht werden.[68] Auch hier handelt es sich in der Sache um ein Problem des § 67.

19 Zuständigkeit

20 Zuständig für die Entscheidung über die Erinnerung gegen den Kostenansatz ist stets **das Gericht, bei dem die Kosten angesetzt sind,**[69] Abs. 1 S. 1. Das kann auch der BGH sein.[70] In Verfahren nach dem KapMuG ist aber immer das Oberlandesgericht zuständig. Die Zuständigkeit für den Kostenansatz ergibt sich aus § 19. War ein Verfahren bei mehreren Gerichten desselben oder eines anderen Zweiges der Gerichtsbarkeit anhängig und sind bei den verschiedenen Gerichten mit der Erinnerung angegriffene Kostenansätze erfolgt, so ist das Gericht, bei dem das Verfahren zuletzt anhängig war, auch zur Entscheidung über sämtliche Kostenansätze zuständig, auch wenn diese bei anderen Gerichten erfolgt sind (Abs. 1 S. 3). Mehrere Gerichte können im Falle der **Verweisung** (§ 4) oder der **Verbindung** mehrerer Verfahren in ein und demselben Rechtszug mit einer Sache befasst gewesen sein. Alle die bei den verschiedenen erstinstanzlichen Gerichten erwachsenen Kosten sind dann so zu behandeln, als wären sie nur bei dem zuletzt befassten Gericht entstanden (§ 4 Abs. 1). Im Fall der **Prozessverbindung** ist das Gericht, bei dem die verbundenen Verfahren anhängig sind, für alle in den verbundenen Verfahren vor und nach der Verbindung angesetzten Kosten zuständig. Im Fall der **Zurückverweisung** an das Gericht der unteren Instanz bildet das weitere Verfahren mit dem früheren Verfahren vor dem unteren Gericht eine Instanz i.S.d. GKG (§ 37), und zwar auch dann, wenn an ein anderes Gericht der unteren Instanz zurückverwiesen wurde. Dieses Gericht ist für die Entscheidung hinsichtlich aller in diesem Rechtszug vor und nach der Zurückverweisung erwachsenen Kosten zuständig. Im Fall der **Prozesstrennung** sind die nach der Trennung zeitlich zuletzt befassten Gerichte zuständig.

21 Die Regelung des Abs. 1 S. 3 gilt nach ihrem Wortlaut nur für die erstinstanzlichen Gerichte. Sollten in einem **Rechtsmittelverfahren verschiedene Gerichte** derselben Instanz

---

65 OLG Düsseldorf RPfleger 1956, 181 (L).
66 OLG Frankfurt aM RPfleger 1973, 63.
67 OLG Stuttgart Die Justiz 1984, 366.
68 OLG Nürnberg JurBüro 1964, 269.
69 OLG Düsseldorf NStZ-RR 1999, 128 L.
70 BGH MDR 2007, 917 = JurBüro 2007, 371 = BeckRS 2007, 00722; BGH NJW-RR 2005, 584; BGH NJW-RR 2006, 1003.

mit einer Sache befasst gewesen sein (vgl. z. B. § 563 Abs. 1 S. 2 ZPO §§ 4, 37), ist nach ihrem Sinn und Zweck die Bestimmung des Abs. 1 S. 3 entsprechend anzuwenden.

Gerichte i. S. d. § 66 sind der Richter des Amtsgerichts oder der Spruchkörper eines Kollegialgerichts/Einzelrichter, deren Kostenbeamter die Kosten angesetzt hat.[71] Beim Kollegialgericht hat das Kollegium die Entscheidung in der Beschlussbesetzung zu treffen. Entscheidet (versehentlich) der Einzelrichter, ohne dass ihm die Entscheidung in der Hauptsache übertragen worden war, muss die Entscheidung auf die Beschwerde hin aufgehoben werden, auch wenn dieser Punkt nicht ausdrücklich gerügt wird.[72] Hat der Einzelrichter entschieden, ist er zuständig. Das gilt auch für den Vorsitzenden der Kammer für Handelssachen oder für Entscheidungen des Vorsitzenden nach §§ 69 Abs. 2, 114 Abs. 2 FGO 80 Abs. 7, 123 Abs. 2 VwGO.[73] Ein **beauftragter oder ersuchter Richter** ist zur Entscheidung niemals zuständig, denn die Entscheidung des Gerichts erfasst auch die Kosten, die bei dem ersuchten Gericht entstanden sind (§ 19 Abs. 1 S. 2). **22**

Sind die Kosten bei einem **Rechtsmittelgericht** angesetzt, ist dieses Gericht für die Entscheidung zuständig. **23**

In Straf- und Ordnungswidrigkeitensachen ist das Gericht des ersten Rechtszuges dann zuständig, wenn dort auch die Kosten angesetzt wurden (§ 19 Abs. 2 S. 3). Wurden hingegen die Kosten bei der **Staatsanwaltschaft** angesetzt, ist zur Entscheidung das Gericht der ersten Instanz nur dann zuständig, wenn und soweit der Kostenbeamte der Staatsanwaltschaft der Erinnerung nicht abgeholfen hat (arg. Abs. 3 S. 2). Das gilt auch für Einwendungen eines Verurteilten gegen den Ansatz von Sachverständigenkosten (Auslagen der Staatskasse) nach § 454 Abs. 2 Nr. 2 StPO.[74] Als Gericht der ersten Instanz ist das Gericht gemeint, das für die Eröffnung des Hauptverfahrens zuständig gewesen wäre. Die Vorschriften der §§ 467a Abs. 1 S. 1 (Hs. 1) StPO, 9 Abs. 1 StrEG sind im Zweifel entsprechend anzuwenden. **24**

Streitig ist, ob über die Erinnerung nach Abs. 1 der **Rechtspfleger** als Gericht i. S. d. Abs. 1 zu entscheiden hat, wenn sich der Kostenansatz auf ein Verfahren bezieht, das dem Rechtspfleger übertragen ist.[75] Die Frage ist zu bejahen. Denn nach § 4 RPflG hat der Rechtspfleger alle Maßnahmen der ihm übertragenen Sache zu treffen, wozu auch das auf das Hauptsacheverfahren bezogene Kostenansatzverfahren gehört. Gegen die Entscheidung des Rechtspflegers ist dann die Durchgriffserinnerung zulässig. Das dagegen vorgebrachte Zweckmäßigkeitsargument, wonach letztlich doch der Richter entscheiden müsse, überzeugt nicht. Denn erfahrungsgemäß erledigen sich ein großer Teil der Einwände gegen den Kostenansatz schon im Erinnerungsverfahren. **25**

---

71 OLG Karlsruhe RPfleger 1991, 338.
72 OLG Schleswig JurBüro 1996, 42 = AnwBl. 1997, 50.
73 Vgl. *Hartmann* § 66 Rn. 24.
74 BGH NJW 2000, 1128 = JurBüro 2000, 542.
75 **Bejahend:** BayObLG RPfleger 1974, 391 = JurBüro 1975, 1975, 46; OLG Frankfurt aM JurBüro 1977, 844; OLG Hamm RPfleger 1978, 37; KG JurBüro 1987, 406; LG Main RPfleger 1984, 80; LG München II RPfleger 1973, 15; *Hartmann* § 66 Rn. 24; *Lappe* § 5 Rn. 11, 15. **Verneinend:** OLG Celle NdsRPfl. 1974, 136; LG Essen JVBl. 1971, 191; LG Berlin JurBüro 1977, 533 m. abl. Anm. von *Mümmler*; LG Koblenz RPfleger 1984, 435 m. abl. Anm. v. *Meyer-Stolte*; *Oe/Wi/He* § 5 Rn. 45.

26 Das Erinnerungsverfahren

27 Der **Kostenbeamte** kann der Erinnerung durch Änderung des Kostenansatzes ganz oder teilweise **abhelfen.** Soweit er nicht abhilft, hat er die Akten dem Vertreter der Staatskasse aufgrund der §§ 35, 45 KostVfg. zuzuleiten, welcher die Vorlage der Akten an das Gericht veranlasst, wenn er nicht eine Änderung des Kostenansatzes im Verwaltungswege für angebracht hält.

28 Der **Kostenbeamte** kann den Kostenansatz, gleichgültig, ob und von wem Erinnerung eingelegt worden ist, von Amts wegen auch zum **Nachteil des Kostenschuldners ändern,** solange noch keine gerichtliche Entscheidung getroffen (§ 19 Abs. 5 S. 1) und die Frist des § 20 noch nicht abgelaufen oder Verjährung (§ 5) noch nicht eingetreten ist.[76] Eine Anhörung des Kostenschuldners ist in solchen Fällen nicht erforderlich. Wenn der Kostenbeamte der Erinnerung nicht vollständig stattgibt und sogar auf die Erinnerung den Kostenansatz zum Nachteil des Kostenschuldners ändert, hat er die Erinnerung dem Gericht zur Entscheidung vorzulegen. Selbstverständlich ist der Kostenbeamte bzw. das Gericht gehalten, vorhandene Unstimmigkeiten abzuklären, z.B. den Sachverständigen um Erläuterungen seiner Kostenrechnung zu ersuchen, wenn diese vom Kostenschuldner beanstandet wird. Der dafür erforderliche Aufwand ist dem Sachverständigen nicht besonders zu vergüten.[77]

29 Das Beschwerdeverfahren

30 **Abs. 2** regelt das sich an die Erinnerung anschließende Beschwerdeverfahren, nämlich, in welchen Fällen eine Beschwerde grundsätzlich zulässig bzw. statthaft ist. Dieses Verfahren ist durch das KostRModG völlig neu und unabhängig vom Verfahren der Hauptsache geregelt worden.

31 **Beschwerdewert: Abs. 2 S. 1** legt zunächst den grundsätzlich für die Zulässigkeit der Beschwerde vorauszusetzenden Wert des Beschwerdegegenstands auf mindestens 200,01 € fest. Der in Anlehnung an den bereits in § 146 Abs. 3 der Verwaltungsgerichtsordnung (VwGO) normierten Wert von mehr als 200 € soll zu einer spürbaren Entlastung der Gerichte führen. Bei einem Beschwerdewert bis zur Wertgrenze von 200 € wird in den meisten Fällen eine richterliche Entscheidung ausreichen. Denn die Beschwerdegerichte sollen von Bagatellstreitigkeiten über Kosten freigehalten werden.[78] Die Beschwerdesumme kann nicht durch nachträgliche Erweiterungen der Anträge in der Beschwerdeinstanz geschaffen werden.[79] Im Erinnerungsverfahren entstandene Unkosten sind dem Beschwerdewert nicht hinzuzurechnen.[80] Bei teilweiser Abhilfe im Erinnerungsverfahren ist die Beschwerdesumme der Betrag, durch den der Beschwerdeführer trotz Abänderung durch den ursprünglichen Kostenansatz noch beschwert bleibt.[81] Das gilt selbst dann, wenn die

---

[76] OLG Düsseldorf MDR 1959, 50.
[77] OLG Koblenz JurBüro 2007, 95 (LS mit Volltextservice).
[78] OLG Schleswig JurBüro 1987, 1695.
[79] BFH NJW 1963, 368 und NJW 1965, 2424; OLG Bamberg JVBl. 1962, 190 = JurBüro 1962, 428.
[80] OLG Frankfurt aM NJW 1964, 2167 = JurBüro 1964, 815 = RPfleger 1965, 162 (L); OLG Hamm JurBüro 1970, 47.
[81] OLG Hamm JurBüro 1970, 47 m. zust. Anm. v. *Schneider* = JVBl. 1970, 34; *Schneider* JurBüro 1975, 1424; *Oe/Wi/He* 66 Rn. 79; *Hartmann* § 66 Rn. 32; *Lappe* § 5 Rn. 16.

nicht mehr mit der Beschwerde angreifbare Entscheidung wegen greifbarer Gesetzwidrigkeit verfehlt ist.[82] Wenn mehrere Parteien selbständige Beschwerden einlegen, werden die Werte nicht addiert. Die Zulässigkeit ist vielmehr für jede Beschwerde besonders zu prüfen. Richtet sich die Beschwerde indessen gegen die Anordnung von Vorschüssen, so ist gemäß der Spezialvorschrift des § 67 ausnahmsweise eine Beschwerdesumme nicht erforderlich.

Abs. 2 S. 2 gibt dem Gericht, das die angefochtene Entscheidung erlassen hat, die Möglichkeit, die Beschwerde bei Beschwerdewerten von bis zu 200 € wegen der grundsätzlichen Bedeutung der zur Entscheidung stehenden Frage zuzulassen. Die Zulassung bzw. Nichtzulassung der Beschwerde muss bereits in der angefochtenen Entscheidung ausgesprochen werden. Später – etwa nach Einlegung und Begründung der Beschwerde – kann sie – abgesehen von der Möglichkeit einer Berichtigung analog § 319 ZPO[83] – nicht mehr nachgeholt werden. Das Gesetz ist insoweit eindeutig.[84] Mit Einführung der Zulassungsbeschwerde wird – auch zum Ausgleich für die Anhebung des Beschwerdewerts auf 200 € nach S. 1 – bezweckt, Fragen von grundsätzlicher kostenrechtlicher Bedeutung in jedem Fall einer Überprüfung durch das Beschwerdegericht zugänglich machen zu können. Auf diese Weise sollen die Einheitlichkeit der Rechtsprechung und die Rechtsfortbildung auf dem Gebiet des Kostenrechts entscheidend gestärkt werden. **32**

Wird die Entscheidung über die Erinnerung durch den **Rechtspfleger** getroffen und liegt der Beschwerdewert nicht über 200 €, so ist zunächst der Rechtspfleger zur Entscheidung über die Zulassung der Beschwerde berufen. Für den Fall der Nichtzulassung ist gegen die Entscheidung des Rechtspflegers die befristete Erinnerung nach § 11 Abs. 2 des Rechtspflegergesetzes (RPflG) gegeben. Der Richter hat dann im Rahmen dieses Erinnerungsverfahrens erneut über die Zulassung der Beschwerde zu entscheiden. **33**

Voraussetzungen der Zulassung: Wie auch im allgemeinen Prozessrecht (z. B. § 511 ZPO) ist eine Zulassung der Beschwerde gegen die Entscheidung über die Erinnerung dann geboten, wenn die für die zu entscheidende Sache entscheidungserhebliche Frage des Kostenrechts bisher obergerichtlich noch nicht entschieden ist oder aber über den zu entscheidenden Einzelfall hinaus bedeutsam ist. Die Auswirkungen der Entscheidung müssen sich mithin auf eine unbestimmte Anzahl von Fällen erstrecken und nicht nur auf tatsächlichem Gebiet liegen. Ob und wieweit das Gericht eine Beschwerde gegen die Erinnerung zulässt, steht im freien Ermessen des Gerichts. Die Ermessensausübung ist lediglich durch das Willkürverbot begrenzt. **34**

Die Beschwerde gegen die Erinnerungsentscheidung (Abs. 2) **35**

Zuständiges Beschwerdegericht: Die Beschwerde ist grundsätzlich bei dem Gericht einzulegen, das über die Erinnerung zu entscheiden hatte. Welches Gericht für diese Entscheidung zuständig ist, ist im Abs. 1 abschließend geregelt. Die Beschwerde ist somit grundsätzlich bei dem Gericht einzulegen, dessen Entscheidung angefochten wird. Die **36**

---

82 OLG Schleswig JurBüro 1988, 39; **a. M.** OVG Münster NJW 1972, 118. **Unentschieden** insoweit BAG NZA 1997, 512.
83 BGH NJW 2004, 2389 = MDR 2004, 1073 = VersR 2004, 1625 (für die Zulassung der Berufung); *Binz-Zimmermann* § 66 Rn. 51.
84 *Hartmann* § 66 Rn. 33; *Binz-Zimmermann* § 66 Rn. 51.

Neuerung, dass bei der Staatsanwaltschaft Erinnerung eingelegt werden kann, wenn die Kosten bei dieser angesetzt worden sind, entlastet die Gerichte. Hilft die Staatsanwaltschaft der Erinnerung ab, wird das Gericht mit der Sache nicht befasst.

37 Uneingeschränkt **zulässig** ist die Beschwerde gegen die Erinnerungsentscheidung, wenn der Wert des Beschwerdegegenstandes 200 € übersteigt. Ansonsten ist die Beschwerde nur zulässig, wenn das Gericht, das die angefochtene Entscheidung erlassen hat, die Beschwerde wegen der grundsätzlichen Bedeutung der Sache zugelassen hat.

38 Wann und wieweit die **Zulassung** geboten ist, prüft das Gericht nach pflichtgemäßem Ermessen, das nur durch das Willkürverbot begrenzt ist. Grundsätzlich hat es dabei aber die für die Zulassung in allgemeinen Rechtsmittelverfahren (z.B. § 511 ZPO) entwickelten Richtlinien zu beachten. Danach ist eine Zulassung geboten, wenn die für die vorliegende Sache entscheidungserhebliche Rechtsfrage bisher obergerichtlich oder durch das übergeordnete Beschwerdegericht nicht geklärt und über den zu entscheidenden Einzelfall hinaus bedeutsam ist. Das ist dann der Fall, wenn die zu klärende Frage eine unbestimmte Vielzahl von Fällen betrifft und nicht nur auf tatsächlichem Gebiet liegt. Die Zulassung ist für das Beschwerdegericht bindend. Für die Parteien ist die Zulassungs- oder Nichtzulassung **unanfechtbar**. Die Nichtzulassungsbeschwerde ist ausdrücklich ausgeschlossen, wodurch die Komplikation der Zulassungsbeschwerde auf dem kostenmäßigen „Nebenkriegsschauplatz des Verfahrens"[85] in Grenzen gehalten wird.

39 **Beschwerdeberechtigt** sind auch hier der Kostenschuldner und die Staatskasse. Letztere jedoch auch nur, wenn und soweit sie durch die angefochtene Entscheidung beschwert ist.[86] Die Beschwer besteht in dem Betrag, um den nach dem Antrag des Beschwerdeführers eine Erhöhung oder Minderung des Kostenansatzes gegenüber der angefochtenen Entscheidung des Gerichts erfolgen soll. Wer gegen den Kostenansatz keine Erinnerung eingelegt hat, kann Beschwerde nur erheben, wenn das Gericht in seiner Entscheidung den ursprünglichen Kostenansatz zu seinen Ungunsten abgeändert hat. Die Beschwerde kann auf neue Tatsachen gestützt werden. Eine Antragserweiterung über den Gegenstand des Erinnerungsverfahrens hinaus ist im Beschwerdeverfahren nicht ausgeschlossen.[87] Sie kann aber nicht dazu dienen, einen nicht gegebenen Beschwerdewert zu erreichen. Die Antragserweiterung setzt eine zulässige sofortige Beschwerde voraus. Andererseits ist auch eine Anschlussbeschwerde nicht ausgeschlossen.[88]

40 **Das Verfahren des Gerichts für die Prüfung und Bescheidung der Beschwerde (Abs. 3).**

41 **Abs. 3 S. 1:** Hs. 1 entspricht inhaltlich § 5 Abs. 4 S. 1 a.F. Durch Hs. 2 wird nur klargestellt, dass auch in den Fällen, in denen durch eine Teilabhilfe der Wert des verbleibenden Beschwerdegegenstands 200 € nicht übersteigt, der Vorgang dem Beschwerdegericht zur Entscheidung über den restlichen Teil der Beschwerde vorzulegen ist, ohne dass es hier einer gesonderten Zulassung der Beschwerde bedarf.

---

85 *So Hartmann* § 66 Rn. 33.
86 LAG Düsseldorf MDR 2007, 370.
87 **A.M.** OLG Hamm JurBüro 1966, 1973.
88 *Kirchner* NJW 1976, 592; *Schneider* JurBüro 1974, 1362 m.w.N.

Das Gericht, dessen Erinnerungsentscheidung angegriffen worden ist, kann der Beschwerde ganz oder z. T. **abhelfen.** Dem **Beschwerdegegner** ist vor einer Abhilfe **rechtliches Gehör** zu gewähren,[89] soweit eine für ihn nachteilige Entscheidung beabsichtigt ist.[90] Hat das Erinnerungsgericht teilweise abgeholfen, kann sich der Beschwerdewert ändern, so dass die Zulässigkeit des weiteren Verfahrens entfällt.

Abs. 3 S. 2 regelt zur Vereinfachung des kostenrechtlichen Verfahrens, dass unabhängig **42** vom Instanzenzug der Hauptsache als Beschwerdegericht grundsätzlich das allgemein dem erkennenden Gericht übergeordnete Gericht anzusehen ist. Für die Entscheidung über eine Beschwerde gegen den Kostenansatz für ein Berufungsverfahren beim Landgericht ist also das Oberlandesgericht zuständig.[91] In Verfahren vor den ordentlichen Gerichten ist hinsichtlich des Amtsgerichts ohne Rücksicht auf den Instanzenzug in der Hauptsache grundsätzlich das Landgericht als Beschwerdegericht anzusehen. Im strafrechtlichen Adhäsionsverfahren (§§ 303 ff. StPO) ist stets das OLG zuständig.[92] Da das Beschwerdegericht sich ausschließlich mit kostenrechtlichen Fragen zu befassen hat, ist eine Anbindung an den Instanzenzug der Hauptsache nicht zwingend geboten. Hintergrund der Regelung ist das Ziel, das Beschwerdeverfahren unabhängig vom Beschwerdeverfahren in der Hauptsache auszugestalten, da Bezugnahmen auf die Vorschriften des Hauptsacheverfahrens wegen ihrer allgemeinen Fassung im Kostenrecht in der Vergangenheit nicht selten zu Zweifeln über den Umfang der Verweisung und damit zu Auslegungskontroversen geführt haben. In der Mehrzahl der Verfahren ist das nächsthöhere Gericht auch in der Hauptsache Rechtsmittelgericht.

Wenn das **Oberlandesgericht** nach § 119 Abs. 1 Nr. 1, Abs. 2 und 3 GVG für die Entscheidung **43** über Rechtsmittel gegen Entscheidungen der Amtsgerichte zuständig ist, hat wegen des häufig engen Sachzusammenhangs zwischen Hauptsache und der Kostenproblematik auch über die Beschwerde nach Abs. 2 das Oberlandesgericht zu entscheiden. Der BGH ist insoweit niemals zuständig.[93] Um auch insoweit die Einheitlichkeit der Rechtsprechung zur Fortbildung des Rechts zu fördern, soll – anders als im alten Recht – unter den Voraussetzungen des Abs. 2 die Beschwerde auch dann zulässig sein, wenn die Kosten bei dem Rechtsmittelgericht angesetzt worden sind.

Abs. 3 S. 3 entspricht § 5 Abs. 2 S. 3 a. F. Es handelt sich um eine bloße Klarstellung, dass **44** eine Beschwerde an einen **obersten Gerichtshof des Bundes** unzulässig ist.[94] Das bedeutet auch, dass das „nächsthöhere Gericht" in diesem Sinne niemals der BGH sein kann.[95] Das war in der Vergangenheit niemals ernsthaft streitig gewesen. Oberste Gerichtshöfe des Bundes sind der BGH, das BAG, das BVerwG, das BSG und der BGH (Art. 95 GG). Demzufolge gibt es keine Beschwerden nach § 67 gegen Entscheidungen des OLG, OVG, VGH und LAG. Sonderregelungen in einzelnen Verfahrensordnungen sind jedoch zu beachten (z. B. §§ 190, 192 VwGO).

---

89 *Müller* NJW 1960, 21; *Ulbrich/Müller* NJW 1960, 709.
90 BVerfGE 34, 346.
91 OLG Koblenz JurBüro 2008, 254; OLG Hamm JurBüro 2007, 212 (LS mit Volltextservice); OLG Celle OLGR 2006, 270; *Onderka* RGS 2006, 246, 247; *Oe/Wi/He* § 66 Rn. 89.
92 ThürOLG JurBüro 2005, 479; *Oe/Wi/He* § 66 Rn. 12.
93 BGH Beschl. v. 10. 7. 2007 – VIII ZB 27/07 –.
94 BGH BGH-Report 2002, 750; BGH MDR 2004, 355; vgl. BGH NJW 1967, 346.
95 BGH MDR 2007, 1285 = NJW-RR 2008, 151.

45 **Abs. 3 S. 4** regelt entsprechend § 574 Abs. 3 S. 2 ZPO, dass das Beschwerdegericht an die Zulassung der Beschwerde gebunden ist. Die Nichtzulassung ist dagegen einer Anfechtung entzogen. Dies erscheint vor dem Hintergrund vertretbar, dass es der Zulassung der Beschwerde nur bei einem Wert des Beschwerdegenstands von höchstens 200 € bedarf.

46 **Die weitere Beschwerde (Abs. 4)**

47 Gegen die Entscheidung des Gerichts über die Beschwerde gegen die Erinnerung nach Abs. 3 ist in eingeschränktem Umfang die weitere Beschwerde nach Abs. 4 zulässig. Sie ist gleichfalls unbefristet. Allerdings kann in einzelnen Fällen Verwirkung eintreten (vgl. oben Rn. 3). Die weitere Beschwerde ist aber nur zulässig, wenn
– das **Landgericht** als Beschwerdegericht entschieden hat **und**
– es die weitere Beschwerde wegen der grundsätzlichen Bedeutung der zu entscheidenden Frage **zugelassen** hat.

Die beiden Voraussetzungen müssen kumulativ gegeben sein.

48 Die weitere Beschwerde kann nur auf die eine Rechtsverletzung gestützt werden Insoweit sind die §§ 546, 547 ZPO entsprechend anzuwenden (Abs. 4 S. 2). Auf die einschlägigen Kommentare zur ZPO wird insoweit verwiesen.

49 **Zuständig** für die Entscheidung der weiteren Beschwerde ist stets das Oberlandesgericht (Abs. 4 S. 3) Das oben Rn. 23, 27 Gesagte gilt entsprechend.

50 **Die Einlegung der Erinnerung und Beschwerde (Abs. 5)**

51 Abs. 5 entspricht inhaltlich dem § 5 Abs. 3 a.F. In S. 1 werden nur noch „Anträge und Erklärungen" genannt, weil unter diese Begriffe ebenso wie bei § 129a Abs. 1 ZPO „jede wie immer geartete Äußerung" fällt, die ein Verfahrensbeteiligter abgeben will oder muss[96] und damit auch Erinnerungen und Beschwerden erfasst werden.

52 Die Erinnerung kann **schriftlich oder zu Protokoll der Geschäftsstelle** eingelegt werden (Abs. 5 S. 1), wobei die Mitwirkung eines Prozessbevollmächtigten nicht erforderlich ist, auch wenn das zugrundeliegende Verfahren dem Anwaltszwang unterliegt.[97] Das gilt auch für die Erinnerung beim Rechtsmittelgericht sowie bei einem obersten Bundesgericht (BGH, BVerwG, BFH, BSG). Dass ein Rechtsanwalt im Rahmen seiner Prozessvollmacht für den Kostenschuldner Erinnerung einlegen kann,[98] ist selbstverständlich, genauso wie der Kostenschuldner sich auch nach allgemeinen Regeln vertreten lassen kann.[99] Dann aber ist die Vertretungsmacht nachzuweisen (je nach Verfahrensart).[100] Das gilt auch für das Beschwerdeverfahren, so dass die der Einlegung folgenden Erklärungen, Gegenerklärungen sowie die Rücknahme der Beschwerde ebenfalls schriftlich oder zu Protokoll der Geschäftsstelle erklärt werden können. Selbst dann, wenn das Beschwerdegericht eine mündliche Verhandlung anordnet, herrscht kein Anwaltszwang.

---

96 *B-L-A-H* § 129a Rn. 5.
97 SächsOVG JurBüro 1998, 94.
98 OLG Stuttgart JurBüro 1975, 1102.
99 BGH RPfleger 1992, 365.
100 BGH RPfleger 1992, 365; *Hartmann* § 66 Rn. 5.

Die Bezeichnung als Erinnerung ist nicht notwendig, aber zweckmäßig. Ebenso wenig **53** schadet eine falsche Bezeichnung, z. B. als Beschwerde.[101] Es genügt, wenn aus der Erklärung mit hinreichender Sicherheit zu entnehmen ist, dass der Kostenansatz bemängelt wird.

Die Erinnerung ist bei dem Gericht einzulegen, das für die Entscheidung über die Erinne- **54** rung zuständig ist, Abs. 5 S. 2. Die Beschwerde hingegen soll bei dem Gericht eingelegt werden, dessen Entscheidung angefochten wird, Abs. 5 S. 4. Von der Einführung einer Regelung, die es möglich machen würde, die Beschwerde rechtswirksam auch beim Beschwerdegericht einzulegen, ist abgesehen worden. Die Akten wären nämlich in jedem Fall sogleich dem Gericht zuzuleiten, das die mit der Beschwerde angefochtene Entscheidung erlassen hat, weil es im Fall der zulässigen und begründeten Beschwerde zur Abhilfe befugt und verpflichtet ist. Es reicht demzufolge, dass das Beschwerdegericht – zweckmäßigerweise unter Erteilung einer Abgabenachricht an den Beschwerdeführer – die Beschwerde dem zuständigen Gericht weiterleitet. Die Erinnerung und die Beschwerde sind nicht fristgebunden. Die Mitwirkung eines Bevollmächtigten bei der Einlegung der Beschwerde ist nicht erforderlich. Diesbezügliche ausdrückliche Regelungen, wie sie in § 3 Abs. 3 a. F. und § 5 Abs. 5 a. F. enthalten waren, sind wegen der vorgesehenen verfahrensrechtlichen Unabhängigkeit der kostenrechtlichen Erinnerung und Beschwerde entbehrlich.

Entscheidungszuständigkeit über die Erinnerung und Beschwerde (Abs. 6) **55**

Grundsätzlich hat im Erinnerungsverfahren der **originäre Einzelrichter** zu entscheiden, **56** ohne dass es einer ausdrücklichen Übertragung bedarf. Die Grundsätze des § 348 Abs. 1 S. 1 ZPO gelten entsprechend. Das gilt auch für die Entscheidung über die Beschwerde, wenn die angefochtene Entscheidung von einem Einzelrichter oder vom Rechtspfleger erlassen wurde. Im Umkehrschluss bedeutet das aber, dass dann, wenn die angefochtene Entscheidung von einem Kollegialgericht stammt, auch die Kammer (des Landgerichts) oder der Senat (des OLG/KG) als Kollegialgericht zu entscheiden hat.[102] Mit Einverständnis der Parteien ist aber auch in diesen Fällen entsprechend § 527 Abs. 4 ZPO eine Entscheidung durch den Einzelrichter möglich. Ist jedoch bei dem Gericht der Einzelrichter institutionell nicht vorgesehen (z. B. beim BGH), hat stets das Kollegialgericht (der Senat) zu entscheiden.[103]

Nach Abs. 5 S. 2 hat der originäre Einzelrichter das Verfahren der Kammer oder dem Senat **57** zu übertragen, wenn die Sache besondere Schwierigkeiten tatsächlicher oder rechtlicher Art aufweist oder wenn die Rechtssache grundsätzliche Bedeutung hat. Die Grundsätze des § 348 Abs. 3 S. 1 Nr. 1–2 ZPO gelten hier entsprechend.

Die Beschwerde soll begründet werden. Hat sich der Beschwerdeführer bei der Einlegung **58** der Beschwerde vorbehalten, diese zu begründen, hat das Gericht, bei dem die Beschwerde einzulegen ist, dem Beschwerdeführer eine Frist zur Begründung zu setzen. Zumindest muss es eine angemessene Frist bis zum Eingang der Beschwerde abwarten. Entscheidet das Gericht vorher, versagt es dem Beschwerdeführer das rechtliche Gehör im Erinnerungsabhilfeverfahren.[104]

---

101 OLG Celle JurBüro 1965, 640 = NdsRPfl. 1965, 47.
102 So wohl auch *Oe/Wi/He* § 66 Rn. 88.
103 BGH NJW-RR 2005, 584 = MDR 2005, 597 m. abl. Anm. v. *Fölsch.*
104 BVerfG RPfleger 1958, 261; OLG Nürnberg JurBüro 1961, 623.

59 Auch das **Beschwerdegericht** hat dem Gegner rechtliches Gehör zu gewähren, bevor es eine Entscheidung zu seinem Nachteil trifft. Die Verletzung rechtlichen Gehörs macht aber eine an sich unstatthafte Beschwerde nicht statthaft.[105]

60 Die **Entscheidung des Beschwerdegerichts** ergeht durch **Beschluss** bei freigestellter mündlicher Verhandlung. Es entscheidet das Gericht in der Beschlussbesetzung. Das ist jetzt durch Abs. 5 S. 3 ausdrücklich kaltgestellt, wonach die Mitwirkung ehrenamtlicher Richter nicht in Betracht kommt. Die gegenteilige Ansicht zum früheren Recht ist überholt.[106] Der Beschluss ist grundsätzlich zu begründen und den Beschwerdebeteiligten formlos mitzuteilen.

61 Bei seiner Entscheidung ist das Beschwerdegericht **an die Anträge** des Beschwerdeführers gebunden und darf darüber nicht hinausgehen (ne ultra petita). Im Rahmen der Anträge hat es aber den Sachverhalt **von Amts wegen aufzuklären.**[107] Soweit das Beschwerdegericht der Beschwerde stattgibt, hat es die angefochtene Entscheidung aufzuheben und selbst zu entscheiden oder dahin abzuändern, dass der Kostenbeamte angewiesen wird, seinen Kostenansatz entsprechend zu berichtigen.

62 Abs. 5 S. 4 schließt ein Rechtsmittel aus, das darauf gestützt wird, dass eine Übertragung auf den Einzelrichter erfolgt oder unterlassen wurde.

63 Auch eine **Rechtsbeschwerde** ist in keinem Fall zulässig (vgl. Rn. 44).[108] Wird eine solche gleichwohl zugelassen, ist sie als unstatthaft zurückzuweisen.[109] Gegenvorstellungen sind hingegen grundsätzlich möglich.[110] Allerdings ist nach dem Vorliegen einer nicht mehr anfechtbaren Beschwerdeentscheidung eine weitere „Erinnerung" gegen die in der unanfechtbaren Entscheidung ab- oder zuerkannten Einzelposten nicht statthaft.[111]

64 Wirkung der Einlegung eines Rechtsmittels (Abs. 7)

65 Die Erinnerung und Beschwerde berühren die durch den Kostenansatz begründete Zahlungspflicht nicht (Abs. 7 S. 1). Jedoch kann durch den Einzelrichter oder den Vorsitzenden des Gerichts oder des Beschwerdegerichts auf Antrag oder von Amts wegen im Rahmen seines pflichtgemäßen Ermessens[112] die aufschiebende Wirkung durch unanfechtbaren Beschluss[112] ganz oder teilweise angeordnet werden (Abs. 7 S. 2), sofern die Erinnerung überhaupt statthaft ist,[113] und – solange das Gericht noch nicht entschieden hat – im Verwaltungswege die aufschiebende Wirkung ganz oder teilweise angeordnet wer-

---

105 BFH BStBl. II 1977, 628; OLG Celle NdsRPfl. 1974, 127; OLG Düsseldorf JurBüro 1970, 805 = RPfleger 1970, 358.
106 *Schütt* MDR 2002, 987.
107 OLG Hamburg JurBüro 1973, 544; OLG Stuttgart NJW 1963, 1257.
108 BGH BGH-Report 20002, 750; BGH MDR 2004, 355; OLG München, Urt. v. 12. 3. 2002 – 27 W 55/02 = NJOZ 2002, 1181.
109 Vgl. dazu auch BGH NJW-RR 2007, 285 = WuM 2006, 634 (betr. fälschliche Zulassung nach den Bestimmungen der ZPO).
110 OLG Hamm JurBüro 1976, 1120 m. Anm. v. *Mümmler;* OLG Düsseldorf MDR 1977, 235; *Schneider* JurBüro 1974, 1106 und MDR 1972, 567; *Schmidt* JurBüro 1975, 1311; *Baumgärtel* MDR 1968, 970; a. M. OLG Celle JurBüro 1983, 406.
111 OLG München JurBüro 1983, 1221.
112 OLG München MDR 1985, 333.
113 BGH NJW 1992, 1458.

den (§ 19 Abs. 5). Er handelt dabei nach pflichtgemäßem Ermessen.[114] Seine Entscheidung ist unanfechtbar.[115] Die Zuständigkeit des Erinnerungsgerichts endet, wenn die Beschwerde beim Beschwerdegericht anhängig geworden ist. Das gilt sinngemäß auch dann, wenn gegen die Hauptsacheentscheidung Verfassungsbeschwerde eingelegt wird.[116]

Abs. 8 (Kostenentscheidung): Erinnerungs- und Beschwerdeverfahren sind **gerichtsge-** 66 **bührenfrei**, Abs. 8. Das gilt aber nur, wenn die Rechtsmittel statthaft sind[117] (KV 1811). Die Auslagen des Beschwerdeverfahrens treffen den Beschwerdeführer als Antragsteller gemäß § 22, sofern seine Beschwerde unbegründet war, oder als Entscheidungsschuldner nach § 29 Nr. 1.[118] Eine Kostenerstattung aus der Staatskasse und umgekehrt ist nicht möglich, Abs. 8 S. 2.

Wenn und soweit die Erinnerung oder die Beschwerde Erfolg haben und bereits gezahlte 67 Kosten zu erstatten sind, hat das Gericht das in der Entscheidung nicht auszusprechen. Denn die Erstattung ist reine Verwaltungstätigkeit.[119] Ist die Beschwerde unstatthaft, gilt Abs. 8 nicht.[120]

§ 67
Beschwerde gegen die Anordnung einer Vorauszahlung

(1) Gegen den Beschluss, durch den die Tätigkeit des Gerichts nur aufgrund dieses Gesetzes von der vorherigen Zahlung von Kosten abhängig gemacht wird, und wegen der Höhe des in diesem Fall im Voraus zu zahlenden Betrages findet stets die Beschwerde statt. § 66 Abs. 3 Satz 1 bis 3, Abs. 4, 5 Satz 1 und 4, Abs. 6 und 8 ist entsprechend anzuwenden. Soweit sich die Partei in dem Hauptsacheverfahren vor dem Gericht, dessen Entscheidung angefochten werden soll, durch einen Prozessbevollmächtigten vertreten lassen muss, gilt dies auch im Beschwerdeverfahren.

(2) Im Falle des § 17 Abs. 2 ist § 66 entsprechend anzuwenden.

Allgemeines: Als Ergänzung zu § 10 betrifft § 67 die Rechtsmittel gegen die Anordnung 1 einer Vorauszahlung oder eines Vorschusses nach Maßgabe des GKG für ab dem 1. Juli 2004 anhängig gewordene Verfahren[1] (vgl. vor § 66 Rn. 3). Im Verhältnis zum Verfahren der Hauptsache handelt es sich um in ein selbständiges Zwischenverfahren.[2] Sinn und

---

114 OLG München MDR 1985, 333.
115 OLG München MDR 1985, 333.
116 BGH JurBüro 2004, 439.
117 BGHR, GKG § 25 Abs. 4 9.1 – Gebührenbefreiung 1; OLG Koblenz NJW-RR 2000, 1239.
118 OLG Koblenz NJW-RR 2000, 1239; *Oe/Wi/He* § 66 Rn. 93; *Hartmann* § 66 Rn. 48.
119 OLG Koblenz JurBüro 1977, 1430; *Hartmann* § 66 Rn. 49.
120 BGH JurBüro 2003, 95 = NJW 2003, 69; BGH NJW 2003, 70 = MDR 2003, 115; BGH JurBüro 2003, 101 = NJW 2003, 70.
1   BGH NJW-RR 2006, 1504 = FamRZ 2006, 1107.
2   BVerfG NJW-RR 2000, 1738.

Zweck des § 67 ist, dass der Betroffene durch einen Vorschuss oder durch eine Vorauszahlung, die er für übersetzt hält, nicht rechtlos werden soll.[3]

2 Nur soweit nach dem **GKG** die Tätigkeit des Gerichts von einer Vorschuss- oder Vorauszahlungsleistung abhängig gemacht wird, ist § 67 einschlägig. Wenn die Anordnung auf Grund anderer gesetzlicher Vorschriften erfolgt (z.B. nach §§ 379, 402 ZPO, 379a StPO), gilt § 67 nicht. Es sind dann die in diesen Gesetzen vorgesehenen Rechtsbehelfe anzuwenden,[4] und zwar grundsätzlich mit der im Hauptverfahren gegebenen Rechtsmittel.[5] Das stellt Abs. 1 S. 1 ausdrücklich klar.

3 Abs. 1 der Vorschrift entspricht inhaltlich weitgehend § 6 a.F. Die Zulässigkeit der Beschwerde ist, wie im alten Recht, nicht daran geknüpft, dass der Beschwerdewert 200 € übersteigt. Einer Zulassung durch das Gericht bedarf es daher nicht.

4 Nach § 10 darf die Tätigkeit der Gerichte in weiterem Umfang, als die Prozessordnungen und das GKG es gestatten, nicht von der Sicherstellung oder Zahlung der Kosten abhängig gemacht werden. Keine Vorschuss- oder Vorauszahlungspflicht herrscht bei Kostenfreiheit für den Kostenbefreiten (§ 2) und bei Prozesskostenhilfe (vgl. § 14 und §§ 114 ff. ZPO).

5 Der **Vorschuss** ist bestimmt zur Deckung auch noch nicht fälliger Kosten, während die **Vorauszahlung** die Zahlung bereits fällig gewordener Kosten zum Gegenstand. § 67 betrifft den Vorschuss und die Vorauszahlung.

6 **Tätigkeit des Gerichts:** Gemeint ist die richterliche Tätigkeit einschließlich der des Rechtspflegers.

7 § 67 setzt einen förmlichen **Beschluss des Gerichts** nach § 63 voraus, durch den auf Grund des GKG die Tätigkeit des Gerichts von der Zahlung eines Vorschusses abhängig gemacht wird. Ein solcher ist aber entbehrlich, wenn ein Beschluss nach § 62 vorliegt, soweit dieser auch für den Kostenstreitwert bindend ist. **Zuständig** ist das Prozessgericht, im Rahmen seiner Zuständigkeit auch der Einzelrichter. Als Beschluss i.d.S. kann auch die Verfügung des Vorsitzenden behandelt werden, wenn und soweit die Anordnung einer Vorschussleistung durch Verfügung des Vorsitzenden nach der Prozessordnung zulässig ist.[6] Wenn ein beauftragter oder ersuchter Richter die Anordnung eines Vorschusses getroffen hat, ist zunächst die Entscheidung des Prozessgerichts nachzusuchen, §§ 576 Abs. 1 ZPO, 151 VwGO, 133 FGO. Die **Höhe des Vorschusses** kann das Gericht in seinem Beschluss bestimmen, er kann die Bestimmung aber auch dem Kostenbeamten überlassen.[7] Gegen die Bestimmung durch den Kostenbeamten ist die Entscheidung nach § 66 einholbar. Hat hingegen der Rechtspfleger die Vorschussanordnung getroffen, ist die Erinnerung nach § 11 RPflG gegeben. § 67 ist in beiden Fällen nicht einschlägig.[8]

8 Wie schon nach altem Recht ist im Beschwerdeverfahren und auch im Verfahren über die neu eingeführte weitere Beschwerde die **Vertretung durch einen Bevollmächtigten** er-

---

3   KG NJW-RR 2004, 864; *Hartmann* § 67 Rn. 1.
4   OLG Dresden JurBüro 2007, 212.
5   OLG Frankfurt aM JurBüro 1971, 141.
6   OLG Brandenburg MDR 1998, 1119 = JurBüro 1998, 548 = NJW-RR 1999, 291.
7   KG JW 1936, 3081.
8   Vgl. *Oe/Wi/He* § 67 Rn. 7; *Lappe* § 6 Rn. 4; *Schneider* MDR 1968, 106.

forderlich, wenn sich die Partei in der Hauptsache durch einen Prozessbevollmächtigten vertreten lassen muss.

Abs. 2 stellt klar, dass, soweit die Herstellung und Überlassung von Dokumenten auf An- **9** trag oder die Versendung von Akten von der vorherigen Zahlung eines die Auslagen deckenden Betrages abhängig gemacht wird, nicht § 67 sondern § 66 Anwendung findet.

Die nicht fristgebundene[9] Beschwerde kann sich einmal gegen die **Vorschussanordnung** **10** **als solche** richten. Zum anderen kann mit der Beschwerde die **Höhe des Vorschusses** angegriffen werden. Zum Dritten kann die Beschwerde auch die Verrechnung betreffen, wenn und soweit sie im Zusammenhang mit der gerichtlichen Anordnung eines – weiteren – Vorschusses steht (vgl. § 66 Rn. 12). Soweit es um die Höhe einer Vorschuss- oder Vorauszahlungsanordnung geht, ist ausnahmsweise dann, wenn i. V. m. mit einem förmlichen Beschluss nach § 63 Abs. 1 die Höhe der Vorschuss – oder Vorauszahlungsanforderung verbunden ist, nach § 63 Abs. 1 S. 2 eine Ausnahme zugelassen[10] (vgl. auch § 68 Rn. 3), nicht aber, wenn die Beschwerde nach § 67 nur dem Ziel dient, die Unstatthaftigkeit eines Rechtsmittels gegen die vorläufige Festsetzung des Streitwerts nach § 63 Abs. 1 (vgl. § 63 Rn. 8) zu unterlaufen. Davon kann aber keine Rede sein, wenn die Beschwerde i. V. m. einer (streitwertabhängigen) Höhe einer Vorschuss- oder Vorauszahlungsanforderung erhoben wird (§ 63 Abs. 1 S. 2). Wenn der Streitwert aus anderen Gründen festgesetzt wird wie z. B. aufgrund eines Antrages wegen der Vergütung des Rechtsanwalts nach § 32 Abs. 2 RVG, ist § 67 unanwendbar. Eine Beschwerde nach § 63 Abs. 1 S. 2 ist aber immer unanwendbar, wenn eine Streitwertbindung nach § 62 vorliegt.

Das **Verfahren** und die Zuständigkeit des Beschwerdegerichts richtet sich grundsätzlich **11** nach § 66 (Abs. 1 S. 2). Der Erinnerung und Beschwerde kann abgeholfen werden. Wie im Fall des § 66 ist auch hier die weitere Beschwerde gegeben. Insoweit sind die Bestimmungen des § 66 entsprechend anzuwenden. Insbesondere ist die weitere Beschwerde wegen der Verweisung auf § 66 Abs. 4 an die Zulassung durch das Beschwerdegericht geknüpft.

Die **Staatskasse** ist niemals nach § 67 beschwerdeberechtigt. Denn sie ist zum einen durch **12** eine Vorschussanordnung nicht beschwert und zum anderen gibt es gegen einen Beschluss, durch den eine Vorschussanordnung abgelehnt wird, nach dem eindeutigen Wortlaut der Bestimmung kein Beschwerderecht.

Abs. 1 S. 2 verweist nicht auf § 66 Abs. 7. Daraus folgt, dass die geforderten Vorauszah- **13** lungen nicht geleistet zu werden brauchen, bevor über das Rechtsmittel nach § 67 entschieden worden ist. Vorher sind auch keine prozessualen Sanktionen wegen der Nichtleistung des Vorschusses oder der Vorauszahlung zulässig.

Das Erinnerungs- und Beschwerdeverfahren nach § 67 ist gebührenfrei. Eine Auslagener- **14** stattung findet nicht statt.

---

9 OLG Bamberg, Beschl. v. 30. 7. 2002 – 4 W 81/02 – m. krit. Bespr. von *Fölsch* JurBüro 2002, 625.
10 KG Beschl. NJW-RR 2004, 864.

§ 68
Beschwerde gegen die Festsetzung des Streitwerts

(1) Gegen den Beschluss, durch den der Wert für die Gerichtsgebühren festgesetzt worden ist (§ 63 Abs. 2), findet die Beschwerde statt, wenn der Wert des Beschwerdegegenstands 200 Euro übersteigt. Die Beschwerde findet auch statt, wenn sie das Gericht, das die angefochtene Entscheidung erlassen hat, wegen der grundsätzlichen Bedeutung der zur Entscheidung stehenden Frage in dem Beschluss zulässt. Die Beschwerde ist nur zulässig, wenn sie innerhalb der in § 63 Abs. 3 Satz 2 bestimmten Frist eingelegt wird; ist der Streitwert später als einen Monat vor Ablauf dieser Frist festgesetzt worden, so kann sie noch innerhalb eines Monats nach Zustellung oder formloser Mitteilung des Festsetzungsbeschlusses eingelegt werden. Im Fall der formlosen Mitteilung gilt der Beschluss mit dem dritten Tage nach Aufgabe zur Post als bekannt gemacht. § 66 Abs. 3, 4, 5 Satz 1, 2 und 5 sowie Abs. 6 ist entsprechend anzuwenden. Die weitere Beschwerde ist innerhalb eines Monats nach Zustellung der Entscheidung des Beschwerdegerichts einzulegen.

(2) War der Beschwerdeführer ohne sein Verschulden verhindert, die Frist einzuhalten, ist ihm auf Antrag von dem Gericht, das über die Beschwerde zu entscheiden hat, Wiedereinsetzung in den vorigen Stand zu gewähren, wenn er die Beschwerde binnen zwei Wochen nach der Beseitigung des Hindernisses einlegt und die Tatsachen, welche die Wiedereinsetzung begründen, glaubhaft macht. Nach Ablauf eines Jahres, von dem Ende der versäumten Frist an gerechnet, kann die Wiedereinsetzung nicht mehr beantragt werden. Gegen die Ablehnung der Wiedereinsetzung findet die Beschwerde statt. Sie ist nur zulässig, wenn sie innerhalb von zwei Wochen eingelegt wird. Die Frist beginnt mit der Zustellung der Entscheidung. § 66 Abs. 3 Satz 1 bis 3, Abs. 5 Satz 1 und 5 sowie Abs. 6 ist entsprechend anzuwenden.

(3) Die Verfahren sind gebührenfrei. Kosten werden nicht erstattet.

1 **Allgemeines:** Die Bestimmung behandelt die Rechtsmittel gegen einen Streitwertfestsetzungsbeschluss nach § 63 Abs. 2 wie Abs. 1 ausdrücklich klarstellt. Sie gilt für ab dem 1. Juli 2004 anhängig gewordene Verfahren[1] (vgl. vor § 66 Rn. 3). § 68 wird ergänzt durch die Bestimmung des § 32 Abs. 2 RVG. Auf gerichtliche Wertfestsetzungen nach § 62 findet sie keine Anwendung. Die Vorschrift entspricht inhaltlich weitgehend den Regelungen des § 25 Abs. 3 a.F. Die Beschwerdewertgrenze ist auch hier an den Beschwerdewert in § 66 Abs. 2 angepasst. Darüber hinaus sind – wie auch im Fall des § 66 – die Zulassung der Beschwerde und die weitere Beschwerde eingeführt worden. Die Beschwerde ist – anders als nach § 25 Abs. 3 S. 2 a.F. – auch dann zulässig, wenn das Rechtsmittelgericht die Entscheidung erlassen hat.[2] Die Frist für die Einlegung der weiteren Beschwerde beträgt 1 Monat ab Zustellung der Beschwerdeentscheidung des Landgerichts.

---

1 BGH NJW-RR 2006, 1504 = FamRZ 2006, 1107.
2 OLG Rostock JurBüro 2006, 645; OLG Celle OLGR 2006, 270.

Für die – in jedem Fall nicht dem Anwaltszwang unterliegende[3] – sog. einfache[4], d.h. **2** nach Abs. 1 S. 3 befristete, nicht durch Rechtsbeschwerde oder durch Beschwerde an ein oberstes Bundesgericht,[5] wohl aber ggf. mit der weiteren Beschwerde überprüfbare **Beschwerde** nach Abs. 1 S. 1, gelten folgende Grundsätze:

Es muss ein beschwerdefähiger, also ein endgültiger **Streitwertfestsetzungsbeschluss** für **3** die Gerichtsgebühren nach 63 Abs. 2 ergangen sein. Eine nur vorläufige Festsetzung nach § 63 Abs. 1 genügt in der Regel nicht,[6] es sei denn der Beteiligte hält den von der vorläufigen Festsetzung des Streitwerts nach § 63 Abs. 1 abhängigen geforderten Vorschuss für zu hoch (§ 63 Abs. 1 S. 2).[7] Insoweit hat der Gesetzgeber aus Gründen der Eindämmung von zeitraubenden und kostenträchtigen Zwischenverfahren die Statthaftigkeit von (i.d.R. erfolglosen[8]) Rechtmitteln sinnvoll eingeschränkt. Zum einen hat das Gericht in solchen Fällen (d.h.: vorläufige Streitwertfestsetzung ohne Vorschuss- oder Vorauszahlungsforderung) stets die Möglichkeit, eine vorläufige Streitwertfestsetzung zu korrigieren, wozu die Eingabe des Beteiligten anregen kann. Zum anderen wäre eine Herbsetzung in solchen Fällen auch ebenfalls nur vorläufig und kann bzw. muss im Zweifel bei der endgültigen Festsetzung nach § 63 Abs. 2 wieder zu Lasten der Partei korrigiert werden. Wenn und soweit eine Partei im Ergebnis aber nur deshalb eine Herabsetzung des Streitwerts anstrebt, weil ihr die Erbringung des wertabhängigen Vorschusses Schwierigkeiten bereiten würde, steht ihr ein Antrag nach § 14 Nr. 3 frei. Darüber hinaus besteht auch die Möglichkeit, eine Stundung bis zur endgültigen Festsetzung nach den einschlägigen Länderbestimmungen zu beantragen. Wird die Stundung abgelehnt, kann der Antragsteller dagegen nach § 30a EGGVG (vgl. Anhang III) vorgehen, ist also nicht rechtlos gestellt. Ist zweifelhaft, ob der Beschluss endgültig ist, insbesondere dann, wenn nicht eindeutig ist, ob nur ein Beschluss nach § 62 oder ein solcher über die Zuständigkeit der Gerichte vorliegt, ist der Antrag auszulegen. Ggf. kann auch eine Umdeutung statthaft sein.[9] In solchen Fällen kann – wenn die Voraussetzungen gegeben sind – die „Beschwerde" als Anregung für eine endgültige Erstfestsetzung behandelt werden. Wenn durch Auslegung nicht abgeklärt werden kann, auf welcher Grundlage das Gericht den Kostenstreitwert endgültig festgesetzt hat, ist die als Rechtsmittel bezeichnete Eingabe als Beschwerde unzulässig, weil andernfalls dem Beschwerdeführer die Beschwerdebegründung und dem Beschwerdegericht die Entscheidung unnötig erschwert würde.[10] Eine im Verfahren nach § 66 auf die Annahme eines unzutreffenden Streitwertes gestützte Beschwerde ist regelmäßig als eine solche gegen die gerichtliche Streitwertfestsetzung nach § 68 zu behandeln.[11]

3 OVG Bautzen JurBüro 1998, 94 = OLG-NL 1997, 694.
4 OLG Koblenz JurBüro 2002, 310.
5 BGH BGH-Report 2002, 750; BGH MDR 2004, 355 = WuW 2004, 462 = NZBau 2004, 623 (L); BAG MDR 2003, 956 = JurBüro 2003, 421 m. zust. Anm. v. *Brinkmann* JurBüro 2003, 422.
6 OLG Stuttgart JurBüro 2007, 145; OLG Bremen MDR 2006, 418; OLG Hamm FamRZ 2005, 1767; KG NJW-RR 2004, 864; OLG Brandenburg MDR 2000, 174; OLG Köln JurBüro 1996, 194; *Hartmann* § 63 Rn. 14; ausführlicher dazu D. *Meyer* JurBüro 2000, 396; a.M. *Schneider/Herget* Kommentar Rn. 1618, 4221 und MDR 2000, 380.
7 A.M. KG NJW-RR 2004, 864; OLG Bremen MDR 2006, 418.
8 Wie im Fall des KG NJW-RR 2004, 864.
9 KG JurBüro 1965, 486.
10 OLG Frankfurt aM NJW 1968, 409; *Hartmann* § 68 Rn. 3.
11 OLG Oldenburg JurBüro 1992, 169.

4 Die **Sechsmonatsfrist** des § 63 Abs. 3 S. 1 darf noch nicht verstrichen sein.

5 **Keine Anfechtung** des Wertfestsetzungsbeschlusses **zusammen mit der Anfechtung oder Verwerfung oder einer Zurückverweisung der Berufung nach §§ 522 Abs. 1 S. 1, 522 Abs. 2 ZPO.** Hier kann nur das Revisionsgericht von Amts wegen einen anderen Kostenstreitwert von Amts wegen bestimmen. Eine Streitwertfestsetzung des Instanzgerichts kann niemals in zulässiger Weise vor dem BGH angefochten werden, und zwar auch nicht im Beschwerdeverfahren nach §§ 116 ff. GWB.[12]

6 Wie bei jedem Rechtsmittel muss auch hier eine **Beschwer** des Beschwerdeführers vorliegen. Eine solche ist gegeben, wenn eine **Partei** (oder der Anwalt im Namen der Partei) sich gegen eine zu hohe[13] Wertfestsetzung wendet, während der **Anwalt** aus eigenem Recht nur bei einem zu niedrig[14] festgesetzten Wert beschwert sein kann, und zwar auch dann, wenn zwischen ihm und der Partei eine über das gesetzliche Honorar hinausgehende Honorarvereinbarung besteht.[15] Die Gegenansicht, die bei Honorarvereinbarungen auch für einen anderen nicht kostenpflichtigen Beteiligten als für den Anwalt eine Ausnahme zulassen will,[16] überzeugt so nicht. Zwar mag es zweifelhaft sein, ob solches dem Schutz des sich auf einen niedrigeren Streitwert eingerichteten Gegners verbietet, weil insoweit niemand auf einen bestimmten Streitwert Vertrauensschutz zugebilligt werden kann, solange dessen Festsetzung noch nicht rechtskräftig ist. Wenn indessen die Beschwer darin gesehen wird, dass der nicht kostenpflichtige Beteiligte bei der Festsetzung eines höheren Streitwertes bei seinem Prozessgegner einen höheren Betrag liquidieren und dadurch seine eigene Zahlungsverpflichtung gegenüber seinem Anwalt aus der Honorarvereinbarung mindern könne, handelt es sich nur um einen mittelbaren Vorteil, der den Begriff der Beschwer uferlos werden lässt. Darüber hinaus würde auch der im prozessualen Kostenerstattungsrecht geltende Grundsatz unterlaufen, wonach grundsätzlich nur die gesetzlichen Gebühren und Auslagen des Rechtsanwalts festsetzbar und damit erstattbar sind.[17] Eine Beschwer kann aber dann gegeben sein, wenn der Beteiligte im Verfahren nach § 63 Abs. 2 ausdrücklich und substantiiert einen bestimmten Streitwert angeregt („beantragt") hatte und das Gericht dem ohne Begründung nicht gefolgt ist (vgl. § 63 Rn. 24). Dann kann der Beteiligte aber u. U. über eine Anhörungsrüge (§ 69a) eine Korrektur der Wertfestsetzung erreichen. Umgekehrt ist die Partei niemals bei zu niedriger bzw. der Anwalt bei zu hoher Festsetzung beschwert.[18] Diese Frage ist indessen nicht völlig unstreitig.[19]

---

12 BGH MDR 2004, 355.
13 KG-NJWE-WettbR 1998, 139; BFH BFHE 105, 461; BB 1970, 652; OLG Karlsruhe JurBüro 2007, 363, 364; KG NVersR 1999, 165; OVG Münster DÖV 1978, 816.
14 Unstr; vgl. etwa BGH NJW-RR 1986, 737; BFH BB 1972, 564; OLG Koblenz JurBüro 2008; 254; OLG Karlsruhe JurBüro 2007, 363, 364; OLG Köln NJW-RR 1999, 1303; BayObLG WoM 1992, 334; KG MDR 1970, 854 = JurBüro 1970, 682; OLG Düsseldorf JurBüro 1991, 585; VGH Mannheim MDR 1992, 299; *Hartmann* § 68 Rn. 5.
15 H. M. Vgl. bei *Hartmann* 68 Rn. 6, m. N.
16 OVG Bautzen RVG-Letter 2006, 45; VGH München NVwZ-RR 1997, 195; OVG Lüneburg NJW 1972, 788.
17 Vgl. etwa OLG München JurBüro 1979, 1062; OVG Münster NJW 1969, 709; OLG Celle JurBüro 1969, 269; OLG Karlsruhe JurBüro 1973, 1176.
18 BGH NJW-RR 1986,737; OLG Brandenburg NJW-RR 2005, 80 = RVG-Letter 2004, 132; OLG Koblenz JurBüro 2002, 310; OLG Zweibrücken GRUR-RR 2001, 285; *Hartmann* § 68 Rn. 5.
19 Vgl. die Nachweise bei *Hartmann* § 68 Rn. 6.

Demgemäß muss man eine von einem Rechtsanwalt auf Herabsetzung des Streitwertes eingelegte Beschwerde im Zweifel als im Namen der Partei, eine auf Erhöhung im Zweifel als im eigenen Namen eingelegt anzusehen haben.[20] Das gilt aber nur, wenn Zweifel verbleiben. Das Interesse einer Partei, die Rechtsmittelsumme für die Zulässigkeit eines Rechtsmittels zu erreichen, rechtfertigt eine Streitwertbeschwerde nach § 68 niemals.[21] Andererseits ist es aber nicht erforderlich, dass die beschwerdeführende Partei Gerichtskosten treffen. Es genügt ihr Interesse an der Feststellung des Streitwerts für die Gebühren, für die sie als Widerklägerin oder Zweitschuldnerin haftet[22] oder die sie ihrem Rechtsanwalt schuldet.[23] Ausnahmsweise kann eine Partei auch durch einen zu geringen Streitwert beschwert sein, so etwa, wenn sie durch die Festsetzung eines höheren Streitwerts eine höhere Sicherheitsleistung des Gegners für die Prozesskosten erstrebt[24] und diese nicht von Honorarvereinbarungen abhängig sind. Beschwert ist eine Partei auch durch eine völlige Ablehnung einer Wertfestsetzung, es sei denn, dass sie ersichtlich keinerlei Gebührenpflicht trifft.[25] Die **Staatskasse** kann demgegenüber sowohl bei einer zu niedrigen als auch bei einer zu hohen Wertfestsetzung beschwert sein.[26] Im letztgenannten Fall trifft das aber nur zu, wenn sie deshalb dem im Verfahren der Prozesskostenhilfe beigeordneten Anwalt mehr vergüten muss.[27] Im innerdienstlichen Bereich der Staatskasse gelegene Vorgänge berühren das Beschwerderecht aber nicht.[28] Wer – ohne Mitteilung nach § 29 Ziff. 2 – nur **außergerichtliche Kosten übernommen** hat, ist nicht beschwert.[29] Ebenso ist auch nicht beschwert, wer der Festsetzung des endgültigen Kostenstreitwerts zugestimmt oder sich damit einverstanden erklärt hatte (Gedanke des „venire contra factum proprium").[30] Das muss auch dann gelten, wenn der Streitwert durch übereinstimmende Erklärung der Prozessbevollmächtigten festgesetzt wird,[31] wobei es unerheblich ist, ob solches gar als (unzulässiger vorzeitiger) Rechtsmittelverzicht angesehen werden könnte.[32] Die gegenteilige Ansicht[33] überzeugt nicht. Eine rechtskräftige Entscheidung über eine Gebührenklage steht einer Streitwertbeschwerde nicht entgegen.[34] Bei einem **selbständigen Beweisverfahren** kann eine Beschwerde schon wegen möglicher sachlichrechtlicher Ersatzansprüche gegeben sein.[35] Eine Beschwerde einer Partei ist auch dann

20 OLG Düsseldorf JurBüro 1953, 260; OLG München, Urt. v. 12. 3. 2002 – 27 W 55/02 = NJOZ 2002, 1181.
21 LG Bayreuth JurBüro 1979, 405; LG Freiburg NJW 1969, 700 m. Anm. v. *Meyer.*
22 OLG Frankfurt aM WRP 1975, 164; OLG Karlsruhe Die Justiz 1974, 89.
23 OLG Nürnberg BayJMinBl. 1956, 19.
24 A. M. KG JurBüro 1957, 231.
25 KG RPfleger 1962, 121 (L).
26 OLG Bamberg AnwBl. 1984, 95.
27 Vgl. etwa OLG Brandenburg JurBüro 2001, 93, 94; KG AnwBl. 1984, 612; VGH Mannheim JurBüro 1992, 420.
28 Vgl. i. Ü. dazu auch OLG Frankfurt aM MDR 1957, 560.
29 *Hartmann* § 68 Rn. 9; **a. M.** *Freund* NJW 1956, 9.
30 OLG Hamm FamRZ 1997, 691; OLG Bamberg JurBüro 1975, 1463.
31 A. M. OLG München JurBüro 2001, 141.
32 So etwa OLG Hamburg MDR 1997, 407. A. A. OLG Köln OLGR 2000, 119; OLG Celle JurBüro 2005, 429 (LS m. w. N. im Volltextservice).
33 OLG Köln OLGReport Köln 2000, 119; OLG Celle JurBüro 2005, 429 (LS m. w. N. im Volltextservice) = MDR 2005, 1137 (LS).
34 KG JurBüro 1970, 853.
35 LG Münster MDR 1989, 554; *Hartmann* § 68 Rn. 9; **a. M.** LG Braunschweig JurBüro 1985, 1213.

gegeben, wenn der Gegner eine Streitwertermäßigung (etwa nach § 144 PatG) erhalten hat.[36]

7 **Sonderfragen der Statthaftigkeit:** Im Verfahren der einstweiligen Anordnung nach § 620 ZPO ist die Streitwertbeschwerde auch möglich, wenn die einstweilige Anordnung nach § 620c ZPO unanfechtbar ist. Die einstweilige Anordnung soll nur einstweilig wirken. Das rechtfertigt eine teilweise Verweigerung der Beschwerde. Die Streitwertfestsetzung nach § 63 Abs. 2 dagegen wirkt endgültig, so dass sie beim Vorliegen der sonstigen Voraussetzungen überprüfbar sein muss.[37] Durch die Verweisung des § 68 Abs. 1 S. 3 ist klargestellt, dass Beschwerden gegen Entscheidungen der Oberlandesgerichte nicht statthaft sind,[38] und zwar auch nicht solche im Kartellverwaltungsstreitverfahren[39] oder des Rechtsmittelgerichts im Insolvenzverfahren.[40] Insoweit kann nur eine Abänderung auf eine Gegenvorstellung erfolgen.[41] Eine Beschwerde gegen eine Entscheidung des Rechtsmittelgerichts ist auch dann ausgeschlossen, wenn dieses einen groben Verfahrensverstoß – etwa einen Verstoß gegen die Pflicht zur Gewährung rechtlichen Gehörs – begangen hat.[42] Insoweit mag der Beschwerte das BVerfG anrufen. Auch in Wehrpflichtsachen findet nach § 34 Abs. 3 S. 2 WehrpflG keine Beschwerde statt.[43]

8 **Beschwerdefrist:** Die einfache Beschwerde ist gemäß § 68 Abs. 1 S. 3 und 4 befristet. Sie kann nur innerhalb von 6 Monaten, gerechnet ab dem Zeitpunkt, in dem das Hauptsacheverfahren rechtskräftig abgeschlossen oder anderweitig endgültig erledigt worden ist, erhoben werden.[44] Das selbständige Beweisverfahren ist mit der Übersendung des letzten Sachverständigengutachtens an die Parteien beendet, wenn keine Anhörung des Sachverständigen oder ein Hauptsacheprozess folgt. Die Beschwerdefrist beginnt somit in der Regel mit der Übersendung des letzten Gutachtens an die Parteien, und zwar auch dann, wenn es dem Verfahrensbevollmächtigten (versehentlich) nicht übermittelt wurde,[45] und kann nur durch eine Anhörung des Sachverständigen oder einen Hauptsacheprozess hinausgezögert werden.[46] Ist aber der Streitwert später als einen Monat vor Ablauf dieser Frist festgesetzt worden, so kann die Beschwerde noch innerhalb eines Monats nach Zustellung oder formloser Mitteilung des Streitwertfestsetzungsbeschlusses eingelegt werden, Abs. 1 S. 4. Wegen der Zustellungsfiktion nach Satz 4 ist darauf zu achten, dass der Tag der Aufgabe zur Post aktenkundig gemacht wird (sog. „Abvermerk"), denn im Zweifel hat das Gericht den Fristbeginn zu beweisen, wenn das nicht anderweitig (z.B. Poststempel auf dem Umschlag) feststellbar ist. Nach dem Sinn und Zweck der Zugangsfiktion ist die Übermittlung auf anderem Wege (z.B. per E-Mail, FAX o.ä.) der „Aufgabe zur Post" Post gleichzusetzen. Dasselbe muss gelten, wenn der Streitwertfestsetzungsbeschluss erstmals nach Ab-

---

36 *Hartmann* § 68 Rn. 8.
37 A.M. OLG Hamburg FamRZ 1980, 906.
38 BGH MDR 2007, 1285 = NJW-RR 2008, 151.
39 KG NJW 1961, 179.
40 OLG Köln NZI 2001, 91.
41 OLG Braunschweig RPfleger 1964, 66 (L).
42 OLG Celle NdsRPfl. 1974, 127.
43 VGH Kassel NJW 1967, 365.
44 H.M. vgl. auch *Rummel* MDR 2002, 623.
45 OLG Brandenburg JurBüro 2005, 429 (LS m.w.N. mit Volltextservice).
46 OLG Koblenz RVG-Letter 2005, 48.

lauf der in Abs. 1 bestimmten Fristen zulässigerweise noch ergangen ist.[47] Sinngemäß ist Abs. 1 S. 3 und 4 auch für den Fall anwendbar, in dem das Gericht in unzulässiger Weise nach dem Ablauf der in § 63 Abs. 2 genannten Frist eine Änderung der endgültigen Wertfestsetzung vorgenommen hat. Die Frist ist keine Ausschlussfrist, so dass eine Wiedereinsetzung bei schuldloser Versäumung nach Abs. 2 möglich ist. Die frühere gegenteilige Ansicht[48] ist insoweit durch die Neufassung des Gesetzes obsolet geworden.

Eine **Verwirkung des Beschwerderechts** ist angesichts der klaren gesetzlichen Befristung **9** nicht mehr denkbar.

Beschwerdewert: Der Wert des Beschwerdegegenstandes muss 200 € übersteigen. Das gilt **10** auch für eine Streitwertbeschwerde im verwaltungsgerichtlichen Verfahren.[49] Er berechnet sich aus dem Unterschied der Gebühren, die sich für den Beschwerdeführer unter Zugrundelegung des angefochtenen und des erstrebten Streitwerts ergeben, und kann für die einzelnen Beteiligten durchaus verschieden sein. Die Differenz zwischen dem vom Beschwerdeführer geltend gemachten und dem festgesetzten Streitwert reicht nicht aus,[50] weil es sich dabei nur um einen Bezugswert für die Bestimmung des Kosteninteresses des Beschwerdeführers handelt Bei einer Beschwerde der Staatskasse besteht er in dem Unterschiedsbetrag der jeweiligen Gerichtsgebühren unter Einrechnung möglicher Prozesskostenhilfeanwaltskosten. Bei einer Beschwerde einer Partei kommt es auf den Unterschiedsbetrag der Gerichtsgebühren und der Gebühren des eigenen und des gegnerischen Anwalts an,[51] wobei die dem Rechtsanwalt zu zahlende Mehrwertsteuer mit zu berücksichtigen ist.[52] Liegt bereits eine Kostenentscheidung vor, ist der Beschwerde der Partei nur der Unterschiedsbetrag der Gebühren zugrunde zu legen, die sie nach der Kostenentscheidung treffen, auch derer für die sie der Staatskasse und ihrem Rechtsanwalt haftet.[53] Der Wert einer Streitwertbeschwerde des Prozesskostenhilfeanwalts richtet sich nach den Wahlanwaltsgebühren.[54] Ist in der Streitwertbeschwerde ein bestimmter Antrag entgegen der Verpflichtung des Beschwerdeführers dazu[55] nicht gestellt, so ist, wenn die Beschwerdebegründung nichts Gegenteiliges ergibt, davon auszugehen, dass der Beschwerdeführer eine Abänderung jedenfalls in der Höhe erstrebt, bei welcher der Beschwerdewert erreicht ist.[56] Bei den zugrunde zu legenden Gebühren ist nicht von den von der Partei irrigerweise angenommenen, sondern von den tatsächlich geschuldeten Gebühren auszugehen,[57] die im Laufe eines Verfahrens üblicherweise anfallen. Infrage kommen die Gebühren für die Instanz, deren Streitwert festgesetzt wurde. Wurde der Streitwert in einem Beschluss für

---

47 BGH GRUR 1979, 433; OLG Schleswig SchlHA 1978, 180; OLG Nürnberg JurBüro 1963, 43 und RPfleger 1966, 291 (L).
48 VGH Baden-Württemberg JurBüro 1996, 645.
49 VGH Mannheim JurBüro 1994, 34 m. Anm. v. Hellstab; OVG Hamburg HbgJVBl. 1994, 19; VGH Kassel MDR 1994, 737; VGH Mannheim JurBüro 1994, 34; *Hartmann* § 68 Rn. 10; **a. M.** OVG Hamburg MDR 1993, 917 (200 DM).
50 OLG Karlsruhe JurBüro 2005, 542.
51 VGH Baden-Württemberg MDR 1976, 609.
52 OLG Hamm RPfleger 1969, 64; OLG München JurBüro 1974, 1591.
53 KG RPfleger 1962, 121 (L).
54 OLG Schleswig JurBüro 1978, 1361 = SchlHA 1978, 122; SchlHA 1963, 248.
55 OLG Nürnberg RPfleger 1963, 179 (L).
56 KG MDR 1970, 854 = JurBüro 1970, 682.
57 BayObLG RPfleger 1960, 99.

mehrere Verfahren festgesetzt, richtet sich der Beschwerdewert nach dem Unterschiedsbetrag der in den mehreren Verfahren erwachsenen Gebühren. Wird der Streitwert für das Verfahren und einen in dem Verfahren abgeschlossenen Vergleich durch getrennte Beschlüsse festgesetzt, ist für eine gegen beide Beschlüsse gerichtete Beschwerde eine Zusammenrechnung der Beschwerdewerte geboten, da beide Beschlüsse einander ergänzen sollen. Legen gegen dieselbe Entscheidung verschiedene Beteiligte Beschwerde ein und wollen die einen eine Herabsetzung, die anderen eine Erhöhung des Streitwertes, so ist die Erreichung des Beschwerdewertes für jede Beschwerde gesondert zu prüfen. Der **Beschwerdewert** muss zum **Zeitpunkt der Einreichung** der Beschwerde erreicht sein.[58] Eine **teilweise Abhilfe,** durch die der Beschwerdewert unter die Beschwerdesumme sinkt, macht die (restliche) Beschwerde unzulässig.[59] Eine an sich zulässige Erweiterung der Anträge in der Beschwerdeinstanz erhöht den Gegenstand des Beschwerdeverfahrens, nicht aber den Beschwerdewert.[60] Neues Vorbringen ist in der Beschwerdeinstanz möglich.[61]

11 Wenn der Beschwerdewert nicht erreicht ist, ist die Beschwerde nur statthaft, wenn sie zugelassen ist. Insoweit wird auf die Ausführung zu § 66 verwiesen.

12 **Beschwerdeberechtigung:** vgl. oben Rn. 6 „Beschwer". Der Streitwertfestsetzungsbeschluss nach § 63 Abs. 2 wirkt für und gegen alle, die nach dem GKG und nach dem Kostenfestsetzungsverfahren unmittelbare Ansprüche haben oder unmittelbar zur Kostentragung verpflichtet sind. Desgleichen ist auch der Rechtsanwalt aus eigenem Recht beschwerdeberechtigt (§ 32 Abs. 2 RVG). Wer nur mittelbar aufgrund einer Gebührenordnung oder nach §§ 103 ff. ZPO für Kosten einzustehen hat, wird durch die Streitwertfestsetzung nach § 63 Abs. 2 nicht beschwert und ist folglich auch nicht beschwerdeberechtigt. Beschwerdeberechtigt sind daher die Parteien, die Beteiligten im Verwaltungs-, Sozialgerichts- und Finanzgerichtsverfahren, die Rechtsanwälte (§ 32 Abs. 2 RVG) und die Staatskasse,[62] wobei verfahrensrechtlich das Beschwerderecht der Rechtsanwälte nicht weiter geht als das der Parteien.[63] Im Verwaltungsgerichtsverfahren können sich einer Streitwertbeschwerde die Prozessbevollmächtigten und jeder Prozessbeteiligte anschließen.[64]

13 Nach § 68 Abs. 1 S. 1 i.V.m. § 66 Abs. 4 ist auch hier die weitere Beschwerde zulässig. Es gelten die gleichen Grundsätze wie bei § 66, so dass auf die Ausführungen dort verwiesen werden kann. Die Frist beträgt einen Monat ab der Zustellung der Beschwerdeentscheidung des Landgerichts.

14 Zum **Verfahren und** zur **Entscheidungsform** der Beschwerde verweist § 68 Abs. 1 auf die Bestimmung des § 66. Auf das dort Gesagte wird verwiesen. Ein Verschlechterungsverbot

---

58 BGH NJW 1951, 195.
59 Vgl. z. B. OLG Hamm JurBüro 1982, 582 m. Anm. v. *Mümmler.*
60 BGH NJW 1963, 368 und 1965, 2424 = Der Betrieb 1965, 1238; OLG Celle JurBüro 1969, 541 m. Anm. v. *Schalhorn;* OLG Bamberg JVBl. 1962, 190 und JurBüro 1962, 428 **a. A.** *Binz-Zimmermann* § 68 Rn. 10.
61 OLG Köln AnwBl. 1969, 53.
62 OLG Düsseldorf MDR 2000, 789.
63 OLG Celle JurBüro 1970, 150 = RPfleger 1970, 103.
64 OVG Lüneburg SchlHA 1965, 221.

(reformatio in peius) besteht im Streitwertfestsetzungsverfahren nicht.[65] Eine Beschwerde an einen obersten Gerichtshof des Bundes ist in jedem Fall ausgeschlossen,[66] eine Rechtsbeschwerde kommt somit nicht in Betracht.[67] Den anderen Berechtigten, soweit sie im Falle eines Erfolgs der Beschwerde beschwert sein könnten, ist natürlich vor der Entscheidung rechtliches Gehör zu gewähren. Legt der Rechtsanwalt aus eigenem Recht nach § 32 Abs. 2 RVG Beschwerde ein, ist auch dessen Partei unmittelbar rechtliches Gehör zu gewähren.

Abs. 2 regelt das Verfahren über die – nach altem Recht ausgeschlossen gewesene[68] – **Wiedereinsetzung** in den vorigen Stand, wenn der Beschwerdeberechtigte unverschuldet an der Einhaltung der Fristen nach Abs. 1 gehindert war. Ohne Verschulden (= keine Verantwortlichkeit) bedeutet, ohne Vorsatz oder Fahrlässigkeit i. S. v. §§ 276, 277 BGB. Insoweit gelten die gleichen Grundsätze wie im allgemeinen Verfahrensrecht. Danach ist die Frage, ob ein Verschulden des Antragsberechtigten oder seines Vertreters, dessen Verhalten er sich insoweit zurechnen lassen muss, vorliegt, nach objektiv-abstrakten Maßstäben zu beurteilen. Abzustellen ist auf die Sorgfalt einer ordentlichen Prozesspartei.[69] Ob dem so ist, kann nur unter Berücksichtigung aller konkreten Umstände des jeweiligen Falles beurteilt werden.[70] **15**

Die Wiedereinsetzung erfolgt nur auf **Antrag** des Beschwerdeberechtigten. Eine Wiedereinsetzung von Amts wegen kommt nicht in Betracht. Der Antrag ist an das für die Entscheidung über die Wiedereinsetzung zuständige Gericht zu richten. Das ist das Gericht, dessen Entscheidung mit der (weiteren) Beschwerde angefochten werden soll. **16**

Zusammen („und") mit dem Wiedereinsetzungsantrag sind die Tatsachen mitteilen, welche die Wiedereinsetzung begründen. Der Antragsteller hat sämtliche tatsächliche Voraussetzungen, auf welche er die Zulässigkeit und Begründetheit des Antrags stützen will, anzuführen. Eine Nachholung oder ein Nachschieben von derartigen Tatsachen ist nur innerhalb der Antragsfrist zulässig.[71] Bei einem späteren Vorbringen ist der Antrag insoweit als unzulässig zurückzuweisen. **17**

Seine Behauptungen hat der Antragsteller **glaubhaft** zu machen. Es gelten insoweit die Grundsätze des § 294 ZPO. Die Glaubhaftmachung hat – anders als im Rahmen des § 236 ZPO – mit dem Antrag erfolgen. Insoweit ist der Wortlaut des Abs. 2 S. 1 eindeutig. Anders als nach § 236 ZPO, wonach die Glaubhaftmachung „im Verfahren" gefordert wird, bestimmt Abs. 2 S. 1 ausdrücklich, dass die Tatsachen mitzuteilen und glaubhaft zu machen sind. **18**

Der Antrag ist binnen einer **Frist von 2 Wochen** nach Beseitigung des Hindernisses zu stellen. Auch der Zeitpunkt, ab dem der Antragsteller nicht mehr verhindert war, den Wiedereinsetzungsantrag zu stellen, ist nach objektiven Kriterien zu beurteilen. **19**

---

65 OLG Brandenburg JurBüro 1997, 196.
66 BGH Beschl. v. 27. 7. 2007 – VIII ZB 27/07 –.
67 BAG MDR 2003, 956 = JurBüro 2003, 421 m. zust. Anm. v. *Brinkmann* JurBüro 2003, 422.
68 OLG Karlsruhe NJW-RR 2004, 499.
69 Vgl. dazu bei Zöller/*Greger* § 233 Rn. 12 – 14 m. w. N.
70 Einzelheiten dazu etwa bei Zöller/*Greger* Rn. 15 ff.
71 Vgl. BGHZ NJW 1998, 2678 und bei Zöller/*Greger* Rn. 6, 6a.

20 Nach Abs. 2 S. 2 ist für den Wiedereinsetzungsantrag ein **Ausschlussfrist** von 1 Jahr bestimmt, nach deren Ablauf ein Antrag nicht mehr statthaft ist. Die Frist beginnt mit dem
Ende der versäumten Frist nach Abs. 1.

21 Die Gewährung von Wiedereinsetzung ist unanfechtbar. Das gilt auch dann, wenn dem
Antragsteller fälschlich Wiedereinsetzung gewährt wurde, etwa bei Nichtbeachtung der
Antrags- oder Ausschlussfrist.

22 Gegen den Beschluss, mit dem die Wiedereinsetzung versagt wurde, findet die **Beschwer-
de** statt (Abs. 2 S. 3). Sie ist nur zulässig, wenn sie binnen einer **Frist von 2 Wochen** ab der
Zustellung der die Wiedereinsetzung versagenden Entscheidung eingelegt wird (Abs. 2
S. 4, 5). Die Beschwerde ist nicht von einem Wert oder von einer Zulassung abhängig.

23 Gemäß der Verweisung in Abs. 2 S. 6 auf die Vorschriften des § 66 gelten für die Zuständigkeit für die Entscheidung der Beschwerde und für das Beschwerdeverfahren die gleichen Grundsätze wie für die Beschwerde gegen den Kostenansatz. Auf das dort Gesagte
kann verwiesen werden.

24 Eine weitere Beschwerde oder eine Rechtsbeschwerde[72] gegen Entscheidungen nach Abs. 2
sind unzulässig.

25 Als Rechtsbehelf eigener Art ist natürlich eine **Gegenvorstellung** in jeder Lage des Verfahrens grundsätzlich statthaft.[73] Sie ist auch zulässig, wenn und soweit Rechtsmittel nach
Abs. 1 und 2 zulässig sind[74] und ein Rechtsschutzbedürfnis vorliegt.[75] Dieses wird aber
wegen der Beschwerdemöglichkeiten selten zu bejahen sein.[76] Die Domäne der Gegenvorstellung liegt demnach bei Entscheidungen, die mit der Beschwerde nicht mehr an-
greifbar sind[77] und auch nicht durch die Anhörungsrüge (§ 69a) durch den iudex a quo
korrigiert werden können. Die Rechtsprechung des BGH,[78] wonach bei „greifbarer Gesetzwidrigkeit" eine analog § 321a ZPO (a. F.) fristgebundene Gegenvorstellung gegeben
ist, ist jedenfalls dann, wenn die „greifbare Gesetzwidrigkeit" in einer Verletzung des Anspruchs auf rechtliches Gehör besteht, durch die Einführung der allgemeinen Anhörungsrüge obsolet geworden. Im Übrigen sind Gegenvorstellungen auch kein Instrument dafür,
eine Überprüfung unanfechtbarer gerichtlicher Entscheidungen nur mit dem Ziel zu erreichen, eine „zweckmäßigere" oder „richtigere" Entscheidung zu erwirken; sie müssen,
wenn sie schon beachtlich sein sollen, innerhalb der für die Streitwertbeschwerden zu be-
achtenden Fristen eingebracht werden.[79] Nach dem Ablauf der Ausschlussfrist des Abs. 2
S. 2 ist auch eine Gegenvorstellung schlechthin unbeachtlich.

26 Abs. 3 (Kosten): Sowohl das Verfahren über die (weitere) Beschwerde als auch das Wieder-
einsetzungsverfahren einschließlich des dazu gehörenden Beschwerdeverfahrens sind ge-

---

72 BAG MDR 2003, 956 = JurBüro 2003, 421 m. zust. Anm. v. *Brinkmann* JurBüro 2003, 422.
73 Vgl. etwa BSG MDR 1992, 386 und bei *Hartmann* § 68 Rn. 22 ff.
74 BGH NJW-RR 1986, 737.
75 Dazu bei *Schneider* MDR 1972, 568.
76 *Hartmann* § 68 Rn. 25 („ausnahmsweise").
77 Vgl. zur Zulässigkeit der Gegenvorstellung auch OVG Münster NVwZ-RR 1992, 387.
78 BGHZ 150, 133 = NJW 2002, 1577 = MDR 2002, 901 = ZAP Fach 13, 539 = RPfleger 2002, 320 = ZIP
2002, 959.
79 OVG Münster NVwZ-RR 1999, 479.

bührenfrei. Auslagen sind aber zu erstatten. Um neuen Streit zu verhindern,[80] ist die Kostenerstattung ausdrücklich ausgeschlossen worden. Demzufolge ist auch keine Kostenentscheidung zu Lasten des Gegners des Beschwerdeführers auszusprechen.[81] Auch wegen der Gerichtsauslagen findet kein ausdrücklicher Ausspruch statt.[82] Voraussetzung ist aber stets, dass es sich um eine statthafte Beschwerde handelt.[83] Unstatthafte Beschwerden hingegen sind nicht gebührenfrei.[84]

§ 69
Beschwerde gegen die Auferlegung einer Verzögerungsgebühr

Gegen den Beschluss nach § 38 findet die Beschwerde statt, wenn der Wert des Beschwerdegegenstands 200 Euro übersteigt oder das Gericht, das die angefochtene Entscheidung erlassen hat, die Beschwerde wegen der grundsätzlichen Bedeutung der zur Entscheidung stehenden Frage zugelassen hat. § 66 Abs. 3, 4, 5 Satz 1, 2 und 5, Abs. 6 und 8 ist entsprechend anzuwenden.

Übersicht

Allgemeines: Die Vorschrift über die Beschwerde gegen die Auferlegung einer Verzöge-   1
rungsgebühr (§ 38) basiert auf § 34 Abs. 2 a. F. Sie soll an die Neuregelung des Beschwerderechts nach § 66 angepasst werden und gilt für ab dem 1. Juli 2004 anhängig gewordene Verfahren[1] (vgl. vor § 66 Rn. 3). Hiermit verbunden ist neben der Erhöhung der Beschwerdewertgrenze auch die Einführung der Zulassungsbeschwerde und der weiteren Beschwerde.

Die Beschwerde kann sich sowohl gegen die Auferlegung der Verzögerungsgebühr als   2
auch gegen die festgesetzte Höhe der Gebühr richten. Denn die Voraussetzungen für die Auferlegung der Verzögerungsgebühr sind nicht in den einzelnen Verfahrensordnungen, sondern im GKG geregelt.

---

80 BGH NJW 1993, 2592.
81 LG Frankfurt aM RPfleger 1985, 208; *Hartmann* § 68 Rn. 21.
82 OVG Bautzen LKV 1994, 64; VGH Kassel AnwBl. 1984, 49 m. N.
83 BVerwG NVwZ-RR 1965, 361.
84 BGHR GKG § 25 Abs. 4 S. 1 – Gebührenbefreiung 1 –; OLG Koblenz NJW-RR 2000, 1239.
1 BGH NJW-RR 2006, 1504 = FamRZ 2006, 1107.

3 **Beschwerdeberechtigt** ist die mit der Verzögerungsgebühr belegte Partei bzw. der Beteiligte, niemals aber die Gegenpartei oder der Vertreter einer Partei, dessen Verschulden die Partei sich nach § 38 zurechnen lassen musste.[2] Die Gegenpartei mag zwar durch die eingetretene Verzögerung als solche beschwert sein, niemals aber durch eine Unterlassung der Sanktion nach § 38. Auch der Staatskasse kommt kein Beschwerderecht wegen der Nichtverhängung oder wegen einer zu niedrigen Festsetzung der Verzögerungsgebühr zu. Sie ist jedoch zu hören, wenn das festsetzende Gericht im Abhilfeverfahren oder wenn das Erinnerungsgericht einen nach § 38 ergangenen Beschluss aufheben oder herabsetzen will. Die Verweigerung des rechtlichen Gehörs gibt der Staatskasse in diesen Fällen ein Recht zur Gegenvorstellung oder zur Erinnerung.

4 **Zulässigkeit:** Die Beschwerde ist nur zulässig, wenn der Wert des Beschwerdegegenstandes 200 € übersteigt oder wenn das Gericht, das die angefochtene Entscheidung erlassen hat, die Beschwerde zulässt. Der Wert des Beschwerdegegenstandes ist die Höhe der Verzögerungsgebühr.

5 Für die schriftlich oder durch Erklärung zu Protokoll der Geschäftsstelle einzureichende und keinem Anwaltszwang unterliegende Beschwerde besteht **keine Frist.** Das die Verzögerungsgebühr verhängende Gericht kann der Erinnerung ganz oder teilweise abhelfen oder analog § 153 StPO wegen geringfügigen Verschuldens das Verfahren einstellen. Gleichermaßen kann auch das Beschwerdegericht verfahren. Es ist dann die nach reduzierte Gebühr und im Fall der Einstellung analog § 153 StPO keine Gebühr anzusetzen. Das Beschwerdegericht hat auch zu prüfen, ob das Gericht bei der Vertagung oder bei der neuen Terminsanberaumung im Rahmen seines pflichtgemäßen Ermessens gehandelt hat. Hat das Vordergericht gegen den Grundsatz der Gewährung rechtlichen Gehörs verstoßen, ist Heilung ohne Zurückverweisung möglich.[3]

6 Aus der Verweisung in § 69 S. 2 folgt, dass eine **weitere Beschwerde** gegeben ist. Das gilt allerdings nur, wenn das Landgericht für die Entscheidung der Beschwerde zuständig war und die Zulassung ausgesprochen hat. Für die weitere Beschwerde gelten die gleichen Grundsätze wie bei § 66.

7 Eine **Rechtsbeschwerde** ist auch im Rahmen des § 69 ausgeschlossen.

8 **Gebühren:** Die Beschwerdeverfahren sind gebührenfrei, Kosten werden nicht erstattet (S. 2). Auslagen werden nach allgemeinen Grundsätzen berechnet.

§ 69a
Abhilfe bei Verletzung des Anspruchs auf rechtliches Gehör

(1) Auf die Rüge eines durch die Entscheidung beschwerten Beteiligten ist das Verfahren fortzuführen, wenn

1. ein Rechtsmittel oder ein anderer Rechtsbehelf gegen die Entscheidung nicht gegeben ist und

---

2 *Oe/Wi/He* § 34 Rn. 27.
3 OLG Hamm MDR 1978, 150; *Hartmann* § 69 Rn. 3.

2. das Gericht den Anspruch dieses Beteiligten auf rechtliches Gehör in entscheidungserheblicher Weise verletzt hat.

(2) Die Rüge ist innerhalb von zwei Wochen nach Kenntnis von der Verletzung des rechtlichen Gehörs zu erheben; der Zeitpunkt der Kenntniserlangung ist glaubhaft zu machen. Nach Ablauf eines Jahres seit Bekanntmachung der angegriffenen Entscheidung kann die Rüge nicht mehr erhoben werden. Formlos mitgeteilte Entscheidungen gelten mit dem dritten Tage nach Aufgabe zur Post als bekannt gemacht. Die Rüge ist bei dem Gericht zu erheben, dessen Entscheidung angegriffen wird; § 66 Abs. 5 Satz 1 und 2 gilt entsprechend. Die Rüge muss die angegriffene Entscheidung bezeichnen und das Vorliegen der in Absatz 1 Nr. 2 genannten Voraussetzungen darlegen.

(3) Den übrigen Beteiligten ist, soweit erforderlich, Gelegenheit zur Stellungnahme zu geben.

(4) Das Gericht hat von Amts wegen zu prüfen, ob die Rüge an sich statthaft und ob sie in der gesetzlichen Form und Frist erhoben ist. Mangelt es an einem dieser Erfordernisse, so ist die Rüge als unzulässig zu verwerfen. Ist die Rüge unbegründet, weist das Gericht sie zurück. Die Entscheidung ergeht durch unanfechtbaren Beschluss. Der Beschluss soll kurz begründet werden.

(5) Ist die Rüge begründet, so hilft ihr das Gericht ab, indem es das Verfahren fortführt, soweit dies aufgrund der Rüge geboten ist.

(6) Kosten werden nicht erstattet.

Allgemeines: Die am 1. 1. 2005 in Kraft getretene Bestimmung ist durch das Anhörungs- **1**
rügengesetz vom 15. 12. 2004 (BGBl. I, 3392) eingefügt worden und gibt die Möglichkeit
zur Selbstkorrektur bei unanfechtbaren Entscheidungen. Sie gilt auch für vor dem 1. 1.
2005 rechtskräftig abgeschlossene Entscheidungen, sofern die Fristen nach Abs. 2 noch
nicht abgelaufen sind.[1] Die Anhörungsrüge ist ein eigenständiger Rechtsbehelf subsidiä-
rer Natur.[2] In der Sache handelt es sich um eine Art der Wiedereinsetzung in den vorigen
Stand. Denn diese ist in der Sache nichts weiter als ein Spezialfall der Gehörsverletzung.[3]
Sie betrifft ausschließlich die Fälle, in denen bei der Entscheidungsfindung des Gerichts
der Anspruch eines Beteiligten auf rechtliches Gehör verletzt wurde. Andere mögliche
Verletzungen von Verfahrensgrundrechten oder gar „einfacher" Verfahrensfehler sind
nicht nach § 69a korrigierbar, insbesondere auch nicht eine Verletzung richterlicher Hin-
weispflichten.[4] Betroffen sind also nur gerichtliche Entscheidungen über die Erinnerung
gegen den Kostenansatz sowie Beschwerdeentscheidungen aufgrund einer zulässigen
oder zugelassenen Beschwerde. Die Selbstkorrektur erfolgt aber niemals von Amts wegen,
sondern nur auf Antrag eines beschwerten Beteiligten.

1 BGH NJW 2005, 1432 = MDR 2005, 887.
2 Dazu *Hagen Schneider* JurBüro 2005, 513.
3 *Braun* JR 2005, 1, 3.
4 *Rensen* MDR 2005, 181 ff.

2 **Statthaftigkeit:** Die Anhörungsrüge ist nur statthaft, wenn die angefochtene Entscheidung unanfechtbar ist.[5] Wenn und soweit noch ein Rechtsmittel, also eine (zugelassene) Beschwerde zulässig ist, geht das Beschwerdeverfahren vor. Rügebefugt ist allein der durch die Entscheidung beschwerte Beteiligte.

3 **Form:** Die Rüge ist schriftsätzlich oder zu Protokoll der Geschäftsstelle anzubringen, und zwar bei dem Gericht, dessen Entscheidung angegriffen wird (iudex a quo). Anwaltszwang besteht nicht. Auf die Erläuterungen zu § 66 Abs. 5, welcher sinngemäß gilt, wird verwiesen. Sie muss das fortzuführende Verfahren genau bezeichnen und schlüssig darlegen, wodurch der Anspruch auf rechtliches Gehör verletzt wurde und wie sich dies auf das Ergebnis der Entscheidung zum Nachteil des Rügenden ausgewirkt hat. Ergibt sich schon aus der Darstellung des Rügenden, dass zwar sein Anspruch auf rechtliches Gehör verletzt wurde, ihm aber im Ergebnis kein Nachteil erwachsen ist, ist die Rüge als unzulässig zurückzuweisen.

4 **Frist:** Grundsätzlich ist die Rüge innerhalb von 2 Wochen nach Kenntniserlangung von der Gehörsverletzung zu erheben (Abs. 2). Der Zeitpunkt der Kenntniserlangung ist i.S.v. § 294 ZPO glaubhaft zu machen. Wenn der Rügende anwaltlich vertreten ist, reicht dafür die anwaltliche Versicherung des Bevollmächtigten. Der Zeitpunkt der Kenntnisnahme wird regelmäßig durch Abs. 2 Satz 3 widerleglich fingiert, wenn er nicht ausnahmsweise durch Zustellung nachweisbar ist. Will der Rügende die Zugangsvermutung widerlegen, hat er das darzulegen und ggf. glaubhaft zu machen. Der Aufgabe zur Post gleich stehen Versendungen anderer Art (z. B. per E-Mail, Fax etc.), bei denen der Abgang nachweisbar ist (Sendeprotokoll). Die Jahresfrist nach Abs. 2 Satz 2 ist eine Ausschlussfrist.

5 **Verfahren:** Das Anhörungsrügverfahren regelt Abs. 3, 4. Zunächst ist den übrigen Beteiligten rechtliches Gehör zu gewähren, wenn und soweit das erforderlich ist. Erforderlichkeit liegt stets vor, wenn die Rüge statthaft ist und der andere Beteiligte durch die mit der Rüge begehrte Entscheidung einen Nachteil erlangen würde. Sodann prüft das Gericht die Statthaftigkeit und erforderlichenfalls die Begründetheit der Rüge.

6 **Entscheidung:** Das Gericht entscheidet durch unanfechtbaren Beschluss. Ist die Rüge unstatthaft, wird sie zurückgewiesen. Ist sie unbegründet, weist das Gericht die Rüge ab (Abs. 4). Wenn und soweit die Rüge zulässig ist, führt das Gericht das Verfahren fort, soweit das durch die Rüge begründet ist (Abs. 5). Kommt es zu einem anderen Ergebnis als in der gerügten Entscheidung, tritt diese automatisch außer Kraft und wird durch die neue Entscheidung ersetzt.

7 **Begründung:** Die Entscheidung über die Anhörungsrüge soll kurz begründet werden. Die Begründung ist nicht zwingend („soll") aber zweckmäßig. Ausführlichkeit ist ausdrücklich nicht gefordert. Es reicht, wenn der Rügende erkennen kann, dass das Gericht sich mit seinem Vorbringen befasst hat. Bezugnahmen auf die gerügte Entscheidung, auf den Inhalt von Schriftsätzen reicht. So ist etwa die Formulierung „aus den zutreffenden Gründen der gerügten Entscheidung, die durch das Rügevorbringen nicht entkräftet worden sind" oder eine ähnliche Formulierung ausreichend.

---

5   OLG Frankfurt aM NJW-RR 2005, 1591 (zu § 331a ZPO).

Kosten: Das Verfahren ist mangels eines Gebührentatbestands (§ 1 GKG) gerichtskosten- **8**
frei, außergerichtliche Kosten werden nicht erstattet (Abs. 6). Das gilt aber nur für das Verfahren nach § 69a GKG. Anders verhält es sich aber, wenn und soweit eine Anhörungsrüge
nach einer Verfahrensordnung (ZPO, StPO, VerwGO, FGO, SGG, ArbGG) handelt. Für solche Anhörungsrügeverfahren entstehen Festgebühren von 50 € (KV 1700, 2500, 3900,
4500, 5400, 6400, 7400, 8500) ebenso, wie Auslagen (z. B. nach KV 9002), wenn die Anhörungsrüge in vollem Umfang zurückgewiesen wird.

Abschnitt 9
Schluss- und Übergangsvorschriften

§ 70
Rechnungsgebühren

(1) Soweit in den Ländern für Rechnungsarbeiten Beamte oder Angestellte besonders
bestellt werden (Rechnungsbeamte), sind als Auslagen Rechnungsgebühren zu erheben, die nach dem für die Arbeit erforderlichen Zeitaufwand bemessen werden. Sie
betragen für jede Stunde 10 Euro. Die letzte, bereits begonnene Stunde wird voll gerechnet, wenn sie zu mehr als dreißig Minuten für die Erbringung der Arbeit erforderlich war; anderenfalls sind 5 Euro zu erheben.

(2) Die Rechnungsgebühren setzt das Gericht, das den Rechnungsbeamten beauftragt
hat, von Amts wegen fest. Gegen die Festsetzung findet die Beschwerde statt, wenn
der Wert des Beschwerdegegenstands 200 Euro übersteigt oder das Gericht, das die
angefochtene Entscheidung erlassen hat, die Beschwerde wegen der grundsätzlichen
Bedeutung der zur Entscheidung stehenden Frage zugelassen hat. § 66 Abs. 3 bis 8
gilt entsprechend. Beschwerdeberechtigt sind die Staatskasse und derjenige, der für
die Rechnungsgebühren als Kostenschuldner in Anspruch genommen wird. § 69a gilt
entsprechend.

Allgemeines: Auch hier ist die Beschwerdewertgrenze an den erhöhten Beschwerdewert **1**
in § 66 Abs. 2 angepasst und – wie im Fall des § 66 – die Zulassungsbeschwerde und die
weitere Beschwerde eingeführt worden. Die Vorschrift entspricht weitgehend § 72 a.F. Sie
regelt die Höhe der Rechnungsgebühren und den Rechtsweg bei Festsetzung solcher Gebühren. Die Rechnungsgebühren sind keine baren Auslagen. Sie errechnen sich nach dem
Zeitaufwand ohne Rücksicht darauf, wie hoch die tatsächlichen Auslagen der Staatskasse
für die Rechnungsarbeiten sind, die sich aus dem Materialverbrauch, Zeitaufwand und
dem Entgelt des Rechnungsbeamten zusammensetzen. Das Entgelt des Rechnungsbeamten besteht aus den ihm auf Grund Beamten- oder Arbeitsrechts zustehenden Rechnungsgebühren und dem auf die Arbeitszeit entfallenden Gehalts/Vergütungsanteil. Soweit
dem Rechnungsbeamten für seine Tätigkeit eine besondere Vergütung zusteht, erfolgt die
Festsetzung nicht nach § 70. Da die Höhe der Auslagen der Staatskasse nur schwer zu er-

rechnen wäre, sind Pauschsätze nach dem Zeitaufwand bestimmt. Werden Rechnungsarbeiten durch einen dafür besonders bestellten Beamten oder Angestellten (dem sog. Rechnungsbeamten) vorgenommen, sind hierfür Rechnungsgebühren zu erheben, auch wenn der Rechnungsbeamte für seine Tätigkeit kein zusätzliches Entgelt erhält.[1] Gleichgültig ist, ob der Rechnungsbeamte haupt- oder nebenamtlich tätig ist. Eine bundeseinheitliche Regelung gibt es insoweit nicht mehr. Soweit die AV des früheren RJM vom 25. 4. 1938 (DJ 1938, 654) als Rechtsvorschrift angewendet wurde, sind sie durch Art. XI § 4 Abs. 2 Ziff. 1 KostÄndG 1957 außer Kraft gesetzt worden. Die landesrechtlichen Regelungen sind unterschiedlich.[2] Wenn aber die Rechnungsaufgaben zu den Dienstaufgaben des Richters oder Rechtspflegers gehören, fallen keine Rechnungsgebühren an.[3]

2 **Voraussetzungen: Ein Rechnungsbeamter,** gleichgültig, ob er Beamter oder Angestellter im Staatsdienst ist, **muss Rechnungsarbeiten ausgeführt haben.** Für andere Rechnungsarbeiten, wie sie täglich von Beamten und Angestellten vorgenommen werden, erwächst die Rechnungsgebühr nicht. Eben sowenig, wenn Arbeiten, für die ein Rechnungsbeamter bestellt werden könnte, von dem nach der Dienstverteilung sonst zuständigen Beamten ausgeführt wurden, auch wenn er dafür Mehrleistungsabgeltung erhalten hat.

3 **Besonders bestellt** werden können Rechnungsbeamte im Zwangsversteigerungs- und Zwangsverwaltungsverfahren. Es geschieht durch den Richter oder Rechtspfleger. Der Rechnungsbeamte muss die Rechnungsarbeit auf besondere Anweisung durchgeführt haben.

4 **Rechnungsgebühren** sind als Auslagen der Staatskasse anzusetzen und zu behandeln.

5 Die **Berechnung** erfolgt nach dem **erforderlichen Zeitaufwand.** Erforderlich ist der Zeitaufwand, den ein durchschnittlich befähigter Rechnungsbeamter machen müsste. Er kann geringer sein, als der tatsächliche Zeitaufwand im Einzelfall. Im Allgemeinen aber werden die Angaben des Rechnungsbeamten über seinen Zeitaufwand eine brauchbare Grundlage für die Festsetzung bieten.

6 **Berechnet werden 10 € für die Stunde.** Die letzte, bereits begonnene Stunde wird jedoch nur noch dann voll gerechnet, wenn sie zu mehr als dreißig Minuten für die Erbringung der Arbeit erforderlich war. Anderenfalls soll für die letzte begonnene Stunde nur die Hälfte der Rechnungsgebühr erhoben werden. Dies entspricht der für die Vergütung von Sachverständigen vorgesehenen Regelung (vgl. § 8 Abs. 1 S. 3 JVEG). Wenn sich die Arbeit auf mehrere Stunden mit Unterbrechungen bezieht, ist nur die tatsächliche Arbeitszeit zusammenzurechnen, aufgerundet auf eine volle Stunde.

7 Das **Festsetzungsverfahren** ist weitgehend dem Beschwerdeverfahren nach § 66 angeglichen. Die Festsetzung erfolgt in jedem Fall **von Amts wegen.** Ein Antrag ist nicht erforderlich. **Zuständig** ist das Gericht (Spruchkörper oder Einzelrichter), das den Rechnungsbeamten beauftragt hat. Hat der Rechtspfleger im Rahmen seiner Zuständigkeit den Auftrag erteilt, ist auch er für die Festsetzung zuständig. Die Festsetzung ist gebührenfrei. Das Gericht kann die Festsetzung auf Erinnerung, der auch der Rechtspfleger im

---

1 Vgl. *Mümmler* JurBüro 1975, 1302.
2 Vgl. dazu die Zusammenstellungen bei *Piller/Hermann* KostVerfg., Anl. III.
3 *Oe/Wi/He* § 72 Rn. 3.

Rahmen seiner Zuständigkeit abhelfen kann, Gegenvorstellung oder Beschwerde ändern. Gegen eine Entscheidung des für die Festsetzung zuständigen Rechtspflegers findet die Erinnerung nach § 11 RPflG statt.

Gegen den Festsetzungsbeschluss des Gerichts oder dessen Entscheidung über die Erinne- **8** rung ist die **Beschwerde** möglich, sofern der Beschwerdewert 200 € übersteigt. Beschwerdewert ist der Unterschiedsbetrag zwischen der festgesetzten Rechnungsgebühr und dem Betrag, der nach Ansicht des Beschwerdeführers berechtigt ist. Ist die Festsetzung von einem Landgericht vorgenommen worden, ist die weitere Beschwerde statthaft, wenn und soweit das Landgericht sie zugelassen hat. Der Beschwerde vorrangig ist ggf. die Gehörsrüge entsprechend § 69a.

Es besteht **kein Anwaltszwang.** Erinnerungen und Beschwerden können schriftlich oder **9** zu Protokoll der Geschäftsstelle erfolgen.

Beschwerdeberechtigt sind nur die Staatskasse und der Kostenschuldner, der auf die **10** Rechnungsgebühren in Anspruch genommen wird. Dem Rechnungsbeamten steht kein Beschwerderecht zu. Er kann gegen die Festsetzung seiner im Beamten- oder Arbeitsrecht begründeten Vergütung den für Ansprüche aus diesen Rechtsverhältnissen vorgesehenen Rechtsweg beschreiten.

Für das Beschwerdeverfahren entstehen **keine Gerichtsgebühren.** **11**

Die Rechnungsgebühren werden als Auslagen **fällig,** sobald eine unbedingte Entschei- **12** dung über die Kosten ergangen ist oder das Verfahren oder die Instanz durch Vergleich, Zurücknahme oder andersweie beendigt ist (§ 9).

Bei **unrichtiger Sachbehandlung** kommt Nichterhebung nach § 21 in Betracht. **13**

Schuldner der Rechnungsgebühren im Zwangsversteigerungs- oder Zwangsverwal- **14** tungsverfahren ist der Antragsteller, soweit die Auslagen nicht aus dem Erlös gedeckt werden können (§ 26). Falls die Rechnungsgebühren im Insolvenzverfahren anfallen, ist im Konkursverfahren der Gemeinschuldner Schuldner der Auslagen (§ 23). Nach § 17 kann Auslagenvorschuss erhoben werden.

§ 71
Übergangsvorschrift

(1) In Rechtsstreitigkeiten, die vor dem Inkrafttreten einer Gesetzesänderung anhängig geworden sind, werden die Kosten nach bisherigem Recht erhoben. Dies gilt nicht im Verfahren über ein Rechtsmittel, das nach dem Inkrafttreten einer Gesetzesänderung eingelegt worden ist. Die Sätze 1 und 2 gelten auch, wenn Vorschriften geändert werden, auf die dieses Gesetz verweist.

(2) In Strafsachen, in gerichtlichen Verfahren nach dem Gesetz über Ordnungswidrigkeiten und nach dem Strafvollzugsgesetz, auch in Verbindung mit § 92 des Jugendgerichtsgesetzes, werden die Kosten nach dem bisherigen Recht erhoben, wenn

die über die Kosten ergehende Entscheidung vor dem Inkrafttreten einer Gesetzesänderung rechtskräftig geworden ist.

(3) In Insolvenzverfahren, Verteilungsverfahren nach der Schifffahrtsrechtlichen Verteilungsordnung und Verfahren der Zwangsversteigerung und Zwangsverwaltung
gilt das bisherige Recht für Kosten, die vor dem Inkrafttreten einer Gesetzesänderung fällig geworden sind.

1 Die Vorschrift übernimmt die Dauerübergangsregelung des § 73 a. F. Weder § 71 noch der
bisherige § 73 a. F. gelten jedoch für die Übergangsfälle aufgrund des Inkrafttretens des
KostRMoG. Für diese Fälle sieht § 72 eine eigene Übergangsregelung vor.

2 Nach § 71 soll im Gerichtskostenrecht bei einer Rechtsänderung grundsätzlich keine
Rückwirkung stattfinden,[1] was einem rechtsstaatlichen Gebot entspricht. Die Einschrän-
kung für die neuen Bundesländer nach dem Einigungsvertrag in Anlage I, Kapitel III,
Ziff. 19d dürfte zwischenzeitig obsolet geworden sein.

3 Als Gesetzesänderung i. S. d. § 71 gilt auch die Neufestsetzung der Ermäßigungssätze nach
§ 1 der Ermäßigungssatz-AnpassungsVO vom 15. 4. 1996 (BGBl. I, S. 604), wonach die
Gebührenermäßigung in den neuen Bundesländern von 20% auf 10% heraufgesetzt worden ist. Abs. 1 betrifft auch den Übergang von DM zum €. Gerichtskosten, die noch bis
zum 31. 12. 2001 fällig geworden sind, sind noch genau umzurechnen in der Weise, dass
der DM-Betrag durch den Wert 1,95583 dividiert und das Ergebnis auf zwei Stellen nach
dem Komma gerundet wird. Umgekehrt wird zur Umrechnung von € auf DM der €-Betrag
mit 1,95583 multipliziert und das Ergebnis auf zwei Stellen nach dem Komma gerundet.
Die gegenteilige Ansicht[2] überzeugt nicht. Der Begriff der „Gesetzesänderung" betrifft
nach dem Sinn der Vorschrift, nämlich die Vermeidung von (auch nur geringen) Schlecht-
erstellungen des Betroffenen bei Veränderungen des Gesetzes, nicht nur den Fall einer in-
haltlichen Änderung des Gesetzes. Mehrbelastungen der Gerichte dürften auch dann in
nennenswertem Umfang auftreten, wenn noch längere Zeit „alte" Werte umzurechnen
sind.

4 **Rechtsstreitigkeiten (Abs. 1)** sind alle selbständigen Verfahren nach der ZPO,[3] nach der
VwGO, der FGO, dem SGG und dem ArbGG. Nicht dagegen Verfahren nach der StPO, dem
OWiG, dem StVollzG und § 92 JGG (arg. Abs. 2). Aus Verfahren nach der InsO, der See-
VertO und dem ZVG gehören nicht hierher (arg. Abs. 3).[4]

5 Maßgeblich für das auf die Rechtsstreitigkeiten anwendbare Kostenrecht ist der Zeitpunkt, in dem die Sache in der Instanz **anhängig** geworden ist,[5] und zwar unabhängig
von der Kostenhaftung.[6] Wenn also eine Partei bei der Anhängigmachung kosten- oder
gebührenbefreit war, bleibt sie das auch, wenn die Kosten- oder Gebührenfreiheit im Lau-

---

1 BVerwG JurBüro 1995, 45; OLG Düsseldorf JurBüro 1996, 488; OLG Bamberg JurBüro 1978, 1646;
OLG München JurBüro 1977, 76; OLG Koblenz RPfleger 1975, 447.
2 OVG Bremen JurBüro 2002, 423.
3 *Hartmann* § 71 Rn. 2.
4 Vgl. auch *Hartmann* § 71 Rn. 2; *Mümmler* JurBüro 1976, 761; a. M. OLG Nürnberg JurBüro 1976,
761.
5 BezG Erfurt FamRZ 1992, 1209.
6 OLG Düsseldorf JurBüro 1996, 488; OLG München MDR 1995,1072.

fe des Rechtsstreits entfällt, etwa wegen Änderung der Rechtsform.[7] Das galt grundsätzlich auch für Gesetzesänderungen, sofern nicht Gegenteiliges bestimmt ist. So gilt z. B. die Streitwertbegrenzung des § 13 Abs. 3 a. F. für vermögensrechtliche Streitigkeiten nicht, wenn diese schon vor dem Inkrafttreten des KostRÄndG 1994 anhängig waren.[8] Anhängigkeit bedeutet nicht notwendig auch Rechtshängigkeit. Es gilt hier der gleiche Begriff der Anhängigkeit wie bei § 22, d. h., es kommt darauf an, wann der Antrag eingegangen ist. Wenn also ein **Mahnverfahren** vor dem Inkrafttreten der Gesetzesänderung anhängig war, das aber erst nach deren Inkrafttreten in ein streitiges Verfahren übergeleitet wurde, gelten für sämtliche Kosten (Gebühren und Auslagen) der ersten Instanz die alten Bestimmungen.[9] Die gleichen Grundsätze gelten auch für die Bestimmung des **Streitwertes**.[10] So galt die Streitwertbegrenzung des § 13 Abs. 3 a. F. nicht für vermögensrechtliche Klageverfahren, die bereits vor dem Inkrafttreten dieser Regelung anhängig waren.[11]

Bei **Rechtsmittelverfahren** (Abs. 1 S. 2) entscheidet der Zeitpunkt der Einlegung des **6** Rechtsmittels über das anzuwendende Kostenrecht.[12] Maßgebend ist der Zeitpunkt des Eingangs bei dem Gericht, bei dem das Rechtsmittel eingelegt werden kann.[13] Ein späteres Anschlussrechtsmittel ist unerheblich.

Im Falle der **Zurückverweisung** nach dem Inkrafttreten einer Rechtsänderung ist für das **7** weitere Verfahren aber das neue Recht[14] anzuwenden. Das gilt auch für das Betragsverfahren nach einem noch unter Geltung alten Rechts abgeschlossenen Grundverfahrens.

Die in Abs. 1 und 2 genannten Zeitpunkte gelten auch dann, wenn eine Bestimmung in **8** anderen Gesetzen geändert wird, auf die das GKG lediglich verweist, wie z. B. bei einer Änderung der §§ 3–9 ZPO.

Strafsachen, Ordnungswidrigkeitensachen, Strafvollzugssachen (Abs. 2): Hier kommt **9** es darauf an, ob die Kostenentscheidung vor oder nach dem Inkrafttreten der Änderung rechtskräftig geworden ist. Eine Abweichung besteht in den neuen Bundesländern für sog. Altsachen aus DDR-Zeiten insoweit, als dafür auf das Anhängigwerden abgestellt wird.

Insolvenz etc. (Abs. 3): Abs. 3 enthält nur eine Klarstellung, dass in den dort aufgeführ- **10** ten Verfahren auch dann, wenn es sich im Einzelnen um eine echte Rechtsstreitigkeit handelt, die Fälligkeit vor oder nach dem Inkrafttreten des Änderungsgesetzes über die Anwendbarkeit des alten oder des geänderten Rechts zu Gebühren, Auslagen und zum Streitwert maßgebend ist. Abs. 3 geht als Sonderregel dem Abs. 1 vor. Die Fälligkeit richtet sich nach den Sondervorschriften der einzelnen Verfahren, hilfsweise nach §§ 6 ff.

---

7 OLG Düsseldorf JurBüro 1996, 488 (Umwandlung der Deutschen Bundesbahn in die Deutsche Bahn AG).
8 BVerwG VIZ 1998, 674.
9 OLG Koblenz MDR 1996, 969; *Hartmann* § 71 Rn. 4; dazu auch LG Bayreuth JurBüro 1995, 148.
10 H. M. vgl. z. B. OVG Bremen JurBüro 1992, 811 und bei *Hartmann* § 71 Rn. 5 m. N.
11 BVerwG VIZ 1998, 674.
12 OLG München MDR 1980, 253.
13 OLG Düsseldorf VersR 1978, 570; vgl. dazu auch bei *Hartmann* § 71 Rn. 6; *Wege* SchlHA 1976, 53 m. N.
14 OLG Hamburg MDR 1976, 764; OLG München MDR 1980, 153; *Hartmann* § 71 Rn. 7 m. N.

§ 72
Übergangsvorschrift aus Anlass des Inkrafttretens dieses Gesetzes

Das Gerichtskostengesetz in der Fassung der Bekanntmachung vom 15. Dezember 1975 (BGBl. I S. 3047), zuletzt geändert durch Gesetz vom 13. 3. 2004 (BGBl. I, 404), und Verweisungen hierauf sind weiter anzuwenden

1. in Rechtsstreitigkeiten, die vor dem 1. Juli 2004 anhängig geworden sind; dies gilt nicht im Verfahren über ein Rechtsmittel, das nach dem 1. Juli 2004 eingelegt worden ist;
2. in Strafsachen, in gerichtlichen Verfahren nach dem Gesetz über Ordnungswidrigkeiten und nach dem Strafvollzugsgesetz, wenn die über die Kosten ergehende Entscheidung vor dem 1. Juli 2004 rechtskräftig geworden ist;
3. in Insolvenzverfahren, Verteilungsverfahren nach der Schifffahrtsrechtlichen Verteilungsordnung und Verfahren der Zwangsversteigerung und Zwangsverwaltung für Kosten, die vor dem 1. Juli 2004 fällig geworden sind.

1   Die für das Inkrafttreten des KostRMoG geschaffene spezielle Übergangsvorschrift entspricht im Grundsatz der des § 71. Die Übergangsvorschrift soll sich jedoch nicht auf die Berechnung der Kosten beschränken. So sollen in den enumerativ genannten Fällen auch die Verfahrensvorschriften der bisherigen Fassung des GKG Anwendung finden. Von Bedeutung ist dies insbesondere im Hinblick auf die Neuregelung des Beschwerderechts.

2   Nr. 1 bestimmt, dass sämtliche Sachen, die noch vor dem 1. 7. 2004 erstinstanzlich anhängig geworden sind, noch uneingeschränkt nach dem bis zum Ablauf des 30. 6. 2004 geltenden GKG abzurechnen sind. Das gilt insbesondere für die Fälligkeit der Gebühren, die sich für solche Sachen weiterhin nach §§ 61 ff. GKG a. F. richtet, soweit nicht Nrn. 2 und 3 gelten. Gleiches gilt auch für die Abrechnung von Rechtsmittelverfahren, wenn das Rechtsmittel bis zum Ablauf des 30. 6. 2004 eingelegt wird, die Einlegungsschrift also noch vor dem 1. 7. 2004 eingeht. Insbesondere ist das bei den Gebührenermäßigungen zu beachten, soweit sie mit der Neufassung des GKG gegenüber dem alten Recht verändert wurden. Nr. 1 gilt allerdings nur für die Rechtsmittel in der Hauptsache. Für die im GKG geregelten Rechtsbehelfe etc. gilt weiterhin das GKG in der bis zum 30. Juni 2004 geltenden Fassung, und zwar auch dann, wenn der Rechtsbehelf (etwa gegen die Streitwertfestsetzung oder gegen den Kostenansatz) nach dem 30. Juni 2004 eingelegt wurden[1] (vgl. vor § 66 Rn. 3).

3   Nr. 2 stellt für die Abrechnung der dort bezeichneten Sachen allein darauf ab, wann die für den Kostenansatz maßgebende Entscheidung rechtskräftig geworden ist. Insoweit handelt sich um eine bloße Klarstellung. Denn § 8 ist identisch mit § 63 Abs. 2 a. F.

4   Nr. 3 stellt für die dort genannten Verfahren ausschließlich auf die Fälligkeit der Kosten (§§ 6 – 9) ab. Das bedeutet für den Kostenansatz, dass auch für laufende Verfahren ab dem

---

[1]   BGH NJW-RR 2006, 1504 = FamRZ 2006, 1107.

1. 7. 2004 das neue Recht anzuwenden ist, wenn ab diesem Zeitpunkt Kosten fällig werden.

§ 72 gilt auch für die neuen Bundesländer. Nach Maßgabe des § 72 soll hier weiter nach **5** den ermäßigten Gebührensätzen abgerechnet werden.

Kostenverzeichnis
(Anlage 1 zu § 3 Abs. 2)

Gliederung

Teil 1. Zivilrechtliche Verfahren vor den ordentlichen Gerichten

Hauptabschnitt 1. Vereinfachte Verfahren
Abschnitt 1. Mahnverfahren
Abschnitt 2. Vereinfachte Verfahren über den Unterhalt Minderjähriger
Unterabschnitt 1. Erster Rechtszug
Unterabschnitt 2. Beschwerde

Hauptabschnitt 2. Prozessverfahren
Abschnitt 1. Erster Rechtszug
Abschnitt 2. Berufung und bestimmte Beschwerden
Abschnitt 3. Revision, Rechtsbeschwerden nach § 74 GWB, § 86 EnWG und § 24 VSchDG
Abschnitt 4. Zulassung der Sprungrevision, Beschwerde gegen die Nichtzulassung der Revision und der Rechtsbeschwerden nach § 74 GWB, § 86 EnWG und § 24 VSchDG
Abschnitt 5. Rechtsmittelverfahren des gewerblichen Rechtsschutzes vor dem Bundesgerichtshof
Unterabschnitt 1. Berufungsverfahren
Unterabschnitt 2. Beschwerdeverfahren und Rechtsbeschwerdeverfahren

Hauptabschnitt 3. Ehesachen, bestimmte Lebenspartnerschaftssachen und Folgesachen
Abschnitt 1. Erster Rechtszug
Abschnitt 2. Berufung, Beschwerde in Folgesachen
Abschnitt 3. Revision, Rechtsbeschwerde in Folgesachen

Hauptabschnitt 4. Einstweiliger Rechtsschutz
Abschnitt 1. Arrest und einstweilige Verfügung
Unterabschnitt 1. Erster Rechtszug
Unterabschnitt 2. Berufung
Unterabschnitt 3. Beschwerde
Abschnitt 2. Einstweilige Anordnung
Unterabschnitt 1. Erster Rechtszug
Unterabschnitt 2. Beschwerde

Teil 7. Verfahren vor den Gerichten der Sozialgerichtsbarkeit

Hauptabschnitt 1. Prozessverfahren
Abschnitt 1. Erster Rechtszug
Abschnitt 2. Berufung
Abschnitt 3. Revision

Hauptabschnitt 2. Vorläufiger Rechtsschutz
Abschnitt 1. Erster Rechtszug
Abschnitt 2. Beschwerde

Hauptabschnitt 3. Beweissicherungsverfahren

Hauptabschnitt 4. Rüge wegen Verletzung des Anspruchs auf rechtliches Gehör

Hauptabschnitt 5. Sonstige Beschwerde

Hauptabschnitt 6. Besondere Gebühren

Teil 8. Verfahren vor den Gerichten der Arbeitsgerichtsbarkeit

Hauptabschnitt 1. Mahnverfahren

Hauptabschnitt 2. Urteilsverfahren
Abschnitt 1. Erster Rechtszug
Abschnitt 2. Berufung
Abschnitt 3. Revision

Hauptabschnitt 3. Arrest und einstweilige Verfügung
Abschnitt 1. Erster Rechtszug
Abschnitt 2. Berufung
Abschnitt 3. Beschwerde

Hauptabschnitt 4. Besondere Verfahren

Hauptabschnitt 5. Rüge wegen Verletzung des Anspruchs auf rechtliches Gehör

Hauptabschnitt 6. Sonstige Beschwerden und Rechtsbeschwerden
Abschnitt 1. Sonstige Beschwerden
Abschnitt 2. Sonstige Rechtsbeschwerden

Hauptabschnitt 7. Besondere Gebühr

Teil 9. Auslagen

Vorbemerkungen:

Bis zum GKG 1975 waren die verschiedenen Gebührentatbestände und die Höhe der auf **1**
sie entfallenden Gebühren in den einzelnen Abschnitten bei den einzelnen Paragraphen
behandelt. Seither sind die einzelnen Gebührentatbestände in Kostenverzeichnis (KV)
enthalten und zwar getrennt nach den einzelnen Verfahrensarten. Das KV enthält echte
Gebührentatbestände, die natürlich überwiegend im Kontext zu denen des Allgemeinen
Teils stehen, z.T. aber auch völlig davon losgelöst sind.[1] Das ist z.B. in Bezug auf die Kosten des Straf- und Ordnungswidrigkeitenverfahrens der Fall, die jetzt ausschließlich im
KV geregelt sind. Auch die zahlreichen Anmerkungen zu den Tatbeständen des KV sind in
der Sache (einschränkende oder ausweitende) Ergänzungen der Bestimmungen des Allgemeinen Teils. Das KV ist in die Abschnitte 1 – 9 eingeteilt, wobei sich die Abschnitte 1 – 8
auf die Gebühren für die Verfahrensarten und Abschnitt 9 auf die Auslagen bezieht. Das
KV bestimmt die Höhe der Gebühren durch Angabe der Gebühr nach der Tabelle der Anlage 2 oder durch Bezeichnung des Gebührenbetrages in €.

Durch das KostRÄndG 1994 ist das KV gründlich überarbeitet und vor allem übersichtli- **2**
cher gestaltet worden. In der Folgezeit ist das KV infolge unterschiedlicher Gesetzesänderungen, die mittelbar oder auch unmittelbar auf das Gerichtskostenrecht Auswirkungen
hatten, verändert worden. Insbesondere waren wiederholt Umnummerierungen geboten.

Das KostRModG hat das KV gemäß der neuen Struktur des Allgemeinen Teils des GKG **3**
völlig neu gefasst. Denn entsprechend der systematischen Neuordnung der Paragraphen-
folge des GKG, der Einführung des Pauschgebührensystems in den Rechtsmittelzügen
und der Einarbeitung der arbeitsgerichtlichen Kostenvorschriften in das GKG musste
auch das Kostenverzeichnis überarbeitet und neu gegliedert werden. Bei dieser Gelegenheit hat der Gesetzgeber auch einige Streitfragen gelöst, dafür aber andere geschaffen.

Nur soweit das KV einen Kostentatbestand enthält, dürfen Gebühren und Auslagen erho- **4**
ben werden. Eine ausdehnende Auslegung der einzelnen Kostentatbestände ist ebenso
unzulässig wie eine entsprechende Anwendung auf Gebührensachverhalte, für die das KV
einen Gebührentatbestand (noch) nicht ausdrücklich vorsieht.

---

1 Dazu kritisch bei *Lappe* NJW 2004, 2409, 2410.

Teil 1
Zivilrechtliche Verfahren vor den ordentlichen Gerichten außer Insolvenzverfahren und Verfahren der Zwangsversteigerung sowie Zwangsverwaltung

Hauptabschnitt 1
Vereinfachte Verfahren

1 Im Hauptabschnitt 1 sind Gebührenregelungen für die vereinfachten Verfahren der ZPO zusammengefasst, nämlich die über das Mahnverfahren und über das vereinfachte Verfahren bezogen auf den Unterhalt Minderjähriger.

Abschnitt 1

Mahnverfahren

1110	Verfahren über den Antrag auf Erlass eines Mahnbescheids	0,5
		mindestens
		23,00 EUR[2]

2 **KV 1110:** Die Vorschrift entspricht der des KV 1100 a.F. mit der Maßgabe, dass nunmehr eine Mindestgebühr bis zum 30.6.2006 in Höhe von 18 € und gemäß Art. 5 Abs. 2 des KostRModG ab dem 1.7.2006 in Höhe von 23 € zu erheben ist (vgl. oben vor § 1 Rn. 10). Die Mindestgebühr ist deshalb geboten, weil gerade in Mahnverfahren häufig geringe Streitwerte vorhanden sind, bei denen die 0,5-Gebühr kaum die in der Pauschalgebühr enthaltenen Zustellungsauslagen deckt. Die Gebühr für das Mahnverfahren entsteht immer, und zwar auch dann, wenn das Mahnverfahren ohne gerichtliche Entscheidung endet (z.B. durch Rücknahme des Antrags).[3] Geht das Mahnverfahren in das streitige Verfahren über, wird die Gebühr nach KV 1110 auf die dann entstehende Gebühr nach KV 1210 angerechnet. Gleiches gilt auch, wenn im Sozialgerichtsverfahren das Mahnverfahren vor dem Amtsgericht beginnt (§ 182a SGG). Hier wird die Mahngebühr auf die Rahmengebühr nach § 184 SGG angerechnet.[4] Eine Zurücknahme des Antrags auf Durchführung des Streitverfahrens (§ 696 Abs. 4 ZPO) ist für das Entstehen und für die Fälligkeit der Gebühr KV 1110 ohne jede Bedeutung, weil dadurch nur ein Ruhen des Mahnverfahrens eintritt,

---

2 Bis 30.6.2006: 18 EUR.
3 *Hartmann* KV 1110 Rn. 1; *Oe/Wi/He* KV 1110 Rn. 12; *Fischer* MDR 1997, 707; *N. Schneider* JurBüro 2003, 4; *ders.* BRAGO-Report 2002, 164.
4 *Meyer-Ladewig* § 182a Rn. 11.

wenn und soweit die Akten noch nicht beim Streitgericht eingegangen sind (vgl. auch unten Rn. 29).

Als echte Verfahrensgebühr entsteht die Gebühr mit dem Eingang des Antrags auf Erlass **3** eines Mahnbescheides bei einem Gericht (vgl. § 6 Rn. 4), und zwar unabhängig davon, ob das Gericht zuständig ist oder nicht oder ob das Mahnverfahren überhaupt für den verfolgten Anspruch statthaft ist. Nimmt der Antragsteller den Antrag zurück oder wird der Antrag zurückgewiesen oder abgelehnt, hat dies keinen Einfluss auf die Gebühr. Eine Rückzahlung findet nicht statt.[5] Das gilt auch, wenn der bei einem unzuständigen Gericht (z.B. bei einem Landgericht oder im Sozialgerichtsverfahren beim Sozialgericht (vgl. § 182a SGG) eingereicht und der Antragsteller nach entsprechendem Hinweis den Antrag zurücknimmt oder Abgabe an das zuständige Mahngericht beantragt. Zum Streitwert nach Abgabe vgl. unten Rn. 22 ff.

Wenn der Mahnbescheid von einer Mehrheit von Antragstellern (Streitgenossen) gestellt **4** wird oder gegen mehrere Antragsgegner (z.B. gegen **Gesamtschuldner**) gerichtet ist, liegt nur ein einziges Mahnverfahren vor, auch wenn für jeden der Antragsgegner ein besonderes Formblatt verwendet werden muss.[6] Folglich fällt auch die Gebühr KV 1110 nur einmal an. Kostenschuldner sind dann die Antragsteller als Gesamtschuldner. Die Gebühr deckt das gesamte Mahnverfahren einschließlich der Erteilung eines Vollstreckungsbescheides ab. Das gilt auch dann, wenn sich die Hauptsache im Mahnverfahren erledigt und der Mahn-/Vollstreckungsbescheid nur noch gem. § 91a ZPO über die Kosten ergeht.[7]

Der Streitwert des Mahnverfahrens ist der Wert des im Antrag auf Erlass eines Mahnbe- **5** scheides im Mahnverfahren begehrten Anspruchs. Dieser kann durchaus von dem eines nachfolgenden Streitverfahrens abweichen, etwa bei Teilwiderspruch gegen den Mahnbescheid oder bei Klageerhöhung im Streitverfahren. Wird bei einem Antrag auf Durchführung des streitigen Verfahrens – wenn erforderlich – der weitere Prozesskostenvorschuss nicht eingezahlt, so dass die Sache nicht gemäß § 696 Abs. 1 S. 1 ZPO an das Prozessgericht abgegeben werden kann, werden die Akten nach Ablauf der 6-Monatsfrist des § 7 Abs. 3 Buchst. E der AktO abgelegt. Weitere Gebühren entstehen in einem solchen Fall nicht. Die Gegenansicht zum alten Recht[8] hat sich insoweit durch die Klarstellung in KV 1210 erledigt.

Abschnitt 2

Vereinfachte Verfahren über den Unterhalt Minderjähriger

Im Unterabschnitt 2 sind die im alten Recht an den verschiedensten Stellen des KV gere- **6** gelten Gebühren für das vereinfachte Verfahren über den Unterhalt Minderjähriger zusammengefasst worden.

---

5 Oe/Wi/He KV 1110 Rn. 15.
6 Vgl. bei *Thomas-Putzo* § 690 Rn. 3; Zöller/*Vollkommer* § 690 Rn. 9.
7 Oe/Wi/He KV 1110 Rn. 15.
8 Vgl. auch Oe/Wi/He KV 1211 Rn. 24.

Unterabschnitt 1

Erster Rechtszug

1120   Entscheidung über einen Antrag auf Festsetzung von Un-   0,5
        terhalt nach § 645 Abs. 1 ZPO mit Ausnahme einer Festset-
        zung nach § 650 Satz 2 ZPO

7   KV 1120 entspricht KV 1800 a.F. Die Vorschrift betrifft sämtliche im Verfahren über einen
    Antrag nach § 645 Abs. 1 ZPO ergehenden Entscheidungen über den Unterhalt minder-
    jähriger Kinder, mit Ausnahme der Regelung in § 650 S. 2 ZPO (d.h.: wenn der Antrags-
    gegner sich zur Zahlung von Unterhalt verpflichtet hat.) Die Gebühr ist eine Entschei-
    dungsgebühr, fällt also nur dann an, wenn eine Entscheidung des Antrags erfolgt ist. Das
    nach § 651 Abs. 1 ZPO streitige Verfahren fällt unter KV 1210 ff. Der Streitwert richtet sich
    nach § 43.

1121   Entscheidung über einen Antrag auf Abänderung eines   15,00 EUR
        Vollstreckungstitels nach § 655 Abs. 1 ZPO

8   KV 1121 entspricht KV 1801 a.F. mit der Maßgabe, dass die Gebühr wegen des Aufwandes
    des Gerichts, der in solchen Verfahren zu erbringen ist, auf 15 € angehoben wurde. KV 1121
    erfasst Abänderungsbeschlüsse bzw. Anpassungsbeschlüsse im vereinfachten Verfahren
    nach §§ 645 ff. ZPO, 1612b und 1612c BGB gemäß § 655 Abs. 1 ZPO. Es handelt sich auch
    hier um eine Akt-/Festgebühr, die mit der Entscheidung fällig wird.

Unterabschnitt 2

Beschwerde

1122   Verfahren über die Beschwerde nach § 652 ZPO gegen die   1,0
        Festsetzung von Unterhalt im vereinfachten Verfahren

9   KV 1122 entspricht KV 1931 a.F. mit der Maßgabe, dass die Gebühr verdoppelt wurde. Die
    Bestimmung war ursprünglich als KV 1905 im Rahmen der Neuregelung des Kindesun-
    terhalts eingefügt worden und ist dann im Zuge der Umnummerierung durch Art. 10
    Ziff. 1 des Gesetzes vom 31. 8. 1998 (BGBl. I, 2600) und der weiteren Umnummerierung
    durch das 2. PatÄndG v. 16. 7. 1998 (BGBl. I, 1827) als Nr. 1931 neu festgelegt worden. Sie
    erfasst das Beschwerdeverfahren nach § 652 ZPO gegen einen Festsetzungsbeschluss nach
    § 649 Abs. 1 ZPO oder nach § 650 S. 2 ZPO. Auch diese Gebühr fällt als Entscheidungsge-
    bühr unabhängig vom Ergebnis des Beschwerdeverfahrens an.

1123   Verfahren über die Beschwerde nach § 655 Abs. 5 ZPO ge-   30,00 EUR
        gen den Beschluss, durch den ein Vollstreckungstitel im
        vereinfachten Verfahren abgeändert wird

10 KV 1123 ist identisch mit KV 1932 a.F. Sie erfasst das Beschwerdeverfahren nach § 655
    Abs. 5 ZPO gegen einen Abänderungsbeschluss nach § 655 Abs. 1 ZPO. Auch Nr. 1932 ist

eine vom Verfahrensergebnis unabhängige Verfahrensgebühr. Gegenüber dem alten Recht ist die Festgebühr um 5 € angehoben worden.

Hauptabschnitt 2
Prozessverfahren

Der Hauptabschnitt 2 regelt die Gebühren für das Prozessverfahren. Das durch das KostR-   11
ÄndG 1994 für erstinstanzliche Zivilprozessverfahren eingeführte Pauschalgebührensystem hat sich in der Praxis bewährt. Es soll daher auf Berufungs- und Revisionsverfahren erstreckt werden.

Abschnitt 1

Vorbemerkung 1.2.1.:

Die Gebühren dieses Abschnitts entstehen nicht im Musterverfahren nach dem Kap-MuG; das erstinstanzliche Musterverfahren gilt als Teil des ersten Rechtszuges des Prozessverfahrens.

Durch die Einführung des Musterverfahrens werden die Zivilgerichte entlastet. Komplexe   11a
gleichgelagerte Beweisaufnahmen können in einer Vielzahl von Verfahren vermieden werden durch Zusammenfassung in einem Musterverfahren. Da die Gerichtsgebühren in den einzelnen Hauptsacheverfahren jedoch in voller Höhe erhalten bleiben, ist es sachgerecht, für das erstinstanzliche Musterverfahren keine gesonderten Gerichtsgebühren zu erheben. Aus kostenrechtlicher Sicht gilt das erstinstanzliche Musterverfahren als Teil des ersten Rechtszugs der zu Grunde liegenden Hauptsacheverfahren. Dies gilt auch dann, wenn sich das Hauptsacheverfahren bei der Aussetzung nach § 7 KapMuG bereits in der Rechtsmittelinstanz befindet.[9]

Erster Rechtszug

Dieser Abschnitt regelt die Gebühren des erstinstanzlichen Prozessverfahrens. Er hat im   12
Wesentlichen die Bestimmungen der KV 1210 und 1211 a. F. übernommen und auch erweitert. Jetzt ist auch für die Fälle, dass bei einer Klagerücknahme noch die Notwendigkeit einer begründungsbedürftigen („streitigen") Kostenentscheidung nach § 269 verbleibt, eine Ermäßigung nach KV 1211 nur eingeschränkt möglich. Auch eine Verfahrensbeendigung durch Erledigungserklärung nach § 91a ZPO führt nunmehr zur Ermäßigung, wenn sich dazu die Kostenfrage nicht mehr stellt.

---

9 So die Begr. des RegEntw (BT-Drs. 15/5091 Seite 34).

1210 Verfahren im Allgemeinen 3,0

Soweit wegen desselben Streitgegenstandes ein Mahnverfahren vorausgegangen ist, entsteht die Gebühr mit dem Eingang der Akten bei dem Gericht, an das der Rechtsstreit nach Erhebung des Widerspruchs oder Einlegung des Einspruchs abgegeben wird; in diesem Fall wird eine Gebühr 1110 nach dem Wert des Streitgegenstandes angerechnet, der in das Prozessverfahren übergegangen ist. Bei einer Klage nach § 656 ZPO wird die Gebühr 1121 angerechnet.

1211 Beendigung des gesamten Verfahrens durch

1. Zurücknahme der Klage
   a) vor dem Schluss der mündlichen Verhandlung,
   b) in den Fällen des § 128 Abs. 2 ZPO vor dem Zeitpunkt, der dem Schluss der mündlichen Verhandlung entspricht,
   c) im Verfahren nach § 495a ZPO, in dem eine mündliche Verhandlung nicht stattfindet, vor Ablauf des Tages, an dem eine Ladung zum Termin zur Verkündung des Urteils zugestellt oder das schriftliche Urteil der Geschäftsstelle übermittelt wird,
   d) im Falle des § 331 Abs. 3 ZPO vor Ablauf des Tages, an dem das Urteil der Geschäftsstelle übermittelt wird,
   wenn keine Entscheidung nach § 269 Abs. 3 Satz 3 ZPO über die Kosten ergeht oder die Entscheidung einer zuvor mitgeteilten Einigung der Parteien über die Kostentragung oder der Kostenübernahmeerklärung einer Partei folgt,

2. Anerkenntnisurteil, Verzichtsurteil oder Urteil, das nach § 313a Abs. 2 ZPO keinen Tatbestand und keine Entscheidungsgründe enthält,

3. gerichtlichen Vergleich oder

4. Erledigungserklärungen nach § 91a ZPO, wenn keine Entscheidung über die Kosten ergeht oder die Entscheidung einer zuvor mitgeteilten Einigung der Parteien über die Kostentragung oder der Kostenübernahmeerklärung einer Partei folgt,

es sei denn, dass bereits ein anderes als eines der in Nummer 2 genannten Urteile oder ein Musterbescheid nach dem KapMuG vorausgegangen ist:

Die Gebühr 1210 ermäßigt sich auf 1,0

Die Zurücknahme des Antrags auf Durchführung des streitigen Verfahrens, des Widerspruchs gegen den Mahnbescheid oder des Einspruchs gegen den Vollstreckungsbescheid stehen der Zurücknahme der Klage gleich. Die Vervollständigung eines ohne Tatbestand und Entscheidungsgründe hergestellten Urteils (§ 313a Abs. 5 ZPO) steht der Ermäßigung nicht entgegen. Die Gebühr ermäßigt sich auch, wenn mehrere Ermäßigungstatbestände erfüllt sind.

KV 1210: Die Vorschrift übernimmt die Regelungen KV 1210 a. F. In Rechtsprechung und **13** Literatur war umstritten, wann im Fall des vorangegangenen Mahnverfahrens die Gebühr entsteht. Hat der Antragsteller des Mahnverfahrens für den Fall des Widerspruchs den Antrag auf Durchführung des streitigen Verfahrens bereits im Mahnbescheidsantrag gestellt, wird dieser bedingte verfahrenseinleitende Antrag mit dem Eingang des Widerspruchs des Antragsgegners bei Gericht wirksam.

Durch den Gebührensatz von 3,0 wird in erstinstanzlichen Verfahren die gesamte Tätig- **14** keit des Gerichts durch eine **pauschale Verfahrensgebühr** einschließlich einer begrenzten Auslagenpauschale (KV Teil 9 Rn. 1, 31, 32) abgegolten, so dass besondere Entscheidungsgebühren nicht mehr anfallen. Entsprechend der nunmehrigen Ausgestaltung der Gebühr nach KV 1110 sind die im Mahnverfahren angefallenen Gebühren anzurechnen, soweit das Mahnverfahren in das Streitverfahren übergegangen ist (dazu unten Rn. 15 ff.). Das gilt auch für einen Beschluss nach § 656 ZPO, durch den ein Unterhaltstitel abgeändert worden ist. In den **Prozessverfahren erster Instanz** entsteht regelmäßig die allgemeine Verfahrensgebühr, die das gesamte Verfahren von dem Eingang einer Klageschrift oder dem Eingang der Akten nach Einlegung des Widerspruchs im Mahnverfahren an das Streitgericht bis zu einer die Instanz beendenden Entscheidung abdeckt, §§ 35, 40. Besondere Verfahrensgebühren, Verhandlungs- oder Urteilsgebühren werden nicht mehr unterschieden. Unter Umständen kann nur noch eine Vergleichsgebühr nach KV 1900 hinzukommen. Zu den Prozessverfahren i. d. S. gehören auch der Urkunden-, Wechsel-, Scheck-, Kindschaftsprozess sowie eine im Prozessweg erledigte Aufgebots- und Schiedssache,[10] nicht aber das Arrestverfahren, das Verfahren in einer Scheidungs- oder Scheidungsfolgesache, das nichtstreitige Aufgebotsverfahren oder eine Vollstreckbarerklärung im Schiedsverfahren. Denn für diese Sachen sieht das KV eigene Gebührentatbestände vor.

Wenn und soweit ein **Mahnverfahren** vorangegangen ist, gilt: Wenn nach einem **Wider-** **15** **spruch gegen einen Mahnbescheid** oder nach einem **Einspruch gegen einen Vollstre-** **ckungsbescheid** von einer Partei der Antrag auf die Durchführung des streitigen Verfahrens bei dem Gericht eingegangen ist, an das der Rechtsstreit abgegeben wird (§§ 696 Abs. 1 S. 2; 700 Abs. 3 ZPO), entsteht die Gebühr KV 1210 und wird damit fällig. Zu diesem Zeitpunkt beginnt im kostenrechtlichen Sinne nämlich das Prozessverfahren. Das ist in der Regel das Gericht, welches im Antrag auf Erlass des Mahnbescheids angegeben ist oder einem übereinstimmenden Antrag der Parteien entspricht. Durch die gesetzliche Klarstellung ist die Streitfrage, wann bei einem Widerspruch oder Einspruch die Gebühr KV 1210 entsteht, erledigt. Es kommt nämlich nicht mehr darauf an, ob schon mit dem Eingang des Widerspruchs oder der Einspruchsschrift bei dem Mahngericht die Gebühr nach KV 1210 ausgelöst wird. Dies gilt unabhängig davon, ob der Antragsteller das Verfahren weiter betreibt,[11] ob auf den Zeitpunkt der Abgabeverfügung des Mahngerichts an das Prozessgericht abzustellen ist[12] oder der Zeitpunkt des Anhängigwerdens der Sache

---

10 *Hartmann* KV 1210 Rn. 3.
11 So etwa OLG Düsseldorf JurBüro 1992, 102; NJW-RR 1997, 704; NJW-RR 1998, 1077; OLG Hamburg MDR 1998, 1121; LG Hagen MDR 1997, 790; LG Nürnberg-Fürth JurBüro 1997, 144; LG Braunschweig NdsRPfl. 1997, 176; LG Bamberg JurBüro 1998, 147; *Oe/Wi/He* KV 1210 Rn. 3, 10; *Hartmann* KV 1210 Rn. 5 ff.; *D. Meyer* JurBüro 1998, 117; *v. König* Rn. 871.
12 OLG Bamberg NJW-RR 2001, 574.

bei Streitgericht für das Entstehen der Gebühr nach KV 1210 maßgebend ist.[13] Die Gebühr entsteht auch, wenn eine sachliche oder örtliche Zuständigkeit dieses Gerichts nicht gegeben ist. Vgl. dazu auch § 22 Rn. 2.

16 Kostenschuldner gem. § 22 für die weiteren Gebühren ist stets derjenige, der den Antrag auf Durchführung des streitigen Verfahrens stellt, u. U. auch der Antragsgegner.[14] Ob der Antragsteller postulationsfähig ist, spielt keine Rolle.[15]

17 Wenn **gegen mehrere Mahnbescheide** in selbständigen Mahnverfahren (vgl. oben Rn. 2) **Widerspruch** eingelegt wird und das Gericht die Verfahren verbindet, tritt keine Rückwirkung der Widersprüche auf den Zeitpunkt vor der Verbindung ein,[16] so dass die Einzelstreitwerte maßgeblich bleiben.[17] Wenn ein Prozessverfahren gegen mehrere Widersprechende bei verschiedenen Gerichten anhängig wird, entsteht die Gebühr nach KV 1210 für jedes Prozessverfahren nach dem jeweiligen Streitwert, unter jeweiliger Anrechnung der Gebühren KV 1110.[18] Keine Verbindung i.d.S. liegt aber vor, wenn in einem Mahnverfahren aus technischen Gründen mehrere Mahnbescheide erlassen wurden (vgl. oben, Rn. 4), die nach Einlegung von Widersprüchen in das Streitverfahren gelangen und dort korrekterweise als ein Verfahren behandelt werden. Das gilt auch, wenn die Abgaben an das Streitgericht sukzessive erfolgen und zunächst bei dem Streitgericht als eigenständige Sachen behandelt werden. Die Anrechnung der Gebühr für das Mahnverfahren und die Abrechnung ist dann nach allgemeinen Grundsätzen (§§ 31, 32) vorzunehmen.

18 Die gleichen Grundsätze gelten auch mit einem **Einspruch** gegen einen **Vollstreckungsbescheid**.[19]

19 Nachverfahren im Urkundenprozess: Ein Prozessverfahren entsteht auch dann, wenn das Gericht einen Urkunden-, Wechsel- oder Scheckmahnbescheid erlassen hatte und der Antragsgegner nur den Antrag auf Einleitung des Nachverfahrens stellt. Das Urkundenprozessverfahren beginnt auch hier mit dem Eingang der Akten beim Prozessgericht. Sehen die Parteien vom Urkundenprozess ab (§ 596 ZPO), entstehen keine weiteren Gebühren. Denn dadurch wird kein neues Verfahren i.S.v. § 600 ZPO eingeleitet.

20 Abgeltungsbereich: Mit der allgemeinen Verfahrensgebühr nach KV 1210 sind alle Tätigkeiten der ersten Instanz abgegolten. Dazu gehören auch ein Versäumnisurteil der ersten Instanz gegenüber der säumigen Partei sowie das sog. unechte Versäumnisurteil gegen den Kläger (§§ 330, 331 Abs. 2 ZPO), ein Anerkenntnisurteil oder ein Verzichtsurteil.

21 Bezüglich der Entstehung und der Fälligkeit der Gebühren für den Kostenschuldner gelten die allgemeinen Vorschriften, so dass auf das dort Gesagte verwiesen wird (vgl. § 6

---

13 So etwa OLG Hamburg MDR 2001, 294 m. Anm. v. *Schütt;* OLG München JurBüro 1997, 603 und AnwBl. 2001, 127; NJW-RR 1998, 504; LG Memmingen JurBüro 1997, 634; LG Würzburg JurBüro 1998, 147; *Zimmermann* JurBüro 1997, 230; *Bracker* MDR 1998, 139; *Liebheit* NJW 2000, 2235 ff.
14 LG Osnabrück JurBüro 2003, 371.
15 OLG Zweibrücken JurBüro 2007, 372 (für das Berufungsverfahren).
16 *Hartmann* KV 1210 Rn. 7.
17 OLG Hamm RPfleger 1983, 177.
18 OLG Oldenburg JurBüro 2003, 322; *Hartmann* KV 1210 Rn. 6.
19 Vgl. dazu *N. Schneider* JurBüro 2003, 4 ff. und BRAGO-Report 2002, 164; OLG Düsseldorf JurBüro 1992, 102; OLG Köln RPfleger 1983, 460.

Rn. 4). Selbst eine Rücknahme der noch nicht zugestellten Klage[20] oder einer Weglage nach der Aktenordnung wegen Nichtzahlung des Vorschusses[21] führt lediglich zu einer Ermäßigung nach KV 1211.

Streitwert nach vorangegangenem Mahnverfahren: Streitwert des Prozessverfahrens ist 22 der Wert, **der in das Prozessverfahren gelangt.**[22] Das wird insbesondere dann der Fall sein, wenn der Schuldner nach Erlass des Mahnbescheids teilweise zahlt und entsprechende Teilrücknahme vor Abgabe an das Streitgericht erfolgt. Wird also ein streitiges Verfahren nur für einen Teil des Mahnverfahrens beantragt, muss man auf die nach KV 1210 zu berechnende 3,0-Gebühr des nunmehrigen Streitwerts die anteilige 0,5-Gebühr nach dem ursprünglichen Streitwert des Mahnverfahrens anrechnen (Beispiel: Mahnbescheid über 1 000 €, Streitverfahren nur noch 500 €, Anrechnung 25 €). Das ist in der Sache nach im Wesentlichen unstreitig[23] und gilt auch dann, wenn der Mahnbescheid irrtümlich über einen höheren Betrag beantragt war.[24] Diese Grundsätze gelten auch, wenn der Schuldner noch vor dem Tag des Eingangs der Akten bei dem Streitgericht Zahlungen geleistet hat.[25]

Bei **Klageerweiterung** erhöht sich die Gebühr nach allgemeinen Grundsätzen (vgl. § 41). 23 Die allgemeine Verfahrensgebühr kann sich **nicht nachträglich vermindern,** so dass im Fall der Erledigung eines Teils des Anspruchs und der anschließenden Wiedererhöhung des Klageanspruchs durch einen neuen Anspruch dieser Wert dem Streitwert hinzuzurechnen ist, sofern keine Klagerücknahme vorliegt.[26] Gleiches gilt auch, wenn Prozesse gem. § 147 ZPO verbunden werden[27] oder eine Verbindung sogar zwingend vorgeschrieben ist (z. B. § 246 Abs. 3 AktG).[28] Vgl. auch § 3 Rn. 16.

Eine Anrechnung (der Gebühr nach KV 1121) auf die Gebühr nach KV 1210 S. 2 hat auch 24 zu erfolgen, wenn Klage gegen einen Abänderungsbeschluss in einer Unterhaltssache, § 656 ZPO erhoben wird. Im Übrigen gilt insofern der Hauptabschnitt 1 Abschnitt 2.

KV 1211 (Ermäßigung):[29] Die Regelung entspricht im Wesentlichen der des KV 1211 a.F. 25 Die Bestimmung hat Ausnahmecharakter.[30] Eine Gebührenermäßigung soll wie bisher nur erfolgen, wenn durch den Eintritt des Ermäßigungstatbestands das gesamte Verfahren erledigt wird. Zusätzlich zu den bisher geregelten Ermäßigungstatbeständen sind

---

20 OLG Schleswig SchlHA 1996, 305; OLG München MDR 1996, 1075; JurBüro 1997, 603; OLG Hamm MDR 1997, 206; KG NJW-RR 1998, 1375 = JurBüro 1998, 428.
21 LG Hamburg NJW-RR 1999, 581 = JurBüro 1999, 93; LG Bamberg JurBüro 1998, 147; *Zimmermann in Binz* u.a., § 1211 Rn 4.
22 OLG Dresden JurBüro 2004, 378; OLG Hamburg MDR 2001, 294 m. Anm. v. *Schütt;* OLG Frankfurt aM NJW-RR 1992, 1342; OLG München AnwBl. 2001, 127 und OLG München MDR 1998, 62.
23 Vgl. etwa OLG Düsseldorf JurBüro 1997, 145 NJW-RR 1998, 1077; OLG München NJW-RR 1999, 944 = MDR 1999, 508 NJW-RR 1998, 504; OLG Hamburg MDR 1998, 1121; OLG Bamberg JurBüro 1998, 653; LG Hagen JurBüro 1997, 602 = MDR 1997, 790; *Oe/Wi/He* KV 1210 Rn. 4; *v. König* Rn. 882.
24 OLG Düsseldorf NJW-RR 1998, 1077.
25 *Hartmann* KV 1210 Rn. 23–24.
26 KG MDR 2008, 173; OLG München MDR 1997, 688; *Hartmann* KV 1210 Rn. 26.
27 OLG Hamm JurBüro 2005, 598 (LS mit Volltextservice).
28 OLG Koblenz MDR 2005, 1017.
29 Vgl. dazu *Jungbauer* JurBüro 2001, 230 ff.
30 OLG Koblenz MDR 2005, 119; OLG Oldenburg NJW-RR 1999, 942.

jetzt aber auch Erledigungserklärungen nach § 91a ZPO unter bestimmten Voraussetzungen in die Begünstigung miteinbezogen. Der Katalog der Ermäßigungstatbestände nach KV 1211 ist **abschließend.**

26 Die Verfahrensgebühr nach KV 1210 entsteht mit dem Eingang des Antrags bei Gericht (§ 6 Rn. 4). Wenn der Antrag – wirksam – unter einer **Bedingung** eingebracht wird, tritt die Fälligkeit erst mit dem Eintritt der Bedingung ein. Das ist insbesondere in den Fällen bedeutsam, in denen der Antrag unmissverständlich von der Bewilligung von Prozesskostenhilfe (PKH) abhängig gemacht wird (bedingter Antrag). Wenn z. B. ein mit „Klage" überschriebener Schriftsatz, der zugleich einen PKH-Antrag enthält, eingereicht wird, besteht keine Vermutung dafür, dass die Klage nur unter Voraussetzung der Bewilligung von PKH eingereicht werden soll.[31]

27 **PKH-Fälle:** Ein Antrag, der nur unter der „Bedingung", dass und soweit PKH bewilligt werden wird, gestellt wird, lässt die Gebühr nach KV 1210 erst fällig werden, wenn und soweit nach Ablehnung des PKH-Antrags der Antragsteller (ohne oder nach Aufforderung durch das Gericht) definitiv erklärt, dass der Antrag durchgeführt werden soll. Eine solche Erklärung kann etwa darin zu sehen sein, dass der Antragsteller um die Kostenrechnung oder um die Wertfestsetzung zum Zwecke der Einzahlung des Vorschusses ersucht oder wenn er eine ihm übersandte Kostenrechnung des Gerichts vorbehaltlos begleicht.[32] Denn mit der Begleichung der Rechnung bringt er den Willen zur Durchführung des beantragten Verfahrens objektiv zum Ausdruck. Wenn und soweit er sich um die Rechtsfolgen der mit der Zahlung zum Ausdruck gebrachten Erklärung keine weiteren Gedanken gemacht hat, handelt es sich um einen Rechtsfolgenirrtum, der jedenfalls bei Prozesserklärungen, um welche es sich hier handelt, unerheblich ist.[33]

28 Bei **Vorschaltung eines Mahnverfahrens** gelten folgende Grundsätze:

29 Der Mahnbescheidsantrag enthält keinen Antrag, dass im Falle eines Widerspruchs eine Abgabe an das Streitgericht erfolgen soll: In diesen Fällen wird die Gebühr nach KV 1210 erst mit dem Eingang des Antrags auf Durchführung des Streitverfahrens fällig. Nimmt der Antragsteller seinen Antrag auf Durchführung des Streitverfahrens wirksam zurück (§ 696 Abs. 4 ZPO), hat das auf die Fälligkeit der Gebühr KV 1210 keinen Einfluss mehr, wenn die Zurücknahme nach dem Eingang der Akten beim Streitgericht erfolgt. Denn in solchen Fällen bleibt das Streitverfahren anhängig und ruht lediglich (vgl. auch oben Rn. 2).[34] Dem Eingang der Akten bei dem Streitgericht steht im Arbeitsgerichtsverfahren die Anberaumung eines Termins gleich, wenn Mahn- und Streitgericht identisch sind.

30 Der Antragsteller hat bereits im Mahnantrag (meist formblattmäßig durch Ankreuzen des entsprechenden Kästchens im Vordruck) für den Fall eines Widerspruchs eine Abgabe an das Streitgericht beantragt: Auch dann ist nach dem eindeutigen Wortlaut und dem Sinn der Neuregelung durch das KostRModG ein bedingter Klageantrag gestellt. Die Bedingung tritt zwar mit dem Eingang des Widerspruchs bei dem Mahngericht ein, die weitere Prozessgebühr nach KV 1210 entsteht nach der Neuregelung aber erst mit dem Eingang

---

31 OLG Zweibrücken JurBüro 2008, 94 m. w. N.
32 A. M. OLG München MDR 1997, 890 (für das Mahnverfahren).
33 A. M. *Binz-Zimmermann* KV 1210 Rn. 6.
34 Vgl. Zöller/*Vollkommer* § 696 Rn. 6a i. V. m. Rn. 2.

der Akten bei dem Prozessgericht und wird auch dann erst fällig.[35] Regelmäßig ist in einem solchen Fall eine weitere 2,5-Gebühr nach dem Wert des vom Widerspruch erfassten Teils der Mahnbescheidsforderung anzusetzen. Die früher vertretene abweichende Ansicht, wonach in solchen Fällen immer ein weitere 0,5-Gebühr anzusetzen sein sollte,[36] ist überholt.

Nach einem Einspruch gegen einen Vollstreckungsbescheid ist – erforderlichenfalls nach 31 Abgabe an das Streitgericht Termin von Amts wegen anzuberaumen. Die Sache gilt dann als mit der Zustellung des Mahnbescheids rechtshängig geworden (§ 700 Abs. 2 ZPO). Die weitere Gebühr nach KV 1210 entsteht aber auch hier erst mit dem Eingang der Akte bei dem Prozessgericht.

KV 1211 (Ermäßigung): Die allgemeine Verfahrensgebühr **ermäßigt** sich erheblich, näm- 32 lich um 2,0-Gebühren, wenn das Verfahren **als Ganzes**, d. h. bzgl. sämtlicher Anträge und aller Beteiligten,[37] vorzeitig (d. h. **bevor in der Angelegenheit schon** aufgrund der Befassung des Gerichts in der Sache **ein Urteil (auch ein Versäumnisurteil) ergangen oder ein Musterbescheid nach dem KapMuG)** beendet wird, wenn dem Richter ein zeitaufwändiges Absetzen des Tatbestandes und der Entscheidungsgründe erspart bleibt oder wenn er sich aus anderen Gründen (Verzicht der Parteien auf Tatbestand und Entscheidungsgründe) nicht mehr – sei es auch nur summarisch – mit der Sache befassen muss.[38] Sind mehrere Beteiligte vorhanden, die sich prozessual unterschiedlich verhalten, führt das zweifelsohne zu Schwierigkeiten,[39] die aber mehr im Bereich des gerichtlichen Kostenausspruchs und der Haftung nach § 29 liegen, nicht aber im Bereich des KV 1211. Die Kritik von *Lappe*,[40] der die Bestimmung insoweit sogar für verfassungswidrig hält, überzeugt demzufolge nicht. Der Katalog der Ermäßigungstatbestände ist **abschließend.** So kommt beispielsweise eine Ermäßigung bei einer (übereinstimmenden) Erledigungserklärung[41] (unten Rn. 43) – bei außergerichtlichem Vergleich (unten Rn. 42) nur unter eingeschränkten Voraussetzungen, und bei einem Versäumnisurteil sowohl gegen den Beklagten[42], als auch gemäß der abschließenden Aufzählung der Urteilsarten in KV 1211 Nr. 2 auch gegen den Kläger[43] nicht in Betracht. Die gegenteilige Ansicht[44] ist jedenfalls nach der Neufas-

---

35 So früher schon OLG Rostock MDR 1999, 663; OLG Stuttgart NJW-RR 1999, 799 (L) = JurBüro 1999, 422 = MDR 1999, 634; LG Stuttgart NJW-RR 1998, 647; LG Memmingen JurBüro 1997, 434; LG Bautzen MDR 2001, 1379 = JurBüro 2002, 88; *N. Lappe* MDR 1999, 462; *Bracker* MDR 1998, 139; *Zimmermann* JurBüro 1997, 230; *Liebheit* NJW 2000, 2235 ff.
36 Vgl. etwa: OLG Bamberg JurBüro 1998, 653; OLG Hamburg JurBüro 1998, 1121; OLG Düsseldorf JurBüro 1997, 145; LG Hagen MDR 1997, 790 = JurBüro 1997, 602; LG Hamburg NJW-RR 1999, 581 = JurBüro 1999, 93; LG Würzburg JurBüro 1998, 147; LG Bamberg JurBüro 1998, 147; LG Fulda NJW-RR 1999, 220; LG Koblenz JurBüro 1999, 259; LG Nürnberg-Fürth JurBüro 1997, 144 m. Anm. v. *Enders*; AG Hamburg NJW 1999, 1298; *Oe/Wi/He* KV 1210 Rn. 3; *Hartmann* KV 1210 Rn. 20; *Salten* MDR 1997, 612; *D. Meyer* JurBüro 1999, 117 und JurBüro 2000, 284; *v. König* 1. Aufl. Rn. 871.
37 OLG Dresden JurBüro 1998, 429; OLG Schleswig SchlHA 1996, 305.
38 OLG Karlsruhe MDR 2006, 235, 236.
39 Vgl. dazu KG MDR 2002, 722; *Schmitz* MDR 1998, 387.
40 *Lappe* NJW 2004, 2409, 2411.
41 Die Best. ist verfassungsgem. vgl. BVerfG NJW 1999, 3549.
42 KG NJW-RR 1999, 869 = JurBüro 1999, 152; OLG Hamburg JurBüro 1996, 488 und MDR 1998, 623; OLG Düsseldorf NJW-RR 1997, 638; LG Berlin JurBüro 1995, 430.
43 OLG Koblenz JurBüro 2006, 205, 206; KG MDR 2006, 596; *Hartmann* KV 1211 Rn. 10.

sung des Gesetzes durch das KostRModG nicht mehr haltbar. Eine Ermäßigung ist auch dann nicht möglich, wenn gegen zwei Beklagte ein Versäumnisurteil ergangen ist, die Verfahren dann getrennt werden und die Klage dann in einem (oder beiden) der abgetrennten Verfahren zurückgenommen wird.[45] Die Nichtaufnahme des Versäumnisurteils in den Katalog der privilegierten Tatbestände der KV 1211 ist gerechtfertigt, jedenfalls nicht verfassungswidrig.[46] Eine teilweise vorzeitige Verfahrensbeendigung hat auf die Ermäßigung der Gebühr keinerlei Einfluss.[47] Auch ein vorangegangenes **Zwischenurteil** kann grundsätzlich zu keiner Ermäßigung führen, wenn sich das Gericht mit dem Streitstoff befassen musste.[48] Etwas anderes gilt nur für solche Zwischenurteile, die keine sachliche Prüfung etwa der Zuständigkeit des Gerichts oder in der Sache selbst erfordern (z. B. ein Zwischenurteil über die Leistung von Prozesskostensicherheit[49]). Auch ein vorangegangenes Teilurteil steht selbst dann einer Ermäßigung entgegen, wenn dieses aufgehoben und sich der Rechtsstreit – nach Zurückverweisung – durch Klagerücknahme insgesamt erledigt.[50] Keine teilweise Erledigung i.d.S. liegt allerdings vor, wenn im Mahnverfahren etwa nach einem Teilwiderspruch/Einspruch vor Antragstellung nur eine geringere Forderung in das Streitverfahren gelangt (vgl. oben, Rn. 10). Denn dann ist der gesamte Streitwert des Streitverfahrens geringer. Im Falle einer Prozessverbindung entsteht nach der Verbindung ein neuer Streitwert. Demzufolge ermäßigt sich nach KV 1211 nur dieser Wert und nicht die bereits vor der Verbindung entstandenen Einzelwerte.[51] Anders als im früheren Recht ist es jetzt auch unerheblich, ob das Verfahren schon zu einem sehr frühen Zeitpunkt endgültig beendet worden ist. Denn auch in einem solchen Fall sind bei Gericht i.d.R. schon erhebliche Arbeiten angefallen.[52] Eine Ermäßigung tritt ein bei:

33 **Klagerücknahme** (die nicht unbedingt i.S.d. ZPO zu verstehen ist):[53] Es reicht aus, wenn der Kläger oder ein anderer Antragsteller (z.B. der Antragsgegner im Mahnverfahren, wenn dieser den Einspruch gegen einen Mahnbescheid zurücknimmt[54]) vor dem Schluss der (letzten)[55] mündlichen Verhandlung eindeutig zu erkennen gibt, dass er das Verfahren nicht weiter betreiben wolle und der Prozess dann tatsächlich seine Erledigung findet,

---

44 LG Koblenz JurBüro 2004, 92 = NJW-RR 2004, 72 = MDR 2004, 237; LG Köln JurBüro 2001, 260 = AGS 2000 = BRAGO-Report 2000, 14; AG Siegburg JurBüro 2000, 424 = AnwBl. 2001, 128 = NJW-RR 2001, 287 = KR GKG-KV Nr. 118 m. Anm. v. *N. Schneider*; **a. M.** LG Bonn JurBüro 2001, 260.
45 OLG München NJW-RR 2007, 287.
46 BVerfG NJW 1999, 3550 = JurBüro 2000, 146. Der Vorlagebeschluss des LG Tübingen JurBüro 1997, 650 und JurBüro 1999, 149 ist vom BVerfG als unzulässig verworfen worden.
47 **A. M.** aber KG MDR 2002, 722.
48 OLG Koblenz MDR 2005, 119; OLG Düsseldorf MDR 1999, 764; **a. A.** aber OLG München JurBüro 2003, 320 m. Anm. v. *N. Schneider* = MDR 2003, 115.
49 Insoweit zutreffend OLG Karlsruhe MDR 2007 1104; OLG München JurBüro 2003, 320 = MDR 2003, 115; *N. Schneider* JurBüro 2003, 321.
50 OLG Nürnberg MDR 2003, 416.
51 Vgl. dazu näher *D. Meyer* JurBüro 1999, 239 und JurBüro 2003, 187; so auch Zöller/*Greger* § 147 Rn. 16; **a. M.** OLG München JurBüro 1999, 484 m. Anm. v. *D. Meyer* = NJW-RR 1999, 1232 = MDR 1999, 829; OLG Hamburg MDR 1999, 830; *Hartmann* KV 1211 Rn. 16; *Oe/Wi/He* KV 1211 Rn. 24a.
52 Vgl. BT-Drs. 12/6962, S. 69.
53 OLG Köln RPfleger 1973, 276; *Oe/Wi/He* KV 1211 Rn. 9.
54 LG Osnabrück JurBüro 2003, 371.
55 OLG Düsseldorf NJW-RR 2000, 362, 363.

dem Gericht mithin weitere Arbeit erspart bleibt.[56] Das gilt auch, wenn das Verfahren auf die Gehörsrüge nach § 321 ZPO fortgesetzt und anschließend durch einen der Tatbestände KV 1211 endgültig beendet wird.[57] Denn auf die begründete Rüge nach § 321 ZPO wird der Prozess in die Lage zurückversetzt, in der er sich vor dem Schluss der letzten mündlichen Verhandlung befunden hat.[58] Das bloße Nichtbetreiben des Rechtsstreits infolge Unterbrechung, Aussetzung oder Ruhen des Verfahrens – auch nach Weglage der Akten nach der AktO – allein reicht aber nicht aus.[59] Es müssen noch weitere Umstände hinzukommen, insbesondere dann, wenn die Klage durch Zustellung an den Gegner rechtshängig geworden ist. So kann die Mitteilung an das Gericht, der Beklagte habe vollständig gezahlt,[60] im Zweifel eine Erledigungserklärung (i.S.v. Ziff. 4) sein.[61] Wird ein eingeforderter Kostenvorschuss nicht gezahlt und die Sache dann nach der AktO weggelegt, ist das als Rücknahme zu behandeln (vgl. § 32 Abs. 4 KostVfg.), weil dann eine Zustellung nicht erfolgt und die Sache nicht rechtshängig werden kann.[62] Diese Fiktion ist aber gegenstandslos, wenn die Klage gleichwohl zugestellt worden ist oder der Kostenvorschuss gezahlt und danach das Verfahren nicht weiter betrieben wird.[63] Eine Rücknahme ist noch im ersten Termin einer mündlichen Verhandlung (auch in einem Fortsetzungstermin) möglich, sofern der Gegner nicht widerspricht. Unerheblich ist auch, aus welchen Gründen die Klagerücknahme i.d.S. erfolgt.[64] Hat das Gericht indessen die mündliche Verhandlung i.S.v. §§ 156, 296a ZPO geschlossen, ist eine Ermäßigung nach Ziffer 1 lit. a nicht mehr möglich. Das gilt auch, wenn nach einem in der ersten Stufe einer **Stufenklage** erfolgten Teil- oder Versäumnisurteil das weitere Verfahren durch Klagerücknahme, Anerkenntnisurteil oder Prozessvergleich endet,[65] weil dann schon eine andere Beendigung als solche i.S.v. Ziffer 2 vorliegt. Dem Schluss der mündlichen Verhandlung stehen die in Nr. 1 lit. b und c genannten Zeitpunkte gleich.[66] In gleicher Weise ist auch eine Ermäßigung nicht mehr möglich, wenn gegen zwei Beklagte ein Versäumnisurteil ergangen ist, die Verfahren dann getrennt werden und nach der Trennung die Klage in einem oder in beiden der abgetrennten Verfahren zurückgenommen wird.[67]

Als Klagerücknahme i.S.v. KV 1211 ist auch die Rücknahme einer **Widerklage** zu sehen, auch wenn sie in der zweiten Instanz erhoben wurde.[68] Dasselbe gilt bei der **Rücknahme einer** in zweiter Instanz anhängig gewordenen **Klageerweiterung,** wobei die Rücknahme nur der Erweiterung nicht ausreicht.[69] Eine Klagerücknahme i.d.S. liegt auch vor, wenn ein Klageanspruch im Weg der Parteiänderung fallengelassen und im Wege der gewillkür- **34**

---

56 OLG Düsseldorf MDR 1999, 1465; OLG München MDR 1997, 402 = NJW-RR 1997, 639; LG Bayreuth JurBüro 1975, 795; *Hartmann* KV 1211 Rn. 4.

57 *N. Schneider* NJW 2002, 1094.

58 Zöller/*Vollkommer* § 321a, Rn. 18.

59 OLG Zweibrücken JurBüro 2008, 94; *Zimmermann* in Binz u.a., KV 1211 Rn 4.

60 OLG Hamm JurBüro 1966, 149.

61 Vgl. auch *Oe/Wi/He* KV 1211 Rn. 10.

62 So auch *Oe/Wi/He* KV 1211 Rn. 20.

63 *Zimmermann* in Binz u.a. § 1211 Rn 4.

64 *Hartmann* KV 1211 Rn. 4.

65 *Wielgoss* JurBüro 2000, 632.

66 OLG Karlsruhe MDR 2006, 235, 236.

67 OLG München NJW-RR 2007, 287.

68 KG JurBüro 1967, 754.

69 OLG München NJW-RR 1997, 1139 = MDR 1997, 688 = JurBüro 1997, 537.

ten Parteiauswechselung derselbe Anspruch gegen eine andere Partei weiterverfolgt wird,[70] oder wenn die Klage aufgrund eines außergerichtlichen Vergleichs zurückgenommen wird, sofern das vor Schluss der mündlichen Verhandlung geschieht.[71] Wird ein solcher Vergleich **nach** Schluss der mündlichen Verhandlung angezeigt, ist kein Raum mehr für eine Ermäßigung,[72] und zwar auch dann nicht, wenn das Gericht dem Kläger in der mündlichen Verhandlung eine Überlegungsfrist zur Klagerücknahme eingeräumt hat.[73] Denn der „Schluss der mündlichen Verhandlung" ist dann gegeben, wenn nach der Verhandlung nur noch ein Endurteil (oder eine vergleichbare verfahrensbeendende Entscheidung) nach dem Willen aller Beteiligten ergehen soll oder kann. Wenn noch eine weitere mündliche Verhandlung folgt oder folgen muss, kann der Ermäßigungstatbestand nach KV 1211 Nr. 1 noch erfüllt werden.[74] Eine Rücknahme liegt auch vor, wenn der Kläger gegen ein klageabweisendes Versäumnisurteil Einspruch einlegt und die Klage oder den Einspruch zurücknimmt.[75] Denn ein (zulässiges) Versäumnisurteil gegen den Kläger erfolgt ohne jede Sachprüfung und beruht letztlich auf der Fiktion, dass der Kläger seinen Anspruch nicht mehr weiter verfolgen will. Dass das Gericht vor dem Erlass eines Versäumnisurteils eine Schlüssigkeitsprüfung vorzunehmen hat, steht dem nicht entgegen. Denn damit ist regelmäßig kaum Mehrarbeit verbunden. Die entgegenstehende Ansicht[76] überzeugt demzufolge nicht.

35   **Klagerrücknahme und Kostenantrag:** Wird bei der Klagerücknahme ein Kostenantrag nach § 269 Abs. 4 ZPO gestellt, ist zu unterscheiden, ob eine Kosten(grund)entscheidung nach § 269 Abs. 3 Satz 2 ZPO (Rücknahme nach Rechtshängigkeit)[77] oder eine solche nach § 269 Abs. 3 Satz 3 ZPO (Rücknahme wegen Wegfall des Anlasses zur Klage nach deren Anhängigkeit aber vor Eintritt der Rechtshängigkeit) begehrt wird. Soll eine Kostenausspruch **nach § 269 Abs. 3 Satz 2 ZPO** erfolgen, hat das keine Auswirkungen auf die Ermäßigung nach KV 122 Nr. 1[78], weil einem solchen Beschluss nur deklaratorische Bedeutung zukommt und damit keine Mehrarbeit für das Gericht verbunden ist. Denn die Kostentragungspflicht des Klägers nach einer Klagerücknahme mit notwendiger Einwilligung des Beklagten ist die von selbst eintretende gesetzliche Folge, und zwar ohne Rücksicht auf die materielle Rechtslage.[79] Der deklaratorische Beschluss hat hier nur Bedeutung für die Grundlage eines Kostenfestsetzungs-(ausgleichs)verfahrens nach §§ 103 ff. ZPO.[80] Wenn und soweit das Gericht die Kostenentscheidung begründet, was für die Ausnahmen nach § 269 Abs. 3 Satz 2 ZPO Halbsatz 2 oder im Nichtabhilfeverfahren auf eine Beschwerde nach § 269 Abs. 5 Satz 1 ZPO geboten sein kann, liegt eine nach KV 122 Nr. 2

---

70 KG JurBüro 1997, 93.

71 A. A. *Oe/Wi/He* KV 1211 Rn. 4.

72 OLG München MDR 2000, 787 = JurBüro 2000, 425; OLG Frankfurt aM MDR 1999, 1286 = NJW-RR 2000, 216.

73 OLG München MDR 2000, 787.

74 OLG München MDR 2000, 787; OLG München MDR 1997, 402.

75 AG Siegburg JurBüro 2000, 424 = NJW-RR 2001, 287 = AnwBl. 2001, 128.

76 Vgl. z. B. LG Bonn JurBüro 2001, 595, m. N.

77 OLG Düsseldorf, JurBüro 2007, 547; *Zöller-Greger,* § 269 Rn 5b.

78 So wohl auch *Hartmann* KostG. 37. Aufl. KV 1211 Rn 4 a. E.

79 BGH, NJW 2004, 223; *Zöller-Greger,* a. a. O. § 269 Rn 18 – 18c; *Thomas-Putzo/Reichold,* ZPO 28. Aufl. § 269 Rn 15.

80 Dazu *bei Mathias* in von Eicken/Hellstab/Lappe/Madert/Mathias, Die Kostenfestsetzung, 19. Auflage Rn. B 507 ff.

i.V.m. § 313a Abs. 4 ZPO vergleichbare Situation vor (dazu unten Rn 40). Anders ist die Lage allerdings dann zu beurteilen, wenn eine Kostenentscheidung nach § 269 Abs. 4 i.V.m. **§ 269 Abs. 3 Satz 3 ZPO** beantragt wird. Dann liegt eine dem § 91a ZPO vergleichbare Situation vor, d.h., das Gericht hat noch weitere Arbeit zu leisten, so dass in solchen Fällen der Rechtsstreit noch nicht endgültig erledigt ist und eine Ermäßigung nach KV 1211 Nr. 1 ausscheidet. Eine Ermäßigung kommt in diesem Fall nur in Betracht, wenn das Gericht in seiner Entscheidung einer zuvor von den Parteien mitgeteilten Einigung über die Kostentragung oder einer Kostenübernahmeerklärung folgt.[81] Mithin ist nach dem Sinn der Ermäßigungstatbestände keine Ermäßigung gerechtfertigt. Erst recht ist eine Ermäßigung bei streitiger Entscheidung nach § 269 Abs. 3 ZPO ausgeschlossen.[82]

Wird der Antrag im Mahnverfahren vom Kläger zurückgenommen, nachdem die Sache bei 36 dem Prozessgericht[83] anhängig geworden ist, handelt es sich hierbei ebenfalls um eine Klagerücknahme i.S.v. KV 1211 Nr. 1. Die Gebühr nach KV 1211 ermäßigt sich dann auf eine 1,0-Gebühr, worauf die (ggf. anteilige) Gebühr für das Mahnverfahren anzurechnen ist. Nimmt hingegen der Beklagte im Streitverfahren seinen Widerspruch gem. § 697 Abs. 4 ZPO oder den Einspruch gegen den Vollstreckungsbescheid gem. § 700 Abs. 3 S. 2 i.V.m. § 697 Abs. 4 ZPO wirksam zurück, tritt keine Ermäßigung ein, weil solches nur zum Ruhen, nicht aber zur vollständigen Erledigung des Rechtsstreits führt.[84] Eine Ermäßigung kann dann nur eintreten, wenn der Kläger der Rücknahme zustimmt.

Eine Ermäßigung tritt auch ein, wenn das gesamte Verfahren durch **ein Anerkenntnis-** 37 **oder Verzichturteil** beendet wird, §§ 306, 307 ZPO (Nr. 2). Das gilt auch für Anerkenntnis- und Verzichturteile im schriftlichen Verfahren. Die Ermäßigung tritt aber nicht ein, wenn dem Anerkenntnis- oder Verzichturteil schon eine andere Teilentscheidung oder teilbeendigende Maßnahme in der Sache vorausgegangen ist, selbst wenn es sich hier um ein Anerkenntnis- oder Verzichturteil handelt. Denn auch das sind „sonstige Urteile". Ist dem Anerkenntnis oder Verzicht eine andere Teilerledigung, etwa ein Teilvergleich im Prozess oder eine Teilrücknahme, vorausgegangen und durch wird durch das Anerkenntnis oder durch den Verzicht bzgl. des noch anhängigen Restes das gesamte Verfahren beendet, ohne dass noch weitere Kostenanträge gestellt werden, kann eine Ermäßigung gemäß Nr. 4 in Betracht kommen, wenn die Parteien – ggf. nach Aufforderung durch das Gericht – eine entsprechende Mitteilung machen.

Ein Anerkenntnis i.d.S. liegt selbstverständlich auch vor, wenn die Parteien den Rechts- 38 streit übereinstimmend für erledigt erklärt haben, der Beklagte sofort ausdrücklich Kostenanerkenntnis erklärt und das Gericht deshalb antragsgemäß einen entsprechenden Kostenausspruch erlässt. Denn in solchen Fällen liegt in der Sache ein Anerkenntnis vor und das Gericht braucht keine – wenn auch nur kursorische – Sachprüfung mehr vorzunehmen.[85] Im Übrigen wäre dann auch Nr. 4 – zumindest entsprechend – anwendbar.

Wenn hingegen nach einem Anerkenntnis dem Gericht die Kostenentscheidung überlas- 39 sen bleibt („Anerkenntnis unter Protest gegen die Kosten"), ist die Sache noch nicht erle-

---

81 *Hartmann* a.a.O. KV 1211 Rn. 4.
82 OLG Karlsruhe JurBüro 2007, 41.
83 OLG Stuttgart MDR 1999, 634, 635; OLG Hamm JurBüro 2002, 89,90.
84 Dazu bei Zöller/*Vollkommer* § 697 Rn. 12, § 700 Rn. 10.
85 OLG Düsseldorf NJW-RR 1999, 77; MDR 2000, 415, m.w.N.; LG Wuppertal JurBüro 1997, 536.

digt, weil das Gericht sich wegen der Kosten wie auch im Falle des § 91a ZPO mit dem Streitstoff mehr oder weniger beschäftigen muss. Eine solche Arbeit des Gerichts entfällt aber stets, wenn vorbehalts- bzw. bedingungslos anerkannt wird. Demzufolge tritt in solchen Fällen entgegen einer in der Rspr. verbreiteten Ansicht[86] auch nach der Novellierung durch das KostRModG keine – auch keine auf das Kostenwertinteresse begrenzte – Gebührenermäßigung ein.[87] Es ist zwar richtig, dass der richterliche Arbeitsaufwand für die bloße Begründung der Kostenentscheidung geringer ist als der für die materielle Begründung eines Urteils, gleichwohl ist er gegeben. Der Gesetzgeber hat bewusst auf eine typisierte Betrachtung abgestellt und nicht auf den Umfang des Begründungszwangs. Wenn die Parteien hier eine Gebührenermäßigung erlangen wollen, bleibt ihnen die Möglichkeit, insoweit eine Mitteilung i. S. v. Nr. 4 abzugeben.

40 Rechtsmittelverzicht nach § 313a Abs. 2 ZPO (Nr. 2): Die Bestimmung betrifft nur Entscheidungen nach § 313a Abs. 2 ZPO. Sie dient der Förderung von Rechtsmittelverzichten[88] und ist deshalb auf Entscheidungen nach § 313a Abs. 1 ZPO nicht anwendbar, weil in den Fällen ohnehin ein Rechtsmittel nicht gegeben ist, darauf also nicht verzichtet zu werden braucht.[89] Wenn eine Entscheidung, bei der nach § 313a Abs. 2 ZPO von der Darstellung des Tatbestandes und der Entscheidungsgründe abgesehen werden kann, gleichwohl begründet worden ist, liegen die Voraussetzungen einer Gerichtsgebührenermäßigung nach KV-GKG 1211 Nr. 2 regelmäßig nicht vor.[90] Eine Begründung ist schon dann gegeben, wenn das Gericht in zulässiger Weise auf den Inhalt vorbereitender Schriftsätze, von Erörterungsbeschlüssen der Berichterstattervermerken Bezug nimmt. Es spricht eine für das Kostenansatzverfahren verbindliche Vermutung dafür, dass das Gericht aus sachlich vertretbaren Erwägungen die ihm durch § 313a Abs. 2 ZPO angebotene Arbeitserleichterung nicht genutzt hat. Kostenrecht ist insoweit Folgerecht der jeweiligen zulässigen und noch vertretbaren Verfahrensweise des Gerichts, und zwar auch dann, wenn das Gericht eine andere, jedoch nicht zwingende Verfahrensweise gewählt hat, die mittelbar eine höhere Kostenbelastung der Parteien nach sich zieht. Die Ermäßigung ist auch auf Beschlussentscheidungen entsprechend anwendbar.[91] Auch in diesen Fällen tritt eine Ermäßigung ein. So etwa, wenn die Parteien in einem Vergleich nach einem gemäß § 91a ZPO ergehenden Kostenbeschluss auf dessen Begründung und Rechtsmittel verzichten.[92] Das ist deshalb gerechtfertigt, weil in diesen Fällen eine erhebliche belastungsmindernde Wirkung für die mit der Absetzung der Urteile befassten Richter erzielt wird.[93] Wenn und soweit später unter den Voraussetzungen des § 313a Abs. 4 ZPO das Urteil oder

86 OLG Rostock JurBüro 2007, 323 (LS mit Volltextservice); OLG Koblenz JurBüro 2007, 151, 152; KG JurBüro 1997, 93; OLG Naumburg JurBüro 2004, 324; OLG Nürnberg NJW-RR 2003, 1511; OLG Bremen JurBüro 2001, 373; OLG Hamburg MDR 2000, 111; OLG Karlsruhe MDR 1997, 399 = JurBüro 1997, 1096 = NJW-RR 1997, 703; OLG München MDR 1998, 242 = NJW-RR 1998, 720 = JurBüro 1998, 371; LG Münster MDR 1998, 1503; *Hartmann* KV 1211 Rn. 9; *Seutemann* MDR 1885, 1096.
87 Vgl. OLG Karlsruhe JurBüro 2001, 374; OLG Hamburg JurBüro 2001, 317; LG Magdeburg JurBüro 2004, 325; *Oe/Wi/He* KV 1211 Rn. 23; *Herget* MDR 1997, 1097.
88 *Oe/Wi/He* KV 1211 Rn. 29.
89 *Hartmann* KV 122 Rn 9.
90 OLG Brandenburg JurBüro 2007, 536. A.A. OLG Köln MDR 2007, 1458 (LS).
91 OLG München JurBüro 2003, 650 = NJW-RR 2003, 1656 = MDR 2003, 1443.
92 LG Bonn MDR 2004, 476.
93 So die Begr. zur Neufassung, BT-Drucks. 14/4722, S. 139.

der Beschluss vervollständigt werden muss, hat das keinen Einfluss mehr auf die Ermäßigung. Aus dem Sinn des Ermäßigungstatbestands nach § 313a Abs. 2 ZPO folgt aber, dass der Verzicht noch in dem Termin, in dem die mündliche Verhandlung geschlossen worden ist oder die Entscheidung bekannt gegeben wird,[94] erklärt werden muss.[95] Spätere Verzichterklärungen – auch solche in der Frist des § 313a Abs. 3 ZPO – führen nicht mehr zur Ermäßigung. Das ist auch gerechtfertigt, denn i. d. R. wird der Richter unmittelbar nach dem Schluss der Verhandlung mit der Absetzung des Urteils beginnen. Die gegenteilige Ansicht[96] entspricht zum einen nicht dem Sinn der gesetzlichen Regelung und beruht zum anderen auf der Unterstellung, dass der Richter sich mit der Absetzung des Urteils längere Zeit lasse. Das gilt auch dann, wenn die Entscheidung in einem Verkündungstermin oder – im schriftlichen Verfahren – durch Zustellung bekannt gegeben wird, weil in solchen Fällen stets eine vollständige Entscheidung vorliegen muss. Aus dem Wortlaut des Gesetzes folgt auch, dass die Fälle des § 313a Abs. 1 ZPO keine Ermäßigung auslösen. Zum einen ist danach nur die Darstellung des Tatbestandes entbehrlich, während die Gründe abzusetzen sind. Zum anderen bleibt es den Parteien unbenommen, nach § 313a Abs. 2 ZPO auch hier auf die Mitteilung der Entscheidungsgründe zu verzichten.

Gerichtlicher Vergleich (Nr. 3): Eine Ermäßigung tritt auch ein, wenn das **gesamte** Verfahren durch Prozessvergleich endet. Ein Teilvergleich – auch nach einem Versäumnisurteil – reicht nicht aus,[97] und zwar auch dann nicht, wenn nach einer nach einem Versäumnisurteil erfolgten Klageerhöhung die Sache durch einen Vergleich beendet wird,[98] oder wenn durch den Vergleich die Klage, nicht aber die Widerklage vollständig erledigt wird.[99] Das gilt selbst dann, wenn die Erweiterung einen anderen, mit der Klageerhöhung eingeführten Streitgegenstand betrifft.[100] Ein einem Vergleich vorangegangenes Versäumnisurteil steht nämlich immer einer Ermäßigung entgegen[101] (Vgl. auch oben Rn 32). Keine endgültige Erledigung liegt vor (und damit keine Ermäßigung nach Nr. 1211 Ziffer 3), wenn die Parteien zunächst einen Vergleich schließen und eine Partei dann die Fortsetzung des Rechtsstreits wegen neuerer Erkenntnisse beantragt und das Gericht dann ein Urteil verkündet, wonach die Beendigung des Rechtsstreits durch Vergleich festgestellt wird.[102] **41**

Der Vergleich muss **vor Gericht** geschlossen sein, und zwar in der mündlichen Verhandlung oder im Verfahren nach § 278 ZPO. Eine Gesamterledigung durch einen außergerichtlichen Vergleich, der dem Gericht nur mitgeteilt wird, reicht für eine Ermäßigung nach KV 1211 nicht ohne weiteres aus.[103] Das gilt auch, wenn das Gericht – im Laufe der Erörterung in der mündlichen Verhandlung oder im Rahmen eines schriftlichen Erörterungsbeschlusses – einen Vergleich angeregt hat, der dann auch außergerichtlich zustande kommt, ohne dass er gerichtlich protokolliert wird. Eine Ausnahme kommt nur in Betracht, wenn die Parteien **42**

94 OLG München JurBüro 2003, 650 = NJW-RR 2003, 1656.
95 *Zöller-Vollkommer* § 313a Rn 8.
96 *Zimmermann* in *Binz u.a.* KV 122 Rn 25.
97 OLG Schleswig MDR 2003, 176; OLG Düsseldorf NJW-RR 2000, 1594 = JurBüro 2001, 316.
98 OLG Hamburg JurBüro 2001, 317.
99 OLG Schleswig MDR 2003, 176.
100 OLG Düsseldorf JurBüro 2001, 313.
101 Vgl. OLG Koblenz JurBüro 2008, 92 = MDR 2008, 112.
102 LG Stuttgart JurBüro 2005, 656.
103 OLG München NJW-RR 1999, 1232 (L); OLG Düsseldorf MDR 2000, 415.

auch die Kostenfrage vergleichsweise geregelt und sich verpflichtet haben, keine Kostenanträge zu stellen.[104] Eine derartige Mitteilung kann aber auch als Erledigungserklärung i. S. v. Nr. 4 ausgelegt werden. Aber auch hier darf keine andere (Teil-)Entscheidung vorausgegangen sein, und zwar auch kein Versäumnisurteil[105] oder Zwischenurteil.[106] Das gilt selbst dann, wenn das vorangegangene Urteil nur einen völlig unbedeutenden Teil des Gesamtstreitgegenstandes betraf.[107] Ein Vergleich i. d. S. liegt selbstverständlich vor, wenn die Parteien den Rechtsstreit übereinstimmend für erledigt erklären und sich über die Kosten vergleichen (vgl. Rn. 43, 44),[108] nicht aber, wenn sie die Kostenentscheidung dem Gericht überlassen[109] oder nach dem Erlass eines Versäumnisurteils die Klage erhöht und der Rechtsstreit daraufhin durch Vergleich beendet wird.[110] In solchen Fällen verbleibt es bei der 3,0-Gebühr. Ob das Gericht nur davon ausgeht, dass die Parteien im Falle einer außergerichtlichen Einigung keine Kostenentscheidung durch das Gericht beantragen werden,[111] reicht indessen für eine Ermäßigung ebenso wenig aus, wie eine gerichtliche Entscheidung auf Antrag der Parteien i. S. d. vergleichsweisen Einigung in der Hauptsache.[112]

43 **Erledigungserklärung** (Nr. 4): Grundsätzlich keine Klagerücknahme ist indessen eine Erledigungserklärung. Denn hier hat das Gericht i. d. R. noch weitere Entscheidungen zu treffen, insbesondere die Kostenentscheidung nach § 91a ZPO. Erledigungserklärungen nach § 91a ZPO sind deshalb grundsätzlich allein für sich betrachtet noch nicht geeignet, einen der Abfassung eines Urteils vergleichbaren richterlichen Arbeitsaufwand bei der abschließenden Verfahrensentscheidung entbehrlich werden zu lassen, weil das Gericht über die Kosten unter Berücksichtigung des bisherigen Sach- und Streitstandes nach billigem Ermessen zu entscheiden hat. Dieser Aufwand entfällt aber, wenn das Gericht keine Kostenentscheidung mehr treffen muss oder wenn es bei seiner Entscheidung einer zuvor von den Parteien mitgeteilten Einigung in der Kostenfrage uneingeschränkt folgt. In diesen Fällen reicht zur Begründung der Entscheidung eine Bezugnahme auf die aktenkundig gemachte Einigung aus. Gleiches gilt, wenn eine Partei ihre Bereitschaft zur Übernahme der Kosten erklärt hat. Zusätzlich zu den früher geregelten Ermäßigungstatbeständen hat der Gesetzgeber deshalb jetzt auch Erledigungserklärungen nach § 91a ZPO in die Begünstigung einbezogen, wenn entweder eine Entscheidung über die Kosten überhaupt nicht ergeht, weil die Parteien übereinstimmend auf eine Kostenentscheidung verzichten, oder aber die Entscheidung einer zuvor dem Gericht mitgeteilten (außergerichtlichen) Einigung der Parteien in der Kostenfrage bzw. der Erklärung einer Partei, die Kosten übernehmen zu wollen, folgt. Damit ist die Kontroverse in Rechtsprechung und Literatur zum alten Recht, ob dann eine Gebührenprivilegierung zulässig ist,[113] erledigt.

104 OLG München MDR 1998, 739 = JurBüro 1998, 373.
105 OLG München MDR 1996, 968; OLG Düsseldorf MDR 1997, 301; OLG Hamburg MDR 1996, 1193.
106 OLG Düsseldorf NJW-RR 1999, 1231 = JurBüro 1999, 425.
107 OLG Koblenz, Beschl. v. 19. 3. 2002 – 14 W 188/02.
108 KG MDR 1997, 889; OLG Nürnberg JurBüro 1998, 371 = NJW-RR 1998, 719; OLG Bamberg JurBüro 1999, 95.
109 OLG Karlsruhe JurBüro 2001, 315; OLG Hamburg MDR 1997, 103; OLG München MDR 1999, 957; OLG Köln NJW-RR 1998, 1293.
110 OLG Hamburg MDR 2000, 111.
111 A. M. OLG Köln MDR 1998, 1250.
112 A. M. OLG Brandenburg NJW-RR 1999, 654 = OLG-NL 1999, 48.
113 Vgl. bei Zöller/*Vollkommer/Herget* § 91a Rn. 59.

Wenn eine Ermäßigung bei Erledigungserklärung nicht in Betracht kommt, ist auch eine **44** Reduzierung des Streitwertes auf das Kosteninteresse nicht zulässig,[114] und zwar auch dann nicht, wenn der Beklagte einem Kostenantrag des Klägers nicht entgegentritt und die Prüfung des Gerichts nur geringen Zeitaufwand verursacht.[115] Denn hier hat die Kostenentscheidung in der Sache die Wirkung eines Versäumnisurteils. Anders liegt der Fall aber, wenn die Parteien den Rechtsstreit übereinstimmend für erledigt erklären und das Gericht die Kostenfrage nicht mehr sachlich zu prüfen hat, weil der Beklagte den Kostenantrag anerkennt,[116] die Parteien durch außergerichtliche Zahlung der Kosten faktisch[117] oder ausdrücklich auf eine Kostenentscheidung verzichten[118] oder wenn sie sich über die Kostenfrage vergleichen.[119] Denn in diesen Fällen liegt aus kostenmäßiger Sicht in der Sache ein Verzicht, Anerkenntnis oder Vergleich vor, so dass die entsprechenden Ermäßigungstatbestände unmittelbar greifen. Dazu Rn. 17–18.

Mehrere Ermäßigungstatbestände: Nach S. 3 tritt die Ermäßigung auch ein, wenn meh- **45** rere der in KV 1211 genannten Ermäßigungstatbestände nebeneinander oder sukzessive gegeben sind, also kein Urteil nach Nr. 2 vorausgegangen ist.[120] Freilich wird die Gebühr dann nur einmal auf eine 1,0-Gebühr herabgesetzt.[121] Dem Sinn und Zweck der Bestimmung KV 1211 zufolge müssen die verschiedenen Ermäßigungstatbestände nicht unbedingt gleichzeitig, sondern sie können auch sukzessive eingetreten sein.[122] Wird also in einer mündlichen Verhandlung ein Teilanerkenntnisurteil erwirkt und lassen die Parteien dann über den Rest einen Vergleich zu Protokoll nehmen oder nimmt der Kläger die Klage über den Rest zurück, ermäßigt sich die allgemeine Verfahrensgebühr auf eine 1,0-Gebühr. Gleiches gilt, wenn die Parteien nach einem Vergleich über die Hauptsache auf eine Begründung und auf Rechtsmittel gegen einen nach § 91a ZPO ergehenden Kostenbeschluss verzichten.[123] Bei nach § 147 ZPO verbundenen Verfahren liegt eine endgültige Erledigung aber nur vor, wenn die nach der Verbindung zu einem Verfahren gewordene Sache erledigt wird. Werden nur einzelne der ehemals selbständigen Streitgegenstände erledigt, ist KV 1211 nicht anwendbar.[124]

---

114 OLG Frankfurt aM NJW-RR 2001, 717; OLG Oldenburg JurBüro 1999, 374 = NJW-RR 1999, 942.
115 LG Kleve JurBüro 2001, 261.
116 OLG München JurBüro 2001, 596 = NJW-RR 2002, 216; OLG Nürnberg, Beschl. v. 14. 1. 2000 – 13 W 4609/99 –, mitgeteilt bei *Jungbauer* JurBüro 2001, 231, Fn. 9 = MDR 2000, 415; LG Köln JurBüro 2001, 260.
117 OLG Frankfurt aM JurBüro 1999, 94; OLG München MDR 1996, 209; OLG Stuttgart Die Justiz 1996, 87.
118 LG Mainz JurBüro 2001, 260.
119 OLG Bamberg JurBüro 1999, 95.
120 Vgl. auch *Oe/Wi/He* KV 1211 Rn. 4.
121 LG Wuppertal JurBüro 1997, 536; *Hartmann* KV 1211 Rn. 12.
122 OLG Hamburg MDR 2001, 1261.
123 LG Bonn MDR 2004, 476.
124 Dazu ausführlicher bei *D. Meyer* JurBüro 2003, 187.

Abschnitt 2

Berufung und bestimmte Beschwerden

46 Dieser Abschnitt regelt die Gebühren des Berufungsverfahrens. Das durch das KostRÄndG 1994 für erstinstanzliche Zivilprozessverfahren eingeführte Pauschalgebührensystem hat sich bewährt und ist jetzt auch auf das Berufungsverfahren erstreckt worden.

47 Wie im alten Recht soll dieser Abschnitt auch für solche Beschwerden gelten, die verfahrensrechtlich der Berufung gleichstehen (bestimmte Familien- und Lebenspartnerschaftssachen) oder die wegen ihrer Bedeutung dem Berufungsverfahren gleichstehen sollen. Dies ist nunmehr technisch durch eine entsprechende Vorbemerkung realisiert.

Vorbemerkung 1. 2. 2.:

Dieser Abschnitt ist auf folgende Beschwerdeverfahren anzuwenden:

4.   Beschwerden nach § 621a Abs. 2 Satz 2 i. V. m. § 629a Abs. 2 Satz 1 und § 621e Abs. 1; dies gilt in Verfahren nach § 661 Abs. 1 Nr. 7 i. V. m. Abs. 2 ZPO entsprechend;

5.   Beschwerden nach den §§ 63 und 116 GWB;

6.   Beschwerden nach § 48 WpÜG;

7.   Beschwerdeverfahren nach § 37 u Abs. 1 WpHG;

8.   Beschwerden nach § 75 EnWG;

9.   Beschwerden nach § 12 VSchDG.

1220	Verfahren im Allgemeinen	4,0

48 Allgemeines: Für die pauschale Verfahrensgebühr gilt ein Gebührensatz von 4,0, um ein angemessenes Verhältnis zu der Gebühr für die erste Instanz herzustellen. Bei der Höhe des Gebührensatzes werden Durchschnittswerte zugrunde gelegt. Es ist berücksichtigt, dass nahezu in allen Verfahren, die nicht von den in KV 1222 genannten Ermäßigungstatbestände erfasst werden, derzeit die höchstmöglichen Gebühren von insgesamt 4,5 entstehen. Die Gebühr entsteht auch, wenn die Berufung durch Beschluss nach § 522 Abs. 2 ZPO zurückgewiesen wird. Denn auch dann muss das Gericht die Zulässigkeit und Begründetheit des Rechtsmittels prüfen, auch wenn keine mündliche Verhandlung vorausgegangen ist. Die volle Gebühr ist dann angebracht. Die Bestimmung ist verfassungsrechtlich bedenkenlos.[125] Eine Ermäßigung ist nur über die Tatbestände KV 1221 ff. möglich.

49 Die Vorschriften KV 1220–1223 sind gemäß §§ 169, 170 BauGB auch in Baulandsachen anwendbar. Sie gelten auch, wenn in der Berufungsinstanz ein eigentlich erstinstanzlicher Antrag (wie z.B. ein Arrestantrag nach § 943 ZPO oder eine Zwischenfeststellungsklage)[126] eingebracht wird. Auch die Berufung gegen ein Vorbehaltsurteil nach §§ 302, 599 gehört hierher. Die Gebühr KV 1220 entsteht auch, wenn die Berufung ausdrücklich nur

---

125 KG NJW-RR 2004, 1223 (noch zu KV 1226 a. F.).
126 KG RPfleger 1956, 88.

zur Fristwahrung eingelegt wird.[127] Gleiches gilt, wenn die Berufung durch einen bei dem Gericht nicht zugelassenen Rechtsanwalt eingelegt wird[128] oder durch die nicht postulationsfähige Partei selbst.[129]

Eine **Anschlussberufung** löst gleichfalls die Gebühr aus, wobei für das Entstehen der Gebühr nicht mehr auf die Terminsbestimmung aufgrund des Hauptrechtsmittels abzustellen ist,[130] sondern auf den Eingang der Anschlusserklärung. Der Streitwert der Berufung (Beschwer) bestimmt sich nach § 47. Betrifft die Anschlussberufung denselben Anspruch wie die Berufung, ist insoweit keine weitere Gebühr anzusetzen. Die Staatskasse erhält dann insoweit nur einen weiteren (Gesamtschuldner) für die schon durch die Berufungseinlegung entstandene allgemeine Verfahrensgebühr. Gleiches gilt auch, wenn die Anschlussberufung sich auf denselben Streitgegenstand i.S.v. § 45 bezieht. Ist die Anschlussberufung in solchen Fällen nur zum Zwecke der Klageerweiterung zur Erhebung der Widerklage eingelegt worden, ist die allgemeine Verfahrensgebühr insoweit nur nach dem Mehrwert der Erweiterung oder dem Wert der Widerklage (§ 47) zu berechnen. Ist die Anschlussberufung jedoch nur hilfsweise (bedingt) eingelegt worden, gelten insoweit die allgemeinen Grundsätze des § 45. | 50

Die Ausführungen zu KV 1210 gelten für KV 1220 entsprechend. Auf das dort Genannte (oben, Rn. 13 – 14) kann deshalb verwiesen werden. | 51

1221	Beendigung des gesamten Verfahrens durch Zurücknahme des Rechtsmittels, der Klage oder des Antrags, bevor die Schrift zur Begründung des Rechtsmittels bei Gericht eingegangen ist:	
	Die Gebühr 1220 ermäßigt sich auf	1,0

Erledigungserklärungen nach § 91a ZPO stehen der Zurücknahme gleich, wenn keine Entscheidung über die Kosten ergeht oder die Entscheidung einer zuvor mitgeteilten Einigung der Parteien über die Kostentragung oder der Kostenübernahmeerklärung einer Partei folgt.

KV 1221 basiert auf KV 1121 a.F. Allerdings ist die Ermäßigung in diesen Fällen gegenüber dem alten Recht erheblich eingeschränkt. Sie betrifft nur noch die Fälle, in denen ein Rechtsmittel i.S.v. KV 1120 eingelegt und vor Eingang der Berufungsbegründungsschrift nach § 520 Abs. 1 ZPO wieder gegenüber dem zuständigen Gericht förmlich zurückgenommen wird (§ 516 Abs. 1 ZPO). Ob das der Fall ist, ist ggf. durch Auslegung zu ermitteln.[131] Eine solche Zurücknahme kann auch in einer Erledigungserklärung liegen.[132] Grundsätzlich tritt auch (noch) keine Ermäßigung ein, wenn beide Parteien Berufung einlegen und nur die eine ihr Rechtsmittel zurücknimmt,[133] weil dadurch das gesamte | 52

---

127 OLG Düsseldorf NJW-RR 1997, 1159.
128 LG Koblenz MDR 2005, 1197.
129 OLG Zweibrücken JurBüro 2007, 372.
130 *Hartmann* KV 1220 Rn. 4ff.
131 BGH NJW-RR 2005, 584.
132 BGHZ 34, 200: Zöller/*Gummer* § 561 Rn. 5.
133 OLG München NJW-RR 2005, 1016.

Rechtsmittelverfahren noch nicht völlig erledigt ist. In allen anderen Fällen einer Zurücknahme des Rechtsmittel ist nur eine Ermäßigung nach KV 1222 Nr. 1 möglich.

53 Der Grund der gegenüber KV 1222 Nr. 1 höheren Ermäßigung nach KV 1221 liegt darin, dass das Gericht in solchen Fällen überhaupt keine nennenswerte Arbeit mit der Behandlung der Berufung hat. Die Einlegung des Rechtsmittels muss dem Gegner nach der Neuregelung der Fristen noch nicht einmal mehr formlos mitgeteilt werden.[134] Vielmehr ist eine Zustellung der Berufung erst zusammen mit der Berufungsbegründungsschrift vorgeschrieben. Folgerichtig stellt das Gesetz hier auf den Eingang der Berufungsschrift bei dem zuständigen Gericht ab und nicht auf deren weitere Behandlung. Der von Amts wegen zu treffende Beschluss nach § 516 Abs. 3 ZPO ist in diesem Zusammenhang unschädlich.

54 KV 1221: Bei einer **Anschlussberufung** nach § 524 ZPO erstreckt sich eine Ermäßigung bei der Rücknahme des Rechtsmittels durch den Hauptberufungsführer nur dann auch auf die Anschlussberufung, wenn diese sich nach § 524 Abs. 4 ZPO auswirkt. In diesem Fall braucht das Berufungsgericht sich nämlich nicht mehr mit der Anschlussberufung zu befassen. Anders verhält es sich jedoch, wenn sich das Gericht trotz Rücknahme der Hauptberufung noch mit der Anschlussberufung zu befassen hat, was regelmäßig der Fall ist, wenn durch die Anschlussberufung für den Anschlussberufungskläger weitere Gebühren entstehen (§ 47). Das folgt aus § 524 Abs. 3 S. 1 ZPO, wonach die Anschlussberufung in der Berufungsanschlussschrift nach § 524 Abs. 1 ZPO zu begründen ist. Im Kontext mit § 524 Abs. 2 und 4 ZPO bedeutet dies, dass sich das Gericht jedenfalls mit der Zulässigkeit des Anschlusses stets auseinander setzen muss, so dass die Zurücknahme einer Anschlussberufung dann unter KV 1222 fällt.

55 Wenn der Berufungskläger sein Rechtsmittel nicht förmlich zurücknimmt oder keine Erledigungserklärung abgibt, sondern das Rechtsmittel nicht oder nicht binnen der Frist der §§ 520 Abs. 2, 524 Abs. 3 ZPO begründet, ist eine Ermäßigung nach KV 1221 ebenfalls nicht möglich. Denn auch in solchen Fällen hat das Gericht die Unzulässigkeit des Rechtsmittels zu prüfen, bevor es dieses durch begründungspflichtigen Beschluss nach § 522 ZPO zurückweist.

56 Wird der Berufungsrechtsstreit vor dem Eingang der Berufungsbegründungsschrift für erledigt erklärt, kommt die Ermäßigung nach KV 1221 nur in Betracht, wenn keine Kostenentscheidung nach § 91a ZPO erforderlich ist. Das oben Rn. 43–44 Gesagte gilt entsprechend.

1222	Beendigung des gesamten Verfahrens, wenn nicht Nummer 1221 anzuwenden ist, durch
	1. Zurücknahme des Rechtsmittels, der Klage oder des Antrags
	a) vor dem Schluss der mündlichen Verhandlung,
	b) in den Fällen des § 128 Abs. 2 ZPO vor dem Zeitpunkt, der dem Schluss der mündlichen Verhandlung entspricht,

---

134 Zöller/*Gummer* § 521 Rn. 6.

2. Anerkenntnisurteil, Verzichtsurteil oder Urteil, das nach § 313a Abs. 2 ZPO keinen Tatbestand und keine Entscheidungsgründe enthält,

3. gerichtlichen Vergleich oder

4. Erledigungserklärungen nach § 91a ZPO, wenn keine Entscheidung über die Kosten ergeht oder die Entscheidung einer zuvor mitgeteilten Einigung der Parteien über die Kostentragung oder der Kostenübernahmeerklärung einer Partei folgt,

es sei denn, dass bereits ein anderes als eines der in Nummer 2 genannten Urteile oder ein Beschluss in der Hauptsache vorausgegangen ist:

Die Gebühr 1220 ermäßigt sich auf   2,0

Die Gebühr ermäßigt sich auch, wenn mehrere Ermäßigungstatbestände nach Nummer 1222 erfüllt sind.

Nach KV 1222 ermäßigt sich die pauschale Verfahrensgebühr im Übrigen grundsätzlich   57 nur unter den gleichen Voraussetzungen, die für die Verfahrensgebühr der ersten Instanz vorgesehen sind, nämlich auf 2,0. Eine Abweichung besteht insoweit nach KV 1223 nur für die Fälle, in denen die Parteien nach § 313a Abs. 1 S. 2 ZPO auf eine schriftliche Begründung verzichten. Die Ausführungen zu KV 1211 (oben Rn. 32–45) gelten entsprechend, so dass darauf Bezug genommen werden kann.

Rücknahme (Nr. 1): Voraussetzung für eine Ermäßigung ist hier, dass die Berufung, die   58 Anschlussberufung oder der Antrag nach Eingang der Rechtsmittelbegründungsschrift, spätestens vor der Verkündung des Berufungsurteils (§ 516 ZPO) oder einer entsprechenden abschließenden Entscheidung zurückgenommen wird. Das kann in die Berufungsinstanz abschließendes Endurteil sein, wobei es unerheblich ist, ob es sich um ein Sach- oder Prozessurteil handelt[135] oder ob es aufgrund einer streitigen oder einer einseitigen Verhandlung ergangen ist.[136] Voraussetzung dafür ist aber nur ein förmliches Urteil. Entscheidet das Gericht irrtümlich durch Beschluss, ermäßigt sich die Gebühr nach KV 1122 gleichwohl, denn der Irrtum des Gerichts kann dem Kostenschuldner nicht angelastet werden. Ein vom Gericht erteilter Hinweis – auch wenn ein solcher in der Form eines förmlichen Beschlusses erfolgt – ist allerdings noch keine abschließende Entscheidung, so dass eine Rücknahme aufgrund des Hinweises auf die Ermäßigung keinen Einfluss hat.[137]

Alle bis dahin getroffenen Maßnahmen des Gerichts wie z. B. die Anberaumung eines   59 Termins zur Protokollierung eines Vergleichs,[138] für die Verhandlung über eine Vorabentscheidung gemäß § 718 Abs. 1 ZPO[139] oder eine mündliche Verhandlung stehen demzufolge einer Ermäßigung nach KV 1222 nicht entgegen.

---

135   LG Bayreuth JurBüro 1977, 79.
136   OLG Bamberg JurBüro 1977, 243; *Mümmler* JurBüro 1977, 1508 m. N.
137   OLG Koblenz JurBüro 2007, 152.
138   OLG Hamburg MDR 1998, 927.
139   OLG München JurBüro 2003, 270 = MDR 2003, 717.

60   Voraussetzung für die Ermäßigung ist aber, dass die Rücknahme dem Gericht gegenüber eindeutig erklärt worden ist, d. h., dass eine entsprechende Rücknahmeerklärung bis zum Ablauf des maßgeblichen Zeitpunkts wirksam bei Gericht eingegangen ist. Geht die Rücknahmeerklärung erst nach Unterzeichnung des Urteils oder der Endentscheidung ein, kommt eine Ermäßigung nicht mehr in Betracht. Dabei ist es unerheblich, ob der die Rücknahme Erklärende die Unterzeichnung des Urteils oder der entsprechenden Entscheidung schon kannte oder kennen konnte. Eine einseitige Anzeige des Rücknehmenden reicht aus.

61   Nr. 2–4: Hier gelten gegenüber den Grundsätzen zu KV 1211 keine Besonderheiten. Das dort Gesagte gilt entsprechend.

62   Eine Ermäßigung nach Nrn. 1–4 ist auch hier nur möglich, wenn der Antrag **vollständig** zurückgenommen und dadurch die Instanz völlig abgeschlossen wird. Dazu gehört auch die Rücknahme nach einem Grund- oder Vorbehaltsurteil, das in der Berufungsinstanz erstmalig ergeht.[140] Soweit es sich um ein mit der Berufung angegriffenes Vorbehaltsurteil nach § 302 ZPO handelt, ist Voraussetzung, dass der Vorbehalt in der Urteilsformel enthalten ist. Fehlt er im Tenor des Urteils, ist er nach §§ 319–322 ZPO nachzuholen. Liegt ohnehin eine eigenständige Berufung vor, ist diese gebührenmäßig unabhängig vom Nachverfahren nach KV 1120–1223 zu behandeln.

63   Eine Teilrücknahme oder eine nach einer vorangegangenen Teilrücknahme die Sache dann ganz erledigende weitere Rücknahme reicht auch hier nicht für die Ermäßigung.[141] Das ist jetzt ausdrücklich klargestellt worden.

64   Auch im Berufungsrechtszug können mehrere Ermäßigungstatbestände erfüllt werden. Auch dann kommt nur eine Ermäßigung in Betracht. Vgl. auch oben Rn. 45.

65   KV 1222 ist auch dann anwendbar, wenn die Beendigung i.S.v. Nr. 1–4 nach einer Zurückverweisung der Sache gem. § 563 ZPO eintritt und das Berufungsgericht sich wieder mit der Sache befassen muss. Das folgt aus § 37.

66   Keine Ermäßigung nach KV 1222 kommt in Betracht, wenn das Berufungsverfahren durch ein echtes Versäumnisurteil beendet oder das Rechtsmittel durch Beschluss nach 522 ZPO zurückgewiesen wird. Denn auch in solchen Fällen ist eine umfassende Prüfung der Erfolgsaussichten bzw. der Zulässigkeit des Rechtsmittels notwendig, so dass eine kostenrechtliche Gleichstellung mit einem Endurteil gerechtfertigt ist.[142]

1223 **Beendigung des gesamten Verfahrens durch ein Urteil, das wegen eines Verzichts der Parteien nach § 313a Abs. 1 Satz 2 ZPO keine schriftliche Begründung enthält, wenn nicht bereits ein anderes als eines der in Nummer 1222 Nr. 2 genannten Urteile oder ein Beschluss in der Hauptsache vorausgegangen ist:**	
Die Gebühr 1220 ermäßigt sich auf	3,0

---

140   OLG Hamburg MDR 1990, 453; *Oe/Wi/He* KV 1223 ff. Rn. 13, 22.
141   *A. M. Hartmann* KV 1121 Rn. 8; *Oe/Wi/He* KV 1221 Rn. 22.
142   Begr. zu Art. 32 ZPO-RG, BT-Drs. 14/722, S. 140.

Die Gebühr ermäßigt sich auch, wenn daneben Ermäßigungstatbestände nach Nummer 1222 erfüllt sind.

Wegen der besonderen Bedeutung der Möglichkeit des § 313a Abs. 1 S. 2 ZPO (Verzicht auf 67 die Entscheidungsgründe) im Berufungsverfahren sieht KV 1223 eine weitere Gebührenbegünstigung vor. Nach KV 1220, 1227 a. F. fielen im Berufungsverfahren bei einem Verzicht auf die Entscheidungsgründe nur 3,0 Gebühren an, während ohne einen zusätzlichen Gebührenermäßigungstatbestand gem. KV 1120 4,0 Gebühren zu zahlen wären. Durch den Wegfall des alten Kostenanreizes wäre zu erwarten, dass die Parteien auf die Urteilsgründe nicht mehr in dem bisherigen Umfang verzichten würden und die vorgenannten Urteile zu begründen wären. Die dadurch bedingte Mehrarbeit der Gerichte ist wesentlich stärker zu gewichten als die Erleichterungen, die bei einer vereinfachten Gebührenabrechnung zu erzielen wären. Für diese Fälle gilt demzufolge eine Ermäßigung der Pauschalgebühr auf 3,0.

In den Fällen, in denen dem Urteil ein mit Entscheidungsgründen versehenes Urteil oder 68 ein entsprechender Beschluss oder ein Versäumnisurteil vorausgegangen ist, ist eine kostenrechtliche Privilegierung wegen des bereits angefallenen Arbeitsaufwandes des Gerichts jedoch nicht gerechtfertigt. Andererseits soll die Begünstigung auch greifen, wenn ein Teilanerkenntnis- oder Teilverzichtsurteil, eine Teilrücknahme oder ein Teilvergleich vorausgegangen ist.

Auch nach einer Zurückverweisung der Sache gem. § 543 ZPO ist KV 1223 anwendbar. 69

Wenn neben dem Ermäßigungstatbestand nach KV 1223 noch weitere Ermäßigungstatbe- 70 stände nach KV 1222 erfüllt sind, ist KV 1223 ebenfalls anwendbar. Gemeint sind hier die Fälle der Endentscheidungen, wenn das Berufungsverfahren durch Zurücknahme der Berufung, Anerkenntnisurteil, Verzichturteil, Vergleich, etc. nur teilweise erledigt worden ist. Auch in diesen Fällen soll die Begünstigung nach KV 1223 greifen.

Abschnitt 3

Revision und Rechtsbeschwerden nach § 74 GWB, § 86 EnWG und § 24 VSchDG

Im 3. Abschnitt sind die Gebühren des Revisionsverfahrens geregelt. Das durch das 71 KostRÄndG 1994 für erstinstanzliche Zivilprozessverfahren eingeführte Pauschalgebührensystem gilt jetzt auch für das Revisionsverfahren. Wie im alten Recht gilt dieser Abschnitt auch für Rechtsbeschwerden nach § 74 GWB und § 86 EnWG. Das Verfahren über die Zulassung der Sprungrevision ist in Abschnitt 4 geregelt.

1230	Verfahren im Allgemeinen	5,0

KV 1230: Gebühren betreffen ausschließlich die Revisionsverfahren nach §§ 542, 543, 72 545–565 ZPO[143] sowie die Rechtsbeschwerdeverfahren nach § 74 GWB, § 86 EnWG und

---

143 BGH NJW-RR 2007, 1148.

§ 24 VSchDG. Für die Zulassung der Sprungrevision nach § 566 ZPO sowie für die Nicht-zulassungsbeschwerde nach §§ 544 ZPO, 74 GWB gelten hingegen die Sondervorschriften des 4. Abschnitts. Das gilt auch dann, wenn das Revisionsgericht nach § 544 Abs. 7 ZPO bei einer Entscheidung über eine Nichtzulassungsbeschwerde das angefochtene Urteil auf-hebt und die Sache an die Vorinstanz zurückverweist, und dabei inzident auch über die Zulassung der Revision entscheidet.[144] Die pauschale Verfahrensgebühr, die das bisherige Nebeneinander von Verfahrens- und Entscheidungsgebühren ablöst, ist mit einem Ge-bührensatz von 5,0 bestimmt. Er liegt damit um 0,5 über dem für die Berufung geltenden Gebührensatz und trägt damit der gegenüber dem Berufungsverfahren größeren Bedeu-tung und dem höheren Aufwand Rechnung. Es gelten die gleichen Grundsätze wie bei KV 1120. Wenn sich eine Nichtzulassungsbeschwerde gegen zwei (mehrere) Beschwerde-gegner richtet und die Beschwerde gegenüber einem von ihnen zurückgenommen wird, während sie für den/die anderen zur Zulassung der Revision führt, hat der Beschwerde-führer neben der allgemeinen Verfahrensgebühr für die Durchführung der Revision auch noch eine/die Gebühr(en) für die Rücknahme der Nichtzulassungsbeschwerde (Nr. 1243) zu tragen.[145]

1231 **Beendigung des gesamten Verfahrens durch Zurücknahme des Rechtsmittels, der Klage oder des Antrags, bevor die Schrift zur Begründung des Rechtsmittels bei Gericht ein-gegangen ist:**

Die Gebühr 1230 ermäßigt sich auf 1,0

Erledigungserklärungen nach § 91a ZPO stehen der Zurücknahme gleich, wenn keine Entscheidung über die Kosten ergeht oder die Entscheidung ei-ner zuvor mitgeteilten Einigung der Parteien über die Kostentragung oder der Kostenübernahmeerklärung einer Partei folgt.

73 KV 1231 entspricht der für das Berufungsverfahren geltenden Bestimmung KV 1221. Auf das dort Gesagte (Rn. 52 ff.) kann verwiesen werden. Voraussetzung ist aber, dass über-haupt ein – wenn auch unzulässiges – Rechtsmittel eingelegt wurde, was ggf. durch Aus-legung zu ermitteln ist.[146]

1232 **Beendigung des gesamten Verfahrens, wenn nicht Num-mer 1231 anzuwenden ist, durch**

1. **Zurücknahme des Rechtsmittels, der Klage oder des An-trags**
   a) **vor dem Schluss der mündlichen Verhandlung,**
   b) **in den Fällen des § 128 Abs. 2 ZPO vor dem Zeit-punkt, der dem Schluss der mündlichen Verhandlung entspricht,**
2. **Anerkenntnis- oder Verzichtsurteil,**
3. **gerichtlichen Vergleich oder**

---

144 BGH MDR 2007, 917 = JurBüro 2007, 371 = BeckRS 2007, 06722.
145 BGH NJW-RR 2007, 419 = MDR 2007, 430.
146 BGH NJW-RR 2005, 584.

4. Erledigungserklärungen nach § 91a ZPO, wenn keine Entscheidung über die Kosten ergeht oder die Entscheidung einer zuvor mitgeteilten Einigung der Parteien über die Kostentragung oder der Kostenübernahmeerklärung einer Partei folgt, es sei denn, dass bereits ein anderes als eines der in Nummer 2 genannten Urteile oder ein Beschluss in der Hauptsache vorausgegangen ist:

Die Gebühr 1230 ermäßigt sich auf   3,0

Die Gebühr ermäßigt sich auch, wenn mehrere Ermäßigungstatbestände erfüllt sind.

KV 1232: Der Gebührentatbestand entspricht KV 1222 für das Berufungsverfahren. Auf die Ausführungen dort (Rn. 54, 58) wird Bezug genommen.   **74**

Abschnitt 4

Zulassung der Sprungrevision, Beschwerde gegen die Nichtzulassung der Revision und der Rechtsbeschwerden nach § 74 GWB, § 86 EnWG und § 24 VSchDG

Der 4. Abschnitt bestimmt die Gebühren in den Fällen der §§ 566, 544 ZPO und 74 GWB, §§ 86 EnWG und § 24 VSchDG. In allen Fällen werden keine Gebühren erhoben, wenn und soweit die Anträge Erfolg haben. Die allgemeine Verfahrensgebühr nach KV 1231 a.F. ist entfallen. In den Fällen, in denen der Antrag nur teilweise Erfolg hat, sind nicht die Gebühren nach KV 1240–1243 zu quoteln. Vielmehr ist das eine Frage des Streitwertes nach § 48, 51, 63.   **75**

1240	Verfahren über die Zulassung der Sprungrevision: Soweit der Antrag abgelehnt wird	1,5

KV 1240 entspricht KV 1230 a.F. Wenn und soweit die Revision oder die Rechtsbeschwerde zugelassen wird, unterfällt die Tätigkeit des Gerichts in den Verfahren nach §§ 566 ZPO, 74 GWB den allgemeinen Verfahrensgebühren für die Revision oder Rechtsbeschwerde.   **76**

1241	Verfahren über die Zulassung der Sprungrevision: Soweit der Antrag zurückgenommen oder das Verfahren durch anderweitige Erledigung beendet wird	1,0

Die Gebühr entsteht nicht, soweit die Sprungrevision zugelassen wird

KV 1241 trägt dem Umstand Rechnung, dass das Gericht in den hier angesprochenen Fallgruppen hat nicht weiter tätig werden muss, insbesondere seine Entscheidung nicht mehr zu begründen hat. Eine Ermäßigung um 0,5 ist daher gerechtfertigt.   **77**

| 1242 | Verfahren über die Beschwerde gegen die Nichtzulassung des Rechtsmittels: | 2,0 |
| | Soweit die Beschwerde verworfen oder zurückgewiesen wird | |

78 KV 1242 hat die bislang nur für die Fälle des §§ 544, 566 Abs. 6 ZPO geltende Regelung KV 1955 a. F. übernommen und diese auf die Beschwerde gegen die Nichtzulassung der Rechtsbeschwerde nach § 74 GWB ergänzt. Letztere unterfiel im alten Recht KV 1957 a. F. mit einem Gebührensatz von 1,0. Weil auch die Revision und die Rechtsbeschwerde gleichbehandelt werden, war es sachgerecht, auch die Gebühren für das Nichtzulassungsverfahren zu harmonisieren. Wird die Beschwerde zum Teil zurückgewiesen oder verworfen, bemisst sich der Beschwerdewert nach dem erfolglosen Teil der Beschwerde.[147] KV 1242 ist aber nur dann anwendbar, wenn ausschließlich die Nichtzulassungsbeschwerde Gegenstand des Verfahrens ist. Entscheidet das Revisionsgericht über eine Nichtzulassungsbeschwerde nach § 544 Abs. 7 ZPO, fallen indessen keine Gebühren an.[148] Insoweit besteht eine – wenig einsichtige – Regelungslücke,[149] weil für erfolglose, ebenfalls durch Beschluss erledigte Nichtzulassungsbeschwerden zwei Gebühren entstehen, das Revisionsgericht dagegen im Falle einer erfolgreichen, die Aufhebung und Zurückverweisung durch Beschluss nach sich ziehenden Beschwerde – bei u.U. größerem Arbeitsaufwand – kostenlos tätig sein muss. Die Regelungslücke kann aber nur durch den Gesetzgeber geschlossen werden.[150]

1243	Verfahren über die Beschwerde gegen die Nichtzulassung des Rechtsmittels:	
	Soweit die Beschwerde zurückgenommen oder das Verfahren durch anderweitige Erledigung beendet wird	1,0
	Die Gebühr entsteht nicht, soweit der Beschwerde stattgegeben wird	

79 KV 1243: Die Privilegierung der Zurücknahme entspricht den auch bei KV 1222, 1231 zum Ausdruck gebrachten Grundsätzen. Weil auch bei der späteren Rücknahme der Nichtzulassungsbeschwerde mit der gerichtlichen Bearbeitung der Sache ein nicht unerheblicher Aufwand verbunden ist, ist der Gebührensatz von 1,0 gerechtfertigt. Wenn sich eine Nichtzulassungsbeschwerde gegen zwei (mehrere) Beschwerdegegner richtet und die Beschwerde gegenüber einem von ihnen zurückgenommen wird, während sie für den/die anderen zur Zulassung der Revision führt, hat der Beschwerdeführer neben der allgemeinen Verfahrensgebühr für die Durchführung der Revision auch noch eine/die Gebühr(en) für die Rücknahme der Nichtzulassungsbeschwerde (Nr. 1243) zu tragen.[151] Für die Zurücknahme eines Antrags auf die Zulassung der Sprungrevision (§ 566 Abs. 1 ZPO) gilt KV 1243 nicht. In solchen Fällen ist keine Gebühr anzusetzen.

---

147 BGH MDR 2004, 472.
148 BGH NJW-RR 2007, 1148.
149 BGH MDR 2007, 917 = JurBüro 2007, 371 = BeckRS 2007, 06722.
150 BGH MDR 2007, 917 = JurBüro 2007, 371 = BeckRS 2007, 06722.
151 BGH NJW-RR 2007, 419 = MDR 2007, 430.

Abschnitt 5

Rechtsmittelverfahren des gewerblichen Rechtsschutzes vor dem Bundesgerichtshof

In diesem Abschnitt sind die Gebühren für die Rechtsmittelverfahren des gewerblichen **80** Rechtsschutzes vor dem BGH (§ 1 Nr. 1 lit. n) geregelt. Für das Berufungsverfahren ist auch hier die allgemeine Verfahrensgebühr eingeführt worden. Ebenso sind die Gebühren für Beschwerdeverfahren und Rechtsbeschwerdeverfahren wegen des Sachzusammenhangs in den 5. Abschnitt eingestellt worden.

Unterabschnitt 1

Berufungsverfahren

1250	Verfahren im Allgemeinen	6,0

KV 1250 ersetzt die Gebühren nach 1240, 1246, 1247 a. F. Die pauschale Verfahrensge- **81** bühr; die auch die vormaligen Urteilsgebühren einschließt, beträgt 6,0 und liegt damit über dem Gebührensatz von KV 1230 für das Revisionsverfahren in sonstigen Angelegenheiten. Das entspricht dem alten Recht, wonach die Urteilsgebühr KV 1246 a. F. um 1,0 über dem Gebührensatz für die Urteilsgebühr in sonstigen bürgerlichen Rechtsstreitigkeiten lag (KV 1236 a. F.).

1251   Beendigung des gesamten Verfahrens durch Zurücknahme der Berufung oder der Klage, bevor die Schrift zur Begründung der Berufung bei Gericht eingegangen ist:

Die Gebühr 1250 ermäßigt sich auf   1,0

Erledigungserklärungen nach § 91a ZPO i. V. m. § 121 Abs. 2 Satz 2 PatG, § 20 GebrMG stehen der Zurücknahme gleich, wenn keine Entscheidung über die Kosten ergeht oder die Entscheidung einer zuvor mitgeteilten Einigung der Parteien über die Kostentragung oder der Kostenübernahmeerklärung einer Partei folgt.

1252   Beendigung des gesamten Verfahrens, wenn nicht Nummer 1251 anzuwenden ist, durch

1. Zurücknahme der Berufung oder der Klage vor dem Schluss der mündlichen Verhandlung,
2. Anerkenntnis- oder Verzichtsurteil,
3. gerichtlichen Vergleich oder
4. Erledigungserklärungen nach § 91a ZPO i. V. m. § 121 Abs. 2 Satz 2 PatG, § 20 GebrMG, wenn keine Entscheidung über die Kosten ergeht oder die Entscheidung einer zuvor mitgeteilten Einigung der Parteien über die Kostentragung oder der Kostenübernahmeerklärung ei-

ner Partei folgt, es sei denn, dass bereits ein anderes als eines der in Nummer 2 genannten Urteile vorausgegangen ist:

Die Gebühr 1250 ermäßigt sich auf   3,0

Die Gebühr ermäßigt sich auch, wenn mehrere Ermäßigungstatbestände erfüllt sind.

82   KV 1251, 1252: Diese Gebührenregelung entspricht der Regelung für das Revisionsverfahren in sonstigen bürgerlichen Rechtsstreitigkeiten. Das zu KV 1231, 1232 Gesagte gilt hier entsprechend. Darauf (Rn. 73, 74) wird verwiesen.

Unterabschnitt 2

Beschwerdeverfahren und Rechtsbeschwerdeverfahren

1253   Verfahren über die Beschwerde nach § 122 PatG oder § 20   2,0
GebrMG i. V. m. § 122 PatG gegen ein Urteil über den Erlass einer einstweiligen Verfügung in Zwangslizenzsachen

83   KV 1253: Die Vorschrift entspricht KV 1941, 1942 a. F.

1254   Beendigung des gesamten Verfahrens durch Zurücknahme der Beschwerde, bevor die Schrift zur Begründung der Beschwerde bei Gericht eingegangen ist:

Die Gebühr 1253 ermäßigt sich auf   1,0

Erledigungserklärungen nach § 91a ZPO i. V. m. § 121 Abs. 2 Satz 2 PatG, § 20 GebrMG stehen der Zurücknahme gleich, wenn keine Entscheidung über die Kosten ergeht oder die Entscheidung einer zuvor mitgeteilten Einigung der Parteien über die Kostentragung oder der Kostenübernahmeerklärung einer Partei folgt.

84   KV 1254: Die Ermäßigungsregelung ist neu und soll einen Anreiz zur frühzeitigen Rücknahme der Beschwerden geben. Wegen des geringeren Aufwandes des Gerichts in diesen Fällen ist die Ermäßigung auch gerechtfertigt. Die Anmerkung entspricht der Anmerkung zu KV 1251.

1255   Verfahren über die Rechtsbeschwerde   750 EUR

85   KV 1255: Die Vorschrift sah entsprechend Nr. 1943 a. F. bis zum 30. 6. 2006 eine 2,0-Gebühr vor. Durch Gesetz vom 21. 6. 2006 (BGBl. I Seite 1319) ist ab dem 1. 7. 2006 eine Festgebühr eingeführt worden. Für vor dem 1. 7. 2006 anhängig gewordene Verfahren gilt § 71 Abs. 1.

1256   Beendigung des gesamten Verfahrens durch Zurücknahme der Rechtsbeschwerde, bevor die Schrift zur Begründung der Rechtsbeschwerde bei Gericht eingegangen ist:

Die Gebühr 1255 ermäßigt sich auf   100 EUR

Erledigungserklärungen nach § 91a ZPO i.V.m. § 121 Abs. 2 Satz 2 PatG, § 20 GebrMG stehen der Zurücknahme gleich, wenn keine Entscheidung über die Kosten ergeht oder die Entscheidung einer zuvor mitgeteilten Einigung der Parteien über die Kostentragung oder der Kostenübernahmeerklärung einer Partei folgt.

KV 1256: Auch diese Bestimmung soll einen Anreiz zur vorzeitigen Beendigung des Ver- 86 fahrens geben. Der Zeitpunkt der Ermäßigung nach KV 1256 entspricht dem nach KV 1231. Bis zu diesem Zeitpunkt hat sich das Gericht in aller Regel noch nicht eingehend mit der Beschwerde befassen müssen. Die bis zum 30. 6. 2006 anzusetzende 1,0-Gebühr ist ab dem 1. 7. 2006 durch die Festgebühr von 100 € ersetzt worden. Für vor dem 1. 7. 2006 anhängig gewesene Verfahren ist gemäß § 71 Abs. 1 die 2,0-Gebühr auf eine 1,0-Gebühr zu ermäßigen.

Hauptabschnitt 3
Ehesachen, bestimmte Lebenspartnerschaftssachen und Folgesachen[152]

Dieser Hauptabschnitt übernimmt die Regelungen KV 1510 bis 1539 a. F. für Verfahren in 87 Ehesachen, Folgesachen von Scheidungssachen, Lebenspartnerschaftssachen nach § 661 Abs. 1 Nr. 1 bis 3 ZPO und Folgesachen eines Verfahrens über die Aufhebung der Lebenspartnerschaft.

Ein Scheidungs- oder Aufhebungsgegenantrag ist gebührenrechtlich wie eine Widerklage 88 zu behandeln.

Soweit in Scheidungs- oder Aufhebungssachen einer Lebenspartnerschaft auch Folgesa- 89 chen mitgeregelt werden, sind die Kosten nach dem GKG (§§ 47, 49) anzusetzen, andernfalls ist § 99 KostO einschlägig.[153]

Vorbemerkung 1.3:

Dieser Hauptabschnitt gilt für Ehesachen, Lebenspartnerschaftssachen nach § 661 Abs. 1 90 Nr. 1 bis 3 ZPO und für Folgesachen einer Scheidungssache oder eines Verfahrens über die Aufhebung der Lebenspartnerschaft.

---

152 Eine ausführliche Übersicht über die Gerichtskosten und Streitwerte in familienrechtlichen Verfahren mit Tabelle bei *Enders* FPR 2005, 373 ff.
153 Dazu auch bei *Schwab* FamRZ 1976, 661.

Abschnitt 1

Erster Rechtszug

91 In diesem Abschnitt sind die Gebühren für die erstinstanzlichen Verfahren eingestellt.

1310	Verfahren im Allgemeinen	2,0

92 Auch für die Verfahren in Ehesachen, Lebenspartnerschaftssachen und Folgesachen ist das Pauschalgebührensystem eingeführt worden. Statt der Vielfalt der Gebühren des alten Rechts (KV 1510–1519 a.F.) gilt jetzt eine pauschale Verfahrensgebühr mit einem Gebührensatz von 2,0. Dieser Gebührensatz ist um 1,0 niedriger als in sonstigen bürgerlichen Rechtsstreitigkeiten. Dies trägt dem Umstand Rechnung, dass auch im alten Recht die Gebühren in den hier zu regelnden Verfahren hinter den sonst zu erhebenden Gebühren zurückblieben. Daran sollte im Hinblick auf die ohnehin hohe finanzielle Belastung der Parteien in einer Trennungssituation festgehalten werden.

1311 Beendigung des gesamten Verfahrens oder einer Folgesache durch

    1. Zurücknahme des Antrags oder der Klage
      a) vor dem Schluss der mündlichen Verhandlung,
      b) in den Fällen des § 128 Abs. 2 ZPO vor dem Zeitpunkt, der dem Schluss der mündlichen Verhandlung entspricht,
      c) im Falle des § 331 Abs. 3 ZPO vor Ablauf des Tages, an dem das Urteil der Geschäftsstelle übermittelt wird, wenn keine Entscheidung nach § 269 Abs. 3 Satz 3 ZPO über die Kosten ergeht oder die Entscheidung einer zuvor mitgeteilten Einigung der Parteien über die Kostentragung oder der Kostenübernahmeerklärung einer Partei folgt,
    2. Anerkenntnisurteil, Verzichtsurteil oder Urteil, das nach § 313a Abs. 2 ZPO keinen Tatbestand und keine Entscheidungsgründe enthält,
    3. gerichtlichen Vergleich oder
    4. Erledigungserklärungen nach § 91a ZPO, wenn keine Entscheidung über die Kosten ergeht oder die Entscheidung einer zuvor mitgeteilten Einigung der Parteien über die Kostentragung oder der Kostenübernahmeerklärung einer Partei folgt, es sei denn, dass bereits ein anderes als eines der in Nummer 2 genannten Urteile vorausgegangen ist:

Die Gebühr 1310 ermäßigt sich auf   0,5

(1) Wird in einem Verbund von Scheidungs- und Folgesachen nicht das gesamte Verfahren beendet, ist auf mehrere beendete Folgesachen § 46 Abs. 1 GKG anzuwenden. Dies

gilt entsprechend für Folgesachen einer Lebenspartnerschaftssache.

(2) Die Gebühr ermäßigt sich auch, wenn mehrere Ermäßigungstatbestände erfüllt sind.

(3) Soweit über Folgesachen durch Beschluss entschieden wird, sind die für Urteile geltenden Vorschriften entsprechend anzuwenden.

Wegen der Besonderheiten im Verbundverfahren ist eine vollständige Übertragung des   93
Gebührensystems nach KV 1211 nicht möglich. Eine Gebührenermäßigung kann nicht
davon abhängig gemacht werden, dass alle Verfahrensteile beendet werden, weil es dann
nur bei Antragsrücknahme zu einer Gebührenermäßigung käme, da das Scheidungsverlangen nicht der Disposition der Parteien unterliegt. Es muss aber andererseits ein gebührenrechtlicher Anreiz bestehen, in den Folgesachen zu einer gütlichen Einigung zu gelangen. Im Übrigen ist es nicht zu rechtfertigen, dass z. B. eine Einigung zum Güterrecht, das
mitunter einen hohen Streitwert hat, nicht zu einer Gebührenermäßigung führt, weil das
Gericht über den Scheidungsantrag entscheiden muss. Deshalb ist hier die Frage der Gebührenermäßigung für jede Folgesache einzeln zu prüfen. Damit wird eine Vereinfachung des Kostenrechts in diesem Bereich zwar nur zum Teil erreicht, nämlich durch den
Wegfall der verschiedenen Entscheidungsgebühren. Jedoch ist dies zur Gewährleistung
eines Mindestmaßes an Gebührengerechtigkeit und zur Verfahrenssteuerung zwingend
erforderlich. Diese Voraussetzung ist aber nach dem eindeutigen Wortlaut der Bestimmung KV 1311 nur dann gegeben, wenn zugleich das gesamte Verbundverfahren einen
oder mehrere Ermäßigungstatbestände erfüllt. So kommt z.B. keine Gebührenermäßigung nach Nr. 2 oder Nr. 3 in Betracht, wenn Ehegatten in einer Vereinbarung mit
anschließender familiengerichtlicher Genehmigung auf die Durchführung des Versorgungsausgleichs verzichten und das auf den Scheidungsausspruch beschränkte Urteil
gem. § 313a Abs. 2 und Abs. 4 ZPO keinen Tatbestand und keine Entscheidungsgründe
enthält, weil die Abtrennung der Folgesache nicht zu einer echten Verfahrenstrennung
führt, sondern nur dazu, dass im Verbundverfahren zeitlich versetzte Entscheidungen ergehen.[154]

Durch Abs. 1 der Anm. zu KV 1311 wird sichergestellt, dass bei mehreren gebührenbe   94
günstigt beendeten Folgesachen nur eine ermäßigte Gebühr nach zusammengerechneten
Werten zu erheben ist.

Mit Abs. 3 der Anmerkung zu KV 1311 soll erreicht werden, dass die Ermäßigung auch für   95
Beschlüsse in Folgesachen gilt, auf die das FGG anzuwenden ist.

---

154 OLG Koblenz JurBüro 2008, 263. Vgl. auch OLG Stuttgart JurBüro 2006, 323. A.A. OLG Nürnberg JurBüro 2006, 323.

Abschnitt 2

Berufung, Beschwerde in Folgesachen

96   In diesem Abschnitt sind die Gebühren in zweitinstanzlichen Verfahren über Ehesachen, bestimmte Lebenspartnerschaftssachen und Folgesachen geregelt. Die Gebühren treten an die Stelle von KV 1520–1529 a. F.

Vorbemerkung: 1.3.2:

Dieser Abschnitt gilt für Beschwerden in Folgesachen nach § 629a Abs. 2, auch i. V. m. § 661 Abs. 2 ZPO.

1320	Verfahren im Allgemeinen	3,0
1321	Beendigung des gesamten Verfahrens durch Zurücknahme des Rechtsmittels, des Antrags oder der Klage, bevor die Schrift zur Begründung des Rechtsmittels bei Gericht eingegangen ist:	
	Die Gebühr 1320 ermäßigt sich auf	0,5

Erledigungserklärungen nach § 91a ZPO stehen der Zurücknahme gleich, wenn keine Entscheidung über die Kosten ergeht oder die Entscheidung einer zuvor mitgeteilten Einigung der Parteien über die Kostentragung oder der Kostenübernahmeerklärung einer Partei folgt.

1322   Beendigung des gesamten Verfahrens oder einer Folgesache, wenn nicht Nummer 1321 erfüllt ist, durch

1. Zurücknahme des Rechtsmittels, des Antrags oder der Klage,
   a) vor dem Schluss der mündlichen Verhandlung,
   b) in den Fällen des § 128 Abs. 2 ZPO vor dem Zeitpunkt, der dem Schluss der mündlichen Verhandlung entspricht,
2. Anerkenntnisurteil, Verzichtsurteil oder Urteil, das nach § 313a Abs. 2 ZPO keinen Tatbestand und keine Entscheidungsgründe enthält,
3. gerichtlichen Vergleich oder
4. Erledigungserklärungen nach § 91a ZPO, wenn keine Entscheidung über die Kosten ergeht oder die Entscheidung einer zuvor mitgeteilten Einigung der Parteien über die Kostentragung oder der Kostenübernahmeerklärung einer Partei folgt, es sei denn, dass bereits ein anderes als eines der in Nummer 2 genannten Urteile vorausgegangen ist:

Die Gebühr 1320 ermäßigt sich auf   1,0

(1) Wird in einem Verbund von Scheidungs- und Folgesachen nicht das gesamte Verfahren beendet, ist auf mehrere
beendete Folgesachen § 46 Abs. 1 anzuwenden und die Gebühr nur insoweit zu ermäßigen. Dies gilt entsprechend für
Folgesachen einer Lebenspartnerschaftssache.
(2) Die Gebühr ermäßigt sich auch, wenn mehrere Ermäßigungstatbestände erfüllt sind.
(3) Soweit über Folgesachen durch Beschluss entschieden
wird, sind die für Urteile geltenden Vorschriften entsprechend anzuwenden.

1323   Beendigung des gesamten Verfahrens durch ein Urteil, das
       wegen eines Verzichts der Parteien nach § 313a Abs. 1 Satz 2
       ZPO keine schriftliche Begründung enthält, wenn nicht be-
       reits ein anderes als eines der in Nummer 1322 Nr. 2 ge-
       nannten Urteile mit schriftlicher Begründung oder ein Ver-
       säumnisurteil vorausgegangen ist:

Die Gebühr 1320 ermäßigt sich auf   2,0

(1) Die Gebühr ermäßigt sich auch, wenn daneben Ermäßigungstatbestände nach Nummer 1322 erfüllt sind.
(2) Soweit über Folgesachen durch Beschluss entschieden
wird, sind die für Urteile geltenden Vorschriften entsprechend anzuwenden.

KV 1320 bis 1323: Auch für den zweiten Rechtszug ist das Pauschalgebührensystem ein- 97
geführt worden. Mit Ausnahme von geringeren Gebührensätzen – wie sie auch für das
erstinstanzliche Verfahren eingeführt sind – entspricht die Struktur dem des sonstigen zivilprozessualen Berufungsverfahrens. Wie in den erstinstanzlichen Verfahren ist die Frage
der Gebührenermäßigung für jede Folgesache gesondert zu prüfen.

Abschnitt 3

Revision, Rechtsbeschwerde in Folgesachen

In diesem Abschnitt sind die Gebühren für Revisionen und Rechtsbeschwerden über Ehe- 98
sachen, bestimmte Lebenspartnerschaftssachen und Folgesachen geregelt. Die Gebühren
treten an die Stelle von KV 1530 bis 1539 a. F.

Vorbemerkung 1.3.3:

Dieser Abschnitt gilt für Rechtsbeschwerden in Folgesachen nach § 629a Abs. 2, auch i. V. m. § 661 Abs. 2 ZPO.

| 1330 | Verfahren im Allgemeinen | 4,0 |

1331 Beendigung des gesamten Verfahrens durch Zurücknahme des Rechtsmittels, des Antrags oder der Klage, bevor die Schrift zur Begründung des Rechtsmittels bei Gericht eingegangen ist:

Die Gebühr 1330 ermäßigt sich auf   1,0
Erledigungserklärungen nach § 91a ZPO stehen der Zurücknahme gleich, wenn keine Entscheidung über die Kosten ergeht oder die Entscheidung einer zuvor mitgeteilten Einigung der Parteien über die Kostentragung oder der Erklärung einer Partei, die Kosten tragen zu wollen, folgt.

1332 Beendigung des gesamten Verfahrens oder einer Folgesache, wenn nicht Nummer 1331 erfüllt ist, durch

   1. Zurücknahme des Rechtsmittels, des Antrags oder der Klage,
     a) vor dem Schluss der mündlichen Verhandlung,
     b) in den Fällen des § 128 Abs. 2 ZPO vor dem Zeitpunkt, der dem Schluss der mündlichen Verhandlung entspricht,
   2. Anerkenntnis- oder Verzichtsurteil,
   3. gerichtlichen Vergleich oder
   4. Erledigungserklärungen nach § 91a ZPO, wenn keine Entscheidung über die Kosten ergeht oder die Entscheidung einer zuvor mitgeteilten Einigung der Parteien über die Kostentragung oder der Kostenübernahmeerklärung einer Partei folgt, es sei denn, dass bereits ein anderes als eines der in Nummer 2 genannten Urteile vorausgegangen ist:

Die Gebühr 1330 ermäßigt sich auf   2,0

(1) Wird in einem Verbund von Scheidungs- und Folgesachen nicht das gesamte Verfahren beendet, ist auf mehrere beendete Folgesachen § 46 Abs. 1 anzuwenden und die Gebühr nur insoweit zu ermäßigen. Dies gilt entsprechend für Folgesachen einer Lebenspartnerschaftssache.
(2) Die Gebühr ermäßigt sich auch, wenn mehrere Ermäßigungstatbestände erfüllt sind.
(3) Soweit über Folgesachen durch Beschluss entschieden wird, sind die für Urteile geltenden Vorschriften entsprechend anzuwenden.

99 KV 1330 bis 1332: Auf das zu KV 1320–1323 Gesagte wird Bezug genommen.

Hauptabschnitt 4
Einstweiliger Rechtsschutz

In diesem Abschnitt sind Gebühren des einstweiligen Rechtsschutzes einschließlich der 100
einstweiligen Anordnungen nach der ZPO zusammengefasst. KV 1410ff. regeln die Gebühren für die dort genannten vorläufigen Verfahren teilweise abweichend vom ordentlichen Verfahren. Es handelt sich um selbständige, vom ordentlichen Prozess unabhängige
Verfahren, so dass auch keine gegenseitige Anrechnung von Gebühren stattfindet. Die Gebühren nach Nr. 1410ff. fallen auch an, wenn ein Arrestantrag oder ein Antrag auf Erlass
einer einstweiligen Verfügung mit einer Hauptsacheklage verbunden ist, weil es sich bei
den vorläufigen Verfahren um selbständige, nicht vom Hauptprozess abhängige Verfahren handelt. Die Gebühren decken das gesamte Verfahren ab, und zwar auch Nebenan-
träge wie z.B. das Ersuchen auf Eintragung einer Vormerkung im Grundbuch oder in einem Register sowie das gesamte Widerspruchs- und Rechtfertigungsverfahren. Ein Antrag
auf Arrest und ein solcher auf den Erlass einer einstweiligen Verfügung sind zwei getrennte Verfahrenseinleitungen. Der Streitwert ist nach § 53 zu bestimmen. Selbstverständlich
bleibt § 36 anwendbar, dem gerade in den Eilverfahren erhöhte Bedeutung zukommen
kann. So gilt auch im Aufhebungsverfahren grundsätzlich der Wert des Anordnungsverfahrens, es sei denn, es wird nur eine teilweise Aufhebung betrieben.[155]

Abschnitt 1

Arrest und einstweilige Verfügung

Vorbemerkung 1.4.1:

Im Verfahren über den Antrag auf Anordnung eines Arrests oder einer einstweiligen 100a
Verfügung und im Verfahren über den Antrag auf Aufhebung oder Abänderung (§ 926
Abs. 2, §§ 927, 936 ZPO) werden die Gebühren jeweils gesondert erhoben. Im Falle des
§ 942 ZPO gilt das Verfahren vor dem Amtsgericht und dem Gericht der Hauptsache
als ein Rechtsstreit.

Satz 1 der Vorbemerkung stellt klar, dass die dort (abschließend) genannten Anträge jeweils 101
gebührenrechtlich als eigenständige Verfahren behandelt werden und demzufolge auch die
entsprechenden Gebühren anzusetzen sind. Das war auch im alten Recht nicht streitig.[156]

Satz 2 der Vorbemerkung trägt dem Umstand Rechnung, dass § 942 ZPO neben § 937 ZPO 102
nur einen besonderen Wahlgerichtsstand für dringende Fälle begründet. Das vor dem Amtsgericht der belegenen Sache anhängig gemachte Verfahren ist auf Antrag an das nach §§ 937,

---

155 *Hartmann* KV 1410 Rn. 9.
156 LG Berlin MDR 1989, 366.

943 ZPO zuständige Gericht abzugeben (§ 942 Abs. 1 Hs. 2 ZPO), wenn es nicht – mangels eines solchen Antrags vom Amtsgericht der belegenen Sache wieder aufzuheben ist (§ 942 Abs. 3 ZPO). Demzufolge ist ein Verfahren nach § 942 ZPO entweder Bestandteil des dem KV 1410 (§ 942 Abs. 4 ZPO) oder KV 1411 (§ 942 Abs. 1 Hs. 2 ZPO) unterfallenden Verfahrens.

Unterabschnitt 1

Erster Rechtszug

103 Die Vorschriften über das erstinstanzliche Verfahren entsprechen im Ergebnis weitgehend den Regelungen in KV 1310 bis 1312 a.F. Die Gebühr für das Verfahren über den Antrag ist jedoch angehoben worden. Für die Beendigung des Verfahrens ist KV 1312 a.F. leicht modifiziert durch KV 1411 ersetzt und eine Ermäßigung der Gebühr vorgesehen. Die in KV 1410–1412 aufgeführten Erledigungstatbestände sind abschließend. Eine entsprechende Anwendung auf den Fall der Rücknahme des Widerspruchs außerhalb bzw. vor Beginn der mündlichen Verhandlung ist demzufolge nicht möglich.

1410   Verfahren im Allgemeinen   1,5

104 **KV 1410:** Die Gebühr entsteht nach allgemeinen Regeln mit dem Eingang des Antrags bei Gericht und nicht erst mit der Zustellung.[157] Wenn und soweit der potenzielle Antragsgegner bereits eine Schutzschrift eingereicht hatte, ist das gebührenrechtlich noch nicht relevant. Zwar sollte auf Vorschlag des Bundesrates auch insoweit eine Pauschalgebühr von 25 € eingeführt werden, wofür in Ansehung der jährlich mehr als 20000 bei den Zivilgerichten eingehenden und zu bearbeitenden Schutzschriften, wovon nur 2–5% tatsächlich in einem sich anschließenden Verfahren Bedeutung erlangen, gute Gründe sprechen.[158] Der Vorschlag ist aber auf Intervention der Bundesregierung einer späteren Ergänzung des Gesetzes vorbehalten geblieben.

105 Eine **Antragsrücknahme im Verfahren ohne mündliche Verhandlung** beseitigt die Gebühr nach KV 1410 nicht.[159] Solche Fälle sind nur nach KV 1411 zu behandeln. Das gilt auch, wenn die Parteien die Hauptsache für erledigt erklären und nur noch über die Kosten zu entscheiden ist.[160] Unter KV 1410 fallen auch die Aufhebung des Arrestes wegen Versäumung der Klagefrist (§ 926 Abs. 2 ZPO) oder wegen veränderter Umstände (§ 927 ZPO) sowie die Anwendung der §§ 926, 927 ZPO auf die einstweilige Verfügung (§ 936 ZPO). Jedes dieser gebührenrechtlich selbständigen Verfahren lässt die Gebühr nach Nr. 1410 entstehen.[161]

157 OLG München MDR 1998, 63.
158 Vgl. Begr. zu KV 1409 DR-Ds 830/03 S. 7.
159 OLG Hamburg MDR 2005, 418; OLG Hamburg MDR 1997, 890 = JurBüro 1998, 150 m. Anm. v. D. *Meyer*; OLG Rostock MDR 1997, 1066, 1067; OLG Bamberg JurBüro 1976, 621; OLG Frankfurt aM RPfleger 1987, 128; OLG Hamburg JurBüro 1976, 1541; *Hartmann* KV 1410 Rn. 6, m. N.
160 OLG Hamburg MDR 1997, 890 = JurBüro 1998, 150.
161 LG Berlin MDR 1989, 366.

1411   Beendigung des gesamten Verfahrens durch

    1. Zurücknahme des Antrags vor dem Schluss der mündlichen Verhandlung,

    2. Anerkenntnisurteil, Verzichtsurteil oder Urteil, das nach § 313a Abs. 2 ZPO keinen Tatbestand und keine Entscheidungsgründe enthält,

    3. gerichtlichen Vergleich oder

    4. Erledigungserklärungen nach § 91a ZPO, wenn keine Entscheidung über die Kosten ergeht oder die Entscheidung einer zuvor mitgeteilten Einigung der Parteien über die Kostentragung oder der Kostenübernahmeerklärung einer Partei folgt,

es sei denn, dass bereits ein Beschluss nach § 922 Abs. 1, auch i. V.m. § 936 ZPO, oder ein anderes als eines der in Nummer 2 genannten Urteile vorausgegangen ist:

Die Gebühr 1410 ermäßigt sich auf   1,0

Die Vervollständigung eines ohne Tatbestand und Entscheidungsgründe hergestellten Urteils (§ 313a Abs. 5 ZPO) steht der Ermäßigung nicht entgegen. Die Gebühr ermäßigt sich auch, wenn mehrere Ermäßigungstatbestände erfüllt sind.

1412   Es wird durch Urteil entschieden oder es ergeht ein Beschluss nach § 91a oder § 269 Abs. 3 Satz 3 ZPO, wenn nicht 1411 erfüllt ist:

Die Gebühr 1410 erhöht sich nach dem Wert des Streitgegenstandes, auf den sich die Entscheidung bezieht, auf   3,0

KV 1411–1412: KV 1411 entspricht der Regelung KV 1211, so dass auf die dortigen Aus- 106 führungen verwiesen werden kann. Die **Ermäßigung** nach KV 1411 Nr. 1 tritt auch entsprechend KV 1211 Nr. 1b ein, wenn das Gericht nach § 128 Abs. 2 ZPO verfährt, während die Fälle des § 495a ZPO im Eilverfahren kaum vorkommen. Dass die Ermäßigungstatbestände nach KV 1211 Nr. 1b und c in KV 1411 Nr. 1 nicht ausdrücklich genannt sind, beruht offensichtlich auf einem Redaktionsversehen. Gleiches gilt auch, wenn der **Widerspruch zurückgenommen** wird.[162] Die **Rücknahme des Antrags** oder des Widerspruchs muss im Verfahren mit mündlicher Verhandlung erfolgen und zur endgültigen Beendigung des Verfahrens führen. Durch einen Kostenwiderspruch (dazu unten Rn. 108) wird das Verfahren noch nicht endgültig beendet. Wenn in den Eilverfahren aber durch Urteil entschieden wird, fällt nach KV 1412 grundsätzlich eine **Gebührenerhöhung** auf 3,0 an. Ein Urteil setzt stets eine mündliche Verhandlung voraus. Nach KV 1412 erfolgt eine Erhöhung der Gebühr, die unstreitig nach dem Wert des Eilverfahrens, der i.d.R. geringer ist, als der Wert des Hauptsacheverfahrens, berechnet wird, im Gegensatz zum alten Recht[163] aber auch dann, wenn eine mündliche Verhandlung nach § 128 Abs. 2, 3 (oder

---

162 OLG Hamburg MDR 2005, 418 m. N.
163 OLG München NJW-RR 1999, 367 = MDR 1999, 59.

evtl. § 495a ZPO) nicht stattfindet. Dies entspricht inhaltlich der Regelung in KV 1211. Das Ergebnis wird dadurch erreicht, dass die höhere Gebühr grundsätzlich dann entsteht, wenn das Gericht durch „Urteil" – mit Ausnahme des Anerkenntnis- und Verzichtsurteils oder des Urteils, das nach § 313a Abs. 2 ZPO keinen Tatbestand und keine Entscheidungsgründe enthält – oder durch Beschluss nach § 91a oder § 269 Abs. 3 S. 3 ZPO entscheidet. Ob die Entscheidung durch Urteil zulässig oder zweckmäßig war, ist für die Gebührenerhöhung ohne Bedeutung.[164] Im Einzelfall kann aber § 21 in Betracht kommen. Die nur im Zusammenhang zu verstehenden Bestimmungen KV 1410–1412 entsprechen sachlich den KV 1210, 1211 für den normalen erstinstanzlichen Zivilprozess, wonach grundsätzlich für das Verfahren der ersten Instanz eine nach dem mit der Klage verfolgten Streitwert eine Pauschalgebühr in Höhe von 3,0 der Gebühr nach § 3 anzusetzen und mit Klageerhebung auch fällig wird. Lediglich aus verwaltungspraktischen Erwägungen hat der Gesetzgeber sich damit begnügt, in den von den KV 1410–1412 behandelten Eilverfahren zunächst nur eine Gebühr zu erheben, weil in diesem Bereich eine mündliche Verhandlung relativ selten ist und – würde auch hier eine 3,0-Pauschalgebühr zunächst fällig werden – Rückzahlungen erfolgen müssten. Um solchen Verwaltungsaufwand zu vermeiden, hat der Gesetzgeber hier bestimmt, dass die weitere 2,0-Gebühr erst nach einem stets eine mündliche Verhandlung nach sich ziehenden Widerspruch gegen die Eilentscheidung erhoben werden soll.[165] Kommt es nämlich nach einem Widerspruch zu einer mündlichen Verhandlung, hat das Gericht sich in jedem Fall sachlich mit der Hauptsache zu befassen. Denn auch die Entscheidung, wer die Kosten des Rechtsstreits zu tragen hat, setzt eine Auseinandersetzung – wenn auch u. U. nur summarisch – mit dem Gegenstand des beantragten Eilverfahrens voraus. Es muss aber tatsächlich eine mündliche Verhandlung stattgefunden haben. Der bloße Aufruf zur Sache und die Feststellung, dass niemand erschienen ist, weil die Parteien sich vor dem Termin geeinigt haben und das auch dem Gericht mitgeteilt haben, reicht für die Erhöhung nicht.[166]

107 Erledigung der Hauptsache oder Kostenbeschluss nach § 269 Abs. 3 S. 3: Auch dann, wenn im Eilverfahren der Rechtsstreit durch Urteil nach Erörterung der Sach- und Rechtslage im Hauptsachverfahren in der Hauptsache übereinstimmend teilweise für erledigt erklärt wird, fallen die beiden zusätzlichen Gerichtsgebühren nach KV 1412 mit dem **vollen** Wert der Hauptsache zusammen.[167] Etwas anderes gilt nur dann, wenn eine Kostenentscheidung entbehrlich ist, weil die Parteien keine solche wünschen oder eine Partei die Kostenübernahme erklärt hat (KV 1411).

108 Kostenwiderspruch: Eine andere Rechtslage ist gegeben, wenn die volle Erledigung der Hauptsache schon **vor Beginn** des Urteilsverfahrens eingetreten ist. Dann kann logischerweise allein noch über die Kostentragungspflicht verhandelt werden bzw. diese weiterer Gegenstand des Rechtsstreits sein. Nach § 36 ist der verbleibende Teilstreitwert nach dem Kosteninteresse zu bestimmen.[168] In den Fällen des ausdrücklichen Kostenwi-

---

164 So auch *Hartmann* KV 1411 Rn. 2.
165 Vgl. dazu die Begr. zu Nrn. 1310, 1311 KV-GKG, BT-Drs. 12/6962, S. 71.
166 OLG Düsseldorf MDR 2004, 1026 (noch zu KV 1311 a. F.).
167 OLG Frankfurt aM NJW-RR 2000, 1383; *Oe/Wi/He* KV 1310–1324 Rn. 6; vgl. dazu auch *D. Meyer* JurBüro 1998, 150 und JurBüro 2003, 525, m. N.; **a. M.:** *Hartmann* KV 1411–1412 Rn. 3.
168 OLG Hamburg JurBüro 1998, 150 m. Anm. v. *D. Meyer; Hartmann* KV 1411 Rn. 9; *D. Meyer* JurBüro 2003, 525 m. w. N.

derspruchs ist das Interesse des Widerspruchsführers von vornherein klar definiert. In anderen Fällen, nämlich dann, wenn die Erledigung der Hauptsache erst nach Widerspruchserhebung aber vor Beginn des Urteilsverfahrens eintritt, liegt in der Sache ein Kostenwiderspruch vor, so dass die zusätzlichen (beiden) Gerichtsgebühren nach KV 1412 nur noch nach dem Kostenwert anzusetzen sind.

Nimmt hingegen der Verfügungsbeklagte im Urteilsverfahren seinen Kostenwiderspruch   108a
(mit oder ohne ausdrückliche Abschlusserklärung) zurück, trägt er nach § 269 ZPO auch die Kosten des Rechtsstreits, ohne dass das Gericht sich mit der Sache weiter zu befassen hat. Dann ist die Gebühr nach KV 1410 um 0,5 zu ermäßigen. Gleiches gilt, wenn sich die Sache auf Grund einer der Tatbestände nach KV 1411 Nr. 2–4 endgültig erledigt. Es sind dann anzusetzen: Eine Gebühr nach KV 1410 nach dem Hautsachestreitwert und zwei Gebühren gemäß KV 1412 nach dem Wert des Kosteninteresses.[169] War nur ein Kostenwiderspruch eingelegt, welcher zurückgenommen wurde, hat das auf den Wert keinen weiteren Einfluss, weil die Gebühr nach KV 1410 ohnehin schon bei dem Eingang des Antrags auf Erlass der einstweiligen Verfügung oder des Arrestes nach dem Hauptsachewert fällig geworden war. Das kann natürlich dann nicht gelten, wenn die Hauptsache nur z. T. für erledigt erklärt wird. In solchen Fällen verbleibt es auch bei den Gebühren nach KV 1412 beim vollen Wert nach KV 1410, weil das Gericht sich dann auch noch mit (einem Teil) der Hauptsache zu befassen hat.[170]

Unterabschnitt 2

Berufung

Die Vorschriften treten an die Stelle von KV 1320 bis 1324 a. F. Die Gebühren sollen in   109
gleicher Höhe entstehen wie in den übrigen Berufungsverfahren. In der Berufungs- und Revisionsinstanz werden regelmäßig höhere Gebühren erhoben als in erstinstanzlichen Verfahren. Damit soll dem in Rechtsmittelverfahren regelmäßig höheren Aufwand Rechnung getragen werden. In Angelegenheiten des einstweiligen Rechtsschutzes wich das alte Recht von diesem Grundsatz ab. Während nach KV 1311 a. F. in erstinstanzlichen Verfahren mit mündlicher Verhandlung eine Gebühr von 3,0 erhoben wurde, betrug dieser Satz in Berufungsverfahren, die mit einem begründeten Urteil abgeschlossen werden, lediglich 2,25-Gebühren. Die Gebühren für das Berufungsverfahren waren damit niedriger als für Verfahren erster Instanz. Für das Berufungsverfahren in Zivilsachen, in denen ein Urteil mit Begründung ergeht, fielen nach altem Recht insgesamt 4,5 Gebühren an. Ein sachlicher Grund für diese Differenzierung ist nicht ersichtlich. Der Satz für die Pauschalgebühr soll daher an die Gebühr in Prozessverfahren zweiter Instanz angeglichen werden. Diese Anpassung ist trotz des grundsätzlich nur vorläufigen Charakters des einstweiligen Rechtsschutzverfahrens gerechtfertigt, weil sich der Bearbeitungsaufwand der Gerichte gegenüber demjenigen in anderen Berufungsverfahren nicht wesentlich unterscheidet.

---

169 OLG München MDR 1997, 1067; OLG Hamburg MDR 2002, 1029 m. zust. Anm. v. *Schütt* MDR 2002, 1030; OLG Hamburg JurBüro 1998, 550 = MDR 1998, 988.
170 Frankfurt aM MDR 1999, 1464.

Hinzu kommt die seit geraumer Zeit erkennbare Tendenz, dass in zahlreichen Rechtsbereichen der einstweilige Rechtsschutz in immer stärkerem Maße an die Stelle von Hauptsacheverfahren tritt. Die in vielen Fällen unvermeidbare Vorwegnahme der Hauptsache, die damit verbundene Prüfung des Hauptsacheanspruchs durch das Gericht sowie die wachsende Bedeutung zeit- und ereignisgebundener Ansprüche veranlassen die Parteien besonders in Wettbewerbs- und Ehrenschutzsachen, auf die Durchführung eines Hauptsacheverfahrens zu verzichten und ihren Streit im Verfahren des einstweiligen Rechtsschutzes auszutragen. Zudem werden die verfahrensrechtlichen Besonderheiten gegenüber dem Hauptverfahren bereits dadurch berücksichtigt, dass der Streitwert geringer zu bemessen ist.

| 1413 | Verfahren im Allgemeinen | 4,0 |

110 Die Gebühr KV 1413 entsteht auch dann, wenn das Berufungsgericht erstinstanzlich entscheidet.[171] Das ist gerechtfertigt, weil die Tätigkeit in der Berufungsinstanz stattfindet und ihr sachlich das gleiche Gewicht wie eine Berufung im Hauptsacheverfahren zukommt.

| 1414 | Beendigung des gesamten Verfahrens durch Zurücknahme der Berufung, des Antrags oder des Widerspruchs, bevor die Schrift zur Begründung der Berufung bei Gericht eingegangen ist: | |
| | Die Gebühr 1413 ermäßigt sich auf | 1,0 |

Erledigungserklärungen nach § 91a ZPO stehen der Zurücknahme gleich, wenn keine Entscheidung über die Kosten ergeht oder die Entscheidung einer zuvor mitgeteilten Einigung der Parteien über die Kostentragung oder der Kostenübernahmeerklärung einer Partei folgt.

| 1415 | Beendigung des gesamten Verfahrens, wenn nicht Nummer 1414 erfüllt ist, durch | |

1. Zurücknahme der Berufung oder des Antrags,
   a) vor dem Schluss der mündlichen Verhandlung,
   b) in den Fällen des § 128 Abs. 2 ZPO vor dem Zeitpunkt, der dem Schluss der mündlichen Verhandlung entspricht;
2. Anerkenntnis- oder Verzichtsurteil,
3. gerichtlichen Vergleich oder
4. Erledigungserklärungen nach § 91a ZPO, wenn keine Entscheidung über die Kosten ergeht oder die Entscheidung einer zuvor mitgeteilten Einigung der Parteien über die Kostentragung oder der Kostenübernahmeerklärung einer Partei folgt, es sei denn, dass bereits ein anderes als eines der in Nummer 2 genannten Urteile vorausgegangen ist:

| | Die Gebühr 1413 ermäßigt sich auf | 2,0 |

---

171 *Hartmann* KV 1413 Rn. 2; **a. M.** OLG München RPfleger 1956, 30; *Oe/Wi/He* KV 1310–1324 Rn. 8.

Die Gebühr ermäßigt sich auch, wenn mehrere Ermäßigungstatbestände erfüllt sind.

1416 Beendigung des gesamten Verfahrens durch ein Urteil, das wegen eines Verzichts der Parteien nach § 313a Abs. 1 Satz 2 ZPO keine schriftliche Begründung enthält, wenn nicht bereits ein anderes als eines der in Nummer 1415 Nr. 2 genannten Urteile mit schriftlicher Begründung oder ein Versäumnisurteil vorausgegangen ist:

Die Gebühr 1413 ermäßigt sich auf 3,0

Die Gebühr ermäßigt sich auch, wenn daneben Ermäßigungstatbestände nach Nummer 1414 erfüllt sind.

Unterabschnitt 3

Beschwerde und Rechtsbeschwerde

1417 Verfahren über die Beschwerde gegen die Zurückweisung 1,5
eines Antrags auf Anordnung eines Arrests oder einer
einstweiligen Verfügung.

KV 1417 tritt an die Stelle der KV 1951 a.F. Entsprechend dem Grundsatz, dass für 111 Rechtsmittelverfahren gegenüber dem Ausgangsverfahren höhere Gebühren anfallen sollen, ist auch für das Beschwerdeverfahren ein Gebührensatz von 1,5 und für das Rechtsbeschwerdeverfahren ein Gebührensatz von 2,0 getreten. Wegen des höheren Gebührensatzes ist in KV 1417 und 1419 für den Fall der Zurücknahme der Beschwerde oder der Rechtsbeschwerde eine Gebührenermäßigung auf 1,0 bzw. 1,5 eingeführt.

1418 Beendigung des gesamten Verfahrens durch Zurücknahme
der Beschwerde:

Die Gebühr 1417 ermäßigt sich auf 1,0

Allgemeines: Die Gebühren KV 1416, 1417 decken das **ganze Beschwerdeverfahren** ab 112 einschließlich etwaiger Beweisanordnungen. Daneben ist keine besondere Gebühr für eine Entscheidung vorgesehen, wohl aber für einen Vergleich unter den Voraussetzungen nach KV 1900. Unanwendbar ist die Bestimmung für beschwerdeähnliche Verfahren wie Erinnerung, Widerspruch, Einspruch, Berufung, Revision oder Gegenvorstellung. Die Beschwerdegebühr wird neben der Verfahrensgebühr für das Hauptsacheverfahren erhoben, unabhängig davon, in welcher Instanz ein solches schwebt. Eine weitere Beschwerde oder eine Anschlussbeschwerde bilden auch gebührenrechtlich ein neues Beschwerdeverfahren. Darauf, ob die Beschwerde statthaft oder zulässig ist, kommt es nicht an. Ebenso wenig kommt es darauf an, ob sie als solche bezeichnet ist. Es kommt nur darauf an, als was das Gericht die Eingabe tatsächlich behandelt.[172] Wird infolge unrichtiger Sachbehand-

172 OLG Hamm JurBüro 1972, 891.

lung eine Eingabe fälschlich als Beschwerde behandelt, ist allenfalls an eine Nichterhebung der Gebühr nach § 21 zu denken.

113 Mehrere Beschwerden lösen die Gebühr nur einmal aus, wenn sie sich gegen **dieselbe Entscheidung** richten, und zwar auch dann, wenn sie von einer oder von mehreren Parteien gegeneinander, gleichzeitig oder nacheinander oder als Anschlussbeschwerde erhoben werden. Voraussetzung ist jedoch stets, dass die Beschwerdeinstanz, die mit der Einlegung der Beschwerde beginnt, hinsichtlich der zuerst eingelegten Beschwerde bei Einlegung der neuen Beschwerde noch nicht abgeschlossen war.[173] Ein Beschwerdeverfahren liegt auch vor, wenn vor Erledigung der Beschwerde diese auf weitere Punkte erstreckt wird, mag die Erweiterung auch in Form einer zweiten Beschwerde eingebracht werden. **Mehrere gebührenmäßig selbständige Beschwerden** liegen dagegen vor, wenn sie sich gegen verschiedene Entscheidungen richten, auch wenn sie vom Beschwerdegericht zu einem Verfahren verbunden und in einem Beschluss entschieden werden. Auch die weitere Beschwerde eröffnet gebührenrechtlich ein neues Beschwerdeverfahren. Das gilt auch dann, wenn eine Partei eine Beschwerde einlegt, weil das Gericht der Beschwerde der anderen Partei abgeholfen hat.

114 Es wird immer nur eine **Gebühr** erhoben, gleichgültig, ob die Beschwerde im Zusammenhang mit einem Berufungs- oder Revisionsverfahren steht oder ob es sich um eine weitere Beschwerde handelt. Es ist auch belanglos, in welcher Weise die Gebührenpflicht des der Beschwerde zu Grunde liegenden Verfahrens geregelt ist. Die Gebühr wird immer erhoben, auch wenn die Beschwerde zurückgenommen wird, wenn sie sich durch Vergleich erledigt hat, wenn sie verworfen oder zurückgewiesen wurde[174] oder wenn ihr das untere Gericht ganz oder teilweise abhilft. Denn die Gebühr entsteht und wird fällig mit dem Eingang der Beschwerde bei Gericht (§ 6). Im Einzelnen:

115 Eine Zurückweisung liegt auch in einem Beschluss, durch den eine vorherige Sicherheitsleistung angeordnet wird.[175] Bei Widerspruch gegen den Arrest oder gegen die einstweilige Verfügung sind KV 1417, 1418 nicht anwendbar. Auch die Berufung gegen ein im Arrestverfahren oder im Verfahren der einstweiligen Verfügung ergangenes Urteil fällt nicht unter KV 1417, 1418. Ebenso verhält es sich mit Beschwerdeverfahren wegen einstweiliger Anordnung in Ehesachen. Die Gebühr deckt das gesamte Beschwerdeverfahren ab, gleichgültig, in welcher Form das Beschwerdegericht entscheidet. Nach einer Zurückverweisung entstehen für das weitere erstinstanzliche Verfahren die Gebühren nach KV 1410–1412 nicht nochmals (§§ 34, 37). Im Falle einer Beschwerde gegen einen zweiten Zurückweisungsbeschluss entstehen die Gebühren nach KV 1417, 1418 erneut.

116 Der **Beschwerdewert** richtet sich nach dem Streitwert der mit der Beschwerde angegriffenen Entscheidung. Bezieht sich die Beschwerde nur auf einen Teil des Streitgegenstandes des zugrunde liegenden Verfahrens, ist der Wert des Teilbetrages der Beschwerdewert. Die Beschwerde gegen die Anordnung der Sicherheitsleistung hat keinen geringeren Wert als das Arrestverfahren oder das Verfahren der einstweiligen Verfügung.

173 OLG Nürnberg JurBüro 1963, 648.
174 OLG Hamburg JurBüro 1952, 342.
175 *Oe/Wi/He* KV 1951–1953 Rn. 10.

Abschnitt 2

Einstweilige Anordnung

Vorbemerkung 1.4.2:

Die Vorschriften dieses Abschnitts gelten für einstweilige Anordnungen in Lebenspartnerschaftssachen (§ 661 Abs. 2 ZPO) entsprechend.

Unterabschnitt 1

Erster Rechtszug

KV 1420–1424 entsprechen KV 1700–1704 a. F.   117

Vorbemerkung 1.4.2.1:

Mehrere Entscheidungen der unter einer Nummer genannten Art innerhalb eines
Rechtszugs gelten als eine Entscheidung.

| 1420 | Entscheidung über einen Antrag nach § 127a ZPO | 0,5 |

KV 1420 gilt nur für die einstweilige Anordnung zur Leistung eines Prozesskosten-   118
vorschusses, nicht für eine solche auf Leistung eines Prozesskostenvorschusses in einer
Ehesache oder in anderen Familiensachen (vgl. KV 1421, 1422). Wird der Anspruch im Verfahren der einstweiligen Verfügung verfolgt, sind die Gebühren nach KV 1410 ff. zu berechnen. Für KV 1420 kommen vor allem die Rechtsstreitigkeiten in Betracht, in denen Unterhaltsberechtigte gegen den Unterhaltspflichtigen auf Leistung des Unterhalts klagen. Nicht
darunter fallen aber Unterhaltsrechtsstreitigkeiten, in denen Ehegatten gegeneinander auf
Erfüllung der Unterhaltspflicht gegenüber ihren Kindern klagen, in denen also die Unterhaltsberechtigten nicht als Kläger oder sonstige Antragsteller auftreten. Handelt es sich hier
um einen Antrag auf einstweilige Anordnung auf Regelung dieser Unterhaltsverpflichtung
nach § 620 S. 1 Nr. 4 ZPO oder hat die einstweilige Anordnung die gegenseitige Unterhaltspflicht der Ehegatten nach § 620 S. 1 Nr. 6 ZPO zum Gegenstand, ist KV 1421 einschlägig.
Auch die einstweilige Anordnung auf Leistung zum Unterhalt gegenüber einem Kinde im
Vaterschaftsprozess nach § 641d ZPO fällt nicht unter KV 1420, sondern unter KV 1423.
Wird in diesem Verfahren aber nicht nur die Unterhaltszahlung nach § 641d ZPO, sondern
auch Leistung eines Prozesskostenvorschusses für den Unterhaltsrechtsstreit im Wege der
einstweiligen Anordnung verlangt, kommt für diesen Prozesskostenvorschuss § 127a ZPO
und damit auch KV 1420 neben KV 1423 zur Anwendung.

Die 0,5-Gebühr erwächst, wenn eine Entscheidung **auf Antrag** ergangen ist (d. h. wenn sie   119
verkündet oder von der Geschäftsstelle zur Zustellung gegeben ist). Ergeht sie von Amts
wegen, entsteht eine Gebühr nach KV 1420 nicht. Die Entscheidung muss auch den
Rechtszug noch nicht endgültig bestimmen, so dass auch Teilentscheidungen, nicht aber
Zwischenentscheidungen ausreichen. Gleichgültig ist, ob das Gericht dem Antrag statt-

gibt oder diesen abweist, ob nach Anerkenntnis entschieden wird, ob die Leistung des Prozesskostenvorschusses befristet angeordnet oder die Entscheidung im Laufe des Verfahrens
geändert oder aufgehoben wird oder außer Kraft tritt. Eine **Zurücknahme** des Antrags
verhindert das Entstehen der Gebühr nur, wenn sie vor der Entscheidung erfolgt. Das
Gleiche gilt für einen **Vergleich,** der eine Entscheidung über den Antrag überflüssig
macht.

120 Mehrere Entscheidungen innerhalb eines Rechtszuges gelten als eine Entscheidung. Tritt
durch die mehreren Entscheidungen eine Streitwerterhöhung ein, ist die Gebühr aus dem
höchsten Streitwert zu berechnen. Mit **Rechtszug** ist der Rechtszug des Hauptsacheverfahrens in der jeweiligen Instanz gemeint. Der Begriff des Rechtszugs ist hier nach allgemeinen Regeln (z.B. §§ 4, 37) auszulegen. Als **Streitwert** ist maßgeblich der geforderte,
nicht der zuerkannte Prozesskostenvorschuss.

121 Eine Bewilligung von **Prozesskostenhilfe** für den Hauptsacheprozess erstreckt sich nicht
auf den Antrag auf einstweilige Anordnung (arg. § 48 Abs. 2 RVG „wenn auch beigeordnet"). Eine trotz der Unanfechtbarkeit der Entscheidung eingelegte **Beschwerde** löst die
Gebühr nach KV 1811 aus.

| 1421 | Entscheidung über einen Antrag nach § 620 Nr. 4, 6 bis 10 ZPO | 0,5 |

122 Die Gebühr entsteht nicht für das Verfahren, sondern für die **Entscheidung** in den in
§ 620 S. 1 Nr. 4, 6–10 ZPO geregelten Fällen, und zwar auch hier nur, soweit die Entscheidung **auf** einem **Antrag** beruht. Die übrigen Fälle des § 620 S. 1 ZPO sowie sonstige, in
KV 1421 nicht genannte, einstweilige Anordnungen in Ehesachen sind gebührenfrei. Im
Übrigen gilt das zu KV 1420 Gesagte entsprechend.

| 1422 | Entscheidung über einen Antrag nach § 621f ZPO | 0,5 |

123 Diese Vorschrift gilt **nur** für die Kostenvorschusspflicht in den dort aufgeführten Fami-
lien-/Partnerschaftssachen und darf nicht verwechselt werden mit dem Anspruch auf Prozesskostenvorschuss in Unterhaltssachen (für welchen KV 1420 gilt) oder mit der KV 1421
unterfallenden Prozesskostenvorschusspflicht in Ehesachen. Treffen in einem Verfahren
Gebührentatbestände nach KV 1421 und 1422 zusammen, sind die Gebühren besonders
zu berechnen. Die den verschiedenen KV-Nummern unterliegenden Entscheidungen gelten nicht als eine Angelegenheit i.S.d. amtlichen Anweisung. Im Übrigen gilt das zu
KV 1420 Gesagte auch hier.

| 1423 | Entscheidung über einen Antrag nach § 641d ZPO | 0,5 |

124 Diese Vorschrift ist nicht zu verwechseln mit KV 1421 oder KV 1422. Sie gilt auch nicht für
alle Kindschaftssachen nach § 640 ZPO, sondern nur für den Rechtsstreit auf Feststellung
der Vaterschaft. Im Übrigen gilt das zu KV 1420 Gesagte entsprechend.

| 1424 | Entscheidung über einen Antrag nach § 644 ZPO | 0,5 |

125 Die Gebühr betrifft eine Klage nach § 621 Ziffern 4, 5, 11 ZPO (Unterhalt unter Verwandten oder Eheleuten). Erfasst ist auch der Fall, dass für eine solche Klage ein Antrag auf Be-

willigung von Prozesskostenhilfe eingereicht worden ist und das Gericht nun auf Antrag den Unterhalt einstweilen regelt; dabei gelten §§ 620a–620g ZPO entsprechend.[176]

Unterabschnitt 2

Beschwerde

| 1425 | Verfahren über Beschwerden nach § 620c Satz 1 und § 641d Abs. 3 ZPO | 1,0 |

Die Regelung KV 1425 war in KV 1951 a. F. enthalten und ist insoweit inhaltsgleich über- 126
nommen worden.

§ 620c ZPO: Wenn die mit der Beschwerde angefochtene Entscheidung ohne mündliche 127
Verhandlung ergangen ist, ist eine sofortige Beschwerde unzulässig. Wird sie trotzdem
eingelegt und behandelt das Gericht sie als Antrag auf mündliche Verhandlung (§ 620b
Abs. 2 ZPO), erwächst keine Beschwerdegebühr. Andernfalls ist KV 1425 anwendbar. Das
gilt auch im Fall einer (unzulässigen) weiteren Beschwerde. Wird eine Beschwerde gegen
die Ablehnung einer einstweiligen Anordnung in den in § 620c S. 1 ZPO oder in den übrigen Fällen des § 620 ZPO eingelegt, handelt es sich nicht um ein Beschwerdeverfahren
nach § 620c S. 1 ZPO, so dass nicht KV 1425, sondern KV 1811 anwendbar ist. Für das Verfahren auf Aussetzung der Vollziehung nach § 620e ZPO wird keine besondere Gebühr erhoben. Die Fälligkeit richtet sich nach § 6 und wird durch die Zurücknahme oder eine er-
folgreiche Beschwerde nicht berührt. Der **Beschwerdewert** ist nach § 48 zu bestimmen.

§ 641d Abs. 3 ZPO: Für dieses Beschwerdeverfahren erwächst die Gebühr nach KV 1425, 128
gleichgültig wie das Verfahren endet. Sie bleibt auch bestehen, wenn der Beschwerde abgeholfen wird, sofern dann nicht eine Nichterhebung nach § 21 in Betracht zu ziehen ist.
Eine weitere Beschwerde löst die Gebühr erneut aus. Für die sofortige Beschwerde nach
§ 641e ZPO ist KV 1420 entsprechend anzuwenden.[177] Die Gebühr wird mit der Einlegung
der Beschwerde fällig (§ 6). Ihr **Wert** wird in den Grenzen des § 53 Abs. 2 dadurch bestimmt, was der Beschwerdeführer mit der Beschwerde erreichen will.

Hauptabschnitt 5
Vorbereitung der grenzüberschreitenden Zwangsvollstreckung

Der Hauptabschnitt regelt die Gebühren für die Vollstreckbarerklärung ausländischer Ti- 129
tel und für ähnliche Verfahren wie beispielsweise Anerkennungsverfahren. Die Gebühren
sind insgesamt auf Festgebühren umgestellt worden. Dies vereinfacht die Kostenberech-

---

176 *Hartmann* KV 1425 Rn. 1.
177 *Oe/Wi/He* KV 1951–1953 Rn. 9.

nung in diesen Verfahren. Die Gebührenhöhen sind so gewählt, dass sie dem Aufwand des Gerichts gerecht werden und für die betroffenen Parteien tragbar sind.

130   Wenn jedoch in einem Staatsvertrag bestimmt ist, dass ein Schuldtitel kostenfrei für vollstreckbar zu erklären ist, kommt eine Gebühr nach Nr. 1430 selbstverständlich nicht in Betracht. Das ist in vielen Fällen nach dem Haager Zivilprozessübereinkommen vom 1. 3. 1954 (BGBl. 1958, II, S. 577) und dem deutschen Ausführungsgesetz vom 18. 12. 1958 (BGBl. I 1958, S. 939) der Fall.[178]

Vorbemerkung 1.5:

Die Vollstreckbarerklärung eines ausländischen Schiedsspruchs oder deren Aufhebung bestimmt sich nach Nummer 1620.

Abschnitt 1

Erster Rechtszug

131   Die bisherige Differenzierung zwischen dem Verfahren auf Zulassung der Zwangsvollstreckung nachdem Anerkennungs- und Vollstreckungsausführungsgesetz (AVAG) einerseits und Vollstreckbarerklärungsverfahren aufgrund sonstiger bilateraler Verträge andererseits ist aus Gründen der Vereinfachung aufgegeben worden. Der Anwendungsbereich des AVAG wurde nicht zuletzt durch das Gesetz zu dem Übereinkommen vom 16. September 1988 über die gerichtliche Zuständigkeit und die Vollstreckung gerichtlicher Entscheidungen in Zivil- und Handelssachen vom 30. September 1994 (BGBl. II S. 2658, 3772) erheblich erweitert. KV 1430 bis 1435 a.F. hatten daher nur noch für Schuldtitel aus den vergleichsweise wenigen Ländern Bedeutung, mit denen zwar bilaterale Vollstreckungshilfeverträge bestehen, die aber nicht Mitgliedstaaten des Übereinkommens vom 16. September 1988 sind. Da zudem auch diese ausländischen Schuldtitel aufgrund der zwischenstaatlichen Übereinkommen nur einer eingeschränkten Prüfungspflicht unterliegen, ist trotz der bestehenden Unterschiede zwischen Beschluss- und Urteilsverfahren eine einheitliche Gebührenregelung sachgerecht. Außerdem ist die im alten Recht bestehende Differenzierung zwischen dem Anerkennungs- bzw. Klauselerteilungsverfahren einerseits und dem Aufhebungs- oder Änderungsverfahren andererseits aufgegeben worden.

1510   Verfahren über Anträge auf

1. Vollstreckbarerklärung ausländischer Titel,
2. Feststellung, ob die ausländische Entscheidung anzuerkennen ist,
3. Erteilung der Vollstreckungsklausel zu ausländischen Titeln und

---

178 Vgl. dazu z. B. *Feige*, Die Kosten des deutschen und französischen Vollstreckbarerklärungsverfahren, 1988.

4. Aufhebung oder Abänderung von Entscheidungen in
den in den Nummern 1 bis 3 genannten Verfahren

oder über die Klage auf Erlass eines Vollstreckungsurteils   200,00 EUR

1511   Beendigung des gesamten Verfahrens durch Zurücknahme
der Klage oder des Antrags vor dem Schluss der mündlichen
Verhandlung oder, wenn eine mündliche Verhandlung
nicht stattfindet, vor Ablauf des Tages, an dem die Entscheidung der Geschäftsstelle übermittelt wird:

Die Gebühr 1510 ermäßigt sich auf   75,00 EUR

Erledigungserklärungen nach § 91a ZPO stehen der Zurücknahme gleich,
wenn keine Entscheidung über die Kosten ergeht oder die Entscheidung einer zuvor mit- geteilten Einigung der Parteien über die Kostentragung oder
der Kostenübernahmeerklärung einer Partei folgt.

KV 1510–1511: In jedem der in KV 1510 genannten Verfahren entsteht die Gebühr   132
KV 1510, welche im Hinblick auf den nicht unerheblichen Arbeitsaufwand, der in solchen
Verfahren anfällt, in Höhe von 200 € angebracht ist. Das 2. Justizmodernisierungsgesetz
hat klar gestellt, dass im Fall einer Klage auf Erlass eines Vollstreckungstitels nicht die Gebühr nach KV 1210[179], sondern entsprechend der Begründung zum KostRModG 2004 eine
solche nach KV 1510 anzusetzen ist.[180] Die mit dem 2. Justizmodernisierungsgesetz eingefügte Bestimmung KV 1511 honoriert eine rechtzeitige Antragsrücknahme mit einer Ermäßigung der Gebühr KV 1510.

1512   Verfahren über Anträge auf Ausstellung einer Bescheini-   10,00 EUR
gung nach § 56 AVAG

1513   Verfahren über Anträge auf Ausstellung einer Bestätigung   15,00 EUR
nach § 1079 ZPO

KV 1512–1513: Die Vorschriften KV 1512–1513 sind durch das 2. Justizmodernisie-   133
rungsgesetz neu nummeriert worden. KV 1512 entspricht Nummer KV 1422 a.F. Durch
Art. 82 Abs. 8 des Gesetzes zum internationalen Familienrecht vom 26. Januar 2005
(BGBl. I, 162, 173) ist der Verweis auf § 54 AVAG gestrichen worden. KV 1513 ist ursprüngliche Nr. 1512 neu eingefügt durch das EG-Vollstreckungstitel-Durchführungsgesetz und gilt ab dem 21. 10. 2005. Die Gebühr ist gegenüber der der Nr. 1512 um 50%
erhöht, um den teilweise höheren Aufwand der Gerichte bei der Erteilung von Bestäti-
gungen nach der neuen EG-Verordnung Rechnung zu tragen.

1514   Verfahren nach § 3 Abs. 2 des Gesetzes zur Ausführung des   50,00 EUR
Vertrages zwischen der Bundesrepublik Deutschland und
der Republik Österreich vom 6. Juni 1959 über die gegenseitige Anerkennung und Vollstreckung von gerichtlichen Entscheidungen, Vergleichen und öffentlichen Urkunden in Zi-
vil- und Handelssachen vom 8. März 1960 (BGBl. I S. 169)

---

179 So *Baumbach/Lauterbach/Albers/Hartmann* § 722 Rn. 10.
180 So schon *Zöller-Geimer* § 722 Rn. 119.

134 **KV 1514** entspricht der bis zum 20. 10. 2005 geltenden Bestimmung KV 1512 und ist durch das EG-Vollstreckungstitel-Durchführungsgesetz und weiter durch das 2. Justizmodernisierungsgesetz umnummeriert worden. Für das Verfahren nach § 3 Abs. 2 des Gesetzes zur Ausführung des Vertrages zwischen der Bundesrepublik Deutschland und der Republik Österreich vom 6. Juni 1959 über die gegenseitige Anerkennung und Vollstreckung von gerichtlichen Entscheidungen, Vergleichen und öffentlichen Urkunden in Zivil- und Handelssachen vom 8. März 1960 (BGBl. I S. 169) sieht das geltende Recht in Nummern KV 1410 bis 1415 KV sechs Gebührentatbestände vor, in denen insbesondere nach Art und Inhalt der zu treffenden gerichtlichen Entscheidung unterschieden wird. Eine solche differenzierte Betrachtungsweise ist sachlich nicht geboten. Zudem ist die Zahl der betroffenen Verfahren gering. Es ist daher eine einheitliche Festgebühr eingeführt worden.

Abschnitt 2

Rechtsmittelverfahren

1520	Verfahren über Rechtsmittel in den in den Nummern 1510 und 1513 genannten Verfahren	300,00 EUR
1521	Beendigung des gesamten Verfahrens durch Zurücknahme des Rechtsmittels, der Klage oder des Antrags, bevor die Schrift zur Begründung des Rechtsmittels bei Gericht eingegangen ist:	
	Die Gebühr 1520 ermäßigt sich auf	75,00 EUR
1522	Beendigung des gesamten Verfahrens durch Zurücknahme des Rechtsmittels, der Klage oder des Antrags vor dem Schluss der mündlichen Verhandlung oder, wenn eine mündliche Verhandlung nicht stattfindet, vor Ablauf des Tages, an dem die Entscheidung der Geschäftsstelle übermittelt wird, wenn nicht Nummer 1521 erfüllt ist:	
	Die Gebühr 1520 ermäßigt sich auf	150,00 EUR

Erledigungserklärungen nach § 91a ZPO stehen der Zurücknahme gleich, wenn keine Entscheidung über die Kosten ergeht oder die Entscheidung einer zuvor mitgeteilten Einigung der Parteien über die Kostentragung oder der Kostenübernahmeerklärung einer Partei folgt.

1523	Verfahren über Rechtsmittel in	

1. den in Nummern 1512 und 1513 genannten Verfahren,
2. Verfahren nach § 790 ZPO
3. Verfahren über die Berichtigung oder den Widerruf einer Bestätigung nach § 1079 ZPO

Das Rechtsmittel wird verworfen oder zurückgewiesen	50,00 EUR

KV 1520–1523: Die Bestimmungen sind durch das EG-Vollstreckungstitel-Durchfüh- 135
rungsgesetz neu gefasst bzw. eingeführt und durch das 2. Justizmodernisierungsgesetz
durch Einfügung der ab dem 31. 12. 2007 geltenden Ermäßigungstatbestände neu geord-
net worden. Sie dienen der Vereinheitlichung der Kosten für die dort bezeichneten
Rechtsmittelverfahren. Nach altem Recht gelten für Berufungen die allgemeinen Gebührenvorschriften für das Berufungsverfahren (KV 1220 bis 1229 a.F.), für Beschwerdeverfahren die KV 1911, 1912, 1914 und 1957 a.f. und für Rechtsbeschwerdeverfahren die
KV 1913 und 1954 a.f. Wie in der ersten Instanz ist auch hier eine einheitliche Festgebühr
für alle Rechtsmittelverfahren vorgesehen. Diese soll das 1,5-fache der erstinstanzlichen
Gebühr nach KV 1510 betragen. Das EG-Vollstreckungsdurchführungsgesetz hat die Gebühr für das Rechtsmittelverfahren gegen die Ablehnung einer Bescheinigung nach § 56
AVAG von 300 € auf 50 € herabgesetzt und damit ein Versehen des KostRModG korrigiert.
Mangels anderweitiger Bestimmung gilt die neue (herabgesetzte) Gebühr aber erst für ab
dem 21. 10. 2005 anhängige Sachen (§ 71). Für zwischen dem 1. 1. 2004 und dem 21. 10.
2005 insoweit anhängig gewordene Sachen ist die Gebühr von 300 € zu erheben. Eine
Minderung insoweit kann nur im Verwaltungsverfahren außerhalb des GKG erfolgen.

Hauptabschnitt 6
Sonstige Verfahren

In diesem Hauptabschnitt sollen die Gebühren für besondere Verfahren, für die nicht die 136
allgemeinen Gebührenvorschriften Anwendung finden sollen, eingestellt werden. Dabei
handelt es sich im Wesentlichen um die geltenden Nummern KV 1610 ff. a.F.

Abschnitt 1
Selbstständiges Beweisverfahren

1610   Verfahren im Allgemeinen   1,0

Die Gebührenvorschrift zum selbstständigen Beweisverfahren entspricht der KV 1610 a.F. 137
Das selbständige Beweisverfahren richtet sich nach §§ 485 ff. ZPO und kann in Rahmen
eines anhängigen Zivilverfahrens oder außerhalb eines solchen stattfinden. Die Gebühr
nach KV 1610 deckt die gesamte Tätigkeit des Gerichts in einem solchen Verfahren ab, einschließlich der Bestellung eines Vertreters nach § 494 ZPO. Jeder neue Antrag lässt eine
neue Gebühr entstehen, und zwar auch dann, wenn das Gericht über die Anträge gemeinsam entscheidet. Demgegenüber ist ein Antrag auf Ergänzung oder auf eine Berichtigung
kein neuer Antrag.[181] Um einen neuen Antrag handelt es sich jedoch, wenn das Gericht

---

181 Vgl. *Hartmann* KV 1610 Rn. 4.

über eine darin enthaltene neue Tatsache Beweis erheben soll. Das ist auch dann der Fall, wenn der Antragsgegner seinerseits die Vernehmung eines Zeugen beantragt.[182] Dem Sinn des selbständigen Beweisverfahrens entsprechend ist bei der Frage, ob ein neuer Antrag vorliegt oder nicht, darauf abzustellen, ob dieser sich auf dasselbe Beweismittel bezieht oder nicht. Denn durch dieses Verfahren sollen nicht bestimmte Tatsachen festgestellt, sondern Beweismittel gesichert werden.[183] Im Einzelfall kann die Abgrenzung schwierig sein. Die Kosten des selbständigen Beweisverfahrens sind Gerichtskosten.[184] Eine in einem selbständigen Beweisverfahren ergangene Kostenentscheidung hat aber nur für den Ansatz der Gerichtskosten Bedeutung und kann bei einem Hauptverfahren mit identischem Streitgegenstand nur einmal (insoweit also nicht gesondert) angesetzt werden.[185] Eine Anrechnung der Gebühr nach KV 1610 auf die allgemeine Verfahrensgebühr findet nicht statt.

Abschnitt 2

Schiedsrichterliches Verfahren

Unterabschnitt 1

Erster Rechtszug

1620	Verfahren über die Aufhebung oder die Vollstreckbarerklärung eines Schiedsspruchs oder über die Aufhebung der Vollstreckbarerklärung	2,0
	Die Gebühr ist auch im Verfahren über die Vollstreckbarerklärung eines ausländischen Schiedsspruchs oder deren Aufhebung zu erheben.	
1621	Verfahren über den Antrag auf Feststellung der Zulässigkeit oder Unzulässigkeit des schiedsrichterlichen Verfahrens	2,0
1622	Verfahren bei Rüge der Unzuständigkeit des Schiedsgerichts.	2,0
1623	Verfahren bei der Bestellung eines Schiedsrichters oder Ersatzschiedsrichters.	0,5
1624	Verfahren über die Ablehnung eines Schiedsrichters oder über die Beendigung des Schiedsrichteramtes	0,5
1625	Verfahren zur Unterstützung bei der Beweisaufnahme oder zur Vornahme sonstiger richterlicher Handlungen	0,5

182 OLG München NJW-RR 1997, 318; LG Stade RPfleger 1966, 58.
183 So auch *Hartmann* KV 1610 Rn. 4.
184 BGH JurBüro 2003, 268 = MDR 2003, 596.
185 OLG Karlsruhe JurBüro 2000, 590.

1626   Verfahren über die Zulassung der Vollziehung einer vorläu-   2,0
        figen oder sichernden Maßnahme oder über die Aufhebung
        oder Änderung einer Entscheidung über die Zulassung der
        Vollziehung

        Im Verfahren über die Zulassung der Vollziehung und in dem Verfahren
        über die Aufhebung oder Änderung einer Entscheidung über die Zulassung
        der Vollziehung werden die Gebühren jeweils gesondert erhoben.

1627   Beendigung des gesamten Verfahrens durch Zurücknahme
        des Antrags:

        Die Gebühren 1620 bis 1622 und 1626 ermäßigen sich auf   1,0

KV 1620 bis 1626: Die Gebühren für das schiedsrichterliche Verfahren entsprechen denen   138
nach KV 1630 bis 1638 a.F. Sie erfassen nur Tätigkeiten des Gerichts nach dem zehnten
Buch der ZPO. Eine Vollstreckbarerklärung oder Niederlegung wird von den Gebühren
der KV 1510 ff. und ein Aufhebungsprozess von denen nach KV 1210 ff. erfasst. Der Zweck
der Gebühren nach KV 1620 bis 1626 besteht darin, dass die notwendige Einarbeitung des
staatlichen Gerichts in die mit verfahrensrechtlichen Besonderheiten des außergerichtlichen Schiedsverfahrens und die mit Mühe verbundene Hilfeleistung der Gerichte angemessen abgegolten wird. Der Katalog der Gebührentatbestände für die Tätigkeiten des
Gerichts im schiedsrichterlichen Beschlussverfahren (mit freigestellter mündlicher Verhandlung) ist abschließend. Mit Ausnahme der KV 1622 enthalten die Gebührentatbestände jeweils mehrere gebührenpflichtige Verfahren. Für jedes dieser Verfahren entstehen separate Gebühren.[186] Es handelt sich um Verfahrengebühren, die mit Einreichung
des Antrags fällig werden (§ 6). Der Streitwert richtet sich nach § 48. In den Fällen nach
KV 1620, 1622, 1623 ist das mithin der volle Wert der Ansprüche, die Gegenstand des dem
gerichtlichen Verfahren zugrunde liegenden Schiedsspruchs sind.[187] In den Fällen KV 1625,
1626 ist der Wert nach Abwägung aller Umstände zu bestimmen, wobei nicht das Interesse einer Partei am Ausgang des Schiedsverfahrens, sondern die Integrität des Schiedsgerichts schützenswert sein soll. Beim Wert KV 1625 ist der Wert der unterstützenden Maßnahmen maßgeblich, während bei KV 1626 der Gedanke des einstweiligen Rechtschutzes
bei der Bewertung einzufließen hat.

KV 1627 ist zusätzlich in das Kostenverzeichnis aufgenommen worden, da die Gebühren   139
KV 1620 bis 1622 und 1626 im Falle der Antragsrücknahme unangemessen hoch wären.

Unterabschnitt 2

Rechtsbeschwerde

1628   Verfahren über die Rechtsbeschwerde in den in den Num-   3,0
        mern 1620 bis 1622 und 1626 genannten Verfahren

---

186 *Oe/Wi/He* KV 1630–38 Rn. 4.
187 *Oe/Wi/He* KV 1630–38 Rn. 7; a.M. BayObLG JurBüro 1992, 700.

140 Die Gebühr entspricht inhaltlich der nach KV 1921 a.F. Entsprechend dem Grundsatz, das für Rechtsmittelverfahren gegenüber dem Ausgangsverfahren höhere Gebühren anfallen sollen, ist für das Rechtsbeschwerdeverfahren eine Gebühr mit einem Gebührensatz von 3,0 bestimmt. Auch hier handelt es sich um eine echte Verfahrensgebühr,[188] die unabhängig vom Ausgang des Rechtsbeschwerdeverfahrens erhoben wird, sofern das Gericht darüber zu entscheiden hat. Auch dann, wenn keine Sachentscheidung (Zurückweisung als unzulässig) ergeht, ist die Gebühr, die mit dem Eingang des Antrags entsteht und fällig wird, anzusetzen.

1629	**Beendigung des gesamten Verfahrens durch Zurücknahme der Rechtsbeschwerde oder des Antrags:**	
	Die Gebühr 1628 ermäßigt sich auf	**1,0**

141 Die Bestimmung ist – wie auch KV 1627 – zusätzlich in das KV aufgenommen worden. Anders als nach altem Recht[189] ermäßigt sich die Gebühr nach KV 1628, wenn das gesamte Rechtsbeschwerdeverfahren durch Zurücknahme der Rechtsbeschwerde oder des Antrags erledigt wird. Grund der Ermäßigung ist der, dass die Gebühr KV 1628 in solchen Fällen unangemessen hoch wäre, zumal dem Beschwerdegericht weitere Arbeit erspart wird.

Abschnitt 3

Aufgebotsverfahren

1630	**Verfahren im Allgemeinen**	**0,5**

142 Die Vorschrift entspricht Nummer 1620 a.F. Die Gebühr deckt das gesamte Verfahren nach §§ 946–1024 ZPO ab. Für die Anfechtungsklage nach § 957 Abs. 2 ZPO entstehen besondere, nach KV 1210ff. zu berechnende Gebühren. Davon abgesehen, sind sämtliche Tätigkeiten des amtsgerichtlichen Verfahrens (Ermittlungen, Beweisaufnahme, Zahlungssperre) abgedeckt. Wenn das Gericht gem. § 959 ZPO mehrere Anträge nachträglich verbindet, entstehen keine weiteren Gebühren. Der Streitwert richtet sich nach dem Interesse des Antragstellers und ist nach pflichtgemäßem Ermessen zu schätzen. Ein nach Landesrecht durchzuführendes Aufgebotsverfahren gehört nicht hierher. Eine Todeserklärung ist als FGG-Sache nach § 128 KostO abzurechnen.

---

188 BGH NJW-RR 2004, 287.
189 BGH NJW-RR 2004, 287 m. w. N.

Abschnitt 4

Besondere Verfahren nach dem Gesetz gegen Wettbewerbsbeschränkungen, dem Aktiengesetz, dem Umwandlungsgesetz, dem Wertpapiererwerbs- und Übernahmegesetz und dem Wertpapierhandelsgesetz

1640	Verfahren über einen Antrag nach § 115 Abs. 2 Satz 2 und 3, § 118 Abs. 1 Satz 3 oder nach § 121 GWB	3,0

Die Vorschrift entspricht KV 1222 a. F. mit der Maßgabe, dass anstelle der Entscheidungs-   143
gebühr nunmehr eine Verfahrensgebühr zu erheben ist. Denn die Bearbeitung des Antrags
verursacht bei Gericht schon einigen Aufwand.

1641	Beendigung des gesamten Verfahrens durch Zurücknahme des Antrags:	
	Die Gebühr 1640 ermäßigt sich auf	1,0

Wenn in den Fällen KV 1640 der Antrag vor dem Ergehen einer Entscheidung zurückge-   144
nommen wird, ermäßigt sich die Gebühr nach KV 1640 um 2,0.

1642	Verfahren nach § 148 Abs. 1 und 2, §§ 246a, 319 Abs. 6 AktG, auch i. V. m. § 327e Abs. 2 AktG, oder § 16 Abs. 3 UmwG	1,0
	Die Vorschrift entspricht KV 1650 a. F.	
1643	Verfahren über den Antrag nach § 50 Abs. 3 bis 5 WpÜG, auch i. V. m. § 37u Abs. 2 WpHG	0,5
	Mehrere Verfahren gelten innerhalb eines Rechtszugs als ein Verfahren.	

Die Vorschrift entspricht KV 1651 a. F.   145

Hauptabschnitt 7
Rüge wegen Verletzung des Anspruchs auf rechtliches Gehör

1700	Verfahren über die Rüge wegen Verletzung des Anspruchs auf rechtliches Gehör (§ 321a ZPO, auch i. V. m. § 122a PatG oder § 89a MarkenG; § 71a GWB):	
	Die Rüge wird in vollem Umfang verworfen oder zurückgewiesen	50,00 EUR

146 KV 1700 ist identisch mit KV 1960 a. F. Die Gebühr ist nur dann anzusetzen, wenn eine Rüge nach § 321a ZPO erfolglos war. Damit soll dem Missbrauch dieses Instituts vorgebeugt werden. Hat die Rüge indessen wenigstens teilweise Erfolg, was etwa dann der Fall sein kann, wenn mehrere Verstöße gerügt werden, die aber nicht sämtlich entscheidungserheblich waren, ist KV 1700 unanwendbar.

147 Voraussetzung ist ferner, dass die Rüge förmlich nach § 321a Abs. 2 ZPO erhoben worden ist. „Rügen", die vor dem Abschluss des Prozesses eingebracht werden, fallen nicht hierunter. Das kann dann der Fall sein, wenn nach dem Schluss der letzten mündlichen Verhandlung aber vor Verkündung der Entscheidung eine entsprechende Rüge in einem nicht nachgelassenen Schriftsatz eingebracht wird und das Gericht keinen Anlass zur Wiedereintritt in die mündliche Verhandlung (§ 156 ZPO) sieht.

Hauptabschnitt 8
Sonstige Beschwerden und Rechtsbeschwerden

148 Der Hauptabschnitt enthält die Gebührenbestimmungen für Beschwerdeverfahren, soweit diese nicht bereits in den vorhergehenden Hauptabschnitten geregelt sind. Soweit dies sachgerecht ist, sind Wertgebühren des alten Rechts durch Festgebühren ersetzt werden.

Abschnitt 1

Sonstige Beschwerden

1810	Verfahren über Beschwerden nach § 71 Abs. 2, § 91a Abs. 2, § 99 Abs. 2 und § 269 Abs. 5 ZPO	75,00 EUR
1811	Beendigung des Verfahrens ohne Entscheidung:	
	Die Gebühr 1810 ermäßigt sich auf	50,00 EUR

(1) Die Gebühr ermäßigt sich auch im Fall der Zurücknahme der Beschwerde vor Ablauf des Tages, an dem die Entscheidung der Geschäftsstelle übermittelt wird.
(2) Eine Entscheidung über die Kosten steht der Ermäßigung nicht entgegen, wenn die Entscheidung einer zuvor mitgeteilten Einigung der Parteien über die Kostentragung oder der Kostenübernahmeerklärung einer Partei folgt.

149 KV 1810–1811: KV 1810 entspricht teilweise der Gebühr nach KV 1951 a. F. Sie ist durch die mit dem 2. Justizmodernisierungsgesetz ab dem 31. 12. 2006 geltenden Ermäßigungstatbestände nach KV 1811 ergänzt worden. In den Beschwerdeverfahren nach § 71 Abs. 2, § 91a Abs. 2, § 99 Abs. 2 und § 269 Abs. 5 ZPO sind die alten Wertgebühren durch Festgebühren ersetzt werden, da es sich hierbei um Beschwerden gegen Kostengrundentscheidungen handelt, bei denen sich der Beschwerdewert in einem überschaubaren Rahmen bewegt. Eine Festgebühr von 75 € trägt dem Arbeitsaufwand des Gerichts in angemessener Weise Rechnung. Die Gebühr entspricht etwa einer Wertgebühr bei einem Streitwert von 2 000 €.

KV 1810 findet nur in den in der Vorschrift genannten Beschwerdeverfahren Anwendung **150** und dort, wo die ZPO die entsprechende Anwendung von in KV 1810 genannten Bestimmungen vorschreibt. Die Gebühr gilt für das **ganze Beschwerdeverfahren** einschließlich etwaiger Beweisanordnungen. Daneben ist keine besondere Gebühr für eine Entscheidung vorgesehen, wohl aber für einen Vergleich unter den Voraussetzungen von KV 1900. Unanwendbar ist die Bestimmung für beschwerdeähnliche Verfahren wie Erinnerung, Widerspruch, Einspruch, Berufung, Revision oder Gegenvorstellung. Die Beschwerdegebühr wird neben der Verfahrensgebühr für das Hauptsacheverfahren erhoben, unabhängig davon, in welcher Instanz ein solches schwebt. Eine weitere Beschwerde oder eine Anschlussbeschwerde bildet auch gebührenrechtlich ein neues Beschwerdeverfahren. Darauf, ob die Beschwerde statthaft oder zulässig ist, kommt es nicht an. Ebenso wenig kommt es darauf an, ob sie als solche bezeichnet ist. Es kommt nur darauf, als was das Gericht die Eingabe tatsächlich behandelt.[190] Wird infolge unrichtiger Sachbehandlung eine Eingabe fälschlich als Beschwerde behandelt, ist allenfalls an eine Nichterhebung der Gebühr nach § 21 zu denken.

Mehrere Beschwerden lösen die Gebühr KV 1810 nur einmal aus, wenn sie sich gegen **die- 151 selbe Entscheidung** richten, und zwar auch dann, wenn sie von einer oder von mehreren Parteien gegeneinander, gleichzeitig oder nacheinander oder als Anschlussbeschwerde erhoben werden. Voraussetzung ist jedoch stets, dass die Beschwerdeinstanz, die mit der Einlegung der Beschwerde beginnt, hinsichtlich der zuerst eingelegten Beschwerde bei Einlegung der neuen Beschwerde noch nicht abgeschlossen war.[191] Ein Beschwerdeverfahren liegt auch dann vor, wenn vor Erledigung der Beschwerde diese auf weitere Punkte erstreckt wird, mag die Erweiterung auch in Form einer zweiten Beschwerde eingebracht werden.

Mehrere gebührenmäßig selbständige Beschwerden liegen dagegen vor, wenn sie sich ge- **152** gen verschiedene Entscheidungen richten, auch wenn sie vom Beschwerdegericht zu einem Verfahren verbunden und in einem Beschluss entschieden werden. Auch die weitere Beschwerde eröffnet gebührenrechtlich ein neues Beschwerdeverfahren. Das gilt auch dann, wenn eine Partei eine Beschwerde einlegt, weil das Gericht der Beschwerde der anderen Partei abgeholfen hat.

Es wird immer nur eine **Gebühr** erhoben, gleichgültig, ob die Beschwerde im Zusammen- **153** hang mit einem Berufungs- oder Revisionsverfahren steht oder ob es sich um eine weitere Beschwerde handelt. Es ist auch belanglos, in welcher Weise die Gebührenpflicht des der Beschwerde zu Grunde liegenden Verfahrens geregelt ist. Die Gebühr wird immer erhoben, auch wenn die Beschwerde zurückgenommen wird, wenn sie sich durch Vergleich er-

190 OLG Hamm JurBüro 1972, 891.
191 OLG Nürnberg JurBüro 1963, 648.

ledigt hat, wenn sie verworfen oder zurückgewiesen wurde[192] oder wenn ihr das untere Gericht ganz oder teilweise abhilft. Denn die Gebühr entsteht und wird fällig mit dem Eingang der Beschwerde bei Gericht (§ 6). Im Einzelnen:

154 § 71 Abs. 2 ZPO: Wird gegen das Zwischenurteil fälschlich Berufung eingelegt, erwächst die Gebühr für das Beschwerdeverfahren, wenn die Berufung als Beschwerde behandelt wird. Andernfalls werden die Gebühren nach KV 1250–1252 erhoben. Die Beschwerdegebühr fällt auch an, wenn statt durch Zwischenurteil im Endurteil über die Nebenintervention entschieden wird. Hat das Gericht zu Unrecht statt durch Zwischenurteil durch Beschluss entschieden, ist die Gebühr für eine gegen diesen Beschluss erhobene Beschwerde gleichfalls nach KV 1810 zu erheben, wobei im Fall der Aufhebung des Beschlusses durch das Beschwerdegericht eine Nichterhebung nach § 21 in Betracht kommen kann. Die Gebühr KV 1810 erwächst auch im Falle einer weiteren Beschwerde.

155 § 91a Abs. 2 ZPO: Bei Zurücknahme oder sonstiger Erledigung ohne Entscheidung ermäßigt sich die Gebühr gemäß KV 1811. Bei nur teilweiser Erledigung ist KV 1811 allerdings nicht anwendbar.

156 § 99 Abs. 2 ZPO: Gleichgültig ist, ob die angefochtene Entscheidung durch Urteil oder Beschluss ergangen ist, wie es auch auf die Bezeichnung des Rechtsmittels nicht ankommt, sondern darauf, wie das Gericht das Rechtsmittel tatsächlich behandelt. Das oben (Rn. 149) Gesagte gilt entsprechend.

157 § 269 Abs. 4 ZPO: Die der sofortigen Beschwerde zugrundeliegende Entscheidung ergeht in einem gebührenfreien Verfahren. Auch für eine etwaige weitere Beschwerde sind KV 1810, 1811 abwendbar. Bei Berufungs- und Revisionsrücknahme ist eine Beschwerde gegen einen Beschluss nach §§ 516 Abs. 3, 565 ZPO unzulässig. Wird sie dennoch eingelegt, sind KV 1810, 1811 sinngemäß anzuwenden. Auf einen Beschwerdewert kommt es für die Berechnung der Gerichtkosten nicht (mehr) an, da Festgebühren anzusetzen sind. Der Beschwerdewert kann aber für die Berechnung der Rechtsanwaltsvergütung bedeutsam sein. Es ist dann der Betrag der bis zur Klagerücknahme (bei Rechtsmittelrücknahme die in der Rechtsmittelinstanz) erwachsenen Kosten.[193]

1812	Verfahren über nicht besonders aufgeführte Beschwerden, die nicht nach anderen Vorschriften gebührenfrei sind:
	Die Beschwerde wird verworfen oder zurückgewiesen 50,00 EUR
	Wird die Beschwerde nur teilweise verworfen oder zurückgewiesen, kann das Gericht die Gebühr nach billigem Ermessen auf die Hälfte ermäßigen oder bestimmen, dass eine Gebühr nicht zu erheben ist.

158 Allgemeines: KV 1812 (bis zum 30. 12. 2006: 1811) fasst die Regelungen der Bestimmungen KV 1956 und 1957 a.F. zusammen. Auch hier ist eine einheitliche Festgebühr eingeführt. Hauptanwendungsfall für diesen Gebührentatbestand sind Beschwerden gegen Kostenfestsetzungsbeschlüsse nach § 104 Abs. 3 ZPO. Daneben kommen Beschwerdeverfahren in Betracht, in denen der Streitwert häufig nur schwierig bestimmbar ist. Die Erhe-

---

192 OLG Hamburg JurBüro 1952, 342.
193 BHGZ 15, 394.

bung einer Festgebühr soll insoweit zu einer erheblichen Verfahrensvereinfachung führen. Die Höhe der Gebühr liegt mit 50 € und damit um 25 € unter der Gebühr nach
KV 1810. Die Höhe entspricht einer Wertgebühr aus einem Streitwert zwischen 900 € und
1 200 €. Die Höhe ist wegen der in den betreffenden Verfahren häufig sehr niedrigen
Streitwerten ausreichend.

KV 1812 ist Auffangtatbestand für alle Beschwerden, die in den übrigen Tatbeständen des   159
KV Teil 1 nicht besonders erfasst sind.

Auslagen: Keine Gebühr nach KV 1812 fällt selbstverständlich an für solche Beschwerde-   160
verfahren, die nach besonderen ausdrücklichen Bestimmungen im GKG oder in anderen
Gesetzen kosten- oder gebührenfrei sind. **Gebührenfreiheit** heißt nicht in jedem Falle
auch **Auslagen**freiheit. Auslagen werden – sofern sie den Betrag von 50 € übersteigen –
nach KV 9000 ff. erhoben. Insoweit gelten die allgemeinen Grundsätze. Will das Gericht
auch eine Nichterhebung von Auslagen anordnen, muss es das im Kostenausspruch ausdrücklich sagen, wenn dem Kostenschuldner nicht nach allgemeinen Grundsätzen auch
Auslagenfreiheit oder eine auch die Auslagen einschließende Kostenfreiheit zukommt.

Die Gebühr erwächst in diesem Fall nicht mit der Einlegung der Beschwerde, sondern erst,   161
wenn sie **verworfen** oder **zurückgewiesen** wird, nicht aber, wenn sie Erfolg hat oder sich
aus anderen Gründen (Zurücknahme, Vergleich, faktische Erledigung nach Untätigkeit
oder Nichtweiterbetreiben, Zurückverweisung usw.) erledigt. Die Gebühr deckt dann aber
das **gesamte Beschwerdeverfahren** ab, so dass für Beweisanordnungen, mündliche Verhandlung und Entscheidung, Zwischenentscheidungen usw. keine weiteren Gebühren
anfallen, wohl aber für einen **Vergleich** unter den Voraussetzungen nach KV 1900. Auch
KV 1812 gilt nur für Beschwerden und ist auf Erinnerungen, Gegenvorstellungen usw.
nicht anwendbar. Das oben (Rn. 149) Gesagte gilt insoweit auch hier. In den Fällen der
§§ 11 Abs. 2 S. 4, 5 RPflG und §§ 576, 577 Abs. 4 ZPO beginnt eine gebührenpflichtiges Beschwerdeverfahren erst mit dem Eingang der Beschwerde bei dem Beschwerdegericht.

Die Gebühr nach KV 1812 wird neben den Gebühren des Hauptsacheverfahrens erhoben,   162
gleichgültig, in welcher Instanz die Hauptsache schwebt. Eine weitere Beschwerde bildet
auch hier gebührenrechtlich ein neues Beschwerdeverfahren. Es kommt nicht darauf an,
ob die Beschwerde überhaupt statthaft oder zulässig ist. Insoweit gilt das oben (Rn. 149)
Gesagte ebenfalls.

Bei **mehreren Beschwerden** gilt das oben (Rn. 153) Gesagte.   163

Gebühr: Es wird für jede Beschwerde immer nur eine Gebühr erhoben. Gleichgültig ist, ob   164
die Beschwerde im Zusammenhang mit einem Berufungs- oder Revisionsverfahren steht
oder ob es sich um eine weitere Beschwerde handelt. Unerheblich ist auch, ob das der Beschwerde zugrundeliegende Verfahren gebührenpflichtig ist oder nicht und welche Gebühr dort erwachsen ist. Die Gebühr entsteht, wenn die Entscheidung **ergangen** ist. Das
ist dann der Fall, wenn sie verkündet oder von der Geschäftsstelle zur Zustellung oder
Mitteilung gegeben ist. Einer förmlichen Zustellung bedarf es nicht.[194] Eine nach diesem
Zeitpunkt erfolgende Zurücknahme berührt das Entstehen der Gebühr nicht mehr. Wird
gegen die Entscheidung des Gerichts abermals in zulässiger oder unzulässiger Weise Be-

---

194 OLG Nürnberg JurBüro 1967, 439.

schwerde eingelegt, beginnt ein neues Beschwerdeverfahren. Keine Gebührenpflicht entsteht aber dann, wenn das Beschwerdegericht zwar die angefochtene Entscheidung aufhebt, in der Sache aber genauso entscheidet wie die Vorinstanz.[195]

Abschnitt 2

Sonstige Rechtsbeschwerden

165 Die Bestimmungen KV 1820–1823 entsprechen KV 1952 bis 1954 a. F. Wie im alten Recht sind Rechtsbeschwerden grundsätzlich mit einer Gebühr in doppelter Höhe der für das vorausgehende Beschwerdeverfahren maßgebenden Gebühr zu bewerten.

1820	Verfahren über Rechtsbeschwerden gegen den Beschluss, durch den	
	1. die Berufung als unzulässig verworfen wurde (§ 522 Abs. 1 Satz 2 und 3 ZPO),	2,0
	2. in Familiensachen eine Beschwerde nach § 621e Abs. 3 Satz 2, § 522 Abs. 1 Satz 2 und 3 ZPO, auch i. V. m. § 629a Abs. 2 Satz 1 und § 661 Abs. 2 ZPO, als unzulässig verworfen wurde	
1821	Verfahren über Rechtsbeschwerden nach § 15 KapMuG	5,0
1822	Beendigung des gesamten Verfahrens durch Zurücknahme der Rechtsbeschwerde, bevor die zur Begründung der Rechtsbeschwerde bei Gericht eingegangen ist:	
	Die Gebühren 1820 und 1821 ermäßigen sich auf	1,0
	Erledigungserklärungen nach § 91a ZPO stehen der Zurücknahme gleich, wenn keine Entscheidung über die Kosten ergeht oder die Entscheidung einer zuvor mitgeteilten Einigung der Parteien über die Kostentragung oder der Kostenübernahmeerklärung einer Partei folgt.	
1823	Verfahren über Rechtsbeschwerden in den Fällen des § 71 Abs. 1, § 91a Abs. 1, § 99 Abs. 2, § 269 Abs. 4 oder § 516 Abs. 3 ZPO	150,00 EUR
1824	Beendigung des gesamten Verfahrens durch Zurücknahme der Rechtsbeschwerde, des Antrags oder der Klage, bevor die Schrift zur Begründung der Rechtsbeschwerde bei Gericht eingegangen ist: Die Gebühr 1823 ermäßigt sich auf	50,00 EUR
1825	Beendigung des gesamten Verfahrens durch Zurücknahme der Rechtsbeschwerde, des Antrags oder der Klage vor Ab-	

---

195 KG RPfleger 1962, 122 (L).

lauf des Tages, an dem die Entscheidung der Geschäftsstelle
übermittelt wird, wenn nicht Nummer 1824 erfüllt ist:

Die Gebühr 1823 ermäßigt sich auf   75,00 EUR

1826   Verfahren über nicht besonders aufgeführte Rechtsbe-
        schwerden, die nicht nach anderen Vorschriften gebühren-
        frei sind:

        Die Rechtsbeschwerde wird verworfen oder zurückgewiesen   100,00 EUR

        Wird die Rechtsbeschwerde nur teilweise verworfen oder zurückgewiesen,
        kann das Gericht die Gebühr nach billigem Ermessen auf die Hälfte ermäßi-
        gen oder bestimmen, dass eine Gebühr nicht zu erheben ist.

1827   Beendigung des gesamten Verfahrens durch Zurücknahme
        der Rechtsbeschwerde, des Antrags oder der Klage vor Ab-
        lauf des Tages, an dem die Entscheidung der Geschäftsstelle
        übermittelt wird:

        Die Gebühr 1826 ermäßigt sich auf   50,00 EUR

Hauptabschnitt 9
Besondere Gebühren

1900   Abschluss eines gerichtlichen Vergleichs außer einem Ver-
        gleich über Ansprüche, die in Verfahren über einstweilige
        Anordnungen in Familien- oder Lebenspartnerschaftssa-
        chen geltend gemacht werden können:

        Soweit der Wert des Vergleichsgegenstandes den Wert des
        Verfahrensgegenstandes übersteigt   0,25

        Die Gebühr entsteht nicht im Verfahren über die Prozesskostenhilfe.

Allgemeines: KV 1900 entspricht inhaltlich KV 1653 a. F. und behandelt die in der Praxis   166
wichtige Frage, wann und in welcher Höhe die Vergleichsgebühr bei einem **gerichtlichen
Vergleich** (vor dem Richter oder Rechtspfleger) erwächst. Für eine über den Gegenstand
des Rechtsstreits geschlossenen Vergleich wird keine Vergleichsgebühr erhoben, weil die
Mitwirkung des Gerichts hier durch die allgemeine Verfahrensgebühr mit abgegolten ist.
Soweit der Vergleichsgegenstand den Wert des Streitgegenstandes übersteigt, fällt keine
weitere Verfahrensgebühr an. Vielmehr tritt an ihre Stelle die Vergleichsgebühr. Auf das
Verhältnis der Vergleichsgebühr zur Verfahrensgebühr ist deshalb § 35 auch nicht sinngemäß anwendbar. Die Vergleichsgebühr ist eine Handlungs-(Akt-)gebühr.

Voraussetzungen: Ob ein Vergleich geschlossen ist oder nicht, ist nach § 779 BGB zu beur-   167
teilen.[196] Die bloße Einigung über ein streitiges Rechtsverhältnis reicht hier – im Gegen-

---

196 Vgl. dazu *Markl* FS für H. Schmidt, S. 88.

satz zu VV-RVG 1000 – nicht aus.[197] Insoweit hat sich zum alten Recht für die Gerichtsgebühr nichts geändert. Allerdings ist es nicht erforderlich, dass die Voraussetzungen des
§ 794 Abs. 1 Ziffer 1 ZPO erfüllt sind. So reicht es aus, wenn ein Vergleich in einem Verfahren mit Anwaltszwang zwischen den Parteien ohne die Mitwirkung eines Anwalts geschlossen wird, etwa im Rahmen einer Scheidung, sofern er nur gerichtlich protokolliert
wird.[198] Er setzt ein gegenseitiges Nachgeben der Parteien voraus, das sich sowohl auf den
sachlichen (materiellen) Anspruch als auch auf das Prozessrechtsverhältnis beziehen
kann.[199] Demzufolge liegt ein Vergleich auch dann vor, wenn eine Partei den Anspruch
anerkennt oder die Klage oder das Rechtsmittel zurücknimmt, die Gegenpartei aber
trotzdem die Kosten ganz oder z. T. übernimmt.[200] Ein Vergleich kann schon darin liegen,
dass die Parteien auf eine Klärung des Streitverhältnisses durch richterliche Entscheidung
verzichten und sich freiwillig unter Aufgabe ihrer prozessualen Rechte in die Rolle des
Unterlegenen begeben.[201] Das **Nachgeben** muss aber in jedem Falle **gegenseitig** sein.[202]
**Ein gerichtlich protokollierter Vergleich ist i. S. d. Gebührenrechts ist immer als Ver-
gleich zu werten,** selbst wenn er zu Unrecht nicht als Vergleich bezeichnet wird[203] oder
wenn Verletzung des Anwaltszwanges behauptet wird.[204] Denn es spricht nicht nur die
Vermutung prozessordnungsgemäßen Verhaltens des Gerichts dafür,[205] sondern auch der
Grundsatz, dass im Kostenansatzverfahren grundsätzlich keine Überprüfung einer richterlichen Entscheidung durch den Kostenbeamten zu erfolgen hat. Das, was unter Billi-
gung des Gerichts in den Prozessvergleich aufgenommen wird, ist daher als Vergleichsgegenstand zu werten. Das gilt auch für die in einem Vergleich getroffenen Feststellungen,
sofern sie im Vergleich selbst stehen. Etwas anders gilt, wenn Feststellungen in einer Präambel dem eigentlichen Vergleich vorangestellt sind. Dann haben diese Feststellungen
i. d. R. nur Bedeutung für die Auslegung des der Präambel folgenden Vergleichstextes.[206]
Dagegen ist es nicht unbedingt erforderlich, dass der Vergleich ausdrücklich auch als solcher bezeichnet ist.

168 KV 1900 setzt nicht voraus, dass durch den Vergleich der Rechtsstreit vollständig beendet
wird. Es reicht aus, wenn er im Rahmen eines Rechtsstreits geschlossen wird. So kommt es
z. B. nicht selten vor, dass nur ein Teilbetrag einer Forderung eingeklagt wird und ein Vergleich über die ganze Forderung zustande kommt oder dass im Verfahren einer einstweiligen Verfügung ein Vergleich auch über die noch nicht anhängige Hauptsache geschlossen wird.[207] In einem solchen Fall sind die Streitwerte zu addieren. Weiter ist es
nicht erforderlich, dass durch den Vergleich nur Pflichten begründet werden (wie z. B.

197 So auch *Hartmann* KV 1900 Rn. 4.
198 *Hartmann* KV 1900 Rn. 4; *Mümmler* JurBüro 1978, 161.
199 OLG Hamm JurBüro 1972, 692.
200 BGH NJW 1961, 1817; VersR 1970, 573; OLG Frankfurt aM MDR 1977, 590 = JZ 1977, 353.
201 OLG München NJW 1965, 1026 = JVBl. 1965, 140 = AnwBl. 1965, 214.
202 OLG München NJW 1969, 1306 = JurBüro 1969, 737 = RPfleger 1969, 251; **a. M.** *Keßler* DRiZ 1978,
79.
203 OLG Düsseldorf RPfleger 1969, 195 (L).
204 **A. M.** OLG Köln NJW 1970, 2317; *Oe/Wi/He* KV 1653 Rn. 11.
205 OLG München AnwBl. 1959, 302; 1961, 313 = JurBüro 1961, 450, 452 = MDR 1961, 949.
206 Vgl. dazu bei *Markl* FS für H. Schmidt, S. 87 ff., 89 ff.; OLG Zweibrücken JurBüro 1981, 737.
207 OLG Hamburg MDR 1959, 401 (L).

Auflassungserklärungen), über die kein Streit bestand.[208] Denn KV 1900 unterscheidet ausdrücklich zwischen Streitgegenstand und Vergleichsgegenstand. Wenn aber Streitgegenstand das ist, worüber die Parteien sich streiten, muss auch Vergleichsgegenstand das sein, was sie zum Gegenstand des Vergleichs machen. Dabei kann es keinen Unterschied machen, ob die in den Vergleich einbezogenen Gegenstände bestritten sind oder nicht.[209] Es spricht jedenfalls eine Vermutung dafür, dass hinsichtlich der einbezogenen Gegenstände zumindest eine Unsicherheit besteht, deren Beseitigung Grund für die Parteien war, den Gegenstand in den Vergleich einzubeziehen. Das reicht für einen Vergleich i.S.v. § 779 BGB aus. Wenn beispielsweise ein Räumungsverfahren über Wohnraum durch Prozessvergleich beigelegt wird und darin eine Abfindung nur für die Räumung vereinbart wird, erhöht sich der Vergleichswert grundsätzlich nicht.[210] Anders, wenn die Abfindung zum Ausgleich notwendiger mit der Räumung verbundener Kosten des Mieters/Pächters (Umzugskosten pp.) vereinbart wird. Dann ist der Betrag als Vergleichswert i.S.v. KV 1900 zu nehmen.[211] Vgl. auch § 41 Rn. 10.

Der **Wert** des Vergleichsgegenstandes **kann höher** (aber nicht geringer) sein als eine im   169 Vergleich gewährte Abfindungssumme. Da für die in einem gerichtlichen Vergleich enthaltenen Beurkundungen keine Gebühren nach der KostO zu erheben sind, wären solche Beurkundungen gebührenfrei, wenn aus ihrem Gegenstand nicht die Vergleichsgebühr zu erheben wäre. Dem Grundgedanken der KV 1900 ist aber gerade der gegenteilige Wille zu entnehmen, auch solche Gegenstände gebührenrechtlich zu erfassen, die nicht Streitgegenstand sind.[212]

Es ist ferner nicht erforderlich, dass der Vergleich einen **Vollstreckungstitel** schafft. Es   170 genügt schon, wenn er nicht vollstreckbare Formulierungen enthält. So reicht es aus, wenn sich eine oder beide Parteien für abgefunden erklären.

Die Vergleichsgebühr ist aber nicht zu erheben, wenn **weitere anhängige Verfahren in**   171 **einem Rechtsstreit mitverglichen** werden. Denn hier übersteigt der Vergleichswert nicht die Summe der Streitgegenstände, für die bereits die allgemeine Verfahrensgebühr entstanden ist.[213] Wird in einem gebührenfreien Verfahren eine Verfahrensgebühr nicht erhoben, darf bis zum Streitwert des gebührenfreien Verfahrens auch keine Vergleichsgebühr erhoben werden.

Der **Vergleich** muss **vor Gericht,** also vor dem Richter oder dem Rechtspfleger geschlos-   172 sen werden. Deshalb entsteht keine Vergleichsgebühr, wenn der Vergleich vor dem Urkundsbeamten der Geschäftsstelle geschlossen wird oder vor einer Gütestelle. Solche Vergleiche lösen wie alle außergerichtlichen Vergleiche die Gebühr KV 1900 nicht aus, und

---

208 Dazu ausf. bei *Markl* FS für H. Schmidt, S. 87 ff. m.N.; *H. Schmidt* MDR 1975, 25; *Mümmler* JurBüro 1978, 897; 1980, 198; 1981, 515; **a.M.** KG ZZP 1955, 445; OLG Schleswig SchlHA 1955, 135 = JurBüro 1955, 192; LG Bayreuth JurBüro 1981, 1678; LG Verden JurBüro 1970, 256 m. Anm. v. *Schneider.*
209 OLG München AnwBl. 1963, 85.
210 OLG Köln MDR 1971, 854; LG Stuttgart Die Justiz 1997, 443.
211 OLG Schleswig RPfleger 1957, 6; OLG Neustadt MDR 1955, 745 = NJW 1955, 1404: LG Hamburg MDR 1961, 151; AG Köln NJW-RR 2003, 233 = NZM 2003, 106; *OeWi/He* Streitwerthandbuch, 2. Aufl., S. 4 „Abfindung" = Komm. zum GKG, 53. Lieferung, Teil 7 Seite 2 „Abfindung".
212 Vgl. dazu näher bei *Markl* FS für H. Schmidt, S. 87 ff.
213 Allg. Ansicht, vgl. etwa bei *Hartmann* KV 1900 Rn. 15.

zwar auch dann nicht, wenn er einem protokollierten gerichtlichen Vergleichsvorschlag entspricht, wohl aber, wenn anschließend zu richterlichem Protokoll die Annahme des Vergleichs erklärt wird oder wenn der Vergleich zu Protokoll – auch als Anlage – gegeben wird. Anders liegt es nur, wenn dem Gericht die Annahme des Vergleichs lediglich mitgeteilt wird.

173 Der Vergleich muss in einem **Rechtsstreit** geschlossen sein, also in einer bürgerlichen Rechtsstreitigkeit oder in einer Folgesache. Hierzu zählt nicht nur das ordentliche Prozessverfahren, sondern jedes auf Entscheidung zielende streitige Verfahren wie der Hauptprozess, das Arrestverfahren oder das Verfahren der einstweiligen Verfügung (mit Ausnahme der in KV 1900 genannten Verfahren), das Beschwerdeverfahren, das selbständige Beweisverfahren sowie Vergleiche vor dem Vollstreckungsgericht. Unanwendbar ist KV 1900 aber auf einen im FGG-Verfahren geschlossenen Vergleich, auch wenn dadurch ein Zivilverfahren erledigt wird.

174 Die Vergleichsgebühr erwächst auch bei einem im **Prozesskostenhilfeprüfungsverfahren** geschlossenen Vergleich. Das war zum alten Recht in Rechtsprechung und Literatur umstritten und wurde teilweise abgelehnt, weil dieses Verfahren kein Rechtsstreit i. S. d. ZPO ist.[214] Dieser Streit ist durch die Anmerkung dahingehend entschieden worden dass die Vergleichsgebühr für einen Mehrvergleich auch im Prozesskostenhilfeverfahren entstehen kann.

175 Geschlossen ist der Vergleich, wenn er rechtswirksam geworden ist. Ein späterer – auch vorbehaltener – Widerruf ist ohne Belang. Er wird rückwirkend beseitigt, wenn seine Nichtigkeit festgestellt ist,[215] nicht aber, wenn die Parteien nachträglich seine Aufhebung vereinbaren. Wird die Nichtigkeit festgestellt, ist die Vergleichsgebühr nicht zu erheben und ggf. zurückzuerstatten.[216] Geschieht eine Feststellung der Rechtswirksamkeit eines Vergleichs durch einen neuen Vergleich, erwächst hierfür keine zweite Vergleichsgebühr, wenn und soweit der Vergleichsgegenstand identisch ist.[217] Ist der Gegenstandswert des zweiten Vergleichs höher als der des ersten, ist die Gebühr nach dem höheren Wert insgesamt nur einmal zu erheben.

176 Eine **Vergleichsgebühr** erwächst nur, soweit der Wert des Vergleichsgegenstandes den Wert des Streitgegenstandes übersteigt. Das trifft nicht zu, wenn der Vergleich nur über den Streitgegenstand geschlossen wird oder wenn andere anhängige Verfahren einbezogen werden, wobei es keine Rolle spielt, in welcher Instanz diese anhängig sind. Der Wert der Vergleichsgebühr ist der Wert, um den der Wert des Vergleichsgegenstandes den des Streitgegenstandes übersteigt. Diese Werte sind nach §§ 48 ff. zu bestimmen.[218] Die allgemeine Verfahrensgebühr erhöht sich durch einen Prozessvergleich nicht. Die Vergleichsgebühr ist vielmehr neben der Verfahrensgebühr zu erheben, und zwar nach dem Wert des Mehrbetrages.

---

214 *Hartmann* KV 1900 Rn. 3; *Pecher* NJW 1981, 2170; *Thoma/Putzo* § 118 Rn. 11; a. M. *Oe/Wi/He* KV 1653 Rn. 15.
215 BGH NJW 1959, 532.
216 Dazu OLG Hamm JurBüro 1980, 550 und 1027 = RPfleger 1980, 162.
217 OLG Koblenz JurBüro 1978, 702; KG JurBüro 1977, 659.
218 BGH JurBüro 1979, 1796; vgl. auch bei *Hartmann* KV 1900 Rn. 9 ff., m. N.

Keine Vergleichsgebühr entsteht bei einem Vergleich über Ansprüche, die in den Verfah- 177
ren nach § 620 ZPO oder § 641d ZPO geltend gemacht werden können. Hier gelten
KV 1421, 1422, 1121 als leges speciales.[219] Wird aber in einer Ehesache eine endgültige
Regelung zum Gegenstand eines Vergleichs gemacht, ist KV 1900 anwendbar. Es erwächst
die Vergleichsgebühr, soweit die im Vergleich geregelten Gegenstände nicht schon eine
Verfahrensgebühr ausgelöst haben. Das gilt allerdings nicht für Einigungen über das Sor-
gerecht, denn insoweit liegt kein Prozessverfahren vor.[220]

| 1901 | Auferlegung einer Gebühr nach § 39 GKG wegen Verzöge- | wie vom Ge- |
| | rung des Rechtsstreits | richt bestimmt |

Die Vorschrift entspricht KV 1659 a. F.   178

Teil 2
Zwangsvollstreckung nach der
Zivilprozessordnung, Insolvenzverfahren
und ähnlichen Verfahren

Im Teil 2 sind die bisher auf die Teile 2 und 5 KV a. F. verteilten Vorschriften über die Kos- 1
ten in Zwangsvollstreckungsangelegenheiten nach den Vorschriften der ZPO, Zwangs-
versteigerungs- und Zwangsverwaltungssachen, Insolvenzverfahren sowie ähnlichen Verfahren inhaltlich weitgehend unverändert zusammengefasst worden.

Hauptabschnitt 1
Zwangsvollstreckung nach der Zivilprozessordnung

Abschnitt 1

Erster Rechtszug

Der Abschnitt 1 enthält in den KV 2110 bis 2117 die bisher in KV 1640 bis 1646 a. F. ent- 2
haltenen Bestimmungen über die erstinstanzlichen Zwangsvollstreckungsverfahren nach
den Vorschriften der ZPO. Die Gebührenbeträge der Festgebühren sind um 5 € angehoben
werden, weil die bisherigen Beträge bei weitem nicht zur Kostendeckung ausreichten. Die
Gebühren sind auch zu erheben, wenn der Antrag zurückgenommen wird. Als Folge der
Einfügung der neuen Nr. KV 2110 sind die folgenden Nummern KV 2111–2119 neu ge-
zählt worden.

219 *Hartmann* KV 1900 Rn. 13.
220 *Hartmann* KV 1900 Rn. 13.

2110   Verfahren über den Antrag auf Erteilung einer weiteren   15,00 EUR
       vollstreckbaren Ausfertigung (§ 733 ZPO)

       Die Gebühr wird für jede weitere vollstreckbare Ausfertigung gesondert er-
       hoben. Sind wegen desselben Anspruchs in einem Mahnverfahren gegen
       mehrere Personen gesonderte Vollstreckungsbescheide erlassen worden und
       werden hiervon gleichzeitig mehrere weitere vollstreckbare Ausfertigungen
       beantragt, wird die Gebühr nur einmal erhoben.

3   **KV 2110:** KV 2110 ist durch das 2. Justizmodernisierungsgesetz ab dem 31.12.2006 für
    die Erteilung einer weiteren vollstreckbaren Ausfertigung eingefügt worden. Damit soll
    sichergestellt werden, dass die Festgebühr von 15 € für jeden Antrag auf Erteilung einer
    weiteren vollstreckbaren Ausfertigung gesondert anfällt. Im maschinellen Mahnverfahren
    erlässt das Gericht gegen jeden Antragsgegner einen gesonderten Vollstreckungsbescheid,
    wenn gegen mehrere Personen derselbe Anspruch geltend gemacht wird (Gesamtschuld-
    nerschaft). Die Anmerkung zu 2110 KV GKG stellt deshalb klar, dass der Antragsteller
    nicht mit Mehrkosten belastet wird, wenn er weitere vollstreckbare Ausfertigungen einer
    Mehrzahl von Titeln begehrt, die im ordentlichen Streitverfahren in einer einheitlichen
    Entscheidung zusammenzufassen wären. Das gilt aber nur, wenn die weiteren vollstreck-
    baren Ausfertigungen **gleichzeitig** beantragt werden. Anderenfalls ist jeder Antrag ge-
    sondert zu berechnen. Gebühren nach KV 2110 werden jedoch nicht erhoben, wenn die
    erste Ausfertigung im Verantwortungsbereich des Gerichts abhanden gekommen ist.[221]

2111   Verfahren über Anträge auf gerichtliche Handlungen der   15,00 EUR
       Zwangsvollstreckung gemäß § 829 Abs. 1, §§ 835, 839, 846
       bis 848, 857, 858, § 886 bis 888 oder § 890 ZPO

       **Mehrere Verfahren innerhalb eines Rechtszugs gelten als
       ein Verfahren, sofern sie denselben Anspruch und densel-
       ben Gegenstand betreffen.**

3a **KV 2111** gilt nur für die dort aufgezählten Gegenstände. Die Aufzählung ist abschlie-
    ßend. Nicht hierher gehören z.B. ein – vom Antrag nach § 733 ZPO streng zu unterschei-
    dender – Antrag auf Titelumschreibung nach § 727 ZPO, eine Erinnerung nach § 766
    ZPO,[222] ein Ersuchen über die Mitwirkung einer anderen Behörde, eine Erlaubnis zur
    Vornahme einer Vollstreckungshandlung zur Nachtzeit (§ 761 ZPO), die Ernennung eines
    Sequesters oder eines zuständigen Gerichtsvollziehers (§ 854 ZPO), die Berichtigung eines
    Pfändungsbeschlusses (§ 850 Abs. 4 ZPO) oder eine Zwangsvollstreckung im Ausland
    (§ 791 ZPO), eine Ermächtigung zur Umschreibung (§ 822 ZPO) oder zur Wiederinkurs-
    setzung (§ 823 ZPO), die Anordnung einer besonderen Verwertung (§ 825 ZPO) oder einer
    anderweitigen Verwertung (§ 844 ZPO), die Anordnung der Versteigerung und Hinterle-
    gung (§ 930 ZPO) oder die Aufhebung des Vollzugs (§ 934 ZPO). Auch hier löst jeder neue
    Antrag – sofern er nicht denselben Anspruch oder denselben Gegenstand betrifft – unab-
    hängig von seinem weiteren Schicksal eine neue Gebühr aus. Kostenschuldner sind An-
    tragsteller und Vollstreckungsschuldner. Ob die Kosten notwendig i.S.v. § 788 ZPO sind,

---

221 KG JurBüro 2008, 43 (LS mit Volltextservice).
222 BGHZ 69, 148.

kann der in Anspruch genommene Kostenschuldner erforderlichenfalls im Erinnerungs-verfahren nach § 66 GKG klären.[223]

| 2112 | Verfahren über den Antrag auf Vollstreckungsschutz nach § 765a ZPO | 15,00 EUR |

KV 2112 ist auch anwendbar, wenn neben dem Verfahren nach § 765a ZPO ein Verfahren   4
nach § 30a ZVG anhängig ist,[224] für das dann aber eine besondere Gebühr erwächst. Die
Erinnerungsverfahren sind gebührenfrei.

| 2113 | Verfahren über den Antrag auf Aussetzung der Verwertung nach § 813b ZPO | 15,00 EUR |

| 2114 | Verfahren über den Antrag auf Abnahme der eidesstattli-chen Versicherung nach § 889 ZPO | 30,00 EUR |

KV 2113, 2114: Seit dem 1. 1. 1999 ist für die Abnahme der eidesstattlichen Versicherung   5
nicht mehr das Vollstreckungsgericht, sondern der Gerichtsvollzieher zuständig. Gebüh-renpflichtige gerichtliche Tätigkeiten fallen nur noch an, wenn das Gericht nach § 813b
ZPO auf Antrag des Schuldners ein sog. Vollstreckungsmoratorium (zeitweise Aussetzung
der Verwertung der gepfändeten Sachen) beschließt. Dafür ist die Festgebühr KV 2113 an-zusetzen, und zwar unabhängig vom Ausgang des Verfahrens,[225] denn diese werden mit
der Stellung des Antrags fällig,[226] und zwar mit jedem Antrag, der im Laufe des Verfahrens
gestellt wird.

| 2115 | Verfahren über den Antrag eines Drittgläubigers auf Ertei-lung einer Ablichtung oder eines Ausdrucks des mit eides-stattlicher Versicherung abgegebenen Vermögensverzeich-nisses | 15,00 EUR |

Die Gebühr entfällt, wenn für ein Verfahren über den Antrag auf Gewäh-rung der Einsicht in dasselbe Vermögensverzeichnis die Gebühr 2116 bereits
entstanden ist.

| 2116 | Verfahren über den Antrag eines Drittgläubigers auf Ge-währung der Einsicht in das mit eidesstattlicher Versiche-rung abgegebene Vermögensverzeichnis | 15,00 EUR |

Die Gebühr entfällt, wenn für ein Verfahren über einen früheren Antrag auf
Gewährung der Einsicht in dasselbe Vermögensverzeichnis die Gebühr be-reits entstanden ist.

KV 2115, 2116: Seit dem 1. 1. 1999 hat der Gerichtsvollzieher das Vermögensverzeichnis,   6
wenn der Schuldner dieses erstellt und dessen Richtigkeit eidesstattlich versichert, unver-züglich bei dem zuständigen Vollstreckungsgericht zu hinterlegen und dem Gläubiger
eine Abschrift davon zuzuleiten. Stellt der Gerichtsvollzieher fest, dass der Schuldner zur

---

223 Vgl. *Hagen Schneider* JurBüro 2004, 632 ff. (betr. Kosten für Antrag nach § 733 ZPO).
224 OLG Düsseldorf VersR 1977, 726.
225 *Oe/Wi/He* KV 1641, 1642 Rn. 4.
226 LG Heilbronn RPfleger 1991, 238; LG München RPfleger 1990, 227.

Abgabe der EV nicht verpflichtet ist (§ 903 ZPO), hat er das dem Gläubiger mitzuteilen die Antragsunterlagen dem zuständigen Vollstreckungsgericht zuzuleiten. Dieses übersendet dann dem Gläubiger eine Abschrift des Vermögensverzeichnisses. Hat der Gläubiger keinen (Eventual-)Antrag auf Abschrift des Vermögensverzeichnisses gestellt, wird der GV den Auftrag unter Hinweis auf § 903 ZPO zurückgeben. Dem Gläubiger bleibt es dann überlassen, einen Antrag an das Vollstreckungsgericht zu stellen. Mit der Weiterleitung seiner Handakten mit den Vollstreckungsunterlagen an das Vollstreckungsgericht ist das Verfahren für den GV abgeschlossen. Da der GV nicht befugt ist, dem Gläubiger eine Abschrift des beim Vollstreckungsgericht geführten Vermögensverzeichnisses zu erteilen, ist das Begehren des Gläubigers auf eine Abschrift als gesondertes Antragsverfahren zu behandeln (§ 12 Abs. 4). Gebührenrechtlich folgt daraus: Die Gebühren und Auslagen des GV richten sich nach den Bestimmungen des GVKostG.[227] Der GV kann Gebühren nach Maßgabe des § 3 Abs. 3 S. 2 GVKostG, § 260 KV-GVKostG erheben. Schreibauslagen kann der GV grundsätzlich nur nach Maßgabe des § 713 GVKostG erstattet verlangen. Die Mitteilung, dass der Schuldner berechtigt ist, die EV zu verweigern, ist danach auslagenfrei zu erteilen. Die Einsicht in das Schuldnerverzeichnis nach § 915b ZPO als solche ist gebührenfrei.[228] Lässt der die Einsicht begehrende Gläubiger sich aber Abschriften erteilen (§ 299 Abs. 1 ZPO), so hat er nach Maßgabe von KV 9000 Dokumentenpauschalen zu erstatten. Wenn aber ein Drittgläubiger Abschriften aus dem Schuldnerverzeichnis beantragt, entsteht dafür die pauschale Verfahrensgebühr gem. KV 2114, mit welcher auch die Dokumentenpauschalen für eine Erstabschrift aus dem Schuldnerverzeichnis abgegolten sind und insoweit nicht mehr nach KV 9000 erhoben werden dürfen (vgl. dazu Anm. Abs. 3 zu KV 9000).[229] Die Problematik der neuen Gebührenregelung liegt darin, dass nach dem bis zum 31. 12. 1998 geltenden Recht die EV vom Vollstreckungsgericht abgenommen wurde, welches dem Gläubiger auch eine Abschrift des bei ihm geführten Vermögensverzeichnisses auslagenfrei zu erteilen hatte, und zwar auch dann, wenn der Schuldner wegen § 903 ZPO die EV nicht abzugeben brauchte. Aus § 713 KV-GVKostG folgt, dass der Gerichtsvollzieher dem Gläubiger die nach § 900 Abs. 5 ZPO zu erteilende Erstabschrift des Vermögensverzeichnisses auslagenfrei zu übermitteln hat. Wenn nun der Schuldner die EV nach § 903 ZPO nicht abzugeben braucht, entfällt natürlich die Übersendung einer Abschrift des bei dem Vollstreckungsgericht geführten Vermögensverzeichnisses. Diese kann der Gläubiger nun nur nach auf Antrag vom Vollstreckungsgericht erhalten. Ein solcher Antrag fiele aber unter die Bestimmung KV 2115, denn der Gläubiger ist in Bezug auf das früher in anderer Sache vom Schuldner erstattete Vermögensverzeichnis Drittgläubiger und hat die Gebühr nach KV 2115 zu zahlen, es sei denn, es handelt sich um ein kostenfreies Amtshilfeersuchen.[230] Er steht zwar schlechter da als nach dem bis zum 31. 12. 1998 geltendem Gebührenrecht. Das ist jedoch bei der Harmonisierung der Gerichtskostenvorschriften im Zuge der Kompetenzverlagerung bei der Abnahme von EV sehr wohl bedacht worden. Denn man war sich darüber einig, dass allein wegen der Tatsache, dass einerseits der GV die EV abnehmen soll, das Schuldnerverzeichnis aber andererseits weiterhin bei dem Vollstreckungsgericht geführt wird, keine doppel-

---

227 Dazu bei *D. Meyer* GV-KostG, Kv-GvKostG 260 Rn. 38 ff.

228 *Lappe* NJW 1994, 3068; *Zimmermann* ZPO, 5. Aufl., § 915b Rn. 1.

229 Vgl. bei *Hartmann* KostG, KV 9000 Rn. 17 und die Motive zum neugefassten KV, BT-Drs. 12/6992, S. 75.

230 AG Augsburg DGVZ 2007, 95.

ten Gebühren entstehen sollen. Demzufolge soll immer dann, wenn der Gläubiger bereits eine Gebühr beim GV gezahlt hat, für das Verfahren auf Abschriftenerteilung bei dem Vollstreckungsgericht nicht noch einmal eine Gebühr erhoben werden. Vielmehr fällt diese Fallgruppe unter die Anmerkung zu KV 2115.[231] Auslagen für die Abschriften sind vom Vollstreckungsgericht allerdings zu erheben.[232] Das folgt aus KV 9000 Nr. 1. In der Praxis werden die Auslagen aber so gering sein, dass eine Nichterhebung nach dem Erlass über die Behandlung von Kleinbeträgen[233] in Betracht kommt.

| 2117 | Verteilungsverfahren | 0,5 |

Die Gebühr deckt grundsätzlich das gesamte Verfahren nach §§ 872 ff. ZPO ab, worunter 7 auch ein anderweitiges Verfahren i.S.v. § 880 ZPO gehört. Auch kommt es nicht auf die Zahl der Verteilungspläne an. Eine Klage nach §§ 878 ff. ZPO fällt aber unter KV 1210 ff.

| 2118 | Verfahren über die Vollstreckbarerklärung eines Anwalts- vergleichs nach § 796a ZPO | 50,00 EUR |

| 2119 | Verfahren über Anträge auf Verweigerung, Aussetzung oder Beschränkung der Zwangsvollstreckung nach § 1084 ZPO | 25,00 EUR |

KV 2117–2119: KV 2118 ist an die Stelle von KV 1647 a.F. getreten. Die vormalige Wert- 8 gebühr ist entsprechend der für die Vollstreckbarerklärung ausländischer Schuldtitel vorgesehenen Regelungen (KV 1510 bis 1514) durch eine Festgebühr von 50 € ersetzt worden. Dies entspricht der Höhe der Gebühr KV 1513. Die Gebühr deckt das gesamte Verfahren nach §§ 796a, b ZPO ab, und zwar sowohl die Stattgabe als auch die Ablehnung des Antrags. Sie ist den Gebühren für die Vollstreckbarerklärung von Schiedssprüchen angeglichen. KV 2119 ist durch das EG-Vollstreckungstitel-Durchführungsgesetz eingefügt, lehnt sich an die Gebührenbestimmung nach KV 2112 an und ist für die besonderen Verfahren nach § 1084 ZPO vorgesehen. Wegen des teilweise im Vergleich zu KV 2112 höheren Prüfungsaufwandes der Gerichte ist die um 10 € höhere Gebühr gerechtfertigt.[234] Die Gebühren entstehen mit dem Eingang des Antrags (§ 6).

Abschnitt 2

Die Gebührenregelung für Kosten in Beschwerde- und Rechtsbeschwerdeverfahren in 9 Zwangsvollstreckungsverfahren nach den Vorschriften der ZPO (§ 793 ZPO) ist dahingehend geändert worden, dass entsprechend der Systematik des Entwurfs immer dann Festgebühren vorgesehen sind, wenn auch im erstinstanzlichen Verfahren Festgebühren bestimmt sind. Die Höhe der Gebühren orientiert sich an der Höhe der Gebühren im erstinstanzlichen Verfahren und beträgt für die Beschwerde grundsätzlich das Doppelte und für die Rechtsbeschwerde das Vierfache.

---

231 Vgl. Motive zur 2. Zwangsvollstreckungsnovelle v. 12. 12. 1997, BT-Drs. 13/9088, S. 27; so auch *Oe/Wi/He* KV 1644, 1645 Rn. 9, 10; vgl. auch AG Koblenz JurBüro 2000, 665.
232 Vgl. *Oe/Wi/He* KV 1644, 1645 Rn. 10.
233 Vgl. KVfg § 10.
234 BT-Drs. 15/5222 Seite 17.

10 Gebühren nach KV 2120 bis 2123 werden nur erhoben, wenn die Beschwerde/Rechtsbeschwerde verworfen oder zurückgewiesen wird. Wenn sich das Verfahren aus anderen Gründen erledigt (Zurücknahme, faktische Erledigung nach Untätigkeit oder Nichtweiterbetreiben, Zurückverweisung), entsteht keine Gebühr.

11 Wenn und soweit die Gebühren ausgelöst werden, decken sie aber das gesamte **Beschwerde-/Rechtsbeschwerdeverfahren** ab. Beweisanordnungen, evtl. mündliche Verhandlungen, Zwischenentscheidungen usw. lösen keine weiteren Gebühren aus. Anders liegt es nur, wenn das Verfahren durch einen gerichtlichen Vergleich beendet wird. Dann ist selbstverständlich die Vergleichsgebühr nach KV 1900 anzusetzen.

12 **Gebühr:** Es wird für jede Beschwerde/Rechtsbeschwerde immer nur eine Gebühr erhoben, soweit sie zur Erhebung gelangt. Gleichgültig ist, ob die Beschwerde im Zusammenhang mit einem Berufungs- oder Revisionsverfahren steht oder ob es sich um eine weitere Beschwerde handelt. Unerheblich ist auch, ob das der Beschwerde zugrundeliegende Verfahren gebührenpflichtig ist oder nicht und welche Gebühr dort erwachsen ist. Die Gebühr entsteht, wenn die Entscheidung **ergangen** ist. Das ist dann der Fall, wenn sie verkündet oder von der Geschäftsstelle zur Zustellung oder Mitteilung gegeben ist. Einer förmlichen Zustellung bedarf es nicht.[235] Eine nach diesem Zeitpunkt erfolgende Zurücknahme berührt das Entstehen der Gebühr nicht mehr. Wird gegen die Entscheidung des Gerichts abermals in zulässiger oder unzulässiger Weise Beschwerde eingelegt, beginnt ein neues Beschwerdeverfahren. Keine Gebührenpflicht entsteht aber dann, wenn das Beschwerdegericht zwar die angefochtene Entscheidung aufhebt, in der Sache aber genauso entscheidet wie die Vorinstanz.[236]

Beschwerden

Unterabschnitt 1

Beschwerde

2120 Verfahren über die Beschwerde im Verteilungsverfahren:

Soweit die Beschwerde verworfen oder zurückgewiesen wird   1,0

13 Die nach KV 2110 anzusetzende Gebühr unterfiel früher der Bestimmung KV 1957 a.F.

2121 Verfahren über nicht besonders aufgeführte Beschwerden, die nicht nach anderen Vorschriften gebührenfrei sind:

Die Beschwerde wird verworfen oder zurückgewiesen   25,00 EUR

Wird die Beschwerde nur teilweise verworfen oder zurückgewiesen, kann das Gericht die Gebühr nach billigem Ermessen auf die Hälfte ermäßigen oder bestimmen, dass eine Gebühr nicht zu erheben ist.

235 OLG Nürnberg JurBüro 1967, 439.
236 KG RPfleger 1962, 122 (L).

Unterabschnitt 2

Rechtsbeschwerde

2122	Verfahren über die Rechtsbeschwerde im Verteilungsverfahren:	
	Soweit die Beschwerde verworfen oder zurückgewiesen wird	2,0
2123	Verfahren über die Rechtsbeschwerde im Verteilungsverfahren:	
	Soweit die Beschwerde zurückgenommen oder das Verfahren durch anderweitige Erledigung beendet wird	1,0
	Die Gebühr entsteht nicht, soweit der Beschwerde stattgegeben wird.	
2124	Verfahren über nicht besonders aufgeführte Rechtsbeschwerden, die nicht nach anderen Vorschriften gebührenfrei sind:	
	Die Rechtsbeschwerde wird verworfen oder zurückgewiesen	50,00 EUR

Wird die Rechtsbeschwerde nur teilweise verworfen oder zurückgewiesen, kann das Gericht die Gebühr nach billigem Ermessen auf die Hälfte ermäßigen oder bestimmen, dass eine Gebühr nicht zu erheben ist.

Hauptabschnitt 2
Verfahren nach dem Gesetz über die Zwangsversteigerung und die Zwangsverwaltung; Zwangsliquidation einer Bahneinheit

Im Hauptabschnitt sind in KV 2210 bis 2232 die bisher in KV 5210 bis 5233 a.F. enthalte- **14** nen Bestimmungen über Verfahren nach dem Gesetz über die Zwangsversteigerung und die Zwangsverwaltung sowie die Zwangsliquidation einer Bahneinheit geregelt. Bei der Gelegenheit sind die Festgebühren in Höhe von 51 € auf gerundete 50 € geändert werden.

Vorbemerkung 2.2:

Die Gebühren 2210, 2220 und 2230 werden für jeden Antragsteller gesondert erhoben. **14a** Wird der Antrag von mehreren Gesamtgläubigern, Gesamthandsgläubigern oder Miteigentümern im Fall der Zwangsversteigerung zum Zweck der Aufhebung der Gemeinschaft gemeinsam gestellt, gelten diese als ein Antragsteller. Betrifft ein Antrag mehrere Gegenstände, wird die Gebühr nur einmal erhoben, soweit durch einen einheitlichen Beschluss entschieden wird. Für ein Verfahren nach § 765a ZPO wird keine, für das Beschwerdeverfahren die Gebühr 2240 erhoben; richtet sich die Beschwerde auch gegen eine Entscheidung nach § 30a ZVG, gilt Satz 2 entsprechend.

15   Die amtliche Anweisung stellt klar, dass die dort genannten Gebühren für jeden Antragsteller gesondert zu erheben sind. Gesamtgläubiger, die den Antrag gemeinsam stellen, sind danach aber kostenrechtlich wie ein Antragsteller zu behandeln. Das gilt auch für Gesamthandsgläubiger, die den Gesamtgläubigern gleichgestellt sind, weil eine unterschiedliche Behandlung nicht sachgerecht ist. Betrifft ein Antrag mehrere Gegenstände, ist die Gebühr nur einmal zu erheben, wenn durch einen einheitlichen Beschluss entschieden wird. Das bezieht sich aber nur auf einen Antrag eines Antragstellers und nicht darauf, dass die Anträge mehrerer Antragsteller (auch wenn sie unterschiedliche Gegenstände betreffen) durch einen Beschluss entschieden werden. Schließlich stellt die amtliche Anweisung klar, dass für ein im Rahmen des ZVG geführtes Verfahren nach § 765a ZPO keine besondere Gebühr nach KV 2111 zu erheben ist, was aber für das Beschwerdeverfahren nicht gilt. Dort fällt die Beschwerdegebühr KV 2240 – 2243 nur einmal an, wenn über die Anträge nach § 765a ZPO und § 30a ZVG einheitlich durch Beschluss entschieden wird.

Abschnitt 1

Zwangsversteigerung

2210	Entscheidung über den Antrag auf Anordnung der Zwangsversteigerung oder über den Beitritt zum Verfahren	**50,00 EUR**

16   **KV 2210:** Bei der KV 5210 a. F. entsprechenden Bestimmung handelt es sich um eine **Entscheidungsgebühr**, die erst mit der Entscheidung über den Antrag auf Zwangsversteigerung oder über den Beitritt zum Verfahren entsteht und damit **fällig** wird, und zwar unabhängig davon, welchen Inhalt die Entscheidung hat. Unter KV 2210 fällt auch der Antrag auf eine Zwangsversteigerung in besonderen Fällen (wie z.B. der zum Zwecke der Aufhebung einer Gemeinschaft)[237] und für Entscheidungen über Anträge, die im Verwaltungszwangsverfahren oder nach der AO und der JBeitrO gestellt werden, nicht aber der Antrag auf Sequestration nach § 938 ZPO. Im Fall der Wiederversteigerung (§§ 132 ff. ZVG) entsteht eine neue Gebühr.

2211	Verfahren im Allgemeinen	0,5

17   **KV 2211:** Die Vorschrift ist identisch mit KV 5212 a. F. Mit der allgemeinen Verfahrensgebühr werden sämtliche Tätigkeiten des Gerichts für den Abschnitt ab der Anordnung des Verfahrens bis zum Beginn des Versteigerungstermins abgegolten, insbesondere Ermittlungen, Belehrungen, die Bestimmung des Verkehrswertes, die Bestimmung des Versteigerungstermins, ein Einstellungsverfahren oder die Abschlussverfügung nach Rücknah-

---

237 *Drischler* JurBüro 1981, 1776.

me des Versteigerungsantrags. Das Ersuchen um die Eintragung des Zwangsversteige-
rungsvermerks fällt aber noch unter KV 2210. Das Verfahren beginnt also mit der ersten
zur Durchführung des Verfahrens bestimmten gerichtlichen Handlung. Die Handlungen
müssen indessen auf den Weiterbetrieb, nicht auf die Beendigung des Verfahrens gerichtet
sein, soweit dafür nicht besondere Gebühren wie für den Versteigerungstermin (KV 2213),
den Zuschlag (KV 2214) oder das Verteilungsverfahren (KV 2215, 2216) vorgesehen sind.

2212	Beendigung des Verfahrens vor Ablauf des Tages, an dem die Verfügung mit der Bestimmung des ersten Versteigerungstermins unterschrieben ist:	
	Die Gebühr 2211 ermäßigt sich auf	0,25

KV 2212 entspricht KV 5213 a. F. Wenn das Datum in der Verfügung mit dem Tag, an dem   18
tatsächlich die Unterschrift geleistet wurde, nicht identisch ist, ist maßgeblich für die Ermäßigung der Tag, **unter** dem unterschrieben ist, weil nur das Datum aktenkundig feststellbar ist. Eine Ausnahme ist nur bei nachgewiesener oder offensichtlicher falscher Da-
tierung denkbar.

2213	Abhaltung mindestens eines Versteigerungstermins mit Aufforderung zur Abgabe von Geboten	0,5
	Die Gebühr entfällt, wenn der Zuschlag aufgrund der §§ 74a, 85a ZVG, § 13 oder § 13a des Gesetzes über Vollstreckungsschutz für die Binnenschifffahrt versagt bleibt.	

KV 2213: Die KV 5215 a. F. entsprechende Gebühr ist eine Terminsgebühr. Der Tatbe-   19
stand ist erfüllt, wenn in einem Termin nach § 66 Abs. 2 ZVG zur Abgabe von Geboten
aufgefordert wird. Die Gebühr fällt für jeden neu angesetzten Versteigerungstermin erneut an, sofern es sich nur um die Fortsetzung eines unterbrochenen Termins handelt.
Das folgt schon aus dem Wort „mindestens" und ist im Übrigen durch die Motive des
KostRÄndG 1994 belegbar. Die gegenteilige Ansicht, wonach die Gebühr unabhängig von
der Anzahl der Versteigerungstermine nur einmal anfallen soll,[238] folgt weder aus dem
Gesetzeswortlaut noch aus den Motiven des Gesetzes zwingend. Das Wort „mindestens"
besagt nur, dass überhaupt ein (abgeschlossener) Versteigerungstermin stattfinden muss,
um die Gebühr ansetzen zu können. Der Gesetzgeber hat damals gewusst, dass es in demselben Verfahren mehrere Versteigerungstermine geben kann, weswegen das Wort „mindestens" eingefügt worden ist. Danach sollten mit der Gebühr KV 2213 nur die bis dahin
geltenden, inhaltlich identischen Vorschriften sprachlich gestrafft werden, ohne dass eine
sachliche Änderung erfolgen sollte.[239] Die Terminsgebühr nach KV 2213 entsteht aber
nur, wenn das Gericht erstmals in einen Versteigerungstermin zur Abgabe von Geboten
aufgefordert hat. Ein sog. Vortermin nach § 62 ZVG gehört nicht hierher, sondern ist mit
der Gebühr KV 2210 abgegolten. Die Gebühr entfällt, wenn das Gericht den Zuschlag nach
§§ 74a, 85a ZVG oder §§ 13, 13a BSchiffG versagt. Wird in einem Versteigerungstermin ein
Vergleich beurkundet, erwächst dafür keine besondere Gebühr, soweit der Wert des Ver-

---

238 LG Cottbus JurBüro 2007, 323 (LS mit Volltextservice).
239 Vgl. BT-Drs. 12/6922, S. 82.

gleichs den Gegenstand des Zwangsversteigerungstermins nicht übersteigt. Andernfalls ist KV 1900 sinngemäß anzuwenden.[240]

| 2214 | Erteilung des Zuschlags
Die Gebühr entfällt, wenn der Zuschlagsbeschluss aufgehoben wird. | 0,5 |

20   KV 2214 entspricht KV 5217 a. F. Die Gebühr gilt nur für die Erteilung des Zuschlags nach §§ 79 ff. ZVG. Die besondere Versteigerung beweglicher Sachen nach § 65 ZVG fällt dagegen unter KV 2210. Bei einer Aufhebung des Zuschlags entfällt die Gebühr KV 2214 wieder. Soweit sie bereits gezahlt wurde, ist sie zu erstatten. Die Kosten (Gebühren und Auslagen) dürfen nicht dem Erlös vorweg entnommen werden, sondern fallen immer dem Ersteher zur Last.[241]

2215	Verteilungsverfahren	0,5
2216	Es findet keine oder nur eine beschränkte Verteilung des Versteigerungserlöses durch das Gericht statt (§§ 143, 144 ZVG):	
	Die Gebühr 2215 ermäßigt sich auf	0,25

21   KV 2215, 2216: Die Bestimmungen entsprechen KV 5218, 5219 a.F. Die Gebühr nach KV 2215 deckt das gesamte Verteilungsverfahren, auch mehrerer Termine, nach §§ 105 ff. ZVG ab, einschließlich nachträglicher Verteilungshandlungen und der Auszahlung an die Berechtigten oder einer Hinterlegung. Sie ermäßigt sich nach KV 2216 unter den Voraussetzungen der §§ 143, 144 ZVG, sofern davon der gesamte Versteigerungserlös betroffen ist. Andernfalls bleibt es bei der KV 2215. Ein im Wiederversteigerungsverfahren stattfindendes Verteilungsverfahren löst die Gebühr erneut aus.

Abschnitt 2

Zwangsverwaltung

| 2220 | Entscheidung über den Antrag auf Anordnung der Zwangsverwaltung oder über den Beitritt zum Verfahren | 50,00 EUR |

22   Die Gebühr KV 2220 betrifft das **Antragsverfahren** auf Anordnung der Zwangsverwaltung und die Entscheidung über einen Beitrittsantrag. Daneben können auch die Gebühren für ein Zwangsversteigerungsverfahren (KV 2210 ff.) entstehen, wenn neben dem Zwangsverwaltungsverfahren ein Zwangsversteigerungsverfahren betrieben wird. **Gegenstand** der Zwangsverwaltung können sein Grundstücke, Grundstücksbruchteile, Teileigentum, Wohnungseigentum, grundstücksgleiche Rechte und die unbewegliche Kuxe, nicht aber Luftfahrzeuge, Schiffe und Schiffbauwerke.

---

240 *Oe/Wi/He* KV 5210–5241 Rn. 28.
241 LG Freiburg RPfleger 1991, 382.

Voraussetzung für die Gebühr ist, dass ein förmliches Verfahren nach §§ 146 ff. 23 , 172 ZVG vorliegt, das die Befriedigung des betreibenden Gläubigers durch zwangsweise Bewirtschaftung, nicht durch Veräußerung, bezweckt und dass über den Antrag gemäß §§ 146, 15 bzw. 146, 27 ZVG entschieden wird. Dabei ist es gleichgültig, wie und mit welchem Ergebnis die Entscheidung ergeht und ob die Entscheidung vom Vollstreckungsgericht oder vom Beschwerdegericht getroffen wird. Die Rechtsgrundlage kann auch in einer einstweiligen Verfügung auf Durchführung der Zwangsverwaltung bestehen. Der Anordnungsbeschluss wird in diesem Falle aber nicht durch die einstweilige Verfügung ersetzt.

Verwaltungsmaßnahmen nach anderen Vorschriften als denen über die Zwangsverwal- 24 tung die das Gericht im Rahmen des Zwangsversteigerungsverfahrens trifft (z. B. nach §§ 25, 94, 165, 171c ZVG), fallen nicht unter KV 2220. Auch die Anordnung einer Sequestration nach § 938 ZPO fällt nicht unter KV 2220. Der Beschluss des Gerichts nach § 77 Abs. 2 ZVG ergeht zwar auf Antrag des Gläubigers. Dieser Überleitungsbeschluss ergeht aber im Rahmen Zwangsversteigerungsverfahrens und wird deshalb von der Gebühr KV 2211 abgedeckt. Nur das nachfolgende Zwangsverwaltungsverfahren löst die Gebühr KV 2221 aus.[242]

Außergerichtliche Zwangsverwaltungen lösen die Gebühr KV 2220 niemals aus. 25

2221	Jahresgebühr für jedes Kalenderjahr bei Durchführung des Verfahrens	0,5 – mindestens 100,00 EUR, im ersten und letzten Kalenderjahr jeweils mindestens 50,00 EUR

Die Gebühr wird auch für das jeweilige Kalenderjahr erhoben, in das der Tag der Beschlagnahme fällt und in dem das Verfahren aufgehoben wird.

Die Gebühr KV 2221 deckt das gesamte **Zwangsverwaltungsverfahren** ab, welches mit 26 dem Wirksamwerden der Beschlagnahme **beginnt**, also mit der Zustellung des Anordnungsbeschlusses an den Schuldner oder Eigenbesitzer (§§ 146, 22, 147 ZVG) oder der Besitzergreifung durch den Zwangsverwalter (§ 151 ZVG) oder mit dem Eingang des Ersuchens um Eintragung des Zwangsverwaltungsvermerks im Grundbuch (§§ 22, 146 ZVG). Maßgebend ist das erste der für den Eintritt der Beschlagnahme entscheidende Ereignis. Das Verfahren **endet** mit dem Wirksamwerden des Aufhebungsbeschlusses, auch wenn die Rechnungslegung erst nach dem Aufhebungsbeschluss erfolgt. Wird das Verfahren wegen des Zuschlags aufgehoben, endet es nicht mit dem Zuschlagsbeschluss, sondern mit dem darauf im Zwangsverwaltungsverfahren ergehenden Aufhebungsbeschluss. Bei Rücknahme endet das Verfahren mit dem Eingang der Rücknahmeerklärung bei Gericht.[243] Die Gebühr wird **fällig** nach § 7 Abs. 2. Die Mindestgebühr für ein Kalenderjahr ist wegen des gerichtlichen Aufwandes mit mindestens 100 € zu bemessen. Im ersten und letzten Rumpfjahr beträgt sie aber nur mindestens 50 €. **Eine Rücknahme** hat auf die Ge-

---

242 *Hartmann* KV 2220 Rn. 1.
243 *Oe/Wi/He* § 30 Rn. 8.

bühr nur dann einen Einfluss, wenn sie vor dem Wirksamwerden der Beschlagnahme erfolgt, weil dann die Gebühr KV 2221 überhaupt nicht mehr entstehen kann. Erfolgt die Rücknahme während eines laufenden Jahres und ergeht der Aufhebungsbeschluss erst im folgenden Jahr, wird für das Jahr, in dem die Aufhebung erfolgte, keine Gebühr mehr geschuldet, weil bereits die Rücknahmeerklärung das Verfahren beendet hat.[244] Die Vorschrift gilt aber nicht, wenn ein ergebnislos verlaufenes Zwangsversteigerungsverfahren als Zwangverwaltungsverfahren fortgesetzt wird.[245]

Abschnitt 3

Zwangsliquidation einer Bahneinheit

2230	Entscheidung über den Antrag auf Eröffnung der Zwangs- liquidation	50,00 EUR

27 Die Gebühr KV 2230 entspricht KV 5230 a.F. Sie erfasst nur die Entscheidung über den Antrag auf Zwangsliquidation einer Bahneinheit. Freiwillige Liquidationen sowie Zwangsversteigerungen oder Zwangsverwaltungen einer Bahneinheit fallen nicht unter diesen Abschnitt. Zu beachten ist die Gebührenfreiheit nach § 2. Die Gebühr wird auch hier erst mit der Entscheidung über den Antrag – gleich welchen Inhalts – ausgelöst.

2231	Verfahren im Allgemeinen.	0,5
2232	Verfahren wird eingestellt:	
	Die Gebühr 2231 ermäßigt sich auf	0,25

28 KV 2231, 2232: Die Bestimmungen sind identisch mit KV 5232, 5233 a.F. Die Gebühr KV 2231 deckt das gesamte Verfahren ab, das nach der Entscheidung über den Antrag auf Eröffnung der Zwangsliquidation folgt. Sie ermäßigt sich nach KV 2232 nur, wenn es deshalb nicht zu einer abschließenden Durchführung kommt, weil das Verfahren eingestellt wird. Eine andere Beendigung des Verfahrens als durch Einstellung führt nicht zu der Ermäßigung. Die Gebühr wird fällig mit der Beendigung oder Einstellung.

Abschnitt 4

Beschwerden

29 Mit den KV 2242 und 2243 sind eigene Gebührentatbestände für die Rechtsbeschwerde geschaffen worden. Die Höhe wird entsprechend der allgemeinen Systematik mit dem Doppelten der für die Beschwerde vorgesehenen Gebühr angesetzt.

---

244 *Oe/Wi/He* 5210–5241 Rn. 62.
245 *Hartmann* KV 2220 Rn. 1.

Unterabschnitt 1

Beschwerde

2240	Verfahren über Beschwerden, wenn für die angefochtene Entscheidung eine Festgebühr bestimmt ist:	
	Die Beschwerde wird verworfen oder zurückgewiesen	100,00 EUR

Wird die Beschwerde nur teilweise verworfen oder zurückgewiesen, kann das Gericht die Gebühr nach billigem Ermessen auf die Hälfte ermäßigen oder bestimmen, dass eine Gebühr nicht zu erheben ist.

2241	Verfahren über nicht besonders aufgeführte Beschwerden, die nicht nach anderen Vorschriften gebührenfrei sind:	
	Soweit die Beschwerde verworfen oder zurückgewiesen wird	1,0

Unterabschnitt 2

Rechtsbeschwerde

2242	Verfahren über Rechtsbeschwerden, wenn für die angefochtene Entscheidung eine Festgebühr bestimmt ist:	
	Die Rechtsbeschwerde wird verworfen oder zurückgewiesen	200,00 EUR

Wird die Rechtsbeschwerde nur teilweise verworfen oder zurückgewiesen, kann das Gericht die Gebühr nach billigem Ermessen auf die Hälfte ermäßigen oder bestimmen, dass eine Gebühr nicht zu erheben ist.

2243	Verfahren über nicht besonders aufgeführte Rechtsbeschwerden, die nicht nach anderen Vorschriften gebührenfrei sind:	
	Soweit die Rechtsbeschwerde verworfen oder zurückgewiesen wird	2,0

Hauptabschnitt 3
Insolvenzverfahren

Der Hauptabschnitt 3 enthält in KV 2310 bis 2363 im Wesentlichen inhaltlich unverändert die bisher in KV 5110 bis 5119 und 5130 bis 5135 a.F. enthaltenen Bestimmungen über das Insolvenzverfahren. Lediglich die Gebühr KV 5118 a.F. GKG ist durch die   **30**

KV 2340 von 13€ auf 15€ aufgerundet worden. Die Gebühr in Höhe von 25€ nach KV 5132 a.F. für die Beschwerde nach § 4d InsO ist entfallen. In diesen Fällen wird jetzt eine Gebühr nach KV 2361 in Höhe von 50€ anfallen. Dies entspricht der für die Beschwerde auch in Prozesskostenhilfeverfahren in bürgerlichen Rechtsstreitigkeiten vorgeschlagenen Gebühr (KV 1811). Die Gebühr KV 2361 ist gleichzeitig Auffangtatbestand für alle nicht besonders aufgeführten Beschwerden und tritt somit an die Stelle des derzeitigen als Wertgebühr ausgestalteten Auffangtatbestandes in Nummer KV 5135 a.F. Dies entspricht der Systematik des Gesetzes und dient der Vereinfachung. Die Verweisung auf das Ausführungsgesetz zum deutsch-österreichischen Konkursvertrag in den Bestimmungen (KV 5113, 5114, 5116 und 5117 a.F.) konnte entfallen, weil die Verordnung (EG) Nr. 1346/200 des Rates vom 29. Mai 2000 über Insolvenzverfahren (EuInsVO) mit ihrem Inkrafttreten am 31. Mai 2001 den Deutsch-Österreichischen Konkursvertrag (DÖKV) ersetzt hat (Artikel 44 Abs. 1 Buchstabe d EuInsVO).

Vorbemerkung 2.3:

30a **KV 2310:** Der Antrag des ausländischen Insolvenzverwalters steht dem Antrag des Schuldners gleich.

Abschnitt 1

Eröffnungsverfahren

2310	Verfahren über den Antrag des Schuldners auf Eröffnung des Insolvenzverfahrens	0,5

Die Gebühr entsteht auch, wenn das Verfahren nach § 306 InsO ruht.

31 **KV 2310:** Die KV 5110 a.F. entsprechende Vorschrift betrifft die Gebühr für den Eröffnungsantrag und deckt das gesamte **Verfahren über den Eröffnungsantrag** ab.[246] Es beginnt mit dem Eingang des – auch des unzulässigen – Antrags und endet mit der Eröffnung des Insolvenzverfahrens, mit der Abweisung des Antrags, mit der Nichtzulassung oder der Rücknahme des Antrags (welche die Erhebung der Gebühr nicht mehr berührt). Vor allem sind damit die Ermittlungen, Anordnungen nach §§ 20 ff. InsO und die Aufhebung vorläufiger Maßnahmen erfasst. Auch der Antrag eines Sozialversicherungsträgers zählt hierzu.[247] Ebenso verhält es sich mit dem Antrag des ausländischen Insolvenzverwalters. Vgl. im Übrigen auch bei §§ 6, 23, 33.

32 Die **bei der Eröffnung des Insolvenzverfahrens** zu treffenden **Maßnahmen** zählen hingegen schon zum Durchführungsverfahren und fallen unter KV 2320 bis 2322. Nicht abgegolten durch die Gebühr KV 2310 ist auch das **Beschwerdeverfahren.** Hebt aber das Be-

---

246 Vgl. dazu *Delhaes* KTS 1987, 599.
247 Vgl. *Hartmann* KV 2311 Rn. 2.

schwerdegericht den Eröffnungsbeschluss auf, entfällt die für die Durchführungsmaßnahmen erwachsene Gebühr gemäß KV 2230, nicht aber die nach KV 2310 oder 2311.

2311	Verfahren über den Antrag eines Gläubigers auf Eröffnung des Insolvenzverfahrens	0,5 mindestens 100,00 EUR

Die Gebühr KV 2311 betrifft den Fall, dass ein **Gläubiger** einen Antrag auf Eröffnung des   33
Insolvenzverfahrens stellt. Im Gegensatz zum Antrag des Schuldners ist hier eine Festgebühr von 100 € bestimmt. Gläubiger i.d.S. ist auch der Sozialversicherungsträger, wenn er
einen Antrag auf Eröffnung des Insolvenzverfahrens stellt sowie der Antrag des Bundes-
aufsichtsamtes nach § 46b S. 3 KWG. Kosten für das vorläufige Insolvenzverfahren, insbesondere für den vorläufigen Insolvenzverwalter sind bei einer Ablehnung des Insolvenzverfahrens keine Auslagen und in diesem Fall von der Staatskasse zu tragen.[248]

Mehrere Anträge verschiedener Gläubiger oder der Antrag des Schuldners und eines   34
Gläubigers lösen die Gebühr mehrmals aus, auch wenn die Anträge verbunden oder gar in
einem Schriftsatz enthalten sind, sofern die mehreren Gläubiger nicht als Gesamtgläubiger handeln.[249]

Abschnitt 2

Durchführung des Insolvenzverfahrens auf Antrag des Schuldners

Vorbemerkung 2.3.2:

Die Gebühren dieses Abschnitts entstehen auch, wenn das Verfahren gleichzeitig auf Antrag eines Gläubigers eröffnet wurde.

2320	Durchführung des Insolvenzverfahrens	2,5

Die Gebühr entfällt, wenn der Eröffnungsbeschluss auf Beschwerde aufgehoben wird.

| 2321 | Einstellung des Verfahrens vor dem Ende des Prüfungster-
mins nach den §§ 207, 211, 212, 213 InsO: | |
|------|------|------|

Die Gebühr 2320 ermäßigt sich auf   0,5

| 2322 | Einstellung des Verfahrens nach dem Ende des Prüfungs-
termins nach den §§ 207, 211, 212, 213 InsO: | |
|------|------|------|

Die Gebühr 2320 ermäßigt sich auf   1,5

---

248 LG Frankfurt aM RPfleger 1986, 496.
249 LG Gießen JurBüro 1996, 486; LG Berlin RPfleger 1972, 330; *Hartmann* KV 2311 Rn. 13; dazu ausführlich bei *Uhlenbruck* KTS 1987, 565.

Abschnitt 3

Durchführung des Insolvenzverfahrens auf Antrag eines Gläubigers

Vorbemerkung 2.3.3:

Dieser Abschnitt ist nicht anzuwenden, wenn das Verfahren gleichzeitig auf Antrag des Schuldners eröffnet wurde.

2330	Durchführung des Insolvenzverfahrens	3,0
	Die Gebühr entfällt, wenn der Eröffnungsbeschluss auf Beschwerde aufgehoben wird.	
2331	Einstellung des Verfahrens vor dem Ende des Prüfungstermins nach den §§ 207, 211, 212, 213 InsO:	
	Die Gebühr 2330 ermäßigt sich auf	1,0
2332	Einstellung des Verfahrens nach dem Ende des Prüfungstermins nach den §§ 207, 211, 212, 213 InsO:	
	Die Gebühr 2330 ermäßigt sich auf	2,0

Abschnitt 4

Besonderer Prüfungstermin und schriftliches Prüfungsverfahren (§ 177 InsO)

2340	Prüfung von Forderungen je Gläubiger	15,00 EUR

35 Die Gebühr KV 2340 ist eine Aktgebühr,[250] die erst dann entsteht, wenn der besondere Prüfungstermin tatsächlich zur Prüfung von Forderungen stattfindet, und zwar auch dann, wenn das Gericht bei der Gelegenheit auch noch Forderungen anderer Gläubiger mitprüft oder noch andere Geschäfte vornimmt.[251] Die Gebühr KV 2340 deckt auch die Kosten einer öffentlichen Bekanntmachung des besonderen Prüfungstermins ab (vgl. KV 9004). **Kostenschuldner** ist allein der Gläubiger, der den besonderen Prüfungstermin beantragt hat.

---

250 *Uhlenbruck* KTS 1975, 17.
251 *Hartmann* KV 2340 Rn. 1.

Abschnitt 5

Restschuldbefreiung

2350	Entscheidung über den Antrag auf Versagung oder Widerruf der Restschuldbefreiung (§§ 296, 297, 300, 303 InsO)	30,00 EUR

Die Bestimmung entspricht KV 5119 a. F.   36

Abschnitt 6

Beschwerden

Unterabschnitt 1

Beschwerde

2360	Verfahren über die Beschwerde gegen die Entscheidung über den Antrag auf Eröffnung des Insolvenzverfahrens.	1,0

Das Verfahren beginnt mit der Einlegung der Beschwerde (KV 2360) oder Rechtsbe- 37
schwerde (KV 2362) und endet mit deren Erledigung. Für die Gebühr KV 2360 spielt es
keine Rolle, wie das Beschwerdeverfahren ausgeht oder ob die Beschwerde zurückgenommen wird. Sie gilt sowohl für Beschwerden gegen die Eröffnung als auch über die Ablehnung der Eröffnung des Insolvenzverfahrens. Der Wert ist nach dem objektiven wirtschaftlichen Interesse des Antragstellers zu bestimmen.[252] (Vgl. auch Anh. zu § 48 Rn. 26
„Restschuldbefreiung".).

2361	Verfahren über nicht besonders aufgeführte Beschwerden, die nicht nach anderen Vorschriften gebührenfrei sind:	
	Die Beschwerde wird verworfen oder zurückgewiesen	50,00 EUR

**Wird die Beschwerde nur teilweise verworfen oder zurückgewiesen, kann
das Gericht die Gebühr nach billigem Ermessen auf die Hälfte ermäßigen
oder bestimmen, dass eine Gebühr nicht zu erheben ist.**

KV 2361 betrifft insbesondere die Beschwerden, die im Zusammenhang mit der Durch- 38
führung des Insolvenzverfahrens erhoben werden. Die Gebühr ist aber nur anzusetzen,
wenn die Beschwerde erfolglos war, niemals jedoch in anderen Fällen, also etwa bei Zurücknahme der Beschwerde.

---

252 BGH JurBüro 2003, 253.

Rechtsbeschwerde

2362	Verfahren über die Rechtsbeschwerde gegen die Beschwerdeentscheidung im Verfahren über den Antrag auf Eröffnung des Insolvenzverfahrens	2,0
2363	Beendigung des gesamten Verfahrens durch Zurücknahme der Rechtsbeschwerde oder des Antrags	1,0
2364	Verfahren über nicht besonders aufgeführte Rechtsbeschwerden, die nicht nach anderen Vorschriften gebührenfrei sind:	
	Soweit die Rechtsbeschwerde verworfen oder zurückgewiesen wird	100,00 EUR

Wird die Rechtsbeschwerde nur teilweise verworfen oder zurückgewiesen, kann das Gericht die Gebühr nach billigem Ermessen auf die Hälfte ermäßigen oder bestimmen, dass eine Gebühr nicht zu erheben ist.

39 Die Gebühr 5133 kommt nur bei erfolglosen Rechtsbeschwerden zum Zuge.

Hauptabschnitt 4
Schifffahrtsrechtliches Verteilungsverfahren

40 Der Hauptabschnitt 4 enthält in KV 2410 bis 2441 die bisher in KV 5120 bis 5125 und 5133 bis 5135 a. F. enthaltenen Bestimmungen über das schifffahrtsrechtliche Verteilungsverfahren. Wegen der Erhöhung der Gebühr KV 2430 und der Umstellung der Beschwerdegebühren auf Festgebühren wird auf die Begründung zu Hauptabschnitt 3 verwiesen.

Abschnitt 1

Eröffnungsverfahren

2410	Verfahren über den Antrag auf Eröffnung des Verteilungsverfahrens.	1,0

41 KV 2410 entspricht KV 5120 a. F. Das Antragsverfahren beginnt mit dem Eingang des Antrags gem. § 4 SeeVertO bei Gericht und endet mit dem Beschluss nach § 7 SeeVertO. Die Gebühr KV 2410 deckt alle in diesem Verfahren getroffenen Maßnahmen ab. Sie entsteht mit dem Antrag. Gleichgültig ist, wie über den Antrag entschieden wird. Bei einer Antragsrücknahme bleibt die Gebühr verfallen. Der Eröffnungsbeschluss selbst gehört noch zum Antragsverfahren, nicht aber die in Zusammenhang damit getroffenen gerichtlichen

Maßnahmen, insbesondere solche nach §§ 9, 10, 11 SeeVertO. Eine Ermäßigung oder ein Wegfall der Gebühr ist nicht vorgesehen.

Abschnitt 2

Verteilungsverfahren

2420 **Durchführung des Verteilungsverfahrens** 2,0

Die Gebühr KV 2420 ist identisch mit der nach KV 5123 a.F. Das **Durchführungsverfah-** 42 **ren** beginnt mit den vom Gericht aufgrund des Eröffnungsbeschlusses getroffenen **Maßnahmen und endet** mit dem Einstellungs- oder Aufhebungsbeschluss unter Einschluss einer Nachtragsverteilung gem. § 30 SeeVertO. Auch hier ist ein Fortfall oder eine Ermäßigung der Gebühr nicht vorgesehen, auch nicht bei Zurücknahme des Antrags. Die Gebühr wird **fällig** mit dem Beginn der Durchführungsmaßnahmen. Der Streitwert folgt aus § 59.

Abschnitt 3

Besonderer Prüfungstermin

2430 **Prüfung von Forderungen in einem besonderen Prüfungstermin (§ 11 SVertO) je Gläubiger.** 15,00 EUR

Das oben zu KV 2340 Gesagte gilt entsprechend. 44

Abschnitt 4

Beschwerde und Rechtsbeschwerde

Das oben zu Hauptabschnitt 3, Abschnitt 6 Gesagte gilt hier entsprechend. Eine Erinne- 45 rung nach § 12 SeeVertO ist noch keine Beschwerde. Der Beschwerdewert ist nach § 59 zu bestimmen.

2440 **Verfahren über Beschwerden, die nicht nach anderen Vorschriften gebührenfrei sind:**

Soweit die Beschwerde verworfen oder zurückgewiesen wird 50,00 EUR

Wird die Beschwerde nur teilweise verworfen oder zurückgewiesen, kann das Gericht die Gebühr nach billigem Ermessen auf die Hälfte ermäßigen oder bestimmen, dass eine Gebühr nicht zu erheben ist.

2441   Verfahren über Rechtsbeschwerden:

Soweit die Rechtsbeschwerde verworfen oder zurückgewie-   100,00 EUR
sen wird

Wird die Rechtsbeschwerde nur teilweise verworfen oder zurückgewiesen,
kann das Gericht die Gebühr nach billigem Ermessen auf die Hälfte ermäßigen oder bestimmen, dass eine Gebühr nicht zu erheben ist.

Hauptabschnitt 5

46   Dieser Hauptabschnitt übernimmt die Regelung aus Teil 1 Hauptabschnitt 7 für die in
Teil 2 angesprochenen Verfahren.

Rüge wegen Verletzung des Anspruchs auf rechtliches Gehör

2500   Verfahren über die Rüge wegen Verletzung des Anspruchs
auf rechtliches Gehör (§ 321a ZPO, § 4 InsO, § 3 Abs. 1
Satz 1 SVertO):

Die Rüge wird in vollem Umfang verworfen oder zurückgewiesen   50,00 EUR

Teil 3
Strafsachen und gerichtliche Verfahren nach
dem Strafvollzugsgesetz

1   Im **Teil 3** des KV sind die Gebühren für das Strafverfahren und für gerichtliche Verfahren
nach dem Strafvollzugsgesetz geregelt. Die Bestimmungen der §§ 40 ff. a. F. sind jetzt als
Vorbemerkungen in das Kostenverzeichnis eingestellt werden. § 47 a. F. (Vollstreckung in
das Vermögen) ist nicht übernommen werden, weil eine solche Regelung überflüssig ist.
Eine vergleichbare Regelung für andere als ZPO-Titel ist dem geltenden Recht grundsätzlich fremd. Gleichwohl ist unstreitig, dass sich auch bei solchen Titeln die Gebühren für
die Vollstreckung, wenn sich diese nach den Vorschriften der ZPO richtet, nach dem GKG
oder dem GvKostG bemessen. Ferner sind aus systematischen Gründen sämtliche Regelungen, die die Festsetzung einer Geldbuße im Strafverfahren betreffen und die im alten
Recht in dem für das Verfahren nach dem Gesetz über Ordnungswidrigkeiten geltenden
Teil 7 KV-GKG a. F. geregelt waren, jetzt mit den für das Strafverfahren geltenden Regelungen zusammengefasst worden. Dies erleichtert die Rechtsanwendung, weil alle
Gebühren für Strafverfahren ausschließlich aus dem Teil 3 KV GKG entnommen werden
können. Darüber hinaus wird der für das gerichtliche Verfahren nach dem Gesetz über
Ordnungswidrigkeiten betreffende Teil 4 KV deutlich kürzer und damit übersichtlicher.

Mit der Neufassung ist eine Erhöhung der Gebühren in Strafsachen verbunden. Das ist 2 insofern gerechtfertigt, als die Gebühren im Strafverfahrensbereich bei Weitem nicht kostendeckend sind. Die Hauptverhandlungen in strafgerichtlichen Verfahren verteilen sich im Durchschnitt auf mehrere Verhandlungstage (vor dem Amtsgericht in den Jahren 1994 und 1995 im Durchschnitt 1,2 Verhandlungstage, vor dem Landgericht im Jahr 1994 durchschnittlich 3,0 Tage und im Jahr 1995 durchschnittlich 3,2 Tage). Dies zeigt deutlich, dass selbst die nunmehr festgesetzten Gebühren in keiner Weise kostendeckend sind.

Strafsachen i.S.d. GKG sind die Verfahren vor den ordentlichen Gerichten, die nach der 3 Strafprozessordnung und dem JGG durchgeführt werden (§ 1) und auf Verhängung einer in diesem Verfahren vorgesehenen Rechtsfrage gerichtet sind, sowie das Verfahren nach §§ 440 ff., 444 Abs. 3 StPO, das die selbständige Einziehung, den Verfall, die Vernichtung oder Unbrauchbarmachung von Gegenständen, die Vermögenseinziehung oder die Abführung des Mehrerlöses beim Fehlen eines Beschuldigten oder die Festsetzung einer strafrechtlichen Sanktion gegen eine Juristische Person zum Ziele hat (Vorbem. 3.1 zu Teil 3 Abs. 6). Die Gebühren im gerichtlichen Verfahren nach dem Gesetz über Ordnungswidrigkeiten (OWiG) richten sich nach KV Teil 4. Zu den Gerichtskosten des Strafverfahrens zählen auch die Kosten des staatsanwaltschaftlichen Ermittlungsverfahrens, § 462a Abs. 1 S. 2 StPO (§ 1 Rn. 10).

Keine Strafsachen i.d.S. sind Dienststrafsachen und Ehrengerichtsverfahren, finanzbe- 4 hördliche Verfahren (mit Ausnahme des gerichtlichen Straf- oder Bußgeldverfahrens nach §§ 369 ff. AO). Ordnungs-, Ungebühr- und Zwangsstrafen (z.B. nach §§ 56, 177, 178 GVG, 51, 70, 77 StPO) lösen – außer in Beschwerdeverfahren (KV 3601) – keine Gebühren nach dem GKG aus (vgl. § 1 Rn. 13). Nicht anzuwenden ist das GKG auch auf die Kosten der Strafvollstreckung (§ 10 JVerwKostO, §§ 12, 14 Abs. 4 KostVfg.). Soweit sie hiernach überhaupt erhoben werden, werden sie fällig, sobald sie entstanden sind. Wegen der Kosten des gerichtlichen Verfahrens nach dem StVollzG vgl. 60.

Voraussetzung für einen Gerichtskostenanspruch gegenüber einem Verurteilten sind eine 5 **gerichtliche Kostenentscheidung** und eine **rechtskräftig erkannte Strafe oder Maßregel der Besserung und Sicherung** bzw. eine Entscheidung nach §§ 440 ff. StPO. Erhoben werden **Pauschgebühren,** die das Verfahren eines Rechtszuges einschließlich des vorangegangenen Ermittlungsverfahrens und eines isoliert durchgeführten Annexverfahrens (z.B. wegen der Entschädigungsgrundentscheidung nach §§ 8, 9 StrEG) abgelten. Auch die im Ermittlungsverfahren entstandenen Auslagen sind von dem rechtskräftig Verurteilten zu erheben. Wie überall im GKG wird auch hier keine Gebühr erhoben, wenn sie nicht ausdrücklich vorgesehen ist. Auslagen hat der Verurteilte nur insoweit zu tragen, als sie ihren Grund in der Tat haben, derentwegen die Sanktion erfolgte, §§ 465, 466 StPO. Außer im Fall KV 3200 entstehen für die Einstellung des Verfahrens keine Gebühren.

Die **Fälligkeit** der Kosten tritt gegenüber dem Verurteilten erst mit der Rechtskraft der 6 Entscheidung ein (§ 8). Ausgeschlossen ist jedoch eine Haftung des Nachlasses, wenn der Verurteilte vor dem Eintritt der Rechtskraft stirbt (§ 465 Abs. 3 StPO). In anderen Fällen, wenn der Kostenschuldner kein verurteilter Beschuldigter ist, werden die Gebühren und Auslagen fällig, sobald eine unbedingte Entscheidung über die Kosten ergangen oder das Verfahren oder die Instanz beendet ist (§ 9).

7 Für den Privat- und Nebenkläger besteht nach Maßgabe des § 16 GKG eine **Vorschusspflicht.**

8 Für **Privatklagesachen** bestehen besondere Gebührenregelungen. Wird der Beschuldigte verurteilt, treffen ihn dieselben Kosten wie bei einer Verurteilung auf Grund öffentlicher Klage (KV 3310ff.). Wird der Beschuldigte nicht verurteilt und auch das Verfahren nicht wegen Geringfügigkeit eingestellt, erwachsen Festgebühren in verschiedener Höhe, je nachdem, ob das Verfahren durch Urteil oder ohne Urteil erledigt wurde, KV 3310ff. Nach erfolgloser Wiederaufnahme durch den Privatkläger gelten KV 3340, 3341. In Privatklagesachen und bei Nebenklage besteht eine Vorschusspflicht des Privatklägers und desjenigen, der als Privatkläger oder Nebenkläger eine Berufung oder Revision eingelegt oder eine Wiederaufnahme des Verfahrens beantragt hat (§§ 16, 17 GKG, §§ 379a, 390 Abs. 4, 401 Abs. 1 StPO).

9 Zu den Kosten in Strafsachen gehören grundsätzlich auch die Kosten für die Vollstreckung *rechtskräftiger* Verurteilungen. Das GKG ist für die Erhebung dieser Kosten jedoch nicht anwendbar, weil die Vollstreckung Justizverwaltungsangelegenheit ist und deshalb die JVKostO gilt (vgl. § 1 Rn. 12). Für die Erhebung von Haftkosten gelten Sonderbestimmungen,[253] während die Kosten sonstiger Haft aus KV 9010, 9011 zu entnehmen sind. Im Einzelnen gilt insoweit:

Art des Vollzuges	Höhe	Voraussetzungen
Freiheitsstrafe	§ 10 Abs. 2 JVKostO	§ 10 Abs. 1 JVKostO und § 50 StVollzG
Sicherungsverwahrung	§ 10 Abs. 2 JVKostO	§ 10 Abs. 1 JVKostO und § 50 StVollzG
Unterbringung	§ 10 Abs. 2 JVKostO	§ 10 Abs. 1 JVKostO
Untersuchungs-haft/einstweilige Unterbringung (außer Zwangshaft)	GKG-KV 9011 i. V. m. § 10 Abs. 2 JVKostO	§ 10 Abs. 1 JVKostO
Zwangshaft	KV-GKG 9010 i. V. m. § 10 Abs. 2 JVKostO	In voller Höhe ohne Einschränkung nach § 10 Abs. 1 JVKostO
Haft nach dem IRG	§ 10 Abs. 2, 3 JVKostO	In voller Höhe ohne Einschränkung nach § 10 Abs. 1 JVKostO, soweit nicht gem. § 75 IRG verzichtet wurde.

Vorbemerkung 3

(1) § 473 Abs. 4 StPO und § 74 JGG bleiben unberührt.

(2) Im Verfahren nach Wiederaufnahme werden die gleichen Gebühren wie für das wiederaufgenommene Verfahren erhoben. Wird jedoch nach Anordnung der Wiederaufnahme des Verfahrens das frühere Urteil aufgehoben, so gilt für die Gebührener-

---

253 Vgl. dazu OLG Zweibrücken RPfleger 1994, 81.

hebung jeder Rechtszug des neuen Verfahrens mit dem jeweiligen Rechtszug des früheren Verfahrens zusammen als ein Rechtszug. Gebühren werden auch für Rechtszüge erhoben, die nur im früheren Verfahren stattgefunden haben. Dies gilt auch für das Wiederaufnahmeverfahren, das sich gegen einen Strafbefehl richtet (§ 373a StPO).

Abs. 1 der Vorbemerkung 3 entspricht weitgehend dem Satz 1 der Vorbemerkung zu 10
Teil 6 des KV-GKG a.F. Der an die Stelle des § 11 Abs. 3 Satz 1 a.F. getretene § 34 Abs. 2 über die Mindestgebühr muss nicht mehr genannt werden, weil diese Vorschrift schon von ihrem Wortlaut her unmittelbar anwendbar ist. Die Regelungen des § 44 a.F. (Zurücknahme des Strafantrags) sind in die Vorbemerkungen und Anmerkungen dieses Teils übernommen worden.

Abs. 2 S. 1 der Vorbemerkung 3 ersetzt die Gebührenregelung KV 6201 a.F. Inhaltlich ist 11
damit keine Änderung verbunden. Wird die Wiederaufnahme angeordnet (§ 370 Abs. 2 StPO), bleibt aber in der erneuten Hauptverhandlung durch neues Urteil das frühere Urteil ganz oder z.T. aufrechterhalten, werden die Gebühren nach Maßgabe des Abs. 2 Vorbem. 3 erhoben, und zwar nach Maßgabe der den Gegenstand der Wiederaufnahme bildenden Straftat und der für sie im früheren rechtskräftigen Urteil erkannten Rechtsfolgen, soweit sie Gegenstand des Wiederaufnahmeverfahrens waren. Die Gebühr deckt das ganze Verfahren einschließlich des Anordnungsverfahrens ab. Werden gegen das neue Urteil Rechtsmittel eingelegt, bestimmt sich die Gebührenpflicht nach den dafür einschlägigen Bestimmungen.

Wird die Wiederaufnahme nur hinsichtlich einzelner von mehreren in einem Urteil zu- 12
sammengefassten **Einzelstrafen** betrieben, so erwächst die Gebühr nur aus den Fällen, die Gegenstand des Wiederaufnahmeverfahrens bilden. Sind mehrere in einem Urteil zusammengefasste Fälle Gegenstand des Wiederaufnahmeverfahrens und hat das Wiederaufnahmeverfahren nur hinsichtlich einzelner Fälle Erfolg **(Teilerfolg)**, sind die Gebühren getrennt nach Maßgabe des Abs. 2 der Vorbem. 3 zu berechnen. Eine Entscheidung nach § 473 Abs. 4 StPO ist zu beachten. Die Mindestgebühr beträgt 10 € (§ 34 Abs. 2).

Im Falle der **Aufhebung des früheren Urteils** sind für das Wiederaufnahmeverfahren 13
keine besonderen Gebühren zu berechnen. Das frühere und das nach Anordnung der Wiederaufnahmeverfahren betriebene Verfahren gelten gebührenrechtlich als ein Rechtszug, und zwar auch dann, wenn sich das Wiederaufnahmeverfahren gegen einen Strafbefehl richtet.

Die Sätze 2 bis 4 entsprechen inhaltlich dem § 43 a.F. Danach werden im Falle der **Wie-** 14
deraufnahme bei Aufhebung des früheren Urteils und erneuter Verurteilung die Gebühren für alle stattgefundenen Rechtszüge – gleichgültig, ob sie in dem früheren oder dem späteren Verfahren stattgefunden haben – einmal nach der im späteren Verfahren rechtskräftig erkannten Strafe erhoben.

Zu unterscheiden ist die Verwerfung des Antrags auf Wiederaufnahme als unzulässig oder 15
die Ablehnung eines solchen Antrages, weil er unbegründet ist, die Anordnung des Wiederaufnahmeverfahrens mit nachfolgender Aufrechterhaltung des früheren Urteils und die Anordnung des Wiederaufnahmeverfahrens mit nachfolgender Aufhebung des früheren Urteils. In den ersten beiden Fallgruppen wird der Antrag entweder als unzulässig zu-

rückgewiesen (§ 368 StPO) oder als unbegründet verworfen (§ 370 StPO). In den beiden anderen Fallgruppen wird die Wiederaufnahme des Verfahrens angeordnet (§ 370 Abs. 2 StPO) und entweder das frühere Urteil aufrechterhalten oder mit nachfolgendem neuen Urteil aufgehoben oder geändert. Nur den letzten der genannten Fälle der Aufhebung eines Urteils oder eines Strafbefehls unterfällt der Gebührenbestimmung des Abs. 2 S. 2–4 der Vorbem. 3. Sinngemäß gilt diese Bestimmung auch in den Fällen der Wiederaufnahme eines Privatklageverfahrens auf Antrag des Verurteilten und im gerichtlichen Ordnungswidrigkeitenverfahren.

16   Wird nach Anordnung der Wiederaufnahme aufgrund der erneuten Hauptverhandlung durch ein neues Urteil das frühere **Urteil aufrechterhalten** (§ 373 StPO), wird die Gebühr gem. Abs. 2 S. 1 der Vorbem. erhoben, und zwar nach Maßgabe der den Gegenstand des Wiederaufnahmeverfahrens bildenden Straftat und der für sie im früheren rechtskräftigen Urteil erkannten Strafe (Freiheitsstrafe, Geldstrafe, Maßregeln der Besserung und Sicherung, Anordnung von Nebenfolgen, soweit sie Gegenstand des Wiederaufnahmeverfahrens waren). Die Gebühr erwächst **neben** den im früheren Verfahren entstandenen Gebühren.

17   Die Gebühr gilt für das gesamte Wiederaufnahmeverfahren einschließlich des Anordnungsverfahrens. Werden gegen das Urteil Rechtsmittel (Berufung, Revision) eingelegt, bestimmt sich die Gebührenpflicht für diese Rechtsmittelverfahren nach KV 3120–3131. Die Gebühren sind auch dann zu erheben, wenn in dem früheren Verfahren entsprechende Gebühren erwachsen waren.

18   Aufhebung des früheren Urteils (Abs. 2 S. 2): Diesen Fall regelt Abs. 2 S. 2 der Vorbem. In diesen Fällen sind für das Wiederaufnahmeverfahren keine besonderen Gebühren zu berechnen. Das frühere und das nach Anordnung der Wiederaufnahmeverfahren durchgeführte Verfahren gelten als **ein** Rechtszug, wobei gleichgültig ist, ob der Verurteilte oder die Staatsanwaltschaft den erfolgreichen Wiederaufnahmeantrag gestellt hat. Das frühere Verfahren ist das Verfahren, das mit dem auf die Wiederaufnahme aufgehobenen Urteil geendet hat. Handelte es sich z. B. um ein Berufungsverfahren, sind für das frühere und das neue Verfahren die Gebühren nach Abs. 2 S. 2 i. V. m. KV 3130 nur einmal zu erheben, wobei Voraussetzung ist, dass auch das neue Urteil einen gebührenpflichtigen Tatbestand nach KV Teil 3 enthält, die Kosten dem Angeklagten auferlegt wurden und das Urteil rechtskräftig ist. Auch die im vorangegangenen Rechtszug oder in den sonstigen vorangegangenen Rechtszügen erwachsenen Kosten sind auf der Grundlage der nunmehr rechtskräftigen Strafe neu zu berechnen. Für jede Instanz ist nur eine Gebühr zu erheben.

19   Dasselbe gilt, wenn das frühere Verfahren ein Verfahren des ersten Rechtszuges war. Erfolgt im Wiederaufnahmeverfahren ein Freispruch oder eine Einstellung des Verfahrens, entfallen insoweit alle auch in den vorangegangenen Verfahren erwachsenen Gebühren einschließlich der in früheren Rechtsmittelverfahren schon entstanden gewesenen Gebühren. Unerheblich ist, ob die Aufhebung des früheren Urteils oder der Freispruch ohne (§ 371 StPO) oder aufgrund (§ 373 StPO) neuer Hauptverhandlung erfolgen. Gezahlte Kosten sind dann zurückzuerstatten (§ 467 StPO, § 36 KostVfg.).

20   Wiederaufnahme gegen einen Strafbefehl (Abs. 2 S. 3): Nach § 373a StPO kann auch eine Wiederaufnahme eines nach einem rechtskräftigen Strafbefehl abgeschlossenen Verfah-

rens erfolgen. In diesem Fall gilt für die Gebührenberechnung das in Rn. 11 –13 Gesagte entsprechend.

Wird der Strafbefehl nach der Anordnung der Wiederaufnahme durch das neue Urteil auf- 21 rechterhalten, ist die Gebühr Abs. 1 S. 1 Vorbem. 3 zu erheben. Wird aber der Strafbefehl aufgehoben, dann gilt das neue Verfahren mit dem früheren Verfahren als ein Rechtszug. Das oben (Rn. 11 – 13) Gesagte gilt dann entsprechend.

Wird die **Wiederaufnahme** nur hinsichtlich **einzelner von mehreren** in einem Urteil zu- 22 sammengefassten **Einzelstrafen** betrieben, erwachsen die Gebühren nur aus den Fällen, die den Gegenstand des Wiederaufnahmeverfahrens bilden. Sind mehrere in einem Urteil zusammengefasste Fälle Gegenstand des Wiederaufnahmeverfahrens und hat das Verfahren nur hinsichtlich einzelner Fälle, also nur **teilweise Erfolg,** sind die Gebühren für die einzelnen Fälle getrennt zu berechnen.

Bei der **Wiederaufnahme** auf Antrag des **verurteilten Privatbeklagten** gelten Abs. 2 23 S. 3 – 4 sinngemäß.

Hauptabschnitt 1
Offizialverfahren

Dieser Abschnitt regelt die Gebühren im Offizialverfahren.   24

Vorbemerkung 3.1:

(1) In Strafsachen bemessen sich die Gerichtsgebühren für alle Rechtszüge nach der rechtskräftig erkannten Strafe.

(2) Ist neben einer Freiheitsstrafe auf Geldstrafe erkannt, so ist die Zahl der Tagessätze der Dauer der Freiheitsstrafe hinzuzurechnen; dabei entsprechen dreißig Tagessätze einem Monat Freiheitsstrafe.

(3) Ist auf Verwarnung mit Strafvorbehalt erkannt, so bestimmt sich die Gebühr nach der vorbehaltenen Geldstrafe.

(4) Eine Gebühr wird für alle Rechtszüge bei rechtskräftiger Anordnung einer Maßregel der Besserung und Sicherung und bei rechtskräftiger Festsetzung einer Geldbuße gesondert erhoben.

(5) Wird aufgrund des § 55 Abs. 1 StGB in einem Verfahren eine Gesamtstrafe gebildet, so bemisst sich die Gebühr für dieses Verfahren nach dem Maß der Strafe, um das die Gesamtstrafe die früher erkannte Strafe übersteigt. Dies gilt entsprechend, wenn ein Urteil, in dem auf Jugendstrafe erkannt ist, nach § 31 Abs. 2 JGG in ein neues Urteil einbezogen wird. In den Fällen des § 460 StPO und des § 66 JGG verbleibt es bei den Gebühren für die früheren Verfahren.

(6) Betrifft eine Strafsache mehrere Angeschuldigte, so ist die Gebühr von jedem gesondert nach Maßgabe der gegen ihn erkannten Strafe, angeordneten Maßregel der

Besserung und Sicherung oder festgesetzten Geldbuße zu erheben. Wird in einer Strafsache gegen einen oder mehrere Angeschuldigte auch eine Geldbuße gegen eine juristische Person oder eine Personenvereinigung festgesetzt, so ist eine Gebühr auch von der juristischen Person oder der Personenvereinigung nach Maßgabe der gegen sie festgesetzten Geldbuße zu erheben.

(7) Wird bei Verurteilung wegen selbstständiger Taten ein Rechtsmittel auf einzelne Taten beschränkt, bemisst sich die Gebühr für das Rechtsmittelverfahren nach der Strafe für diejenige Tat, die Gegenstand des Rechtsmittelverfahrens ist. Bei Gesamtstrafen ist die Summe der angefochtenen Einzelstrafen maßgebend. Ist die Gesamtstrafe, auch unter Einbeziehung der früher erkannten Strafe, geringer, so ist diese maßgebend. Wird ein Rechtsmittel auf die Anordnung einer Maßregel der Besserung und Sicherung oder die Festsetzung einer Geldbuße beschränkt, werden die Gebühren für das Rechtsmittelverfahren nur wegen der Anordnung der Maßregel oder der Festsetzung der Geldbuße erhoben. Die Sätze 1 bis 4 gelten im Falle der Wiederaufnahme entsprechend.

(8) Das Verfahren über die vorbehaltene Sicherungsverwahrung und das Verfahren über die nachträgliche Anordnung der Sicherungsverwahrung gelten als besondere Verfahren.

Übersicht

25 **Allgemeines:** Die Vorbem. 3.1 Abs. 1 bis 4 entsprechen dem § 40 Abs. 1 bis 4 a. F. Abs. 4 enthält jedoch eine zusätzliche Regelung für den Fall der Festsetzung einer Geldbuße im Strafverfahren. Geregelt sind hier die Grundlagen für die Gebührenbemessung in Strafsachen. Im Gegensatz zur Gebührenbemessung in bürgerlichen Rechtsstreitigkeiten werden in Strafsachen die Gebühren nach der **rechtskräftig erkannten Strafe** bemessen. Strafe i. S. d. GKG ist die im **Urteilstenor ausgesprochene Strafe,** mag sie auch eine aus mehreren Einzelstrafen gebildete **Gesamtstrafe** sein. Die Summe der Einzelstrafen, aus denen

eine Gesamtstrafe gebildet wird, kommt grundsätzlich für die Gebührenbemessung nicht in Betracht (vgl. auch Abs. 5). Wenn und soweit im KV ein Gebührentatbestand fehlt, darf nach allgemeinen Grundsätzen auch keine Gebühr erhoben werden. Das trifft z.B. zu für ein Haftprüfungsverfahren nach § 117 StPO[254] oder für das gerichtliche Entschädigungs-grundverfahren nach § 9 StrEG. Auslagen sind geschuldet, soweit Kosten auferlegt oder übernommen werden (§ 29 Nrn. 1–2). Beschwerdegebühren in Strafsachen erwachsen un-ter den Voraussetzungen nach KV 3420, 3600, 3601, 3820 und 3821, auch wenn das mit der Beschwerde angegriffene Verfahren gebührenfrei ist. Ob Strafen im Gnadenwege oder aufgrund einer Amnestie ganz oder teilweise erlassen oder ob auf sie die Untersuchungs-haft oder eine andere Freiheitsentziehung angerechnet werden (§ 51 StGB), berührt die Gebühr nicht, soweit nicht im Gnaden- oder Amnestiegesetz oder in einem anderen Ge-setz insoweit eine besondere Regelung getroffen ist. Mangels einer Gebührenvorschrift darf auch keine Gebühr erhoben werden, wenn der zur Kostentragung Verurteilte für **straffrei erklärt** ist oder im Urteil **von Strafe abgesehen** wird (§§ 260 Abs. 4, 465 Abs. 1 S. 2, 468 StPO). Auslagen sind aber auch in solchen Fällen einzuziehen (§ 465 Abs. 1 S. 2 StPO). Maßgebend ist hier der Urteilsausspruch, wonach der Beschuldigte für straffrei er-klärt oder gegen ihn von Strafe abgesehen, er aber trotzdem zur Kostentragung verurteilt sein muss. Anders verhält es sich, wenn nach § 27 JGG die Entscheidung über die Jugend-strafe zur Bewährung ausgesetzt wird. Erkennt der Richter dann doch auf Strafe, § 30 Abs. 1 JGG, und sieht er nicht gemäß § 74 JGG davon ab, dem Angeklagten die „Kosten und Auslagen aufzuerlegen", ist die Gebühr zu erheben. Wird aber nicht auf Strafe er-kannt, sondern der Schuldspruch getilgt, sind auch keine Kosten zu erheben. Bei **mehre-ren Verurteilten** ist die Gebühr von jedem gesondert zu erheben (Abs. 6). Wegen der Höhe der Gebühren vgl. KV 3110 ff.

Maßregeln der Besserung und Sicherung (§ 61 StGB) sowie **Einziehung, Verfall, Vernich- 26 tung, Unbrauchbarmachung, Abführen des Mehrerlöses (§§ 73 ff. StGB, §§ 431, 442 Abs. 1 StPO)**, werden nur nach Abs. 4 berücksichtigt. Eine entsprechende Anwendung ist auf Nebenstrafen (z.B. das Fahrverbot nach § 44 StGB) oder Nebenfolgen (das sind alle ge-setzlichen Nebenfolgen einer strafgerichtlichen Verurteilung oder Anordnung einer Maß-regel der Besserung und Sicherung, die damit ex lege oder durch Richterspruch verbun-den sind) nicht zulässig.[255] Solche Sanktionen haben auf die Gebühr keinen Einfluss, und zwar auch dann nicht, wenn das Urteil allein deswegen angefochten wird. In solchen Fäl-len entsteht für das Rechtsmittelverfahren keine Gebühr, sondern nur eine Auslagener-stattungspflicht bei Verurteilung in die Kosten.[256] Ebenso, wenn eine Strafentscheidung nur wegen der Kosten angefochten wird.

Für die Gebührenberechnung maßgebend ist nur die **rechtskräftig erkannte** Strafe 27 (Abs. 1). Wird dem Verurteilten Wiedereinsetzung in den vorigen Stand gewährt (§ 235 StPO), richtet sich die Gebühr nur nach dem neu ergehenden Urteil. Die frühere Verurtei-lung, gegen die Wiedereinsetzung gewährt wurde, ist nicht mehr maßgebend, da sie durch die Wiedereinsetzung weggefallen ist. Gleichgültig ist auch, welches Strafgericht (Strafrichter, Jugendrichter, Schöffengericht, Strafkammer usw.) die Strafe ausgesprochen

254 *Oe/Wi/He* Vorbem. 3.1 Rn. 6.
255 *Oe/Wi/He* Vorbem. 3.1 Rn. 59.
256 *Oe/Wi/He* Vorbem. 3.1 Rn. 59.

hat, auf welche Straftat die Anklageschrift und der Eröffnungsbeschluss abgestellt hatten, ob das Verfahren langwierig oder von nur kurzer Dauer war, ob mehrere Hauptverhandlungen stattgefunden haben, oder ob verwiesen worden war (z. B. vom Strafrichter wegen nicht ausreichender Strafgewalt an die Strafkammer). Unmaßgeblich ist ferner, wer das Rechtsmittel eingelegt und/oder das Rechtsmittelverfahren betrieben hatte (vgl. z. B. § 298 StPO). Auch hier ist für die Gebührenberechnung die rechtskräftig erkannte Strafe maßgebend. Gesetzliche Vertreter haften für die Kostenschuld nur mit dem Vermögen des Vertretenen.[257] Das gilt auch bei Wiederaufnahmeanträgen nach dem Tode des Verurteilten durch den Ehegatten oder Verwandte (§ 361 Abs. 2 StPO). **Entscheidend ist stets die am Ende verbleibende rechtskräftige Strafe.** Doch muss das Gericht bei teilweisem Erfolg des Rechtsmittels die Gebühr ermäßigen, wenn das der Billigkeit entspricht (§ 473 Abs. 4 StPO). Ein nur teilweiser Erfolg i. S. d. Vorschrift liegt aber nicht vor, wenn das Rechtsmittel hinsichtlich einzelner von mehreren Taten erfolgreich ist. Dann hat der Angeklagte die Kosten nur insoweit zu tragen, als sie durch das Verfahren entstanden sind, in dem er verurteilt wurde (§ 465 Abs. 1 S. 1 StPO).[258] Bei Jugendlichen kann das Gericht von der Auferlegung der Kosten absehen, § 74 JGG. In solchen Fällen findet auch keine Kostenerhebung statt. Keine Kostenpflicht besteht auch, soweit Freispruch erfolgt, sofern nicht von den Möglichkeiten des § 467 Abs. 2–5 StPO Gebrauch gemacht wurde. Dann können aber nur Auslagen erhoben werden. Hat der Angeklagte allerdings ausdrücklich in solchen Fällen entgegen der Intention und dem ausdrücklichen Wortlaut des Gesetzes die „Kosten des Verfahrens" übernommen – was grundsätzlich zulässig ist –,[259] sind auch Gebühren zu erheben, sofern diese nach dem KV vorgesehen sind. Auch bei einer Einstellung des Verfahrens können – von den Ausnahmen nach KV 3200 abgesehen – keine Kosten erhoben werden. Hier ist aber eine Ermäßigung oder Niederschlagung der Gebühr gemäß der Anm zu KV 3200 möglich. Auch dann, wenn die Staatsanwaltschaft von der Erhebung der öffentlichen Klage absieht, ist ein Kostenansatz nicht möglich. Nur ausnahmsweise ist auch dann eine Gebühr zu erheben, wenn das Gericht nicht rechtskräftig auf eine Strafe erkannt hat, nämlich in den Fällen der Anordnung einer Maßregel der Besserung und Sicherung (Abs. 4), im Privatklageverfahren (KV 3110 ff.) und im selbständigen Einziehungsverfahren (KV 3410 ff.).

28 Die Strafe muss **rechtskräftig** erkannt sein. Die im ersten Rechtszug ausgesprochene Strafe ist demnach nicht maßgebend, wenn sie deshalb nicht rechtskräftig wird, weil der Angeklagte während des Rechtsmittelverfahrens stirbt (§ 465 Abs. 3 StPO) oder wenn das Verfahren eingestellt wird. Stets ist Voraussetzung eine **gerichtliche Kostenentscheidung,** die den Kostenschuldner bestimmt, § 29 Nr. 1. Die Staatskasse ist an den gerichtlichen Kostenausspruch absolut gebunden. Sie hat nicht die Befugnis, die gerichtliche Kostenentscheidung anzufechten, und zwar auch dann nicht, wenn sie offensichtlich fehlerhaft ist.

29 Die **Gebühren sind für jeden Rechtszug nach der letzten Endes rechtskräftig erkannten Strafe** zu bestimmen. Es wird somit für jede Instanz nur eine gleich hohe Gebühr (Verfahrensgebühr) erhoben, die sich aber aus mehreren Einzelbeträgen – z. B. bei der Anord-

---

257 BGH NJW 1956, 520 (L).
258 BGHSt. 5, 52.
259 Vgl. dazu *D. Meyer* JurBüro 1992, 3 ff.

nung einer Maßregel zur Besserung und Sicherung neben einer Strafe (Abs. 4) – zusammensetzen kann. Das gilt auch, wenn in derselben Instanz mehrere rechtskräftige Urteile gegen denselben Angeklagten ergehen. Auch für ein Urteil in verbundenen Strafsachen ist nur eine Gebühr zu berechnen. In der Rechtsmittelinstanz finden Gebührenerhöhungen statt (vgl. KV 3120, 3130). Allerdings kann sich die Gebühr bei einer Erledigung des Rechtsmittelverfahrens ohne Urteil auf ein Viertel ermäßigen (KV 3121, 3131). Bei teilweisem Erfolg eines Rechtsmittels **hat** das Gericht die Gebühr zu ermäßigen und die entstandenen Auslagen angemessen zu verteilen, soweit das der Billigkeit entspricht (§ 473 Abs. 4 StPO). Das ist aber eine Frage der Kostengrundentscheidung des Hauptsachegerichts und hat, wenn und soweit das Gericht von dieser Möglichkeit – aus welchen Gründen auch immer – keinen Gebrauch gemacht hat, für den Gerichtskostenansatz keine Bedeutung. Welche Strafen bei einer Erledigung im Rechtsmittelverfahren in den vorangegangenen Entscheidungen ausgesprochen worden waren, ist gleichgültig, wenn und soweit sie nicht rechtskräftig wurden. Spricht das Rechtsmittelgericht im Gegensatz zur Vorinstanz frei oder stellt es das Verfahren ein, fällt keine Gebühr für das gesamte Verfahren mehr an. Hat das Berufungsgericht die vom Erstgericht erkannte Strafe abgeändert und wurde seine Entscheidung rechtskräftig, sind die Gebühren für beide Rechtszüge nach der vom Berufungsgericht erkannten Strafe zu berechnen. Verwirft das Revisionsgericht die Revision, richten sich auch die Gebühren für das Revisionsverfahren nach der durch die Revisionsentscheidung rechtskräftig gewordenen Strafe. Hebt das Revisionsgericht das angefochtene Urteil auf und verweist es die Sache zurück, ist nach der auf die erneute Hauptverhandlung erkannten rechtskräftigen Strafe auch die Gebühr für das Revisionsverfahren zu erheben, es sei denn, dass der Angeklagte aufgrund der Kostenentscheidung des Revisionsgerichts die Kosten der Revisionsinstanz nicht oder nur teilweise zu tragen hat. Dann gilt selbstverständlich insoweit der Kostengrundausspruch des Revisionsgerichts. Maßgebend ist im Berufungs- oder Revisionsverfahren aber nur der Teil der Strafe, auf den sich das Berufungs- oder Revisionsverfahren bezieht (vgl. dazu unten Rn. 54 ff.).

Rechtszug: Der erste Rechtszug umfasst das Verfahren vor dem Erstgericht, der Rechts-   **30** mittelrechtszug das vor dem Berufungs- oder Revisionsgericht. Der Berufungs- oder Revisionsrechtszug beginnt mit der Einlegung der Berufung bzw. der Revision. Ein Verfahren endet regelmäßig mit dem Urteil oder mit der Einstellung, das Rechtsmittelverfahren auch mit der Zurücknahme oder Verwerfung bzw. der Nichtannahme des Rechtsmittels. Aber auch eine spätere Amtshandlung des betreffenden Gerichts kann noch zur Instanz rechnen. Wird die Sache an ein anderes Gericht verwiesen oder das Urteil aufgehoben und die Sache zurückverwiesen, so bilden das frühere Verfahren und das nach der Verweisung/Zurückverweisung folgende weitere Verfahren zusammen eine Instanz. Das gilt auch dann, wenn an ein anderes Gericht zurückverwiesen wird. Wird nach der Zurückverweisung erneut ein Rechtsmittel eingelegt, entsteht dadurch gebührenrechtlich **kein** neues Rechtsmittelverfahren. Die Berufungs- und die Revisionsgebühr können also wegen derselben Tat nur einmal erwachsen.[260] Ebenso bilden das (weitere) Verfahren nach einer Wiedereinsetzung in den vorigen Stand und nach Einspruchseinlegung gegen einen Strafbefehl mit dem vorangegangenen Verfahren einen Rechtszug.[261] Wegen des Wiederauf-

---

260 BGH KostRspr. GKG 1957, § 67, Nr. 3 (L); *Hartmann* KV 3120 Rn. 1; *Oe/Wi/He* Vorbem. 3.1 Rn. 17 ff.
261 *Oe/Wi/He* Vorbem. 3.1 Rn. 16.

nahmeverfahrens vgl. Vorbem. 3 Abs. 2. Die Gebühr deckt die gesamte gerichtliche Tätigkeit innerhalb einer Instanz ab, sofern nicht besondere Gebühren im KV vorgesehen sind (z.B. Beschwerden, KV 3420, 3600ff., Entschädigung des Verletzten, KV Nr. 3700). Daher erwächst keine besondere Gebühr etwa für Entscheidungen über Anträge auf Aufhebung eines Haftbefehls oder der Beschlagnahme. Abgegolten ist auch das staatsanwaltschaftliche Ermittlungsverfahren und gesonderte Annexverfahren, etwa nach § 8 Abs. 1 S. 2 StrEG.

31 Das Strafbefehlsverfahren bildet einen Rechtszug, solange nicht durch Urteil entschieden ist. Im letzten Fall gelten KV 3118, 3119.

32 Die **Verbindung** von Verfahren schafft **einen** Rechtszug, die **Trennung** von Verfahren hat **verschiedene** Rechtszüge zur Folge. Dabei spielt es keine Rolle, ob die Verbindung oder Trennung in unzulässiger Weise erfolgte. Dann mag im Einzelfall § 21 eingreifen.

33 Für das **Strafvollstreckungsverfahren** gelten KV 3810–3821 und § 60.

34 **Jugendstrafe:** Bei einer Verurteilung eines Jugendlichen oder Heranwachsenden zu einer Jugendstrafe gilt nichts anderes. Jugendstrafe ist der Freiheitsentzug nach § 17 JGG. Keine Jugendstrafen sind kraft gesetzlicher Definition die Erziehungsmaßregeln und die Zuchtmittel des JGG, so dass insoweit auch keine Gebühren anfallen können.[262] Auslagen sind bei dem verurteilten Jugendlichen zu erheben, wenn und soweit ihm die Kosten des Verfahrens auferlegt sind, § 464 StPO. Davon wird häufig nach § 74 JGG abgesehen werden. Entscheidend ist hier, dass eine Verurteilung zu einer Jugendstrafe erfolgte. Ob die Strafsache vor einem Jugendgericht oder im Wege der Verbindung vor dem für allgemeine Strafsachen zuständigen Gericht durchgeführt wurde, ist ohne Belang. Die Aussetzung der Jugendstrafe zur Bewährung berührt die Gebührenpflicht nicht. Wird dagegen die Entscheidung über die Verhängung der Jugendstrafe ausgesetzt (§§ 27ff. JGG), erwächst solange keine Gebühr, als eine Jugendstrafe nicht ausgesprochen ist.

35 **Geldstrafe als alleinige Hauptstrafe:** Wird die Geldstrafe als alleinige Hauptstrafe verhängt, ist für die Gebührenbemessung die Anzahl der festgesetzten Tagessätze (§ 40 StGB) maßgebend (KV 3110, 3111). Die Ersatzfreiheitsstrafe (§ 43 StGB) bleibt außer Betracht. Bei mehreren Geldstrafen sind die Tagessätze für die Gebührenberechnung zu addieren.

36 **Geldstrafe neben einer Freiheitsstrafe, Abs. 2:** Wird neben einer Freiheitsstrafe auf Geldstrafe erkannt (§§ 41, 43a StGB), ist die Gebühr für die Geldstrafe nicht nach KV 3110, 3111 gesondert zu berechnen und der Gebühr für die Freiheitsstrafe hinzuzuzählen, sondern die Tagessätze der Geldstrafe (§§ 43, 43a Abs. 3 StGB) sind der Freiheitsstrafe hinzuzurechnen. Aus der sich so ergebenden um die Tagessätze erhöhten Freiheitsstrafe ist die einheitliche Gebühr nach 3110, 3111 zu bestimmen. Dabei sind dreißig Tagessätze als ein Monat Freiheitsstrafe zu rechnen (Abs. 2 Hs. 2).

37 **Gesamtstrafe nach §§ 53, 54 StGB:** Für die Gebührenrechnung nach KV 3110ff. ist die im Urteil erkannte Gesamtstrafe maßgebend. Auf die ihr zugrunde liegenden Einzelstrafen kommt es nicht an. Das gilt auch, wenn die Gesamtstrafe sich nach § 54 Abs. 3 StGB aus Freiheitsstrafen und Geldstrafen zusammensetzt. Wird aber ein Rechtsmittel nur hinsichtlich einer Einzelstrafe eingelegt, ist für die Berechnung der Gebühren für das Rechtsmittelver-

---

262 Vgl. auch *Hartmann* Vorbem. zu KV 3.1 Rn. 14.

fahren nur die Einzelstrafe zugrunde zu legen, die Gegenstand des Rechtsmittelverfahrens war. Wegen der nachträglichen Bildung einer Gesamtstrafe vgl. Abs. 5.

Verwarnung mit Strafvorbehalt, Abs. 3: Die Gebühr bemisst sich nach der im Schuld- **38** spruch bestimmten Geldstrafe, gleichgültig, ob der Beschuldigte zu der vorbehaltenen Strafe verurteilt wird (§ 59b Abs. 1 StGB).[263]

Anordnung einer Maßregel der Besserung und Sicherung, Abs. 4: Auch hier wird für **39** jeden Rechtszug eine Gebühr erhoben, sofern die Anordnung einer Maßregel (§ 61 StGB) rechtskräftig ergangen ist, Abs. 4. Die Gebühr wird **neben** der Gebühr aus einer ebenfalls rechtskräftig erkannten Strafe gesondert berechnet. Sie wird auch dann erhoben, wenn daneben auf Freispruch erkannt wurde oder wenn die Maßregel selbständig angeordnet worden ist. Werden mehrere Maßregeln in derselben Entscheidung nebeneinander angeordnet, fällt die Gebühr für jede Maßregel (kumulativ) an.[264] Das ist etwa dann der Fall, wenn gegen den Täter Berufsverbot (§ 70 StGB) und Führungsaufsicht (§ 68 StGB) verhängt wird. Richtig ist zwar, dass es sich hier nicht um eine Aktgebühr, sondern um eine echte Verfahrensgebühr handelt.[265] Daraus folgt aber noch nicht zwingend, dass nicht jede Maßregel für sich bewertet werden darf. Der Wortlaut der Bestimmung ist insoweit eindeutig. Auch entspricht das dem Sinn des Abs. 4. Die Festgebühr ist nur deshalb für jede Maßnahme sinnvoll, weil ein „Verrechnungsmaßstab" wie etwa im Verhältnis der Geld- zur Freiheitsstrafe fehlt. Auch wenn mehre Maßregeln (gleicher oder verschiedener Art) wegen anderer (weiterer) Straftaten angeordnet werden (z. B. die Verlängerung einer Führerscheinsperre wegen weiterer Verkehrverstöße[266]), entsteht die Gebühr von 60 € erneut. Wenn die Erlaubnis zum Führen von Kraftfahrzeugen entzogen (Maßregel nach § 61 Nr. 5 StGB) und daneben die Einziehung des Führerscheins angeordnet wird (Nebenfolge polizeilicher Art der Maßregel nach § 61 Nr. 5 StGB, vgl. § 69 Abs. 3 StGB), fällt lediglich die Gebühr nach Abs. 4 an. Anders ist es, wenn es sich bei der Einziehung des Führerscheins nicht nur um die Nebenfolge nach § 69 Abs. 3 StGB handelt, sondern um eine echte Einziehung (etwa eines gefälschten Führerscheins) nach § 74 StGB dann fällt selbstverständlich noch eine weitere Gebühr nach Abs. 4 an. Hat der Täter keine Fahrerlaubnis und wird deshalb nur eine isolierte Sperrfrist nach § 69a Abs. 1 S. 3 StGB bestimmt, ist auch dies eine gebührenpflichtige Maßregel i. S. d. Abs. 4.[267]

Für die Anordnung einer Maßregel der Besserung und Sicherung i.S.v. Abs. 4 ist eine **40** **Festgebühr** in Höhe von 60 € vorgesehen (KV 3116). Eine **Ermäßigung bei** der Entziehung der Fahrerlaubnis ist nicht möglich. Wird die Fahrerlaubnis durch **Strafbefehl** entzogen, fällt in jedem Fall nur die halbe Gebühr an (KV 3118). Die Vorschrift ist sinngemäß auch anzuwenden, wenn ein Jagdschein nach § 41 BJagdG entzogen wird.[268]

Abs. 5 entspricht inhaltlich § 41 a.F. Werden mehrere selbständige Straftaten durch ein **41** Urteil erledigt, so ist nach §§ 53, 54 StGB eine Gesamtstrafe zu bilden. Diese Gesamtstrafe

---

263 *Hartmann* Vorbem. zu KV 3.1 Rn. 17; *Oe/Wi/He* Vorbem. 3.1 Rn. 61.
264 A.M. OLG Koblenz JurBüro 2003, 430 m. Anm. von *D. Meyer*; *Hartmann* KV 1110–3117 Rn. 6; *Oe/Wi/He* Vorbem. 3.1 Rn. 46.
265 *Oe/Wi/He* Vorbem. 3.1 Rn. 46.
266 *Hartmann* Vorbem. 3.1 Rn. 18.
267 *Oe/Wi/He* Vorbem. 3.1 Rn. 63.
268 *Oe/Wi/He* Vorbem. 3.1 Rn. 67 m. N.

gibt die Grundlage für die Gebührenbemessung. Zuweilen kommt es vor, dass das Gericht die Bildung einer Gesamtstrafe – aus welchen Gründen auch immer – nicht vornimmt, so dass dieses nach § 55 StGB nachträglich zu geschehen hat. Das gilt auch im Jugendstrafrecht nach Maßgabe des § 31 Abs. 2 JGG. Nur in solchen Fällen greift Abs. 5 S. 2. Dagegen ist Abs. 5 unanwendbar, wenn die mehreren Urteilen selbständig ergangen sind und erst nachträglich in einem besonderen Beschluss gemäß § 460 StPO eine Gesamtstrafe gebildet oder nach § 66 JGG eine Einheitsstrafe ausgesprochen wird. Denn dieser Beschluss ist gebührenfrei und die Gebühren der früheren Verurteilungen bleiben unberührt (Abs. 5 S. 3).

42 Die **Gebühr** nach Abs. 5 wird so berechnet, dass der Gebührenbemessung der Teil der Strafe zugrundegelegt wird, um den die frühere Strafe erhöht wurde (**Zusatzstrafe**[269]). Es kommt also nur auf den Betrag an, um den die nach § 55 Abs. 1 StGB gebildete Gesamtstrafe die frühere (Gesamt-)Strafe übersteigt. Lautete z.B. die erste (Gesamt-)Strafe auf 1 Jahr und 1 Monat Freiheitsstrafe, die spätere Strafe auf 1 Jahr und 2 Monate Freiheitsstrafe, so ist die Gebühr aus einer Freiheitsstrafe von 1 Monat zu erheben. Das gilt auch, wenn die Gebühr für die frühere Strafe und die für die neu gebildete Gesamtstrafe in einer Gebührenstufe liegen.[270]

> **Beispiel:** Die frühere Strafe betrug 30 Tagessätze Geldstrafe, die neu gebildete Gesamtstrafe beträgt 60 Tagessätze Geldstrafe. Hier beträgt die Gebühr nach KV 3310 120 €. Die für das (oder die) frühere(n) Verfahren erwachsenen Gebühren bleiben unberührt.

Eine Ausnahme gilt nur, wenn eine der früheren Strafen bereits eine Gesamtstrafe ist, die nunmehr aufgelöst werden muss. Dann ist die Summe der früheren Einzelstrafen (bzw. die frühere Gesamtstrafe mit der neuen Gesamtstrafe) zu vergleichen. Es erwächst dann keine zusätzliche Gebühr nach Abs. 5, wenn die neue Gesamtstrafe nicht höher ist als eine frühere Gesamtstrafe.[271] Ist sie jedoch höher, dann ist der Unterschied zwischen der alten und der neu gebildeten Gesamtstrafe Bemessungsgrundlage für die Gebühr.

43 War wegen einer früheren Tat auf eine **Maßregel der Besserung und Sicherung** erkannt und hat das Gericht bei der neuen Verurteilung über diese Maßregeln neu entschieden, sind die Gebühren des Abs. 3 und nach dem neuen Urteil zu berechnen. Eine bereits für die frühere Maßregel angesetzte Gebühr ist anzurechnen. Waren gegen einen Jugendlichen nur Erziehungsmaßregeln oder Zuchtmittel angeordnet und wird nunmehr eine Jugendstrafe verhängt, ist nur die Jugendstrafe maßgebend.

44 Auslagen: Die Auslagen sind nicht zusammen zu rechnen sondern für jedes Verfahren gesondert zu erheben.

45 Abs. 6 entspricht § 42 Abs. 1 a.F. Die Bestimmung betrifft das gebührenrechtliche Verhältnis **mehrerer verurteilter Angeschuldigter** zur Staatskasse, und zwar für alle Rechtszüge, sofern auch am Rechtsmittelverfahren mehrere Verurteilte beteiligt waren (vgl. § 33, § 466 StPO). Da die Gebührenpflicht des verurteilten Angeschuldigten von der gegen ihn rechtskräftig erkannten Strafe abhängig ist, entspricht es der Billigkeit, dass die Gebüh-

---

269 Vgl. *Wagner* RPfleger 1951, 21.
270 *Oe/Wi/He* Vorbem. 3.1 Rn. 48.
271 *Oe/Wi/He* Vorbem. 3.1 Rn. 49.

renpflicht eines jeden Verurteilten sich nach der gegen ihn erkannten Strafe richtet. Die gegen Mitangeklagte ausgesprochenen Strafen berühren ihn nicht.

Die Vorschrift gilt auch für mehrere im **Privatklageverfahren** Verurteilte. Soweit keine   **46** Verurteilung im Privatklageverfahren erfolgt, entsteht die Gebühr nach KV 3410 ohne Rücksicht auf die Zahl der Beschuldigten nur einmal. Das gilt auch bei der **Nebenklage.** Mehrere Antragsteller im **Klageerzwingungsverfahren,** mehrere Anzeigende oder mehrere Privat- oder Nebenkläger schulden gesamtschuldnerisch nur eine Gebühr.

Anwendbar ist Abs. 6 auch, wenn neben einer Strafe oder selbständig auf eine **Maßregel**   **47** **der Besserung und Sicherung** erkannt ist.

Eine Strafsache betrifft mehrere Angeschuldigte i.S.v. Abs. 6, wenn in einem und demsel-   **48** ben Verfahren gegen mehrere Angeschuldigte verhandelt wird, wobei es gleichgültig ist, ob sie untereinander Teilnehmer i.S.v. §§ 25 ff. StGB waren oder nicht.[272]

Die Gebühr ist in diesem Falle **von jedem Verurteilten gesondert** zu erheben, Abs. 6 S. 1.   **49** Grundlage der Gebührenberechnung ist für jeden Einzelnen die gegen ihn erkannte Strafe oder – im Falle des Abs. 1 S. 2 die festgesetzte Geldbuße. Er haftet nicht für die von den Mitverurteilten geschuldeten Gebühren. Sind **Maßregeln der Besserung und Sicherung** angeordnet, ist hierfür die Gebühr nach KV 3110 ff. von jedem Mitverurteilten zu erheben, gegen den eine Maßregel festgesetzt worden ist. Die Gebühr ist also unter Umständen wegen desselben Urteils mehrfach zu erheben, wobei jeder Mitverurteilte immer nur für die gerade ihn treffende Gebühr haftet, nicht auch für Gebühren der übrigen Verurteilten.

Auslagen: Die Auslagenhaftung mehrerer Beteiligter ergibt sich aus § 466 StPO, welcher   **50** bestimmt:

„Mitangeklagte, gegen die in bezug auf dieselbe Tat auf Strafe erkannt oder eine Maßregel der Besserung und Sicherung angeordnet wird, haften für die Auslagen als Gesamtschuldner. Dies gilt nicht für die durch die Tätigkeit eines bestellten Verteidigers oder eines Dolmetschers und durch die Vollstreckung, die einstweilige Unterbringung oder die Untersuchungshaft entstandenen Kosten sowie für Auslagen, die durch Untersuchungshandlungen, die ausschließlich gegen einen Mitangeklagten gerichtet waren, entstanden sind."

Für die **Auslagen** haften die Beteiligten i.S.d. oben, Rn. 6, Gesagten stets gesamtschuldnerisch, und zwar ohne dass es eines besonderen Ausspruchs in der Kostengrundentscheidung bedarf. Ein solcher – grundsätzlich zulässiger – Ausspruch wird sogar für überflüssig angesehen.[273] Bei der Beteiligung eines Verurteilten an nur einzelnen Akten einer fortgesetzten Tat des Mitangeklagten kommt es darauf an, ob sich die Fortsetzungshandlungen des Mitangeklagten, die dieser allein ausgeführt hat, hinsichtlich der Auslagen von dem gemeinsamen Teil der Tat ausscheiden lassen.[274] Die Strafe oder die Maßregel der Besserung und Sicherung braucht nicht im gleichen Urteil ausgesprochen worden zu sein. Auslagen, die sich aber eindeutig dem Handeln eines Mitangeklagten allein zuordnen lassen, fallen niemals unter die Gesamthaftung.[275] Wird von zwei Angeklagten der eine ver-

---

272 Vgl. dazu bes. die Kommentare zu § 466 StPO, z. B. bei *Meyer-Goßner* § 466 Rn. 1, m. N.
273 *Meyer-Goßner* Rn. 2.
274 *Oe/Wi/He* Vorbem. 3.1 Rn. 83.
275 Vgl. dazu bei *D. Meyer* DAR 1989, 397.

urteilt und der andere freigesprochen, so hat der Verurteilte alle Kosten des Verfahrens zu tragen mit Ausnahme derjenigen Auslagen, die ausscheidbar oder nach § 464d StPO geschätzt allein auf das Verfahren gegen den Freigesprochenen entfallen sind.[276] Eine gesamtschuldnerische Haftung findet auch nicht statt, wenn und soweit diese vor einer Verbindung oder nach einer Trennung der Verfahren erwachsen sind. Die gesamtschuldnerische Haftung entfällt auch wegen der Auslagen eines Mitverurteilten, dem sie durch Amnestie oder Gnadenerweis erlassen sind, so dass der nicht amnestierte oder nicht begnadigte Mitverurteilte nicht solche Auslagen zu tragen hat, die im Innenverhältnis den Amnestierten oder Begnadigten treffen.

51 Ausnahmen von der gesamtschuldnerischen Haftung bestehen nach § 466 S. 2 StPO für Auslagen, die für die Vergütung des Pflichtverteidigers und des Dolmetschers sowie für die Vollstreckung, die Untersuchungshaft oder die einstweilige Unterbringung für einen Mitangeklagten entstehen. Das gilt natürlich auch für die Vollstreckungskosten einer Maßregel der Besserung und Sicherung (§ 463 StPO) und für Auslagen, die Untersuchungshandlungen betreffen, welche sich ausschließlich gegen einen der Mitangeklagten richten. So z.B. die allein wegen dessen Einlassung erforderlichen Beweiserhebungen[277] einschließlich einer etwaigen Unterbringung nach § 81 StPO oder § 73 JGG und Untersuchungen nach § 81a StPO. Das gilt auch für Auslagen, die wegen schuldhafter Säumnis eines Mitangeklagten erwachsen sind (§ 467 Abs. 2 StPO).

52 Ist ein Mitangeklagter für straffrei erklärt worden oder hat das Gericht eine Verwarnung mit Strafvorbehalt ausgesprochen, tritt die gesamtschuldnerische Haftung für die Auslagen erst ein, wenn das Gericht eine Verurteilung in die Kosten ausgesprochen hat, § 465 Abs. 1 S. 2 StPO.[278] Ebenso verhält es sich bei Aussetzung der Verhängung einer Jugendstrafe mit Bewährungsfrist (§ 27 JGG) und bei Anordnung von Erziehungsmaßregeln und Zuchtmitteln gegen Jugendliche.[279]

53 Sinngemäß gilt die Bestimmung für das Rechtsmittelverfahren, wenn mehrere Angeklagte ein Rechtsmittel betreiben. Es haben dann der Verurteilte und der für straffrei erklärte Angeschuldigte je die Auslagen, die in bezug auf ihre Tat entstanden sind, allein zu tragen. Werden gemäß § 74 JGG einem Jugendlichen keine Kosten auferlegt, haftet der Mitverurteilte nicht für den Kostenanteil, den im Innenverhältnis gemäß § 426 BGB der Jugendliche tragen müsste.[280]

54 Abs. 7 entspricht § 40a Abs. 1 und 2 a.F. Die Bestimmung vereinheitlicht die früher unterschiedliche Gebührenbemessung bei einem auf einzelne, selbständige Taten beschränkten Rechtsmittel und bei einem gleichermaßen beschränkten Einspruch gegen einen Strafbefehl[281] (§§ 318, 344, 410 Abs. 2 StPO). Sie spiegelt im Kostenrecht den Grundsatz wieder, dass die Beschränkung eines Rechtsbehelfs auf Teile einer Verurteilung auch eine Beschränkung der Überprüfung der Entscheidung zur Folge hat.

276 OLG Hamm JMBlNRW 1966, 119; *D. Meyer* DAR 1989, 397.
277 Vgl. *Hilger* in Löwe-Rosenberg, StPO, 24. Aufl., § 466 Rn. 17; *Meyer-Goßner* § 466 Rn. 3; *Bode* NJW 1969, 214.
278 *Oe/Wi/He* Vorbem. 3.1 Rn. 78.
279 *Mümmler* JurBüro 1974, 673; *Oe/Wi/He* Vorbem. 3.1 Rn. 79.
280 *Oe/Wi/He* Vorbem. 3.1 Rn. 84; *Ort* JVBl. 1970, 97, 99.
281 Vgl. BT-Drs. 12/6962, S. 65.

Nach **Abs. 7 Sätze 1–3** richtet sich die Gebühr nach der Strafe für diejenigen Taten, die   55
Gegenstand des Rechtsmittelverfahrens sind. Bei Gesamtstrafen ist also die Einzelstrafe
oder die Summe der Einzelstrafen maßgebend, wenn nicht die Gesamtstrafe unter Einbeziehung der früher erkannten Strafe geringer ist als die Summe der Einzelstrafen. Diese
Obergrenze soll verhindern, dass für ein beschränktes Rechtsmittel höhere Gebühren als
für ein unbeschränktes Rechtsmittel anfallen.[282]

Betrifft das beschränkte Rechtsmittel nur eine **Nebenfolge,** die allein keine Gebühr aus-   56
löst, können auch für das Urteil in der höheren Instanz keine Gebühren entstehen.

Satz 4 stellt klar, dass sich die Gebühr für ein auf die Anordnung einer Maßregel der Bes-   57
serung und Sicherung beschränktes Rechtsmittel ausschließlich nach der für die Anordnung in KV 3316 bestimmten Betragsgebühr richtet.[283]

Abs. 7 gilt selbstverständlich auch bei der **Beschränkung des Einspruchs** gegen einen   58
Strafbefehl.

Für die Anwendung des Abs. 7 ist es unerheblich, ob die Beschränkung des Rechtsmittels   59
oder des Einspruchs zulässig war oder nicht. Wird z. B. die Berufung oder der Einspruch
gegen einen Strafbefehl zurückgenommen, weil die unzulässige beschränkte Einlegung
als unbeschränkt behandelt werden musste, sind insoweit die Gebühren nach KV 3121,
3131 zu erheben. Wenn das als beschränkt eingelegte Rechtsmittel aus Rechtsgründen als
unbeschränkt behandelt werden musste, ist für die Gebühr der Rechtsmittelinstanz auf
die nach Abs. 1 maßgebliche Strafe abzustellen.

Von vornherein nicht anwendbar ist Abs. 7 in den Fällen der sog. „horizontalen" Be-   60
schränkung des Rechtsmittels, d. h., wenn dieses auf den Rechtsfolgenausspruch als Ganzen, nicht aber gegen den Schuldspruch, gerichtet ist. Dann gilt für die Gebührenbemessung stets Abs. 1.

Abs. 8 soll klarstellen, dass in Verfahren über die vorbehaltene Sicherungsverwahrung in   61
allen Instanzen die Gebühren nach diesem Abschnitt gesondert zu erheben sind. Dabei
gelten die Anordnung der vorbehaltenen Sicherungsverwahrung und die später im Verfahren nach § 275a StPO erfolgte nachträgliche Anordnung gem. § 66b StGB gerichtskos-
tenrechtlich als eigenständige Verfahren. Für das erstinstanzliche Verfahren würden sich
die Gebühren demnach nach KV 3116 bemessen.

Abschnitt 1

Erster Rechtszug

Die Neuabstufung und Erhöhung der Gebühren berücksichtigt stärker als bisher den tat-   62
sächlichen Aufwand eines Strafverfahrens. Die nach altem Recht bei einer „Verurteilung
zu Freiheitsstrafe von mehr als 2 Jahren" endenden Gebührenstufen sind um die neuen
Gebührenstufen „Verurteilung zu Freiheitsstrafe bis zu 4 Jahren", „Verurteilung zu Freiheitsstrafe bis zu 10 Jahren" und „Verurteilung zu Freiheitsstrafe von mehr als 10 Jahren

---

282 So BT-Drs. 12/6962, S. 65.
283 BT-Drs. 12/6992, S. 65.

und zu lebenslanger Freiheitsstrafe" erweitert worden. Im Gegenzug sind die bisherigen Gebührenstufen „Verurteilung zu Freiheitsstrafe bis zu 3 Monaten" (90 Tagessätze Geldstrafe) und „Verurteilung zu Freiheitsstrafe bis zu 6 Monaten" (180 Tagessätze Geldstrafe) zusammengefasst worden. Zusätzlich eingeführt ist die Gebührenstufe „Verurteilung zu Freiheitsstrafe bis zu 1 Jahr". Diese Struktur berücksichtigt, dass der tatsächliche Aufwand im Bereich der unteren Kriminalität bereits bei sehr geringen Strafmaßen verhältnismäßig groß ist.

63 Der Gebührenanstieg schwächt sich mit der Zunahme des Strafmaßes ab. Im Übrigen ist der Spielraum praktikabler Gebührenerhöhungen dadurch begrenzt, dass die Gebührenlast besonders bei niedrigen Strafmaßen nicht zu einer „zweiten Strafe" führen darf und höhere – nicht mehr zur Bewährung – aussetzbare Haftstrafen typischerweise zur Verschlechterung der wirtschaftlichen Verhältnisse der Verurteilten und Kostenschuldner führen. Die Folgen sind schon derzeit eine geringe Beitreibungsquote (deutlich unter 50%) sowie die Gefährdung der sozialen Wiedereingliederung der Haftentlassenen. Deshalb steigt der Gebührensatz von 120 € (Verurteilung bis zu 6 Monaten Freiheitsstrafe oder 180 Tagessätzen Geldstrafe) über 240 € (Verurteilung bis zu 1 Jahr Freiheitsstrafe oder zu mehr als 180 Tagessätzen Geldstrafe) und 360 € (Verurteilung bis zu 2 Jahren Freiheitsstrafe) selbst bei Verurteilung bis zu 4 Jahren Freiheitsstrafe lediglich auf 480 € und erreicht die weiteren Stufen von 600 € und 900 € erst bei Verurteilungen von mehr als 4 bis 10 Jahren Freiheitsstrafe bzw. bei Verurteilungen zu mehr als 10 Jahren Freiheitsstrafe oder lebenslanger Haft.

Verfahren mit Urteil, wenn kein Strafbefehl vorausgegangen ist, bei

3110	Verurteilung zu Freiheitsstrafe bis zu 6 Monaten oder zu Geldstrafe bis zu 180 Tagessätzen	120,00 EUR
3111	Verurteilung zu Freiheitsstrafe bis zu 1 Jahr oder zu Geldstrafe von mehr als 180 Tagessätzen	240,00 EUR
3112	Verurteilung zu Freiheitsstrafe bis zu 2 Jahren	360,00 EUR
3113	Verurteilung zu Freiheitsstrafe bis zu 4 Jahren	480,00 EUR
3114	Verurteilung zu Freiheitsstrafe bis zu 10 Jahren	600,00 EUR
3115	Verurteilung zu Freiheitsstrafe von mehr als 10 Jahren oder zu einer lebenslangen Freiheitsstrafe	900,00 EUR
3116	Anordnung einer Maßregel der Besserung und Sicherung	60,00 EUR
3117	Festsetzung einer Geldbuße	10% des Betrages der Geldbuße, mindestens 40,00 EUR, höchstens 15 000,00 EUR
3118	Strafbefehl	0,5 der Gebühr 3110–3317

Die Gebühr wird auch neben der Gebühr 3119 erhoben. Ist der Einspruch beschränkt (§ 410 Abs. 2 StPO), bemisst sich die Gebühr nach der im Urteil erkannten Strafe.

3119	Hauptverhandlung mit Urteil, wenn ein Strafbefehl vorausgegangen ist	0,5 der Gebühr 3110–3317

Vorbemerkung 3.1 Abs. 7 gilt entsprechend.

KV 3110 bis 3116 sowie 3118 und 3119 sind an die Stelle KV 6110 bis 6112 a. F. getreten. **64** Zur Vereinfachung des Kostenansatzes ist jetzt jedem Gebührenbetrag der KV 3110 bis 3116 eine eigene Gebührennummer zugeordnet. Wegen der neuen Bestimmung KV 3117 wird auf das oben Rn. 1 Gesagte verwiesen. Die Höhe der Gebühr entspricht der Gebühr KV 4110. Wie oben Rn. 2 ausgeführt, sind die Gebühren in Strafsachen spürbar erhöht werden. KV 3118 und 3119 übernehmen die Regelungen KV 6111 und 6112 a. F. und § 40a Abs. 3 a. F. Zur besseren Verständlichkeit sind die Regelungen gesetzestechnisch überarbeitet.

Die Gebühren KV 3110–3116 decken das **gesamte erstinstanzliche Verfahren** vom Ein- **65** gang der Anklage bei Gericht bis zu der die Instanz endgültig abschließenden Entscheidung ab, sofern kein Strafbefehl vorausgegangen ist. Unerheblich ist, ob die Anklage gemäß § 199 StPO oder § 212 StPO erhoben wurde. Ein neuer Rechtszug im gebührenrechtlichen Sinne beginnt nach Einlegung der Berufung oder der Revision, wobei die Einlegung des Rechtsmittels als solches schon zur Rechtsmittelinstanz gehört. Zum Rechtszug gehören auch die Fortsetzung des Verfahrens vor einem Gericht derselben Instanz nach Verweisung oder **Zurückverweisung** und die gerichtlichen und staatsanwaltschaftlichen Handlungen nach Rechtskraft des Urteils. **Mehrere Strafsachen** bilden von ihrer Verbindung an einen Rechtszug. Vor der Verbindung angefallene Gebühren bleiben unberührt. Durch die Trennung verbundener Verfahren entstehen ab der **Trennung** selbständige Rechtszüge. Für mehrere in einem Rechtszug ergehende Urteile erwächst die Gebühr mehrmals. Wird aus der für mehrere Taten verwirkten Strafe eine Gesamtstrafe gebildet (§ 53 StGB), richtet sich die Gebühr nach der **Gesamtstrafe** und nicht nach der Summe der Einzelstrafen. Bei der Bildung von Gesamtstrafen nach § 55 Abs. 1 StGB oder 31 Abs. 2 JGG ist § 6 Abs. 3 i. V. m. § 8 anwendbar, nicht aber bei einer Gesamtstrafenbildung nach § 460 StPO oder § 66 JGG. Erforderlich ist immer eine Verurteilung, wozu auch eine Verwarnung mit Strafvorbehalt gehört, nicht aber ein Absehen von Strafe oder eine Straffreierklärung. Die Gebühren fallen für den ersten Rechtszug auch dann, wenn die Verurteilung erstmals in einem Rechtsmittelrechtszug erfolgt. Bei einer Einstellung des Verfahrens fällt keine Gebühr an.

Die **Gebührensätze** sind von der Art und Höhe der rechtskräftig erkannten Strafe abhän- **66** gig. Die für die rechtskräftig verhängte Maßregel der Besserung und Sicherung vorgesehene Gebühr von 60 € ist immer anzusetzen, gleichgültig, ob die Maßregel allein oder neben einer Strafe verhängt wird. Werden mehrere Maßregeln verhängt, fällt die Gebühr auch mehrmals (kumulativ) an.[284] Es muss sich jedoch stets um verschiedene Maßregeln i. S. v. § 61 StGB handeln. So ist z. B. der Ausspruch einer Sperrfrist nach § 69a StGB keine

---

[284] A. M.: OLG Koblenz JurBüro 2003, 430 m. abl. Anm. v. *D. Meyer* JurBüro 2003, 431; *Hartmann* KV 3110 Rn. 6.

eigenständige Maßregel, sondern nur ein notwendiger Annex zu § 69 StGB und wird nur dann zur selbständigen Maßregel, wenn der Täter keine Fahrerlaubnis hatte (§ 69a Abs. 1 S. 3 StGB). Soweit das Gericht eine schon laufende Sperre wegen einer neuen Tat verlängert, liegt selbstverständlich auch eine neu verhängte Maßregel vor. Die bloße – deklaratorische – Feststellung des Gerichts, dass die Voraussetzungen für das Entfallen einer Maßregel (z. B. Führungsaufsicht) nicht vorliegen, lässt die Gebühr nicht entstehen, wenn dadurch nur die kraft Gesetzes eintretende Rechtsfolge ausgesprochen wird.[285]

67   Die Gebühr KV 3117 ist nur dann anzusetzen, wenn und soweit in einem Strafverfahren auf eine Geldbuße als Sanktion erkannt wird. Das kommt insbesondere dann in Betracht, wenn das Strafgericht eine Tat am Ende nicht als Straftat, sondern als Ordnungswidrigkeit erachtet. Bewährungsauflagen nach § 56b Abs. 2 Nr. 2 5a Abs. 2 Nr. 3 StGB sind jedoch keine Geldbußen in diesem Sinne. Erst recht zählen auch Auflagen im Zusammenhang mit der Einstellung eines Strafverfahrens (z. B. § 153a Abs. 2 Nr. 3 StPO) nicht hierzu.

68   Die halbe Gebühr KV 3118 ist nur anzusetzen, wenn das Verfahren durch Strafbefehl angefangen hat und in einer Hauptverhandlung kein Sachurteil ergangen ist, also bei Nichteinlegung eines Einspruchs oder bei zulässiger Zurücknahme des Einspruchs (§ 411 Abs. 3 StPO).

69   Wenn in der Hauptverhandlung ein Urteil in der Sache selbst ergeht, erhöht sich die Gebühr KV 3118 nach KV 3119 auf eine volle Gebühr. Unerheblich ist, ob der Einspruch gegen den Strafbefehl auf den Rechtsfolgenausspruch beschränkt war. Die Erhöhung nach KV 3119 erfolgt auch, wenn der Einspruch nach § 412 StPO verworfen wird. Die Grundsätze gelten auch, soweit im Strafbefehlsverfahren Maßregeln der Besserung und Sicherung angeordnet sind und der Einspruch darauf beschränkt war.

Abschnitt 2

Berufung

| 3120 | Berufungsverfahren mit Urteil | 1,5 der Gebühr 3110–3117 |
| 3121 | Erledigung des Berufungsverfahrens ohne Urteil | 0,5 der Gebühr 3110–3117 |

Die Gebühr entfällt bei Zurücknahme der Berufung vor Ablauf der Begründungsfrist.

70   KV 3120 und 3121 treten an die Stelle von KV 6120 und 6121 a. F. Für das Berufungsverfahren sind jetzt gegenüber dem erstinstanzlichen Verfahren höhere Gebühren vorgesehen. In Anbetracht der – gemessen an den wirklichen Kosten – immer noch geringen Gebührenhöhe in Strafsachen und zur Abwehr unnötiger Rechtsmittelverfahren war es geboten, die Gebührensätze angemessen zu erhöhen. Gleichzeitig ist für das Berufungsverfahren – wie früher schon für das Revisionsverfahren – vorgesehen, dass die Rücknahme

---

285 LG Koblenz NStZ-RR 1999, 352.

der Berufung vor Ablauf der Begründungsfrist zu einem vollständigen Wegfall der Gebühr führt. Die endgültige Entscheidung, ob Berufung eingelegt werden soll oder nicht, kann der Verurteilte erst treffen, wenn ihm die schriftliche Begründung des Urteils vorliegt. Wenn er sich innerhalb einer Woche nach Zustellung des Urteils für die Rücknahme der zunächst nur fristwahrend eingelegten Berufung entscheidet, spricht kein sachlicher Grund dafür, die Rücknahme der Berufung anders als die Rücknahme der Revision zu behandeln.

KV 3120 gilt für das Berufungsverfahren. Die Berufungsinstanz beginnt mit dem Eingang 71 der Berufung bei dem gemäß § 314 Abs. 1 StPO zuständigen Gericht der ersten Instanz. Darauf, ob und wann das Berufungsgericht tätig wird,[286] kommt es nicht an. Wird sie bei einem anderen Gericht eingelegt, kommt es auf den Zeitpunkt an, zu dem sie bei dem zuständigen Gericht eingeht. Das kann auch die Entgegennahme der Berufung zur Niederschrift bei der Geschäftsstelle oder zu Protokoll des Gerichts im Anschluss an die Urteilsverkündung durch das nach § 314 StPO zuständige Gericht sein. Ob die Berufung zulässig ist oder nicht, ist für das Entstehen der Gebühr unerheblich. Die Berufungsinstanz endet mit dem Wirksamwerden des Berufungsurteils oder einer anderen Erledigung der Berufungsinstanz, etwa durch Zurücknahme oder Verzicht. Die Gebühr KV 3120 wird aber nur erhoben, wenn die Berufungsinstanz durch Urteil (auch nach § 329 StPO) endet. In den anderen Fällen kommt KV 3121 in Betracht. Keine Auswirkung auf die Gebühr KV 3120 hat es, ob und wann eine Beschränkung der Berufung stattfindet. Verweist das Berufungsgericht an das Erstgericht zurück, beginnt eine neue Berufungsinstanz nur, wenn gegen das neue Urteil abermals Berufung eingelegt wird.

Die Gebühr KV 3120 kann jedoch nur soweit entstehen, als das Strafgericht keine andere 72 Kostenentscheidung nach § 473 StPO, § 74 JGG getroffen hat. Liegt eine solche vor, ist diese für den Grund und für die Höhe der Gebühr KV 3120 maßgebend. Das ist in der Vorbem. 3 Abs. 1 ausdrücklich klargestellt. Im Kostenansatz ist aber eine Entscheidung nach § 473 Abs. 4 StPO nicht infrage zu stellen. Fehlt sie oder ist sie verfehlt – etwa eine unzulässige Bruchteilsentscheidung –, kann nur das Strafgericht Abhilfe schaffen. Auch eine Niederschlagung nach § 21 GKG scheidet dann aus. Wenn und soweit eine Entscheidung nach § 473 Abs. 4 StPO oder § 74 JGG vorliegt, darf aber die Mindestgebühr von 10 € nicht unterschritten werden.

KV 3121: Wenn das Berufungsverfahren ohne Urteil beendet wird, ermäßigt sich die Ge- 73 bühr nach KV 3121 auf 1/2 der in KV 3120 genannten Sätze, mindestens aber auf 10 €. In Betracht kommen hier die Zurücknahme und Verzicht nach §§ 302, 303 StPO, die Verwerfung nach §§ 313 Abs. 2 S. 2, 319 Abs. 1, 322 Abs. 1 StPO und der Nichtannahmebeschluss gemäß § 322a StPO. Für einen Antrag des Angeklagten nach § 319 Abs. 2 StPO entstehen keine Gebühren.

---

286 So aber *Hartmann* KV Nr. 3120 Rn. 1.

Abschnitt 3

Revision

3130	Revisionsverfahren mit Urteil oder Beschluss nach § 349 Abs. 2 oder 4 StPO	2,0 der Gebühr 3110–3117
3131	Erledigung des Revisionsverfahrens ohne Urteil und ohne Beschluss nach § 349 Abs. 2 oder 4 StPO	1,0 der Gebühr 3110–3117

Die Gebühr entfällt bei Zurücknahme der Revision vor Ablauf der Begründungsfrist.

74 KV 3130, 3131 entsprechen KV 6130 und 6131 a. F. Auch für das Revisionsverfahren sind sowohl gegenüber dem erstinstanzlichen Verfahren als auch gegenüber dem Berufungsverfahren höhere Gebühren vorgesehen Dies entspricht der Struktur der Gerichtsgebühren in den übrigen Verfahren. Durch eine Anmerkung ist nunmehr die Gebührenfreiheit im Revisionsverfahren bei Revisionsrücknahme innerhalb der Begründungsfrist vorgesehen, obgleich es schon zu einer ersten Sachbefassung des Gerichts gekommen sein kann. Ohne Änderung der kurzen Revisionseinlegungsfrist des § 341 StPO (eine Woche ab Verkündung des Urteils) würde der Beschuldigte anderenfalls unter Umständen zum Rechtsmittelverzicht aus Kostengründen genötigt, da die schriftlichen Urteilsgründe innerhalb der Revisionseinlegungsfrist zumeist noch nicht vorliegen und daher eine exakte revisionsrechtliche Überprüfung häufig nicht möglich ist.

75 Das Revisionsverfahren beginnt mit der Einlegung der Revision und endet mit der Revisionsrücknahme oder dem Verzicht, mit der Verwerfung durch Beschluss des Gerichts, dessen Urteil angefochten wird, durch Beschluss des Revisionsgerichts oder mit einem Urteil des Revisionsgerichts. Ist diese Entscheidung des Revisionsgerichts ein Urteil oder ein Beschluss nach § 349 Abs. 2 oder 4 StPO, entsteht die Gebühr 3130. In allen anderen Fällen der Beendigung des Revisionsverfahrens, nämlich Verzicht, Zurücknahme und durch Beschluss nach § 346 StPO, ermäßigt sich die Gebühr nach KV 3131. Im Falle der Zurücknahme tritt eine Ermäßigung aber nur ein, wenn diese vor Ablauf der Revisionsbegründungsfrist wirksam erfolgt. Auch hier geht § 473 Abs. 4, 74 JGG als lex specialis vor. Die Gebührenfreiheit infolge Zurücknahme führt jedoch nicht zur Auslagenfreiheit.[287]

Abschnitt 4

Wiederaufnahmeverfahren

3140	Verfahren über den Antrag auf Wiederaufnahme des Verfahrens der Antrag wird verworfen oder abgelehnt	0,5 der Gebühr 3110–3117
3141	Verfahren über die Beschwerde gegen einen Beschluss, durch den ein Antrag auf Wiederaufnahme des Verfahrens	

---

287 OLG Zweibrücken RPfleger 1991, 125.

hinsichtlich einer Freiheitsstrafe, einer Geldstrafe, einer
Maßregel der Besserung und Sicherung oder einer Geldbuße verworfen oder abgelehnt wurde:

| Die Beschwerde wird verworfen oder zurückgewiesen | 1,0 der Gebühr 3110–3117 |

KV 3140 und 3141 entsprechen KV 6200 und 6700 a.f. Der Gebührentatbestand KV 6201　76
a.f. konnte entfallen, weil die Regelung, nach der für das Verfahren nach Wiederaufnahme die gleichen Gebühren wie für das wiederaufgenommene Verfahren erhoben werden,
nunmehr in die Vorbem. 3 Abs. 2 eingestellt ist. In KV 3141 ist zusätzlich die Festsetzung
einer Geldbuße aufgenommen werden. Für die übrigen Beschwerden gegen die Verwerfung oder Ablehnung eines Antrags auf Wiederaufnahme sind Gebühren nach KV 3601
anzusetzen. Der notwendige Prüfungsumfang und die Bedeutung der Entscheidung für
den Verurteilten rechtfertigen eine Verdoppelung des Gebührensatzes in KV 3141 bei der
Beschwerde gegen die Verwerfung oder Ablehnung eines Antrags auf Wiederaufnahme.

KV 3140: Voraussetzung für die Gebührenpflicht ist ein Antrag auf Wiederaufnahme des　77
Verfahrens (§ 366 StPO), der **verworfen oder abgelehnt** wird. Wird der Antrag vor der
Verwerfung oder Ablehnung zurückgenommen oder führt er zu einer Anordnung der
Wiederaufnahme des Verfahrens nach § 370 Abs. 2 StPO, entstehen keine Gebühren. Die
Höhe der Gebühr richtet sich nach den Strafen oder Maßregeln, die in dem Urteil oder
Strafbefehl ergangen sind, gegen den sich der Wiederaufnahmeantrag richtete und die
auch nach Durchführung des Wiederaufnahmeverfahrens rechtskräftig bleiben. Daneben
bleiben die Gebühren bestehen, die für das vorangegangene Verfahren erwachsen sind.
War der Antrag nur auf einzelne von mehreren in einem Verfahren abgeurteilten Fälle gerichtet, sind nur die auf diese Fälle entfallenden Einzelstrafen der Gebührenberechnung
zugrunde zu legen. Die Mindestgebühr beträgt 10 € (§ 34 Abs. 2).

KV 3141: Bei einer Beschwerde der Staatsanwaltschaft, mag sie zu Gunsten oder zu Un-　78
gunsten des Beschuldigten eingelegt worden sein, entsteht die Gebühr nicht, gleichgültig,
welchen Erfolg sie hat. Eine Beschwerdegebühr entsteht in diesem Falle auch dann nicht,
wenn dem Beschuldigten die Kosten der Beschwerde auferlegt werden. Die Kostenentscheidung bezieht sich dann nur auf die Auslagen. Wird die Beschwerde des Beschuldigten, Privat-, Nebenklägers oder eines Nebenbeteiligten nur teilweise verworfen oder zurückgewiesen, erwächst die Gebühr gleichwohl. Bei der Höhe der Gebühr ist § 473 Abs. 4
StPO als vorrangig zu beachten.

Hauptabschnitt 2
Klageerzwingungsverfahren, unwahre Anzeige und
Zurücknahme des Strafantrags

KV 3200 tritt die Stelle von KV 6400 a.f. und § 44 a.f. Die Gebühr ist auf einen Betrag von　79
60 € angehoben worden. Hierdurch wird der Kostenpflichtige stärker an den tatsächlichen
Kosten beteiligt. Zugleich wird die Strafjustiz besser vor missbräuchlicher Inanspruch-

nahme geschützt. Der Anwendungsbereich von KV 3200 ist insbesondere im Hinblick auf die höhere Gebühr für die Fälle des Klageerzwingungsverfahrens und der unwahren Anzeige erweitert worden.

3200	Dem Antragsteller, dem Anzeigenden, dem Angeklagten oder Nebenbeteiligten sind die Kosten auferlegt worden (§§ 177, 469, 470 StPO)	60,00 EUR

> Das Gericht kann die Gebühr bis auf 10,00 EUR herabsetzen oder beschließen, dass von der Erhebung einer Gebühr abgesehen wird.

80   Das KostRÄndG 1994 hatte den Anwendungsbereich von KV 3200 erweitert. Fiel bis dahin die Gebühr nur an, wenn bei Einstellung des Strafverfahrens wegen Zurücknahme des Strafantrags dem Antragsteller oder Anzeigenden die Kosten des Verfahrens auferlegt worden sind, gilt das jetzt auch für den Angeklagten und den Nebenbeteiligten, sofern diesem die Kosten des Verfahrens aufgrund einer Übernahmeerklärung auferlegt worden sind (§ 470 S. 2 StPO).[288] Es handelt sich hier um eine Entscheidungsgebühr, welche die gesamten vorhergehenden Verfahren (nicht aber ein nachfolgendes Rechtsmittelverfahren) abdeckt.

81   Nach KV 3200 ist regelmäßig eine **Festgebühr** in Höhe von 60 € zu erheben, wenn das gerichtliche Strafverfahren durch Rücknahme des Strafantrags endet. KV 3200 räumt allerdings die Möglichkeit ein, diese Gebühr herabzusetzen oder ganz niederzuschlagen. Die Bestimmung ist insoweit als Pendant zu § 470 StPO gedacht, wonach der Antragsteller die Kosten des Verfahrens zu tragen hat, wenn das Verfahren wegen Rücknahme des Strafantrags, durch den es bedingt war, eingestellt wird. Eine Kostenentscheidung des Gerichts nach § 470 StPO ist aber nicht Voraussetzung für einen Gebührenansatz, insbesondere für eine Ermäßigung oder Niederschlagung nach KV 3200. Sie ist aber immer vorrangig und für den Kostenansatz bindend.

82   Voraussetzungen für einen Kostenansatz nach KV 3200 ist ein Strafantrag, die Erhebung der öffentlichen Klage durch die Staatsanwaltschaft oder ein ihr gleichstehender Akt (z. B. Antrag auf Erlass eines Strafbefehls), Eröffnung des Hauptverfahrens auf die Anklage der Staatsanwaltschaft (bzw. Erlass des Strafbefehls), Zurücknahme des Strafantrags und als deren Folge die Einstellung des Verfahrens.

83   Die Stellung des Strafantrags ist geregelt in den §§ 77–77d StGB, seine Rücknahme im § 77d StGB. Die **Staatsanwaltschaft** muss die öffentliche Klage erhoben oder das Verfahren in einer der öffentlichen Klage gleichstehenden Weise gerichtshängig gemacht haben. KV 3200 ist deshalb nicht im Privatklageverfahren anzuwenden. Hier gilt u. U. KV 3431.

84   Zurücknahme des Strafantrags: Gemeint sind die Fälle des § 470 StPO, wonach im Falle einer Zurücknahme des Strafantrags dem Antragsteller die Kosten des Verfahrens auferlegt werden müssen bzw. dem Antragsteller oder einem Nebenbeteiligten nach Übernahmeerklärung auferlegt werden können. Voraussetzungen für das Entstehen der Gebühr KV 3200 ist auch hier immer, dass eine rechtskräftige Entscheidung des Gerichts nach § 470 StPO vorliegt, andernfalls die Gebühr nicht angesetzt werden darf. Die Richtigkeit

---

288 Vgl. BT-Drs. 12/6962, S. 84.

oder gar die Zulässigkeit einer solchen Entscheidung oder Nichtentscheidung ist für das Kostenansatzverfahren ohne Belang.

Das Verfahren muss auf dem Strafantrag beruhen. Beruht es nicht allein auf dem Strafan-   85
trag, etwa weil die Staatsanwaltschaft unabhängig davon das öffentliche Interesse angenommen und deshalb das Verfahren von Amts wegen eingeleitet oder weiter betrieben hat, oder war das Verfahren sogar von Amts wegen zu betreiben, ist die Gebühr nach KV 3200 niemals zu erheben.

Beruht das Verfahren auf **mehreren Strafanträgen** und wird es wegen Rücknahme sämt-   86
licher Anträge – sei es nacheinander, sei es zugleich – eingestellt, dann sind alle Rücknahmen für die Einstellung des Verfahrens ursächlich. Die Gebühr nach KV 3200 erwächst dann jedoch nur einmal. Mehrere Gebühren erwachsen nur dann, wenn die Anträge wegen verschiedener Antragsdelikte gestellt worden waren.

Mehrere Antragsteller: Bei mehreren Antragstellern ist zum einen Voraussetzung für die   87
Gebührenerhebung, dass gegen jeden Antragsteller eine Kostenentscheidung vorliegt. Ist das der Fall, ist zu unterscheiden, ob der Antrag denselben Straftatbestand betraf oder ob es sich um verschiedene Straftatbestände handelte. Im ersten Fall schulden sie die Gebühren nur einmal und haben sie samt den Auslagen gesamtschuldnerisch zu tragen (§ 31). Im anderen Fall werden jeweils mehrere Gebühren zu ihren Lasten erhoben. Mehrere Gebühren sind auch dann anzusetzen, wenn getrennte Entscheidungen des Gerichts hinsichtlich eines jeden Antragstellers ergehen.

Haben **mehrere Strafantragsteller** ihre wegen desselben Straftatbestandes gestellten Straf-   88
anträge gleichzeitig oder nacheinander zurückgenommen und wurde nach Zurücknahme des letzten Strafantrags das Verfahren wegen der Strafantragsrücknahme eingestellt, erwächst die Gebühr nur einmal. Mehrere Gebühren erwachsen aber, wenn wegen mehrerer Straftaten gestellte Strafanträge nacheinander zurückgenommen werden und deshalb auch mehrere Kostenentscheidungen ergehen.

Richtet sich aber **ein Antrag gegen mehrere Beschuldigte** und ergeht hierüber eine Kos-   89
tenentscheidung, ist auch nur eine Gebühr geschuldet, während mehrere Gebühren auch desselben Antragstellers bei mehreren Entscheidungen angesetzt werden.

Das **Hauptverfahren** muss **eröffnet** sein. Der Eröffnung des Hauptverfahrens steht der   90
Erlass eines Strafbefehls gleich. Denn nach einem Einspruch gegen einen Strafbefehl ersetzt dieser den Eröffnungsbeschluss. Im Fall des § 212 StPO wird der Beginn der Hauptverhandlung, und zwar der Aufruf zur Sache, dem Eröffnungsbeschluss gleichgesetzt. Erfolgt die Rücknahme des Strafantrags vor dem als Eröffnung des Hauptverfahrens maßgebenden Zeitpunkt, fällt die Gebühr nach KV 3200 nicht an, selbst dann nicht, wenn trotz der Antragsrücknahme versehentlich das Hauptverfahren doch noch eröffnet wurde. Wird ein Strafbefehl zugestellt und der Strafantrag binnen der Einspruchsfrist zurückgenommen, fällt die Gebühr des KV 3200 ebenfalls nicht an.

Die Einstellung des Verfahrens muss auf der Antragsrücknahme beruhen. Wird das Ver-   91
fahren aus anderen Gründen eingestellt, fällt die Gebühr nicht an, ebenso wenig, wenn der Angeklagte freigesprochen wird. Ob die Einstellung des Verfahrens durch Beschluss oder auf eine Hauptverhandlung erfolgt, spielt keine Rolle. Es muss das ganze Hauptverfahren eingestellt worden sein.

92 Keine Gebühr nach KV 3200 ist zu erheben, wenn nur wegen **einzelner Straftaten** der Antrag zurückgenommen wird, das auch wegen anderer Straftaten eröffnete Hauptverfahren aber nicht hinsichtlich aller Taten wegen der Zurücknahme des Strafantrags eingestellt wird. Verbleiben also nach der Antragsrücknahme noch weitere Strafvorwürfe und wird dann wegen des Restes das Verfahren nach § 153 StPO eingestellt, beruht die Einstellung nicht ausschließlich auf der Antragsrücknahme.

93 Für die **Auslagen** haften mehrere Strafantragsteller gesamtschuldnerisch, soweit die Auslagen auf Grund der Strafanträge entstanden sind, nicht aber, soweit sie wegen einer Straftat entstanden sind, hinsichtlich derer nicht alle den Antrag gestellt hatten. Dann haften für solche Auslagen nur die besonderen Antragsteller. Nach § 470 S. 2 StPO können die Kosten, also auch die Auslagen, der Staatskasse auferlegt werden.

94 Die Gebühr beträgt ohne Rücksicht auf die Art und Zahl der zugrunde liegenden Straftaten 60 €, sofern das Gericht (der Richter, nicht der Rechtspfleger) nicht nach der amtlichen Anmerkung verfährt und eine Herabsetzung oder Nichterhebung anordnet. Sie entsteht mit dem Einstellungsbeschluss, nicht erst mit deren Rechtskraft (§ 9). Das Gericht kann die Gebühr bis auf den Mindestsatz von 10 € ermäßigen oder volle Gebührenfreiheit gewähren. Es ist insoweit nur an eine Grundentscheidung des Strafgerichts nach § 470 StPO gebunden, welche aber dem Kostenansatzverfahren vorgeht. D. h. eine Gebühr über dem Ansatz nach KV 3200 hat stets durch den Richter zu erfolgen und soll i. d. R. zugleich oder gleich nach dem Kostenausspruch gem. § 470 StPO ergehen.[289] Das Gericht entscheidet nach pflichtgemäßem Ermessen und von Amts wegen. Die Verpflichtung zum Tragen von **Auslagen** wird von einer Entscheidung nach der amtlichen Anmerkung nicht berührt. Insoweit ist nur eine Entscheidung nach § 470 S. 2 StPO zu beachten. Auch nach § 21 kann von der Gebühren- und Auslagenerhebung abgesehen werden, wenn ein zurückgenommener Antrag aus Unkenntnis der tatsächlichen oder rechtlichen Verhältnisse beruhte. Indessen wird die Bestimmung des § 21 hier kaum jemals praktisch relevant werden.

95 Kostenschuldner ist derjenige, dem das Gericht gemäß § 470 StPO die Kosten auferlegt hat (§ 29 Nr. 1). Er kann erst in Anspruch genommen werden, wenn eine Entscheidung nach § 470 StPO ergangen ist, die nicht rechtskräftig zu sein braucht. Liegt keine Entscheidung nach § 470 StPO vor, ist der Strafantragsteller Kostenschuldner. Eine Kostenübernahme durch den Angeklagten oder eines anderen Dritten ist ohne weiteres möglich. Sind die Kosten zwischen dem Antragsteller und der Staatskasse nach § 470 StPO verteilt, haftet jeder nur nach dem ihn betreffenden Teil. Hat der Angeklagte dem Gericht gegenüber die Kostentragung nach Maßgabe des § 29 Nr. 2 übernommen und werden sie trotzdem nach § 470 StPO dem Antragsteller auferlegt, so haften Antragsteller und Angeklagter für die Kosten als Gesamtschuldner.

96 Kostenauferlegung nach § 177 StPO: Voraussetzung dafür ist eine rechtskräftige Entscheidung nach § 177 StPO durch das Gericht, deren Richtigkeit oder Rechtmäßigkeit im Kostenansatzverfahren nicht zu überprüfen, sondern hinzunehmen ist. Unerheblich ist für das Kostenansatzverfahren auch, ob der Antrag im Klageerzwingungsverfahren aus förmlichen oder sachlichen Gründen verworfen wurde. Die gegenteilige Ansicht, wonach keine Gebühren entstehen, wenn das Gericht den Antrag wegen eines Mangels bei den

---

289 *Oe/Wi/He* KV 3200 Rn. 32.

förmlichen Voraussetzungen verwirft,[290] ist insoweit richtig, als in solchen Fällen nach materiellem Strafverfahrensrecht keine Kostenentscheidung ergehen darf und deshalb auch nach § 177 StPO nicht vorliegen kann. Natürlich entstehen auch keine Gebühren, wenn der Antragsteller seinen Antrag zurücknimmt. Auch dann kommt es nicht zu einer Kostenentscheidung des Gerichts nach § 177 StPO.

Unwahre Anzeige: Auch hier ist eine Kostenentscheidung nach § 469 StPO durch das Ge- 97
richt Anspruchsvoraussetzung für das Entstehen der Gebühr 3200. Es handelt sich auch insoweit um eine Entscheidungsgebühr, die zwar das ganze vorausgegangene Verfahren abdeckt, mit Ausnahme eines nachfolgenden Rechtsmittelverfahrens. Fehlt aber die Entscheidung nach § 469 StPO, ist für eine Erhebung der Gebühr kein Raum. Auch ihre Richtigkeit ist nicht im Kostenansatzverfahren zu prüfen.

Hauptabschnitt 3
Privatklage

Anzahl und Kompliziertheit der nach Verfahrensbeteiligung des Privatklägers oder des 98
Beschuldigten unterscheidenden und zwischen Festgebühren und strafmaßabhängigen Gebührenstufen wechselnden Gebührentatbestände des alten Rechts (KV 6510 bis 6571 a.F.) standen außer Verhältnis zur geringen praktischen Bedeutung des Privatklageverfahrens. Die Neufassung der Gebührentatbestände fasst diese für Privatkläger und Beschuldigte auf der Basis einheitlicher Festgebühren zusammen. Dies gilt auch für das Wiederaufnahmeverfahren, auf das nach bisherigem Recht teils KV 6570 und 6571 a.F. und teils KV 6200 und 6201 a.F. anzuwenden waren. Die Gebührenhöhe der Festgebühren orientiert sich ausgehend vom ersten Rechtszug an der geringsten Gebühr des erstinstanzlichen Offizialverfahrens (KV 3110). Die hierdurch ermöglichte Vereinfachung des Gebührensystems und Verringerung der Anzahl der Gebührentatbestände führt auch dann noch zu hinnehmbaren Ergebnissen, wenn im Einzelfall eine höhere Geld- oder Freiheitsstrafe ausgesprochen werden sollte. Denn dies dürfte bei Verurteilungen wegen Hausfriedensbruchs oder Beleidigung als typischerweise im Privatklageweg verfolgten Straftaten erfahrungsgemäß selten erfolgen.

Die Gebühren in **Privatklagesachen**, auch bei **Widerklage**, regeln KV 3310 ff. Für die **Ne- 99
benklage** sind die Bestimmungen KV 3510 ff. maßgebend. Während in dem von Amts wegen zu betreibenden Strafverfahren Voraussetzung für die Erhebung der Gebühren regelmäßig eine rechtskräftig erkannte Strafe oder Maßregel der Besserung und Sicherung ist, besteht in Privatklageverfahren eine **Gebührenpflicht in jedem Fall,** und zwar auch dann, wenn das Verfahren nicht mit einer Verurteilung endet, sondern durch Freispruch, Straffreierklärung, Zurückweisung, Klagerücknahme oder Einstellung, sofern Letztere nicht wegen Geringfügigkeit erfolgt. Das gilt auch, wenn das Privatklageverfahren in einer Rechtsmittelinstanz ohne Verurteilung endet. Wer letztlich gebührenpflichtig ist,

---

290 So OLG Bremen MDR 1984, 164; OLG Koblenz NJW 1977, 1461, 1462.

und wonach sich die Gebühren bemessen, zeigt sich erst nach Beendigung des Verfahrens. Dabei ist auch eine Kostenentscheidung nach § 471 Abs. 3 StPO zu beachten.

100 Wegen der **Auslagen**erstattung im Privatklageverfahren sind neben dem GKG noch die Bestimmungen der §§ 471, 472, 473 StPO einschlägig.

101 Eine **Vorschusspflicht** für Gebühren und Auslagen regeln die Bestimmungen der §§ 16, 17 GKG, 379a, 390 Abs. 4 StPO.

102 Zur Inanspruchnahme eines **Kostenschuldners** ist auch hier erforderlich, dass ihm die Kosten gemäß §§ 465, 471 StPO auferlegt sind oder dass er sie übernommen hat (§ 29) bzw. dass ein Fall der Kostenhaftung nach § 29 Nr. 3 gegeben ist. Die in § 471 Abs. 4 StPO bestimmte gesamtschuldnerische **Haftung mehrerer Privatkläger** gilt auch hinsichtlich der Gerichtskosten (§ 33).

103 Dem Privat[291]-/Nebenkläger (§ 397a StPO) kann **Prozesskostenhilfe** bewilligt werden mit der Folge, dass er rückständige und künftige Gerichtskosten nur insoweit und in der Weise zu zahlen hat, wie das Gericht es im Einzelfall bestimmt (§ 122 ZPO). Das **Verfahren** über die Prozesskostenhilfe richtet sich nach den Bestimmungen der StPO und der ZPO. Sie wird auch in Strafsachen für jeden Rechtszug besonders bewilligt. Die Beiordnung eines Rechtsanwalts richtet sich ebenfalls nach den einschlägigen Vorschriften der StPO und der ZPO.

104 Privatklageverfahren und Amtsverfahren. Übernimmt die Staatsanwaltschaft die Verfolgung einer Privatklagesache, wird der Privatkläger zum Nebenkläger (§ 377 Abs. 3 StPO). Seine Gebührenpflicht bestimmt sich dann nach KV 3510ff., die des Beschuldigten nach KV 3110ff. Bereits erwachsene Kosten eines abgeschlossenen Rechtszuges werden von der Übernahme nicht berührt, sondern richten sich weiter nach den Bestimmungen über Privatklagesachen.

105 Verbindung von Verfahren. Werden eine Privatklagesache und ein Offizialverfahren verbunden, wird der Privatkläger nicht zum Nebenkläger. Seine Gebührenpflicht richtet sich dann (weiter) nach dem von ihm betriebenen Verfahren, als wenn nur die Privatklage anhängig gemacht worden wäre. Wird der Privatbeklagte wegen des Privatklagedelikts verurteilt, bestimmt sich seine Gebührenpflicht nach KV 3310ff. Maßgebend ist dann die gegen ihn verhängte Strafe. Das gilt auch im Falle einer Gesamtstrafe, die aus der Strafe für die Privatklage und für das Offizialdelikt gebildet wurde. Maßgebend ist die Gesamtstrafe. Werden mehrere Privatklagesachen verbunden, die sich gegen denselben Privatbeklagten richten und die nicht mit einer Verurteilung enden, so bleiben die bis zu der Verbindung entstandenen Gebühren bestehen. Nach der Verbindung können die Gebühren, falls keine Verurteilung erfolgt, nur noch einfach bei gesamtschuldnerischer Haftung der Privatkläger erwachsen. Richten sich aber die mehreren Verfahren gegen verschiedene Privatkläger, fallen im Falle KV 3310ff. die Gebühren für jeden Verurteilten gesondert an, während im Falle einer Nichtverurteilung der Beschuldigten die Gebühren nach KV 3310ff. nur einfach erwachsen.[292] Wird ein Beschuldigter verurteilt und der andere freigesprochen, sind für den Verurteilten die Gebühren nach KV 3310ff., für den Freige-

---

291 Vgl. *Meyer-Goßner* § 379 Rn. 7ff.
292 *Oe/Wi/He* § 45 Rn. 5.

sprochenen ebenfalls nach KV 3310ff. zu bestimmen.[293] Die bis zur Verbindung entstandenen **Auslagen** treffen nur den Kostenschuldner des Verfahrens, in dem sie entstanden sind (§ 466 StPO). Die **Trennung** verbundener Verfahren berührt bereits entstandene Gebühren nicht.

Vorbemerkung 3.3:

Für das Verfahren auf Widerklage werden die Gebühren gesondert erhoben.

Die **Widerklage** ist gebührenrechtlich neben der Privatklage selbständig. Wird der Privat-   106
kläger auf Grund der Widerklage zu einer Strafe verurteilt, erwachsen die Gebühren nach
KV 3310ff. Der Privatbeklagte haftet dann als Entscheidungsschuldner. Erfolgt daneben
aufgrund der Privatklage auch eine Bestrafung des Widerklägers, gilt das auch für den
Widerbeklagten. Eine Zusammenrechnung der Strafen des Privatklägers und des Widerbeklagten für die Gebührenberechnung findet nicht statt. Soweit Freispruch oder eine
sonstige Erledigung des Verfahrens eintritt, so erwachsen hieraus für jeden Kostenpflichtigen die Gebühren nach KV 3410ff. als Antragsteller. Wird der Privatkläger aufgrund der
Widerklage verurteilt und führt seine Privatklage zum Freispruch oder zu einer sonstigen
Erledigung, erwachsen die Gebühren gleichfalls nach KV 3310ff., und zwar doppelt. Er
haftet dann einmal als Entscheidungsschuldner für die Verurteilung und als Antragsteller
für den Freispruch. Ebenso ist auch umgekehrt zu verfahren, wenn die Widerklage erfolglos bleibt und der Widerkläger/Beklagte zur Strafe verurteilt wird.

Abschnitt 1

Erster Rechtszug

3310	Hauptverhandlung mit Urteil	**120,00 EUR**

Voraussetzung der Gebühr KV 3310 ist, dass im Privatklageverfahren – auch als Widerkla-   107
ge – aufgrund einer Hauptverhandlung ein **Urteil** ergangen ist. Dessen Inhalt (Freispruch,
Absehen von Strafe usw.) ist grundsätzlich unerheblich. Allein das Urteil löst die Gebühr
KV 3310 aus, vorausgesetzt, dass der Beschuldigte – auch im Zuge von Rechtsmittelverfahren – doch noch zu **einer Strafe verurteilt** wurde. Es müssen aber alle den Gegenstand
des Verfahrens bildenden Punkte erledigt sein. Das gilt auch dann, wenn im Privatklageverfahren die Kosten des Verfahrens nach § 471 Abs. 3 StPO dem Privatkläger ganz oder
teilweise auferlegt worden sind. Voraussetzung einer endgültigen Gebührenerhebung ist,
dass die Nichtverurteilung letzten Endes rechtskräftig wird. Der Hauptanwendungsfall
der **Einstellung des Verfahrens durch Urteil** ist der des § 389 StPO. Auch hier erwächst
die Gebühr KV 3310. Wurde der Beschuldigte nicht verurteilt und das Verfahren auch
nicht wegen Geringfügigkeit eingestellt, kommen die KV 3311 in Betracht. Bei einer Verurteilung ist nur die rechtskräftig erkannte Strafe und zwar für alle Rechtszüge, deren

---

293 *Oe/Wi/He* § 45 Rn. 2.

Kosten dem Angeklagten auferlegt sind, maßgebend. Ist der Verurteilte nur **teilweise zu Strafe verurteilt**, teilweise freigesprochen, kommt nur KV 3310, daneben nicht auch noch KV 3311 zur Anwendung. Werden von mehreren Privatbeklagten ein Teil verurteilt, ein Teil freigesprochen, gelten für die Verurteilten KV 3310 und für die Freigesprochenen KV 3311. Die Gebühr richtet sich nach den letztlich rechtskräftig erkannten Strafen und/oder Maßregeln.

3311	Erledigung des Verfahrens ohne Urteil	60,00 EUR

108 KV 3311 betrifft den Fall, dass sich Privatklageverfahren – auch als Widerklageverfahren – im ersten Rechtszug ohne Urteil endgültig erledigt. Die Erledigung kann erfolgen durch Zurücknahme, Zurückweisung nach § 382 StPO oder § 383 StPO, Einstellung (außer wegen Geringfügigkeit, dann keine Gebühr), Vergleich, Amnestie. Bei **teilweiser Erledigung** gilt: Richtet sich das Verfahren gegen mehrere Beschuldigte und erledigt es sich nur hinsichtlich einzelner, nicht aller Beschuldigter, ist KV 3111 hinsichtlich derjenigen Beschuldigten anzuwenden, die von der Erledigung betroffen sind. Die Gebühr wird aber auch bei mehreren Beschuldigten nur einmal erhoben.

Abschnitt 2

Berufung

3320	Berufungsverfahren mit Urteil	240,00 EUR

109 Hier gilt das zu Rn. 108 Gesagte sinngemäß.

3321	Erledigung der Berufung ohne Urteil	120,00 EUR
	Die Gebühr entfällt bei Zurücknahme der Berufung vor Ablauf der Begründungsfrist.	

110 Eine Erledigung durch Beschluss (§§ 319, 322, 329 StPO) führt zur Ermäßigung der Gebühr. Wird die Berufung vor Ablauf der Begründungsfrist nach §§ 314, 317 StPO zurückgenommen, entfällt die Gebühr insgesamt. Das Berufungsverfahren ist dann gebührenfrei. Auslagen des Gerichts sind jedoch – soweit solche schon entstanden sind – anzusetzen.

Abschnitt 3

Revision

3330	Revisionsverfahren mit Urteil oder Beschluss nach § 349 Abs. 2 oder 4 StPO	360,00 EUR

111 Das zu Rn. 108 Gesagte gilt hier sinngemäß.

3331	Erledigung der Revision ohne Urteil und ohne Beschluss nach § 349 Abs. 2 oder 4 StPO	240,00 EUR

Die Gebühr entfällt bei Rücknahme der Revision vor Ablauf der Begründungsfrist.

Auch eine Entscheidung durch Beschluss nach §§ 346, 349 gehört hierher. Im Übrigen gilt 112
das zu Rn. 110 Gesagte sinngemäß.

Abschnitt 4

Wiederaufnahmeverfahren

3340   Verfahren über den Antrag auf Wiederaufnahme des Verfahrens

      Der Antrag wird verworfen oder abgelehnt   60,00 EUR

3341   Verfahren über die Beschwerde gegen einen Beschluss, durch den ein Antrag auf Wiederaufnahme des Verfahrens verworfen oder abgelehnt wurde:

      Die Beschwerde wird verworfen oder zurückgewiesen   120,00 EUR

Der Privatkläger/Privatwiderkläger kann das Wiederaufnahmeverfahren nur zuunguns- 113
ten des Angeklagten/Widerbeklagten beantragen. Deshalb kann auch nur ein Antrag des
Privat(wider)klägers die Gebühren nach KV 3340, 3341 auslösen. Die Gebühren entstehen
aber nur dann, wenn der Antrag oder die Beschwerde verworfen oder zurückgewiesen
werden, nicht aber, wenn sich die Verfahren auf andere Weise erledigen. Die früher
(KV 6325 a.F.) geregelte Gebühr für die mit Urteil endende erneute Hauptverhandlung
nach Wiederaufnahme ist gestrichen, weil grundsätzlich im wiederaufgenommenen Verfahren die gleichen Gebühren wie im ursprünglichen Verfahren entstehen (Vorbem. 3.1
Abs. 2).

Hauptabschnitt 4
Einziehung und verwandte Maßnahmen

Dieser Abschnitt übernimmt inhaltlich die Regelungen des alten Rechts über die Einzie- 114
hung und verwandte Maßnahmen. Die Gebührenstruktur der KV 6310 bis 6325 a.F. wurde weitgehend beibehalten. Die Gebührenbeträge sind erhöht, um dem Aufwand des
Gerichts besser Rechnung zu tragen. Entsprechend der Struktur des vorgehenden Hauptabschnitts sind auch hier gesonderte Abschnitte für die einzelnen Rechtszüge und das
Wiederaufnahmeverfahren geschaffen. Dass für das Verfahren nach Wiederaufnahme die
gleichen Gebühren wie für das wiederaufgenommene Verfahren erhoben werden, soll
nunmehr durch Vorbem. 3 Abs. 2 sichergestellt werden. Die Überschrift ist kürzer als im
früheren Recht gefasst worden. Die Beschränkung der Regelungen auf die Rechtsmittelverfahren und die Wiederaufnahme soll sich künftig daraus ergeben, dass nur insoweit
Gebührentatbestände vorhanden sind.

115   Bei Einziehung pp. gilt als Ausnahme von den Grundsätzen des Abs. 1, dass die Nebenfolgen **wegen derselben Tat** ausgesprochen werden. Ob dieselbe Tat vorliegt, ist nicht nach strafrechtlichen Grundsätzen zu bestimmen. Sie kann auch bei einem sonstigen Zusammenhang gegeben sein, z.B. wenn die Verurteilten nicht bewusst zusammenwirkten. Eine Tat i.d.S. liegt auch vor, wenn der eine Angeklagte wegen Diebstahls, der andere wegen Hehlerei[294] oder Begünstigung oder wenn mehrere Angeschuldigte wegen gegeneinander wechselseitig begangener Körperverletzungen, auch als fahrlässige Nebentäter, verurteilt werden und die von ihnen zur Tat benutzten Gegenstände der Einziehung verfallen.[295] Ohne ein Mitwirken, d.h. ohne einen kausalen Beitrag an der Tat eines anderen, kann indessen nicht von derselben Tat i.S.d. Abschnitts gesprochen werden.[296]

Vorbemerkung 3.4:

(1) Die Vorschriften dieses Hauptabschnitts gelten für die Verfahren über die Einziehung, dieser gleichstehende Rechtsfolgen (§ 442 StPO) und die Abführung des Mehrerlöses. Im Strafverfahren werden die Gebühren gesondert erhoben.

(2) Betreffen die in Absatz 1 genannten Maßnahmen mehrere Angeschuldigte wegen derselben Tat, wird nur eine Gebühr erhoben. § 31 GKG bleibt unberührt.

116   Abs. 1 der Vorbem. 3.4 tritt an die Stelle des geltenden § 40 Abs. 5 a.F.

117   Abs. 2 der Vorbem. 3.4 tritt an die Stelle des § 42 Abs. 2 a.F. Durch die Verweisung auf § 442 StPO ist zusätzlich die Maßnahme der Beseitigung eines gesetzwidrigen Zustands aufgenommen worden. S. 2 soll klarstellen, dass die Gebühren dieses Hauptabschnitts gesondert erhoben werden, wenn die betreffenden Maßnahmen im Strafverfahren angeordnet werden. Im Nachverfahren und im selbstständigen Verfahren fallen diese Gebühren isoliert an.

118   Liegt dieselbe Tat vor, dann haften mehrere wegen der Tat Verurteilte für die Gebühren nach KV 3410 ff. als **Gesamtschuldner** ohne Rücksicht auf das Maß ihrer Beteiligung und der Frage, ob ihnen der Gegenstand der Einziehung gehörte oder nicht, Abs. 2 S. 2.[297] Da die Gebühren nur im Berufungs-, Revisions- und Wiederaufnahmeverfahren entstehen, ist weitere Voraussetzung, dass auch diese Verfahren von mehr als einem Beteiligten betrieben werden. Der Ausspruch der Einziehung der zum Monopoldelikt verwendeten Gegenstände richtet sich auch gegen den Gehilfen, der nicht Eigentümer oder Besitzer dieser Geräte ist.[298] Die Vorschrift gilt auch dann, wenn das Strafverfahren und die Entscheidung **mehrere Angeklagte und mehrere durch sie verübte Taten** zum Gegenstand hat. Handelt es sich aber um **mehrere Angeklagte** und wird wegen **verschiedener Straftaten** die Einziehung pp. angeordnet, erwächst insoweit, als es sich nicht um eine aufgrund derselben Tat erfolgende Einziehung handelt, die Gebühr für jede Einziehungsmaßnahme ge-

---

294 OLG Stuttgart Die Justiz 1972, 19.
295 BayObLG RPfleger 1960, 306; OLG Hamm RPfleger 1955, 13; *Oe/Wi/He* § 42 Rn. 10; *Meyer-Goßner* § 466 Rn. 1.
296 OLG Celle MDR 1960, 1033.
297 OLG Köln NJW 1956, 196 (L).
298 Vgl. auch BGH RPfleger 1959, 2 (L).

sondert. Wird z.B. gegen den Angeklagten A die Einziehung eines von ihm zu seiner allein begangenen Tat benutzten Gegenstandes und gegen den Angeklagten B auf Einziehung eines anderen Gegenstandes zu einer ohne Beteiligung des A begangenen Tat erkannt, erwächst für jede Einziehungsanordnung eine selbständige Gebühr, da es sich dann nicht um aufgrund derselben Tat erfolgende Einziehung handelt. **Aber auch hier gilt, dass eine Gebühr nicht für die erste Einziehungsanordnung, sondern nur für ein gegen dieses Erkenntnis gerichtetes Rechtsmittel- oder Wiederaufnahmeverfahren erwächst.**

Betreiben **mehrere Angeklagte ein Rechtsmittel- oder Wiederaufnahmeverfahren** ge- 119
gen eine Einziehungsanordnung, erwächst hierfür nur eine Gebühr, wenn sich die Rechtsmittel- oder Wiederaufnahmeverfahren gegen dieselbe Einziehungsanordnung richten, nicht aber wenn sie Einziehungsmaßnahmen zum Gegenstand haben, an denen die Angeklagten, die das Rechtsmittel- oder Wiederaufnahmeverfahren betreiben, nicht gemeinsam beteiligt sind. Soweit mehrere Angeklagte an der Einziehungsmaßnahme wegen derselben Tat beteiligt sind, haftet jeder von ihnen gem. § 31 als Gesamtschuldner für die ganze Gebühr. Die Gebühr muss aber nur einmal entrichtet werden. Der Angeklagte, der sie zahlt, hat einen Ausgleichsanspruch gegen die an derselben Tat mitbeteiligten Angeklagten, den er außerhalb des Gerichtskostenansatzverfahrens zivilrechtlich geltend machen kann. Wenn gegen die Einziehung desselben Gegenstandes sowohl ein oder mehrere Angeklagte und gleichzeitig ein oder mehrere Einziehungsbeteiligte das Rechtsmittel- oder Wiederaufnahmeverfahren betreiben, wird auch in diesem Fall, soweit es sich um dieselbe Tat handelt, Abs. 2 dahin auszulegen sein, dass nur eine Gebühr erwächst. Anders wäre es, wenn die Rechtsmittel- und Wiederaufnahmeverfahren verschiedene Einziehungsanordnungen aufgrund verschiedener Taten zum Gegenstand hätten. Dann würden für jede Einziehungsanordnung verschiedene Gebühren entstehen. Soweit es sich um denselben Einziehungsgegenstand handelt, haften für die Gebühr Angeklagte und Nebenbeteiligte als Gesamtschuldner, §§ 29 Nr. 1, 31.

Abschnitt 1

Antrag des Privatklägers nach § 440 StPO

3410   Verfahren über den Antrag des Privatklägers:

Der Antrag wird verworfen oder zurückgewiesen   30,00 EUR

Die Bestimmung ist identisch mit KV 6310, 6311 a.F. Im Strafverfahren und im selbstän- 120
digen Einziehungsverfahren entstehen für die Anordnung in erster Instanz keine Gebühren. Im Berufungs- oder Revisionsverfahren entstehen die Gebühren nach KV 3430/3431 bzw. 3440/3441. Die Beschwerdegebühren des 6. Abschnitts bleiben unberührt. Eine Ausnahme liegt nur vor, wenn der Privatkläger (nicht aber der Nebenkläger) einen Antrag nach § 440 StPO stellt; dann entsteht bei erfolglosem Antrag die Gebühr KV 3410. Darauf, ob der Antrag durch Urteil oder durch Beschluss verworfen oder zurückgewiesen wird, kommt es nicht an. Im Fall einer Zurücknahme des Antrags entsteht keine Gebühr.

Abschnitt 2

Beschwerde

3420	Verfahren über die Beschwerde nach § 441 Abs. 2 StPO:	
	Die Beschwerde wird verworfen oder zurückgewiesen	30,00 EUR

121 In KV 3420 ist eine besondere Gebühr für die Verwerfung oder Zurückweisung der Beschwerde nach § 441 Abs. 2 StPO eingestellt worden. Nach altem Recht wurde in diesen Fällen eine Gebühr nach dem Auffangtatbestand KV 6703 a.F. in Höhe von nur 10 € erhoben. Diese Gebühr trug dem Aufwand des Gerichts in keiner Weise Rechnung. Es handelt sich wie bei der Berufung um eine Sachentscheidung in der Hauptsache. Der wesentliche Unterschied zum Berufungsverfahren besteht nur darin, dass ohne mündliche Verhandlung entschieden wird. Die Gebühr ist nur im Falle einer förmlich verworfenen oder zurückgewiesenen Beschwerde nach § 441 Abs. 2 StPO anzusetzen.

Abschnitt 3

Berufung

3430	Verwerfung der Berufung durch Urteil	60,00 EUR
3431	Erledigung der Berufung ohne Urteil	30,00 EUR

Die Gebühr entfällt bei Zurücknahme der Berufung vor Ablauf der Begründungsfrist.

Abschnitt 4

Revision

3440	Verwerfung der Revision durch Urteil oder Beschluss nach § 349 Abs. 2 oder 4 StPO	60,00 EUR
3441	Erledigung der Revision ohne Urteil und ohne Beschluss nach § 349 Abs. 2 oder 4 StPO	30,00 EUR

Die Gebühr entfällt bei Zurücknahme der Revision vor Ablauf der Begründungsfrist.

Abschnitt 5

Wiederaufnahmeverfahren

3450	Verfahren über den Antrag auf Wiederaufnahme des Verfahrens:	30,00 EUR
	Der Antrag wird verworfen oder zurückgewiesen	
3451	Verfahren über die Beschwerde gegen einen Beschluss, durch den ein Antrag auf Wiederaufnahme des Verfahrens verworfen oder abgelehnt wurde:	
	Die Beschwerde wird verworfen oder zurückgewiesen	60,00 EUR

In den Abschnitten 3–5 sind die bislang in KV 6320–6325 a. F. geregelten Gebührentatbe-   **122** stände zusammengefasst. In diesen Fällen ist das Verfahren des ersten Rechtszuges gebührenfrei. Im Berufungs-, Revisions- oder Wiederaufnahmeverfahren können die Gebühren KV 3430–3451 entstehen. Das gilt auch für ein Rechtsmittel- oder Wiederaufnahmeverfahren eines Einziehungsbeteiligten. Richtet sich das Rechtsmittel sowohl gegen die erkannte Strafe als auch gegen die Anordnung der Einziehung usw., dann können die Gebühren KV 3430–3441 und die Gebühren KV 3120ff. nebeneinander entstehen. Bei mehreren Angeklagten oder Einziehungsbeteiligten erwächst nur eine Gebühr, wenn sich das Rechtsmittel oder die Wiederaufnahme auf dieselbe Tat bezieht, sonst entsteht sie für jeden Angeklagten oder Beteiligten gesondert.

Hauptabschnitt 5
Nebenklage

Vorbemerkung 3.5:

Gebühren nach diesem Hauptabschnitt werden nur erhoben, wenn dem Nebenkläger die Kosten auferlegt worden sind.

Allgemeines: Nach KV 6600 und 6601 a. F. wurden für die erfolglose Berufung und Revi-   **123** sion gleich hohe Gebühren erhoben, im Falle der Entscheidung durch Urteil oder Beschluss nach § 349 Abs. 2 StPO in Höhe von 60 € und bei Erledigung des Rechtsmittels ohne Urteil oder Beschluss in Höhe von 15 €. Entsprechend der allgemeinen Struktur im Strafverfahren ist jetzt bei der Höhe der Gebühren zwischen Berufung und Revision unterschieden worden. Als Höhe der Gebühr wird jeweils die Hälfte der niedrigsten vom Angeklagten in einem entsprechenden Verfahren zu erhebenden Gebühr angesetzt. Nicht zuletzt im Interesse des Schutzes von Verbrechensopfern liegt die Gebührenhöhe damit noch immer deutlich unter der vergleichbaren Belastung anderer erfolgloser Rechtsmittelführer.

Abschnitt 1

Berufung

3510	Die Berufung des Nebenklägers wird durch Urteil verworfen aufgrund der Berufung des Nebenklägers wird der Angeklagte freigesprochen oder für straffrei erklärt	80,00 EUR
3511	Erledigung der Berufung des Nebenklägers ohne Urteil	40,00 EUR

Die Gebühr entfällt bei Zurücknahme der Berufung vor Ablauf der Begründungsfrist.

Abschnitt 2

Revision

3520	Die Revision des Nebenklägers wird durch Urteil oder Beschluss nach § 349 Abs. 2 StPO verworfen; aufgrund der Revision des Nebenklägers wird der Angeklagte freigesprochen oder für straffrei erklärt	120,00 EUR
3521	Erledigung der Revision des Nebenklägers ohne Urteil und ohne Beschluss nach § 349 Abs. 2. StPO.	60,00 EUR

Die Gebühr entfällt bei Zurücknahme der Revision vor Ablauf der Begründungsfrist.

Abschnitt 3

Wiederaufnahmeverfahren

3530	Verfahren über den Antrag des Nebenklägers auf Wiederaufnahme des Verfahrens:	
	Der Antrag wird verworfen oder abgelehnt	40,00 EUR
3531	Verfahren über die Beschwerde gegen einen Beschluss, durch den ein Antrag des Nebenklägers auf Wiederaufnahme des Verfahrens verworfen oder abgelehnt wurde:	
	Die Beschwerde wird verworfen oder zurückgewiesen	80,00 EUR

Hauptabschnitt 6
Sonstige Beschwerden

Dieser Hauptabschnitt erfasst nur noch Beschwerden, die nicht in die vorherigen Ab- 124
schnitte eingestellt werden sollen. Wie bisher sollen die Beschwerdegebühren nur anfallen, wenn die Beschwerde verworfen oder zurückgewiesen wird. Für die Beschwerde im
Kostenfestsetzungsverfahren sind auf die Vorschriften für das Kostenfestsetzungsverfahren in Zivilsachen anzuwenden.

Vorbemerkung 3.6:

Die Gebühren im Kostenfestsetzungsverfahren bestimmen sich nach den für das Kostenfestsetzungsverfahren in Teil 1 Hauptabschnitt 8 geregelten Gebühren.

3600	Verfahren über die Beschwerde gegen einen Beschluss nach § 411 Abs. 1 Satz 3 StPO	
	Die Beschwerde wird verworfen oder zurückgewiesen	0,25 der Ge-bühr 3110–3117
3601	Verfahren über die Beschwerde gegen eine Entscheidung, durch die im Strafverfahren einschließlich des selbststän-digen Verfahrens nach den §§ 440, 441, 444 Abs. 3 StPO eine Geldbuße gegen eine juristische Person oder eine Per-sonenvereinigung festgesetzt worden ist	
	Die Beschwerde wird verworfen oder zurückgewiesen	0,5 der Gebühr 3110 bis 3117

Eine Gebühr wird nur erhoben, wenn eine Geldbuße rechtskräftig festgesetzt ist.

In Teil 3 KV GKG sind die Gebühren für das Strafverfahren und für das gerichtliche Ver- 125
fahren nach dem Strafvollzugsgesetz geregelt. Im Teil 4 sind hingegen die Gebühren im
Bußgeldverfahren bestimmt worden. Vor diesem Hintergrund ist es sachgerecht, die bisher in KV 7601 a. F. einheitlich geregelte Gebühr für das Beschwerdeverfahren in den Fällen einer Festsetzung einer Verbandsgeldbuße in zwei getrennte Gebührentatbestände
aufzuspalten, je nachdem, ob die Gebühr im Bußgeldverfahren oder im Strafverfahren
entsteht. KV 3600 trägt dem Umstand Rechnung, dass in den Fällen eines nur auf die
Höhe des Tagessatzes im Strafbefehlsverfahren eingelegten Rechtsmittels ohne mündliche Verhandlung entschieden wird, wodurch auch für den Richter weniger Arbeitsaufwand entsteht. KV 3601 enthält die Regelung für die Gebühr, wenn die Geldbuße im
Strafverfahren verhängt wird, KV 4400 hingegen erfasst den Fall der Verhängung der Verbandsgeldbuße im Bußgeldverfahren. Eine Verbandsgeldbuße nach § 30 des Gesetzes über
Ordnungswidrigkeiten (OWiG) wird im Strafverfahren verhängt, wenn die Anknüpfungstat eine Straftat ist. Dies gilt auch dann, wenn die Verbandsgeldbuße nach § 30 Abs. 4 S. 1

OWiG selbständig festgesetzt wird.[299] Ist Anknüpfungstat nach § 30 OWiG hingegen eine Ordnungswidrigkeit, erfolgt die Verhängung der Verbandsgeldbuße – auch im selbständigen Verfahren – im Bußgeldverfahren nach § 46 Abs. 1 OWiG i. V. m. § 444 Abs. 3 StPO und den dort in Bezug genommenen Vorschriften, wobei im selbständigen Verfahren ergänzend § 88 OWiG gilt. Erfolgt die Festsetzung der Verbandsgeldbuße hiernach im Bußgeldverfahren, ist nicht der Gebührentatbestand KV 3601, sondern KV 4400 maßgebend.

3602	Verfahren über nicht besonders aufgeführte Beschwerden, die nicht nach anderen Vorschriften gebührenfrei sind:	
	Die Beschwerde wird verworfen oder zurückgewiesen	50,00 EUR

Von dem Beschuldigten wird eine Gebühr nur erhoben, wenn gegen ihn rechtskräftig auf eine Strafe, auf Verwarnung mit Strafvorbehalt erkannt, eine Maßregel der Besserung und Sicherung angeordnet oder eine Geldbuße festgesetzt worden ist. Von einer juristischen Person oder einer Personenvereinigung wird eine Gebühr nur erhoben, wenn gegen sie eine Geldbuße festgesetzt worden ist.

126 Die Vorschrift entspricht KV 6703 a. F. Zusätzlich ist in die Anmerkung aufgenommen worden, dass von einer juristischen Person oder Personenvereinigung eine Gebühr nur erhoben werden soll, wenn gegen sie eine Geldbuße festgesetzt worden ist. Diese Regelung ist ebenfalls deshalb erforderlich, weil die durch die Festsetzung der Geldbuße im Strafverfahren anfallenden Gebühren jetzt in den für Strafverfahren maßgebenden Teil 3 eingestellt sind. Die Gebühr erfasst alle sonstigen Beschwerden im Rahmen eines Strafverfahrens einschließlich des Vollstreckungsverfahrens nach der StPO, soweit die erfolglos sind.

Hauptabschnitt 7
Entschädigungsverfahren

3700	Urteil, durch das dem Antrag des Verletzten oder seines Erben wegen eines aus der Straftat erwachsenen vermögensrechtlichen Anspruchs stattgegeben wird (§ 406 StPO)	Gebühr oder Satz der Gebühr nach § 34 GKG
	Die Gebühr wird für jeden Rechtszug nach dem Wert des zuerkannten Anspruchs erhoben.	

127 KV 3700 entspricht inhaltlich KV 6800 a. F. **Voraussetzung** ist, dass der vermögensrechtliche Anspruch nach §§ 403 ff. StPO geltend gemacht worden ist und dem Verletzten oder seinem Erben in diesem Verfahren auch zuerkannt wurde, und zwar nicht nur dem Grunde nach, sondern auch der Höhe nach. Sieht das Strafgericht von einer Entscheidung ab oder erledigt er sich der Anspruch aus anderen Gründen vor einer Entscheidung (Zurücknahme, Vergleich), kommt KV 3700 nicht zum Tragen.

---

299 Vgl. KK-OWiG-*Rogall* § 30, Rn. 171; KK-OWiG-*Boujong* a. a. O., § 88, Rn. 1 und 26, sowie § 87 Rn. 1.

Die **Höhe der Gebühr** richtet sich nach dem letztlich zuerkannten und nicht nach dem 128
beantragten Anspruch. Sie ist für jeden Rechtszug zu erheben, wenn letzten Endes ein Anspruch zuerkannt wird. Wird im letzten Rechtszug ein Anspruch abgelehnt, obwohl ein
solcher in den vorangegangenen Rechtszügen zuerkannt war, entsteht auch für die früheren Rechtszüge keine Gebühr.

Kostenschuldner ist der verurteilte Angeklagte. Wird kein Anspruch zuerkannt, kann 129
mangels Vorhandenseins eines Kostenschuldners keine Gebühr erhoben werden.

Hauptabschnitt 8
Gerichtliche Verfahren nach dem Strafvollzugsgesetz

Dieser Hauptabschnitt übernimmt – redaktionell überarbeitet – KV 8000 bis 8020 a. F. Die 130
Gebühren für die Rechtsbeschwerde sind indessen gegenüber dem alten Recht verdoppelt
werden, um den Kostenschuldner angemessen an entstehenden Kosten zu beteiligen.
Damit entspricht der Gebührensatz der allgemeinen Systematik, nach der die Gebühren
für Rechtsbeschwerden grundsätzlich doppelt so hoch sind wie für das erstinstanzliche
Verfahren. Die **Streitwerte** für den Hauptabschnitt 8 richten sich nach § 60.

Abschnitt 1

Antrag auf gerichtliche Entscheidung

Verfahren über den Antrag auf gerichtliche Entscheidung:

3810	Der Antrag wird zurückgewiesen	1,0 der Gebühr nach § 34 GKG
3811	Der Antrag wird zurückgenommen	0,5 der Gebühr nach § 34 GKG

Abschnitt 2

Rechtsbeschwerde

Verfahren über die Rechtsbeschwerde:

3820	Die Rechtsbeschwerde wird verworfen	2,0 der Gebühr nach § 34 GKG
3821	Die Rechtsbeschwerde wird zurückgenommen	1,0 der Gebühr nach § 34 GKG

Abschnitt 3

Vorläufiger Rechtsschutz

3830	Verfahren über den Antrag auf Aussetzung des Vollzuges einer Maßnahme der Vollzugsbehörde oder auf Erlass einer einstweiligen Anordnung	0,5 der Gebühr nach § 34 GKG

Hauptabschnitt 9
Rüge wegen Verletzung des Anspruchs auf rechtliches Gehör

3900	Verfahren über die Rüge wegen Verletzung des Anspruchs auf rechtliches Gehör (§§ 33a, 311a Abs. 1 Satz 1. § 356a StPO, auch i. V. m. § 55 Abs. 4, § 92 JGG und § 120 StVollzG):	
	Die Rüge wird in vollem Umfang verworfen oder zurückgewiesen	50,00 EUR

Teil 4
Verfahren nach dem Gesetz über Ordnungswidrigkeiten

1 Die Gebührenregelungen für das Bußgeldverfahren sind der Struktur, die für das Strafverfahren gelten (KV Teil 3), angepasst werden. Ferner sind sämtliche Regelungen, die die Festsetzung einer Geldbuße im Strafverfahren betreffen und die früher in dem für das Verfahren nach dem Gesetz über Ordnungswidrigkeiten geltenden Teil des KV geregelt sind, jetzt mit den für das Strafverfahren geltenden Regelungen zusammengefasst worden.

Vorbemerkung 4:

(1) § 473 Abs. 4 StPO, auch i. V. m. § 46 Abs. 1 OWiG, bleibt unberührt.

(2) Im Verfahren nach Wiederaufnahme werden die gleichen Gebühren wie für das wiederaufgenommene Verfahren erhoben. Wird jedoch nach Anordnung der Wiederaufnahme des Verfahrens die frühere Entscheidung aufgehoben, gilt für die Gebüh-

renerhebung jeder Rechtszug des neuen Verfahrens mit dem jeweiligen Rechtszug des früheren Verfahrens zusammen als ein Rechtszug. Gebühren werden auch für Rechtszüge erhoben, die nur im früheren Verfahren stattgefunden haben.

Hauptabschnitt 1
Bußgeldverfahren

Vorbemerkung 4.1:

(1) In Bußgeldsachen bemessen sich die Gerichtsgebühren für alle Rechtszüge nach der rechtskräftig festgesetzten Geldbuße. Mehrere die in demselben Verfahren gegen denselben Betroffenen festgesetzt werden, sind bei der Bemessung der Geldbuße zusammenzurechnen.

(2) Betrifft eine Bußgeldsache mehrere Betroffene, so ist die Gebühr von jedem gesondert nach Maßgabe der gegen ihn festsetzten Geldbuße zu erheben. Wird in einer Bußgeldsache gegen einen oder mehrere Betroffene eine Geldbuße auch gegen eine juristische Person oder eine Personenvereinigung festgesetzt, ist eine Gebühr auch von der juristischen Person oder Personenvereinigung nach Maßgabe der gegen sie festgesetzten Geldbuße zu erheben.

(3) Wird bei Festsetzung mehrerer Geldbußen ein Rechtsmittel auf die Festsetzung einer Geldbuße beschränkt, bemisst sich die Gebühr für das Rechtsmittelverfahren nach dieser Geldbuße. Satz 1 gilt im Falle der Wiederaufnahme entsprechend.

Allgemeines: Vorbem. 4.1 entspricht inhaltlich dem § 48 a.F.   2

Abs. 1: Auch in Verfahren nach dem OWiG sind die Gerichtsgebühren nach der rechtskräf- 3
tig erkannten Sanktion des OWiG (Geldbuße oder Nebenfolge) zu bestimmen. Weil aber das Bußgeldverfahren keine Gesamtsanktion entsprechend der Gesamtstrafenbildung im Strafrecht kennt, bestimmt Abs. 1 S. 2, dass mehrere Geldbußen, die in einem Verfahren gegen den Betroffenen festgesetzt werden (Tatmehrheit, § 20 OWiG) für die Gebührenrechnung zu addieren sind. In den Fällen der Tateinheit (§ 19 OWiG) kommt Abs. 1 S. 2 aber nicht zum Tragen, weil hier ohnehin nur eine Geldbuße festgesetzt wird. Voraussetzung der Addition ist aber, dass die Geldbußen in einem Verfahren verhängt werden. Eine nachträgliche Gesamtbußenbildung entsprechend § 55 StGB oder §§ 460 StPO, 66 JGG kennt das OWiG indessen nicht.

Abs. 2 regelt den Fall, dass in einem Verfahren im Sinne des Abs. 1 Geldbußen gegen meh- 4
rere Betroffene festgesetzt werden, insbesondere also die Fälle der Tatbeteiligung (§ 14 OWiG). In diesem Sinne wird auch eine juristische Person oder Personenvereinigung als besonderer Betroffener i.S.v. Abs. 2 gebührenrechtlich zu behandeln sein, wenn und soweit gegen sie eine Geldbuße festgesetzt wird (§ 30 OWiG). Das stellt S. 2 ausdrücklich klar. Die Gebührenbemessungsgrundsätze nach Abs. 1 sind bei mehreren Beteiligten für jeden Betroffenen gesondert anzuwenden.

5 Daneben sind selbstverständlich auch die allgemeinen Vorschriften des GKG anwendbar, z. B. § 21. Wenn im GKG keine besonderen Gebühren vorgesehen sind, ist das gerichtliche Verfahren gebührenfrei. Wird gegen einen Bußgeldbescheid der Verwaltungsbehörde Einspruch eingelegt und ergeht darauf durch das Gericht eine Sachentscheidung, wird damit auch die Kostenentscheidung in dem Bußgeldbescheid hinfällig (vgl. §§ 105, 107 OWiG). Eine Ausnahme besteht für den Fall, dass der Einspruch nach Beginn der Hauptverhandlung zurückgenommen oder verworfen wird, KV 4111. Hier fällt eine halbe Gebühr neben den Kosten des Verfahrens vor der Verwaltungsbehörde an.

6 Soweit die Staatsanwaltschaft im **Zwischenverfahren** des § 69 OWiG tätig wird, handelt sie noch als Verwaltungsbehörde, so dass Gebühren nach dem GKG nicht anfallen. Eine Ausnahme ist nur in KV 4302 vorgesehen.

7 Geht das Gericht gemäß § 81 OWiG vom **Bußgeldverfahren zum Strafverfahren** über, ist für das weitere Verfahren das OWiG nicht mehr anwendbar, § 81 Abs. 3 OWiG. Es sind dann auch die Kostenvorschriften für das OWi-Verfahren nicht weiter anwendbar, sondern die Gebührenbestimmungen für das allgemeine Strafverfahren KV Teil 3. Geht im umgekehrten Fall das Strafverfahren in das OWi-Verfahren über (§ 82 OWiG), so ist auf dieses Verfahren dann KV Teil 4 anzuwenden. Den Fall einer Verbindung von Straftaten und Ordnungswidrigkeiten behandelt § 83 OWiG.

8 Abs. 3 S. 1 stellt klar, dass sich entsprechend die Gerichtsgebühren für alle Rechtszüge grundsätzlich nach der rechtskräftig erkannten Geldbuße oder einer anderen nach dem OWiG zulässigen Sanktion richten. Wird jedoch das Rechtsmittel auf Grund und Höhe (einer) Geldbuße beschränkt, ist auch die Gebühr nur nach dieser zu bemessen. Das gilt auch für das Wiederaufnahmeverfahren (S. 2).

9 Wird auf eine Rechtsbeschwerde die Entscheidung des Amtsgerichts aufgehoben und die Sache zurückverwiesen, entsteht dadurch kein neuer Rechtszug beim Amtsgericht. Das frühere Verfahren und das zurückverwiesene Verfahren bilden einen Rechtszug i. S. v. KV Teil 3 oder 4. Das gilt auch in dem Fall, wenn gegen die zweite Entscheidung des Amtsgerichts wieder Rechtsbeschwerde eingelegt wird. Beide Rechtsbeschwerdeverfahren sind dann ein Verfahren i. d. S.[300]

10 Das gilt auch für die Anordnung der Einziehung etc. Das bedeutet, dass wegen der Maßnahme Gebühren nur für ein gegen dieses Erkenntnis gerichtetes Rechtsmittel- oder Wiederaufnahmeverfahren erhoben werden. Die Bestimmung ist auch für das Nachverfahren gemäß § 439 StPO i. V. m. § 46 OWiG anwendbar. Rechtsmittelverfahren im Ordnungswidrigkeitenverfahren sind die Rechtsbeschwerde, die Berufung und die Revision.

11 Für die Gebühren im **Wiederaufnahmeverfahren** in einer Bußgeldsache vgl. Vorbem. 4 Abs. 2. Demzufolge werden auch im Bußgeldverfahren im Fall der Aufhebung der früheren Entscheidung das neue Verfahren und das frühere Verfahren als eine Einheit angesehen (Vorbem. 4 Abs. 2 S. 2). Die Wiederaufnahme im Bußgeldverfahren ist geregelt in den §§ 85, 86 OWiG. Für die Gebührenpflicht spielt es keine Rolle, ob sich das Wiederaufnahmeverfahren gegen eine Entscheidung der Verwaltungsbehörde oder gegen eine gerichtliche Entscheidung richtet. Auch wenn eine Bußgeldentscheidung der Verwaltungsbe-

---

300 OLG Karlsruhe NJW 1974, 1719.

hörde im Wiederaufnahmeverfahren aufgehoben wird, gilt das wiederaufgenommene und das frühere Verfahren als ein Rechtszug. Richtete sich das Wiederaufnahmeverfahren gegen eine Entscheidung der Verwaltungsbehörde und wurde diese im Wiederaufnahmeverfahren aufgehoben, so entfallen dadurch die Kosten des Verfahrens vor der Verwaltungsbehörde (vgl. §§ 107 ff. OWiG). Endet das Wiederaufnahmeverfahren mit einem Freispruch, fallen dem Betroffenen auch keine Gerichtsgebühren zur Last. Das Gleiche gilt, wenn das Verfahren eingestellt wird. Endet das Wiederaufnahmeverfahren mit einer Bußgeldentscheidung und ggf. auch der Anordnung von Nebenfolgen, kommen die Gebühren nach KV 4110 ff. in Betracht. Richtet sich das Wiederaufnahmeverfahren gegen die Entscheidung des Rechtsbeschwerdegerichts, bildet im Falle einer Aufhebung des früheren Urteils des Beschwerdegerichts das neue Rechtsbeschwerdeverfahren zusammen mit dem früheren einen Rechtszug. Im Falle der erneuten Festsetzung einer Geldbuße erwächst dann für das Rechtsbeschwerdeverfahren nur eine Gebühr.

Erfolgt die Aufhebung des Bußgeldbescheides in einem späteren Strafverfahren (§ 86 OWiG), 12 handelt es sich um die gesetzliche Rechtsfolge, die eintritt, wenn der Betroffene, gegen den ein Bußgeldbescheid ergangen war, später in einem Strafverfahren wegen derselben Handlung verurteilt wird. Hier hat das Gericht den korrespondierenden Bußgeldbescheid aufzuheben. Die notwendige Folge der Aufhebung ist, dass auch die Kostenfolgen des Bußgeldverfahrens entfallen und Kosten nur für das spätere Strafverfahren erhoben werden dürfen. Die bereits für das Bußgeldverfahren erhobenen Kosten sind zu verrechnen oder zurückzuzahlen.

Abschnitt 1

Erster Rechtszug

4110	Hauptverhandlung mit Urteil oder Beschluss ohne Hauptverhandlung (§ 72 OWiG)	10% des Betrages der Geldbuße,– mindestens 40,00 EUR, – höchstens 15 000,00 EUR

Allgemeines: Die Bestimmung entspricht KV 7110 a. F. Der Gebührenrahmen KV 4110 ist 13 jedoch hinsichtlich der Höhe geändert worden. Die Mindestgebühr beträgt nun 40 €. Dies entspricht dem niedrigsten, auf volle 5 € aufgerundeten Bußgeld oberhalb der Verwarnungsgeldgrenze. Hierdurch wird dem nicht unerheblichen Aufwand des Gerichts auch bei kleinen Bußgeldern besser Rechnung getragen. Der Höchstbetrag ist auf 15 000 € bestimmt.

Voraussetzung ist, dass gegen den Betroffenen oder gegen den Beschuldigten im Buß- 14 geldverfahren oder im Strafverfahren rechtskräftig eine Geldbuße festgesetzt worden ist und dass eine Hauptverhandlung stattgefunden hat, die mit einem Urteil endete (§ 71

OWiG) oder ein Beschluss ohne Hauptverhandlung ergangen ist (§ 72 OWiG). Bei der Entscheidung muss es sich um eine Sachentscheidung handeln. Eine im Bußgeldverfahren vor der Verwaltungsbehörde nach § 107 OWiG bereits angesetzte Gebühr entfällt dann, nicht aber die Auslagen der Verwaltungsbehörde. Letztere gehören dann zu den gerichtlichen Auslagen nach KV 9016.[301] Das Verfahren nach Einspruch ohne Sachentscheidung regelt KV 4111. Keine Sachentscheidung liegt vor, wenn der Einspruch ohne sachliche Prüfung aus förmlichen Gründen (z.B. wegen Unzulässigkeit oder wegen Säumnis des Betroffenen) verworfen wird oder wenn die Hauptverhandlung ohne Urteil endet, weil der Einspruch zurückgenommen wurde. Wird das Verfahren nach § 47 Abs. 2 OWiG eingestellt, erwächst keine Gebühr, weil dann keine Geldbuße rechtskräftig festgesetzt wurde. Auch bei Verwerfung eines unzulässigen Einspruchs durch Beschluss nach § 70 OWiG entsteht keine Gebühr, da es sich hier nicht um einen Beschluss nach § 72 OWiG mit Sachentscheidung handelt. Auslagen sind aber auf Grund der Kostenentscheidung nach § 29 Nr. 1 zu erheben.

15 Die **Gebühr** richtet sich nach der letzten Endes rechtskräftig festgesetzten Geldbuße. Wird der Bußgeldbescheid nur teilweise angefochten, ist nur der angefochtene Teil maßgebend. Neben der Gebühr KV 4110 dürfen die Kosten für das Verfahren vor der Verwaltungsbehörde (§§ 105, 107 OWiG) nicht erhoben werden. Wird auf Einziehung, Verfall, Vernichtung, Unbrauchbarmachung, Abführung des Mehrerlöses erkannt, wird hierfür in der ersten Instanz keine Gebühr erhoben, wohl aber bei der Festsetzung einer Geldbuße gegen eine juristische Person oder eine Personenvereinigung.

16 Bei **mehreren Beschuldigten oder Betroffenen** fällt die Gebühr für jeden einzeln an (Vorbem. 4.1 Abs. 2). Mehrere Betroffene oder Beschuldige haften aber als Gesamtschuldner.

17 Für die Anordnung der **Erzwingungshaft** nach § 96 OWiG ist keine besondere Gebühr vorgesehen.

| 4111 | Verwerfung des Einspruchs als unzulässig nach Beginn der Hauptverhandlung. | 0,5 der Gebühr 4110 |
| 4112 | Zurücknahme des Einspruchs nach Beginn der Hauptverhandlung. | 0,5 der Gebühr 4110 |

18 Voraussetzung für den Ansatz der $^1/_2$-Gebühr nach KV 4111, 4112 ist einmal, dass der Einspruch rechtskräftig, d.h. ggf. nach Abschluss eines Beschwerdeverfahrens als unzulässig verworfen (§ 70 Abs. 1 OWiG) oder zurückgenommen (§§ 71 OWiG i.V.m. 411 Abs. 3 StPO) wurde. Die Verwerfung muss außerdem nach Beginn der Hauptverhandlung, d.h. nach dem Aufruf zur Sache, jedoch vor deren Abschluss erfolgen. Wenn der Einspruch vor Beginn der Hauptverhandlung verworfen oder zurückgenommen wird, fällt keine Gebühr an.

---

301 *König* in Göhler, OWiG, § 107 Rn. 5.

Abschnitt 2

Rechtsbeschwerde

4120	Verfahren mit Urteil oder Beschluss nach § 79 Abs. 5 OWiG	2,0 der Gebühr 4110
4121	Verfahren ohne Urteil oder Beschluss nach § 79 Abs. 5 OWiG.	1,0 der Gebühr 4110

> Die Gebühr entfällt bei Rücknahme der Rechtsbeschwerde vor Ablauf der Begründungsfrist.

Die Tatbestände KV 4120, 4121 sind inhaltsgleich mit KV 7130, 7131 a.F. Die Gebühren- **19** sätze für das Rechtsbeschwerdeverfahren entsprechen – wie im alten Recht – den Gebührensätzen des strafrechtlichen Revisionsverfahrens. Die volle Gebühr KV 4120 kommt in Betracht, wenn aufgrund einer Hauptverhandlung durch Urteil oder ohne Hauptverhandlung durch Beschluss nach § 79 Abs. 5 OWiG, der an die Stelle eines möglichen Urteils ergeht, entschieden wird. Andere verfahrensbeendende Beschlüsse kommen nicht in Betracht, sondern fallen unter KV 4131. Andere verfahrensbeendende Erledigungen können sein die Rücknahme der Rechtsbeschwerde nach dem Ablauf der Begründungsfrist, ein Aufhebungsbeschluss des Beschwerdegerichts oder die Verwerfung der Rechtsbeschwerde als unzulässig. Die Verwerfung des Antrags auf Zulassung der Rechtsbeschwerde nach § 80 Abs. 3 OWiG hingegen ist dem Fall der Rücknahme der Rechtsbeschwerde vor Ablauf der Begründungsfrist gleichzustellen und löst keine Gebühr aus.[302] Ebenso, wenn die Rücknahme vor dem Ablauf der Begründungsfrist erfolgt.

Abschnitt 3

Wiederaufnahmeverfahren

4130	Verfahren über den Antrags auf Wiederaufnahme des Verfahrens:	
	Der Antrag wird verworfen oder abgelehnt	0,5 der Gebühr 4110
4131	Verfahren über die Beschwerde gegen einen Beschluss, durch den ein Antrag auf Wiederaufnahme des Verfahrens verworfen oder abgelehnt wurde:	
	Die Beschwerde wird verworfen oder zurückgewiesen	1,0 der Gebühr 4110

KV 4130, 4131 sind inhaltsgleich mit KV 7300, 7301 a.F. Die Gebührensätze für das Wie- **20** deraufnahmeverfahren entsprechen – wie im alten Recht – den Gebührensätzen des straf-

---

302 Streitig; vgl. *Oe/Wi/He* KV 7700–7701 Rn. 5.

689

rechtlichen Wiederaufnahmeverfahrens. Nicht unter KV 4131 fällt die Aufhebung des Bußgeldbescheides in einem späteren Strafverfahren (§ 86 OWiG). Denn hier handelt es sich nicht um ein Wiederaufnahmeverfahren, sondern um eine gesetzliche Rechtsfolge, die eintritt, wenn der Betroffene, gegen den ein Bußgeldbescheid ergangen war, später wegen derselben Handlung in einem Strafverfahren verurteilt wird. Die notwendige Folge der Aufhebung des Bußgeldbescheides ist, dass auch alle Kostenfolgen des aufgehobenen Bußgeldbescheides entfallen und Kosten nur für das spätere Strafverfahren erhoben werden dürfen. Die für das Bußgeldverfahren bereits entrichteten Kosten sind auf die des Strafverfahrens zu verrechnen und ggf. zurückzuerstatten.

Hauptabschnitt 2
Einziehung und verwandte Maßnahmen

21   Die für die Einziehung und verwandte Maßnahmen bestimmten Gebühren entsprechen – wie im früheren Recht – in ihrer Struktur und Höhe den entsprechenden Gebühren im Strafverfahren.

Vorbemerkung 4.2:

(1) Die Vorschriften dieses Hauptabschnitts gelten für die Verfahren über die Einziehung, dieser gleichstehende Rechtsfolgen (§ 442 StPO i. V. m. § 46 Abs. 1 OWiG) und die Abführung des Mehrerlöses. Im gerichtlichen Verfahren werden die Gebühren gesondert erhoben.

(2) Betreffen die in Absatz 1 genannten Maßnahmen mehrere Betroffene wegen derselben Handlung, wird nur eine Gebühr erhoben. § 31 GKG bleibt unberührt.

Abschnitt 1

Beschwerde

4210   Verfahren über die Beschwerde nach § 441 Abs. 2 StPO
       i. V. m. § 46 Abs. 1 OWiG:

       Die Beschwerde wird verworfen oder zurückgewiesen   30,00 EUR

Abschnitt 2

Rechtsbeschwerde

4220	Verfahren mit Urteil oder Beschluss nach § 79 Abs. 5 OWiG:	
	Die Rechtsbeschwerde wird verworfen	60,00 EUR
4221	Verfahren ohne Urteil oder Beschluss nach § 79 Abs. 5 OWiG	30,00 EUR
	Die Gebühr entfällt bei Rücknahme der Rechtsbeschwerde vor Ablauf der Begründungsfrist.	

Abschnitt 3

Wiederaufnahmeverfahren

4230	Verfahren über den Antrag auf Wiederaufnahme des Verfahrens:	
	Der Antrag wird verworfen oder abgelehnt	30,00 EUR
4231	Verfahren über die Beschwerde gegen einen Beschluss, durch den ein Antrag auf Wiederaufnahme des Verfahrens verworfen oder abgelehnt wurde:	
	Die Beschwerde wird verworfen oder zurückgewiesen	60,00 EUR

Hauptabschnitt 3
Besondere Gebühren

4300	Dem Anzeigenden sind im Falle einer unwahren Anzeige die Kosten auferlegt worden (§ 469 StPO i. V. m. § 46 Abs. 1 OWiG)	30,00 EUR
	Das Gericht kann die Gebühr bis auf 10,00 EUR herabsetzen oder beschließen, dass von der Erhebung einer Gebühr abgesehen wird.	
4301	Abschließende Entscheidung des Gerichts im Falle des § 25a Abs. 1 StVG	30,00 EUR
4302	Entscheidung der Staatsanwaltschaft im Falle des § 25a Abs. 1 StVG	15,00 EUR

Die Gebühren KV 4300 bis 4302 treten an die Stelle der Bestimmungen KV 7500, 7700 und   **22**
7710 a. F. und sind inhaltlich unverändert.

4303 Verfahren über den Antrag auf gerichtliche Entscheidung
gegen eine Anordnung, Verfügung oder sonstige Maßnahme der Verwaltungsbehörde oder der Staatsanwaltschaft
oder Verfahren über Einwendungen nach § 103 OWiG:

Der Antrag wird verworfen   25,00 EUR

Wird der Antrag nur teilweise verworfen, kann das Gericht die Gebühr nach
billigem Ermessen auf die Hälfte ermäßigen oder bestimmen, dass eine Gebühr nicht zu erheben ist.

4304 Verfahren über die Erinnerung gegen den Kostenfestsetzungsbeschluss des Urkundsbeamten der Staatsanwaltschaft (§ 108a Abs. 3 Satz 2 OWiG):

Die Erinnerung wird zurückgewiesen   25,00 EUR

Wird die Erinnerung nur teilweise verworfen, kann das Gericht die Gebühr
nach billigem Ermessen auf die Hälfte ermäßigen oder bestimmen, dass eine
Gebühr nicht zu erheben ist.

23 KV 4303 und 4304: Im alten Recht fehlte es an entsprechenden Gebührentatbeständen für
Verfahren über Anträge auf gerichtliche Entscheidung gegen eine Anordnung, Verfügung
oder sonstige Maßnahme der Verwaltungsbehörde oder der Staatsanwaltschaft, für Verfahren über Einwendungen nach § 103 OWiG und für Verfahren über die Erinnerung gegen den Kostenfestsetzungsbeschluss des Urkundsbeamten der Staatsanwaltschaft (§ 108a
Abs. 3 S. 2 OWiG). Es gibt jedoch keinen sachlichen Grund, diese Verfahren gebührenfrei
zu belassen. Unter den neu eingeführten Tatbestand KV 4303 fallen insbesondere die Anträge nach den §§ 62, 103 und 108 OWiG. Die Gebühr KV 4304 ist erforderlich, um den
Antrag auf gerichtliche Entscheidung gegen den Kostenfestsetzungsbescheid der Verwaltungsbehörde und die Erinnerung gegen den Kostenfestsetzungsbeschluss des Rechtspflegers bei der Staatsanwaltschaft gleich zu behandeln.

Hauptabschnitt 4
Sonstige Beschwerden

Vorbemerkung 4.4:

Die Gebühren im Kostenfestsetzungsverfahren bestimmen sich nach den für das Kostenfestsetzungsverfahren in Teil 1 Hauptabschnitt 8 geregelten Gebühren.

4400 Verfahren über die Beschwerde gegen eine Entscheidung,
durch die im gerichtlichen Verfahren nach dem OWiG einschließlich des selbstständigen Verfahrens nach den §§ 88
und 46 Abs. 1 OWiG i. V. m. den §§ 440, 441, 444 Abs. 3
StPO eine Geldbuße gegen eine juristische Person oder eine
Personenvereinigung festgesetzt worden ist:

| | Die Beschwerde wird verworfen oder zurückgewiesen | 0,5 der Gebühr 4110 |

Eine Gebühr wird nur erhoben, wenn eine Geldbuße rechtskräftig festgesetzt ist.

| 4401 | Verfahren über nicht besonders aufgeführte Beschwerden, die nicht nach anderen Vorschriften gebührenfrei sind: | |
| | Die Beschwerde wird verworfen oder zurückgewiesen | 30,00 EUR |

Von dem Betroffenen wird eine Gebühr nur erhoben, wenn gegen ihn eine Geldbuße rechtskräftig festgesetzt ist.

Die Regelungen KV 4400–4401 treten an die Stelle von KV 7601 bis 7603 a.F. Die Gebüh- 24 ren entsprechen – wie im alten Recht – in ihrer Struktur den entsprechenden Gebühren im Strafverfahren. Der Gebührentatbestand KV 4400 sieht eine Regelung der Gebühr für die Verwerfung oder die Zurückweisung einer Beschwerde gegen eine Entscheidung vor, durch die eine Verbandsgeldbuße im gerichtlichen Bußgeldverfahren festgesetzt wurde. Für die Gebühr KV 4401 ist anders als im Strafverfahren lediglich ein Gebührenbetrag von 30 € anzusetzen.

Hauptabschnitt 5
Rüge wegen Verletzung des Anspruchs auf rechtliches Gehör

| 4500 | Verfahren über die Rüge wegen Verletzung des Anspruchs auf rechtliches Gehör (§§ 33a, 311a Abs. 1 Satz 1, § 356a StPO i. V. m. § 46 und § 79 Abs. 3 OWiG): | |
| | Die Rüge wird in vollem Umfang verworfen oder zurückgewiesen | 50,00 EUR |

Teil 5
Verfahren vor den Gerichten der Verwaltungsgerichtsbarkeit

Teil 5 regelt die Gebühren für Verfahren vor den Gerichten der Verwaltungsgerichtsbar- 1 keit. Die Vorschriften treten an die Stelle von KV 2110 bis 2504 a.F. Auch in diesem Bereich ist für alle Rechtszüge das Pauschalgebührensystem eingeführt worden. Die Struktur der Regelungen für das Zivilprozessverfahren ist weitgehend übernommen worden. Insbesondere ist auch die Erledigungserklärung ohne Kostenbeschluss begünstigt worden. Auf die Ausführungen zu KV 1211 wird insoweit verwiesen.

Hauptabschnitt 1
Prozessverfahren

Vorbemerkung 5.1:

Wird das Verfahren durch Antrag eingeleitet, gelten die Vorschriften über die Klage entsprechend.

2   In diesem Hauptabschnitt sind alle Prozessverfahren zusammengefasst worden, soweit die Verfahren durch einen Antrag eingeleitet werden, insbesondere Normenkontrollverfahren nach § 47 VwGO. Durch die Vorbemerkung soll klargestellt werden, dass die für die Klage geltenden Vorschriften Anwendung finden sollen. Diese Regelungstechnik erspart häufige Wiederholungen in den Gebührentatbeständen.

Abschnitt 1

Erster Rechtszug

3   In diesen Abschnitt sind die Gebührenregelungen für die **erste Instanz** differenziert nach Verwaltungs-, Oberverwaltungs- und Bundesverwaltungsgericht eingestellt worden. Während im früheren Recht unabhängig von der Ordnung des Gerichts immer gleich hohe Gebühren anfielen, wird nunmehr unterschieden. Die Zuständigkeit des Oberverwaltungsgerichts (Verwaltungsgerichtshof) im ersten Rechtszug nach den §§ 47 und 48 VwGO und des Bundesverwaltungsgerichts insbesondere nach § 50 VwGO beschränkt sich auf Verfahren, die regelmäßig besonderen Aufwand erfordern und die auch von ihrer Bedeutung und von ihrem Umfang her den Rechtsmittelverfahren vergleichbar sind. Daher sind für diese erstinstanzlichen Verfahren die gleichen Gebühren wie für die Berufung bzw. die Revision vorgesehen.

Unterabschnitt 1

Verwaltungsgericht

5110	Verfahren im Allgemeinen	3,0

4   KV 5110 entspricht der KV 1210 für bürgerliche Rechtsstreitigkeiten. Nach altem Recht betrug die Verfahrensgebühr 1,0 (KV 2110 a.F.). Daneben entstanden Entscheidungsgebühren nach KV 2113 bis 2119 a.F. mit Gebührensätzen zwischen 0,75 und 2,5. Damit bleibt die pauschale Verfahrensgebühr zwar um 0,5 hinter den höchstmöglichen Gebühren nach altem Recht zurück. Es ist aber zu berücksichtigen, dass auch im Falle der Rücknahme künftig immer eine Gebühr mit einem Gebührensatz von 1,0 anfallen soll (KV 5111). Bei Beendigung des Verfahrens durch Gerichtsbescheid oder Beschluss nach § 93a Abs. 2 VwGO entstanden früher 2,0 Gebühren. In diesen Fällen fällt jetzt die unverminderte Ver-

fahrensgebühr von 3,0 an. Wird das Verfahren für erledigt erklärt und muss noch über die Kosten nach dem Sach- und Streitstand entschieden werden, fällt jetzt ebenfalls die volle Verfahrensgebühr von 1,0 (KV 2110 a.F.) an, während früher eine Beschlussgebühr nach dem Kostenwert mit einem Gebührensatz von 1,5 (KV 2118 a.F.) anfiel. Wird eine Kostenentscheidung des Gerichts zum Beispiel durch einen Kostenvergleich entbehrlich, greift die Gebührenermäßigung nach KV 5111 und somit fällt weiterhin lediglich eine Gebühr von 1,0 an.

5111   Beendigung des gesamten Verfahrens durch

1. Zurücknahme der Klage
   a) vor dem Schluss der mündlichen Verhandlung,
   b) wenn eine solche nicht stattfindet, vor Ablauf des Tages, an dem das Urteil oder der Gerichtsbescheid der Geschäftsstelle übermittelt wird, oder
   c) im Falle des § 93a Abs. 2 VwGO vor Ablauf der Erklärungsfrist nach § 93a Abs. 2 Satz 1 VwGO,
2. Anerkenntnis- oder Verzichtsurteil,
3. gerichtlichen Vergleich oder
4. Erledigungserklärungen nach § 161 Abs. 2 VwGO, wenn keine Entscheidung über die Kosten ergeht oder die Entscheidung einer zuvor mitgeteilten Einigung der Beteiligten über die Kostentragung oder der Kostenübernahmeerklärung eines Beteiligten folgt, wenn nicht bereits ein anderes als eines der in Nummer 2 genannten Urteile oder ein Gerichtsbescheid vorausgegangen ist:

Die Gebühr 5110 ermäßigt sich auf   1,0

Die Gebühr ermäßigt sich auch, wenn mehrere Ermäßigungstatbestände erfüllt sind.

KV 5111 entspricht in ihrer Struktur und bezüglich der Höhe KV 1211. Die gebührenprivilegierte Zurücknahme knüpft im Falle des Gerichtsbescheids und im Falle des schriftlichen Verfahrens mit Urteil an die Übermittlung der Entscheidung an die Geschäftsstelle an, weil es einen dem Schluss der mündlichen Verhandlung entsprechenden Zeitpunkt nach der VwGO nicht gibt. Die Gebührenermäßigung tritt auch ein, wenn der Kläger das Verfahren trotz Aufforderung durch das Gericht länger als drei Monate nicht betreibt und die Klage damit grundsätzlich nach § 92 Abs. 2 S. 1 VwGO als zurückgenommen gilt. 5

Unterabschnitt 2

Oberverwaltungsgericht (Verwaltungsgerichtshof)

Für erstinstanzliche Verfahren vor dem Oberverwaltungsgericht (Verwaltungsgerichtshof) 6 ist ein eigener Unterabschnitt eingestellt worden. Die Bedeutung dieser Verfahren rechtfertigt höhere Gebühren, die denen des Berufungsverfahrens entsprechen sollen. Im Übrigen entsprechen die Gebührentatbestände denen im Unterabschnitt 1. Auf das dort Gesagte wird verwiesen.

5112	Verfahren im Allgemeinen	4,0

5113   Beendigung des gesamten Verfahrens durch

     1. Zurücknahme der Klage
       a) vor dem Schluss der mündlichen Verhandlung,
       b) wenn eine solche nicht stattfindet, vor Ablauf des Tages, an dem das Urteil, der Gerichtsbescheid oder der Beschluss in der Hauptsache der Geschäftsstelle übermittelt wird,
       c) im Falle des § 93a Abs. 2 VwGO vor Ablauf der Erklärungsfrist nach § 93a Abs. 2 Satz 1 VwGO,
     2. Anerkenntnis- oder Verzichtsurteil,
     3. gerichtlichen Vergleich oder
     4. Erledigungserklärungen nach § 161 Abs. 2 VwGO, wenn keine Entscheidung über die Kosten ergeht oder die Entscheidung einer zuvor mitgeteilten Einigung der Beteiligten über die Kostentragung oder der Kostenübernahmeerklärung eines Beteiligten folgt, es sei denn, dass bereits ein anderes als eines der in Nummer 2 genannten Urteile, ein Gerichtsbescheid oder Beschluss in der Hauptsache vorausgegangen ist:

Die Gebühr 5112 ermäßigt sich auf   2,0

Die Gebühr ermäßigt sich auch, wenn mehrere Ermäßigungstatbestände erfüllt sind.

Unterabschnitt 3

Bundesverwaltungsgericht

7   Auch für erstinstanzliche Verfahren vor dem Bundesverwaltungsgericht wurde ein eigener Unterabschnitt eingestellt. Die Bedeutung dieser Verfahren rechtfertigt höhere Gebühren, die denen des Revisionsverfahrens entsprechen sollen. Im Übrigen entsprechen die Gebührentatbestände denen im Unterabschnitt 1. Auf das dort Gesagte wird verwiesen.

5114	Verfahren im Allgemeinen	5,0

5115   Beendigung des gesamten Verfahrens durch

     1. Zurücknahme der Klage
       a) vor dem Schluss der mündlichen Verhandlung,
       b) wenn eine solche nicht stattfindet, vor Ablauf des Tages, an dem das Urteil oder der Gerichtsbescheid der Geschäftsstelle übermittelt wird,

c) im Falle des § 93a Abs. 2 VwGO vor Ablauf der Erklärungsfrist nach § 93a Abs. 2 Satz 1 VwGO,

2. Anerkenntnis- oder Verzichtsurteil,

3. gerichtlichen Vergleich oder

4. Erledigungserklärungen nach § 161 Abs. 2 VwGO, wenn
   keine Entscheidung über die Kosten ergeht oder die Entscheidung einer zuvor mitgeteilten Einigung der Beteiligten über die Kostentragung oder der Kostenübernahmeerklärung eines Beteiligten folgt, es sei denn, dass
   bereits ein anderes als eines der in Nummer 2 genannten
   Urteile, ein Gerichtsbescheid oder ein Beschluss in der
   Hauptsache vorausgegangen ist:

Die Gebühr 5114 ermäßigt sich auf   3,0

Die Gebühr ermäßigt sich auch, wenn mehrere Ermäßigungstatbestände erfüllt sind.

Abschnitt 2

Zulassung und Durchführung der Berufung

5120   Verfahren über die Zulassung der Berufung:

       Soweit der Antrag abgelehnt wird   1,0

KV 5120 entspricht KV 2120 a.F. Die Gebühr KV 5120 fällt nicht an, wenn das Zulas- 8
sungsverfahren nicht als Rechtsmittelverfahren durchgeführt wird, weil sie erst mit der
Beendigung des Verfahrens fällig wird.[303] Die Gebühr für das Berufungsverfahren wird
für die Berufung im Allgemeinen erhoben (§§ 124ff. VwGO), gleichgültig, ob es sich um
eine Anschlussberufung, eine Klageerweiterung oder eine Widerklage in der Berufungsinstanz handelt. Auch die unselbständige Anschlussberufung löst die Gebühr KV 5121
aus. Ist für das **Wiederaufnahmeverfahren** (Nichtigkeits- oder Restitutionsklage, § 153
VwGO i. V. m. §§ 578ff. ZPO) das Berufungsgericht zuständig, berechnen sich auch die Gebühren nach KV 5121.

5121   Verfahren über die Zulassung der Berufung

       Soweit der Antrag zurückgenommen oder das Verfahren   0,5
       durch anderweitige Erledigung beendet wird

       Die Gebühr entsteht nicht, soweit die Berufung zugelassen wird

5122   Verfahren im Allgemeinen   4,0

KV 5122 entspricht KV 2121 a.F. Jedoch ist jetzt entsprechend der erstinstanzlichen Rege- 9
lung eine allgemeine Pauschalgebühr für das Berufungsverfahren eingeführt worden, die

---

303 Vgl. *Hornung* RPfleger 1997, 517; *Otto* JurBüro 1997, 286.

der Nummer KV 1220 in zivilprozessualen Berufungsverfahren entspricht. Bei Beendigung des Verfahrens durch Beschluss nach § 93a Abs. 2 VwGO und bei einstimmiger Entscheidung durch Beschluss nach § 130a VwGO fällt jetzt die unverminderte Verfahrensgebühr von 4,0 an. Wird das Verfahren für erledigt erklärt und muss noch über die Kosten nach dem Sach- und Streitstand entschieden werden, entsteht ebenfalls die volle Verfahrensgebühr (4,0) aus dem Hauptsachestreitwert. Wird eine Kostenentscheidung des Gerichts zum Beispiel durch einen Kostenvergleich entbehrlich, würde die Gebührenermäßigung nach KV 5123 oder nach KV 5124 greifen und somit eine Gebühr von nur 1,0 oder 2,0 anfallen.

10   Kostenrechtlich beginnt das **Berufungsverfahren** mit der Einreichung der Berufung bei dem Verwaltungs- oder Oberverwaltungsgericht und nicht erst mit der Zustellung der Berufungsschrift. Die Gebühr entsteht auch, wenn die Berufungsschrift bei einem unzuständigen Gericht eingegangen ist.

11   Bei der **Anschlussberufung** entsteht die Gebühr mit dem Eingang des Schriftsatzes, der die Anschlussberufungserklärung enthält. Das gilt auch für die unselbständige Anschlussberufung. Unerheblich ist, ob sie den gleichen Streitgegenstand wie die Berufung betrifft oder nicht. Das ist nur eine Frage der Berechnung der Höhe der Gebühr.

12   Auch für eine in der Berufungsinstanz erhobene **Zwischenfeststellungsklage (§§ 94, 173 VwGO)** sind die erhöhten Gebühren nach KV 5122 zu erheben. Bei getrennten Berufungen gegen das Vorbehaltsurteil (§ 172 VwGO) und gegen das Nachurteil fallen vor dem Berufungsgericht zwei getrennte Gebühren nach KV 5122 an, die aus dem Streitwert der beiden Berufungen jeweils zu errechnen sind. Die spätere Verbindung dieser Verfahren hat auf die Gebühren nach KV 5122 keinen Einfluss.

13   Ist die Berufungseinlegung mit einem **Prozesskostenhilfeantrag** verbunden, beginnt das Berufungsverfahren mit dem Eingang des Schriftsatzes, wenn erkennbar ist, dass die Berufung unbedingt eingelegt werden soll. Andernfalls beginnt der Berufzugsrechtszug erst, wenn und soweit dem Prozesskostenhilfeantrag stattgegeben wird. Wird ein Rechtsmittel zunächst als Berufung eingelegt, später jedoch als Beschwerde bezeichnet, entstehen für das gesamte Verfahren nur die Gebühren nach KV 5240 ff., wenn das Gericht das Rechtsmittel als Beschwerde behandelt.

14   Kostenschuldner: Vgl. §§ 22 Abs. 1, 29. **Fälligkeit:** Vgl. § 9. Eine **Vorauszahlungspflicht** besteht nicht.

5123	Beendigung des gesamten Verfahrens durch Zurücknahme der Berufung oder der Klage, bevor die Schrift zur Begründung der Berufung bei Gericht eingegangen ist:	
	Die Gebühr 5122 ermäßigt sich auf	1,0

Erledigungserklärungen nach § 161 Abs. 2 VwGO stehen der Zurücknahme gleich, wenn keine Entscheidung über die Kosten ergeht oder die Entscheidung einer zuvor mitgeteilten Einigung der Beteiligten über die Kostentragung oder der Kostenübernahmeerklärung eines Beteiligten folgt.

5124   Beendigung des gesamten Verfahrens, wenn nicht Nummer 5123 erfüllt ist, durch

    1. Zurücknahme der Berufung oder der Klage,
       a) vor dem Schluss der mündlichen Verhandlung,
       b) wenn eine solche nicht stattfindet, vor Ablauf des
          Tages, an dem das Urteil oder der Beschluss in der
          Hauptsache der Geschäftsstelle übermittelt wird,
          oder
       c) im Falle des § 93a Abs. 2 VwGO vor Ablauf der Erklä-
          rungsfrist nach § 93a Abs. 2 Satz 1 VwGO,
    2. Anerkenntnis- oder Verzichtsurteil,
    3. gerichtlichen Vergleich oder
    4. Erledigungserklärungen nach § 161 Abs. 2 VwGO, wenn
       keine Entscheidung über die Kosten ergeht oder die Ent-
       scheidung einer zuvor mitgeteilten Einigung der Betei-
       ligten über die Kostentragung oder der Kostenübernah-
       meerklärung eines Beteiligten folgt, es sei denn, dass
       bereits ein anderes als eines der in Nummer 2 genannten
       Urteile oder ein Beschluss in der Hauptsache vorausge-
       gangen ist:

Die Gebühr 5122 ermäßigt sich auf   2,0

Die Gebühr ermäßigt sich auch, wenn mehrere Ermäßigungstatbestände erfüllt sind.

Die Ermäßigungstatbestände KV 5123, 5124 entsprechen den Regelungen für das zivil- 15
prozessuale Berufungsverfahren. Insoweit wird auf die Ausführungen zu KV 1220 bis
1223 verwiesen.

Abschnitt 3

Revision

5130   Verfahren im Allgemeinen   5,0

Für die pauschale Verfahrensgebühr, die der Nummer KV 1230 in zivilprozessualen Revi- 16
sionsverfahren entspricht, ist ein Gebührensatz von 5,0 anzusetzen. Nach altem Recht fielen im Revisionsverfahren neben der Verfahrensgebühr in Höhe von 2,0 (KV 2130 a.F.)
Entscheidungsgebühren zwischen 1,5 und 3,0 (KV 2132 bis 2138 a.F.) an. Im Falle der
frühzeitigen Rücknahme der Revision ist jetzt eine Gebühr mit einem Gebührensatz von
1,0 zu erheben (KV 5131). Bei Beendigung des Verfahrens durch Beschluss nach § 93a
Abs. 2 VwGO fällt die unverminderte Verfahrensgebühr von 5,0 an. Wird das Verfahren für
erledigt erklärt und muss noch über die Kosten nach dem Sach- und Streitstand entschieden werden, verbleibt es ebenfalls bei der vollen Verfahrensgebühr (5,0) aus dem Hauptsachestreitwert. Wird jedoch eine Kostenentscheidung des Gerichts zum Beispiel durch
einen Kostenvergleich entbehrlich, würde die Gebührenermäßigung nach KV 5131 oder
nach KV 5132 greifen und somit eine Gebühr von nur 1,0 oder 3,0 anfallen.

17 Die allgemeine Verfahrensgebühr für das Revisionsverfahren entsteht mit dem Eingang der Revisionsschrift bei Gericht. Auf den Eingang der Revisionsbegründung kommt es nicht an. Die Gebühr entsteht auch bei einer selbständigen oder unselbständigen Anschlussrevision. Es ist für das Entstehen der Gebühr auch ohne Belang, ob die Revision zulässig ist oder nicht. Allerdings löst ein Verwerfungsbeschluss keine zusätzliche Gebühr aus. Gelangt die Sache nach Zurückverweisung nochmals in die Revisionsinstanz, erwächst die Gebühr KV 5130 erneut.

5131 **Beendigung des gesamten Verfahrens durch Zurücknahme der Revision oder der Klage, bevor die Schrift zur Begründung der Revision bei Gericht eingegangen ist:**

Die Gebühr 5130 ermäßigt sich auf   **1,0**

Erledigungserklärungen nach § 161 Abs. 2 VwGO stehen der Zurücknahme gleich, wenn keine Entscheidung über die Kosten ergeht oder die Entscheidung einer zuvor mitgeteilten Einigung der Beteiligten über die Kostentragung oder der Kostenübernahmeerklärung eines Beteiligten folgt.

18 Das oben zu KV 5123 Gesagte gilt entsprechend. Bei der Rücknahme kommt es allein darauf an, dass sie vor Eingang der Revisionsbegründung eingeht.[304] Wenn Revisionserklärung und -begründung zusammen (in einem Schriftsatz oder in zwei verschiedenen Schriftsätzen gleichzeitig) eingehen, kann eine Ermäßigung nicht in Betracht kommen. Für einen auf die Revisionsrücknahme folgenden Beschluss nach § 140 Abs. 2 VwGO erwächst keine besondere Gebühr. Ein vor Gericht geschlossener Prozessvergleich, der das Verfahren endgültig beendet, steht einer Zurücknahme gleich, wenn er vor Eingang der Revisionsbegründung protokolliert wird. Eine **Teilrücknahme,** die die Instanz nicht beendet, ermäßigt die Gebühr KV 5130 nicht, und zwar auch nicht teilweise.

5132 **Beendigung des gesamten Verfahrens, wenn nicht Nummer 5131 erfüllt ist, durch**

1. **Zurücknahme der Revision oder der Klage,**
   a) **vor dem Schluss der mündlichen Verhandlung,**
   b) **wenn eine solche nicht stattfindet, vor Ablauf des Tages, an dem das Urteil oder der Beschluss in der Hauptsache der Geschäftsstelle übermittelt wird, oder**
   c) **im Falle des § 93a Abs. 2 VwGO vor Ablauf der Erklärungsfrist nach § 93a Abs. 2 Satz 1 VwGO,**
2. **Anerkenntnis- oder Verzichtsurteil,**
3. **gerichtlichen Vergleich oder**
4. **Erledigungserklärungen nach § 161 Abs. 2 VwGO, wenn keine Entscheidung über die Kosten ergeht oder die Entscheidung einer zuvor mitgeteilten Einigung der Beteiligten über die Kostentragung oder der Kostenübernahmeerklärung eines Beteiligten folgt, es sei denn, dass**

---

304 Vgl. *Biehler* DStR 1975, 626.

bereits ein anderes als eines der in Nummer 2 genannten
Urteile oder ein Beschluss in der Hauptsache vorausgegangen ist:

Die Gebühr 5130 ermäßigt sich auf   3,0

Die Gebühr ermäßigt sich auch, wenn mehrere Ermäßigungstatbestände erfüllt sind.

Die Gebührenermäßigungstatbestände KV 5131, 5132 entsprechen denen des Berufungs- 19
verfahrens.

Hauptabschnitt 2
Vorläufiger Rechtsschutz

In diesen Hauptabschnitt sind die Gebührenregelungen für den einstweiligen Rechtsschutz, 20
differenziert nach Verwaltungs-, Oberverwaltungs- und Bundesverwaltungsgericht, sowie
für die Beschwerde eingestellt worden. Während im früheren Recht unabhängig von der
Ordnung des Gerichts immer gleich hohe Gebühren anfielen, wird nunmehr nach erstinstanzlicher Zuständigkeit in der Hauptsache unterschieden. Die Abschnitte 2 und 3 sind
demnach nur anzuwenden, wenn das Oberverwaltungsgericht oder das Bundesverwaltungsgericht für die Hauptsache **erstinstanzlich** zuständig ist. Dies wird durch entsprechende Vorbemerkungen zu diesen Abschnitten erreicht. Wenn das Oberverwaltungsgericht oder das Bundesverwaltungsgericht im Rechtsmittelverfahren als Gericht der
Hauptsache entscheidet, ist Abschnitt 1 anzuwenden. Die Zuständigkeit des Oberverwaltungsgerichts im ersten Rechtszug nach den §§ 47 und 48 VwGO und des Bundesverwaltungsgerichts insbesondere nach § 50 VwGO beschränkt sich auf Verfahren, die regelmäßig besonderen Aufwand erfordern. Daher sind höhere Gebühren in Höhe von 1,5
(Verwaltungsgericht), 2,0 (Oberverwaltungsgericht) und 2,5 (Bundesverwaltungsgericht)
vorgesehen. Diese Gebühren tragen der Bedeutung der Eilverfahren und dem gerichtlichen Aufwand Rechnung. Diese Verfahren verursachen vor allem wegen der Anforderungen, die aus verfassungsrechtlichen Gründen an die gerichtlichen Entscheidungen zu stellen sind, einen erheblichen Aufwand des Gerichts und stehen in aller Regel unter großem
Zeitdruck. Zudem nimmt die Entscheidung in Eilverfahren in vielen Bereichen faktisch
die Hauptsache vorweg. Der geringeren Bedeutung der Angelegenheit und dem geringeren Interesse des Antragstellers wird grundsätzlich dadurch Rechnung getragen, dass der
Gebühr – wie auch bisher – nur ein Bruchteil des Wertes der Hauptsache zugrunde gelegt
wird (vgl. § 53).

Vorbemerkung 5.2:

(1) Die Vorschriften dieses Hauptabschnitts gelten für einstweilige Anordnungen
und für Verfahren nach § 80 Abs. 5 und § 80a Abs. 3 und § 80b Abs. 2 und 3 VwGO.

(2) Im Verfahren über den Antrag auf Erlass und im Verfahren über den Antrag auf Aufhebung einer einstweiligen Anordnung werden die Gebühren jeweils gesondert erhoben. Mehrere Verfahren nach § 80 Abs. 5 und 7, § 80a Abs. 3 und § 80b Abs. 2 und 3 VwGO gelten innerhalb eines Rechtszugs als ein Verfahren.

21 Vorbemerkung 5.2 Abs. 1 ersetzt die Beschreibung des Geltungsbereichs in der Überschrift von Teil 2 Hauptabschnitt 2.

22 Vorbemerkung 5.2 Abs. 2 tritt an die Stelle der Anmerkung KV 2210 a. F. Wegen der höheren Gebührensätze im erstinstanzlichen einstweiligen Rechtsschutz ist in jedem betreffenden Abschnitt für die Verfahrensgebühr ein Ermäßigungstatbestand eingestellt. Diese Ermäßigungstatbestände entsprechen in ihrer Struktur den Ermäßigungstatbeständen für das erstinstanzliche Prozessverfahren.

Abschnitt 1

Verwaltungsgericht sowie Oberverwaltungsgericht (Verwaltungsgerichtshof) und Bundesverwaltungsgericht als Rechtsmittelgerichte in der Hauptsache

5210	Verfahren im Allgemeinen.	1,5
5211	Beendigung des gesamten Verfahrens durch	

1. Zurücknahme des Antrags
   a) vor dem Schluss der mündlichen Verhandlung, oder
   b) wenn eine solche nicht stattfindet, vor Ablauf des Tages, an dem der Beschluss der Geschäftsstelle übermittelt wird,
2. gerichtlichen Vergleich oder
3. Erledigungserklärungen nach § 161 Abs. 2 VwGO, wenn keine Entscheidung über die Kosten ergeht oder die Entscheidung einer zuvor mitgeteilten Einigung der Beteiligten über die Kostentragung oder der Kostenübernahmeerklärung eines Beteiligten folgt, es sei denn, dass bereits ein Beschluss vorausgegangen ist:

Die Gebühr 5210 ermäßigt sich auf   0,5

Die Gebühr ermäßigt sich auch, wenn mehrere Ermäßigungstatbestände erfüllt sind.

Abschnitt 2

Oberverwaltungsgericht (Verwaltungsgerichtshof)

Vorbemerkung 5.2.2:

Die Vorschriften dieses Abschnitts gelten, wenn das Oberverwaltungsgericht (Verwaltungsgerichtshof) auch in der Hauptsache erstinstanzlich zuständig ist.

5220   Verfahren im Allgemeinen   2,0

5221   Beendigung des gesamten Verfahrens durch:

     1. Zurücknahme des Antrags
        a) vor dem Schluss der mündlichen Verhandlung oder,
        b) wenn eine solche nicht stattfindet, vor Ablauf des
           Tages, an dem der Beschluss der Geschäftsstelle
           übermittelt wird,
     2. gerichtlichen Vergleich oder
     3. Erledigungserklärungen nach § 161 Abs. 2 VwGO, wenn
        keine Entscheidung über die Kosten ergeht oder die Entscheidung einer zuvor mitgeteilten Einigung der Beteiligten über die Kostentragung oder der Kostenübernahmeerklärung eines Beteiligten folgt, es sei denn, dass bereits ein Beschluss vorausgegangen ist:

     Die Gebühr 5220 ermäßigt sich auf   0,75
     Die Gebühr ermäßigt sich auch, wenn mehrere Ermäßigungstatbestände erfüllt sind.

Abschnitt 3

Bundesverwaltungsgericht

Vorbemerkung 5.2.3:

Die Vorschriften dieses Abschnitts gelten, wenn das Bundesverwaltungsgericht auch in der Hauptsache erstinstanzlich zuständig ist.

5230   Verfahren im Allgemeinen   2,5

5231   Beendigung des gesamten Verfahrens durch:

     1. Zurücknahme des Antrags
        a) vor dem Schluss der mündlichen Verhandlung
           oder,

    b) wenn eine solche nicht stattfindet, vor Ablauf des Tages, an dem der Beschluss der Geschäftsstelle übermittelt wird,

  2. gerichtlichen Vergleich oder

  3. Erledigungserklärungen nach § 161 Abs. 2 VwGO, wenn keine Entscheidung über die Kosten ergeht oder die Entscheidung einer zuvor mitgeteilten Einigung der Beteiligten über die Kostentragung oder der Kostenübernahmeerklärung eines Beteiligten folgt, es sei denn, dass bereits ein Beschluss vorausgegangen ist:

Die Gebühr 5230 ermäßigt sich auf   1,0

Die Gebühr ermäßigt sich auch, wenn mehrere Ermäßigungstatbestände erfüllt sind.

Abschnitt 4

Beschwerde

23 Die Gebühren des Abschnitts 4 sollen die Gebühren nach KV 2501 a.F. und teilweise die nach den KV 2500 und 2502 a.F. ersetzen.

Vorbemerkung 5.2.4:

Die Vorschriften dieses Abschnitts gelten für Beschwerden gegen Beschlüsse des Verwaltungsgerichts über einstweilige Anordnungen (§ 123 VwGO) und über die Aussetzung der Vollziehung (§§ 80, 80a VwGO).

24 Mit der Vorbemerkung 5.2.4 soll erreicht werden, dass dieser Abschnitt nur auf Beschwerden gegen Hauptsachebeschlüsse im einstweiligen Rechtsschutzverfahren, nicht auf Beschwerden gegen Nebenentscheidungen, Anwendung findet. Solche Beschwerden sind nur gegen Entscheidungen des Verwaltungsgerichts möglich. Dies ergibt sich aus § 152 Abs. 1 VwGO.[305]

    5240   **Verfahren über die Beschwerde**   **2,0**

25 Die Gebühr für das Beschwerdeverfahren ist mit einem Gebührensatz von 2,0 um 0,5 höher als die Gebühr für das erstinstanzliche Verfahren vor dem Verwaltungsgericht. Dies entspricht der Systematik des Gesetzes, nach der die Gebühren in höheren Instanzen grundsätzlich über den Gebühren niedrigerer Instanzen liegen sollen.

---

305 *Eyermann-Happ* VwGO, 11. Aufl., § 123, Rn. 74.

5241	Beendigung des gesamten Verfahrens durch Zurücknahme der Beschwerde:	
	Die Gebühr 5240 ermäßigt sich auf	1,0

Wegen des erhöhten Gebührensatzes KV 5240 sieht KV 5241 einen Ermäßigungstatbe- 26
stand für den Fall der Zurücknahme vor.

Hauptabschnitt 3
Besondere Verfahren

5300	Selbstständiges Beweisverfahren.	0,5

KV 5300 entspricht KV 1610 für das Zivilverfahren. Ist die Hauptsache anhängig, tritt die 27
Fälligkeit der Gebühr mit dem Ergehen der Kostenentscheidung im Hauptverfahren ein.
Anderenfalls wird die Gebühr fällig, wenn das selbstständige Beweisverfahren beendet ist.

5301	Verfahren über Anträge auf gerichtliche Handlungen der Zwangsvollstreckung nach den §§ 169, 170 oder 172 VwGO	15,00 EUR

KV 5301 ist ein Pendant zu KV 2110 für die Zwangsvollstreckung in Zivilverfahren. Das 28
dort Gesagte gilt entsprechend.

Hauptabschnitt 4
Rüge wegen Verletzung des Anspruchs auf
rechtliches Gehör

5400	Verfahren über die Rüge wegen Verletzung des Anspruchs auf rechtliches Gehör (§ 152a VwGO):	
	Die Rüge wird in vollem Umfang verworfen oder zurück-gewiesen	50,00 EUR

Die Bestimmung entspricht KV 1700 für das Zivilverfahren. Das dort Gesagte gilt entspre- 29
chend. Die Anhörungsrüge ist grundsätzlich auf Verfahrensverstöße gegen Art. 103 Abs. 1
GG begrenzt. Eine analoge Anwendung kommt allenfalls für vergleichbare Verstöße gegen
Verfahrensgrundsätze wie etwa Art. 101 Abs. 2 Satz 1 GG in Betracht. Ansonsten – etwa bei
materiell-rechtlich begründeten „greifbaren Gesetzwidrigkeiten" ist bei unanfechtbaren
verwaltungsgerichtlichen Entscheidungen nur die Gegenvorstellung möglich.[306]

---

306 VGH Mannheim NJW 2005, 920 = DÖV 2005, 315 = ZMR 2005, 489.

Hauptabschnitt 5
Sonstige Beschwerden

5500	Verfahren über die Beschwerde gegen die Nichtzulassung der Revision:	
	Soweit die Beschwerde verworfen oder zurückgewiesen wird	2,0

30 KV 5500 entspricht der Bestimmung KV 2503 a.F. Sie wird nur erhoben, wenn die Beschwerde zurückgewiesen oder verworfen wird.

5501	Verfahren über die Beschwerde gegen die Nichtzulassung der Revision:	
	Soweit die Beschwerde zurückgenommen wird oder das Verfahren durch anderweitige Erledigung beendet wird	1,0

Die Gebühr entsteht nicht, soweit die Revision zugelassen wird.

31 KV 5501 ist ein Pendant zu KV 1242 für das Zivilverfahren. Das dort Gesagte gilt entsprechend.

5502	Verfahren über nicht besonders aufgeführte Beschwerden, die nicht nach anderen Vorschriften gebührenfrei sind:	
	Die Beschwerde wird verworfen oder zurückgewiesen	50,00 EUR

Wird die Beschwerde nur teilweise verworfen oder zurückgewiesen, kann das Gericht die Gebühr nach billigem Ermessen auf die Hälfte ermäßigen oder bestimmen, dass eine Gebühr nicht zu erheben ist.

32 KV 5502 ersetzt die Bestimmungen KV 2502, 2504 a.F. und teilweise der von KV 2500 a.F. Wird in einem Verfahren (etwa nach § 80 VwGO) die Beschwerde nur teilweise zurückgenommen, ist die Gebühr aus dem Wert des zurückgewiesenen Teils zu erheben.[307]

Hauptabschnitt 6
Besondere Gebühren

5600	Abschluss eines gerichtlichen Vergleichs:	
	Soweit der Wert des Vergleichsgegenstandes den Wert des Streitgegenstandes übersteigt	0,25

Die Gebühr entsteht nicht im Verfahren über die Prozesskostenhilfe.

33 Das zu KV 1900 Gesagte gilt hier entsprechend. Der Vergleich muss in einem verwaltungsgerichtlichen Verfahren geschlossen und protokolliert worden sein. Es reicht aus, wenn es

307 VGH Mannheim NVwZ-RR 2000, 731.

ein selbstständiges Beweisverfahren, ein Eilverfahren oder ein Beschwerdeverfahren ist. Kein Vergleich in diesem Sinne liegt vor, wenn die Parteien dem Gericht einen außergerichtlichen Vergleich mitteilen und/oder daraufhin den Rechtsstreit in der Hauptsache für erledigt erklären.

5601	Auferlegung einer Gebühr nach § 38 GKG wegen Verzögerung des Rechtsstreits.	wie vom Gericht bestimmt

Die Bestimmung entspricht KV 1901 für das Zivilverfahren.   34

Teil 6
Verfahren vor den Gerichten der Finanzgerichtsbarkeit

Teil regelt die Gebühren für Verfahren vor den Gerichten der Finanzgerichtsbarkeit und 1 entspricht dem Teil 3 KV a. F. Auch in diesem Bereich soll für alle Rechtszüge das Pauschalgebührensystem eingeführt werden. Die Struktur der Regelungen für das verwaltungsgerichtliche Verfahren ist weitgehend übernommen worden.

Die Vorschriften des Teils 6 regeln die im finanzgerichtlichen Verfahren möglichen Ge- 2 bühren abschließend. Es fallen daher für die eidliche Vernehmung eines Auskunftspflichtigen durch das Finanzgericht oder das Amtsgericht und für die Beeidigung eines Gutachtens vor diesen Gerichten (§§ 94, 96 Abs. 7 AO) keine Gebühren nach dem GKG an. Auf das Verfahren nach der AO ist das GKG nicht anwendbar.

Hauptabschnitt 1
Prozessverfahren

Abschnitt 1

Zu Abschnitt 1

Erster Rechtszug

6110	Verfahren im Allgemeinen, soweit es sich nicht nach § 45 Abs. 3 FGO erledigt.	4,0

Die Vorschrift entspricht der KV 5110 für das verwaltungsgerichtliche Verfahren. Der Ge- 3 bührensatz von 4,0 entspricht jedoch der Regelung für erstinstanzliche Verfahren vor den Oberverwaltungsgerichten. Da das Finanzgericht wie das Oberverwaltungsgericht ein mit Richterinnen und Richtern in Beförderungsämtern besetztes oberes Landesgericht ist, ist die Gebührenhöhe angeglichen worden. Verfahren vor den Finanzgerichten können nach Umfang und Bedeutung den Rechtsmittelverfahren in anderen Gerichtsbarkeiten durchaus gleichgesetzt werden.

4   Die Gebühr ist eine Pauschalgebühr und wird demgemäß innerhalb einer Instanz aus demselben Streitgegenstand nur einmal erhoben (§ 35). Unter Prozessverfahren ist das Verfahren zu verstehen, das regelmäßig mit der Klage beginnt und durch Endurteil, Klagerücknahme oder sonstige Erledigung abgeschlossen wird. Ein Vorbescheid (§ 90 Abs. 3 FGO) schließt die Instanz nur ab, wenn kein Antrag auf mündliche Verhandlung gestellt wird und er deshalb wie ein Endurteil wirkt. Andernfalls beendet er die Instanz nicht, so dass bei Fortsetzung des Verfahrens die Gebühr nicht noch einmal anfällt. Ein Wiederaufnahmeverfahren (§ 134 FGO) ist gegenüber dem vorangegangenen Verfahren ein eigenständiges Prozessverfahren.

5   Abdeckungsbereich: Weil die Gebühr KV 6110 als Verfahrensgebühr für das Verfahren im Allgemeinen erhoben wird, deckt sie alle im Verfahren der Instanz erfolgenden Handlungen ab, soweit sie nicht wie Urteile oder Beschlüsse einer besonderen Gebühr unterworfen sind. Nicht zur Instanz zählen das Vorverfahren (§ 44 FGO) und die gebührenrechtlich besonders geregelten Verfahren der einstweiligen Anordnung und nach § 69 Abs. 3, 4 FGO, das selbständige Beweisverfahren und das Beschwerdeverfahren.

6   Die Gebühr **entsteht** mit dem Eingang der Klage bei Gericht, und zwar auch bei einem unzuständigen Gericht. Sie entsteht ebenso mit einer entsprechenden Erklärung zur Niederschrift des Urkundsbeamten der Geschäftsstelle bei Gericht. Eine Unterschrift ist erforderlich. Wenn die Klage nicht bei Gericht, sondern bei der Behörde eingereicht oder zur Niederschrift erklärt wurde, entsteht die Gebühr erst, wenn die Klageschrift bei Gericht eingeht (§ 47 Abs. 2 S. 2 FGO). Wenn auch nach § 47 Abs. 2 FGO die Klagefrist als gewahrt gilt, wird damit doch nur eine Prozessvoraussetzung erbracht. Das ändert nichts daran, dass die Klage gemäß § 67 FGO bei Gericht zu erheben ist und erst dadurch die Rechtshängigkeit begründet wird (§ 66 Abs. 1 FGO).[308] Auch eine nur vorsorglich eingereichte Klage lässt die Gebühr 3110 erwachsen. Die **Sprungklage** nach § 45 FGO lässt die Verfahrensgebühr zunächst entstehen, wenn die Behörde zustimmt. Verweigert die Behörde ihre Zustimmung, ist die Klage gemäß § 45 Abs. 1 S. 2 FGO als Einspruch zu behandeln. Die Gebühr gilt dann als nicht entstanden. Im Falle der **Untätigkeitsklage** (§ 46 FGO) bleibt die mit dem Eingang der Klage erwachsene Verfahrensgebühr bestehen, wenn das Gericht das Verfahren unter Fristsetzung aussetzt und die Behörde innerhalb der Frist dem außergerichtlichen Rechtsbehelf stattgibt oder den beantragten Verwaltungsakt erlässt. Denn in diesem Falle ist der Rechtsstreit in der Hauptsache als erledigt anzusehen (§ 46 Abs. 1 S. 3 FGO). Bei Beendigung des Verfahrens durch **Gerichtsbescheid** entsteht die unverminderte Verfahrensgebühr von 4,0. Die Gebühr ist auch zu erheben, wenn eine Partei die mündliche Verhandlung beantragt und wenn sich Hauptsache dann erledigt hat.[309]

6111   Beendigung des gesamten Verfahrens durch

     1. Zurücknahme der Klage
        a) vor dem Schluss der mündlichen Verhandlung oder,

---

308 Vgl. BFH BStBl. II 1977, 841.
309 FG Wiesbaden EFG 1980, 359.

b) wenn eine solche nicht stattfindet, vor Ablauf des Tages, an dem das Urteil oder der Gerichtsbescheid der
Geschäftsstelle übermittelt wird, oder

2. Beschluss in den Fällen des § 138 Abs. 2 FGO, es sei
denn, dass bereits ein Urteil oder ein Gerichtsbescheid
vorausgegangen ist:

Die Gebühr 6110 ermäßigt sich auf   2,0

Die Gebühr ermäßigt sich auch, wenn mehrere Ermäßigungstatbestände erfüllt sind.

Im Falle der Rücknahme fällt jetzt stets eine Gebühr mit einem Gebührensatz von 2,0 an. 7
Endet das Verfahren durch Beschluss nach § 138 der Finanzgerichtsordnung (FGO), kommt
die Gebührenermäßigung – anders als in den übrigen Gerichtszweigen – grundsätzlich
zum Tragen, weil im finanzgerichtlichen Verfahren die Kosten nicht der Disposition der
Parteien unterliegen;[310] ein Kostenvergleich ist nicht möglich.[311] Gleichwohl soll auch im
finanzgerichtlichen Verfahren ein Anreiz für eine außergerichtliche Erledigung gegeben
werden.

Abschnitt 2

Revision

Für die pauschale Verfahrensgebühr ist, entsprechend dem Gebührensatz für die Revision 8
im verwaltungsgerichtlichen Verfahren (KV 5130), ein Gebührensatz von 5,0 bestimmt.

6120	Verfahren im Allgemeinen.	5,0

6121   Beendigung des gesamten Verfahrens durch Zurücknahme
der Revision oder der Klage, bevor die Schrift zur Begründung der Revision bei Gericht eingegangen ist:

Die Gebühr 6120 ermäßigt sich auf   1,0

Erledigungen in den Fällen des § 138 Abs. 2 FGO stehen der Zurücknahme
gleich.

6122   Beendigung des gesamten Verfahrens, wenn nicht Nummer 6121 erfüllt ist, durch
1. Zurücknahme der Revision oder der Klage a) vor dem
Schluss der mündlichen Verhandlung b) wenn eine solche nicht stattfindet, vor Ablauf des Tages, an dem das
Urteil, der Gerichtsbescheid oder der Beschluss in der
Hauptsache der Geschäftsstelle übermittelt wird, oder
2. Beschluss in den Fällen des § 138 Abs. 2 FGO, es sei

---

310 Vgl. *Tipke/Kruse* FGO, Stand: August 2002, § 138, Rn. 78.
311 Vgl. *Tipke/Kruse* a. a. O., § 95, Rn. 6.

denn, dass bereits ein Urteil, ein Gerichtsbescheid oder
ein Beschluss in der Hauptsache vorausgegangen ist:

Die Gebühr 6120 ermäßigt sich auf   3,0

Die Gebühr ermäßigt sich auch, wenn mehrere Ermäßigungstatbestände erfüllt sind.

Hauptabschnitt 2
Vorläufiger Rechtsschutz

9   Die Gebührenstruktur für Verfahren des einstweiligen Rechtsschutzes entspricht der für das verwaltungsgerichtliche Verfahren. Nicht übernommen ist die Gebühr für das Verfahren über die Zulassung der Beschwerde, weil es ein solches Verfahren vor dem Bundesfinanzhof nicht gibt. Im Übrigen wird auf das zu Teil 5 Hauptabschnitt 2 Gesagte verwiesen.

Vorbemerkung 6.2:

(1) Die Vorschriften dieses Hauptabschnitts gelten für einstweilige Anordnungen und für Verfahren nach § 69 Abs. 3 und 5 FGO.

(2) Im Verfahren über den Antrag auf Erlass und im Verfahren über den Antrag auf Aufhebung einer einstweiligen Anordnung werden die Gebühren jeweils gesondert erhoben. Mehrere Verfahren nach § 69 Abs. 3 und 5 FGO gelten innerhalb eines Rechtszugs als ein Verfahren.

Abschnitt 1

Erster Rechtszug

6210   Verfahren im Allgemeinen

6211   Beendigung des gesamten Verfahrens durch   2,0

         1. Zurücknahme des Antrags
            a) vor dem Schluss der mündlichen Verhandlung oder,
            b) wenn eine solche nicht stattfindet, vor Ablauf des
                Tages, an dem der Beschluss (§ 114 Abs. 4 FGO) der
                Geschäftsstelle übermittelt wird, oder
         2. Beschluss in den Fällen des § 138 Abs. 2 FGO, es sei
            denn, dass bereits ein Beschluss nach § 114 Abs. 4 FGO
            vorausgegangen ist:

Die Gebühr 6210 ermäßigt sich auf   0,75

Die Gebühr ermäßigt sich auch, wenn mehrere Ermäßigungstatbestände erfüllt sind.

Abschnitt 2

Beschwerde

Vorbemerkung 6.2.2:

Die Vorschriften dieses Abschnitts gelten für Beschwerden gegen Beschlüsse über einstweilige Anordnungen (§ 114 FGO) und über die Aussetzung der Vollziehung (§ 69 Abs. 3 und 5 FGO).

6220	Verfahren über die Beschwerde.	2,0
6221	Beendigung des gesamten Verfahrens durch Zurücknahme der Beschwerde:	
	Die Gebühr 6220 ermäßigt sich auf	1,0

Hauptabschnitt 3
Besondere Verfahren

Die Gebühren entsprechen denen für das verwaltungsgerichtliche Verfahren in Teil 5   10
Hauptabschnitt 3. Auf das dazu Gesagte wird Bezug genommen. Die Gebühr KV 6301 ist neu. Es ist kein Grund ersichtlich, weshalb in diesen Verfahren – anders als in entsprechenden Verfahren vor dem Verwaltungsgericht – keine Gebühren erhoben werden sollen.

6300	Selbstständiges Beweisverfahren	1,0
6301	Verfahren über Anträge auf gerichtliche Handlungen der Zwangsvollstreckung gemäß § 152 FGO	15,00 EUR

Hauptabschnitt 4
Rüge wegen Verletzung des Anspruchs auf rechtliches Gehör

Dieser Hauptabschnitt übernimmt die Regelung aus Teil 1 Hauptabschnitt 7 für die Ver-   11
fahren vor den Gerichten der Finanzgerichtsbarkeit.

6400	Verfahren über die Rüge wegen Verletzung des Anspruchs auf rechtliches Gehör (§ 133a FGO):

Die Rüge wird in vollem Umfang verworfen oder zurück-   50,00 EUR
gewiesen

Hauptabschnitt 5
Sonstige Beschwerden

6500   Verfahren über die Beschwerde gegen die Nichtzulassung
       der Revision:

       Soweit die Beschwerde verworfen oder zurückgewiesen   2,0
       wird

6501   Verfahren über die Beschwerde gegen die Nichtzulassung
       der Revision:

       Soweit die Beschwerde zurückgenommen oder das Verfah-   1,0
       ren durch anderweitige Erledigung beendet wird

       Die Gebühr entsteht nicht, soweit die Revision zugelassen wird.

6502   Verfahren über nicht besonders aufgeführte Beschwerden,
       die nicht nach anderen Vorschriften gebührenfrei sind:

       Die Beschwerde wird verworfen oder zurückgewiesen   50,00 EUR

       Wird die Beschwerde nur teilweise verworfen oder zurückgewiesen, kann
       das Gericht die Gebühr nach billigem Ermessen auf die Hälfte ermäßigen
       oder bestimmen, dass eine Gebühr nicht zu erheben ist.

12 KV 6502 tritt an die Stelle der Nummer 3403 a.F. Wie in den übrigen Gerichtszweigen ist
auch hier der Auffangtatbestand als Festgebühr ausgestaltet worden.

Hauptabschnitt 6
Besondere Gebühr

6600   Auferlegung einer Gebühr nach § 38 GKG wegen Verzöge-   wie vom Ge-
       rung des Rechtsstreits   richt bestimmt

Teil 7
Verfahren vor den Gerichten der
Sozialgerichtsbarkeit

Allgemeines: Teil 7 regelt die Gebühren für Verfahren vor den Gerichten der Sozialge-   1
richtsbarkeit. Die Vorschriften treten an die Stelle von KV 4110 bis 4420 a.F. Auch in diesem Bereich ist für alle Rechtszüge das Pauschalgebührensystem eingeführt worden. Die
Struktur der Regelungen für das verwaltungsgerichtliche Verfahren wurde weitgehend
übernommen. Für die Zukunft soll die – noch gegebene – Gerichtskostenfreiheit für die
Sozialgerichtsbarkeit völlig abgeschafft werden. Geplant ist die Einführung von Gerichtsgebühren in pauschalierter Form von allen Rechtsuchenden vor Sozialgerichten im Un-
terliegensfall. Der entsprechende Gesetzesentwurf (BT-Drs. 16/1028 vom 23. 3. 2006) ist
beim Bundestag eingebracht.

Auch nach der Neufassung des SGG bleibt das sozialgerichtliche Verfahren für einen privi-   2
legierten Personenkreis (z.B. Versicherte, Leistungsempfänger einschließlich Hinterbliebenenleistungsempfänger, Behinderte) gerichtskostenfrei (§ 183 S. 1 SGG). Kläger und
Beklagte, die nicht zu dem privilegierten Personenkreis gehören, haben für jede Streitsache eine Gebühr zu entrichten, deren Höhe sich nach KV Teil 7 bestimmt. Die Gebühr entsteht, sobald die Streitsache rechtshängig geworden ist (§ 184 Abs. 1, Abs. 2 SGG).

In den Verfahren, in denen nur eine Partei zu dem privilegierten Personenkreis gehört,   3
fällt für die Gegenpartei nur eine Pauschalgebühr von 150 €–300 € an (§ 184 Abs. 2 SGG).
Wenn und soweit in den §§ 183–197 SGG nicht ausdrücklich etwas anderes bestimmt ist,
gilt das GKG auch insoweit. So werden z.B. immer dann, wenn nach §§ 183 – 197 SGG nur
Gebührenfreiheit statuiert ist, Auslagen nach Maßgabe KV-GKG Teil 9 erhoben.

Für alle anderen Verfahren der Sozialgerichtsbarkeit ist eine Kostenfreiheit nicht mehr ge-   4
rechtfertigt.[312] Nach § 197a SGG werden in solchen Verfahren Kosten nach dem GKG erhoben. Außerdem sind die Regelungen der VwGO entsprechend anzuwenden, so dass
über § 197a Abs. 1 (Hs. 1), 2 SGG die Kostenregelungen für das Vorverfahren und die Beigeordneten (§§ 154–162 VwGO) anwendbar sind, mit Ausnahme der Regelung für die
Klagerücknahme des § 161 Abs. 2 VwGO. Insoweit gilt § 155 Abs. 2 VwGO (§ 197a Abs. 2
S. 2 SGG).

Beigeladene: Nach §§ 197a Abs. 2 SGG können dem Beigeladenen neben den Fällen des   5
154 Abs. 3 VwGO auch dann Kosten auferlegt werden, wenn er gemäß § 75 Abs. 5 SGG als
Beigeladener verurteilt wird. In allen übrigen Fällen trägt der Beigeladene – wie bisher –
kein Kostenrisiko. Gehört der Beigeladene zum privilegierten Personenkreis gem. § 183
SGG, werden ihm auch keine Kosten auferlegt.

Wenn und soweit die Voraussetzungen des § 192 SGG (schuldhaft verursachte Kosten) ge-   6
geben sind, können sie auch dem Beigeladenen und den Angehörigen des privilegierten
Personenkreises auferlegt werden. Das Gleiche gilt auch für die Verzögerungsgebühr nach
KV 7601.

---

312 Dazu bei *Meyer-Ladewig* Rn. 4 ff.

Hauptabschnitt 1
Prozessverfahren

Abschnitt 1

Erster Rechtszug

7110	Verfahren im Allgemeinen	3,0

7 Die Vorschrift entspricht der KV 5110 für das verwaltungsgerichtliche Verfahren. Bei Beendigung des Verfahrens durch Gerichtsbescheid entsteht die unverminderte Verfahrensgebühr von 3,0. Wird das Verfahren für erledigt erklärt oder wird das Anerkenntnis angenommen (§ 101 Abs. 2 des Sozialgerichtsgesetzes – SGG) und muss noch über die Kosten nach dem Sach- und Streitstand entschieden werden, entsteht ebenfalls die volle Verfahrensgebühr (3,0) aus dem Hauptsachestreitwert. Wird eine Kostenentscheidung des Gerichts zum Beispiel durch einen Kostenvergleich entbehrlich, greift die Gebührenermäßigung nach KV 7111 und somit fällt lediglich eine Gebühr von 1,0 an. Ist ein Mahnverfahren (§ 182a SGG) vorausgegangen, gehören die Kosten des Mahnverfahrens zu denen des Streitverfahrens und sind nach allgemeinen Regeln (KV 1210) anzurechnen.[313]

7111	Beendigung des gesamten Verfahrens durch	

    1. **Zurücknahme der Klage**
        a) vor dem Schluss der mündlichen Verhandlung oder,
        b) wenn eine solche nicht stattfindet, vor Ablauf des Tages, an dem das Urteil oder der Gerichtsbescheid der Geschäftsstelle übermittelt wird,
    2. **Anerkenntnisurteil,**
    3. **gerichtlichen Vergleich oder angenommenes Anerkenntnis oder**
    4. **Erledigungserklärungen nach § 197a Abs. 1 Satz 1 SGG i. V. m. § 161 Abs. 2 VwGO, wenn keine Entscheidung über die Kosten ergeht oder die Entscheidung einer zuvor mitgeteilten Einigung der Beteiligten über die Kostentragung oder der Kostenübernahmeerklärung eines Beteiligten folgt, es sei denn, dass bereits ein Urteil oder ein Gerichtsbescheid vorausgegangen ist:**

Die Gebühr 7110 ermäßigt sich auf	1,0

Die Gebühr ermäßigt sich auch, wenn mehrere Ermäßigungstatbestände erfüllt sind.

8 Die Vorschrift entspricht weitgehend der KV 5111 für das verwaltungsgerichtliche Verfahren. Auf das dort Gesagte wird verwiesen. In Nummer 2 wird das Verzichtsurteil nicht ge-

---

313 *Meyer-Ladewig* § 182a Rn. 11 und § 184 Rn. 9.

nannt, weil es ein solches im sozialgerichtlichen Verfahren nicht gibt.[314] Neben dem gerichtlichen Vergleich wird in Nummer 3 das den übrigen Verfahrensordnungen unbekannte „angenommene Anerkenntnis" (§ 101 Abs. 2 SGG) genannt.

Abschnitt 2

Berufung

7120   Verfahren im Allgemeinen   4,0

Für die pauschale Verfahrensgebühr KV 7120, die der Nummer KV 1220 in zivilprozessua- 9
len Berufungsverfahren entspricht, ist ein Gebührensatz von 4,0 anzusetzen. Bei Beendigung des Verfahrens durch einstimmigen Beschluss nach § 153 Abs. 4 SGG entsteht die unverminderte Verfahrensgebühr von 4,0. Wird das Verfahren für erledigt erklärt und muss noch über die Kosten nach dem Sach- und Streitstand entschieden werden, fällt ebenfalls die volle Verfahrensgebühr (4,0) aus dem Hauptsachestreitwert an. Wird eine Kostenentscheidung des Gerichts zum Beispiel durch einen Kostenvergleich entbehrlich, greift die Gebührenermäßigung nach KV 7122, so dass dann eine Gebühr von nur 2,0 anfällt.

7121   Beendigung des gesamten Verfahrens durch Zurücknahme der Berufung oder der Klage, bevor die Schrift zur Begründung der Berufung bei Gericht eingegangen ist und vor Ablauf des Tages, an dem die Verfügung mit der Bestimmung des Termins zur mündlichen Verhandlung der Geschäftsstelle übermittelt wird und vor Ablauf des Tages, an dem die den Beteiligten gesetzte Frist zur Äußerung abgelaufen ist (§ 153 Abs. 4 Satz 2 SGG):

Die Gebühr 7120 ermäßigt sich auf   1,0

Erledigungserklärungen nach § 197a Abs. 1 Satz 1 SGG i. V. m. § 161 Abs. 2 VwGO stehen der Zurücknahme gleich, wenn keine Entscheidung über die Kosten ergeht oder die Entscheidung einer zuvor mitgeteilten Einigung der Beteiligten über die Kostentragung oder der Kostenübernahmeerklärung eines Beteiligten folgt.

Der Ermäßigungstatbestand KV 7121 für eine frühzeitige Zurücknahme der Berufung er- 10
fordert im Hinblick auf die verfahrensrechtlichen Unterschiede zum zivilprozessualen Berufungsverfahren eine abweichende Ausgestaltung. Insbesondere sieht das Sozialgerichtsgesetz keine Pflicht zur Begründung der Berufung vor. Gleichwohl wird als erste Alternative auf den Eingang der Schrift zur Begründung der Berufung abgestellt, weil sich das Gericht spätestens nach deren Eingang mit dem Streitstoff befassen muss. Wird die Berufung nicht begründet, hat sich das Gericht spätestens dann mit dem Streitstoff befasst, wenn es einen Termin zur mündlichen Verhandlung bestimmt oder einstimmig zu

---

314 *Meyer-Ladewig* § 101 Rn. 19.

dem Ergebnis kommt, dass die Berufung unbegründet und eine mündliche Verhandlung nicht erforderlich ist (§ 153 Abs. 4 SGG).

| 7122 | Beendigung des gesamten Verfahrens, wenn nicht Nummer 7121 erfüllt ist, durch |

1. Zurücknahme der Berufung oder der Klage
   a) vor dem Schluss der mündlichen Verhandlung, oder
   b) wenn eine solche nicht stattfindet, vor Ablauf des Tages, an dem das Urteil oder der Beschluss in der Hauptsache der Geschäftsstelle übermittelt wird,
2. Anerkenntnisurteil,
3. gerichtlichen Vergleich oder angenommenes Anerkenntnis oder
4. Erledigungserklärungen nach § 197a Abs. 1 Satz 1 SGG i. V. m. § 161 Abs. 2 VwGO, wenn keine Entscheidung über die Kosten ergeht oder die Entscheidung einer zuvor mitgeteilten Einigung der Beteiligten über die Kostentragung oder der Kostenübernahmeerklärung eines Beteiligten folgt, es sei denn, dass bereits ein Urteil oder ein Beschluss in der Hauptsache vorausgegangen ist:

Die Gebühr 7120 ermäßigt sich auf   2,0

Die Gebühr ermäßigt sich auch, wenn mehrere Ermäßigungstatbestände erfüllt sind.

11 Der Ermäßigungstatbestand KV 7122 entspricht weitgehend der Regelung für das verwaltungsgerichtliche Berufungsverfahren. Insoweit wird auf die Ausführungen zu KV 5123 verwiesen. Wegen der Abweichungen wird auf die Begründung zu KV 7111 verwiesen.

Abschnitt 3

Revision

| 7130 | Verfahren im Allgemeinen | 5,0 |

12 Für die pauschale Verfahrensgebühr KV 7130, die der KV 1230 in zivilprozessualen Revisionsverfahren entspricht, gilt ein Gebührensatz von 5,0. Nach früherem Recht fielen im Revisionsverfahren neben der Verfahrensgebühr in Höhe von 2,0 Entscheidungsgebühren zwischen 1,5 und 3,0 an. Im Falle der frühzeitigen Rücknahme der Revision ist jetzt eine Gebühr mit einem Gebührensatz von 1,0 zu erheben (KV 7131), während nach früherem Recht nur eine Gebühr mit einem Gebührensatz von 0,5 anfiel. Wird das Verfahren für erledigt erklärt und muss noch über die Kosten nach dem Sach- und Streitstand entschieden werden, fällt ebenfalls die volle Verfahrensgebühr (5,0) aus dem Hauptsachestreitwert an. Wird eine Kostenentscheidung des Gerichts zum Beispiel durch einen Kostenvergleich

entbehrlich, greift die Gebührenermäßigung nach KV 7131 oder nach KV 7132, so dass dann eine Gebühr von nur 1,0 oder 3,0 anfällt.

7131   Beendigung des gesamten Verfahrens durch Zurücknahme
        der Revision oder der Klage, bevor die Schrift zur Begrün-
        dung der Revision bei Gericht eingegangen ist:

        Die Gebühr 7130 ermäßigt sich auf   1,0

        Erledigungserklärungen nach § 197a Abs. 1 Satz 1 SGG i.V.m. § 161 Abs. 2
        VwGO stehen der Zurücknahme gleich, wenn keine Entscheidung über die
        Kosten ergeht oder die Entscheidung einer zuvor mitgeteilten Einigung der
        Beteiligten über die Kostentragung oder der Kostenübernahmeerklärung
        eines Beteiligten folgt.

7132   Beendigung des gesamten Verfahrens, wenn nicht Num-
        mer 7131 erfüllt ist, durch

        1. Zurücknahme der Revision oder der Klage,
           a) vor dem Schluss der mündlichen Verhandlung,
              oder
           b) wenn eine solche nicht stattfindet, vor Ablauf des
              Tages, an dem das Urteil oder der Beschluss in der
              Hauptsache der Geschäftsstelle übermittelt wird,
        2. Anerkenntnisurteil,
        3. gerichtlichen Vergleich oder angenommenes Aner-
           kenntnis oder
        4. Erledigungserklärungen nach § 197a Abs. 1 Satz 1 SGG
           i.V.m. § 161 Abs. 2 VwGO, wenn keine Entscheidung
           über die Kosten ergeht oder die Entscheidung einer zu-
           vor mitgeteilten Einigung der Beteiligten über die Kos-
           tentragung oder der Kostenübernahmeerklärung eines
           Beteiligten folgt, wenn nicht bereits ein Urteil oder ein
           Beschluss in der Hauptsache vorausgegangen ist:

        Die Gebühr 7130 ermäßigt sich auf   3,0

        Die Gebühr ermäßigt sich auch, wenn mehrere Ermäßigungstatbestände er-
        füllt sind.

Die Ermäßigungstatbestände KV 7131 und 7132 entsprechen weitgehend den Regelungen   13
für das verwaltungsgerichtliche Revisionsverfahren. Insoweit wird auf die Ausführungen
zu KV 5131 und 5132 verwiesen. Wegen der Abweichungen wird auf das zu KV 7111 Gesagte verwiesen.

Hauptabschnitt 2
Vorläufiger Rechtsschutz

14   Die Regelungen für die Verfahren des einstweiligen Rechtsschutzes entsprechen im Wesentlichen den für das Verfahren vor dem Verwaltungsgericht geltenden Vorschriften in Teil 5 Hauptabschnitt 2. Eine Differenzierung nach der Ordnung des Gerichts ist im sozialgerichtlichen Verfahren nicht erforderlich, weil es keine erstinstanzlichen Zuständigkeiten des Landessozialgerichts in der Hauptsache gibt und weil in den Verfahren, in denen das Bundessozialgericht erstinstanzliches Hauptsachegericht ist (§ 39 Abs. 2 S. 1 SGG), die Beteiligten Kostenfreiheit nach § 2 Abs. 1 genießen.

Vorbemerkung 7.2:

(1) Die Vorschriften dieses Hauptabschnitts gelten für einstweilige Anordnungen und für Verfahren nach § 86b Abs. 1 SGG.

(2) Im Verfahren über den Antrag auf Erlass und im Verfahren über den Antrag auf Aufhebung einer einstweiligen Anordnung werden die Gebühren jeweils gesondert erhoben. Mehrere Verfahren nach § 86b Abs. 1 gelten innerhalb eines Rechtszugs als ein Verfahren.

Abschnitt 1

Erster Rechtszug

7210	Verfahren im Allgemeinen	1,5
7211	Beendigung des gesamten Verfahrens durch	

  1. Zurücknahme des Antrags
     a) vor dem Schluss der mündlichen Verhandlung oder,
     b) wenn eine solche nicht stattfindet, vor Ablauf des Tages, an dem der Beschluss (§ 86b Abs. 4 SGG) der Geschäftsstelle übermittelt wird,
  2. gerichtlichen Vergleich oder angenommenes Anerkenntnis oder
  3. Erledigungserklärungen nach § 197a Abs. 1 Satz 1 SGG i.V.m. § 161 Abs. 2 VwGO, wenn keine Entscheidung über die Kosten ergeht oder die Entscheidung einer zuvor mitgeteilten Einigung der Beteiligten über die Kostentragung oder der Kostenübernahmeerklärung eines Beteiligten folgt, es sei denn, dass bereits ein Beschluss (§ 86b Abs. 4 SGG) vorausgegangen ist:

Die Gebühr 7210 ermäßigt sich auf   0,5

Die Gebühr ermäßigt sich auch, wenn mehrere Ermäßigungstatbestände erfüllt sind.

Abschnitt 2

Beschwerde

Vorbemerkung 7.2.2:

Die Vorschriften dieses Abschnitts gelten für Beschwerden gegen Beschlüsse des Sozialgerichts nach § 86b SGG.

7220	Verfahren über die Beschwerde.	2,0
7221	Beendigung des gesamten Verfahrens durch Zurücknahme der Beschwerde:	
	Die Gebühr 7220 ermäßigt sich auf	1,0

Hauptabschnitt 3
Beweissicherungsverfahren

7300	Verfahren im Allgemeinen	1,0

Hauptabschnitt 4
Rüge wegen Verletzung des Anspruchs auf rechtliches Gehör

Dieser Hauptabschnitt übernimmt die Regelung aus Teil 1 Hauptabschnitt 7 für die Verfahren vor den Gerichten der Sozialgerichtsbarkeit. 15

7400	Verfahren über die Rüge wegen Verletzung des Anspruchs auf rechtliches Gehör (§ 178a SGG):	
	Die Rüge wird in vollem Umfang verworfen oder zurückgewiesen	50,00 EUR

Hauptabschnitt 5
Sonstige Beschwerden

16 Die Regelungen KV 7500–7503 treten teilweise an die Stelle von KV 4420 a.F. Wie im verwaltungsgerichtlichen Verfahren ist für die Beschwerde gegen die Nichtzulassung der Revision in KV 7502 ein Gebührensatz von 2,0 eingeführt. Für die Beschwerde gegen die Nichtzulassung der Berufung ist dementsprechend in KV 7500 eine um 0,5 geringere Gebühr eingestellt. Im Übrigen wird wegen der KV 7501 und 7503 auf die Ausführungen zu KV 1242 Bezug genommen.

7500	Verfahren über die Beschwerde gegen die Nichtzulassung der Berufung:	
	Soweit die Beschwerde verworfen oder zurückgewiesen wird	1,5
7501	Verfahren über die Beschwerde gegen die Nichtzulassung der Berufung:	
	Soweit die Beschwerde zurückgenommen wird	0,75
7502	Verfahren über die Beschwerde gegen die Nichtzulassung der Revision:	
	Soweit die Beschwerde verworfen oder zurückgewiesen wird	2,0
7503	Verfahren über die Beschwerde gegen die Nichtzulassung der Revision:	
	Soweit die Beschwerde zurückgenommen wird	1,0
7504	Verfahren über nicht besonders aufgeführte Beschwerden, die nicht nach anderen Vorschriften gebührenfrei sind:	
	Die Beschwerde wird verworfen oder zurückgewiesen	50,00 EUR

Wird die Beschwerde nur teilweise verworfen oder zurückgewiesen, kann das Gericht die Gebühr nach billigem Ermessen auf die Hälfte ermäßigen oder bestimmen, dass eine Gebühr nicht zu erheben ist.

Hauptabschnitt 6
Besondere Gebühren

7600	Abschluss eines gerichtlichen Vergleichs:	
	Soweit der Wert des Vergleichsgegenstandes den Wert des Streitgegenstandes übersteigt	0,25
	Die Gebühr entsteht nicht im Verfahren über die Prozesskostenhilfe.	

7601	Auferlegung einer Gebühr nach § 38 GKG wegen Verzögerung des Rechtsstreits	wie vom Gericht bestimmt

Teil 8
Verfahren vor den Gerichten der Arbeitsgerichtsbarkeit

Im Teil 8 die Gebührenvorschriften für Verfahren vor den Gerichten der Arbeitsgerichtsbarkeit aus der Anlage 1 (zu § 12 Abs. 1 ArbGG a.F.) zum Arbeitsgerichtsgesetz übernommen worden. Wie im früheren Recht liegt das Gebührenniveau zwar unter dem der Verfahren nach der Zivilprozessordnung, jedoch sollen die Prozessparteien stärker an den Kosten der Verfahren beteiligt werden. Um die Gebührenvorschriften in die Struktur des GKG einzupassen, ist die bisherige Gebührentabelle der Anlage 2 (zu § 12 Abs. 2 ArbGG a.F.) zum Arbeitsgerichtsgesetz mit den hierauf abgestimmten Gebührensätzen in Anlage 1 (zu § 12 Abs. 1 ArbGG a.F.) nicht übernommen, sondern die Gebührensätze für Verfahren in Arbeitssachen um 20% zu reduziert worden. 1

Auch in diesem Bereich ist für alle Rechtszüge das Pauschalgebührensystem eingeführt worden. Die Struktur der Regelungen unterscheidet sich aber in einigen Punkten im Hinblick auf die Besonderheiten des Arbeitsgerichtsprozesses von denen des Zivilprozessverfahrens. Beispielsweise ist in der Vorbemerkung 8 bestimmt, dass die Verfahrensgebühr derjenigen Instanz entfällt, in der die Parteien den gesamten Rechtsstreit durch Vergleich beenden. Damit soll grundsätzlich jede Form der Verständigung zwischen Arbeitnehmer und Arbeitgeber in besonderer Weise auch gebührenrechtlich gefördert werden. 2

In Verfahren des einstweiligen Rechtsschutzes sollen – trotz des nur vorläufigen Charakters dieser Verfahren – Gebühren in gleicher Höhe wie für das Prozessverfahren entstehen, wenn durch Urteil entschieden wird. In vielen Fällen wird nämlich bereits im Eilverfahren in der Regel auch die Hauptsache miterledigt, so dass es häufig nicht mehr zum Hauptsacheverfahren kommt. 3

Vorbemerkung 8:

Bei Beendigung des Verfahrens durch einen gerichtlichen Vergleich entfällt die in dem betreffenden Rechtszug angefallene Gebühr; im ersten Rechtszug entfällt auch die Gebühr für das Verfahren über den Antrag auf Erlass eines Mahnbescheids. Dies gilt nicht, wenn der Vergleich nur einen Teil des Streitgegenstands betrifft (Teilvergleich).

Hauptabschnitt 1
Mahnverfahren

8100	Verfahren über den Antrag auf Erlass eines Vollstreckungs-bescheids.	0,4 mindestens 18,00 EUR

Die Gebühr entfällt bei Zurücknahme des Antrags auf Erlass des Vollstre-ckungsbescheids. Sie entfällt auch nach Übergang in das streitige Verfahren, wenn dieses ohne streitige Verhandlung endet; dies gilt nicht, wenn ein Ver-säumnisurteil ergeht. Bei Erledigungserklärungen nach § 91a ZPO entfällt die Gebühr, wenn keine Entscheidung über die Kosten ergeht oder die Kos-tenentscheidung einer zuvor mitgeteilten Einigung der Parteien über die Kostentragung oder der Übernahmeerklärung einer Partei folgt.

4   KV 8100 tritt an die Stelle der KV 9100 ArbGG a.F. Die Bestimmung entspricht im Grund-satz der für das Mahnverfahren vor den Amtsgerichten geltenden Bestimmung KV 1110. Wegen der Mindestgebühr wird auf das zu KV 1110 Gesagte verwiesen. Die Anmerkung übernimmt – modifiziert – für das Mahnverfahren die Regelung in KV 9112 ArbGG a.F. Der Gebührensatz ist um 20% auf 0,4 reduziert. Das gilt aber nicht für die Mindestgebühr von 18,00 € (bis zum 30. 6. 2006: 15,00 €). Vgl. oben vor § 1 Rn. 10).

5   Anders als im Zivilverfahren und im alten Recht ist im Arbeitsgerichtsverfahren das Mahn-verfahren bis zum Antrag auf Erlass des Vollstreckungsbescheides aber gerichtsgebühren-frei (vgl. auch oben, § 6, Rn. 12, § 9 Rn. 4, 15). Demzufolge entstehen im Mahnverfahren bis zum Eingang des Antrags auf Erlass eines Vollstreckungsbescheids keinerlei Gerichts-gebühren nach KV 8100. Zu beachten ist aber, dass der Antrag auf Erlass eines Vollstre-ckungsbescheids bereits im Mahnantrag (bedingt) gestellt werden kann und die Gebühr KV 8100 dann entsteht, wenn der Widerspruch gegen den Mahnbescheid eingeht. Fällig wird die Gebühr aber erst, wenn über den Antrag auf Erlass eines Vollstreckungsbescheids entschieden wird oder die Einspruchsfrist gegen den Vollstreckungsbescheid abgelaufen ist (vgl. oben § 9 Rn. 4, 15). Die entstandene Gebühr KV 8100 entfällt auch dann, wenn der Antrag auf Erlass des Vollstreckungsbescheids zurückgenommen wird (Anm. Satz 1). Sie entfällt aber nicht, wenn sich das Mahnverfahren auf andere Weise erledigt, etwa weil ein Vollstreckungsbescheid nach § 701 Abs. 1 S. 1 ZPO nicht mehr erlassen werden kann. Denn dann ist der Antrag auf Erlass eines Vollstreckungsbescheids als unzulässig zurück-zuweisen.[315] Allerdings wird das Gericht den Antragsteller in der Regel auf die Verfristung des Antrags hinweisen, so dass eine förmliche Rücknahme erklärt werden kann.

---

315 Zöller/*Vollkommer* § 699 Rn. 18.

Hauptabschnitt 2
Urteilsverfahren

Die Vorschriften dieses Hauptabschnitts gelten ausschließlich für das Urteilsverfahren.   **6**
Beschlussverfahren nach § 2a Abs. 1 ArbGG und Verfahren nach § 103 Abs. 3 und § 109
ArbGG bleiben auch weiterhin wie im § 12 Abs. 5 ArbGG a. F. nach § 2 Abs. 2 kostenfrei.

Abschnitt 1

Erster Rechtszug

8210	Verfahren im Allgemeinen	2,0

(1) Soweit wegen desselben Anspruchs ein Mahnverfahren
vorausgegangen ist, entsteht die Gebühr nach Erhebung
des Widerspruchs, wenn ein Antrag auf Durchführung der
mündlichen Verhandlung gestellt wird, oder mit der Einlegung des Einspruchs; in diesem Fall wird eine Gebühr 8100
nach dem Wert des Streitgegenstandes angerechnet, der in
das Prozessverfahren übergegangen ist, sofern im Mahnverfahren der Antrag auf Erlass Vollstreckungsbescheides gestellt wurde.

(2) Die Gebühr entfällt bei Beendigung des gesamten Verfahrens ohne streitige Verhandlung, wenn kein Versäumnisurteil ergeht. Ergeht ein Beschluss nach § 91a ZPO, entfällt die Gebühr, wenn keine Entscheidung über die Kosten
ergeht oder die Kostenentscheidung einer zuvor mitgeteilten Einigung der Parteien über die Kostentragung oder der
Kostenübernahmeerklärung einer Partei folgt.

KV 8210 tritt an die Stelle von KV 9110 und 9111 ArbGG a. F. und entspricht im Wesentli-   **7**
chen der Bestimmung KV 1210 für das allgemeine Zivilverfahren. Der Gebührensatz ist
um 20% auf 2,0 reduziert.

Anm. Abs. 1: Wenn ein Mahnverfahren vorausgegangen ist, ist auch KV 8100 zu beachten.   **8**
Die Anrechnung der Gebühr KV 8100 ist im Arbeitsgerichtsverfahren – anders als im allgemeinen Zivilverfahren – aber nur unter den Voraussetzungen des Abs. 1 der Anmerkung möglich. Denn bei den Gerichten für Arbeitsgerichtssachen ist für das Mahnverfahren ausschließlich das Arbeitsgericht zuständig, das auch für die im Urteilsverfahren
erhobene Klage zuständig sein würde. Eine Abgabe des Verfahrens nach Einlegung des
Widerspruchs oder Erhebung des Einspruchs an ein anderes Gericht erfolgt daher nicht.
§ 4 Abs. 2 bleibt aber unberührt, wenn das Mahnverfahren fälschlich bei dem Amtsgericht
beantragt worden war.

Anm. Abs. 2 übernimmt auch für das Urteilsverfahren die Regelung in KV 9112 ArbGG   **9**
a. F. Voraussetzung für das Entfallen der Gebühr KV 8210 ist, dass noch keine streitige

Verhandlung stattgefunden hat und das Verfahren insgesamt beendet wird, die Sache also noch nicht in das Prozessverfahren übergegangen ist. Das Güteverfahren (§ 54 ArbGG) ist noch kein streitiges Verfahren in diesem Sinne.[316] Erledigt sich der Rechtsstreit erst im Prozessverfahren, gilt KV 8211 und KV 8100. Unter Abs. 2 fällt auch die gesamte Erledigung des Verfahrens durch Vergleich, und zwar unabhängig davon, ob er im Güteverfahren oder außergerichtlich geschlossen wird.

8211   **Beendigung des gesamten Verfahrens nach streitiger Verhandlung durch**

1. **Zurücknahme der Klage vor dem Schluss der mündlichen Verhandlung, wenn keine Entscheidung nach § 269 Abs. 3 Satz 3 ZPO über die Kosten ergeht oder die Entscheidung einer zuvor mitgeteilten Einigung der Parteien über die Kostentragung oder der Kostenübernahmeerklärung einer Partei folgt,**
2. **Anerkenntnisurteil, Verzichtsurteil oder Urteil, das nach § 313a Abs. 2 ZPO keinen Tatbestand und keine Entscheidungsgründe enthält, oder**
3. **Erledigungserklärungen nach § 91a ZPO, wenn keine Entscheidung über die Kosten ergeht oder die Entscheidung einer zuvor mitgeteilten Einigung der Parteien über die Kostentragung oder der Kostenübernahmeerklärung einer Partei folgt, es sei denn, dass bereits ein anderes als eines der in Nummer 2 genannten Urteile vorausgegangen ist:**

Die Gebühr 8210 ermäßigt sich auf   0,4

Die Zurücknahme des Antrags auf Durchführung des streitigen Verfahrens, des Widerspruchs gegen den Mahnbescheid oder des Einspruchs gegen den Vollstreckungsbescheid stehen der Zurücknahme der Klage gleich. Die Gebühr ermäßigt sich auch, wenn mehrere Ermäßigungstatbestände erfüllt sind oder Ermäßigungstatbestände mit einem Teilvergleich zusammentreffen.

10 **KV 8211** tritt an die Stelle von 9113 bis 9118 ArbGG a. F. und entspricht im Wesentlichen der Regelung KV 1211 für das allgemeine Zivilverfahren. Der Gebührensatz ist um 20% auf 0,4 reduziert. Die Vorschrift kommt nur im Prozessverfahren zum Tragen, wenn bereits eine streitige Verhandlung stattgefunden hat. Andernfalls entfällt die Verfahrensgebühr nach Abs. 2 der Anm zu KV 8210. Die Beendigung des Verfahrens durch Beschluss nach § 91a ZPO soll wie im Zivilprozessverfahren grundsätzlich nicht grundsätzlich privilegiert werden, weil damit für das Gericht erheblicher Aufwand anfallen kann. Auch ein noch im Urteilsverfahren geschlossener gerichtlicher Vergleich oder dem Gericht mitgeteilter außergerichtlicher Vergleich führt zu einer Ermäßigung nach KV 8211, wenn die Parteien darin auch die Kostenfrage regeln. Allerdings muss der Vergleich dem Gericht vor

---

[316] Dazu bei D. Meyer JurBüro 2004, 128.

dem Schluss der letzten mündlichen Verhandlung, jedenfalls aber vor der Urteilsverkündung mitgeteilt worden sein.[317] Das ist jetzt ausdrücklich klargestellt. Fehlt eine Kostenregelung im Vergleich, handelt es sich kostenmäßig nur um einen Teilvergleich i.S.v. S. 2 Abs. 2 der Anm. zu KV 8211.

Abschnitt 2

Berufung

| 8220 | Verfahren im Allgemeinen | 3,2 |

KV 8220 tritt an die Stelle von KV 9120 und 9123 bis 9129 ArbGG a.F. und entspricht im Wesentlichen KV 1220 für das allgemeine Zivilverfahren. Der Gebührensatz ist um 20% auf 3,2 reduziert.　　11

| 8221 | Beendigung des gesamten Verfahrens durch Zurücknahme der Berufung oder der Klage, bevor die Schrift zur Begründung der Berufung bei Gericht eingegangen ist: | |
| | Die Gebühr 8220 ermäßigt sich auf | 0,8 |

Erledigungserklärungen nach § 91a ZPO stehen der Zurücknahme gleich, wenn keine Entscheidung über die Kosten ergeht oder die Entscheidung einer zuvor mitgeteilten Einigung der Parteien über die Kostentragung oder der Kostenübernahmeerklärung einer Partei folgt.

KV 8221 entspricht KV 9122 ArbGG a.F. und ist im Wesentlichen inhaltsgleich mit KV 1221 für das allgemeine Zivilverfahren. Der Gebührensatz ist um 20% auf 0,8 reduziert.　　12

| 8222 | Beendigung des gesamten Verfahrens, wenn nicht Nummer 8221 erfüllt ist, durch | |

1. Zurücknahme der Berufung oder der Klage vor dem Schluss der mündlichen Verhandlung,
2. Anerkenntnisurteil, Verzichtsurteil oder Urteil, das nach § 313a Abs. 2 ZPO keinen Tatbestand und keine Entscheidungsgründe enthält, oder
3. Erledigungserklärungen nach § 91a ZPO, wenn keine Entscheidung über die Kosten ergeht oder die Entscheidung einer zuvor mitgeteilten Einigung der Parteien über die Kostentragung oder der Kostenübernahmeerklärung einer Partei folgt, es sei denn, dass bereits ein anderes als eines der in Nummer 2 genannten Urteile vorausgegangen ist:

| | Die Gebühr 8220 ermäßigt sich auf | 1,6 |

---

[317] LAG Köln MDR 1986, 84; a.M. *Schneider* MDR 1986, 22 (noch zum früheren Recht).

Die Gebühr ermäßigt sich auch, wenn mehrere Ermäßigungstatbestände erfüllt sind oder Ermäßigungstatbestände mit einem Teilvergleich zusammentreffen.

13   **KV 8222:** Wie im Zivilprozessverfahren (KV 1222) ist auch für das Arbeitsgerichtsverfahren zusätzlich für bestimmte Fälle eine eingeschränkte Gebührenermäßigung auch nach streitiger Verhandlung eingeführt worden. Der Gebührensatz ist um 20% auf 1,6 reduziert.

8223   **Beendigung des gesamten Verfahrens durch ein Urteil, das wegen eines Verzichts der Parteien nach § 313a Abs. 1 Satz 2 ZPO keine schriftliche Begründung enthält, wenn nicht bereits ein anderes als eines der in Nummer 8222 Nr. 2 genannten Urteile oder ein Beschluss in der Hauptsache vorausgegangen ist:**

Die Gebühr 8220 ermäßigt sich auf

Die Gebühr ermäßigt sich auch, wenn daneben Ermäßigungstatbestände nach Nummer 8222 erfüllt sind oder Ermäßigungstatbestände mit einem Teilvergleich zusammentreffen.

14   **KV 8223** entspricht im Wesentlichen der für das zivilprozessuale Berufungsverfahren geltenden Bestimmung KV 1223. Der Gebührensatz ist um 20% auf 2,4 reduziert.

Abschnitt 3

Revision

8230	Verfahren im Allgemeinen	4,0

15   **KV 8230** entspricht KV 9130 und 9133 bis 9139 ArbGG a.F. und ist im Wesentlichen inhaltsgleich mit KV 1230 für das allgemeine Zivilverfahren. Der Gebührensatz ist um 20% auf 4,0 reduziert.

8231	**Beendigung des gesamten Verfahrens durch Zurücknahme der Revision oder der Klage, bevor die Schrift zur Begründung der Revision bei Gericht eingegangen ist:**	
	Die Gebühr 8230 ermäßigt sich auf	0,8

Erledigungserklärungen nach § 91a ZPO stehen der Zurücknahme gleich, wenn keine Entscheidung über die Kosten ergeht oder die Entscheidung einer zuvor mitgeteilten Einigung der Parteien über die Kostentragung oder der Kostenübernahmeerklärung einer Partei folgt.

16   **KV 8231** tritt an die Stelle von KV 9132 ArbGG a.F. und entspricht im Wesentlichen KV 1231 für das allgemeine Zivilverfahren. Der Gebührensatz ist um 20% auf 0,8 reduziert.

8232   Beendigung des gesamten Verfahrens, wenn nicht Nummer 8231 erfüllt ist, durch

1. Zurücknahme der Revision oder der Klage vor dem
   Schluss der mündlichen Verhandlung,
2. Anerkenntnis- oder Verzichtsurteil oder
3. Erledigungserklärungen nach § 91a ZPO, wenn keine
   Entscheidung über die Kosten ergeht oder die Entscheidung einer zuvor mitgeteilten Einigung der Parteien
   über die Kostentragung oder der Kostenübernahmeerklärung einer Partei folgt, es sei denn, dass bereits ein
   anderes als eines der in Nummer 2 genannten Urteile
   vorausgegangen ist:

Die Gebühr 8230 ermäßigt sich auf   2,4

Die Gebühr ermäßigt sich auch, wenn mehrere Ermäßigungstatbestände erfüllt sind oder Ermäßigungstatbestände mit einem Teilvergleich zusammentreffen.

KV 8232: Wie im Zivilprozessverfahren (KV 1232) ist auch im Arbeitsgerichtsverfahren   17
zusätzlich für bestimmte Fälle eine eingeschränkte Gebührenermäßigung auch nach streitiger Verhandlung eingeführt worden. Der Gebührensatz ist um 20% auf 2,4 reduziert.

Hauptabschnitt 3
Arrest und einstweilige Verfügung

Die Vorschriften dieses Hauptabschnitts treten an die Stelle von KV 9150 bis 9169 und   18
teilweise von KV 9300 und 9308 ArbGG a.F. Sie entsprechen den für das zivilprozessuale
Verfahren geltenden Vorschriften in KV Teil 1 Hauptabschnitt 4. Die Gebührensätze sind
um 20% reduziert.

Vorbemerkung 8.3:

Im Verfahren über den Antrag auf Anordnung eines Arrests oder einer einstweiligen
Verfügung und im Verfahren über den Antrag auf Aufhebung oder Abänderung
(§ 926 Abs. 2, §§ 927, 936 ZPO) werden die Gebühren jeweils gesondert erhoben. Im
Falle des § 942 ZPO gilt dieses Verfahren und das Verfahren vor dem Gericht der
Hauptsache als ein Rechtsstreit.

Abschnitt 1

Erster Rechtszug

8310 Verfahren im Allgemeinen 0,8

8311 Es wird durch Urteil entschieden oder es ergeht ein Beschluss nach § 91a oder § 269 Abs. 3 Satz 3 ZPO, es sei denn,
der Beschluss folgt einer zuvor mitgeteilten Einigung der
Parteien über die Kostentragung oder der Kostenübernahmeerklärung einer Partei:

Die Gebühr 8310 erhöht sich auf 2,4

Die Gebühr wird nicht erhöht, wenn durch Anerkenntnisurteil, Verzichtsurteil oder Urteil, das nach § 313a Abs. 2 ZPO keinen Tatbestand und keine
Entscheidungsgründe enthält, entschieden wird. Dies gilt auch, wenn eine
solche Entscheidung mit einem Teilvergleich zusammentrifft.

Abschnitt 2

Berufung

8320 Verfahren im Allgemeinen 3,2

8321 Beendigung des gesamten Verfahrens durch Zurücknahme 0,8
der Berufung, des Antrags oder des Widerspruchs, bevor die
Schrift zur Begründung der Berufung bei Gericht eingegangen ist:

Die Gebühr 8320 ermäßigt sich auf

Erledigungserklärungen nach § 91a ZPO stehen der Zurücknahme gleich,
wenn keine Entscheidung über die Kosten ergeht oder die Entscheidung einer zuvor mitgeteilten Einigung der Parteien über die Kostentragung oder
der Kostenübernahmeerklärung einer Partei folgt.

8322 Beendigung des gesamten Verfahrens, wenn nicht Nummer 8321 erfüllt ist, durch

1. Zurücknahme der Berufung oder des Antrags vor dem
   Schluss der mündlichen Verhandlung,
2. Anerkenntnisurteil, Verzichtsurteil oder Urteil, das nach
   § 313a Abs. 2 ZPO keinen Tatbestand und keine Entscheidungsgründe enthält, oder
3. Erledigungserklärungen nach § 91a ZPO, wenn keine
   Entscheidung über die Kosten ergeht oder die Entscheidung einer zuvor mitgeteilten Einigung der Parteien

über die Kostentragung oder der Kostenübernahmeerklärung einer Partei folgt, es sei denn, dass bereits ein anderes als eines der in Nummer 2 genannten Urteile vorausgegangen ist:

Die Gebühr 8320 ermäßigt sich auf   1,6

Die Gebühr ermäßigt sich auch, wenn mehrere Ermäßigungstatbestände erfüllt sind oder Ermäßigungstatbestände mit einem Teilvergleich zusammentreffen.

8323   Beendigung des gesamten Verfahrens durch ein Urteil, das wegen eines Verzichts der Parteien nach § 313a Abs. 1 Satz 2 ZPO keine schriftliche Begründung enthält, wenn nicht bereits ein anderes als eines der in Nummer 8322 Nr. 2 genannten Urteile oder ein Beschluss in der Hauptsache vorausgegangen ist:

Die Gebühr 8320 ermäßigt sich auf   2,4

Die Gebühr ermäßigt sich auch, wenn daneben Ermäßigungstatbestände nach Nummer 8322 erfüllt sind oder solche Ermäßigungstatbestände mit einem Teilvergleich zusammentreffen.

Abschnitt 3
Beschwerde

8330   Verfahren über Beschwerden gegen die Zurückweisung eines Antrags auf Anordnung eines Arrests oder einer einstweiligen Verfügung   1,2

8331   Beendigung des gesamten Verfahrens durch Zurücknahme der Beschwerde:

Die Gebühr 8330 ermäßigt sich auf   0,8

Hauptabschnitt 4
Besondere Verfahren

8400   Selbständiges Beweisverfahren   0,6

8401   Verfahren über Anträge auf Ausstellung einer Bestätigung nach § 1079 ZPO   12,00 EUR

19 KV 8400–8401 entsprechen KV 1610 und 1512 für das allgemeine Zivilverfahren. Lediglich der Gebührensatz ist auch hier um 20% auf 0,6 bzw. 12 € reduziert.

Hauptabschnitt 5
Rüge wegen Verletzung des Anspruchs auf rechtliches Gehör

8500   Verfahren über die Rüge wegen Verletzung des Anspruchs auf rechtliches Gehör (§ 78a des Arbeitsgerichtsgesetzes):

Die Rüge wird in vollem Umfang verworfen oder zurückgewiesen   40,00 EUR

20 KV 8500 entspricht KV1700 für das allgemeine Zivilverfahren. Auch hier ist der Gebührensatz ist um 20% auf 40 € reduziert.

Hauptabschnitt 6
Sonstige Beschwerden und Rechtsbeschwerden

Abschnitt 1

Sonstige Beschwerden

8610   Verfahren über Beschwerden nach § 71 Abs. 2, § 91a Abs. 2,   60,00 EUR
§ 99 Abs. 2, § 269 Abs. 5 ZPO

8611   Beendigung des Verfahrens ohne Entscheidung:

Die Gebühr 8610 ermäßigt sich auf   40,00 EUR

(1) Die Gebühr ermäßigt sich auch im Fall der Zurücknahme der Beschwerde vor Ablauf des Tages, an dem die Entscheidung der Geschäftsstelle übermittelt wird.
(2) Eine Entscheidung über die Kosten steht der Ermäßigung nicht entgegen, wenn die Entscheidung einer zuvor mitgeteilten Einigung der Parteien über die Kostentragung oder der Kostenübernahmeerklärung einer Partei folgt.

8612   Verfahren über die Beschwerde gegen die Nichtzulassung der Revision:

Soweit die Beschwerde verworfen oder zurückgewiesen wird   1,6

8613   Verfahren über die Beschwerde gegen die Nichtzulassung
        der Revision:

        Soweit die Beschwerde zurückgenommen oder das Verfah-   0,8
        ren durch anderweitige Erledigung beendet wird

        Die Gebühr entsteht nicht, soweit die Revision zugelassen wird.

8614   Verfahren über nicht besonders aufgeführte Beschwerden,
        die nicht nach anderen Vorschriften gebührenfrei sind:

        Die Beschwerde wird verworfen oder zurückgewiesen   40,00 EUR

        Wird die Beschwerde nur teilweise verworfen oder zurückgewiesen, kann
        das Gericht die Gebühr nach billigem Ermessen auf die Hälfte ermäßigen
        oder bestimmen, dass eine Gebühr nicht zu erheben ist.

KV 8610–8614: KV 8610 und 8612–8614 treten an die Stelle von KV 9300 bis 9304   21
ArbGG a.F. und entsprechen den Regelungen in KV Teil 1 Hauptabschnitt 8. KV 8612 entspricht KV 1241 für das Verfahren über die Beschwerde gegen die Nichtzulassung der Revision in Zivilsachen, soweit dieses Verfahren mit der Verwerfung oder Zurückweisung
der Nichtzulassungsbeschwerde endet. Wegen KV 8614 wird auf das zu KV 1242 Gesagte
Bezug genommen. Die Gebührensätze sind um 20% reduziert. Der Ermäßigungstatbestand KV 8611 ist durch das 2. Justizmodernisierungsgesetz eingefügt und gilt ab dem
31. 12. 2006.

Abschnitt 2

Sonstige Rechtsbeschwerden

8620   Verfahren über Rechtsbeschwerden in den Fällen des § 71   120,00 EUR
        Abs. 1, § 91a Abs. 1, § 99 Abs. 2, § 269 Abs. 4 oder § 516
        Abs. 3 ZPO

8621   Beendigung des gesamten Verfahrens durch Zurücknahme
        der Rechtsbeschwerde, des Antrags oder der Klage, bevor
        die Schrift zur Begründung der Rechtsbeschwerde bei Ge-
        richt eingegangen ist:

        Die Gebühr 8620 ermäßigt sich auf   40,00 EUR

8622   Beendigung des gesamten Verfahrens durch Zurücknahme
        der Rechtsbeschwerde, des Antrags oder der Klage vor Ab-
        lauf des Tages, an dem die Entscheidung der Geschäftsstelle
        übermittelt wird, wenn nicht Nummer 8621 erfüllt ist:

        Die Gebühr 8620 ermäßigt sich auf   60,00 EUR

8623   Verfahren über nicht besonders aufgeführte Rechtsbe-   80,00 EUR
        schwerden, die nicht nach anderen Vorschriften gebühren-
        frei sind:

Die Rechtsbeschwerde wird verworfen oder zurückgewiesen

Wird die Rechtsbeschwerde nur teilweise verworfen oder zurückgewiesen, kann das Gericht die Gebühr nach billigem Ermessen auf die Hälfte ermäßigen oder bestimmen, dass eine Gebühr nicht zu erheben ist.

8624 Beendigung des gesamten Verfahrens durch Zurücknahme der Rechtsbeschwerde, des Antrags oder der Klage vor Ablauf des Tages, an dem die Entscheidung der Geschäftsstelle übermittelt wird:

Die Gebühr 8623 ermäßigt sich auf   40,00 EUR

Hauptabschnitt 7
Besondere Gebühr

8700 Auferlegung einer Gebühr nach § 38 GKG   wie vom Gericht bestimmt

Teil 9
Auslagen

1 **Allgemeines:** Dieser Teil des Kostenverzeichnisses enthält die Regelungen über die zu erhebenden Auslagen. Soweit sich aus der nachfolgenden Begründung nichts anderes ergibt, entsprechen die Vorschriften denen des Teils 9 des Kostenverzeichnisses zum GKG a.F. und sind nur zum Teil redaktionell verändert, aber ohne inhaltliche Änderungen übernommen worden. Die Vorbem. 9 entspricht Abs. 1 der Vorbem. zu Teil 9 a.F. Der frühere Abs. 2 ist nunmehr als Anmerkung in KV 9002 eingestellt worden, weil in KV 9001 nicht mehr generell die Entgelte für Telekommunikationsdienstleistungen, sondern ausschließlich die kostenintensiven Telegramme genannt werden, die nicht mehr als in den Gebühren berücksichtigt angesehen werden.

2 Die **Gerichtskosten** zerfallen in **Gebühren** und **Auslagen** (§ 1 GKG). Während die Gebühren im Ergebnis das von den Gerichten für die Ausübung der Rechtspflege anfallende Entgelt darstellen, handelt es sich bei den **Auslagen** um die dem Staat bei der Erfüllung seiner Rechtspflegetätigkeit im Einzelfall entstehenden besonderen Aufwendungen. Für die allgemeinen Unkosten des Staates (wie etwa für die personelle und sachliche Bereitstellung von Gerichten) werden keine Auslagen erhoben. Nur besondere Unkosten werden als Auslagen in Rechnung gestellt und zwar nur, soweit sie im KV Teil 9 genannt sind. Eine Anwendung des KV Teil 9 auf ähnliche Sachverhalte ist nicht zulässig. Ebenso ist es nicht möglich, Auslagen aus anderen Rechtsgründen (etwa aus ungerechtfertigter Bereicherung) geltend zu machen. Die Bestimmungen des KV Teil 9 sagen nur aus, **welche** Auslagen zu erstatten sind, nicht hingegen, wer sie zu erstatten hat und wann sie fällig werden.

Die Auslagen werden entweder als **bare Auslagen** nur in der Höhe erhoben, in der sie tat- 3
sächlich verauslagt worden sind (z. B. Zeugenentschädigungen, Kosten für öffentliche Bekanntmachungen) oder es kommen **Pauschbeträge** in Ansatz, ohne Rücksicht auf den tatsächlichen Aufwand (z. B. Dokumentenpauschalen, Fernsprechauslagen, für mehr als
10 Zustellungen pro Instanz).

Auslagen i. S. d. GKG sind nur solche Aufwendungen, die in den im § 1 GKG bezeichneten 4
Verfahren erwachsen, auch die Auslagen des staatsanwaltschaftlichen Ermittlungsverfahrens (§ 464a Abs. 1 S. 2 StPO). In Justizverwaltungsangelegenheiten werden Auslagen
nicht nach dem GKG, sondern nach der JVKostO erhoben.

Die Prozesskostenhilfebewilligung erstreckt sich nach Maßgabe der Bestimmungen des 5
Gerichts auch auf die Auslagen nach dem GKG (vgl. § 122 ZPO, der von Gerichts*kosten*
spricht).

Auch Auslagen können nach § 21 nicht erhoben oder niedergeschlagen werden.   6

Vorbemerkung 9:

(1) Auslagen, die durch eine für begründet befundene Beschwerde entstanden sind,
werden nicht erhoben, soweit das Beschwerdeverfahren gebührenfrei ist; dies gilt jedoch nicht, soweit das Beschwerdegericht die Kosten dem Gegner des Beschwerdeführers auferlegt hat.

(2) Sind Auslagen durch verschiedene Rechtssachen veranlasst, werden sie auf die
mehreren Rechtssachen angemessen verteilt.

Zu Abs. 1: Eine **Beschwerde** ist **für begründet befunden,** wenn das Beschwerdegericht 7
die mit der Beschwerde angefochtene Entscheidung aufhebt und entsprechend dem Antrag des Beschwerdeführers entscheidet. Teilweise begründet ist die Beschwerde, wenn
das Beschwerdegericht die angefochtene Entscheidung nur teilweise aufhebt und dem Antrag des Beschwerdeführers teilweise stattgibt. Hebt das Beschwerdegericht (teilweise) auf
und verweist es die Sache zurück, handelt es sich jedenfalls um eine für begründet befundene Beschwerde, auch wenn das Erstgericht nach nochmaliger Befassung mit der Sache
bei seiner früheren Entscheidung bleibt. Wird aber eine Beschwerde zurückgenommen
oder durch Vergleich oder in sonstiger Weise erledigt, liegt keine für begründet erachtete
Beschwerde vor.

Gebührenfreie Beschwerden sind z. B. Beschwerden im Kostenansatzverfahren, im Streit- 8
wertfestsetzungsverfahren, gegen die Verhängung einer Verzögerungsgebühr oder Beschwerdeverfahren, in denen eine Gebühr nur erwächst, soweit die Beschwerde verworfen
oder zurückgewiesen wird, sofern letztere Voraussetzungen nicht erfüllt sind. Auslagen
dieser Beschwerden sind nicht zu erheben, wenn sie durch eine für begründet befundene
Beschwerde entstanden sind. Dazu zählen nicht Auslagen, die auch entstanden wären,
wenn das Verfahren bei dem unteren Gericht seinen Fortgang genommen hätte, ohne dass
es zur Durchführung des Beschwerdeverfahrens gekommen wäre. So z. B., wenn das Beschwerdegericht zur Durchführung des Beschwerdeverfahrens Beweise erhebt, die bei
richtiger Sachbehandlung schon das Erstgericht hätte erheben müssen oder die das Erst-

gericht in dem noch oder wieder anhängigen Verfahren verwertet. Solche Auslagen sind zu erheben, auch wenn das Beschwerdeverfahren gebührenfrei ist.[318]

9   Nichtgebührenfreie Beschwerden sind die Verfahren, in denen ohne Rücksicht auf den Ausgang des Verfahrens eine Beschwerdegebühr erhoben wird, sowie die Beschwerdeverfahren, in denen eine Gebühr nur erwächst, wenn die Beschwerde verworfen oder zurückgewiesen wird, wenn letztere Voraussetzungen erfüllt sind. Auslagen dieser Beschwerdeverfahren sind stets zu erheben.

10 Abs. 2 stellt klar, dass Auslagen, die durch verschiedene Rechtssachen veranlasst sind, auf die einzelnen Sachen angemessen verteilt werden müssen. Das kann etwa der Fall sein, wenn ein Sachverständiger an einem Terminstag in mehreren Strafsachen vor dem Einzelrichter mündliche Gutachten erstattet. Die ihm nach KV 9005 für die Anreise etc. am Terminstag zu zahlende Entschädigung nach dem JVEG ist entsprechend des Gewichts der Tätigkeit, des jeweiligen Zeitaufwandes anteilmäßig den einzelnen Sachen zuzuordnen. Insbesondere liegen mehrere **Geschäfte in verschiedenen Rechtssachen** vor, wenn es sich um getrennte Verfahren handelt. Es können auch Geschäfte sein, die teils nach dem GKG und teils nach der KostO abzurechnen sind.

11 Keine verschiedenen Rechtssachen liegen vor, wenn in derselben Sache verschiedene Zeugen oder Sachverständige gehört werden, auch wenn das Verfahren sich gegen mehrere Personen richtet. Die mögliche Beteiligung verschiedener Personen ist in der Kostenentscheidung zu berücksichtigen.

12 Werden Zeugen oder Sachverständige in verschiedenen Rechtssachen vernommen, sind die dadurch entstehenden Auslagen, sofern keine eindeutige Zuordnung zu einer Rechtssache möglich ist, auf die verschiedenen Sachen angemessen aufzuteilen. Dabei ist vor allem auf den Zeitaufwand abzustellen. Das schließt aber nicht aus, dass auch andere Faktoren berücksichtigt werden dürfen (z.B. die Bedeutung der Sache oder eine unterschiedliche Schwierigkeit der Begutachtung, wenn das nicht schon im Zeitfaktor enthalten ist). Erfolgt in einer der verschiedenen (Straf-)Sachen ein Freispruch, geht es natürlich nicht an, die darauf entfallenden Auslagen auf die übrigen Sachen umzulegen. Der auf den Freispruch entfallende Auslagenanteil fällt dann er Staatskasse zur Last, sofern keine Übernahmeerklärung vorliegt.

9000   **Pauschale für die Herstellung und Überlassung von Dokumenten:**

1. **Ausfertigungen, Ablichtungen und Ausdrucke, die auf Antrag angefertigt, per Telefax übermittelt oder angefertigt worden sind, weil die Partei oder ein Beteiligter es unterlassen hat, die erforderliche Zahl von Mehrfertigungen beizufügen, oder wenn per Telefax übermittelte Mehrfertigungen von der Empfangseinrichtung des Gerichts ausgedruckt werden:**

für die ersten 50 Seiten je Seite	0,50 EUR
für jede weitere Seite	0,15 EUR

---

[318] OLG München RPfleger 1956, 57 (L).

2. Überlassung von elektronisch gespeicherten Dateien an- stelle der in Nummer 1 genannten Ausfertigungen, Ab- lichtungen und Ausdrucke:	je Datei 2,50 EUR

(1) Die Höhe der Dokumentenpauschale nach Nummer 1 ist
für jeden Kostenschuldner nach § 28 Abs. 1 GKG gesondert
zu berechnen; Gesamtschuldner gelten als ein Schuldner.
Die Dokumentenpauschale ist auch im erstinstanzlichen
Musterverfahren nach dem KapMuG zu berechnen.
(2) Frei von der Dokumentenpauschale sind für jede Partei,
jeden Beteiligten, jeden Beschuldigten und deren bevollmächtigte Vertreter jeweils
1. eine vollständige Ausfertigung oder Ablichtung oder ein
   vollständiger Ausdruck jeder gerichtlichen Entscheidung und jedes vor Gericht abgeschlossenen Vergleichs,
2. eine Ausfertigung ohne Tatbestand und Entscheidungsgründe und
3. eine Ablichtung oder ein Ausdruck jeder Niederschrift
   über eine Sitzung.§ 191a Abs. 1 Satz 2 GVG bleibt unberührt.

(3) Für die erste Ablichtung oder den ersten Ausdruck eines
mit eidesstattlicher Versicherung abgegebenen Vermögensverzeichnisses und der Niederschrift über die Abgabe der
eidesstattlichen Versicherung wird von demjenigen Kostenschuldner eine Dokumentenpauschale nicht erhoben, von
dem die Gebühr 2115 oder 2116 zu erheben ist.

KV 9000 fasst unter dem Oberbegriff „Dokument" Ausfertigungen, Ablichtungen einer- **13**
seits und Ausdrucke andererseits zusammen. Der Begriff der „Abschrift" des bis zum
30. 6. 2004 geltenden Rechts ist grundsätzlich durch den Begriff „Ablichtung" ersetzt
worden, weil die Bestimmung in der früheren Fassung durch den technischen Fortschritt
überholt ist. Abschriften werden – soweit sie überhaupt auslagenpflichtig sind – heute üblicherweise im Kopierwege oder als Computerausdruck hergestellt. Die Regelung des
Abs. 4 der Anm. a.F., nach der die Dokumentenpauschale nicht erhoben wird, wenn für
Ausfertigungen oder Ablichtungen Entwürfe verwandt werden, die der Antragsteller dem
Gericht zur Verfügung gestellt hat und die nur durch Geschäftsnummer, Zeitangaben,
Kostenrechnung, Ausfertigungs- oder Beglaubigungsvermerk und Unterschrift des aus-
fertigenden Bediensteten zu ergänzen sind, ist daher nicht mehr beibehalten worden. Sie
erscheint überflüssig, weil die Dokumentenpauschale überhaupt nicht anfallen kann,
wenn die – der Ausfertigung zugrundeliegende – Ablichtung nicht von dem Gericht oder
der Staatsanwaltschaft hergestellt worden ist.

Abschriften (d.h. Ablichtungen oder Ausdrucke) sind Reproduktionen von nicht elektro- **14**
nischen (Papier-)Originalen. Die **Ausfertigung** ist eine amtliche Abschrift eines amtlichen
Schriftstücks, die im Verkehr die Urschrift ersetzen soll und als solche auch gekennzeich-
net ist (vgl. § 317 ZPO). Das Gesetz stellt unabhängig vom tatsächlichen Ablauf der Herstellung einer Ablichtung oder Ausfertigung ab, so dass auch die Fälle erfasst werden, in

denen das Originaldokument als Telekopiervorlage dient und die Kopie körperlich erst beim Empfänger hergestellt wird oder werden kann, also auch, wenn der Empfänger das Telefax auf Datenträger empfängt und nicht ausdruckt. Unter Nr. 1 fällt auch der bloße Datenaustausch über das Telefonnetz (etwa per e-mail), sofern es sich um einen Auszug aus einer elektronischen Akte handelt. Die in diesem Zusammenhang entstehenden Telefonentgelte werden durch die Dokumentenpauschale mit abgegolten. Ausdrücklich von der Dokumentenpauschale erfasst sind auch solche „Ablichtungen", die nicht per Telefax, sondern durch Datenträgeraustausch übermittelt werden (Nr. 2). Ein Datenträgeraustausch i.S.v. Nr. 2 liegt auch dann vor, wenn die Geschäftsstelle mehrere zusammenhängende (oder auch einzelne) Dokumente einscannt und die dadurch erzeugten Dateien dem Antragsteller elektronisch übermittelt. Keine Dokumentenpauschale, evtl. aber eine Aktenversendungspauschale nach KV 9003, entsteht selbstverständlich, wenn einem Beteiligten die vollständigen Akten überlassen werden und er diese dann selbst ganz oder teilweise ablichtet. **Ausdrucke** sind demgegenüber nur solche Dokumente, die einer elektronisch geführten Akte i.S.d. §§ 298, 298a ZPO entstammen und mit einer entsprechenden Signatur versehen sind. (293 Abs. 3 ZPO).

15 Die Dokumentenpauschale darf **nur in den vom Gesetz ausdrücklich vorgesehenen Fällen** erhoben werden. Alle anderen Schreib- oder Übermittlungskosten, die in Zusammenhang mit einem nach dem GKG zu bewertenden Verfahren erwachsen, bleiben außer Ansatz. Für die bloße Beglaubigung von Ablichtungen ist weder eine Gebühr noch die Erstattung von Auslagen vorgesehen. Auch für die Übermittlung von auf Antrag übermittelten Dokumenten oder Ausdrucken, die nicht von Verfahrensbeteiligten, sondern von interessierten Dritten oder aus rechtskräftig abgeschlossenen und völlig abgewickelten Verfahrensakten erbeten werden, dürfen Auslagen nicht nach KV 9000 erhoben werden. Insoweit fallen aber ggf. Kosten nach der JVKostO an.

16 Für **auf Antrag erteilte oder angefertigte Ausfertigungen oder Ablichtungen** oder Ausdrucke werden Dokumentenpauschalen nur erhoben für deren Erteilung oder Ausfertigung. Alles sonstige Schreibwerk (z.B. Entwürfe, bei den Akten verbleibende Abschriften und das sonstige, die Akten bildende Schreibwerk) ist schreibauslagenfrei. Das gilt auch, wenn eine Hilfsperson des Gerichts (z.B. ein Sachverständiger oder ein schriftlich aussagender Zeuge mit seinem Gutachten oder seiner Stellungnahme Abschriften oder Ablichtungen) übergibt. Werden diese den Parteien herausgegeben, sind dafür keine Dokumentenpauschalen in Rechnung zu stellen. Denn es handelt sich um Kosten nach dem JVEG, die gem. KV 9005 anzusetzen sind.

17 **Ablichtungen/Abschriften** i.S.v. KV 9000 sind begrifflich nicht solche i.S.d. „Ausfertigung" nach der ZPO, sondern zur Herausgabe bestimmte Schriftstücke urkundlicher Art, die keine Urschrift und mit der Unterschrift des zuständigen Justizbediensteten oder Richters und dem Dienstsiegel der Behörde versehen sind. Nicht dazu gehört z.B. die Urschrift des zur Herausgabe bestimmten Schriftstücks.[319] Nicht hierzu rechnen auch die zum Vollzug von Beschlüssen und Verfügungen oder gesetzlicher Vorschriften hinausgehenden Schriftstücke wie Ladungen, Auskünfte aus den Akten und sonstige Benachrichtigungen, Notfrist- und Rechtskraftzeugnisse.[320]

319 *Oe/Wi/He* KV 9000 Rn. 7.
320 Vgl. *Hartmann* KV 9000 Rn. 2.

Ausfertigungen oder Ablichtungen i.S.v. KV 9000 sind beglaubigte oder unbeglaubigte 18
Wiedergaben von Schriftstücken, auch von Urkunden. Wie und wann die Abschrift hergestellt wird, spielt keine Rolle. Unter dem Begriff der Ablichtung in diesem Sinne fallen
auch (zusätzliche) Computerausdrucke, und zwar auch dann, wenn vor Herausgabe bei
Gericht sie aus einer elektronischen Akte reproduziert worden sind.

Die Dokumente müssen **auf Antrag** erteilt oder angefertigt worden sein. Dokumenten- 19
pauschalen werden also nicht erhoben, wenn die Ablichtungen von Amts wegen erteilt
werden (müssen) oder erteilt sind, selbst wenn ein Antrag überflüssigerweise vorliegt.

Der Antrag muss von einer **Partei, einem Beteiligten, einem Beschuldigten oder einem** 20
Bevollmächtigten gestellt werden. Der Antrag eines Dritten (z.B. für Veröffentlichung,
wissenschaftliche Auswertung etc.) führt nicht zu Dokumentenpauschalen nach KV 9000.
Hier ist § 4 JVKostO einschlägig.[321]

Unterlassung der Beigabe von Ausfertigungen, Ablichtungen oder Ausdrucken. Jede 21
Partei hat zum Zwecke der Zustellung von Schriftsätzen eine der Zahl der Personen, denen
der Schriftsatz zuzustellen ist, entsprechende Zahl von Abschriften zu übergeben (Vgl.
z.B. §§ 103 Abs. 2, 133 Abs. 1, 169 Abs. 2 ZPO), soweit dies nach den Verfahrensvorschriften gefordert wird. Unterlässt die Partei die Übergabe der erforderlichen Ablichtungen/
Durchschriften/Ausdrucken und werden deshalb bei Gericht die erforderlichen Ablichtungen oder Ausdrucke angefertigt, sind dafür Dokumentenpauschalen zu entrichten,
und zwar immer nur von der zur Übergabe verpflichteten Partei, § 28. Wie durch das 2.
Justizmodernisierungsgesetz klargestellt wurde,[322] liegt ein vom Gericht angefertigter
Ausdruck auch dann vor, wenn eine Partei die erforderlichen Mehrfertigungen in der Weise „beifügt", dass sie die erforderlichen Schriftstücke in entsprechender Anzahl mehrfach
faxt und die Mehrfaxe dann vom Empfangsgerät des Gerichts ausgedruckt werden.[323]
Auch dann entstehen der Justiz zusätzliche Kosten, z.B. für Papier und Drucker. Der Begriff des von Amts wegen zuzustellenden Schriftsatzes ist weit auszulegen, so dass es
gleichgültig ist, ob die Ablichtungen zum Zwecke der förmlichen Zustellung oder der
formlosen Mitteilung benötigt werden. Hierunter fallen auch solche Eingaben, die von
Amts wegen (etwa im Rahmen der Gewährung rechtlichen Gehörs) den Beteiligten mitzuteilen sind. Für Ablichtungen oder Ausdrucke, die die Partei nicht zur Verfügung stellen
muss, sondern die von Amts wegen anzufertigen sind, erwachsen keine Dokumentenpauschalen. Dazu gehören z.B. solche bei der vereinfachten Kostenfestsetzung nach § 105
Abs. 2 ZPO oder Abschriften/Ablichtungen/Durchschriften der zu Protokoll der Geschäftsstelle abgegeben Erklärung einer Partei.[324] Wenn ein Schriftsatz gemäß §§ 130a, 253
Abs. 5 ZPO bzw. nach der entsprechenden Verfahrensvorschrift formwirksam als elektronisches Dokument eingereicht wird, bei dem die Partei nicht gehalten ist, die für die Zustellung erforderliche Zahl von Abschriften in Papierform nachzureichen und der Prozessgegner nicht über einen elektronischen Zugang verfügt, hat die Geschäftsstelle dafür
Sorge zu tragen, dass das elektronische Dokument ausgedruckt und dem Gegner in der
gesetzlich vorgeschriebenen Form übermittelt wird. Dadurch, dass die Verpflichtung be-

---

321 OLG Düsseldorf JurBüro 1978, 548.
322 Begr. zum 2. Justizmodernisierungsgesetz, S. 21; BT-Drs. 890/06.
323 VGH Mannheim, JurBüro 2008, 155 (LS mit Volltextservice).
324 *Hartmann* KV 9000 Rn. 8.

seitigt wird, die für die Zustellung erforderliche Zahl von Abschriften im Falle der elektronischen Übermittlung beizufügen, entfällt nicht nur die Verpflichtung zur Zahlung von Auslagen nach KV 9000 Ziffer 1, sondern auch die Verpflichtung, die Auslagen für den Medientransfer nach KV 9000 Ziffer 2 zu zahlen.

22 Die **Höhe der Dokumentenpauschale** beträgt nach **Ziff.** 1 für jede Seite 0,50 €, ab der 51. Seite 0,15 €,[325] wobei jede angefangene Seite voll berechnet wird. Bei mehrseitigen Dokumenten ist auch die angefangene letzte Seite mitzurechnen. Nach der Vorbem. 1.2.1 gilt das erstinstanzliche Musterverfahren als Teil des ersten Rechtszugs des Prozessverfahrens. Zur Vermeidung von Schwierigkeiten bei der Abgrenzung zwischen den ersten 50 Seiten und den weiteren Seiten ist klargestellt, dass die Dokumentenpauschale im erstinstanzlichen Musterverfahren gesondert zu berechnen ist. Dass die Dokumentenpauschale auch für das Rechtsbeschwerdeverfahren gesondert zu berechnen ist, ergibt sich bereits aus Absatz 1 Satz 1 der Anm. zu KV 9000. Die Partei kann, insbesondere bei der Anfertigung einer größeren Anzahl von Fotokopien, nicht darauf verwiesen werden, die Kopien hätten kostengünstiger gefertigt oder hergestellt werden können.[326] Werden gleichzeitig mehrere Abschriften oder Ausfertigungen erteilt, werden die einzelnen Seiten für jede Abschrift oder Ausfertigung gesondert berechnet. Sind auf einer Seite mehrere Schriftstücke abgelichtet, gilt sie als eine Seite. Unerheblich ist, was auf der Seite steht. Befinden sich darauf nur Ausfertigungs- und Beglaubigungsvermerke, wird die Seite trotzdem mitgerechnet. Unerheblich ist auch, ob es sich um deutsch- oder fremdsprachliche Schriftstücke handelt oder um solche in tabellarischer Form, Grundbuchblätter, Registerblätter, Verzeichnisse, Listen, Rechnungen und dgl. Die Berechnung der Dokumentenpauschale ist für jeden Kostenschuldner getrennt vorzunehmen.

22a Werden **nach Ziff.** 2 elektronisch gespeicherte Daten übermittelt, beträgt die Pauschale 2,50 € je Datei (Ziff. 2). Elektronische Übermittlung bedeutet Versendung der von der Justiz gespeicherten Datei auf elektronischem Wege (z.B. per E-Mail, über Internet pp.). Keine elektronische Übermittlung in diesem Sinne ist die Versendung eines von der Justiz gefertigten Datenträgers (Diskette, CD-ROM), auf dem die Datei von der Justiz gespeichert wurde. Das folgt schon aus dem eindeutigen Wortlaut der Bestimmung. In solchen Fällen kann – wenn eine gesamte auf einen Datenträger kopierte Akte versandt wird – die Pauschale nach KV 9003 Nr. 1 entstehen, anderenfalls, d.h. wenn es sich nur um einzelne auf den Datenträger kopierte Dateien handelt, sind **neben** der Dokumentenpauschale nach Nr. 1 noch 2,50 € pro auf dem übersandten Datenträger enthaltener Datei zu erheben (§ 4 Abs. 4 JVKostG).[327] Sind mehrere Dateien in einem sog. Ordner zusammengefasst und wird der gesamte Ordner elektronisch übermittelt, ist die Pauschale von 2,50 € für jede der in dem Ordner enthaltenen Dateien anzusetzen. Der gesamte Ordner ist nicht etwa als eine Datei zu behandeln. Dabei ist das jeweils von der aktenführenden Stelle angelegte Dateiensystem unerheblich. So kann z.B. der Inhalt einer Akte in der Weise abgespeichert werden, dass jeder Vorgang (Schriftsatz, Verfügung etc.) oder die Schriftsätze jeder Partei (jedes Beteiligten) in einzelnen Dateien innerhalb eines Ordners oder Unterordners abge-

---

325 Vgl. LG München I JurBüro 1997, 483; OLG Hamm RPfleger 1991, 269; dazu auch *Zenke* StB 1997, 119.
326 OLG München MDR 1989, 367; LG München I JurBüro 1997, 483; **a.M.** OLG Köln RPfleger 1987, 433; LG München II RPfleger 1989, 383.
327 *Oe/Wi/He* KV 9000 Rn. 27.

legt werden. Auch dann ist für jede der gespeicherten und übermittelten Dateien die Pauschale nach KV 9000 Ziffer 2 zu fordern. Das gilt auch, wenn die Dateien einer elektronischen Akte (vgl. § 28 Rn. 7) entnommen werden. Es besteht insoweit keine Verpflichtung zu ermitteln, ob die Fertigung von Ausdrucken und deren herkömmliche Übersendung im Einzelfall kostengünstiger sein könnte. In offenkundigen Extremfällen kann es jedoch dem Gebot des nobile officium entsprechen, beim Antragsteller nachzufragen, ob der Antrag nicht – soweit zulässig – als ein solcher auf Aktenüberlassung behandelt werden kann, so dass im Bejahensfall KV 9003 anwendbar ist, wenn und soweit eine elektronische Akte geführt wird.

Auslagenfreiheit (Nr. 2) wird gewährt für die einer Partei, einem Beteiligten oder einem   23
Beschuldigten für die unter Nrn. 1–2 genannten Ablichtungen/Ausdrucke.

Jede gerichtliche Entscheidung: Hierunter fallen nicht nur Urteile jeglicher Art, sondern   24
auch Beschlüsse, die unmittelbar Rechtsfolgen auslösen.[328] Das können sein z.B. Beweisbeschlüsse, Vorbescheide, Pfändungs- und Überweisungsbeschlüsse, Vollstreckungsbescheide, Arrestbefehle, einstweilige Verfügungen oder Anordnungen. Prozessleitende Verfügungen – u.U. auch Erörterungsbeschlüsse und Zwischenverfügungen – mit unmittelbaren Rechtsfolgen (z.B. Fristsetzungen nach § 276 ZPO).[329] Es ist nicht erforderlich, dass durch die Entscheidung der Prozess beendet wird. Die Dokumentenpauschalen-Auslagenfreiheit besteht aber nur für die erstmalige Erteilung solcher Computerausdrucke, Abschriften, Ablichtungen oder Ausfertigungen einschließlich etwaiger Ergänzungs- oder Berichtigungsbeschlüsse. Für alle weiteren Abschriften oder Ausfertigungen und für sonstige Abschriften sind Schreibauslagen zu erheben.

Jeder vor Gericht abgeschlossene Vergleich. Hierunter fallen nur die zu gerichtlichem Pro-   25
tokoll erklärten Vergleiche einschließlich der zum Protokoll nach Verlesung und Genehmigung übergebenen und mit dem Protokoll verbundenen oder im Protokoll enthaltenen Vergleiche (§ 160 ZPO) sowie Zwangsvergleiche im Insolvenzverfahren, nicht aber außergerichtliche Vergleiche, auch wenn sie dem Gericht mitgeteilt werden. Tritt jemand einem gerichtlichen Vergleich wirksam bei, ist er Partei und erwirbt einen Anspruch auf eine schreibauslagefreie Abschrift oder Ausfertigung des Vergleichs.

Abschrift einer Sitzungsniederschrift. Gemeint ist nur ein nach den Verfahrensordnungen   26
ordnungsgemäß erstelltes Sitzungsprotokoll nebst den im Protokoll ausdrücklich als solche bezeichneten Protokollanlagen, das mit der Unterschrift des Richters und (soweit hinzugezogen) des Protokollführers versehen sein muss. Nicht hierher gehören Abschriften von schriftlichen Gutachten.[330] Denn diese sind vom Sachverständigen auf der Geschäftsstelle niederzulegen (§ 411 Abs. 1 S. 1 ZPO), wo sie von der Partei oder ihrem Bevollmächtigten eingesehen werden können. Beantragt er eine Abschrift, ist diese, wenn sie vom Gericht hergestellt wird, schreibauslagenpflichtig. Wenn allerdings Abschriften, die der Sachverständige beigefügt hat, an die Parteien weitergeleitet werden, entstehen selbstverständlich keine Schreibauslagen des Gerichts.[331] Schreibauslagenpflichtig sind auch Ab-

---

328 LG Hamburg NJW 1966, 2071.
329 *Hartmann* KV 9000 Rn. 11.
330 A.M. LG Münster RPfleger 1992, 225.
331 So zutreffend *Binz-Zimmermann* KV 9000 Rn. 21.

schriften von bloßen Protokollentwürfen, wie sie von Verteidigern in umfangreichen und sich über eine längere Zeit hinziehenden Strafverfahren angefordert werden.

27 Bei **Vertretung** der Partei **durch einen Bevollmächtigten** sind auch diesem die in Nr. 1 und 2 bezeichneten Schriftstücke oder Dateien auslagenfrei zu erteilen. Tritt der Bevollmächtigte erst im Laufe des Verfahrens auf, hat er keinen Anspruch auf Erteilung auslagenfreier Abschriften für die vor seinem Eintritt in den Rechtsstreit angefallenen Ausfertigungen und Abschriften.

28 Besteht die **Partei aus mehreren Personen,** hat jede von ihnen einen Anspruch auf Erteilung schreibauslagenfreier Ablichtungen, und zwar auch dann, wenn sie von demselben Bevollmächtigten vertreten werden.[332] Wird die Partei durch **mehrere Bevollmächtigte** vertreten, steht ihr für jeden Bevollmächtigten nur dann eine schreibauslagenfreie Ausfertigung oder Abschrift zu, wenn die Vertretung durch die mehreren Bevollmächtigten nach der jeweiligen Verfahrensordnung zulässig ist.[333] Auf die Notwendigkeit der Inanspruchnahme mehrerer Bevollmächtigter kommt es nicht an. Die Mitglieder einer Anwaltssozietät gelten aber als ein Bevollmächtigter. Nicht als Bevollmächtigter i.d.S. anzusehen ist der Korrespondenzanwalt.

29 Eidesstattliche Versicherung. Die Ausnahme der Anm. Abs. 3 zu Nr. 2 dient als Ausgleich für den Kostenschuldner, der eine Gebühr (KV 2114, 2115) zu zahlen hat. Genießt dieser Kostenschuldner nur Gebührenfreiheit, nicht aber Auslagenfreiheit, hat er die Dokumentenpauschalen zu zahlen. Auslagen sind allerdings dann nicht zu erheben, wenn der Gläubiger bereits die Gebühr nach KV 260 GVKostG entrichtet hat.[334]

9001   **Auslagen für Telegramme**   **in voller Höhe**

30 Es wird jetzt nicht mehr generell auf die „Entgelte für Telekommunikationsdienstleistungen außer für den Telefondienst" abgestellt, sondern ausschließlich auf die kostenintensiven Telegramme. Schon die frühere Regelung umfasste neben den Telegrammen lediglich Leistungen im Fernschreib- und Datexdienst. Diese Formen der Kommunikation sind heute nicht mehr der übliche Standard. Telegramme sind insbesondere bei kurzfristigen Ab- oder Umladungen noch üblich und regelmäßig auch kaum vermeidbar. Wegen der für Telegramme zu zahlenden hohen Entgelte soll hierfür weiterhin Auslagenerstattung erfolgen.

9002   **Pauschale für Zustellungen mit Zustellungsurkunde, Ein-**   **3,50 EUR**
             schreiben gegen Rückschein oder durch Justizbedienstete
             nach § 168 Abs. 1 ZPO je Zustellung

             Neben Gebühren, die sich nach dem Streitwert richten, mit Ausnahme der Gebühr 3700, wird die Zustellungspauschale nur erhoben, soweit in einem Rechtszug mehr als 10 Zustellungen anfallen. Im erstinstanzlichen Musterverfahren nach dem KapMuG wird die Zustellungspauschale für sämtliche Zustellungen erhoben.

---

332 BFH BStBl. II, 1973, 596; KG NJW 1972, 2002 = JurBüro 1972, 899 = RPfleger 1972, 331.
333 So auch *Hartmann* KV 9000 Rn. 16.
334 H. M. vgl. etwa AG Koblenz JurBüro 2000, 665; AG Speyer JurBüro 2000, 377 = NJW-RR 2000, 1095; AG Achim JurBüro 2000, 42, jeweils m. w. N.; vgl. dazu auch *D. Meyer* JurBüro 1999, 408; a. M. AG Linz JurBüro 1999, 551.

Im Interesse einer weiteren Vereinfachung der Kostenberechnung ist ab dem 1. 1. 2008   **31**
(Art. 16 Nr. 12 Buchstabe X i. V. m. Art. 28 Abs. 2 des 2. Justizmodernisierungsgesetzes)
nach der Anmerkung der für Zustellungsauslagen in die Gebühr eingerechnete Betrag
jetzt nicht mehr als Pauschale, sondern durch eine feste Zahl auslagenfreier Zustellungen
berücksichtigt worden. Dies erleichtert die Anwendung der Vorschrift insbesondere im
Hinblick auf die von den verschiedenen Dienstleistern geforderten unterschiedlichen
Entgelte. Da im erstinstanzlichen Musterverfahren keine gesonderten Gerichtsgebühren
entstehen, ist es sachgerecht und zur Erleichterung der Abrechnung auch geboten, hier
die Auslagen für sämtliche Zustellungen zu erheben. Durch die Neufassung von KV
Nr. 9002 durch das 2. Justizmodernisierungsgesetz ist außerdem für jede Art der Zustellung eine einheitliche Pauschale von 3,50 € eingeführt worden. Die bis zum 30. 12. 2006
geltende unterschiedliche Höhe der Auslagen für Zustellungen mit Zustellungsurkunde
oder Einschreiben gegen Rückschein einerseits und für Zustellungen durch Justizbedienstete nach § 168 Abs. 1 ZPO ist aufgegeben worden. Die vor dem 1. 1. 2008 fällig gewordenen Zustellungsauslagen sind noch nach dem alten Recht abzurechnen (Dazu 8. Aufl.
KV 9002 Rn. 31ff.).

Ob die mit der Auslagenfreistellung für 10 Zustellungen beabsichtigte Regelung ihr Ziel   **32**
erreicht, ist zweifelhaft. Die Auslagen für Zustellungen sind in die Wertgebühren nach
§§ 3, 34 für jede Instanz für bis zu 10 Zustellungen pauschal eingerechnet. Richtet sich das
Verfahren gegen mehrere Beklagte, sind danach insgesamt 10 Zustellungen pro Instanz
auslagenfrei und nicht etwa 10 Zustellungen an jeden Beteiligten. Die mit der pauschalen
Einrechnung bezweckte Vereinfachung oder Erleichterung ist deshalb in Anbetracht der
erheblich gestiegenen Entgelte z. B. für Postleistungen weitgehend relativiert. Denn ein
für einen Zustellungsauftrag verlangt beispielweise die Deutsche Post-AG derzeit (2008)
Entgelt von 5,60 €, für ein Einschreiben mit Rückschein 3,85 €. Die eingerechnete Anzahl
von Zustellungen ist aber in der Praxis sehr schnell erreicht, insbesondere dann, wenn ein
Mahnverfahren gegen mehrere Antragsgegner/Beklagte dem Rechtsstreit vorgeschaltet
war oder wenn – was leider in praxi nicht selten ist – wegen nicht (mehr) zutreffender An-
schriften von Zustellungsempfängern Zustellversuche wiederholt werden müssen. Dann
sind 10 Zustellungen schnell erreicht und jede weitere Zustellung verursacht zusätzlich
anzusetzende Auslagen. „Unter dem Strich" sind nunmehr z. B. bei 10 Zustellungen mit
Postzustellungsurkunde 56 € in die jeweilige Gebühr eingerechnet, während nach altem
Recht nur 9 Zustellungen auslagenerstattungsfrei waren (wenn man vom Ansatz der über-
schießenden 0,40 € für die 9. Zustellung absieht).

In Betracht kommen nur die Auslagen für eine nach der jeweiligen Prozessordnung (z. B.   **33**
ZPO, StPO) vorgeschriebenen Zustellungen durch Zustellungsurkunde, Einschreiben mit
Rückschein oder durch Justizbedienstete. Elektronische Zustellungen hingegen sind kostenfrei. Eine Zustellung i. d. S. ist der in gesetzlicher Form zu bewirkende und zu beur-
kundende Vorgang, durch den einer bestimmten Person Gelegenheit zur Kenntnisnahme
eines Schriftstücks verschafft wird[335] und der von der Prozessordnung ausdrücklich
vorgeschrieben ist. Wenn nach der Prozessordnung eine bloße Mitteilung (z. B. bei unanfechtbaren Entscheidungen) ausreicht, können Zustellungsauslagen nicht angesetzt werden. Auslagen hingegen, die nur dem besseren oder sichereren Nachweis der Übermitt-

---

335 Vgl. BGH 1978, 1858; *Thomas/Putzo* ZPO, vor § 166 Rn. 1; *Meyer-Goßner* StPO § 35 Rn. 10.

lung eines Schriftstücks (z.B. der Übersendung eines Grundschuldbriefs) dienen, sind Postgebühren, welche grundsätzlich nicht erhoben werden. Das gilt mangels ausdrücklicher Bestimmung im GKG[336] auch dann, wenn solche Schriftstücke durch Justizbedienstete übermittelt werden. Dazu gehört auch die „Zustellung" einer Ladung eines Verfahrensbeteiligten (Zeugen, Sachverständige, Dolmetscher,[337] Parteien, Angeklagte etc.). Denn auch solche Ladungen müssen nicht förmlich zugestellt werden. Die „Zustellung" hat auch hier allein den Sinn, wegen möglicher Verhängung von Sanktionen wegen Nichtbefolgung der Ladung deren Erhalt zu beweisen. Die Zustellungsauslagen sind nur zu erheben bei Zustellungen durch die Post oder einen Justizbediensteten (§ 168 ZPO) mit Zustellungsurkunde oder per Einschreiben gegen Rückschein (§ 175 ZPO) oder durch einen Gerichtsvollzieher nach § 192 ZPO, nicht aber bei Zustellungen durch die Aufgabe zur Post (§ 184 ZPO). Zustellung i.d.S. ist die beurkundete Übergabe eines Schriftstücks in gesetzlicher Form.[338] Den Gegensatz zur förmlichen Zustellung bildet die formlose Mitteilung.

34   Als Auslagen in Höhe von 3,50 € zu erheben sind nur die bei förmlicher Zustellung mit **Postzustellungsurkunde** oder mit Einschreiben gegen **Rückschein** erwachsenen Auslagen, auch wenn der in Anspruch genommene Zustelldienst für solche Dienstleitungen höhere oder geringerer Entgelte berechnet. Porti für gewöhnliche Einschreibsendungen oder für gewöhnliche Postsendungen deckt die Pauschale von 3,50 € ebenfalls mit ab. Anders als nach dem bis zum 30. 12. 2006 geltenden Recht, wonach die Auslagen in voller Höhe, also das Entgelt für den Rückschein bzw. für die Zustellungsurkunde zuzüglich der Grundgebühr angesetzt werden mussten, lässt der jetzige Wortlaut der Bestimmung eine solche Auslegung nicht mehr zu. Eine Ausnahme gilt nur, wenn eine Partei sich zur Übernahme solcher Auslagen verpflichtet hat. Die für einen Postzustellungsauftrag anfallenden Auslagen sind anzusetzen, soweit diese nicht schon pauschal abgegolten sind (vgl. oben, Rn. 31). Dann aber sind sie immer zu erheben, wenn die Zustellung von Gesetzes wegen vorgeschrieben ist (z.B. bei einem Kostenfestsetzungsbeschluss nach § 11 RVG vom Rechtsanwalt[339]) oder wenn sie vom Gericht ausdrücklich angeordnet wurde.[340] Ist aber eine nicht vorgeschriebene förmliche Zustellung gerichtlich angeordnet worden, kann ein Nichtansatz nach § 21 in Betracht kommen. Auch die Auslagen für eine nicht durch einen Fehler des Gerichts erforderlich gewordene Wiederholung der Zustellung sind zu berücksichtigen.

35   Nicht zu berücksichtigen und damit auch nicht zu erheben sind aber solche Zustellungsauslagen, die für **objektiv nicht erforderliche** förmliche Zustellungen entstanden sind.[341] Das kann der Fall sein, wenn eine aus im Zurechnungsbereich des Gerichts falsche Zustellung wiederholt werden muss.[342] Einen Spezialfall dieser Art behandelt § 21 für Kosten im

---

336 A. A. für die KostO OLG Zweibrücken RPfleger 1998, 332 für § 137 KostO, wonach der sog. postalische Zustellungsbegriff gelten soll. Für den Bereich des GKG gilt das jedenfalls nicht.
337 Insoweit i. Erg. auch LG Koblenz NStZ-RR 2000, 30 sowie LG Koblenz, Beschl. v. 18. 3. 1997 – 2102 Js 33205/95 – 4 Kls.
338 BGHZ 8, 316.
339 AG Berlin Pankow/Weißensee JurBüro 1998, 31; AG Berlin Charlottenburg JurBüro 1998, 32.
340 LAG Bremen RPfleger 1988, 165.
341 Dazu bei *Hartmann* KV 9002 Rn. 4.
342 KG NJW 1969, 1444 = JurBüro 1969, 872 = RPfleger 1969, 316.

Zusammenhang mit einer von Amts wegen vorzunehmenden Terminsverlegung. Eine förmliche Zustellung ist aber noch nicht dann objektiv nicht geboten, wenn eine andere Art der Zustellung billiger oder gar nur zweckmäßiger wäre und erst recht nicht, wenn es dem Gericht freigestellt ist, ob es förmlich zustellen oder formlos mitteilen will. Das gilt auch, wenn das Gericht – besonders in Strafsachen, aber nicht nur dort – Zeugen und andere Beteiligte grundsätzlich durch förmliche Zustellung laden lässt.[343]

Zu erstatten sind auch die Auslagen, die für die **Zustellung durch Justizbedienstete** entstehen, wobei auch hier die Auslagenfreiheit von 10 Zustellungen ggf. zu berücksichtigen ist. Eine solche Zustellung liegt vor, wenn statt durch Vermittlung der Post ein Justizbediensteter die förmliche Zustellung mit Zustellungsurkunde nach § 168 Abs. 1 ZPO vornimmt oder wenn sie auf Anordnung des Gerichts durch den Gerichtsvollzieher oder eine andere Behörde durchgeführt wird. Soweit der Gerichtsvollzieher mit der Zustellung beauftragt wird, sind ihm dafür Kosten und Auslagen nach dem GvKostG zu erstatten. Eine Übergabe an den Zustellungsempfänger an der Amtsstelle oder in einer Justizvollzugsanstalt erfüllt aber nicht die Voraussetzungen nach 168 ZPO. Im Verwaltungs-, Sozial- und Finanzgerichtsverfahren ist bei einer Zustellung nach § 5 VwZG durch einen Justizbediensteten KV 9002 sinngemäß anwendbar. **36**

Die **Höhe der Auslagen** ergibt sich aus den jeweils gültigen Tarifen der Deutschen Post AG oder des in Anspruch genommenen Zustelldienstes und/oder nach § 16 Abs. 1 GvKostG. Die Kosten sind auch dann anzusetzen, wenn die Zustellung sich als undurchführbar erwiesen hat, in den Fällen der Abs. 3 der Anm zu Nr. 2 KV 9000 aber nur, soweit in einer Instanz mehr als 10 Zustellungen erfolgen. **37**

In diesem Zusammenhang ist es kontrovers, ob die Gerichtskasse nach Maßgabe des GKG die Portokosten für die Rücksendung eines Empfangsbekenntnisses zu übernehmen hat. Nach § 174 ZPO kann eine förmliche Zustellung an den dort näher bezeichneten Empfängerkreis auch gegen Empfangsbekenntnis (EB) erfolgen. Im gerichtlichen Amtszustellungsbetrieb wird diese Art der Zustellung am häufigsten bei der Zustellung an Rechtsanwälte praktiziert. In der Vergangenheit war es allgemein üblich, dass dem am Gerichtsort ansässigen Rechtsanwalt über sein Gerichtsfach das vorbereitete EB übermittelt wurde, das dieser dann vollzogen über die Posteingangsstelle des Gerichts zurückgab. Portoauslagen entstehen dabei nicht. Bei auswärtigen Rechtsanwälten oder solchen, die kein Gerichtsfach eingerichtet hatten, wurde dem Anwalt per Post ein vorfrankiertes EB übersandt, welches er dann per Post zurückschickte. Dabei entstanden dem Rechtsanwalt ebenfalls keine Portokosten. In jüngster Zeit gehen die Gerichte verstärkt dazu über – nicht zuletzt auch mit Blick auf die immer knapper ausfallenden Justiz-Etats – auch dem auswärtigen Rechtsanwalt unfrankierte EB zu übersenden, so dass die Portokosten für die Rücksendung vom Rechtsanwalt verauslagt werden müssen.[344] Hier dürfte es sich aber um ein Scheinproblem handeln. Schon nach dem Wortlaut des GKG können Auslagen i.d.S. nur solche Portokosten sein, die das **Gericht** über das normale Postporto hinaus zu verauslagen hat, also **Zuschläge für die Zustellung.** Die Rücksendung eines EB erfolgt einmal mit normaler Post, zum anderen wird das Porto vom Rechtsanwalt für eine Sendung an das **38**

---

343 Dazu zutr. bei *Hartmann* KV 9002 Rn. 5–6.
344 Vgl. dazu kritisch und i. Erg. abl. etwa bei *Schneider* ZAP, Heft 7/96; 16/96; 1/97 – „Justizspiegel"; *ders.*, Die Klage im Zivilprozess, 2000 Rn. 473.

Gericht verauslagt. Auch aus der einschlägigen Bestimmung der ZPO lässt sich keine Pflicht der Justiz zur Übernahme solcher Portokosten ableiten. Denn nach §§ 174, 195 ZPO hat das Gericht oder die Justizverwaltung nur die Möglichkeit, ein Schriftstück gegen EB zuzustellen. Die Mitwirkungspflicht des Rechtsanwalts dabei besteht noch nicht einmal darin, das ihm so zugestellte Schriftstück in Empfang zu nehmen.[345] Das ist nur eine *standesrechtliche* Pflicht, deren Nichtbeachtung zur Folge hat, dass dann keine wirksame Zustellung gegeben ist und eine solche über den Gerichtsvollzieher (§ 192 Abs. 1 ZPO) oder durch Aufgabe zur Post (§ 184 ZPO) wirksam erfolgen kann. Die dann anfallenden Zustellungskosten zählen aber zweifelsohne zu den Auslagen nach KV 9002 und können angesetzt werden, wenn und soweit sie in Höhe der Pauschale für 10 Zustellungen entstanden wird. Das ist in Ansehung der Höhe der heutigen Postentgelte leicht der Fall. Wenn das Gericht mithin die Zustellung nach § 174 ZPO wählt, handelt es – wirtschaftlich gesehen – eher im Interesse des potentiellen Kostenschuldners, um die erstattbaren Auslagen gering zu halten. Nur wenn der Betrag für 10 Zustellungen in einer Instanz überschritten wird, sind die Mehrauslagen zu erheben.

39 Die das Adhäsionsverfahren betreffende Gebühr KV 3700 ist ausgenommen, weil im Strafverfahren grundsätzlich Festgebühren anfallen.

40 Zustellungsauslagen im Kostenfestsetzungsverfahren bzw. im Kostenausgleichsverfahren sind indessen für jede Zustellung zu erheben, also auch dann, wenn weniger als 10 Zustellungen erforderlich sind. Denn das Kostenfestsetzungs-/-ausgleichsverfahren gehört nicht mehr zur Instanz.[346]

9003	Pauschale für	
	1. Versendung von Akten auf Antrag je Sendung	12,00 EUR
	2. die elektronische Übermittlung einer elektronisch geführten Akte auf Antrag	5,00 EUR

(1) Die Hin- und Rücksendung der Akten durch Gerichte oder Staatsanwaltschaften gelten zusammen als eine Sendung.

(2) Die Auslagen werden von demjenigen Kostenschuldner nicht erhoben, von dem die Gebühr 2116 zu erheben ist.

41 Der mit dem KostRÄndG 1994 neu geschaffene und durch das JKomG neu gefasste und durch das 2. Justizmodernisierungsgesetz klargestellte – verfassungsrechtlich nicht zu beanstandende[347] – Tatbestand[348] ermöglicht pauschal die Abgeltung von Aufwendungen, die dadurch entstehen, dass Akteneinsichten an einem anderen Ort als dem der aktenführenden Stelle gewünscht und durch Versendung notwendig werden. Voraussetzung für die Auslagenpauschale nach KV 9003 ist stets, dass es sich bei der Versendung um Akten eines noch nicht abgeschlossenen Verfahrens bzw. um Beiakten eines solchen han-

345 BGHZ 30, 299, 305.
346 LG Kiel SchlHA 1996, 259; AG Kiel JurBüro 1996, 261; **a.M.** AG Itzehoe SchlHA 1996, 260; AG Rendsburg SchlHA 1996, 260; *Mümmler* JurBüro 1995, 462.
347 BVerfG NJW 1995, 3177.
348 Vgl. dazu *Enders* JurBüro 1997, 393; *Notthoff* AnwBl. 1995, 538.

delt. Wenn und soweit Akten eines rechtskräftig (einschließlich der zur Abwicklung notwendigen Folgesachen wie Kosten, Entschädigung) abgeschlossenen Verfahrens handelt, sind die Auslagen nach der JVKostO (§ 5 JVKostO i. V. m. § 137 Abs. 1 Nr. 4 KostO) zu erheben Die Pauschale ist auch im sozialgerichtlichen Verfahren zu erheben.[349] Keine Pauschale nach KV 9003 fällt indes an, wenn Akten an eine Behörde aufgrund eines Ersuchens versandt werden, weil das nicht auf Antrag i. S. v. KV 9003 geschieht, sondern auf Grund einer Bitte um Amtshilfe. In der Verwaltungssprache steht der (veraltete) Terminus des Ersuchens üblicherweise für Amtshilfe. Das gilt auch, wenn Akten eines noch nicht abgeschlossenen Verfahrens im Wege der Amtshilfe einer anderen Behörde zur Einsicht überlassen werden. Auch dann liegt kein Antrag sondern ein Ersuchen vor.

Der Tatbestand KV 9003 erfasst nur die nach Antrag erfolgende Versendung und/oder die   **42** Übermittlung von **Akten**. Akten i. d. S. sind mehrere zusammengefasste Dokumente nebst Anlagen und Ablichtungen/Ausdrucken, u. U. auch Aktenteile und/oder Beiakten (vgl. § 28 Rn. 7).[350] Die Art der Aktenführung ist unerheblich. Auch elektronisch geführte Akten (§§ 298, 298a ZPO) gehören hierher. Wenn nur Teile von Akten, also Dokumente, versandt oder übermittelt werden, gilt KV 9000 (vgl. auch § 28 Abs. 2). Die Auslagen werden nur für Aktenversendung auf **Antrag** erhoben, nicht aber, wenn der Versand oder die Übermittlung vom Amts wegen oder im Wege der Amtshilfe erfolgt (Rn. 41). Unter **Versendung** in diesem Sinne ist die Herausgabe einer herkömmlich geführten Papierakte zu verstehen, und zwar auch dann, wenn sie von einer elektronisch geführten Akte reproduziert worden ist. **Übermittlung** bedeutet, dass die Akte von Datenträger zu Datenträger überspielt wird, ohne das eine Reproduktion auf Papier stattfindet. Wenn der Antragsteller die Akten von der Geschäftsstelle selbst abholt, liegt kein Versand, sondern nur eine Überlassung vor, für die Auslagen nach KV 9003 nicht anfallen.[351] Um eine bloße Überlassung handelt es sich auch, wenn eine elektronisch geführte Akte in der Geschäftsstelle des Gerichts auf dem Bildschirm nur eingesehen wird. Beantragt aber der Einsehende dann die Reproduktion einzelner Teile davon, gilt KV 9000. Das gilt auch, wenn dem Rechtsanwalt die Akten über sein Gerichtsfach übermittelt werden.[352] Wenn er nach Einsicht in eine elektronisch geführte Akte deren elektronische Übermittlung beantragt, fällt die Übermittlungspauschale von 5 € an, und zwar auch dann, wenn er die elektronisch geführte Akte sofort auf der Geschäftsstelle auf einen mitgeführten Datenträger überspielen lässt. Das ist auch dann der Fall, wenn die Akten einem beim Landgericht am Sitz der Staatsanwaltschaft ansässigen Rechtsanwalt in dessen Gerichtsfach unverpackt eingelegt werden, wenn Staatsanwaltschaft und Landgericht räumlich voneinander getrennt sind.[353] Andererseits spielt es aber auch keine Rolle, ob die Akten innerhalb des Ortes oder Gerichtsbezirks versandt oder übermittelt werden[354] oder ob die Sendung aus einem oder mehreren Stücken besteht. Eine Pauschale nach KV 9003 ist auch dann zu erheben, wenn ein Bediensteter des versendenden Gerichts die Akte in das Anwaltsfach einlegt, welches der die Akten erfordernde Anwalt bei einem anderen Gericht unterhält. Das gilt auch,

---

349 LSG SchlH AnwBl. 1997, 48; SozG Stralsund JurBüro 1998, 370 m. Anm. v. *Enders*; **a. M.** SG Frankfurt aM NZS 1998, 256 (L).
350 *Hartmann* KV 9003 Rn. 1.
351 LG Detmold NJW 1995, 2801.
352 LG Göttingen NJW-RR 1996, 190; AG Osnabrück JurBüro 1995, 315.
353 AG Düsseldorf JurBüro 1997, 433.
354 LG Frankenthal MDR 1996, 104.

wenn das absendende Gericht zu dem Gericht, bei dem der Anwalt sein Fach hat, einen täglichen Botendienst unterhält, der Bedienstete des absendenden Gerichts als mitnehmen kann, so dass kein besonderer Aufwand anfällt.[355] Es ist dem Wesen einer Pauschale immanent, dass es darauf, ob und in welchem Umfang der Versand (zusätzlichen) Aufwand nach sich zieht, gerade nicht ankommt. Unerheblich ist auch, auf welchem Wege, ob per Post oder privatem Paketdienst der Versand erfolgt. Auch wenn der Rechtsanwalt, der als Prozessbevollmächtigter oder Verteidiger ein Recht auf Akteneinsicht hat, sich die Akten auf sein Büro übersenden lässt, statt sie von der Geschäftsstelle abzuholen, entsteht die Gebühr KV 9003. Sie entsteht bei mehrmaliger Anforderung mehrmals.[356]

42a **Kostenschuldner** der Aktenübersendungspauschale ist nur der Antragsteller,[357] also der Rechtsanwalt[358] (auch als Pflichtverteidiger[359]), der sie dann aber als notwendige Auslage von der Partei nach Maßgabe des RVG bzw. gem. §§ 670, 675 BGB[360] oder bei strafverfahrensrechtlichem Freispruch im Rahmen des § 464a StPO aus der Staatskasse erstattet verlangen kann,[361] es sei denn, er stellt den Antrag ausdrücklich als Vertreter des Mandanten,[362] was im verwaltungsgerichtlichen Verfahren in der Regel anzunehmen ist.[363]

43 Die Aktenversendungspauschale ist im Hinblick auf die tatsächlich mit der Versendung der Akten verbundenen erheblich gestiegenen Kosten für Postdienstleistungen auf 12 € angehoben worden, wenn die Akten auf herkömmlichem Wege übersandt werden. Abs. 1 der amtlichen Anmerkung stellt für diesen Fall klar, dass Hin- und Rücksendung der Akten dann, wenn es sich um (mindestens teilweise[364]) die gleichen Akten handelt, als eine Sendung behandelt werden, die Pauschale mithin nicht doppelt anfällt. Die Rücksendung muss aber durch eine Gerichtsbehörde oder durch die Staatsanwaltschaft erfolgen. Das ist jetzt in Abs. 1 der Anmerkung ausdrücklich klargestellt. Damit ist auch die Kontroverse über die Rücksendungskosten[365] obsolet geworden.

43a **Rücksendung:** Wenn der Anwalt die Akten auf eigene Kosten zurücksendet, kann er keine Erstattung der Auslagen verlangen,[366] denn KV 9003 betrifft nur pauschalierte Ausla-

---

355 A. M. LAG Schleswig-Holstein JurBüro 2007, 372 (Arbeitsgericht hat ein Fach beim Landgericht, welches der Bote des Arbeitsgerichts täglich leert).
356 LG Frankenthal NJW 1995, 2801.
357 LG Bayreuth JurBüro 1997, 433.
358 LG Mainz JurBüro 2007, 597 = NJW-RR 2008, 151; LG Göttingen StV 1996, 43 = NdsRPfl. 1996, 166; LG Baden-Baden JurBüro 1995, 543; LG Koblenz NJW 1996, 1223. A. M. VG Düsseldorf JurBüro 2006, 90 und JurBüro 2008, 375 m. Anm. v. *Enders.*
359 OLG Koblenz MDR 1997, 202; AG Mainz NStZ-RR 1999, 128 (L); wohl auch OLG Düsseldorf JurBüro 2002, 307 (308).
360 LG Mainz JurBüro 2007, 597 = NJW-RR 2008, 151.
361 AG Leipzig NStZ-RR 2000, 319; OLG Koblenz StraFo 2001, 147; OLG Düsseldorf JurBüro 2002, 307 (308).
362 VG Braunschweig JurBüro 2003, 210; vgl. dazu näher bei *D. Meyer* JurBüro 1996, 231.
363 VG Braunschweig JurBüro 2003, 210.
364 *Hartmann* KV 9003 Rn. 4.
365 Dazu *Schäpe* DAR 2006, 296.
366 Ganz h. M. vgl. z. B.: ThürOLG JurBüro 2007, 598; OLG Naumburg JurBüro 2008, 374; OLG Koblenz JurBüro 2006, 207 (LS mit Volltextservice); OLG Hamm JurBüro 2006, 89 = RVG-Letter 2006, 17; OLG Hamm JurBüro 2006, 147 (LS mit Volltextservice); LG Koblenz JurBüro 2006, 89 = RVG-Letter 2006, 20; AG Rockenhausen JurBüro 2006, 207; *Burhoff* RVGReport 2006, 41; im Ergebnis auch OLG Koblenz JurBüro 2006, 207; a. M. AG Brandenburg/Havel JurBüro 2005, 316 (für den Fall der rechts-

gen, die der Justizbehörde für den Aktenversand entstehen und hat nicht den Sinn, Verfahrensbeteiligte oder Dritte zu entlasten. Das war auch nicht den Motiven des Gesetzes zu entnehmen. Insoweit heißt es zur Begründung der Anm. 1 zu KV 9003 lapidar „soll klargestellt werden, dass mit der einmaligen Zahlung der Pauschale sowohl die Übersendung der Akten als auch deren Rücksendung abgegolten ist".[367] Abwegig war, wenn daraus der Schluss gezogen wurde, dass die Gerichte (z.B. durch Beifügung eines Freiumschlags für die Rücksendung[368]) Vorsorge tragen müssen, dass die Auslagen des Rückversandes durch den Antragsteller uneingeschränkt zu Lasten der Justiz gehen. Der (auswärtige) Anwalt kann natürlich die Akten dem örtlichen Gericht zwecks Weiterleitung übergeben, wenn er Auslagen für die Rücksendung vermeiden will. Sofern elektronische Akten (vgl. § 28 Rn. 7) elektronisch (d.h. nicht etwa eine Ablichtung eines Ausdrucks per FAX) übermittelt werden, ist allerdings eine Pauschale von 5 € ausreichend. Gleichzeitig ist klargestellt worden, dass mit der einmaligen Zahlung der Pauschale sowohl die Übersendung der Akten als auch deren Rücksendung abgegolten ist.

9004	Auslagen für öffentliche Bekanntmachungen	
	1. bei Veröffentlichung in einem elektronischen Informations- und Kommunikationssystem, wenn ein Entgelt nicht zu zahlen ist oder das Entgelt nicht für den Einzelfall oder ein einzelnes Verfahren berechnet wird: je Veröffentlichung pauschal	1,00 EUR
	2. in sonstigen Fällen	in voller Höhe

Auslagen für die Bekanntmachung eines besonderen Prüfungstermins (§ 177 InsO; § 11 SVertO) werden nicht erhoben.

KV 9004 entspricht inhaltlich der Bestimmung KV 9004 a.F. Neu aufgenommen ist unter **44** Nr. 1 die Bestimmung, dass Auslagen für die öffentliche Bekanntmachung in einem elektronischen Informations- und Kommunikationssystem auch dann erhoben werden, wenn das Gericht selbst hierfür kein Entgelt zu zahlen hat. In Betracht kommt hierbei insbesondere die Veröffentlichung auf justiz- bzw. landeseigenen Internetseiten. Eingeführt ist eine Pauschale von 1,00 € je Veröffentlichung. Sie soll insbesondere die Kosten der für die Veröffentlichung im Internet erforderlichen technischen Einrichtungen, die Kosten der Systembetreuung sowie die Personalkosten für die Eingabe der Inhalte der Bekanntmachung abgelten. Die Höhe der Pauschale orientiert sich an einer von Nordrhein-Westfalen vorgenommen Kostenkalkulation für Veröffentlichungen in Insolvenzsachen. Danach betragen die Kosten einer Veröffentlichung ca. 0,40 €. Berücksichtigt man die Anschubfinanzierung sowie sonstige Nebenleistungen, erscheint der Betrag in Höhe 1,00 € ausreichend bemessen. Von der Regelung erfasst werden auch die Fälle, in denen mit dem kommerziellen Anbieter, der die öffentliche Bekanntmachung im Internet übernimmt, eine Vereinbarung getroffen wurde, nach der das Entgelt für die Veröffentlichungen nicht mehr einzelfallbezogen berechnet wird. Denkbar sind z.B. Vereinbarungen, nach denen

---

ähnlichen Vorschrift des § 107 Abs. 5 OWiG bei Aktenübersendung der Verwaltungsbehörde im Bußgeldverfahren); *Euba* RENO-Praxis 2006, 18.
367 Begr. zum KostRModG (RefEntw), BT-Drs. 15/1971 S. 212.
368 So OLG Koblenz JurBüro 2006, 207 = MDR 2006, 957.

die Justizverwaltung dem kommerziellen Anbieter eine pauschale Vergütung für die Durchführung der öffentlichen Bekanntmachungen unabhängig von der Anzahl der Veröffentlichungen und deren Umfang zahlt. Solche Vereinbarungen sind geeignet, den Abrechnungsaufwand auf beiden Seiten ganz erheblich zu reduzieren. Aus Gründen der Einheitlichkeit und Transparenz wird in diesen Fällen die gleiche Auslagenpauschale erhoben wie bei der Veröffentlichung auf justizeigenen Internetseiten. Nicht erfasst werden hingegen die Fälle, in denen zwar die Abrechnung gegenüber der Justizbehörde mittels einer Sammelrechnung erfolgt, das Entgelt jedoch für jede Veröffentlichung oder jedes Verfahren gesondert bemessen wird, sei es einzelfallbezogen anhand bestimmter Kriterien (z.B. dem Umfang des Textes der Bekanntmachung) oder als Festbetrag. Hier ist eine Pauschalierung nicht erforderlich, da die tatsächlichen Veröffentlichungsauslagen mit vertretbarem Aufwand festgestellt und nach Nr. 2 abgerechnet werden können. Die Pauschale fällt auch dann an, wenn die öffentliche Bekanntmachung im Internet unter Einschaltung eines kommerziellen Anbieters erfolgt, dieser jedoch kein Entgelt für die Veröffentlichung verlangt, da er sich aus anderen Einnahmequellen wie z.B. Werbung finanziert. Da diese Fälle vergleichsweise selten auftreten dürften und eine Abgrenzung von den übrigen Anwendungsfällen mitunter unverhältnismäßig schwierig sein kann, erscheint es gerechtfertigt, den für das Gericht mit der Veröffentlichung verbundenen Aufwand auch hier mit einer Auslagenpauschale in Höhe von 1,00 € abzugelten.

45 Nr. 2 der Vorschrift übernimmt inhaltlich unverändert die Regelungen der KV 9004 a.F. Hierher gehören die Kosten der Einrückung in den Bundesanzeiger und andere Blätter, z.B. bei der öffentlichen Zustellung oder bei Auslobungsbekanntmachungen zur Fahndung nach einem Täter. Die Auslobungssumme oder im Zusammenhang mit der öffentlichen Bekanntmachung entstehende Postgebühren zählen aber nicht hierher. Wird der Antrag vor der Veröffentlichung zurückgenommen, sind die bis dahin entstandenen Kosten zu erheben. Zu den Kosten der öffentlichen Bekanntmachung zählen auch anderweitige Druckkosten und Kosten, die durch öffentliche Bekanntmachungen über Medien (Rundfunkdurchsagen, Fernsehbekanntmachungen amtlicher Art, nicht aber solche für die Nutzung kommerzieller Sendungen wie etwa „XY-Unbekannt") entstanden sind. Ausgenommen sind nur die Kosten der Bekanntmachung eines besonderen Prüfungstermins nach § 177 InsO und § 11 SeeVertO. Ist der besondere Prüfungstermin zugleich als Schlusstermin vorgesehen, herrscht Auslagenfreiheit nur, soweit die Auslagen für den besonderen Prüfungstermin ausscheidbar sind. Die Auslagen sind in voller Höhe anzusetzen.

9005	Nach dem JVEG zu zahlende Beträge	in voller Höhe

(1) Nicht erhoben werden Beträge, die an ehrenamtliche Richter (§ 1 Abs. 1 Satz 1 Nr. 2 JVEG) gezahlt werden.

(2) Die Beträge werden auch erhoben, wenn aus Gründen der Gegenseitigkeit, der Verwaltungsvereinfachung oder aus vergleichbaren Gründen keine Zahlungen zu leisten sind. Ist aufgrund des § 1 Abs. 2 Satz 2 des Justizvergütungs- und -entschädigungsgesetzes keine Vergütung zu zahlen, so ist der Betrag zu erheben, der ohne diese Vorschrift zu zahlen wäre.

(3) Auslagen für Übersetzer, die zur Erfüllung der Rechte blinder oder sehbehinderter Personen herangezogen werden (§ 191a Abs. 1 GVG), werden nicht, Auslagen für Gebärdensprachdolmetscher (§ 186 Abs. 1 GVG) werden nur nach Maßgabe des Absatzes 4 erhoben.

(4) Ist für einen Beschuldigten oder Betroffenen, der der deutschen Sprache nicht mächtig, hör- oder sprachbehindert ist, im Strafverfahren oder im gerichtlichen Verfahren nach dem OWiG ein Dolmetscher oder Übersetzer herangezogen worden, um Erklärungen oder Schriftstücke zu übertragen, auf deren Verständnis der Beschuldigte oder Betroffene zu seiner Verteidigung angewiesen oder soweit dies zur Ausübung seiner strafprozessualen Rechte erforderlich war, werden von diesem die dadurch entstandenen Auslagen nur erhoben, wenn das Gericht ihm diese nach § 464c StPO oder die Kosten nach § 467 Abs. 2 Satz 1 StPO, auch in Verbindung mit § 467a Abs. 1 Satz 2 StPO, auferlegt hat; dies gilt auch jeweils in Verbindung mit § 46 Abs. 1 OWiG.

(5) Im Verfahren vor den Gerichten für Arbeitssachen werden Kosten für vom Gericht herangezogene Dolmetscher und Übersetzer nicht erhoben, wenn ein Ausländer Partei ist und die Gegenseitigkeit verbürgt ist oder ein Staatenloser Partei ist.

KV 9005 a.F. betraf ausschließlich die nach dem ZuSEG gezahlten Beträge und erfasste **46** damit nicht die Entschädigung der ehrenamtlichen Richter, die nach dem EhrRiEG erfolgte. Abs. 1 der Anm ist daher erforderlich, weil der JVEG auch die Entschädigung der ehrenamtlichen Richter regelt. Die Regelung des Abs. 4 der Anm. entspricht § 12 Abs. 5a ArbGG a.F.

Zeugen- und Sachverständigenkosten sind alle Auslagen, die das Gericht an einen Zeugen, **47** Sachverständigen, Dolmetscher – auch Gebärdendolmetscher[369] – oder Übersetzer nach dem JVEG gezahlt hat. Dazu gehören auch die Gutachterkosten zur Prüfung der Frage der weiteren Unterbringung nach § 67a StGB[370] sowie vereinbarte oder zugesagte besondere Entschädigungen des Sachverständigen nach Maßgabe der §§ 13, 14 JVEG.[371] Ein nach § 13 Abs. 1 JVEG gezahlter Vorschuss ist selbstverständlich zu verrechnen. Wenn eine Partei Kostenfreiheit genießt (§ 2) oder ihr Prozesskostenhilfe bewilligt wurde, braucht sie natürlich keinen Vorschuss nach § 13 Abs. 1 JVEG zu zahlen. Auf den Ansatz der besonderen oder vereinbarten Entschädigung nach §§ 13, 14 JVEG hat das aber grundsätzlich keinen Einfluss, weil die stets erforderliche Zustimmung des Gerichts die Auslagen nachträglich rechtfertigt (arg. § 31 Abs. 3 Satz 1). Der insoweit in Anspruch genommene Kostenschuldner kann jedoch Rechtsmittel nach § 66 einlegen, wenn eine Zustimmung des Gerichts

369 LG Hamburg JurBüro 1999, 599.
370 OLG Koblenz JurBüro 2005, 483 (LS); a. M. OLG Hamm StV 2001, 32.
371 KG JurBüro 2007, 95; OLG Koblenz FamRZ 2002, 412; *Berding* JurBüro 2007, 58. **A.M.** *Hartmann* JVEG § 13 Rn. 17.

fehlt, oder einen Antrag nach § 21 einbringen, wenn die Zustimmung des Gerichts ermessensfehlerhaft erteilt wurde.[372] Sind solche Auslagen nicht für die Hinzuziehung von Zeugen, sondern auch für die Verteidigung des Beschuldigten oder Betroffenen i.S.d. Anm. 1 entstanden und dem Beschuldigten (Betroffenen) nicht auferlegt, können die für die Hinzuziehung von Zeugen (Sachverständigen) entstandenen Auslagen nur angesetzt werden, soweit sie (erforderlichenfalls durch Schätzung) ausscheidbar sind. Ist eine Ausscheidung nicht (mehr) möglich, ist ein Ansatz nicht zulässig.[373] Es kommt grundsätzlich nicht darauf an, welche Zahlungen das Gericht tatsächlich verauslagt hat, sondern darauf, welche Beträge es zahlen muss oder musste.[374] Das gilt auch für die Kosten einer nach der StPO in zulässiger Weise erfolgten Telefonüberwachung (§ 23 JVEG)[375] als solche. Hilfsmittel, die für die Durchführung der Überwachung beschafft wurden (z.B. die Anmietung von Computern) gehören aber nicht dazu.[376] Auch im Interesse der Prozessbeschleunigung vom Gericht veranlasster Übersetzungskosten für eine Auslandszustellung sind zu erheben, und zwar auch dann, wenn die ausländische Behörde auf eine Übersetzung verzichtet hätte.[377]

48 Soweit das Gericht eine Überzahlung vorgenommen hat, kann der in Anspruch genommene Kostenschuldner dagegen nur im Verfahren nach § 66 vorgehen (dazu auch § 66 Rn. 16). Bei Herabsetzung der Auslagen im Verfahren nach § 66 kann die Staatskasse den Mehrbetrag in angemessener Frist zurückfordern.[378] Der Umstand allein, dass einem Sachverständigen oder einem Zeugen, der als Angehöriger einer Behörde in Erfüllung seiner Dienstaufgaben gehandelt hat, keine Entschädigung nach dem JVEG zusteht, trotzdem eine solche gezahlt wurde, steht einer Erstattungspflicht nicht entgegen.[379] Die Auslagen werden auch dann erhoben, wenn aus Gründen der Gegenseitigkeit, Verwaltungsvereinfachung und dgl. die Gerichtskasse an die andere Kasse oder den Beamten tatsächlich nicht zu zahlen braucht. Denn das sind verwaltungsinterne Vereinfachungen, von denen der Schuldner nicht profitieren soll.

49 Ausnahmen von der Auslagenerstattung bestehen nur nach Maßgabe der Abs. 3 und 4 der amtlichen Anweisung. Danach werden die dort genannten Auslagen nur erhoben, wenn und soweit das Gericht diese dem Beschuldigten oder Betroffenen wegen Verschuldens ausdrücklich auferlegt hat. Letzteres ist auch gerechtfertigt.[380] Die Nichterhebung bezieht sich aber nur auf die Fälle, in denen das Gericht den Dolmetscher oder Übersetzer amtlich herangezogen hat.[381] Liegt insoweit kein Ausspruch des Prozessgerichts vor, sind die Aus-

---

372 Dazu bei *Hartmann* JVEG § 13 Rn. 12 ff., 14; *D. Meyer* JurBüro 2002, 186, jeweils m.N.

373 OLG Koblenz NStZ-RR 2000, 30.

374 OLG Düsseldorf AnwBl. 1989, 237; OLG Schleswig MDR 1985, 80 m.w.N.

375 OLG Koblenz JurBüro 2001, 102 = RPfleger 2000, 565; LG Koblenz NStZ 2001, 221; LG Nürnberg-Fürth JurBüro 1992, 685; LG Osnabrück JurBüro 1991, 1509; AG Bersenbrück JurBüro 1991, 1508.

376 OLG Celle NStZ 2001, 221 = StV 2001, 242 (L).

377 OLG Koblenz NJW-RR 2004, 1295.

378 *Bischof* NJ 1998, 46.

379 OLG Stuttgart RPfleger 1987, 388.

380 Vgl. dazu etwa *Kühne* FS für Schmidt, 1981, S. 33 und bei *Hartmann* KV 9005 Rn. 4.

381 Unstr. vgl. bei *Hartmann* KV 9005 Rn. 6; zum Verhältnis zu Art. 6 Abs. 3 lit. e MRK vgl. OLG Koblenz StV 1997, 429 m. Anm. v. *Kühne*.

lagen zu erheben. Ein eigener Beurteilungsspielraum besteht im Kostenansatzverfahren insoweit nicht.

Die Auslagen werden in **voller** oder fiktiver (Abs. 2) **Höhe** angesetzt.　　　　50

9006　Bei Geschäften außerhalb der Gerichtsstelle

　　1. die den Gerichtspersonen aufgrund gesetzlicher Vor-　　in voller
　　　schriften gewährte Vergütung (Reisekosten, Auslagener-　　Höhe
　　　satz) und die Auslagen für die Bereitstellung von Räu-
　　　men

　　2. für den Einsatz von Dienstkraftfahrzeugen für jeden ge-　　0,30 EUR
　　　fahrenen Kilometer

Die aus dem alten Recht unverändert übernommene Vorschrift regelt den Auslagenersatz　51
für Geschäfte außerhalb der Gerichtsstelle. Dazu Rn. 53.

Gerichtspersonen sind alle Personen, die aus Anlass einer auswärtigen Sitzung tätig wer-　52
den können, also Richter, Staatsanwälte, Amtsanwälte, ehrenamtliche Richter, Referen-
dare, Urkundsbeamte, Gerichtswachtmeister, Fahrer.[382] Die Kosten müssen aber in einem
der im § 1 genannten Verfahren entstanden sein, nicht in Angelegenheiten der Justizverwaltung. Werden auf einer Reise sowohl Rechtssachen als auch Justizverwaltungsangelegenheiten erledigt, ist die amtliche Anweisung entsprechend anzuwenden. Zu den Gerichtspersonen zählen nicht Zeugen, Sachverständige und Rechtsanwälte.

Die Auslagen müssen bei Geschäften **außerhalb der Gerichtsstelle** erwachsen sein. Ge-　53
richtsstelle ist der den Angehörigen eines bestimmten Gerichtes für ihre Amtshandlungen
zugewiesene Raum (Gebäude mit Hofraum). Geschäfte, die auf **auswärtigen Gerichtsta-
gen** vorgenommen werden, finden an der hierfür bestimmten Gerichtsstelle statt und
nicht außerhalb von ihr, so dass die damit verbundenen Auslagen nicht unter KV 9006 fallen.[383] Ein einzelner oder mehrere auswärtige Termine in mehreren einzelnen Sachen sind
aber noch kein auswärtiger Gerichtstag.[384] Der Hauptanwendungsbereich der KV 9006
liegt bei Ortsterminen. Zu den Auslagen im Zusammenhang mit auswärtigen Gerichts-
terminen gehören auch die Kosten für angemietete Räume, in denen der Termin stattfindet. Nicht dazu zählen hingegen die Kosten, die dadurch entstehen, dass eine Gerichtsperson zu einem auswärtiges Gericht fährt, um dort eine beurlaubte oder erkrankte
Gerichtsperson zu vertreten, oder die Kosten eines Staatsanwalts, der als Sitzungsvertreter
zu einem auswärtigen Gericht fährt. Alle nicht am Ort der Gerichtsstelle ausgeführten
Amtshandlungen (also auch solche außerhalb des Gerichtsgebäudes auch in derselben
Gemeinde) kommen in Betracht. Als Amtshandlungen kommen nicht nur Verhandlungen,
sondern auch Tatortbesichtigung oder förmliche Augenscheineinnahmen in Betracht. Die
an die Gerichtspersonen gezahlten Vergütungen (Reisekosten, Auslagenersatz) sind nur
insoweit als Auslagen anzusetzen, als sie aus Anlass des außerhalb der Gerichtsstelle vor-
genommenen Geschäfts entstanden sind. Deshalb fallen unter KV 9006 z. B. nur die Mehr-

---

382 Vgl. BT-Drs. 12/6962, S. 88.
383 *Hartmann* KV 9005 Rn. 1.
384 FG Neustadt EFG 1986, 626 m. abl. Anm. von *Lappe* NJW 1987, 1860 und zust. Anm. von *Schall* BB 1988, 380; *Hartmann* KV 9006 Rn. 1.

kosten, die ehrenamtlichen Richtern dadurch entstanden sind, dass sie außerhalb der regulären Gerichtsstelle tätig geworden sind, nicht aber solche Kosten, die ihnen auch zu zahlen gewesen wären, wenn die Handlung an der Gerichtsstelle stattgefunden hätte.[385]

54 Die Vergütung muss auf Grund gesetzlicher Vorschrift zu gewähren sein, z.B. auf Grund der Reisekostenbestimmungen. Höhere Vergütungen können aber kraft Übernahmeerklärung gefordert werden.

55 In Ansatz kommen auch **Auslagen für die Bereitstellung von Räumen,** etwa für Miete, Heizung, Strom, Reinigung im Zusammenhang mit der Abhaltung eines auswärtigen Termins. Es sind aber nur tatsächlich entstandene Kosten anzusetzen, und zwar auch dann, wenn der Raum aus Gründen, die in den Zurechnungsbereich des Kostenschuldners fallen, nicht genutzt wurde, Kosten aber trotzdem zu zahlen waren. Findet der Termin in einem unentgeltlich überlassenen Raum statt, sind hierfür keine Kosten anzusetzen.

56 Zur Aufteilung der Auslagen, wenn diese auf **mehrere Geschäfte** entfallen, gilt das oben (Rn. 10 ff.) Gesagte entsprechend.

9007 An Rechtsanwälte zu zahlende Beträge mit Ausnahme der nach § 59 RVG auf die Staatskasse übergegangenen Ansprüche.	**in voller Höhe**

57 Hierher gehören im wesentlichen die Kosten des gerichtlich bestellten Verteidigers und des nach §§ 45 ff. RVG beigeordneten Rechtsanwalts, sofern es sich um ein Verfahren nach § 1 handelt und die Auslagen nach KV 9005 nach Maßgabe von Art. 6 MRK nicht zu erheben sind.[386] Art. 6. Abs. 3 lit. e MRK steht einer Inanspruchnahme des mittellosen Angeklagten für verauslagte Kosten des Pflichtverteidigers nicht entgegen.[387] In solchen Fällen kann nur über § 10 Abs. 1 KostVfg. vom Kostensatz abgesehen werden, wenn der Angeklagte offenkundig dauernd zahlungsunfähig ist.[388] Auch die Kosten für einen gegen den Willen eines Angeklagten zusätzlich zum Wahlverteidiger rechtmäßig bestellten Pflichtverteidigers gehören hierzu.[389] Nicht unter KV 9007 fallen aber die Prozesskostenhilfeanwaltskosten, die, wenn sie an die Staatskasse zurückzuzahlen sind, keine Auslagen i.S.v. KV 9007 sind, sondern nach den Vorschriften über die Einziehung der Gerichtskosten geltend zu machen sind (§ 59 RVG), also nach der JBeitrO. Nicht unter KV 9007 fallen auch Kosten der Ablichtung des Hauptverhandlungsprotokolls durch einen Pflichtverteidiger.[390] Denn solche kann er kostenfrei beantragen. Die nach KV 9007 an Rechtsanwälte zu zahlenden Kosten werden in voller Höhe, einschließlich der gezahlten Mehrwertsteuer angesetzt.

9008 Auslagen für	
1. die Beförderung von Personen	**in voller Höhe**

---

385 OVG Lüneburg JurBüro 1972, 321.
386 Unstr. vgl. bei *Hartmann* KV 9007 Rn. 1.
387 OLG Hamm NStZ-RR 2000, 160.
388 OLG Hamm NStZ 2000, 160; OLG Köln JurBüro 1991, 856 m.N.
389 OLG Düsseldorf AnwBl. 1983, 462 m.N.
390 OLG München RPfleger 1982, 486.

2. Zahlungen an mittellose Personen für die Reise zum Ort einer Verhandlung, Vernehmung oder Untersuchung und für die Rückreise	bis zur Höhe der nach dem JVEG an Zeugen zu zahlenden Beträge

Die Vorschrift ist unverändert übernommen worden. Zu beachten ist hier besonders, dass **58** mittellosen Personen gewährte Reisebeihilfen nicht in voller, d. h. tatsächlich entstandener und evtl. erstatteter Höhe, sondern nur bis zur Höhe der Beträge der für Zeugen geltenden Bestimmungen des JVEG anzusetzen sind. **Personenbeförderungskosten** (Nr. 1) sind z. B. die Kosten der Vorführung von Beschuldigten, Parteien, Zeugen (z. B. § 380 Abs. 2 ZPO), des Beschuldigten aus Anlass der vorläufigen Festnahme und Verbringung in die Haftanstalt oder eine andere Einrichtung der vorläufigen Unterbringung, die Beförderungskosten im Zusammenhang mit dem Antritt der Straf-/Maßnahmevollstreckung,[391] nicht aber die Kosten von Überführungen (z. B. Verschiebung) zu Zwecken des Straf-/Maßregelvollzugs, weil das GKG auf Vollstreckungskosten nicht anwendbar ist (Vgl. § 10 JV-KostO).[392] Denn dann handelt es sich um Strafvollstreckungskosten, die nach Nr. 9011 bzw. § 10 JVKostO zu erheben sind. Anders liegt es aber, wenn die Kosten nicht im Zusammenhang mit dem Verfahren stehen, in dem vollstreckt wird (z. B. Vorführung des Gefangenen zu einem Termin als Zeuge oder als Beteiligter in einer anderen eigenen Rechtssache). Dann ist Nr. 9008 selbstverständlich anwendbar.[393]

Bei den **mittellosen Personen** (Nr. 2) kann es sich z. B. handeln um: Parteien, deren persön- **59** liches Erscheinen angeordnet ist,[394] insbesondere wenn ihnen Prozesskostenhilfe gewährt worden ist,[395] oder die zur Blutentnahme oder zu Untersuchungen im Rahmen einer biologischen Begutachtung reisen müssen,[396] Streitverkündete,[397] Schuldner im Verfahren zur Abgabe der eidesstattlichen Versicherung,[398] Beschuldigte zur notwendigen Rücksprache mit dem auswärts ansässigen Pflichtverteidiger,[399] Zeugen, Personen, die sich einer gerichtlich angeordneten Blutentnahme unterziehen müssen oder notwendige Begleitpersonen. Zu ersetzen sind nur die Reisekosten einschließlich Übernachtungskosten und Zehrpauschale nach den Sätzen des JVEG, nicht aber Verdienstausfall. Das folgt aus dem Wortlaut der Nr. 9008, wo nur von Reisekosten die Rede ist und der Verweis auf das JVEG sich nur auf die Höhe der Reisekosten bezieht. In den Fällen der Bewilligung von Prozesskostenhilfe sind der Partei etwaige verauslagte Reisekosten auf Antrag zu erstatten.

9009   An Dritte zu zahlende Beträge für

1. die Beförderung von Tieren und Sachen mit Ausnahme der für Postdienstleistungen zu zahlenden Entgelte, die	in voller Höhe

391 OLG Koblenz JurBüro 1991, 420; **a. M.** *Hartmann* KV 9008 Rn. 2, 3.
392 OLG Koblenz JurBüro 1991, 420.
393 OLG Hamm NStZ-RR 2000, 320; *Oe/Wi/He* KV 9008 Rn. 2.
394 OLG München JurBüro 1972, 804 = RPfleger 1972, 463.
395 Vgl. dazu bei *Philippi* in Zöller ZPO § 122 Rn. 26.
396 *Hartmann* KV 9008 Rn. 4.
397 OLG Bremen RPfleger 1957, 272 (L).
398 LG Schweinfurt JurBüro 1972, 266 m. Anm. v. *Mümmler.*
399 OLG Hamm JurBüro 1969, 279.

Verwahrung von Tieren und Sachen sowie die Fütterung
von Tieren

2. die Beförderung und die Verwahrung von Leichen	in voller Höhe
3. die Durchsuchung oder Untersuchung von Räumen und Sachen einschließlich der die Durchsuchung oder Untersuchung vorbereitenden Maßnahmen	in voller Höhe
4. die Bewachung von Schiffen und Luftfahrzeugen	in voller Höhe

60 Beförderung von Tieren und Sachen. Dazu gehört z.B. die Verbringung von Kraftwagen
an eine Unfallstelle, um den Hergang des Unfalls zu demonstrieren[400] die Verbringung
von Tieren zum Zwecke des Augenscheins oder als Beweis oder Überführungstück an den
Terminsort, nicht aber Transportkosten, die zum Zwecke einer rechtskräftig ausgespro-
chenen Einziehung eines Gegenstandes (z.B. eines Kraftwagens) erfolgen.[401] Die bei der
Beförderung von Sachen entstehenden Postgebühren bleiben außer Ansatz, nicht aber
Kosten für eine andere Beförderungsart, etwa durch einen privaten Paketdienst oder als
Bahnfracht.

61 Verwahrung von Sachen. Hierunter fallen nicht die Kosten für eine – etwa im Eilverfahren
– angeordnete Sequestration. Die dem Sequester – auch dem zum Sequester bestellten Gerichtsvollzieher – entstandenen Kosten sind vielmehr als Kosten der Zwangsvollstreckung
nach §§ 91, 788 ZPO zu behandeln.[402] Wird die verwahrte Sache eingezogen, werden nur
die bis zur Rechtskraft der Entscheidung zuzüglich einer angemessenen Frist zur Abholung angefallenen Verwahrkosten angesetzt,[403] denn die Rückgabe im Strafverfahren beschlagnahmter Sachen hat nach Aufhebung der Beschlagnahme an dem Ort zu erfolgen,
an dem die Sache aufzubewahren war. Die Justizbehörden sind nicht verpflichtet, die Sachen dem Berechtigten an dessen Wohnort zu bringen.[404] Die Justizbehörde wird demzufolge nach Aufhebung der Beschlagnahme dem Berechtigten eine angemessene Frist zur
Abholung setzen. Verwahrkosten, die nach dem Ablauf der Frist anfallen, können nicht
mehr angesetzt werden. Insoweit hat der Fiskus ggf. einen Anspruch aus anderen Vorschriften (Verwahrung). Das gilt auch, wenn der Berechtigte auf Rückgabe zugunsten des
Staates verzichtet hat.[405] Werden beschlagnahmte Sachen (z.B. ein Pkw) im Auftrage der
Strafverfolgungsbehörde bei Dritten verwahrt, sind die von dem Dritten berechneten
Verwahrkosten ebenso anzusetzen[406] wie die im Zusammenhang mit der Herausgabe
entstehenden notwendigen Kosten (z.B. Fahrtkosten des Eigentümers/Besitzers für die
Abholung nach Freigabe). Mit der bloßen Verzichterklärung des Angeklagten bzw. Berechtigten erwirbt der Fiskus noch nicht Eigentum an der Sache. Dafür bedarf es eines besonderen dinglichen Übereignungsvertrages, denn selbst dann, wenn man die Verzichterklärung als Übereignungsangebot ansehen will, ist das Gericht oder der Vertreter der

---

400 OLG Celle NJW 1960, 1026 = RPfleger 1960, 222.
401 BGH JVBl. 1962, 60.
402 Dazu bei Zöller-*Vollkommer* § 938 Rn. 10; *B-L-A-H* § 936 Rn. 24, 25, § 788 Rn. 37.
403 OLG Koblenz NStZ-RR 1998, 128.
404 BGH NJW 2005, 988.
405 OLG Koblenz JurBüro 1995, 541 m. zust. Bespr. von D. *Meyer* JurBüro 1997, 619.
406 LG Flensburg, Urt. v. 28. 5. 2002 – 2 O 218/02 –.

Staatsanwaltschaft anzunehmen idR nicht befugt.[407] Gleiches gilt auch, wenn man den Verzicht als Dereliktion (§ 959 BGB) ansehen will.[408] Denn abgesehen von der strittigen Frage, ob bei Gegenständen, die sich nicht im unmittelbaren Besitz des Eigentümers befinden, eine Dereliktion überhaupt möglich ist,[409] könnte sich der Justizfiskus eine nach § 959 BGB herrenlos gewordene Sache nach § 958 BGB nicht ohne weiteres aneignen.[410]

Verwahrung und Fütterung von Tieren. Gemeint sind die Kosten, die für Unterbringung, 62 Pflege, Futtermittel, Bewachung und Versicherung entstehen. Das für die Verwahrung von Sachen Gesagte gilt entsprechend.

Zu den **Kosten der Durchsuchung oder Untersuchung** gehören auch die für solche 63 Handlungen gebotenen Vorbereitungskosten wie etwa die Inanspruchnahme eines Schlüsseldienstes. Desgleichen auch die für das Wiedereinräumen nach erfolgter Durchsuchung.[411]

Die **Kosten für die Bewachung von Schiffen und Luftfahrzeugen** sind nur soweit anzu- 64 setzen, als sie nicht bereits nach KV 9013, 9014 erhoben werden.

9010	Kosten einer Zwangshaft, auch aufgrund eines Haftbefehls nach § 901 ZPO	in Höhe des Haftkostenbeitrages nach § 50 Abs. 2 und 3 StVollzG

Zwangshaft, auch Ordnungshaft z.B. nach § 390 Abs. 2 ZPO, § 70 Abs. 2. StPO, §§ 888– 65 890 ZPO, § 901 ZPO. Diese Haftkosten sind immer zu erheben und richten sich nach § 10 Abs. 2 JKostO.

9011	Kosten einer Haft außer Zwangshaft, Kosten einer einstweiligen Unterbringung (§ 126a StPO), einer Unterbringung zur Beobachtung (§ 81 StPO, § 73 JGG) und einer einstweiligen Unterbringung in einem Heim der Jugendhilfe (§ 71 Abs. 2, § 72 Abs. 4 JGG)	in Höhe des Haftkostenbeitrags nach § 50 Abs. 2 und 3 StVollzG

Diese Kosten werden nur angesetzt, wenn sie nach § 50 Abs. 1 StVollzG zu erheben wären.

KV 9011 unterfallen alle Haft- und Unterbringungsfälle, die weder Ordnungs-(Beuge-)- 66 haft noch Strafhaft sind, insbesondere also die Untersuchungshaft, die einstweilige Unterbringung nach §§ 126a StPO, § 71 Abs. 2 JGG einschließlich des Transports zu Verhandlungsterminen in eigener Sache und die Unterbringung zur Beobachtung nach § 81 StPO, 73 JGG.[412] Für Kosten der Straf- oder Maßregelvollstreckung gilt indessen § 10 JVKostO als lex specialis. Die Kosten werden aber nur angesetzt, wenn sie nach den für die Frei-

---

407 Vgl. dazu ausf. bei *Marina Thode* Die außergerichtliche Einziehung von Gegenständen im Strafprozess, 2000, S. 80 ff.
408 BGHSt 20, 253, 257; KMR-*Paulus* (8. Aufl. 1990) StPO §§ 413–429 Rn. 2.
409 Vgl. bei *Quack* in Münchener Kommentar zum BGB, 3. Aufl., § 959 Rn. 11 m. w. N.
410 *Thode* a. a. O., S. 77 ff. gegen *Stöber* und *Guckenbiehl* RPfleger 1999, 115 ff. (118).
411 LG Flensburg JurBüro 1997, 147.
412 *Oe/Wi/He* KV 9008 Rn. 2.

heitsstrafe geltenden Bestimmungen zu erheben wären (§ 12 S. 2 KostVerfg, § 10 JV-KostO),[413] so dass insoweit praktisch Auslagenfreiheit herrscht.[414] In der Praxis haben die Bestimmungen der KV 9011, § 10 JVKostO Bedeutung für die Erhebung eines Haftkostenbeitrags wegen schuldhafter Nichtarbeit,[415] was verfassungsrechtlich unbedenklich ist.[416] Auch die Auslagen, welche der Justizverwaltung durch eine vorsätzliche oder grob fahrlässige Selbstschädigung des Strafgefangenen erwachsen sind, gehören grundsätzlich hierher (§ 93 Abs. 1 StVollzG),[417] nicht aber die durch Selbstschädigung von Untersuchungshäftlingen der Justizverwaltung erwachsenen Kosten.[418]

| 9012 | Nach dem Auslandskostengesetz zu zahlende Beträge | in voller Höhe |

67　Die Kosten für Amtshandlungen der Auslandsvertretungen der Bundesrepublik Deutschland bestimmen sich nach dem Auslandskostengesetz (i. V. m. der Auslandskostenverordnung). Durch die neu eingefügte Vorschrift können die danach zu zahlenden Beträge in voller Höhe als Auslagen im Gerichtskostenansatz zu berücksichtigt werden. Zu diesen Beträgen zählen insbesondere Kosten für die Einschaltung eines Vertrauensanwalts nach § 3 Abs. 3 des Konsulargesetzes.

| 9013 | Beträge, die inländischen Behörden, öffentlichen Einrichtungen oder Bediensteten als Ersatz für Auslagen der in den Nummern 9000 bis 9011 bezeichneten Art zustehen | begrenzt durch die Auslagen 9000 bis 9011 |

Die Beträge werden auch erhoben, wenn aus Gründen der Gegenseitigkeit, der Verwaltungsvereinfachung oder aus vergleichbaren Gründen keine Zahlungen zu leisten sind.

68　Die Bestimmung ist identisch mit KV 9012 a. F. Hierunter fallen die an öffentliche technische Anstalten oder sonstige Fachbehörden und Einrichtungen für Auskünfte und Gutachten zu zahlende Beträge, sofern sie nicht als Sachverständigenkosten unter KV 9005 fallen. Auch **Gerichtsvollzieherkosten** sind nach KV 9013 anzusetzen, wenn dem Gerichtsvollzieher der Auftrag vom Gericht erteilt worden ist, besonders im Zwangsversteigerungsverfahren; ebenso **Auslagen der Polizei** als Hilfsorgan der Staatsanwaltschaft im vorbereitenden Verfahren, soweit sie nicht unter KV 9014 fallen.

69　Es ist nicht notwendig, dass die Kosten bar verauslagt worden sind. Sie sind auch anzusetzen, wenn die anderen Behörden usw. aus Gründen der Gegenseitigkeit oder der Verwaltungsvereinfachung keine Zahlung aus der Gerichtskasse verlangen. Teilt eine Behörde dem Gericht die Kosten nicht mit, hat der Kostenbeamte nachzufragen.

| 9014 | Beträge, die ausländischen Behörden, Einrichtungen oder Personen im Ausland zustehen, sowie Kosten des Rechtshilfeverkehrs mit dem Ausland | in voller Höhe |

413 Vgl. dazu auch LG Itzehoe SchlHA 2000, 179; *Oe/Wi/He* KV 9008 Rn. 3.
414 *Hartmann* KV 9011 Rn. 1.
415 Vgl. LG Itzehoe SchlHA 2000, 179; LG Koblenz JurBüro 1997, 205 = NStZ-RR 1997, 191.
416 BVerfG NStZ-RR 1999, 255.
417 Vgl. dazu etwa bei *Callies/Müller-Dietz* StVollzG 6. Aufl., § 93 Rn. 2.
418 BGHZ 109, 354, 359; OLG Koblenz JBl. (Rheinland-Pfalz).

Die Beträge werden auch erhoben, wenn aus Gründen der Gegenseitigkeit, der Verwaltungsvereinfachung oder aus vergleichbaren Gründen keine Zahlungen zu leisten sind.

9015	Auslagen der in den Nummern 9000 bis 9014 bezeichneten Art, soweit sie durch die Vorbereitung der öffentlichen Klage entstanden sind	begrenzt durch die Höchstsätze für die Auslagen 9000 bis 9013
9016	Auslagen der in den Nummern 9000 bis 9014 bezeichneten Art, soweit sie durch das dem gerichtlichen Verfahren vorausgegangene Bußgeldverfahren entstanden sind	begrenzt durch die Höchstsätze für die Auslagen 9000 bis 9013

Absatz 3 der Anmerkung zu Nummer 9005 ist nicht anzuwenden.

9017	Nach § 50 Abs. 5 FGG an den Verfahrenspfleger zu zahlende Beträge	in voller Höhe
9018	An den vorläufigen Insolvenzverwalter, den Insolvenzverwalter, die Mitglieder des Gläubigerausschusses oder die Treuhänder auf der Grundlage der Insolvenzrechtlichen Vergütungsverordnung aufgrund einer Stundung nach § 4a InsO zu zahlende Beträge	in voller Höhe

Die Bestimmungen KV 9015–9018 sind Sondervorschriften zu KV 9000–9014 und beziehen sich nur auf Auslagen der dort behandelten Art. Unter KV 9015 fallen z.B. Fotokopierauslagen, die entstehen, wenn dem Beschuldigten Ablichtungen beschlagnahmter Unterlagen überlassen werden,[419] Kosten für Abschleppen und Aufbewahren eines beschlagnahmten Fahrzeugs, wenn und soweit keine für den Beschuldigten günstige Auslagenentscheidung erfolgt.[420] Auslagen der Ermittlungsbehörden, die nur mittelbar der Vorbereitung eines konkreten Verfahrens dienen, fallen nicht hierunter, auch wenn der Anlass für die Auslagen ein bestimmtes Verfahren war. So sind z.B. Mietkosten der Polizei für einen Computer zur Aufzeichnung einer Telefonüberwachung keine Auslagen i.S.v. § 464a StPO und fallen somit nicht unter KV 9015/9016.[421] Auch die Auslagen der Verwaltungsbehörde im Bußgeldverfahren gehören hierher, wenn aufgrund eines Einspruchs des Betroffenen das Gericht in der Sache entscheidet und dem Betroffenen die Kosten des Verfahrens auferlegt.[422] **70**

9019	Im ersten Rechtszug des Prozessverfahrens: Auslagen des erstinstanzlichen Musterverfahrens nach dem KapMuG zuzüglich Zinsen.	anteilig

419 *Meyer* StrEG, § 7 Rn. 16 „Fotokopierkosten".
420 LG Berlin NStZ 2006, 56 = JurBüro 2005, 657 (LS mit Volltextservice).
421 OLG Celle NStZ 2001, 221 = StV 2001, 242 (L) = RPfleger 2001, 147 = NdsRPfl 2001, 135.
422 *König* in Göhler OWiG, § 107 Rn. 5.

(1) Die im erstinstanzlichen Musterverfahren entstehenden Auslagen nach Nummer 9005 werden vom Tag nach der Auszahlung bis zum rechtskräftigen Abschluss des Musterverfahrens mit 5 Prozentpunkten über dem Basiszinssatz nach § 247 BGB verzinst.

(2) Die Auslagen und Zinsen werden nur erhoben, wenn der Kläger nicht innerhalb von zwei Wochen ab Zustellung des Aussetzungsbeschlusses nach § 7 KapMuG seine Klage in der Hauptsache zurücknimmt.

(3) Der Anteil bestimmt sich nach dem Verhältnis der Höhe des von dem Kläger geltend gemachten Anspruchs, soweit dieser Gegenstand des Musterverfahrens ist, zu der Gesamthöhe der vom Musterkläger und den Beigeladenen des Musterverfahrens in den Prozessverfahren geltend gemachten Ansprüche, soweit diese Gegenstand des Musterverfahrens sind. Der Anspruch des Musterklägers oder eines Beigeladenen ist hierbei nicht zu berücksichtigen, wenn er innerhalb von zwei Wochen ab Zustellung des Aussetzungsbeschlusses nach § 7 KapMuG seine Klage in der Hauptsache zurücknimmt.

71   KV 9019 ist durch das KapMuG eingefügt worden. Das war erforderlich, weil[423] es für die Auslagen des erstinstanzlichen Musterverfahrens keinen gesonderten Antragstellerschuldner gibt (vgl. § 22 Abs. 4). Eine Kostenentscheidung trifft das Oberlandesgericht nicht. Vielmehr gilt das erstinstanzliche Musterverfahren als Teil des ersten Rechtszugs des Prozessverfahrens (vgl. Vorbem. 1.2.1. u. KV Teil 1). Nach dem Auslagentatbestand KV 9019 werden deshalb die Auslagen des erstinstanzlichen Musterverfahrens (Gebühren fallen nicht an) auf die zu Grunde liegenden Prozessverfahren verteilt. Diese verteilten Auslagen unterliegen damit den Kostenhaftungsvorschriften des jeweiligen Hauptsacheverfahrens. Zum Einen werden sie dadurch von der Kostenentscheidung in der Hauptsache erfasst. Zum Anderen haftet der jeweilige Kläger für sie als Antragsteller der Instanz nach § 22 Abs. 1 GKG. Dies ist sachgerecht, da im Musterverfahren eine aus den Hauptsacheverfahren ausgegliederte Beweisaufnahme stattfindet mit einem für das Prozessverfahren bindenden Ergebnis. Bei Durchführung der Beweisaufnahme in den jeweiligen Hauptsacheverfahren trüge der Kläger ein wesentlich höheres Prozesskostenrisiko, da er als Antragsteller für die gesamten Sachverständigenkosten haften würde. Nach der hier für das Musterverfahren vorgeschlagenen Regelung haftet der Kläger hingegen nur für einen Teil der Auslagen des erstinstanzlichen Musterverfahrens. Die Verteilung der Auslagen bewirkt zudem eine erhebliche Arbeitsersparnis bei der Einziehung der Gerichtskosten. So wird vermieden, dass der Kostenbeamte des Oberlandesgerichts von ggf. Hunderten von Beigeladenen Bruchteile der Gesamtauslagen einfordern und bei Nichtzahlung einzelner Teilbeträge diese wiederum anteilig sämtlichen anderen Beteiligten in Rechnung stellen muss.

---

423 Vgl. die Begr., BT-Drs. 15/5091 Seite 35.

Der Aussetzungsbeschluss im Hauptsacheverfahren gilt als Beiladung im Musterverfah-   72
ren (vgl. § 8 Abs. 3 Satz 2 KapMuG). Um zu verhindern, dass sich ein Kläger durch Klagerücknahme der Haftung für die Auslagen des erstinstanzlichen Musterverfahrens ent-
zieht, nachdem der Verlauf der Beweisaufnahme auf einen für ihn ungünstigen Ausgang
des Musterverfahrens hindeutet, bestimmt der KV 9019, dass einem Hauptsacheprozess
grundsätzlich auch die Auslagen des erstinstanzlichen Musterverfahrens, die nach Abschluss des Hauptsacheverfahrens entstanden sind, anteilig zugerechnet werden. Der Kläger hat jedoch nach Absatz 1 der Anmerkung die Möglichkeit, die Auslagen mit 5% über
dem Basiszinssatz verzinsen zu lassen. Für die vorgeschlagene Vorschrift sprechen auch
praktische Erwägungen, da sie dem Kostenbeamten durch ihre klare Fristenregelung die
Feststellung erleichtert, auf welche der Hauptsacheverfahren die Auslagen zu verteilen
sind.

Nach Absatz 3 der Anmerkung bestimmen sich die auf die nach dem Verhältnis der jeweils   73
im Hauptsacheverfahren geltend gemachten Ansprüche, soweit diese Gegenstand des
Musterverfahrens sind, zu der Summe der Ansprüche aus allen Prozessverfahren, auf die
die Auslagen zu verteilen sind. Die Verfahren, denen infolge Klagerücknahme kein Anteil
an den Auslagen zugewiesen wird (vgl. Absatz 2 der Anmerkung), werden bei der Berechnung der Gesamtsumme der Ansprüche nicht berücksichtigt.

Anlage 2
Tabelle (zu § 34)

Streitwert bis ... EUR	Gebühr ... EUR	Streitwert bis ... EUR	Gebühr ... EUR
300	25	35 000	369
600	35	40 000	398
900	45	45 000	427
1 200	55	50 000	456
1 500	65	65 000	556
2 000	73	80 000	656
2 500	81	95 000	756
3 000	89	110 000	856
3 500	97	125 000	956
4 000	105	140 000	1 056
4 500	113	155 000	1 156
5 000	121	170 000	1 256
6 000	136	185 000	1 356
7 000	151	200 000	1 456
8 000	166	230 000	1 606
9 000	181	260 000	1 756
10 000	196	290 000	1 906
13 000	219	320 000	2 056
16 000	242	350 000	2 206
19 000	265	380 000	2 356
22 000	288	410 000	2 506
25 000	311	440 000	2 656
30 000	340	470 000	2 806
		500 000	2 956

Anhang I
Zivilprozessordnung und AUG
(Prozesskostenhilfe)

i.d.F. der Bekanntmachung vom 5.12.2005, zuletzt geändert durch Art. 2 des Gesetzes vom 26.3.2008 (BGBl. I, 441)

(Auszug)

Titel 7
Prozesskostenhilfe und Prozesskostenvorschuss

§ 114
Voraussetzungen

Eine Partei, die nach ihren persönlichen und wirtschaftlichen Verhältnissen die Kosten der Prozessführung nicht, nur zum Teil oder nur in Raten aufbringen kann, erhält auf Antrag Prozesskostenhilfe, wenn die beabsichtigte Rechtsverfolgung oder Rechtsverteidigung hinreichende Aussicht auf Erfolg bietet und nicht mutwillig erscheint. Für die grenzüberschreitende Prozesskostenhilfe innerhalb der Europäischen Union gelten ergänzend die §§ 1076 bis 1078.

§ 115
Einsatz von Einkommen und Vermögen

(1) Die Partei hat ihr Einkommen einzusetzen. Zum Einkommen gehören alle Einkünfte in Geld oder Geldeswert. Von ihm sind abzusetzen:

1. a) die in § 82 Abs. 2 des Zwölften Buches Sozialgesetzbuch bezeichneten Beträge;

   b) bei Parteien, die ein Einkommen aus Erwerbstätigkeit erzielen, ein Betrag in Höhe von 50 vom Hundert des höchsten durch Rechtsverordnung nach § 28 Abs. 2 Satz 1 des Zwölften Buches Sozialgesetzbuch festgesetzten Regelsatzes für den Haushaltsvorstand;

2. a) für die Partei und ihren Ehegatten oder ihren Lebenspartner jeweils ein Betrag in Höhe des um 10 vom Hundert erhöhten höchsten durch Rechtsverordnung nach § 28 Abs. 2 Satz 1 des Zwölften Buches Sozialgesetzbuch festgesetzten Regelsatzes für den Haushaltsvorstand;

b) bei weiteren Unterhaltsleistungen auf Grund gesetzlicher Unterhaltspflicht für jede unterhaltsberechtigte Person 70 vom Hundert des unter Buchstabe a genannten Betrages;

3. die Kosten der Unterkunft und Heizung, soweit sie nicht in einem auffälligen Missverhältnis zu den Lebensverhältnissen der Partei stehen;

4. weitere Beträge, soweit dies mit Rücksicht auf besondere Belastungen angemessen ist; § 1610a des Bürgerlichen Gesetzbuchs gilt entsprechend.

Maßgeblich sind die Beträge, die zum Zeitpunkt der Bewilligung der Prozesskostenhilfe gelten. Das Bundesministerium der Justiz gibt jährlich die vom 1. Juli bis zum 30. Juni des Folgejahres maßgebenden Beträge nach Satz 3 Nr. 1 Buchstabe b und Nr. 2 im Bundesgesetzblatt bekannt.* Diese Beträge sind, soweit sie nicht volle Euro ergeben, bis zu 0,49 Euro abzurunden und von 0,50 Euro an aufzurunden. Die Unterhaltsfreibeträge nach Satz 3 Nr. 2 vermindern sich um eigenes Einkommen der unterhaltsberechtigten Person. Wird eine Geldrente gezahlt, so ist sie an Stelle des Freibetrages abzusetzen, soweit dies angemessen ist.

(2) Von dem nach den Abzügen verbleibenden, auf volle Euro abzurundenden Teil des monatlichen Einkommens (einzusetzendes Einkommen) sind unabhängig von der Zahl der Rechtszüge höchstens 48 Monatsraten aufzubringen, und zwar bei einem

einzusetzenden Einkommen (Euro)	eine Monatsrate von (Euro)
bis 15	0
50	15
100	30
150	45
200	60
250	75
300	95
350	115
400	135
450	155
500	175
550	200
600	225
650	250
700	275
750	300
über 750	300 zuzüglich des 750 übersteigenden Teils des einzusetzenden Einkommens.

---

* Zum Stichtag 1. 7. 2006 ist die letzte Bekanntmachung zu § 115 Zivilprozessordnung (PKH-Bekanntmachung – PKHB – 2006) (BGBl. I 2006 S. 1292) gültig.

(3) Die Partei hat ihr Vermögen einzusetzen, soweit dies zumutbar ist. § 90 des Zwölften Buches Sozialgesetzbuch gilt entsprechend.

(4) Prozesskostenhilfe wird nicht bewilligt, wenn die Kosten der Prozessführung der Partei vier Monatsraten und die aus dem Vermögen aufzubringenden Teilbeträge voraussichtlich nicht übersteigen.

§ 116
Partei kraft Amtes; juristische Person; parteifähige Vereinigung

Prozesskostenhilfe erhalten auf Antrag

1. eine Partei kraft Amtes, wenn die Kosten aus der verwalteten Vermögensmasse nicht aufgebracht werden können und den am Gegenstand des Rechtsstreits wirtschaftlich Beteiligten nicht zuzumuten ist, die Kosten aufzubringen;

2. eine juristische Person oder parteifähige Vereinigung, die im Inland, in einem anderen Mitgliedstaat der Europäischen Union oder einem anderen Vertragsstaat des Abkommens über den Europäischen Wirtschaftsraum gegründet und dort ansässig ist, wenn die Kosten weder von ihr noch von den am Gegenstand des Rechtsstreits wirtschaftlich Beteiligten aufgebracht werden können und wenn die Unterlassung der Rechtsverfolgung oder Rechtsverteidigung allgemeinen Interessen zuwiderlaufen würde.

§ 114 Satz 1 letzter Halbsatz ist anzuwenden. Können die Kosten nur zum Teil oder nur in Teilbeträgen aufgebracht werden, so sind die entsprechenden Beträge zu zahlen.

§ 117
Antrag

(1) Der Antrag auf Bewilligung der Prozesskostenhilfe ist bei dem Prozessgericht zu stellen; er kann vor der Geschäftsstelle zu Protokoll erklärt werden. In dem Antrag ist das Streitverhältnis unter Angabe der Beweismittel darzustellen. Der Antrag auf Bewilligung von Prozesskostenhilfe für die Zwangsvollstreckung ist bei dem für die Zwangsvollstreckung zuständigen Gericht zu stellen.

(2) Dem Antrag sind eine Erklärung der Partei über ihre persönlichen und wirtschaftlichen Verhältnisse (Familienverhältnisse, Beruf, Vermögen, Einkommen und Lasten) sowie entsprechende Belege beizufügen. Die Erklärung und die Belege dürfen dem Gegner nur mit Zustimmung der Partei zugänglich gemacht werden.

(3) Das Bundesministerium der Justiz wird ermächtigt, zur Vereinfachung und Vereinheitlichung des Verfahrens durch Rechtsverordnung mit Zustimmung des Bundesrates Formulare für die Erklärung einzuführen.

(4) Soweit Formulare für die Erklärung eingeführt sind, muss sich die Partei ihrer bedienen.

§ 118
Bewilligungsverfahren

(1) Vor der Bewilligung der Prozesskostenhilfe ist dem Gegner Gelegenheit zur Stellungnahme zu geben, wenn dies nicht aus besonderen Gründen unzweckmäßig erscheint. Die Stellungnahme kann vor der Geschäftsstelle zu Protokoll erklärt werden. Das Gericht kann die Parteien zur mündlichen Erörterung laden, wenn eine Einigung zu erwarten ist; ein Vergleich ist zu gerichtlichem Protokoll zu nehmen. Dem Gegner entstandene Kosten werden nicht erstattet. Die durch die Vernehmung von Zeugen und Sachverständigen nach Absatz 2 Satz 3 entstandenen Auslagen sind als Gerichtskosten von der Partei zu tragen, der die Kosten des Rechtsstreits auferlegt sind.

(2) Das Gericht kann verlangen, dass der Antragsteller seine tatsächlichen Angaben glaubhaft macht. Es kann Erhebungen an Stellen, insbesondere die Vorlegung von Urkunden anordnen und Auskünfte einholen. Zeugen und Sachverständige werden nicht vernommen, es sei denn, dass auf andere Weise nicht geklärt werden kann, ob die Rechtsverfolgung oder Rechtsverteidigung hinreichende Aussicht auf Erfolg bietet und nicht mutwillig erscheint; eine Beeidigung findet nicht statt. Hat der Antragsteller innerhalb einer von dem Gericht gesetzten Frist Angaben über seine persönlichen und wirtschaftlichen Verhältnisse nicht glaubhaft gemacht oder bestimmte Fragen nicht oder ungenügend beantwortet, so lehnt das Gericht die Bewilligung von Prozesskostenhilfe insoweit ab.

(3) Die in Absatz 1, 2 bezeichneten Maßnahmen werden von dem Vorsitzenden oder einem von ihm beauftragten Mitglied des Gerichts durchgeführt.

§ 119
Bewilligung

(1) Die Bewilligung der Prozesskostenhilfe erfolgt für jeden Rechtszug besonders. In einem höheren Rechtszug ist nicht zu prüfen, ob die Rechtsverfolgung oder Rechtsverteidigung hinreichende Aussicht auf Erfolg bietet oder mutwillig erscheint, wenn der Gegner das Rechtsmittel eingelegt hat.

(2) Die Bewilligung von Prozesskostenhilfe für die Zwangsvollstreckung in das bewegliche Vermögen umfasst alle Vollstreckungshandlungen im Bezirk des Vollstreckungsgerichts einschließlich des Verfahrens auf Abgabe der eidesstattlichen Versicherung.

§ 120
Festsetzung von Zahlungen

(1) Mit der Bewilligung der Prozesskostenhilfe setzt das Gericht zu zahlende Monatsraten und aus dem Vermögen zu zahlende Beträge fest. Setzt das Gericht nach § 115 Abs. 1 Satz 3 Nr. 4 mit Rücksicht auf besondere Belastungen von dem Einkommen Beträge ab und ist anzunehmen, dass die Belastungen bis zum Ablauf von vier Jahren ganz oder teilweise entfallen werden, so setzt das Gericht zugleich diejenigen Zahlungen fest, die sich ergeben, wenn die Belastungen nicht oder nur in verringertem Umfang berücksichtigt werden, und bestimmt den Zeitpunkt, von dem an sie zu erbringen sind.

(2) Die Zahlungen sind an die Landeskasse zu leisten, im Verfahren vor dem Bundesgerichtshof an die Bundeskasse, wenn Prozesskostenhilfe in einem vorherigen Rechtszug nicht bewilligt worden ist.

(3) Das Gericht soll die vorläufige Einstellung der Zahlungen bestimmen,

1. wenn abzusehen ist, dass die Zahlungen der Partei die Kosten decken;
2. wenn die Partei, ein ihr beigeordneter Rechtsanwalt oder die Bundes- oder Landeskasse die Kosten gegen einen anderen am Verfahren Beteiligten geltend machen kann.

(4) Das Gericht kann die Entscheidung über die zu leistenden Zahlungen ändern, wenn sich die für die Prozesskostenhilfe maßgebenden persönlichen oder wirtschaftlichen Verhältnisse wesentlich geändert haben; eine Änderung der nach § 115 Abs. 1 Satz 3 Nr. 1 Buchstabe b und Nr. 2 maßgebenden Beträge ist nur auf Antrag und nur dann zu berücksichtigen, wenn sie dazu führt, dass keine Monatsrate zu zahlen ist. Auf Verlangen des Gerichts hat sich die Partei darüber zu erklären, ob eine Änderung der Verhältnisse eingetreten ist. Eine Änderung zum Nachteil der Partei ist ausgeschlossen, wenn seit der rechtskräftigen Entscheidung oder sonstigen Beendigung des Verfahrens vier Jahre vergangen sind.

§ 121
Beiordnung eines Rechtsanwalts

(1) Ist eine Vertretung durch Anwälte vorgeschrieben, wird der Partei ein zur Vertretung bereiter Rechtsanwalt ihrer Wahl beigeordnet.

(2) Ist eine Vertretung durch Anwälte nicht vorgeschrieben, wird der Partei auf ihren Antrag ein zur Vertretung bereiter Rechtsanwalt ihrer Wahl beigeordnet, wenn die Vertretung durch einen Rechtsanwalt erforderlich erscheint oder der Gegner durch einen Rechtsanwalt vertreten ist.

(3) Ein nicht bei dem Prozessgericht zugelassener Rechtsanwalt kann nur beigeordnet werden, wenn dadurch weitere Kosten nicht entstehen.

(4) Wenn besondere Umstände dies erfordern, kann der Partei auf ihren Antrag ein zur Vertretung bereiter Rechtsanwalt ihrer Wahl zur Wahrnehmung eines Termins zur Beweisaufnahme vor dem ersuchten Richter oder zur Vermittlung des Verkehrs mit dem Prozessbevollmächtigten beigeordnet werden.

(5) Findet die Partei keinen zur Vertretung bereiten Anwalt, ordnet der Vorsitzende ihr auf Antrag einen Rechtsanwalt bei.

§ 122
Wirkung der Prozesskostenhilfe

(1) Die Bewilligung der Prozesskostenhilfe bewirkt, dass

1. die Bundes- oder Landeskasse

   a) die rückständigen und die entstehenden Gerichtskosten und Gerichtsvollzieherkosten,

   b) die auf sie übergegangenen Ansprüche der beigeordneten Rechtsanwälte gegen die Partei nur nach den Bestimmungen, die das Gericht trifft, gegen die Partei geltend machen kann,

2. die Partei von der Verpflichtung zur Sicherheitsleistung für die Prozesskosten befreit ist,

3. die beigeordneten Rechtsanwälte Ansprüche auf Vergütung gegen die Partei nicht geltend machen können.

(2) Ist dem Kläger, dem Berufungskläger oder dem Revisionskläger Prozesskostenhilfe bewilligt und ist nicht bestimmt worden, dass Zahlungen an die Bundes- oder Landeskasse zu leisten sind, so hat dies für den Gegner die einstweilige Befreiung von den in Absatz 1 Nr. 1 Buchstabe a bezeichneten Kosten zur Folge.

§ 123
Kostenerstattung

Die Bewilligung der Prozesskostenhilfe hat auf die Verpflichtung, die dem Gegner entstandenen Kosten zu erstatten, keinen Einfluss.

§ 124
Aufhebung der Bewilligung

Das Gericht kann die Bewilligung der Prozesskostenhilfe aufheben, wenn

1. die Partei durch unrichtige Darstellung des Streitverhältnisses die für die Bewilligung der Prozesskostenhilfe maßgebenden Voraussetzungen vorgetäuscht hat;

2. die Partei absichtlich oder aus grober Nachlässigkeit unrichtige Angaben über die persönlichen oder wirtschaftlichen Verhältnisse gemacht oder eine Erklärung nach § 120 Abs. 4 Satz 2 nicht abgegeben hat;

3. die persönlichen oder wirtschaftlichen Voraussetzungen für die Prozesskostenhilfe nicht vorgelegen haben; in diesem Fall ist die Aufhebung ausgeschlossen, wenn seit der rechtskräftigen Entscheidung oder sonstigen Beendigung des Verfahrens vier Jahre vergangen sind;

4. die Partei länger als drei Monate mit der Zahlung einer Monatsrate oder mit der Zahlung eines sonstigen Betrages im Rückstand ist.

§ 125
Einziehung der Kosten

(1) Die Gerichtskosten und die Gerichtsvollzieherkosten können von dem Gegner erst eingezogen werden, wenn er rechtskräftig in die Prozesskosten verurteilt ist.

(2) Die Gerichtskosten, von deren Zahlung der Gegner einstweilen befreit ist, sind von ihm einzuziehen, soweit er rechtskräftig in die Prozesskosten verurteilt oder der Rechtsstreit ohne Urteil über die Kosten beendet ist.

§ 126
Beitreibung der Rechtsanwaltskosten

(1) Die für die Partei bestellten Rechtsanwälte sind berechtigt, ihre Gebühren und Auslagen von dem in die Prozesskosten verurteilten Gegner im eigenen Namen beizutreiben.

(2) Eine Einrede aus der Person der Partei ist nicht zulässig. Der Gegner kann mit Kosten aufrechnen, die nach der in demselben Rechtsstreit über die Kosten erlassenen Entscheidung von der Partei zu erstatten sind.

§ 127
Entscheidungen

(1) Entscheidungen im Verfahren über die Prozesskostenhilfe ergehen ohne mündliche Verhandlung. Zuständig ist das Gericht des ersten Rechtszuges; ist das Verfahren in einem höheren Rechtszug anhängig, so ist das Gericht dieses Rechtszuges zuständig. Soweit die Gründe der Entscheidung Angaben über die persönlichen und wirtschaftlichen Verhältnisse der Partei enthalten, dürfen sie dem Gegner nur mit Zustimmung der Partei zugänglich gemacht werden.

(2) Die Bewilligung der Prozesskostenhilfe kann nur nach Maßgabe des Absatzes 3 angefochten werden. Im Übrigen findet die sofortige Beschwerde statt; dies gilt nicht, wenn der Streitwert der Hauptsache den in § 511 genannten Betrag nicht übersteigt, es sei denn, das Gericht hat ausschließlich die persönlichen oder wirtschaftlichen Voraussetzungen für die Prozesskostenhilfe verneint. Die Notfrist des § 569 Abs. 1 Satz 1 beträgt einen Monat.

(3) Gegen die Bewilligung der Prozesskostenhilfe findet die sofortige Beschwerde der Staatskasse statt, wenn weder Monatsraten noch aus dem Vermögen zu zahlende Beträge festgesetzt worden sind. Die Beschwerde kann nur darauf gestützt werden, dass die Partei nach ihren persönlichen und wirtschaftlichen Verhältnissen Zahlungen zu leisten hat. Die Notfrist des § 569 Abs. 1 Satz 1 beträgt einen Monat und beginnt mit der Bekanntgabe des Beschlusses. Nach Ablauf von drei Monaten seit der Verkündung der Entscheidung ist die Beschwerde unstatthaft. Wird die Entscheidung nicht verkündet, so tritt an die Stelle der Verkündung der Zeitpunkt, in dem die unterschriebene Entscheidung der Geschäftsstelle übermittelt wird. Die Entscheidung wird der Staatskasse nicht von Amts wegen mitgeteilt.

(4) Die Kosten des Beschwerdeverfahrens werden nicht erstattet.

§ 127a
Prozesskostenvorschuss in einer Unterhaltssache

(1) In einer Unterhaltssache kann das Prozessgericht auf Antrag einer Partei durch einstweilige Anordnung die Verpflichtung zur Leistung eines Prozesskostenvorschusses für diesen Rechtsstreit unter den Parteien regeln.

(2) Die Entscheidung nach Absatz 1 ist unanfechtbar. Im Übrigen gelten die §§ 620a bis 620g entsprechend.

Anhang II
Rechtsanwaltsvergütungsgesetz (RVG)

vom 5. 5. 2004 (BGBl. I, 718, 783), zuletzt geändert durch Art. 2 des Gesetzes vom 13. 12. 2008 (BGBl. I, 1000)

(Auszug)

§ 32
Wertfestsetzung für die Gerichtsgebühren

(1) Wird der für die Gerichtsgebühren maßgebende Wert gerichtlich festgesetzt, ist die Festsetzung auch für die Gebühren des Rechtsanwalts maßgebend.

(2) Der Rechtsanwalt kann aus eigenem Recht die Festsetzung des Werts beantragen und Rechtsmittel gegen die Festsetzung einlegen. Rechtsbehelfe, die gegeben sind, wenn die Wertfestsetzung unterblieben ist, kann er aus eigenem Recht einlegen.

Anhang III
Einführungsgesetz zum
Gerichtsverfassungsgesetz

in der im BGBl. Teil III, Gliederungsnummer 300-1, veröffentlichten Fassung, zuletzt geändert durch Gesetz vom 13. 12. 2007 (BGBl. I, 2894)

(Auszug)

§ 30a
Anfechtung von Verwaltungsakten

(1) Verwaltungsakte, die im Bereich der Justizverwaltung beim Vollzug des Gerichtskostengesetzes, der Kostenordnung, des Gerichtsvollzieherkostengesetzes, des Justizvergütungs- und -entschädigungsgesetzes oder sonstiger für gerichtliche Verfahren oder Verfahren der Justizverwaltung geltender Kostenvorschriften, insbesondere hinsichtlich der Einforderung oder Zurückzahlung ergehen, können durch einen Antrag auf gerichtliche Entscheidung auch dann angefochten werden, Deutscher wenn es nicht ausdrücklich bestimmt ist. Der Antrag kann nur darauf gestützt werden, dass der Verwaltungsakt den Antragsteller in seinen Rechten beeinträchtige, weil er rechtswidrig sei. Soweit die Verwaltungsbehörde ermächtigt ist, nach ihrem Ermessen zu befinden, kann der Antrag nur darauf gestützt werden, dass die gesetzlichen Grenzen des Ermessens überschritten seien, oder dass von dem Ermessen in einer dem Zweck der Ermächtigung nicht entsprechenden Weise Gebrauch gemacht worden sei.

(2) Über den Antrag entscheidet das Amtsgericht, in dessen Bezirk die für die Einziehung oder Befriedigung des Anspruchs zuständige Kasse ihren Sitz hat. In dem Verfahren ist die Staatskasse zu hören. § 14 Abs. 3 bis 9 und § 157a der Kostenordnung gelten entsprechend.

(3) Durch die Gesetzgebung eines Landes, in dem mehrere Oberlandesgerichte errichtet sind, kann die Entscheidung über das Rechtsmittel der weiteren Beschwerde nach den Absätzen 1 und 2 sowie nach den §§ 14, 156 der Kostenordnung, der Beschwerde nach § 66 des Gerichtskostengesetzes, nach § 14 der Kostenordnung und nach § 4 des Justizvergütungs- und -entschädigungsgesetzes einem der mehreren Oberlandesgerichte oder anstelle eines solchen Oberlandesgerichts einem obersten Landesgericht zugewiesen werden. Dies gilt auch für die Entscheidung über das Rechtsmittel der weiteren Beschwerde nach § 33 des Rechtsanwaltsvergütungsgesetzes, soweit nach dieser Vorschrift das Oberlandesgericht zuständig ist.

(4) Für die Beschwerde finden die vor dem Inkrafttreten des Kostenrechtsmodernisierungsgesetzes vom 5. Mai 2004 (BGBl. I S. 718) am 1. Juli 2004 geltenden Vorschriften weiter Anwendung, wenn die anzufechtende Entscheidung vor dem 1. Juli 2004 der Geschäftsstelle übermittelt worden ist.

Anmerkung: Der durch Art. 14 des Gesetzes vom 19. 4. 2006 neu in des EGGVG eingefügte § 30a EGGVG übernimmt ab dem 20. 4. 2006 die sachlich noch erforderlichen Regelungen aus Artikel XI §§ 1 bis 3 des Gesetzes zur Änderung und Ergänzung kostenrechtlicher Vorschriften vom 26. 7. 1957 (BGBl. I S. 861, 1959 I S. 155) i. d. F. des KostRModG vom 5. 5. 2004 (BGBl. I S. 718) und des Anhörungsrügengesetzes vom 9. 12. 2004 (BGBl. I S. 3220), die durch Artikel 115 des Gesetzes v. 19. 4. 2006 aufgehoben wurden. Die Vorschriften sind im Dritten Abschnitt des EGGVG, der die Anfechtung von anderen Justizverwaltungsakten regelt, besser verortet als in den Regelungsresten des Artikels XI des KostÄndG aus dem Jahr 1957. Mit § 1 des KostÄndG ist nach einhelliger Auffassung in der Rechtsprechung[1] eine Auffang-Generalklausel geschaffen worden für die Anfechtbarkeit von Verwaltungsakten auf dem Gebiet des Kostenrechts, namentlich des Gerichtskostengesetzes. Nunmehr ist klargestellt, dass für den Bereich der ordentlichen Gerichtsbarkeit nicht die Verwaltungsgerichte entscheiden müssen, wenn Kosten-Justizverwaltungsakte angefochten werden, sondern ausschließlich die sachnäheren Amtsgerichte. Folgerichtig nehmen die Verwaltungsgerichte ihre Zuständigkeit an, wenn es nicht um die ordentliche, sondern um die Verwaltungsgerichtsbarkeit geht.[2] Obwohl dieser Vorschrift der gleiche Gedanke zu Grunde liegt wie dem Regelungsgeflecht der §§ 23 ff. EGGVG und sie zwanglos als von § 23 Abs. 3 erfasst angesehen werden kann,[3] musste durch die Anfügung an § 30 EGGVG der Unterschied zu den von den §§ 23 ff. EGGVG erfassten Fällen zum Ausdruck gebracht werden, der darin besteht, dass (nicht das Oberlandesgericht, sondern) das Amtsgericht erstinstanzlich über die Anfechtungsbegehren entscheidet. In Absatz 3 ist inhaltlich unverändert die in Artikel XI § 2 des KostÄndG enthaltene Konzentrationsermächtigung übernommen worden. Konzentrationsermächtigungen dieser Art sind dem Gerichtsverfassungsrecht zuzurechnen, so dass sie in einer Vorschrift des EGGVG besser passen als in kostenrechtlichen Regelungsresten. In Absatz 4 wird inhaltlich unverändert die in Artikel XI § 3 des KostÄndG enthaltene Anwendungsregelung übernommen.

---

1 BVerwG RPfleger1982, 37; OVG Berlin RPfleger 1983, 415 und im Schrifttum vgl. etwa *Hartmann* KostG, Teil. XII B 30a EGGVG Rn. 1.
2 Vgl. OVG Berlin RPfleger 1983, 415.
3 *Kissel* GVG, 3. Auflage 2001, § 23 EGGVG Rn. 71 ff.

Anhang IV
Arbeitsgerichtsgesetz

i. d. F. der Bekanntmachung vom 2. Juli 1979 (BGBl. I, S. 853, 1036), geändert durch Art. 2 des Gesetzes vom 16. 5. 2008 (BGBl. I, 842)

(Auszug)

§ 12
Kosten

Die Justizverwaltungskostenordnung und die Justizbeitreibungsordnung gelten entsprechend, soweit sie nicht unmittelbar Anwendung finden. Bei Einziehung der Gerichts- und Verwaltungskosten leisten die Vollstreckungsbehörden der Justizverwaltung oder die sonst nach Landesrecht zuständigen Stellen den Gerichten für Arbeitssachen Amtshilfe, soweit sie diese Aufgaben nicht als eigene wahrnehmen. Vollstreckungsbehörde ist für die Ansprüche, die bei dem Bundesarbeitsgericht entstehen, die Justizbeitreibungsstelle des Bundesarbeitsgerichts.

§ 61
Inhalt des Urteils

(1) Den Wert des Streitgegenstandes setzt das Arbeitsgericht im Urteil fest.

(2) ...

Anhang V
Sozialgerichtsgesetz

i.d.F. der Bekanntmachung vom 23.9.1975 (BGBl. I, 2535), durch Art. 1 des Gesetzes v. 26.3.2008 (BGBl. I 444)

(Auszug)

§ 182a
Mahnverfahren vor dem Amtsgericht

(1) Beitragsansprüche von Unternehmen der privaten Pflegeversicherung nach dem Elften Buch Sozialgesetzbuch können nach den Vorschriften der Zivilprozessordnung im Mahnverfahren vor dem Amtsgericht geltend gemacht werden. In dem Antrag auf Erlass des Mahnbescheids können mit dem Beitragsanspruch Ansprüche anderer Art nicht verbunden werden. Der Widerspruch gegen den Mahnbescheid kann zurückgenommen werden, solange die Abgabe an das Sozialgericht nicht verfügt ist.

(2) Mit dem Eingang der Akten beim Sozialgericht ist nach den Vorschriften dieses Gesetzes zu verfahren. Für die Entscheidung des Sozialgerichts über den Einspruch gegen den Vollstreckungsbescheid gelten § 700 Abs. 1 und § 343 der Zivilprozessordnung entsprechend.

§ 183
Kostenfreiheit

Das Verfahren vor den Gerichten der Sozialgerichtsbarkeit ist für Versicherte, Leistungsempfänger einschließlich Hinterbliebenenleistungsempfänger, Behindert oder deren Sonderrechtsnachfolger nach § 56 des Ersten Buches Sozialgesetzbuch kostenfrei, soweit sie in dieser jeweiligen Eigenschaft als Kläger oder Beklagte beteiligt sind. Nimmt ein sonstiger Rechtsnachfolger das Verfahren auf, bleibt das Verfahren in dem Rechtszug kostenfrei. Den in Satz 1 und 2 genannten Personen steht gleich, wer im Falle des Obsiegens zu diesen Personen gehören würde. § 93 Satz 3, 109 Abs. 1 Satz 2, § 120 Abs. 2 Satz 1 und § 192 bleiben unberührt.

Soweit nicht nach § 197a SGG das GKG anwendbar ist, herrscht vor den Gerichten der Sozialgerichtsbarkeit grundsätzlich Kostenfreiheit. Dieser Grundsatz wird allerdings durch § 184 SGG nicht unerheblich relativiert. **1**

2 Kostenfreiheit bedeutet auch hier die Befreiung von Gebühren und Auslagen. Demzufolge darf z.B. auch keine Aktenversendungspauschale entsprechend KV-GKG 9003 angesetzt werden.[1]

5 Die Kostenfreiheit nach § 183 SGG besteht nur vor den Gerichten der Sozialgerichtsbarkeit und für die an dem Verfahren unmittelbar Beteiligten einschließlich deren Rechtsnachfolger. Für das Mahnverfahren nach § 182a SGG besteht also ebenso wenig Kostenfreiheit (dazu oben, KV-GKG Teil 7 Rn. 7) wie für einen Dritten[2] oder für Kosten, die in einem (vorgerichtlichen) Verwaltungsverfahren vor den Sozialbehörden entstanden sind. Auch private Arbeitsvermittler, die die Auszahlung eines dem Arbeitslosen erteilten Vermittlungsscheins begehren, sind keine Leistungsträger i.S.v. § 183 SGG und damit gerichtskostenpflichtig.[3]

6 Das GKG gilt aber auch im Bereich der §§ 183 – 197 SGG, wenn nichts anderes gesagt ist. So werden die Auslagen nach KV-GKG Teil 9 erhoben, wenn und soweit nach §§ 183–197 SGG nur Gebührenfreiheit gewährt wird.

§ 184
Körperschaften usw.

(1) Kläger und Beklagte, die nicht zu den in § 183 genannten Personen gehören, haben für jede Streitsache eine Gebühr zu entrichten. Die Gebühr entsteht, sobald die Streitsache rechtshängig geworden ist; sie ist für jeden Rechtszug zu zahlen. Soweit wegen derselben Streitsache ein Mahnverfahren (§ 182a) vorausgegangen ist, wird die Gebühr für das Verfahren über den Antrag auf Erlass eines Mahnbescheids nach dem Gerichtskostengesetz angerechnet.

(2) Die Höhe der Gebühr wird für das Verfahren
vor den Sozialgerichten auf	150 Euro,
vor den Landessozialgerichten auf	225 Euro,
vor dem Bundessozialgericht auf	300 Euro
festgesetzt.	

(3) § 2 des Gerichtskostengesetzes gilt entsprechend.

1 Gebührenpflichtig nach § 184 SGG ist nur, wer nicht zu dem im § 183 SGG umschriebenen Personenkreis gehört. Dabei ist die Organisationsform des Klägers oder des Beklagten unerheblich. Darüber hinaus darf keine Gebührenfreiheit nach § 2 GKG bestehen. Denn § 2 GKG ist im Verhältnis zu § 184 SGG lex specialis. Eine Ausführungsbehörde des Bundes oder eines Landes ist keine Körperschaft i.S.v. § 184 SGG.

---

1 BVerfG NJW 1996, 2222; SG Düsseldorf AnwBl. 1997, 683; SG Frankfurt aM AnwBl. 1999, 183; a.M. LSG Schleswig NZS 1996, 640.
2 LSG Essen NZS 2003, 554.
3 LAG Chemnitz JurBüro 2005, 548.

Voraussetzung für die Gebührenpflicht ist die Beteiligung an einem rechtshängigen Ver- 2
fahren oder einem Rechtsstreit (§ 94 SGG). Die bloße Anhängigkeit der Sache reicht noch
nicht. Auch ein Zwischen- oder Nachverfahren reicht nicht aus. Eine Nichtzulassungsbeschwerde nach § 160a SGG löst die Gebührenpflicht nur aus, wenn sie erfolglos bleibt.[4]

Die Gebührenpflicht ist unabhängig davon, ob der Pflichtige obsiegt oder unterliegt. Das 3
ist verfassungsrechtlich nicht zu beanstanden.[5]

Die Gebühr entsteht für jeden Rechtszug neu. Bei beidseitigem Rechtsmittel liegt gebüh- 4
renrechtlich nur ein Rechtszug vor. Nach allgemeinen Regeln begründet eine Zurückverweisung keinen neuen Rechtszug.

Die Gebühren nach § 184 Abs. 2 SGG sind Festgebühren. Wenn und soweit ein Mahnver- 5
fahren nach § 182a SGG vorausgegangen ist, findet eine Anrechnung nach KV-GKG 1110
statt.

§ 184 SGG gewährt nur Gebührenfreiheit. Demzufolge sind Auslagen nach KV-GKG Teil 9 6
uneingeschränkt anzusetzen.

§ 185
Fälligkeit

**Die Gebühr wird fällig, sobald die Streitsache durch Zurücknahme des Rechtsbehelfs,
durch Vergleich, Anerkenntnis, Vorbescheid, Beschluss oder durch Urteil erledigt ist.**

Die Fälligkeit ist zu unterscheiden von dem Entstehen. Die Grundsätze nach § 9 Abs. 1 1
GKG gelten hier entsprechend.

§ 186
Ermäßigung

**Wird eine Sache nicht durch Urteil erledigt, so ermäßigt sich die Gebühr auf die
Hälfte. Die Gebühr entfällt, wenn die Erledigung auf einer Rechtsänderung beruht.**

Eine Ermäßigung findet auch statt, wenn die Sache durch Vorbescheid erledigt wird. § 185 1
Abs. 2 Satz 2 SGG steht dem nicht entgegen.[6] Auch die Zurückweisung einer Beschwerde
gegen die Nichtzulassung der Berufung rechnet hierher.[7]

---

4 *Hartmann* § 184 SGG Rn. 2.
5 BVerfGE 76, 139.
6 *Hartmann* § 186 SGG Rn. 1.
7 LSG Stuttgart JurBüro 2996, 656.

§ 187
Gebührenteilung

Sind an einer Streitsache mehrere nach § 184 Abs. 1 Gebührenpflichtige beteiligt, so haben sie die Gebühr zu gleichen Teilen zu entrichten.

§ 188
Wiederaufnahme

Wird ein durch rechtskräftiges Urteil abgeschlossenes Verfahren wieder aufgenommen, so ist das neue Verfahren eine besondere Streitsache.

§ 189
Gebührenschuld

(1) Die Gebühren für die Streitsachen werden in einem Verzeichnis zusammengestellt. Die Mitteilung eines Auszuges aus diesem Verzeichnis an die nach § 184 Abs. 1 Gebührenpflichtigen gilt als Feststellung und als Aufforderung, den Gebührenbetrag binnen eines Monats an die in der Mitteilung angegebene Stelle zu zahlen.

(2) Die Feststellung erfolgt durch den Urkundsbeamten der Geschäftsstelle. Gegen diese Feststellung kann binnen eines Monats nach Mitteilung das Gericht angerufen werden, das endgültig entscheidet.

§ 190
Niederschlagung

Die Präsidenten und die aufsichtsführenden Richter der Gerichte der Sozialgerichtsbarkeit sind befugt, eine Gebühr, die durch unrichtige Behandlung der Sache ohne Schuld and er gebührenpflichtigen Beteiligung entstanden ist, niederzuschlagen. Sie können von der Einziehung absehen, wenn sie mit Kosten oder Verwaltungsaufwand verknüpft ist, die in keinem Verhältnis zu der Einnahme stehen.

1 § 190 SGG ist ein Pendant zu § 21 GKG und gilt nur für die in §§ 183, 184 SGG bezeichneten Sachen.

§ 191
Auslagen, Zeitverlust

Ist das persönliche Erscheinen eines Beteiligten angeordnet worden, so werden hm auf Antrag bare Auslagen und Zeitverlust wie einem Zeugen vergütet; sie können vergütet werden, wenn er ohne Anordnung erscheint und das Gericht das Erscheinen für geboten hält.

§ 192
Kostenverteilung

(1) Das Gericht kann im Urteil oder, wenn das Verfahren anders beendet wird, durch Beschluss einem Beteiligten ganz oder teilweise die Kosten auferlegen, die dadurch verursacht werden, dass

1. durch Verschulden des Beteiligten die Vertagung einer mündlichen Verhandlung oder die Anberaumung eines neuen Termins zur mündlichen Verhandlung nötig geworden oder

2. der Beteiligte den Rechtsstreit fortführt, obwohl ihm vom Vorsitzenden in einem Termin die Missbräuchlichkeit der Rechtsverfolgung oder -verteidigung dargelegt worden und er auf die Möglichkeit der Kostenauferlegung bei Fortführung des Rechtsstreits hingewiesen worden ist.[8]

Dem Beteiligten steht gleich sein Vertreter oder Bevollmächtigter. Als verursachter Kostenbetrag gilt dabei mindestens der Betrag nach § 184 Abs. 2 für die jeweilige Instanz.

(1a) Betrifft das Verfahren die Anfechtung eines Bescheides der Kassenärztlichen Vereinigung auf Zahlung der nach § 28 Abs. 4 des Fünften Buches Sozialgesetzbuch zu zahlenden Zuzahlung hat das Gericht dem Kläger einen Kostenbeitrag mindestens in Höhe des Betrages nach § 184 Abs. 2 für die jeweilige Instanz aufzuerlegen, wenn

1. die Einlegung der Klage rechtsmissbräuchlich war,

2. die Kassenärztliche Vereinigung oder Kassenzahnärztliche Vereinigung spätestens in dem Bescheid den Kläger darauf hingewiesen hat, dass den Kläger die Pflicht zur Zahlung eines Kostenbeitrages treffen kann.

Die Gebührenpflicht der Kassenärztlichen Vereinigung oder Kassenzahnärztlichen Vereinigung nach § 184 entfällt in diesem Fall.

(2) Die Entscheidung nach Abs. 1 und Absatz 1a wird in ihrem Bestand nicht durch die Rücknahme der Klage berührt. Sie kann nur durch eine zu begründende Kostenentscheidung im Rechtsmittelverfahren aufgehoben werden.

Die Vorschrift entspricht der Regelung der Verzögerungsgebühr des § 38 GKG und gilt nur für die in §§ 183, 184 SGG bezeichneten Sachen, für die das GKG nicht anwendbar ist.   1

---

8 Dazu LSG Schleswig, Urt. v. 8. 4. 2008 –L 2 SB 15/06.

§ 193
Kostenerstattung

(1) Das Gericht hat durch Urteil zu entscheiden, ob und in welchem Umfang die Beteiligten einander Kosten zu erstatten haben. Ist ein Mahnverfahren vorausgegangen (§ 182a), entscheidet das Gericht auch, welcher Beteiligte die Gerichtskosten zu tragen hat. Das Gericht entscheidet auf Antrag durch Beschluss, wenn das Verfahren anders beendet wird.

(2) Kosten sind die zur zweckentsprechenden Rechtsverfolgung notwendigen Aufwendungen der Beteiligten.

(3) Die gesetzliche Vergütung eines Rechtsanwalts oder eines Rechtsbeistandes ist stets erstattungsfähig. Nicht erstattungsfähig sind die Aufwendungen der in § 184 Abs. 1 genannten Gebührenpflichtigen.

§ 194
Kostenteilung

Sind mehrere Beteiligte kostenpflichtig, so gilt § 100 der Zivilprozessordnung entsprechend. Die Kosten können ihnen als Gesamtschuldner auferlegt werden, wenn das Streitverhältnis ihnen gegenüber nur einheitlich entschieden werden kann.

§ 195
Vergleich

Wird der Rechtsstreit durch gerichtlichen Vergleich erledigt und haben die Beteiligten keine Bestimmung über die Kosten getroffen, so trägt jeder Beteiligte seine Kosten.

§ 196

(weggefallen)

§ 197
Kostenfestsetzung

(1) Auf Antrag der Beteiligten oder ihrer Bevollmächtigten setzt der Urkundsbeamte des Gerichts des ersten Rechtzuges den Betrag der zu erstattenden Kosten fest. § 104 Abs. 1 Satz 2 und Abs. 2 der Zivilprozessordnung findet entsprechende Anwendung.

(2) Gegen die Entscheidung des Urkundsbeamten der Geschäftsstelle kann binnen eines Monats nach Bekanntgabe das Gericht angerufen werden, das endgültig entscheidet.

§ 197a
Keine persönliche Kostenfreiheit

(1) Gehört in einem Rechtszug weder der Kläger noch der Beklagte zu den in § 183 genannten Personen, werden Kosten nach den Vorschriften des Gerichtskostengesetzes erhoben; die §§ 184 bis 195 finden keine Anwendung; die §§ 154 bis 162 der Verwaltungsgerichtsordnung sind entsprechend anzuwenden. Wird die Klage zurückgenommen, findet § 161 Abs. 2 der Verwaltungsgerichtsordnung keine Anwendung.

(2) Dem Beigeladenen werden die Kosten außer in den Fällen des § 154 Abs. 2 der Verwaltungsgerichtsordnung auch auferlegt, soweit er verurteilt wird (§ 75 Abs. 5). Ist eine der in § 183 genannten Personen beigeladen, können dieser die Kosten nur unter den Voraussetzungen von § 192 auferlegt werden. Aufwendungen des Beigeladenen werden unter den Voraussetzungen des § 191 vergütet; sie gehören nicht zu den Gerichtskosten.

Anhang VI
Insolvenzordnung (InsO)

vom 5. Oktober 1994 (BGBl. I 1994, 2866), zuletzt geändert durch Art. 9 des Gesetzes vom 12. 12. 2007 (BGBl. I, 2840)

(Auszug)

§ 4
Anwendbarkeit der Zivilprozessordnung

Für das Insolvenzverfahren gelten, soweit dieses Gesetz nichts anderes bestimmt, die Vorschriften der Zivilprozessordnung entsprechend.

§ 4a
Stundung der Kosten des Insolvenzverfahrens

(1) Ist der Schuldner eine natürliche Person und hat er einen Antrag auf Restschuldbefreiung gestellt, so werden ihm auf Antrag die Kosten des Insolvenzverfahrens bis zur Erteilung der Restschuldbefreiung gestundet, soweit sein Vermögen voraussichtlich nicht ausreichen wird, um diese Kosten zu decken. Die Stundung nach Satz 1 umfasst auch die Kosten des Verfahrens über den Schuldenbereinigungsplan und des Verfahrens zur Restschuldbefreiung. Der Schuldner hat dem Antrag eine Erklärung beizufügen, ob einer der Versagungsgründe des § 290 Abs. 1 Nr. 1 und 3 vorliegt. Liegt ein Grund vor, ist eine Stundung ausgeschlossen.

(2) Werden dem Schuldner die Verfahrenskosten gestundet, so wird ihm auf Antrag ein zur Vertretung bereiter Rechtsanwalt seiner Wahl beigeordnet, wenn die Vertretung durch einen Rechtsanwalt trotz der dem Gericht obliegenden Fürsorge erforderlich erscheint. § 121 Abs. 3 bis 5 der Zivilprozessordnung gilt entsprechend.

(3) Die Stundung bewirkt, dass

1. die Bundes- oder Landeskasse

   a) die rückständigen und die entstehenden Gerichtskosten,

   b) die auf sie übergegangenen Ansprüche des beigeordneten Rechtsanwalts nur nach den Bestimmungen, die das Gericht trifft, gegen den Schuldner geltend machen kann;

2. der beigeordnete Rechtsanwalt Ansprüche auf Vergütung gegen den Schuldner nicht geltend machen kann.

Die Stundung erfolgt für jeden Verfahrensabschnitt besonders. Bis zur Entscheidung über die Stundung treten die in Satz 1 genannten Wirkungen einstweilig ein. § 4b Abs. 2 gilt entsprechend.

§ 4b
Rückzahlung und Anpassung der gestundeten Beträge

(1) Ist der Schuldner nach Erteilung der Restschuldbefreiung nicht in der Lage, den gestundeten Betrag aus seinem Einkommen und seinem Vermögen zu zahlen, so kann das Gericht die Stundung verlängern und die zu zahlenden Monatsraten festsetzen. § 115 Abs. 1 und 2 sowie § 120 Abs. 2 der Zivilprozessordnung gelten entsprechend.

(2) Das Gericht kann die Entscheidung über die Stundung und die Monatsraten jederzeit ändern, soweit sich die für sie maßgebenden wirtschaftlichen Verhältnisse wesentlich geändert haben. Der Schuldner ist verpflichtet, dem Gericht eine wesentliche Änderung unverzüglich anzuzeigen. § 120 Abs. 4 Satz 1 und 2 der Zivilprozessordnung gilt entsprechend. Eine Änderung zum Nachteil des Schuldners ist ausgeschlossen, wenn seit der Beendigung des Verfahrens vier Jahre vergangen sind.

§ 4c
Aufhebung der Stundung

Das Gericht kann die Stundung aufheben, wenn

1. der Schuldner vorsätzlich oder grob fahrlässig unrichtige Angaben über Umstände gemacht hat, die für die Eröffnung des Insolvenzverfahrens oder die Stundung maßgebend sind, oder eine vom Gericht verlangte Erklärung über seine Verhältnisse nicht abgeben hat;

2. die persönlichen oder wirtschaftlichen Voraussetzungen für die Stundung nicht vorgelegen haben; in diesem Fall ist die Aufhebung ausgeschlossen, wenn seit der Beendigung des Verfahrens vier Jahre vergangen sind;

3. der Schuldner länger als drei Monate mit der Zahlung einer Monatsrate oder mit der Zahlung eines sonstigen Betrages schuldhaft in Rückstand ist;

4. der Schuldner keine angemessene Erwerbstätigkeit ausübt und, wenn er ohne Beschäftigung ist, sich nicht um eine solche bemüht oder eine zumutbare Tätigkeit ablehnt. § 296 Abs. 2 Satz 2 und 2 gilt entsprechend;

5. die Restschuldbefreiung versagt oder widerrufen wird.

§ 4d
Rechtsmittel

(1) Gegen die Ablehnung der Stundung oder deren Aufhebung sowie gegen die Ablehnung der Beiordnung eines Rechtsanwalts steht dem Schuldner die sofortige Beschwerde zu.

(2) Wird die Stundung bewilligt, so steht der Staatskasse die sofortige Beschwerde zu. Diese kann nur darauf gestützt werden, dass nach den persönlichen oder wirtschaftlichen Verhältnissen des Schuldners die Stundung hätte abgelehnt werden müssen. Die Notfrist nach § 569 Abs. 1 Satz 1 der Zivilprozessordnung beginnt mit der Bekanntgabe des Beschlusses. Nach Ablauf eines Monats seit Verkündung oder Übergabe des unterschriebenen Beschlusses an die Geschäftsstelle ist die Beschwerde unstatthaft. Die Entscheidung wird der Staatskasse nicht von Amts wegen mitgeteilt.

§ 63
Vergütung des Insolvenzverwalters

(1) ...

(2) Sind die Kosten des Verfahrens nach § 4a gestundet, steht dem Insolvenzverwalter für seine Vergütung und seine Auslagen ein Anspruch gegen die Staatskasse zu, soweit die Insolvenzmasse dafür nicht ausreicht.

Anhang VII
Gerichtsgebühren in berufsgerichtlichen Verfahren

Nach dem bis zum 30. 12. 2006 geltenden Recht wurden im anwaltsgerichtlichen Verfah- **1** ren und im Verfahren über einen Antrag auf anwaltsgerichtliche Entscheidung über die Androhung oder die Festsetzung eines Zwangsgeldes (§ 57 Abs. 3 der Bundesrechtsanwaltsordnung) oder über die Rüge (§ 74a Abs. 1 BRAO) keine Gebühren, sondern nur Auslagen nach den Vorschriften des Gerichtskostengesetzes erhoben (§ 195 BRAO). Gleiches galt für die entsprechenden berufsgerichtlichen Verfahren nach der Patentanwaltsordnung (§§ 96, 50 Abs. 3 und § 70a PatAnwO), nach der Wirtschaftsprüferordnung (§§ 68, 62a Abs. 3 und § 63a WPO) und nach dem Steuerberatungsgesetz (§§ 90, 82 StBerG). Die Gebührenfreiheit im anwaltsgerichtlichen Verfahren stammt aus einer Zeit, in der die Ehrengerichte noch Abteilungen des Kammervorstands waren. Mit der eingetretenen Verselbständigung der anwaltlichen Berufsgerichtsbarkeit, die besondere Personal- und Sachkosten auslöst, ist eine solche Regelung jedoch überholt. Es ist nicht mehr sachgerecht, dass der Staat und die Gesamtheit der Anwaltschaft Kosten tragen sollen, die durch pflichtwidriges Verhalten einzelner Rechtsanwälte entstehen. Entsprechendes gilt für die in der Patentanwaltsordnung, der Wirtschaftsprüferordnung und im Steuerberatungsgesetz geregelten berufsgerichtlichen Verfahren.

Mit dem Inkrafttreten des 2. Justizmodernisierungsgesetzes am 31. 12. 2006 ist die Ge- **2** bührenfreiheit in den genannten Verfahren beseitigt worden. Die Gebührenregelungen für das anwaltsgerichtliche bzw. das berufsgerichtliche Verfahren sind jeweils in eine Anlage zu den genannten Gesetzen eingestellt worden. Auslagen sollen wie bisher nach den Vorschriften des GKG erhoben werden. Die Gerichtskosten in berufsgerichtlichen Verfahren nach der PatAnwO, der WPO und dem StBerG sowie in anwaltsgerichtlichen Verfahren vor dem Anwaltsgerichtshof und dem Bundesgerichtshof sollen der Staatskasse zufließen. Hingegen sollen die Kosten in Verfahren vor dem Anwaltsgericht wie bisher den jeweiligen Rechtsanwaltskammern zufließen (§ 205 Abs. 1 i.V. m. § 204 Abs. 3 Satz 2 BRAO), da diese die personellen und finanziellen Lasten für die Einrichtung und Unterhaltung der Anwaltsgerichte zu tragen haben.

Die neuen Gebührenregelungen für das anwaltsgerichtliche bzw. für das berufsgerichtli- **3** che Verfahren orientieren sich an den Kostenvorschriften des GKG für das Strafverfahren, da auch für das Verfahren selbst die Vorschriften der Strafprozessordnung ergänzend sinngemäß anzuwenden sind (§ 116 Satz 2 BRAO, § 98 Satz 2 PatAnwO, § 127 WPO und § 153 StBerG). Im anwaltsgerichtlichen und in den übrigen berufsgerichtlichen Verfahren sollen Gebühren nur bei rechtskräftiger Verhängung einer Maßnahme erhoben werden. Die Gebühren sollen grundsätzlich für alle Rechtszüge nach der rechtskräftig verhängten

Maßnahme bemessen werden. Für Verfahren über einen Antrag auf anwaltsgerichtliche oder berufsgerichtliche Entscheidung über die Androhung oder die Festsetzung eines Zwangsgelds oder über die Rüge sind ebenfalls Festgebühren eingeführt worden. Wie im Strafverfahren sollen die Kosten erst mit der Rechtskraft der Entscheidung fällig werden. Hinsichtlich der jeweils zu treffenden Kostenentscheidungen sowie der Haftung der Rechtsanwaltskammer, der Patentanwaltskammer, der Wirtschaftsprüferkammer sowie der Steuerberaterkammer für die Auslagen des Verfahrens sind die alten Regelungen beibehalten worden.

Anhang VIII
Bundesrechtsanwaltsordnung

vom 1. August 1959 (BGBl. I, 565) in der im BGBl. Teil III, Gliederungsnummer 303-8 veröffentlichten bereinigten Fassung, zuletzt geändert durch Art. 1 des Gesetzes zur Stärkung der Selbstverwaltung der Rechtsanwaltschaft vom 26. 3. 2007 (BGBl. I, 358, 363, zuletzt geändert durch Art. 1 des Gesetzes vom 12. 6. 2008 (BGBl. I, 1000)

(Auszug)

Zehnter Teil
Die Kosten in Anwaltssachen

Erster Abschnitt
Verwaltungsgebühren

§ 192
Erhebung von Verwaltungsgebühren

(1) Die Rechtsanwaltskammer kann für Amtshandlungen nach diesem Gesetz Verwaltungsgebühren erheben. Dies gilt auch, soweit ein Antrag auf Vornahme der Amtshandlung zurückgenommen wird.
(2) Aus Billigkeitsgründen kann von der Erhebung der Gebühren ganz oder teilweise abgesehen werden.

§ 193

(aufgehoben)

§ 194

(aufgehoben)

Zweiter Abschnitt

Die Kosten in dem anwaltsgerichtlichen Verfahren und in dem Verfahren bei Anträgen auf anwaltsgerichtliche Entscheidung gegen die Androhung oder die Festsetzung des Zwangsgeldes oder über die Rüge

§ 195
Gerichtskosten

Im anwaltsgerichtlichen Verfahren, im Verfahren über den Antrag auf Entscheidung des Anwaltsgerichts über die Rüge (§ 74a Abs. 1) und im Verfahren über den Antrag auf Entscheidung des Anwaltsgerichtshofs gegen die Androhung oder die Festsetzung eines Zwangsgelds (§ 57 Abs. 3) werden Gebühren nach dem Gebührenverzeichnis der Anlage zu diesem Gesetz erhoben. Im übrigen sind die für Kosten in Strafsachen geltenden Vorschriften des Gerichtskostengesetzes entsprechend anzuwenden."

§ 196
Kosten bei Anträgen auf Einleitung des anwaltsgerichtlichen Verfahrens

(1) Einem Rechtsanwalt, der einen Antrag auf gerichtliche Entscheidung über die Entschließung der Staatsanwaltschaft (§ 123 Abs. 2) zurücknimmt, sind die durch dieses Verfahren entstandenen Kosten aufzuerlegen.
(2) Wird ein Antrag des Vorstandes der Rechtsanwaltskammer auf gerichtliche Entscheidung in den Fällen des § 122 Abs. 2, 3, des § 150a oder des § 161a Abs. 2 verworfen, so sind die durch das Verfahren über den Antrag veranlassten Kosten der Rechtsanwaltskammer aufzuerlegen.

§ 197
Kostenpflicht des Verurteilten

(1) Dem Rechtsanwalt, der in dem anwaltsgerichtlichen Verfahren verurteilt wird, sind zugleich die in dem Verfahren entstandenen Kosten ganz oder teilweise aufzuerlegen. Dasselbe gilt, wenn das anwaltsgerichtliche Verfahren wegen Erlöschens, Rücknahme oder Widerrufs der Zulassung zur Rechtsanwaltschaft eingestellt wird und nach dem Ergebnis des bisherigen Verfahrens die Verhängung einer anwaltsgerichtlichen Maßnahme gerechtfertigt gewesen wäre; zu den Kosten des anwaltsgerichtlichen Verfahrens gehören in diesem Fall auch diejenigen, die in einem anschließenden Verfahren zum Zwecke der Beweissicherung (§§ 148, 149) entstehen. Wird das Verfahren nach § 139 Abs. 3 Nr. 2 ein-

gestellt, kann das Gericht dem Rechtsanwalt die in dem Verfahren entstandenen Kosten ganz oder teilweise auferlegen, wenn es dies für angemessen erachtet.

(2) Dem Rechtsanwalt, der in dem anwaltsgerichtlichen Verfahren ein Rechtsmittel zurückgenommen oder ohne Erfolg eingelegt hat, sind zugleich die durch dieses Verfahren entstandenen Kosten aufzuerlegen. Hatte das Rechtsmittel teilweise Erfolg, so kann dem Rechtsanwalt ein angemessener Teil dieser Kosten auferlegt werden.

(3) Für die Kosten, die durch einen Antrag auf Wiederaufnahme des durch ein rechtskräftiges Urteil abgeschlossenen Verfahrens verursacht worden sind, ist Absatz 2 entsprechend anzuwenden.

§ 197a
Kostenpflicht in dem Verfahren bei Anträgen auf anwaltsgerichtliche Entscheidung gegen die Androhung oder die Festsetzung des Zwangsgelds oder über die Rüge

(1) Wird der Antrag auf anwaltsgerichtliche Entscheidung gegen die Androhung oder die Festsetzung des Zwangsgelds oder über die Rüge als unbegründet zurückgewiesen, so ist § 197 Abs. 1 Satz 1 entsprechend anzuwenden. Stellt das Anwaltsgericht fest, dass die Rüge wegen der Verhängung einer anwaltsgerichtlichen Maßnahme unwirksam ist (§ 74a Abs. 5 Satz 2) oder hebt es den Rügebescheid gemäß § 74a Abs. 3 Satz 2 auf, so kann es dem Rechtsanwalt die in dem Verfahren entstandenen Kosten ganz oder teilweise auferlegen, wenn es dies für angemessen erachtet.

(2) Nimmt der Rechtsanwalt den Antrag auf anwaltsgerichtliche Entscheidung zurück oder wird der Antrag als unzulässig verworfen, so gilt § 197 Abs. 2 Satz 1 entsprechend.

(3) Wird die Androhung oder die Festsetzung des Zwangsgelds aufgehoben, so sind die notwendigen Auslagen des Rechtsanwalts der Rechtsanwaltskammer aufzuerlegen. Das gleiche gilt, wenn der Rügebescheid, den Fall des § 74a Abs. 3 Satz 2 ausgenommen, aufgehoben wird oder wenn die Unwirksamkeit der Rüge wegen eines Freispruchs des Rechtsanwalts im anwaltsgerichtlichen Verfahren oder aus den Gründen des § 115a Abs. 2 Satz 2 festgestellt wird (§ 74a Abs. 5 Satz 2).

§ 198
Haftung der Rechtsanwaltskammer

(1) Auslagen, die weder dem Rechtsanwalt noch einem Dritten auferlegt oder von dem Rechtsanwalt nicht eingezogen werden können, fallen der Rechtsanwaltskammer zur Last, welcher der Rechtsanwalt angehört.

(2) In dem Verfahren vor dem Anwaltsgericht haftet die Rechtsanwaltskammer den Zeugen und Sachverständigen für die ihnen zustehende Entschädigung oder Vergütung in dem gleichen Umfang, in dem die Haftung der Staatskasse nach der Strafprozessordnung begründet ist. Bei weiterer Entfernung des Aufenthaltsorts der geladenen Personen ist ihnen auf Antrag ein Vorschuss zu bewilligen.

§ 199
Festsetzung der Kosten des Verfahrens vor dem Anwaltsgericht

(1) Die Kosten, die der Rechtsanwalt in dem Verfahren vor dem Anwaltsgericht zu tragen hat, werden von dem Vorsitzenden der Kammer des Anwaltsgerichts durch Beschluss festgesetzt.

(2) Gegen den Festsetzungsbeschluss kann der Rechtsanwalt binnen einer Notfrist von zwei Wochen, die mit der Zustellung des Beschlusses beginnt, Erinnerung einlegen. Über die Erinnerung entscheidet das Anwaltsgericht, dessen Vorsitzender den Beschluss erlassen hat. Gegen die Entscheidung des Anwaltsgerichts kann der Rechtsanwalt sofortige Beschwerde einlegen. Die Verfahren sind gebührenfrei. Kosten werden nicht erstattet.

Dritter Abschnitt

Die Kosten des Verfahrens bei Anträgen auf gerichtliche Entscheidung in Zulassungssachen und über Wahlen und Beschlüsse

§ 200
Anwendung der Kostenordnung

In den Verfahren, die bei Anträgen auf gerichtliche Entscheidung in Zulassungssachen und bei Anträgen, Wahlen für ungültig oder Beschlüsse für nichtig zu erklären, stattfinden (§§ 37 bis 42, 91, 191), werden Gebühren und Auslagen nach der Kostenordnung erhoben. Jedoch ist § 8 Abs. 2 und 3 der Kostenordnung nicht anzuwenden.

§ 201
Kostenpflicht des Antragstellers und der Rechtsanwaltskammer

(1) Wird ein Antrag auf gerichtliche Entscheidung zurückgenommen, zurückgewiesen oder als unzulässig verworfen, so sind die Kosten des Verfahrens dem Antragsteller aufzuerlegen.

(2) Wird einem Antrag auf gerichtliche Entscheidung stattgegeben, werden Gebühren und Auslagen nicht erhoben.

(3) Wird einem Antrag, eine Wahl für ungültig oder einen Beschluss für nichtig zu erklären (§§ 91, 191), stattgegeben, so sind die Kosten des Verfahrens der Rechtsanwaltskammer aufzuerlegen.

§ 202
Gebühr für das Verfahren

(1) Für das gerichtliche Verfahren des ersten Rechtszuges wird die volle Gebühr erhoben.
(2) Der Geschäftswert bestimmt sich nach § 30 Abs. 2 der Kostenordnung. Er wird von Amts wegen festgesetzt.
(3) Für das Beschwerdeverfahren wird die gleiche Gebühr wie im ersten Rechtszug erhoben.
(4) Wird ein Antrag oder eine Beschwerde zurückgenommen, bevor das Gericht entschieden hat, so ermäßigt sich die Gebühr auf die Hälfte der vollen Gebühr. Das gleiche gilt, wenn der Antrag oder eine Beschwerde als unzulässig zurückgewiesen wird.

§ 203
Entscheidung über Erinnerungen

(1) Über Einwendungen und Erinnerungen gegen den Ansatz von Kosten entscheidet stets der Anwaltsgerichtshof.
(2) Die Entscheidung des Anwaltsgerichtshofs kann nicht angefochten werden.

Anlage zu § 195 Satz 1

Gebührenverzeichnis

Gliederung

Abschnitt 1 Verfahren vor dem Anwaltsgericht
Unterabschnitt 1 Anwaltsgerichtliches Verfahren erster Instanz
Unterabschnitt 2 Antrag auf gerichtliche Entscheidung über die Rüge

Abschnitt 2 Verfahren vor dem Anwaltsgerichtshof
Unterabschnitt 1 Berufung
Unterabschnitt 2 Beschwerde
Unterabschnitt 3 Antrag auf gerichtliche Entscheidung über die Androhung oder die Festsetzung eines Zwangsgelds

Abschnitt 3 Verfahren vor dem Bundesgerichtshof
Unterabschnitt 1 Revision
Unterabschnitt 2 Beschwerde
Unterabschnitt 3 Verfahren wegen eines bei dem Bundesgerichtshof zugelassenen Rechtsanwalts

Abschnitt 4 Rüge wegen Verletzung des Anspruchs auf rechtliches Gehör

Nr.	Gebührentatbestand	Gebührenbetrag oder Satz der jeweiligen Gebühr 1110 bis 1112

Vorbemerkung 1:

(1) Im anwaltsgerichtlichen Verfahren bemessen sich die Gerichtsgebühren vorbehaltlich des Absatzes 2 für alle Rechtszüge nach der rechtskräftig verhängten Maßnahme.

(2) Wird ein Rechtsmittel oder ein Antrag auf anwaltsgerichtliche Entscheidung nur teilweise verworfen oder zurückgewiesen, so hat das Gericht die Gebühr zu ermäßigen, soweit es unbillig wäre, den Rechtsanwalt damit zu belasten.

(3) Im Verfahren nach Wiederaufnahme werden die gleichen Gebühren wie für das wiederaufgenommene Verfahren erhoben. Wird jedoch nach Anordnung der Wiederaufnahme des Verfahrens das frühere Urteil aufgehoben, gilt für die Gebührenerhebung jeder Rechtszug des neuen Verfahrens mit dem jeweiligen Rechtszug des früheren Verfahrens zusammen als ein Rechtszug. Gebühren werden auch für Rechtszüge erhoben, die nur im früheren Verfahren stattgefunden haben.

Abschnitt 1
Verfahren vor dem Anwaltsgericht

Unterabschnitt 1
Anwaltsgerichtliches Verfahren erster Instanz

1110	Verfahren mit Urteil bei Verhängung einer oder mehrerer der folgenden Maßnahmen: 1. einer Warnung, 2. eines Verweises, 3. einer Geldbuße	240,00 EUR
1111	Verfahren mit Urteil bei Verhängung eines Vertretungs- und Beistandsverbots nach § 114 Abs. 1 Nr. 4 der Bundesrechtsanwaltsordnung	360,00 EUR
1112	Verfahren mit Urteil bei Ausschließung aus der Rechtsanwaltschaft	480,00 EUR

Unterabschnitt 2
Antrag auf gerichtliche Entscheidung über die Rüge

1120	Verfahren über den Antrag auf gerichtliche Entscheidung über die Rüge nach § 74a Abs. 1 der Bundesrechtsanwaltsordnung: . . . . Der Antrag wird verworfen oder zurückgewiesen	160,00 EUR

Nr.	Gebührentatbestand	Gebührenbetrag oder Satz der jeweiligen Gebühr 1110 bis 1112

Abschnitt 2
Verfahren vor dem Anwaltsgerichtshof

Unterabschnitt 1
Berufung

1210	Berufungsverfahren mit Urteil	1,5
1211	Erledigung des Berufungsverfahrens ohne Urteil Die Gebühr entfällt bei Zurücknahme der Berufung vor Ablauf der Begründungsfrist	0,5

Unterabschnitt 2
Beschwerde

1220	Verfahren über Beschwerden im anwaltsgerichtlichen Verfahren, die nicht nach anderen Vorschriften gebührenfrei sind: Die Beschwerde wird verworfen oder zurückgewiesen	50,00 EUR

Von dem Rechtsanwalt wird eine Gebühr nur erhoben, wenn gegen ihn rechtskräftig eine anwaltsgerichtliche Maßnahme verhängt worden ist.

Unterabschnitt 3
Antrag auf gerichtliche Entscheidung über die Androhung oder die Festsetzung eines Zwangsgelds

1230	Verfahren über den Antrag auf gerichtliche Entscheidung über die Androhung oder die Festsetzung eines Zwangsgelds nach § 57 Abs. 3 der Bundesrechtsanwaltsordnung: Der Antrag wird verworfen oder zurückgewiesen	200,00 EUR

Abschnitt 3
Verfahren vor dem Bundesgerichtshof

Unterabschnitt 1
Revision

1310	Revisionsverfahren mit Urteil oder mit Beschluss nach § 146 Abs. 3 Satz 1 der Bundesrechtsanwaltsordnung i. V. m. § 349 Abs. 2 oder Abs. 4 StPO	2,0
1311	Erledigung des Revisionsverfahrens ohne Urteil und ohne Beschluss nach § 146 Abs. 3 Satz 1 der Bundes-	

Nr.	Gebührentatbestand	Gebührenbetrag oder Satz der jeweiligen Gebühr 1110 bis 1112

rechtsanwaltsordnung i. V. m. § 349 Abs. 2 oder Abs. 4 StPO   1,0

Die Gebühr entfällt bei Zurücknahme der Revision vor Ablauf der Begründungsfrist.

Unterabschnitt 2
Beschwerde

1320   Verfahren über die Beschwerde gegen die Nichtzulassung der Revision:
Die Beschwerde wird verworfen oder zurückgewiesen   1,0

1321   Verfahren über sonstige Beschwerden im anwaltsgerichtlichen Verfahren, die nicht nach anderen Vorschriften gebührenfrei sind:
Die Beschwerde wird verworfen oder zurückgewiesen   50,00 EUR

Von dem Rechtsanwalt wird eine Gebühr nur erhoben, wenn gegen ihn rechtskräftig eine anwaltsgerichtliche Maßnahme verhängt worden ist.

Unterabschnitt 3
Verfahren wegen eines bei dem Bundesgerichtshof zugelassenen
Rechtsanwalts

1330   Anwaltsgerichtliches Verfahren mit Urteil bei Verhängung einer Maßnahme   1,5

1331   Verfahren über den Antrag auf gerichtliche Entscheidung über die Androhung oder die Festsetzung eines Zwangsgelds nach § 57 Abs. 3 i. V. m. § 163 Satz 2 der Bundesrechtsanwaltsordnung:
Der Antrag wird verworfen oder zurückgewiesen . . .   240,00 EUR

1332   Verfahren über den Antrag auf gerichtliche Entscheidung über die Rüge nach § 74a Abs. 1 i. V. m. § 163 Satz 2 der Bundesrechtsanwaltsordnung:
Der Antrag wird verworfen oder zurückgewiesen . . .   240,00 EUR

Abschnitt 4
Rüge wegen Verletzung des Anspruchs auf rechtliches Gehör

1400   Verfahren über die Rüge wegen Verletzung des Anspruchs auf rechtliches Gehör:
Die Rüge wird in vollem Umfang verworfen oder zurückgewiesen . . . .   50,00 EUR

Anhang IX
Gesetz über eine Berufsordnung der Wirtschaftsprüfer (WiPrO)

vom 24. 7. 1961 (BGBl. I, 1049) i.d.F. der Bek. vom 5. 11. 1975 (BGBl. I, 2407), zuletzt geändert durch Art. 5 des Gesetzes vom 12. 6. 2008 (BGBl. I, 1000)

(Auszug)

Die Tilgung, die Vollstreckung der berufsgerichtlichen Maßnahmen und der Kosten.

Vierter Abschnitt

Die Kosten in dem berufsgerichtlichen Verfahren und in dem Verfahren bei Anträgen auf berufsgerichtliche Entscheidung über die Rüge.

§ 122
Gebührenfreiheit, Auslagen

Im berufsgerichtlichen Verfahren, im Verfahren über den Antrag auf Entscheidung des Landgerichts über die Rüge (§ 63a Abs. 1) und im Verfahren über den Antrag auf Entscheidung des Landgerichts gegen die Androhung oder die Festsetzung eines Zwangsgeldes (§ 62a Abs. 3) werden Gebühren nach dem Gebührenverzeichnis der Anlage zu diesem Gesetz erhoben. Im Übrigen sind die für Kosten in Strafsachen geltenden Vorschriften des Gerichtskostengesetzes entsprechend anzuwenden.

§ 123
Kosten bei Anträgen auf Einleitung des berufsgerichtlichen Verfahrens

(1) Einem Wirtschaftsprüfer, der einen Antrag auf gerichtliche Entscheidung über die Entschließung der Staatsanwaltschaft (§ 87 Abs. 2) zurücknimmt, sind die durch dieses Verfahren entstandenen Kosten aufzuerlegen.

(2) Wird ein Antrag des Vorstandes der Wirtschaftsprüferkammer auf gerichtliche Entscheidung in dem Fall des § 86 Abs. 2 verworfen, so sind die durch das Verfahren über den Antrag veranlassten Kosten der Wirtschaftsprüferkammer aufzuerlegen.

§ 124
Kostenpflicht des Verurteilten

(1) Dem Wirtschaftsprüfer, der in dem berufsgerichtlichen Verfahren verurteilt wird, sind zugleich die in dem Verfahren entstandenen Kosten ganz oder teilweise aufzuerlegen. Dasselbe gilt, wenn das berufsgerichtliche Verfahren wegen Erlöschens, Rücknahme oder Widerrufs der Bestellung eingestellt wird und nach dem Ergebnis des bisherigen Verfahrens die Verhängung einer berufsgerichtlichen Maßnahme gerechtfertigt gewesen wäre; zu den Kosten des berufsgerichtlichen Verfahrens gehören in diesem Fall auch diejenigen, die in einem anschließenden Verfahren zum Zwecke der Beweissicherung (§§ 109, 110) entstehen. Wird das Verfahren nach § 103 Abs. 3 Nr. 2 eingestellt, kann das Gericht dem Wirtschaftsprüfer die in dem Verfahren entstandenen Kosten ganz oder teilweise auferlegen, wenn es dies für angemessen erachtet.

(2) Dem Wirtschaftsprüfer, der in dem berufsgerichtlichen Verfahren ein Rechtsmittel zurückgenommen oder ohne Erfolg eingelegt hat, sind zugleich die durch dieses Verfahren entstandenen Kosten aufzuerlegen. Hatte das Rechtsmittel teilweise Erfolg, so kann dem Wirtschaftsprüfer ein angemessener Teil dieser Kosten auferlegt werden.

(3) Für die Kosten, die durch einen Antrag auf Wiederaufnahme des durch ein rechtskräftiges Urteil abgeschlossenen Verfahrens verursacht worden sind, ist Absatz 2 entsprechend anzuwenden.

§ 124a
Kostenpflicht in dem Verfahren bei Anträgen auf berufsgerichtliche Entscheidung über die Rüge

(1) Wird der Antrag auf berufsgerichtliche Entscheidung über die Rüge als unbegründet zurückgewiesen, so ist § 124 Abs. 1 Satz 1 entsprechend anzuwenden. Stellt das Landgericht fest, dass die Rüge wegen der Verhängung einer berufsgerichtlichen Maßnahme unwirksam ist (§ 63a Abs. 5 Satz 2), oder hebt es den Rügebescheid gemäß § 63a Abs. 3 Satz 2 auf, so kann es dem Wirtschaftsprüfer die in dem Verfahren entstandenen Kosten ganz oder teilweise auferlegen, wenn es dies für angemessen erachtet.

(2) Nimmt der Wirtschaftsprüfer den Antrag auf berufsgerichtliche Entscheidung zurück oder wird der Antrag als unzulässig verworfen, so gilt § 124 Abs. 2 Satz 1 entsprechend.

(3) Wird der Rügebescheid, den Fall des § 63a Abs. 3 Satz 2 ausgenommen, aufgehoben oder wird die Unwirksamkeit der Rüge wegen eines Freispruchs des Wirtschaftsprüfers im berufsgerichtlichen Verfahren oder aus den Gründen des § 69 Abs. 2 Satz 2 festgestellt (§ 63a Abs. 5 Satz 2), so sind die notwendigen Auslagen des Wirtschaftsprüfers der Wirtschaftsprüferkammer aufzuerlegen.

§ 125
Haftung der Wirtschaftsprüferkammer

Auslagen, die weder dem Wirtschaftsprüfer noch einem Dritten auferlegt oder von dem Wirtschaftsprüfer nicht eingezogen werden können, fallen der Wirtschaftsprüferkammer zur Last.

§ 126
Vollstreckung der berufsgerichtlichen Maßnahmen und der Kosten

(1) Die Ausschließung aus dem Beruf (§ 68 Abs. 1 Nr. 6) wird mit der Rechtskraft des Urteils wirksam. Der Verurteilte wird auf Grund einer beglaubigten Abschrift der Urteilsformel, die mit der Bescheinigung der Rechtskraft versehen ist, im Berufsregister gelöscht.
(2) Warnung und Verweis (§ 68 Abs. 1 Nr. 1 und 2) gelten mit der Rechtskraft des Urteils als vollstreckt.
(3) Die Vollstreckung der Geldbuße und die Beitreibung der Kosten werden nicht dadurch gehindert, dass der Wirtschaftsprüfer nach rechtskräftigem Abschluss des Verfahrens aus dem Beruf ausgeschieden ist. Werden zusammen mit einer Geldbuße die Kosten des Verfahrens beigetrieben, so gelten auch für die Kosten die Vorschriften über die Vollstreckung der Geldbuße.

§ 126a
Tilgung

(1) Eintragungen in den über den Wirtschaftsprüfer geführten Akten über eine Warnung sind nach fünf, über einen Verweis oder eine Geldbuße nach zehn Jahren zu tilgen. Die über diese berufsgerichtliche Maßnahmen entstandenen Vorgänge sind aus den über den Wirtschaftsprüfer geführten Akten zu entfernen und zu vernichten. Nach Ablauf der Frist dürfen diese Maßnahmen bei weiteren berufsgerichtlichen Maßnahmen nicht mehr berücksichtigt werden.
(2) Die Frist beginnt mit dem Tag, an dem die berufsgerichtliche Maßnahme unanfechtbar geworden ist.
(3) Die Frist endet nicht, solange gegen den Wirtschaftsprüfer ein Strafverfahren, ein ehrengerichtliches oder berufsgerichtliches Verfahren oder ein Disziplinarverfahren schwebt, eine andere berufsgerichtliche Maßnahme berücksichtigt werden darf oder ein auf Geldbuße lautendes Urteil noch nicht vollstreckt ist.
(4) Nach Ablauf der Frist gilt der Wirtschaftsprüfer als von berufsgerichtlichen Maßnahmen nicht betroffen.
(5) Die Absätze 1 bis 4 gelten für Rügen des Vorstands der Wirtschaftsprüferkammer entsprechend. Die Frist beträgt fünf Jahre.

(6) Eintragungen über strafgerichtliche Verurteilungen oder über andere Entscheidungen in Verfahren wegen Straftaten, Ordnungswidrigkeiten oder der Verletzung von Berufspflichten, die nicht zu einer berufsgerichtlichen Maßnahme oder Rüge geführt haben, sowie über Belehrungen der Wirtschaftsprüferkammer sind auf Antrag des Wirtschaftsprüfers nach fünf Jahren zu tilgen. Absatz 1 Satz 2, Absätze 2 und 3 gelten entsprechend.

Fünfter Abschnitt
Anzuwendende Vorschriften

§ 127

Für die Berufsgerichtsbarkeit sind ergänzend das Gerichtsverfassungsgesetz und die Strafprozeßordnung sinngemäß anzuwenden.

Anlage (zu § 122 Satz 1)

Gebührenverzeichnis

Gliederung

Abschnitt 1 Verfahren vor dem Landgericht
Unterabschnitt 1 Berufsgerichtliches Verfahren erster Instanz
Unterabschnitt 2 Antrag auf gerichtliche Entscheidung über die Rüge

Abschnitt 2 Verfahren vor dem Oberlandesgericht
Unterabschnitt 1 Berufung
Unterabschnitt 2 Beschwerde
Unterabschnitt 3 Antrag auf gerichtliche Entscheidung über die Androhung oder die Festsetzung eines Zwangsgelds

Abschnitt 3 Verfahren vor dem Bundesgerichtshof
Unterabschnitt 1 Revision
Unterabschnitt 2 Beschwerde

Abschnitt 4 Rüge wegen Verletzung des Anspruchs auf rechtliches Gehör

Nr.	Gebührentatbestand	Gebührenbetrag oder Satz der jeweiligen Gebühr 110 bis 113

Vorbemerkung:

(1) Im berufsgerichtlichen Verfahren bemessen sich die Gerichtsgebühren vorbehaltlich des Absatzes 2 für alle Rechtszüge nach der rechtskräftig verhängten Maßnahme.

(2) Wird ein Rechtsmittel oder ein Antrag auf berufsgerichtliche Entscheidung nur teilweise verworfen oder zurückgewiesen, so hat das Gericht die Gebühr zu ermäßigen, soweit es unbillig wäre, den Berufsangehörigen damit zu belasten.

(3) Bei rechtskräftiger Anordnung einer Untersagung (§ 68a Abs. 1 der Wirtschaftsprüferordnung) wird eine Gebühr für alle Rechtszüge gesondert erhoben. Wird ein Rechtsmittel auf die Anordnung der Untersagung beschränkt, wird die Gebühr für das Rechtsmittelverfahren nur wegen der Anordnung der Untersagung erhoben. Satz 2 gilt im Fall der Wiederaufnahme entsprechend.

(4) Im Verfahren nach Wiederaufnahme werden die gleichen Gebühren wie für das wiederaufgenommene Verfahren erhoben. Wird jedoch nach Anordnung der Wiederaufnahme des Verfahrens das frühere Urteil aufgehoben, gilt für die Gebührenerhebung jeder Rechtszug des neuen Verfahrens mit dem jeweiligen Rechtszug des früheren Verfahrens zusammen als ein Rechtszug. Gebühren werden auch für Rechtszüge erhoben, die nur im früheren Verfahren stattgefunden haben.

**Abschnitt 1
Verfahren vor dem Landgericht**

Unterabschnitt 1
Berufsgerichtliches Verfahren erster Instanz

110	Verfahren mit Urteil bei Verhängung einer oder mehrerer der folgenden Maßnahmen: 1. einer Warnung, 2. eines Verweises, 3. einer Geldbuße	240,00 EUR
111	Verfahren mit Urteil bei Verhängung eines Verbots nach § 68 Abs. 1 Nr. 4 der Wirtschaftsprüferordnung oder eines Berufsverbots	360,00 EUR
112	Verfahren mit Urteil bei Ausschließung aus dem Beruf	480,00 EUR
113	Neben der Maßnahme wird die Aufrechterhaltung des pflichtwidrigen Verhaltens oder die künftige Vornahme einer gleich gearteten Pflichtverletzung untersagt (§ 68a Abs. 1 der Wirtschaftsprüferordnung)	60,00 EUR

Nr.	Gebührentatbestand	Gebührenbetrag oder Satz der jeweiligen Gebühr 110 bis 113

Unterabschnitt 2
Antrag auf gerichtliche Entscheidung über die Rüge

120	Verfahren über den Antrag auf gerichtliche Entscheidung über die Rüge nach § 63a Abs. 1 der Wirtschaftsprüferordnung	160,00 EUR

Der Antrag wird verworfen oder zurückgewiesen

Abschnitt 2
Verfahren vor dem Oberlandesgericht

Unterabschnitt 1
Berufung

210	Berufungsverfahren mit Urteil	1,5
211	Erledigung des Berufungsverfahrens ohne Urteil	0,5

Die Gebühr entfällt bei Zurücknahme der Berufung vor Ablauf der Begründungsfrist.

Unterabschnitt 2
Beschwerde

220	Verfahren über Beschwerden im berufsgerichtlichen Verfahren, die nicht nach anderen Vorschriften gebührenfrei sind: Die Beschwerde wird verworfen oder zurückgewiesen	50,00 EUR

Von dem Berufsangehörigen wird eine Gebühr nur erhoben, wenn gegen ihn rechtskräftig eine berufsgerichtliche Maßnahme verhängt oder eine Untersagung (§ 68a Abs. 1 der Wirtschaftsprüferordnung) angeordnet worden ist.

Unterabschnitt 3
Antrag auf gerichtliche Entscheidung über die Androhung oder die Festsetzung eines Zwangsgelds

230	Verfahren über den Antrag auf gerichtliche Entscheidung über die Androhung oder die Festsetzung eines Zwangsgelds nach § 62a Abs. 3 der Wirtschaftsprüferordnung: Der Antrag wird verworfen oder zurückgewiesen	200,00 EUR

Nr.	Gebührentatbestand	Gebührenbetrag oder Satz der jeweiligen Gebühr 110 bis 113

Abschnitt 3
Verfahren vor dem Bundesgerichtshof

Unterabschnitt 1
Revision

310	Revisionsverfahren mit Urteil oder mit Beschluss nach § 107a Abs. 3 Satz 1 der Wirtschaftsprüferordnung i. V. m. § 349 Abs. 2 oder Abs. 4 StPO	2,0
311	Erledigung des Revisionsverfahrens ohne Urteil und ohne Beschluss nach § 107a Abs. 3 Satz 1 der Wirtschaftsprüferordnung i. V. m. § 349 Abs. 2 oder Abs. 4 StPO . . . . Die Gebühr entfällt bei Zurücknahme der Revision vor Ablauf der Begründungsfrist.	1,0

Unterabschnitt 2
Beschwerde

320	Verfahren über die Beschwerde gegen die Nichtzulassung der Revision: . . . . Die Beschwerde wird verworfen oder zurückgewiesen	1,0
321	Verfahren über sonstige Beschwerden im berufs- gerichtlichen Verfahren, die nicht nach anderen Vorschriften gebührenfrei sind: . . . . Die Beschwerde wird verworfen oder zurückgewiesen Von dem Berufsangehörigen wird eine Gebühr nur erhoben, wenn gegen ihn rechtskräftig eine berufsgerichtliche Maßnahme verhängt oder eine Untersagung (§ 68a Abs. 1 der Wirtschaftsprüferordnung) angeordnet worden ist.	50,00 EUR

Abschnitt 4
Rüge wegen Verletzung des Anspruchs auf rechtliches Gehör

400	Verfahren über die Rüge wegen Verletzung des Anspruchs auf rechtliches Gehör: Die Rüge wird in vollem Umfang verworfen oder zurückgewiesen	50,00 EUR.

Anhang X
Steuerberatungsgesetz

in der Fassung der Bekanntmachung vom 4. 11. 1975 (BGBl. I S. 2735), zuletzt geändert durch Artikel 4 des Gesetzes vom 12. 6. 2008 (BGBl. I, 1000)

(Auszug)

Vierter Unterabschnitt

Die Kosten in dem berufsgerichtlichen Verfahren und in dem Verfahren bei Anträgen auf berufsgerichtliche Entscheidung über die Rüge. Die Vollstreckung der berufsgerichtlichen Maßnahmen und der Kosten. Die Tilgung.

§ 146
Gerichtskosten

In berufsgerichtlichen Verfahren und im Verfahren über den Antrag auf Entscheidung des Landgerichts über die Rüge (§ 82 Abs. 1) werden Gebühren nach dem Gebührenverzeichnis der Anlage zu diesem Gesetz erhoben. Im übrigen sind die für Kosten in Strafsachen geltenden Vorschriften des Gerichtskostengesetzes entsprechend anzuwenden.

§ 147
Kosten bei Anträgen auf Einleitung des berufsgerichtlichen Verfahrens

(1) Einem Steuerberater oder Steuerbevollmächtigten, der einen Antrag auf gerichtliche Entscheidung über die Entschließung der Staatsanwaltschaft (§ 116 Abs. 2) zurücknimmt, sind die durch dieses Verfahren entstandenen Kosten aufzuerlegen.
(2) Wird ein Antrag des Vorstandes der Steuerberaterkammer auf gerichtliche Entscheidung in dem Fall des § 115 Abs. 2 verworfen, so sind die durch das Verfahren über den Antrag veranlassten Kosten der Steuerberaterkammer aufzuerlegen.

800

§ 148
Kostenpflicht des Verurteilten

(1) Dem Steuerberater oder Steuerbevollmächtigten, der in dem berufsgerichtlichen Verfahren verurteilt wird, sind zugleich die in dem Verfahren entstandenen Kosten ganz oder teilweise aufzuerlegen. Dasselbe gilt, wenn das berufsgerichtliche Verfahren wegen Erlöschens oder Zurücknahme der Bestellung eingestellt wird und nach dem Ergebnis des bisherigen Verfahrens die Verhängung einer berufsgerichtlichen Maßnahme gerechtfertigt gewesen wäre; zu den Kosten des berufsgerichtlichen Verfahrens gehören in diesem Fall auch diejenigen, die in einem anschließenden Verfahren zum Zwecke der Beweissicherung (§§ 132 und 133) entstehen.

(2) Dem Steuerberater oder Steuerbevollmächtigten, der in dem berufsgerichtlichen Verfahren ein Rechtsmittel zurückgenommen oder ohne Erfolg eingelegt hat, sind zugleich die durch dieses Verfahren entstandenen Kosten aufzuerlegen. Hatte das Rechtsmittel teilweise Erfolg, so kann dem Steuerberater oder Steuerbevollmächtigten ein angemessener Teil dieser Kosten auferlegt werden.

(3) Für die Kosten, die durch einen Antrag auf Wiederaufnahme des durch ein rechtskräftiges Urteil abgeschlossenen Verfahrens verursacht worden sind, ist Absatz 2 entsprechend anzuwenden.

§ 149
Kostenpflicht in dem Verfahren bei Anträgen auf berufsgerichtliche Entscheidung über die Rüge

(1) Wird der Antrag auf berufsgerichtliche Entscheidung über die Rüge als unbegründet zurückgewiesen, so ist § 148 Abs. 1 Satz 1 entsprechend anzuwenden. Stellt das Landgericht fest, dass die Rüge wegen der Verhängung einer berufsgerichtlichen Maßnahme unwirksam ist (§ 82 Abs. 5 Satz 2), oder hebt es den Rügebescheid gemäß § 82 Abs. 3 Satz 2 auf, so kann es dem Steuerberater oder Steuerbevollmächtigten die in dem Verfahren entstandenen Kosten ganz oder teilweise auferlegen, wenn es dies für angemessen erachtet.

(2) Nimmt der Steuerberater oder Steuerbevollmächtigte den Antrag auf berufsgerichtliche Entscheidung zurück oder wird der Antrag als unzulässig verworfen, so gilt § 148 Abs. 2 Satz 1 entsprechend.

(3) Wird der Rügebescheid, den Fall des § 82 Abs. 3 Satz 2 ausgenommen, aufgehoben oder wird die Unwirksamkeit der Rüge wegen eines Freispruchs des Steuerberaters oder Steuerbevollmächtigten im berufsgerichtlichen Verfahren oder aus den Gründen des § 91 Abs. 2 Satz 2 festgestellt (§ 82 Abs. 5 Satz 2), so sind die notwendigen Auslagen des Steuerberaters oder Steuerbevollmächtigten der Steuerberaterkammer aufzuerlegen.

§ 150
Haftung der Steuerberaterkammer

Auslagen, die weder dem Steuerberater oder Steuerbevollmächtigten noch einem Dritten auferlegt oder von dem Steuerberater oder Steuerbevollmächtigten nicht eingezogen werden können, fallen der Steuerberaterkammer zur Last, welcher der Steuerberater oder Steuerbevollmächtigte angehört.

§ 151
Vollstreckung der berufsgerichtlichen Maßnahmen und der Kosten

(1) Die Ausschließung aus dem Beruf (§ 90 Abs. 1 Nr. 4) wird mit der Rechtskraft des Urteils wirksam. Der Verurteilte wird auf Grund einer beglaubigten Abschrift der Urteilsformel, die mit der Bescheinigung der Rechtskraft versehen ist, im Berufsregister der Steuerberater oder Steuerbevollmächtigten gelöscht.
(2) Warnung und Verweis (§ 90 Abs. 1 Nr. 1 und 2) gelten mit der Rechtskraft des Urteils als vollstreckt.
(3) Die Vollstreckung der Geldbuße und die Beitreibung der Kosten werden nicht dadurch gehindert, dass der Steuerberater oder Steuerbevollmächtigte nach rechtskräftigem Abschluss des Verfahrens aus dem Beruf ausgeschieden ist. Werden zusammen mit einer Geldbuße die Kosten beigetrieben, so gelten auch für die Kosten die Vorschriften über die Vollstreckung der Geldbuße.

§ 152
Tilgung

(1) Eintragungen in den über den Steuerberater oder Steuerbevollmächtigten geführten Akten über eine Warnung sind nach fünf, über einen Verweis oder eine Geldbuße nach zehn Jahren zu tilgen. Die über diese berufsgerichtlichen Maßnahmen entstandenen Vorgänge sind aus den über den Steuerberater oder Steuerbevollmächtigten geführten Akten zu entfernen und zu vernichten. Nach Ablauf der Frist dürfen diese Maßnahmen bei weiteren berufsgerichtlichen Maßnahmen nicht mehr berücksichtigt werden.
(2) Die Frist beginnt mit dem Tage, an dem die berufsgerichtliche Maßnahme unanfechtbar geworden ist.
(3) Die Frist endet nicht, solange gegen den Steuerberater oder Steuerbevollmächtigten ein Strafverfahren, ein ehrengerichtliches oder berufsgerichtliches Verfahren oder ein Disziplinarverfahren schwebt, eine andere berufsgerichtliche Maßnahme berücksichtigt werden darf oder ein auf Geldbuße lautendes Urteil noch nicht vollstreckt worden ist.
(4) Nach Ablauf der Frist gilt der Steuerberater oder Steuerbevollmächtigte als von berufsgerichtlichen Maßnahmen nicht betroffen.

(5) Die Absätze 1 bis 4 gelten für Rügen des Vorstandes der Steuerberaterkammer entsprechend. Die Frist beträgt fünf Jahre.

Fünfter Unterabschnitt

Für die Berufsgerichtsbarkeit anzuwendende Vorschriften

§ 153

Für die Berufsgerichtsbarkeit sind ergänzend das Gerichtsverfassungsgesetz und, die Strafprozeßordnung sinngemäß anzuwenden.

Anlage (zu § 146 Satz 1)

Gebührenverzeichnis

Gliederung

Abschnitt 1 Verfahren vor dem Landgericht
Unterabschnitt 1 Berufsgerichtliches Verfahren erster Instanz
Unterabschnitt 2 Antrag auf gerichtliche Entscheidung über die Rüge

Abschnitt 2 Verfahren vor dem Oberlandesgericht
Unterabschnitt 1 Berufung
Unterabschnitt 2 Beschwerde

Abschnitt 3 Verfahren vor dem Bundesgerichtshof
Unterabschnitt 1 Revision
Unterabschnitt 2 Beschwerde

Abschnitt 4 Rüge wegen Verletzung des Anspruchs auf rechtliches Gehör

Nr.	Gebührentatbestand	Gebührenbetrag oder Satz der jeweiligen Gebühr 110 bis 112

Vorbemerkung:

(1) Im berufsgerichtlichen Verfahren bemessen sich die Gerichtsgebühren vorbehaltlich des Absatzes 2 für alle Rechtszüge nach der rechtskräftig verhängten Maßnahme.

(2) Wird ein Rechtsmittel oder ein Antrag auf berufsgerichtliche Entscheidung nur teilweise verworfen oder zurückgewiesen, so hat das Gericht die Gebühr zu ermäßigen, soweit es unbillig wäre, den Steuerberater oder Steuerbevollmächtigten damit zu belasten.

Nr.	Gebührentatbestand	Gebührenbetrag oder Satz der jeweiligen Gebühr 110 bis 112

(3) Im Verfahren nach Wiederaufnahme werden die gleichen Gebühren wie für das wiederaufgenommene Verfahren erhoben. Wird jedoch nach Anordnung der Wiederaufnahme des Verfahrens das frühere Urteil aufgehoben, gilt für die Gebührenerhebung jeder Rechtszug des neuen Verfahrens mit dem jeweiligen Rechtszug des früheren Verfahrens zusammen als ein Rechtszug. Gebühren werden auch für Rechtszüge erhoben, die nur im früheren Verfahren stattgefunden haben.

Abschnitt 1
Verfahren vor dem Landgericht

Unterabschnitt 1
Berufsgerichtliches Verfahren erster Instanz

110	Verfahren mit Urteil bei Verhängung einer oder mehrerer der folgenden Maßnahmen:	
	1. einer Warnung,	
	2. eines Verweises,	
	3. einer Geldbuße	240,00 EUR
112	Verfahren mit Urteil bei Ausschließung aus dem Beruf	480,00 EUR

Unterabschnitt 2
Antrag auf gerichtliche Entscheidung über die Rüge

120	Verfahren über den Antrag auf gerichtliche Entscheidung über die Rüge nach § 82 Abs. 1 StBerG: Der Antrag wird verworfen oder zurückgewiesen	160,00 EUR

Abschnitt 2
Verfahren vor dem Oberlandesgericht

Unterabschnitt 1
Berufung

210	Berufungsverfahren mit Urteil	1,5
211	Erledigung des Berufungsverfahrens ohne Urteil	
	Die Gebühr entfällt bei Zurücknahme der Berufung vor Ablauf der Begründungsfrist	0,5

Nr.	Gebührentatbestand	Gebührenbetrag oder Satz der jeweiligen Gebühr 110 bis 112

Unterabschnitt 2
Beschwerde

| 220 | Verfahren über Beschwerden im berufsgerichtlichen Verfahren, die nicht nach anderen Vorschriften gebührenfrei sind:
Die Beschwerde wird verworfen oder zurückgewiesen | 50,00 EUR |

Von dem Steuerberater oder Steuerbevollmächtigten wird eine Gebühr nur erhoben, wenn gegen ihn rechtskräftig eine berufsgerichtliche Maßnahme verhängt worden ist.

Abschnitt 3
Verfahren vor dem Bundesgerichtshof

Unterabschnitt 1
Revision

| 310 | Revisionsverfahren mit Urteil oder mit Beschluss nach § 130 Abs. 3 Satz 1 StBerG i. V. m. § 349 Abs. 2 oder Abs. 4 StPO . . . . | 2,0 |
| 311 | Erledigung des Revisionsverfahrens ohne Urteil und ohne Beschluss nach § 130 Abs. 3 Satz 1 StBerG i. V. m. § 349 Abs. 2 oder Abs. 4 StPO . . . . | 1,0 |

Die Gebühr entfällt bei Zurücknahme der Revision vor Ablauf der Begründungsfrist.

Unterabschnitt 2
Beschwerde

| 320 | Verfahren über die Beschwerde gegen die Nichtzulassung der Revision:
Die Beschwerde wird verworfen oder zurückgewiesen | 1,0 |
| 321 | Verfahren über sonstige Beschwerden im berufsgerichtlichen Verfahren, die nicht nach anderen Vorschriften gebührenfrei sind:
Die Beschwerde wird verworfen oder zurückgewiesen | 50,00 EUR |

Von dem Steuerberater oder Steuerbevollmächtigten wird eine Gebühr nur erhoben, wenn gegen ihn rechtskräftig eine berufsgerichtliche Maßnahme verhängt worden ist.

Nr.	Gebührentatbestand	Gebührenbetrag oder Satz der jeweiligen Gebühr 110 bis 112

Abschnitt 4
Rüge wegen Verletzung des Anspruchs auf rechtliches Gehör

400	Verfahren über die Rüge wegen Verletzung des Anspruchs auf rechtliches Gehör: Die Rüge wird in vollem Umfang verworfen oder zurückgewiesen	50,00 EUR.

Anhang XI
Patentanwaltsordnung

vom 7. 9. 1966 (BGBl. Teil I, S. 557 [BGBl. III 424-5-1], zuletzt geändert durch Art. 3 des Gesetzes vom 12. 6. 2008 (BGBl. I, 1000)

(Auszug)

Teil VIII
Die Kosten in Patentanwaltssachen

Abschnitt II

Die Kosten in dem berufsgerichtlichen Verfahren und in dem Verfahren bei Anträgen auf Entscheidung des Landgerichts gegen die Androhung oder die Festsetzung des Zwangsgelds oder über die Rüge

§ 148
Gerichtskosten
[Neufassung ab 1. 1. 2007]

Im berufsgerichtlichen Verfahren, im Verfahren über den Antrag auf Entscheidung des Landgerichts über die Rüge (§ 70a Abs. 1) und im Verfahren über den Antrag auf Entscheidung des Landgerichts gegen die Anordnung oder die Festsetzung eines Zwangsgelds (§ 50 Abs. 3) werden Gebühren nach dem Gebührenverzeichnis der Anlage zu diesem Gesetz erhoben. Im Übrigen sind die für Kosten in Strafsachen geltenden Vorschriften des Gerichtskostengesetzes entsprechend anzuwenden.

§ 149
Kosten bei Anträgen auf Einleitung des berufsgerichtlichen Verfahrens

(1) Einem Patentanwalt, der einen Antrag auf gerichtliche Entscheidung über die Entschließung der Staatsanwaltschaft (§ 108 Abs. 2) zurücknimmt, sind die durch dieses Verfahren entstandenen Kosten aufzuerlegen.

(2) Wird ein Antrag des Vorstandes der Patentanwaltskammer auf gerichtliche Entscheidungen in dem Fall des § 107 Abs. 2 verworfen, so sind die durch das Verfahren über den
Antrag veranlassten Kosten der Patentanwaltskammer aufzuerlegen.

§ 150
Kostenpflicht des Verurteilten

(1) Dem Patentanwalt, der in dem berufsgerichtlichen Verfahren verurteilt wird, sind
zugleich die in dem Verfahren entstandenen Kosten ganz oder teilweise aufzuerlegen.
Dasselbe gilt, wenn das berufsgerichtliche Verfahren wegen Erlöschens, Rücknahme oder
Widerrufs der Zulassung zur Patentanwaltschaft eingestellt wird und nach dem Ergebnis
des bisherigen Verfahrens die Verhängung einer berufsgerichtlichen Maßnahme gerechtfertigt gewesen wäre; zu den Kosten des berufsgerichtlichen Verfahrens gehören in diesem
Fall auch diejenigen, die in einem anschließenden Verfahren zum Zwecke der Beweissicherung (§§ 130, 131) entstehen. Wird das Verfahren nach § 123 Abs. 3 Nr. 2 eingestellt,
kann das Gericht dem Patentanwalt die in dem Verfahren entstandenen Kosten ganz oder
teilweise auferlegen, wenn es dies für angemessen erachtet.
(2) Dem Patentanwalt, der in dem berufsgerichtlichen Verfahren ein Rechtsmittel zurückgenommen oder ohne Erfolg eingelegt hat, sind zugleich die durch dieses Verfahren entstandenen Kosten aufzuerlegen. Hatte das Rechtsmittel teilweise Erfolg, so kann dem
Patentanwalt ein angemessener Teil dieser Kosten auferlegt werden.
(3) Für die Kosten, die durch einen Antrag auf Wiederaufnahme des durch ein rechtskräftiges Urteil abgeschlossenen Verfahrens verursacht worden sind, ist Absatz 2 entsprechend anzuwenden.

§ 150a
Kostenpflicht in dem Verfahren bei Anträgen auf
Entscheidung des Landgerichts gegen die Anordnung oder
die Festsetzung des Zwangsgeldes oder über die Rüge

(1) Wird der Antrag auf berufsgerichtliche Entscheidung gegen die Androhung oder die
Festsetzung des Zwangsgelds oder über die Rüge als unbegründet zurückgewiesen, so ist
§ 150 Abs. 1 Satz 1 entsprechend anzuwenden. Stellt das Landgericht fest, dass die Rüge
wegen der Verhängung einer berufsgerichtlichen Maßnahme unwirksam ist (§ 70a Abs. 5
Satz 2) oder hebt es den Rügebescheid gemäß § 70a Abs. 3 Satz 2 auf, so kann es dem Patentanwalt die in dem Verfahren entstandenen Kosten ganz oder teilweise auferlegen,
wenn es dies für angemessen erachtet.
(2) Nimmt der Patentanwalt den Antrag auf Entscheidung des Landgerichts zurück oder
wird der Antrag als unzulässig verworfen, so gilt § 150 Abs. 2 Satz 1 entsprechend.
(3) Wird die Androhung oder die Festsetzung des Zwangsgelds aufgehoben, so sind die
notwendigen Auslagen des Patentanwalts der Patentanwaltskammer aufzuerlegen. Das

gleiche gilt, wenn der Rügebescheid, den Fall des § 70a Abs. 3 wegen eines Freispruchs des Patentanwalts im berufsgerichtlichen Verfahren oder aus den Gründen des § 103 Abs. 2 Satz 2 festgestellt wird (§ 70a Abs. 5 Satz 2).

§ 151
Haftung der Patentanwaltskammer

Auslagen die weder dem Patentanwalt noch einem Dritten auferlegt oder von dem Patentanwalt nicht eingezogen werden können, fallen der Patentanwaltskammer zur Last.

Abschnitt III

Die Kosten des Verfahrens bei Anträgen auf gerichtliche Entscheidung in Zulassungssachen und über Wahlen und Beschlüsse

§ 152
Anwendung der Kostenordnung

In den Verfahren, die bei Anträgen auf gerichtliche Entscheidung in Zulassungssachen und bei Anträgen, Wahlen für ungültig oder Beschlüsse für nichtig zu erklären, stattfinden (§§ 33 bis 38, 84), werden Gebühren und Auslagen nach der Kostenordnung erhoben. Jedoch ist § 8 Abs. 2 und 3 der Kostenordnung nicht anzuwenden.

§ 153
Kostenpflicht des Antragsstellers und der
Patentanwaltskammer

(1) Wird ein Antrag auf gerichtliche Entscheidung zurückgenommen, zurückgewiesen oder als unzulässig verworfen, so sind die Kosten des Verfahrens dem Antragsteller aufzuerlegen.

(2) Wird einem Antrag auf gerichtliche Entscheidung stattgegeben, so sind im Fall des § 34 die Kosten des Verfahrens der Patentanwaltskammer aufzuerlegen; im Fall des § 35 werden Gebühren und Auslagen nicht erhoben.

(3) Wird einem Antrag, eine Wahl für ungültig oder einen Beschluss für nichtig zu erklären (§ 84), stattgegeben, so sind die Kosten des Verfahrens der Patentanwaltskammer aufzuerlegen.

§ 154
Gebühr für das Verfahren

(1) Für das gerichtliche Verfahren des ersten Rechtszuges wird die volle Gebühr erhoben.
(2) Der Geschäftswert bestimmt sich nach § 30 Abs. 2 der Kostenordnung. Er wird von Amts wegen festgesetzt. (3) Für das Beschwerdeverfahren wird die gleiche Gebühr wie im ersten Rechtszug erhoben.
(4) Wird ein Antrag oder eine Beschwerde zurückgenommen, bevor das Gericht entschieden hat, so ermäßigt sich die Gebühr auf die Hälfte der vollen Gebühr. Das gleiche gilt, wenn der Antrag oder eine Beschwerde als unzulässig zurückgewiesen wird.

Anlage (zu § 148 Satz 1)

Gebührenverzeichnis

Gliederung

Abschnitt 1 Verfahren vor dem Landgericht
Unterabschnitt 1 Berufsgerichtliches Verfahren erster Instanz
Unterabschnitt 2 Antrag auf gerichtliche Entscheidung über die Androhung oder die Festsetzung eines Zwangsgelds oder über die Rüge

Abschnitt 2 Verfahren vor dem Oberlandesgericht
Unterabschnitt 1 Berufung
Unterabschnitt 2 Beschwerde

Abschnitt 3 Verfahren vor dem Bundesgerichtshof
Unterabschnitt 1 Revision
Unterabschnitt 2 Beschwerde

Abschnitt 4 Rüge wegen Verletzung des Anspruchs auf rechtliches Gehör

Nr.	Gebührentatbestand	Gebührenbetrag oder Satz der jeweiligen Gebühr 1110 bis 1111

Vorbemerkung 1:

(1) Im berufsgerichtlichen Verfahren bemessen sich die Gerichtsgebühren vorbehaltlich des Absatzes 2 für alle Rechtszüge nach der rechtskräftig verhängten Maßnahme.

(2) Wird ein Rechtsmittel oder ein Antrag auf berufsgerichtliche Entscheidung nur teilweise verworfen oder zurückgewiesen, so hat das Gericht die Gebühr zu ermäßigen, soweit es unbillig wäre, den Patentanwalt damit zu belasten.

(3) Im Verfahren nach Wiederaufnahme werden die gleichen Gebühren wie für das wiederaufgenommene Verfahren erhoben. Wird jedoch nach Anordnung der Wiederaufnah-

Nr.	Gebührentatbestand	Gebührenbetrag oder Satz der jeweiligen Gebühr 1110 bis 1111

me des Verfahrens das frühere Urteil aufgehoben, gilt für die Gebührenerhebung jeder Rechtszug des neuen Verfahrens mit dem jeweiligen Rechtszug des früheren Verfahrens zusammen als ein Rechtszug. Gebühren werden auch für Rechtszüge erhoben, die nur im früheren Verfahren stattgefunden haben.

Abschnitt 1
Verfahren vor dem Landgericht

Unterabschnitt 1
Berufsgerichtliches Verfahren erster Instanz

1110	Verfahren mit Urteil bei Verhängung einer oder mehrerer der folgenden Maßnahmen: 1. einer Warnung,	
	2. eines Verweises,	
	3. einer Geldbuße	240,00 EUR
1111	Verfahren mit Urteil bei Ausschließung aus der Patentanwaltschaft	480,00 EUR

Unterabschnitt 2
Antrag auf gerichtliche Entscheidung über die Androhung oder die Festsetzung eines Zwangsgelds oder über die Rüge

1120	Verfahren über den Antrag auf gerichtliche Entscheidung über die Androhung oder die Festsetzung eines Zwangsgelds nach § 50 Abs. 3 der Patentanwaltsordnung: Der Antrag wird verworfen oder zurückgewiesen	160,00 EUR
1121	Verfahren über den Antrag auf gerichtliche Entscheidung über die Rüge nach § 70a Abs. 1 der Patentanwaltsordnung: Der Antrag wird verworfen oder zurückgewiesen	160,00 EUR

Abschnitt 2
Verfahren vor dem Oberlandesgericht

Unterabschnitt 1
Berufung

1210	Berufungsverfahren mit Urteil	1,5

Nr.	Gebührentatbestand	Gebührenbetrag oder Satz der jeweiligen Gebühr 1110 bis 1111
1211	Erledigung des Berufungsverfahrens ohne Urteil . . . . Die Gebühr entfällt bei Zurücknahme der Berufung vor Ablauf der Begründungsfrist.	0,5

Unterabschnitt 2
Beschwerde

1220	Verfahren über Beschwerden im berufsgerichtlichen Verfahren, die nicht nach anderen Vorschriften gebührenfrei sind: Die Beschwerde wird verworfen oder zurückgewiesen	50,00 EUR
	Von dem Patentanwalt wird eine Gebühr nur erhoben, wenn gegen ihn rechtskräftig eine berufsgerichtliche Maßnahme verhängt worden ist.	

Abschnitt 3
Verfahren vor dem Bundesgerichtshof

Unterabschnitt 1
Revision

1310	Revisionsverfahren mit Urteil oder mit Beschluss nach § 128 Abs. 3 Satz 1 der Patentanwaltsordnung i. V. m. § 349 Abs. 2 oder Abs. 4 StPO	2,0
1311	Erledigung des Revisionsverfahrens ohne Urteil und ohne Beschluss nach § 128 Abs. 3 Satz 1 der Patentanwaltsordnung i. V. m. § 349 Abs. 2 oder Abs. 4 StPO . . . Die Gebühr entfällt bei Zurücknahme der Revision vor Ablauf der Begründungsfrist.	1,0

Unterabschnitt 2
Beschwerde

1320	Verfahren über die Beschwerde gegen die Nichtzulassung der Revision: Die Beschwerde wird verworfen oder zurückgewiesen	1,0
1321	Verfahren über sonstige Beschwerden im berufsgerichtlichen Verfahren, die nicht nach anderen Vorschriften gebührenfrei sind: Die Beschwerde wird verworfen oder zurückgewiesen	50,00 EUR

Nr.	Gebührentatbestand	Gebührenbetrag oder Satz der jeweiligen Gebühr 1110 bis 1111

Von dem Patentanwalt wird eine Gebühr nur erhoben, wenn gegen ihn rechtskräftig eine berufsgerichtliche Maßnahme verhängt worden ist.

Abschnitt 4
Rüge wegen Verletzung des Anspruchs auf rechtliches Gehör

1400	Verfahren über die Rüge wegen Verletzung des Anspruchs auf rechtliches Gehör:	
	Die Rüge wird in vollem Umfang verworfen oder zurückgewiesen	50,00 EUR.

Anhang XII
Kostenverfügung

Vorbemerkung

Die Kostenverfügung ist eine Verwaltungsanordnung zur Durchführung des GKG in den einzelnen Bundesländern. Sie hat keine Gesetzeskraft[1] und kann deshalb nur behördeninterne Bindung beanspruchen.[2] Grundsätzlich ist die Durchführung des GKG Ländersache, so dass die Länder eigene Ausführungsgesetze zum GKG erlassen haben. Diese sind aber zum großen Teil bundeseinheitlich unter Mitwirkung des Bundesministers der Justiz beschlossen wurden. Das gilt auch für die KostVfg. Im Folgenden ist die nordrhein-westfälische Fassung wiedergegeben, und zwar mit Stand vom 8. Februar 2005. Auch die übrigen Bundesländer haben ganz überwiegend die Fassung des Bundes übernommen und geringfügig ergänzt, und zwar:

Bund: Bekanntmachung vom 12. 8. 2004, BAnz Nr. 166, Seite 19765

Baden-Württemberg: AV, Die Justiz 2004, 290;

Bayern: Bek., JMBl. 2004, 136;

Berlin: AV, ABl. 2004, 2803;

Brandenburg: AV, JMBl. 2004, 81;

Bremen:

Hamburg: AV, JVBl. 2004, 44;

Hessen: RdErl, JMBl. 2002, 353;

Mecklenburg-Vorpommern: AV, ABl. 2004, 974;

Niedersachsen: AV NdsRPfl. 2004, 127;

Nordrhein-Westfalen: AV JMBl. 2004, 169 i. d. F. vom 9. 1. 2007 (JMBlNRW S. 43);

Rheinland-Pfalz: AV, JBl. 2004, 191;

Saarland: AV, GMBl. 2002, 8;

Sachsen: VV, JMBl. 1998, 105;

Sachsen-Anhalt: AV, JMBl. 2004, 221;

---

1   OLG Düsseldorf JurBüro 2008, 43 (LS mit Volltextservice); OLG Zweibrücken MDR 193, 1133.
2   OLG Koblenz RPfleger 1988, 388.

Schleswig-Holstein: AV, SchlHA 2005, 109;

Thüringen: VV, JMBl. 2004, 465.

Vom Abdruck der einzelnen zusätzlichen Ergänzungen der Länder (z.B. Schleswig-Holstein in SchlHA 2007, 465) wird abgesehen. Diese haben nur Bedeutung für das jeweilige Bundesland, sind jedem Kostenbeamten geläufig und berücksichtigen in der Regel nur die voneinander abweichenden Verwaltungs- und Kassenorganisationen der Länder.

Kostenverfügung (KostVfg.)

vom 1. März 1976 (JMBlNRW 1976, 6)

Die Landesjustizverwaltungen haben eine bundeseinheitliche Neufassung der Kostenverfügung (KostVfg) vereinbart.

Abschnitt I
Allgemeine Bestimmungen

§ 1
Kostenbeamter

Die Aufgaben des Kostenbeamten werden nach den darüber ergangenen allgemeinen Anordnungen von den Beamten des gehobenen oder mittleren Justizdienstes oder vergleichbaren Angestellten wahrgenommen.[3]

§ 2
Pflichten des Kostenbeamten im Allgemeinen

(1) Der Kostenbeamte ist für die Erfüllung der ihm übertragenen Aufgaben, insbesondere für den rechtzeitigen, richtigen und vollständigen Ansatz der Kosten verantwortlich.

(2) Der Kostenbeamte bescheinigt zugleich mit Aufstellung der Schlussrechnung den vollständigen Ansatz der Kosten auf den Akten (Blattsammlungen) unter Bezeichnung der geprüften Blätter und unter Angabe von Tag und Amtsbezeichnung. Bei Grundakten, Registerakten, Vormundschaftsakten, Betreuungsakten und ähnlichen Akten, die regelmäßig für mehrere gebührenpflichtige Angelegenheiten geführt werden, erfolgt die Beschei-

---

3 Die Kostenfestsetzung nach §§ 103ff. ZPO, 11 RVG, den Gesetzen und Verordnungen zur Ausführung von Verträgen mit ausländischen Staaten über die Rechtshilfe sowie die Anerkennung und Vollstreckung gerichtlicher Entscheidungen und anderer Schuldtitel in Zivil- und Handelssachen ist dem Rechtspfleger übertragen, § 21 RPflG.

nigung für jede einzelne Angelegenheit. Die Bescheinigung ist auch zu erteilen, wenn die Einziehung von Kleinbeträgen vorbehalten bleibt.

§ 3
Mitwirkung des Registraturbeamten

(1) Der mit der Führung der Geschäftsregister beauftragte Beamte (Registraturbeamte) ist dafür verantwortlich, dass die Akten dem Kostenbeamten rechtzeitig zum Kostenansatz vorgelegt werden. Er legt die Akten insbesondere vor,

a) wenn eine den Rechtszug abschließende gerichtliche Entscheidung ergangen ist,

b) wenn die Akten aus einem Rechtsmittelzug zurückkommen,

c) wenn eine Zahlungsanzeige der Gerichtskasse (Gerichtszahlstelle) oder ein mit Kostenmarken oder dem Abdruck eines Gerichtskostenstemplers versehenes Schriftstück eingeht, es sei denn, dass die eingehende Zahlung einen nach § 31 eingeforderten Vorschuss betrifft,

d) wenn eine Nachricht der Gerichtskasse über die Löschung des Kostensolls eingeht,

e) wenn die Klage erweitert oder Widerklage erhoben wird,

f) wenn er Zweifel hat, ob Kosten oder Vorschüsse zu berechnen sind,

g) wenn Akten infolge Einspruchs gegen den Vollstreckungsbescheid bei Gericht eingehen.

Die Vorlage ist in den Akten unter Angabe des Tages kurz zu vermerken.

(2) Der Registraturbeamte hat alle in der Sache entstehenden, von dem Kostenschuldner zu erhebenden Auslagen in den Akten in einer ins Auge fallenden Weise zu vermerken, soweit nicht eine Berechnung zu den Akten gelangt.

(3) In Zivilprozess-, Strafprozess-, Bußgeld-, Insolvenz, Zwangsversteigerungs- und Zwangsverwaltungsverfahren, in Familien- Lebenspartnerschaftssachen, in Vormundschafts-, Betreuungs- und Pflegschaftssachen, in Nachlasssachen sowie in arbeits-, finanz-, sozial- und verwaltungsgerichtlichen Verfahren sind sämtliche Kostenrechnungen, Beanstandungen der Kostenprüfungsbeamten und Zahlungsanzeigen der Gerichtskasse (Gerichtszahlstelle) sowie Nachrichten der Gerichtskasse über die Löschung des Kostensolls vor dem ersten Aktenblatt einzuheften oder in eine dort einzuheftende Aktentasche lose einzulegen oder, soweit die Akten nicht zu heften sind, unter dem Aktenumschlag lose zu verwahren. Das Gleiche kann auch in anderen Verfahren geschehen, wenn dies zweckmäßig erscheint, insbesondere wenn die Akten umfangreich sind. Ist ein Vollstreckungsheft angelegt, so sind die Kostenrechnungen, Beanstandungen, Zahlungsanzeigen und Nachrichten diesem entsprechend zu verwahren (vgl. § 16 Abs. 2 StVollStrO). Wird es notwendig, die vor dem ersten Aktenblatt eingehefteten oder verwahrten Schriftstücke mit Blattzahlen zu versehen, so sind dazu römische Ziffern zu verwenden.

(4) Der Registraturbeamte hat laufend auf dem Aktenumschlag mit Tinte oder Kugelschreiber die Blätter zu bezeichnen

a) auf denen sich Kostenmarken, Abdrucke von Gerichtskostenstemplern, Aktenausdrucke nach § 696 Abs. 2 S. 1 ZPO mit Gerichtskostenrechnungen oder Vermerke hierüber befinden,

b) aus denen sich ergibt, dass Vorschüsse zum Soll gestellt oder ohne vorherige Sollstellung eingezahlt (auch in Kostenmarken oder unter Verwendung von Gerichtskosten-
templern entrichtet) worden sind,

c) auf denen sich Kostenrechnungen, Zahlungsanzeigen der Gerichtskasse (Gerichtszahlstelle) oder Nachrichten der Gerichtskasse über Löschung des Kostensolls befinden, die
nicht nach Abs. 3 eingeheftet oder verwahrt werden,

d) auf denen Kleinbeträge vermerkt sind, deren Einzahlung oder Auszahlung nach den
über die Behandlung solcher Beträge erlassenen Bestimmungen einstweilen vorbehalten
bleibt; diesem Hinweis ist der rot zu unterstreichende Buchstabe „v" hinzuzufügen.

(5) Der Registraturbeamte prüft vor dem Weglegen der Akten und Blattsammlungen, ob
Anlass für die Vorlage an den Kostenbeamten besteht und ob berechnete Kosten entweder
bei der Gerichtskasse zum Soll gestellt oder die Einzahlung durch eine Anzeige der Gerichtskasse (Gerichtszahlstelle), durch Kostenmarken, Abdrucke von Gerichtskostenstemplern oder Aktenausdrucke nach § 696 Abs. 2 S. 1 ZPO mit Gerichtskostenrechnungen
nachgewiesen ist. Er bescheinigt diese Prüfung auf den Akten (Blattsammlungen) unter
Bezeichnung des letzten Aktenblattes und unter Angabe von Tag und Amtsbezeichnung.
Die Bescheinigung ist auch zu erteilen, wenn die Einziehung von Kleinbeträgen vorbehalten bleibt. Der Behördenleiter kann die Aufgaben nach den Sätzen 1 bis 3 einem anderen
Beamten oder Angestellten der Geschäftsstelle übertragen.

(6) Bei der Aufbewahrung von Auskünften des Finanzamts über den Einheitswert ist § 24
Abs. 6 AktO zu beachten (vgl. § 15 Abs. 2).

Abschnitt II
Kostenansatz

§ 4⁴
Begriff und Gegenstand

(1) Der Kostenansatz besteht in der Aufstellung der Kostenrechnung (§§ 27 ff.). Er hat die
Berechnung der Gerichtskosten und Justizverwaltungskosten sowie die Feststellung der
Kostenschuldner zum Gegenstand. Zu den Kosten gehören alle für die Tätigkeit des Ge-
richts und der Justizverwaltung zu erhebenden Gebühren, Auslagen und Vorschüsse.

(2) Ist die berechnete Kostenforderung noch nicht beglichen, so verfügt der Kostenbeamte
in der Kostenrechnung, dass die Kosten der Gerichtskasse zur Einziehung zu überweisen
(§ 29) oder mit Kostennachricht (§ 31) anzufordern sind. Hierzu genügt die Verfügung.
„Zur Kasse mit Reinschrift nach Muster ..." oder „Kostennachricht nach Muster ...".

(3) Handelt es sich um Kosten, die durch den Antrag einer Gerichtskasse auf Vollstreckung
in das unbewegliche Vermögen entstanden sind, so wird zwar eine Kostenrechnung aufgestellt, aber nicht nach Abs. 2 verfahren. Die entstandenen Kosten sind der Gerichtskasse
vielmehr lediglich zur etwaigen späteren Einziehung als Nebenkosten mitzuteilen.

---

4 §§ 4 und 5 betreffen nicht das Kostenfestsetzungsverfahren nach §§ 103 ff. ZPO (BGH NJW 2004,
367).

(4) Können die Gebühren für die Anordnung des Zwangsversteigerungsverfahrens oder für die Zulassung des Beitritts zum Verfahren (Nr. 2210 des Kostenverzeichnisses der Anlage 1 zum Gerichtskostengesetz) oder die Auslagen des Anordnungs-(Beitritts-)verfahrens nicht vom Antragsteller eingezogen werden, weil ihm Prozesskostenhilfe ohne Zahlungsbestimmung bewilligt ist oder ihm Gebühren- oder Auslagenfreiheit zusteht (z.B. bei der Zwangsversteigerung wegen rückständiger öffentlicher Abgaben), so veranlasst der Kostenbeamte die Sollstellung der Kosten durch die Gerichtskasse (§ 29), die sie – unbeschadet sonstiger Einziehungsmöglichkeiten – in dem Zwangsversteigerungsverfahren mit dem Range des Anspruchs des betreibenden Gläubigers auf Befriedigung aus dem Grundstück rechtzeitig anmeldet (§ 10 Abs. 2, §§ 12, 37 Nr. 4 ZVG). Dies gilt im Zwangsverwaltungsverfahren entsprechend. Abs. 3 bleibt unberührt.

(5) Für die Behandlung von kleinen Kostenbeträgen gelten die hierfür erlassenen besonderen Bestimmungen.

(6) Sind Kosten zugleich mit einem Geldbetrag im Sinne des § 1 Abs. 1 der Einforderungs- und Beitreibungsanordnung einzuziehen, so richtet sich das Verfahren nach der Einforderungs- und Beitreibungsanordnung.

§ 5
Zuständigkeit zum Kostenansatz

(1) Der Kostenansatz richtet sich, soweit Kosten nach dem Gerichtskostengesetz erhoben werden, nach § 19 GKG, in Angelegenheiten der freiwilligen Gerichtsbarkeit nach § 14 KostO. Kosten der Vollstreckung von freiheitsentziehenden Maßregeln der Besserung und Sicherung werden bei der nach 19 Abs. 2 GKG zuständigen Behörde angesetzt; soweit nicht die Landesregierungen durch Rechtsverordnung andere Zuständigkeiten begründet haben (§ 138 Abs. 2 StVollzG).

(2) Sind in einer Straf-, Bußgeld- oder Jugendgerichtssache verschiedene Behörden für den Kostenansatz zuständig, so haben sich die Kostenbeamten dieser Behörden durch Mitteilung einer Abschrift der Kostenrechnung oder des sonst von ihnen Veranlassten miteinander zu verständigen.

(3) Hat in Strafsachen der Bundesgerichtshof ganz oder teilweise zur anderweitigen Verhandlung und Entscheidung zurückgewiesen, so übersendet die für den Kostenansatz zuständige Behörde eine beglaubigte Abschrift der rechtskräftigen Entscheidung zum Kostenansatz an den Bundesgerichtshof.

(4) Zu den durch die Vorbereitung der öffentlichen Klage entstandenen Kosten (Nrn. 9015, 9016 des Kostenverzeichnisses der Anlage 1 zum Gerichtskostengesetz) gehören auch

a) die Auslagen, die der Polizei bei der Ausführung von Ersuchen des Gerichts oder der Staatsanwaltschaft, bei der Tätigkeit der Polizeibeamten als Hilfsbeamte der Staatsanwaltschaft und in den Fällen entstehen, in denen die Polizei nach § 163 StPO aus eigenem Entschluss erforscht,

b) Auslagen, die den zuständigen Verwaltungsbehörden als Verfolgungsorgan in Straf- und Bußgeldsachen erwachsen sind.

(5) Wenn das Gericht in einem Strafverfahren wegen einer Steuerstraftat oder in einem Bußgeldverfahren wegen einer Steuerordnungswidrigkeit auf Strafe oder Geldbuße oder

auf Einziehung erkennt, so gehören zu den Kosten des gerichtlichen Verfahrens die Auslagen, die einer Finanzbehörde bei der Untersuchung und bei der Teilnahme am gerichtlichen Verfahren entstanden sind. Diese Auslagen sind nicht nach § 464b StPO festzusetzen, sondern als Gerichtskosten zu berechnen und einzuziehen. Soweit die Auslagen bei einer Bundesfinanzbehörde entstanden sind, werden sie als durchlaufende Gelder behandelt und an sie abgeführt (vgl. § 27 Abs. 8, § 38), wenn sie den Betrag von 25 Euro übersteigen. An die Landesfinanzbehörden werden eingezogene Beträge nicht abgeführt.

(6) Geht ein Mahnverfahren gegen mehrere Antragsgegner nach Widerspruch oder Einspruch in getrennte Streitverfahren bei verschiedenen Gerichten über, so hat der Kostenbeamte des abgebenden Gerichts den Kostenbeamten der übernehmenden Gerichte eine beglaubigte Abschrift der Kostenrechnung zu übersenden und sie über das sonst von ihm Veranlasste zu unterrichten. Von Zahlungsanzeigen und sonstigen Zahlungsnachweisen sind beglaubigte Ablichtungen zu übersenden.

(7) Die Gebühr für die Eröffnung einer Verfügung von Todes wegen und die Gebühr für die Beurkundung einer eidesstattlichen Versicherung zwecks Erwirkung eines Erbscheins werden stets beim Nachlassgericht angesetzt (§ 103 Abs. 3, § 107 Abs. 1 S. 2 KostO). Erfolgt die Eröffnung oder Beurkundung bei einem anderen Gericht, so ist das Nachlassgericht zu verständigen. Diese Bestimmungen gelten auch dann, wenn die beiden Gerichte in verschiedenen Ländern der Bundesrepublik liegen. Soweit das Landwirtschaftsgericht an die Stelle des Nachlassgerichts tritt, wird auch die Gebühr nach § 107 Abs. 1 S. 2 KostO beim Landwirtschaftsgericht angesetzt.

(8) Die Gebühren für die Eintragung in das Register einer Zweigniederlassung (§ 79 KostO), die nicht die Errichtung oder die Aufhebung einer Zweigniederlassung betreffen, sind ausschließlich beim Gericht der Hauptniederlassung (des Sitzes) anzusetzen. Wird gleichzeitig mit der Eintragung der Errichtung einer Zweigniederlassung eine Prokura in das Register des Gerichts der Zweigniederlassung eingetragen, so wird die anfallende Gebühr beim Gericht der Zweigniederlassung angesetzt. Im Übrigen setzen die Gerichte der Zweigniederlassungen nur die bei ihnen entstehenden Auslagen (Bekanntmachungskosten) an. Die Geschäftsstelle des Gerichts der Hauptniederlassung vermerkt auf der für die Zweigniederlassung bestimmten Anmeldung, dass die Eintragungsgebühren berechnet sind. Diese Bestimmungen gelten auch dann, wenn die Niederlassungen in verschiedenen Ländern der Bundesrepublik liegen.

§ 6
Kostenansatz bei Verweisung eines Rechtsstreits an ein Gericht eines anderen Landes

(1) Wird ein Rechtsstreit an ein Gericht eines anderen Landes der Bundesrepublik verwiesen, so ist für den Kostenansatz der Kostenbeamte des Gerichts zuständig, das nach der Ländervereinbarung (vgl. Anlage 1) die Kosten einzuziehen hat.

(2) Einzuziehende Beträge, die nach § 59 RVG auf die Landeskasse übergegangen sind, werden im Falle der Verweisung eines Rechtsstreits an ein Gericht eines Landes bei dem Gericht angesetzt, an das der Rechtsstreit verwiesen worden ist (vgl. Anlage 2).

§ 7
Voraussetzungen des Kostenansatzes und Feststellung der Kostenschuldner im Allgemeinen

(1) Wer Kostenschuldner ist und in welchem Umfang er haftet, stellt der Kostenbeamte fest. Dabei ist zu beachten, dass nach § 29 Nr. 3 GKG auch Dritte, die kraft Gesetzes, und nach § 3 Nr. 3 KostO sowie nach § 6 Abs. 1 Nr. 3 JVKostO auch Dritte, die nach den Vorschriften des bürgerlichen Rechts kraft Gesetzes für die Kostenschuld eines anderen haften (z.B. Erben, Ehegatten, Vermögensübernehmer usw.), als Kostenschuldner auf Leistung oder Duldung der Zwangsvollstreckung in Anspruch genommen werden können.

(2) Haften mehrere Kostenschuldner als Gesamtschuldner, so bestimmt der Kostenbeamte unter Beachtung der Grundsätze in § 8, wer zunächst in Anspruch genommen werden soll.

(3) Die Ermittlung und Feststellung von Personen, die nicht der Staatskasse für die Kostenschuld haften, sondern nur dem Kostenschuldner gegenüber zur Erstattung der Kosten verpflichtet sind, ist nicht Sache des Kostenbeamten.

§ 8
Kostengesamtschuldner

(1) Soweit in Angelegenheiten, in denen das Gerichtskostengesetz gilt, einer gesamtschuldnerisch haftenden Partei die Kosten durch gerichtliche Entscheidung auferlegt oder von ihr durch eine vor Gericht abgegebene oder von ihm mitgeteilte Erklärung übernommen sind, soll die Haftung der anderen gesamtschuldnerisch haftenden Partei (des Zweitschuldners) nur geltend gemacht werden, wenn eine Zwangsvollstreckung in das bewegliche Vermögen der erstgenannten Partei (des Erstschuldners) erfolglos geblieben ist oder aussichtslos erscheint (§ 31 Abs. 2 Satz 1, § 18 GKG). Das Gleiche gilt in Verfahren in Landwirtschaftssachen (§ 47 Abs. 1 des Gesetzes über das gerichtliche Verfahren in Landwirtschaftssachen vom 21. 7. 1953 – Bundesgesetzbl. I S. 667). Dass die Zwangsvollstreckung aussichtslos sei, kann regelmäßig angenommen werden, wenn ein Erstschuldner mit bekanntem Sitz oder Aufenthaltsort im Ausland der Zahlungsaufforderung nicht nachkommt und gegen ihn ggf. im Ausland vollstreckt werden müsste. Dies gilt insbesondere dann, wenn die Zwangsvollstreckung im Ausland erfahrungsgemäß lange Zeit in Anspruch nimmt oder mit unverhältnismäßig hohen Kosten verbunden wäre.

(2) Soweit einem Kostenschuldner, der aufgrund von § 29 Nr. 1 GKG haftet (Entscheidungsschuldner), Prozesskostenhilfe bewilligt worden ist, darf die Haftung eines anderen Kostenschuldners nicht geltend gemacht werden; von diesem bereits erhobene Kosten sind zurückzuzahlen. Die Haftung eines anderen Kostenschuldners darf auch nicht geltend gemacht werden, soweit dem Entscheidungsschuldner ein Betrag für die Reise zum Ort der Verhandlung, Vernehmung oder Untersuchung und für die Rückreise gewährt worden ist (§ 31 Abs. 3 GKG).

(3) In allen sonstigen Fällen der gesamtschuldnerischen Haftung für die Kosten bestimmt der Kostenbeamte nach pflichtgemäßem Ermessen, ob der geschuldete Betrag von einem

Kostenschuldner ganz oder von mehreren nach Kopfteilen angefordert werden soll. Soweit die Sicherheit der Staatskasse keine andere Art der Inanspruchnahme geboten erscheinen lässt, sollen die Kosten regelmäßig zunächst angefordert werden

1. von dem Schuldner, dem sie durch gerichtliche Entscheidung auferlegt sind oder der sie durch Erklärung gegenüber dem Gericht übernommen hat;

2. in Ermangelung einer solchen Entscheidung oder Übernahmeerklärung von dem Schuldner, der sie im Verhältnis zu den übrigen endgültig zu tragen hat;

3. wenn dieses Innenverhältnis dem Kostenbeamten nicht bekannt ist oder wenn mehrere Schuldner auch im Verhältnis zueinander gleichmäßig haften, von sämtlichen Schuldnern nach Kopfteilen.Ist anzunehmen, dass einer dieser Gesamtschuldner zur Zahlung überhaupt nicht oder nur in Teilbeträgen in der Lage wäre, so sind die gesamten Kosten zunächst nur von den übrigen anzufordern.

§ 9
Kosten bei Bewilligung von Prozesskostenhilfe

Bei Bewilligung von Prozesskostenhilfe sind die Durchführungsbestimmungen zum Gesetz über die Prozesskostenhilfe und zur Stundung der Kosten des Insolvenzverfahrens (DB-PKHG/DB-InsO[5]) zu beachten.

§ 10
Unvermögen des Kostenschuldners in anderen Fällen

(1) In anderen als in den in § 8 Abs. 2 und in der Nr. 3.1 der Durchführungsbestimmungen zum Prozesskostenhilfegesetz und zur Stundung der Kosten des Insolvenzverfahrens (DB-PKHG/DB-InsO) bezeichneten Fällen darf der Kostenbeamte vom Ansatz der Kosten nur dann absehen, wenn das dauernde Unvermögen des Kostenschuldners zur Zahlung offenkundig oder ihm aus anderen Vorgängen bekannt ist, oder wenn sich der Kostenschuldner dauernd an einem Ort aufhält, an dem eine Beitreibung keinen Erfolg verspricht. Das dauernde Unvermögen des Kostenschuldners ist nicht schon deshalb zu verneinen, weil er möglicherweise später einmal in die Lage kommen könnte, die Schuld ganz oder teilweise zu bezahlen. Wenn dagegen bestimmte Gründe vorliegen, die dies mit einiger Sicherheit erwarten lassen, liegt dauerndes Unvermögen nicht vor.

(2) Ohne Rücksicht auf das dauernde Unvermögen des Kostenschuldners sind die Kosten anzusetzen,

1. wenn ein zahlungsfähiger Kostenschuldner für die Kosten mithaftet

2. wenn anzunehmen ist, dass durch Ausübung des Zurückbehaltungsrechts (§ 25) die Zahlung der Kosten erreicht werden kann, insbesondere dann, wenn ein anderer Emp-

---

5 In den einzelnen Bundesländern gelten unterschiedliche Regelungen, die aber im Wesentlichen inhaltlich übereinstimmen. Nachweise etwa bei *Hartmann* Teil VII B 5. Es handelt sich um Verwaltungsvorschriften, die für die Gerichte nicht bindend sind (OLG Düsseldorf RPfleger 1986, 108). Als Anl. XIII ist die in Schleswig-Holstein geltende Fassung abgedruckt.

fangsberechtigter an der Aushändigung der zurückbehaltenen Schriftstücke ein Interesse hat

3. wenn die Kosten zugleich mit einem Geldbetrag i.S.d. § 1 Abs. 1 der Einforderungs- und Beitreibungsanordnung einzuziehen sind (§ 4 Abs. 6)

4. wenn es sich um Gebühren oder Vorschüsse handelt, von deren Entrichtung die Vornahme einer Amtshandlung abhängt (§ 31).

(3) Angaben im Verfahren über Prozesskostenhilfe, Feststellungen im Strafverfahren über die Einkommens- und Vermögensverhältnisse des Beschuldigten (Nr. 14 der Richtlinien für das Strafverfahren und das Bußgeldverfahren[6]) oder Mitteilungen der Gerichtskasse können dem Kostenbeamten einen Anhalt für seine Entschließung bieten. Er wird dadurch aber nicht von der Verpflichtung entbunden, selbständig zu prüfen und zu entscheiden, ob tatsächlich Unvermögen zur Zahlung anzunehmen ist. Nötigenfalls stellt er geeignete Ermittlungen an. In Strafsachen sind an Stellen außerhalb der Justizverwaltung Anfragen nach den wirtschaftlichen Verhältnissen des Kostenschuldners nur ausnahmsweise und nur dann zu richten, wenn nicht zu befürchten ist, dass dem Kostenschuldner aus diesen Anfragen Schwierigkeiten erwachsen könnten. Bei der Fassung etwaiger Anfragen ist jeder Hinweis darauf zu vermeiden, dass es sich um Kosten in einer Strafsache handelt.

(4) Der Kostenbeamte vermerkt in den Akten, dass er die Kosten nicht angesetzt hat; er gibt dabei die Gründe kurz an und verweist auf die Aktenstelle, aus der sie ersichtlich sind.

(5) Nach Abs. 1 außer Ansatz gelassene Kosten sind anzusetzen, wenn Anhaltspunkte dafür bekannt werden, dass eine Einziehung Erfolg haben wird.

§ 10a
Nichterhebung von Auslagen für von Amts wegen veranlasste Terminsverlegungen und Vertagungen
– zu § 21 Abs. 1 S. 2 GKG; § 16 Abs. 1 S. 2 KostO –

Der Kostenbeamte ist befugt, die in § 21 Abs. 1 S. 2 GKG und § 16 Abs. 1 S. 2 KostO genannten Auslagen außer Ansatz zu lassen. Er legt die Akten aber dem Gericht mit der Anregung einer Entscheidung vor, wenn dies mit Rücksicht auf rechtliche oder tatsächliche Schwierigkeiten erforderlich erscheint. Die Entscheidung des Kostenbeamten nach S. 1 ist keine das Gericht bindende Anordnung i.S.v. § 21 Abs. 2 S. 2 GKG und § 16 Abs. 2 S. 2 KostO.

§ 10b
Absehen von Wertermittlungen

In den Fällen des § 92 KostO kann von Wertermittlungen abgesehen werden, wenn nicht Anhaltspunkte dafür bestehen, dass das reine Vermögen des Fürsorgebedürftigen mehr als 25 000 Euro beträgt.

---

6   Abgedruckt etwa bei *Meyer-Goßner* StPO, 49. Aufl., Anh. 12.

§ 11
Kostenansatz bei gegenständlich beschränkter Gebührenfreiheit

(1) Bei Erbscheinen und ähnlichen Zeugnissen (§§ 107, 109, 111 KostO), die zur Verwendung in einem bestimmten Verfahren gebührenfrei oder zu ermäßigten Gebühren zu erteilen sind, hat der Kostenbeamte die Urschrift und Ausfertigung der Urkunde mit dem Vermerk „Zum ausschließlichen Gebrauch für das …-verfahren gebührenfrei – zu ermäßigten Gebühren erteilt" zu versehen. Die Ausfertigung ist der Behörde oder Dienststelle, bei der das Verfahren anhängig ist, mit dem Ersuchen zu übersenden, den Beteiligten weder die Ausfertigung auszuhändigen noch eine Abschrift zu erteilen.
(2) Auf § 107a Abs. 2 S. 2 KostO wird hingewiesen.

§ 12
Haftkosten

Die Erhebung der Kosten der Vollstreckung von freiheitsentziehenden Maßregeln der Besserung und Sicherung richtet sich nach § 138 Abs. 2, § 50 StVollzG. Die Kosten der Untersuchungshaft sowie einer sonstigen Haft außer Zwangshaft, die Kosten einer einstweiligen Unterbringung (§ 126a StPO), einer Unterbringung zur Beobachtung (§ 81 StPO. § 73 JGG) und einer einstweiligen Unterbringung in einem Heim der Jugendhilfe (§ 71 Abs. 2, § 72 Abs. 4 JGG) werden nur angesetzt, wenn sie nach § 50 StVollzG zu erheben wären (Nr. 9011 des Kostenverzeichnisses der Anlage 1 zum Gerichtskostengesetz).

§ 13
Zeit des Kostenansatzes im Allgemeinen

(1) Soweit nichts anderes bestimmt oder zugelassen ist, werden Kosten alsbald nach Fälligkeit angesetzt (z.B. § 6 Abs. 1, 3; §§ 7 bis 9 GKG, § 7 KostO) und Kostenvorschüsse berechnet, sobald sie zu leisten sind (z.B. §§ 15 bis 18 GKG, § 8 KostO).
(2) Auslagen sind in der Regel erst bei Beendigung des Rechtszuges anzusetzen, wenn kein Verlust der Staatskasse zu befürchten ist. Das Gleiche gilt für die Abrechnung der zu ihrer Deckung erhobenen Vorschüsse. Werden jedoch im Laufe des Verfahrens Gebühren fällig, so sind mit ihnen auch die durch Vorschüsse nicht gedeckten Auslagen anzusetzen.
(3) Abs. 2 gilt nicht
1. für Auslagen, die in Verfahren vor einer ausländischen Behörde entstehen,
2. für Auslagen, die einer an der Sache nicht beteiligten Person zur Last fallen.
(4) Steht zu dem in Abs. 1 bezeichneten Zeitpunkt der den Gebühren zugrunde zu legende Wert noch nicht endgültig fest, so werden die Gebühren unter dem Vorbehalt späterer Berichtigung nach einer vorläufigen Wertannahme angesetzt. Auf rechtzeitige Berichtigung ist zu achten (vgl. § 20 GKG, § 15 KostO) in Angelegenheiten, auf die die Kostenordnung

Anwendung findet, ist erforderlichenfalls dem Kostenschuldner mitzuteilen, dass ein Wertermittlungsverfahren eingeleitet ist (§ 15 S. 2 KostO).

§ 14
Zeit des Kostenansatzes in besonderen Fällen

I. Gebühr für die Durchführung des Insolvenzverfahrens (– zu Nr. 2320, 2330 des Kostenverzeichnisses der Anlage 1 zum Gerichtskostengesetz –)

(1) Die Gebühr für die Durchführung des Insolvenzverfahrens ist in der Regel nach Durchführung des Berichtstermins (§ 156 InsO), im vereinfachten Insolvenzverfahren bei Vorliegen der Vermögensübersicht (§ 305 Abs. 1 Nr. 3 InsO), anzusetzen.

(2) Bei Einstellung des Insolvenzverfahrens oder nach Bestätigung des Insolvenzplans hat der Kostenbeamte den Insolvenzverwalter schriftlich aufzufordern, einen Betrag zurückzubehalten, der zur Deckung der näher zu bezeichnenden Gerichtskosten ausreicht.

II. Auslagen in Genossenschaftssachen

In Genossenschaftssachen sind die Auslagen i.d.R. am Schluss eines jeden Kalenderjahres anzusetzen.

III. Kosten in Vormundschafts-, Dauerbetreuungs- und Dauerpflegschaftssachen

Die nach § 92 KostO bei Vormundschaften und Dauerbetreuungen und -pflegschaften zu Beginn eines jeden Kalenderjahres fällig werdenden Gebühren können, wenn kein Verlust für die Staatskasse zu besorgen ist, gelegentlich der Prüfung der jährlichen Rechungslegung angesetzt werden. Zur Sicherstellung des rechtzeitigen Ansatzes dieser Gebühren sind die in Betracht kommenden Akten von dem Kostenbeamten in ein Verzeichnis einzutragen, das mindestens folgende Spalten enthält:

1.   Lfd. Nr.
2.   Aktenzeichen
3.   Bezeichnung der Sache
4.   Jahresgebühr berechnet am:

IV. (aufgehoben)

V. (aufgehoben)

VI. Gebühren in Scheidungssachen und Folgesachen eines Verfahrens über die Aufhebung der Lebenspartnerschaft werden erst angesetzt, wenn eine unbedingte Entscheidung über die Kosten ergangen ist oder das Verfahren oder die Instanz durch Vergleich, Zurücknahme oder anderweitige Erledigung beendigt ist (§ 6 Abs. 2, § 9 Abs. 1 GKG).

§ 15
Feststellung des letzten Einheitswertes
– zu § 19 Abs. 2 KostO –

(1) Ist der Einheitswert vom Grundbesitz festzustellen (§ 19 Abs. 2 KostO), so genügt als Nachweis die Vorlage des Steuerbescheides (Feststellungsbescheides, Einheitswertbescheides), sofern sich der Einheitswert des Grundbesitzes nicht schon aus der steuerlichen Unbedenklichkeitsbescheinigung ergibt.

(2) Vom Finanzamt ist um Auskunft über die Höhe des Einheitswertes oder um Erteilung einer Abschrift des Einheitswertbescheides nur zu ersuchen, wenn der Kostenschuldner den Steuerbescheid nicht vorlegt, ausnahmsweise auch dann, wenn die Wertermittlung besonders schwierig ist. § 24 Abs. 6 AktO ist zu beachten.

§ 16
Gebührensatz bei gleichzeitiger Belastung mehrerer Grundstücke
– zu § 63 Abs. 3, § 64 Abs. 6, § 65 Abs. 2, § 67 KostO –

Wird die Belastung mehrerer Grundstücke mit ein und demselben Recht gleichzeitig beantragt und wird das Grundbuch über die mehreren Grundstücke bei verschiedenen Grundbuchämtern geführt (§ 63 Abs. 3 KostO), so haben sich die Kostenbeamten der beteiligten Grundbuchämter wegen des Gebührenansatzes durch Mitteilung einer Abschrift der Kostenrechnung miteinander zu verständigen. Das Gleiche gilt in den Fällen der § 64 Abs. 6, § 65 Abs. 2 und 3, 67 KostO.

§§ 17–20

(aufgehoben)

§ 21
Gerichtsvollzieherkosten
– zu § 13 Abs. 3 GVKostG –

Hat der Gerichtsvollzieher bei Aufträgen, die ihm vom Gericht erteilt wurden, die Gerichtsvollzieherkosten (Gebühren und Auslagen) zu den Akten mitgeteilt und nicht angezeigt, dass er sie eingezogen hat, so sind sie als Auslagen des gerichtlichen Verfahrens anzusetzen (vgl. § 13 Abs. 3 GVKostG), § 27 Abs. 8 S. 3.

§ 22
Kostensicherung

(1) Zur Sicherung des Kosteneingangs sehen die Kostengesetze vor
1. die Erhebung von Kostenvorschüssen, von denen die Vornahme einer Amtshandlung nicht abhängt (z.B. §§ 15, 17 Abs. 3 GKG, § 8 Abs. 1 KostO)
2. die Zurückstellung von Amtshandlungen bis zur Entrichtung bestimmter Gebühren oder Kostenvorschüsse (z.B. § 17 Abs. 2, §§ 12, 13 GKG, § 8 Abs. 2 KostO, § 7 Abs. 2 S. 2 JVKostO)
3. die Zurückbehaltung von Urkunden bis zur Bezahlung der Kosten (§ 25).
(2) Die Erhebung eines Kostenvorschusses, von dessen Zahlung die Amtshandlung nicht abhängt (Abs. 1 Nr. 1), ordnet der Kostenbeamte selbständig an. Das Gleiche gilt in den Fällen des §§ 12, 13 GKG, jedoch ist der Eingang zunächst dem Richter (Rechtspfleger) vorzulegen, wenn sich daraus ergibt, dass die Erledigung der Sache ohne Vorauszahlung angestrebt wird.
(3) Wenn nach gesetzlicher Vorschrift die Vornahme des Geschäfts von der Vorauszahlung der Kosten abhängig gemacht werden soll (z.B. §§ 379a, 390 Abs. 4 StPO, § 17 Abs. 1 S. 2 GKG, § 8 Abs. 2 KostO), hat der Kostenbeamte vor der Einforderung des Vorschusses die Entscheidung des Richters (Rechtspflegers) einzuholen[7] dies gilt nicht in den Fällen des § 12, 13 GKG (vgl. oben Abs. 2 S. 2).
(4) In Justizverwaltungsangelegenheiten bestimmt der nach § 53 zuständige Beamte die Höhe des Vorschusses.
(5) Ist die Vornahme einer Amtshandlung nicht von der Zahlung eines Auslagenvorschusses abhängig, so soll dieser regelmäßig nur erfordert werden, wenn die Auslagen mehr als 25 Euro betragen oder ein Verlust der Staatskasse zu befürchten ist.
(6) In den Fällen des Absatzes 1 Nr. 1 und 3 sowie des § 17 Abs. 2 GKG und in gleichartigen Fällen ist ein Vorschuss nicht zu erheben, wen eine Gemeinde, ein Gemeindeverband oder eine sonstige Körperschaft des öffentlichen Rechts Kostenschuldner ist.

§ 23
Sicherstellung nach § 8 Abs. 1 KostO

Wird Sicherstellung zugelassen, so wird der Vorschuss zwar berechnet, aber nicht nach § 4 Abs. 2 angefordert. Die Sicherheit kann vorbehaltlich anderer Anordnungen des Richters (Rechtspflegers) in der in den §§ 232 bis 240 BGB vorgesehenen Weise geleistet werden. Die Verwertung der Sicherheit ist Sache der Gerichtskasse, nachdem ihr die aus Anlass des Geschäfts erwachsenen Kosten zur Einziehung überwiesen sind.

---

7   OLG Koblenz NJW-RR 2002, 432 (LS).

§ 24
Jährliche Vorschüsse in Zwangsverwaltungsverfahren
– zu § 15 Abs. 2 GKG –

Der jährlich zu erhebende Gebührenvorschuss soll regelmäßig in Höhe einer Gebühr mit einem Gebührensatz von 0,5 bemessen werden. Daneben ist ein Auslagenvorschuss in Höhe der im laufenden Jahr voraussichtlich erwachsenden Auslagen zu erheben.

§ 25
Zurückbehaltungsrecht
– § 10 KostO, § 17 Abs. 2 GKG, § 7 Abs. 3 JVKostO –

(1) In Angelegenheiten, auf die die Kostenordnung anzuwenden ist, und in Justizverwaltungsangelegenheiten sind Bescheinigungen, Ausfertigungen, Abschriften sowie zurückzugebende Urkunden, die aus Anlass eines Geschäfts von einem Kostenschuldner oder von einer sonstigen Person eingereicht sind, regelmäßig bis zur Zahlung der in der Angelegenheit erwachsenden Kosten zurückzuhalten. § 10 Abs. 2 KostO ist im Falle des § 17 Abs. 2 GKG und in Justizverwaltungsangelegenheiten entsprechend anzuwenden. Die Entscheidung trifft der Kostenbeamte.

(2) Kosten, von deren Entrichtung die Herausgabe abhängig gemacht wird, sind sobald wie möglich anzusetzen. Können sie noch nicht endgültig berechnet werden, so sind sie vorbehaltlich späterer Berichtigung vorläufig anzusetzen.

(3) Ist ein anderer als der Kostenschuldner zum Empfang des Schriftstücks berechtigt, so hat ihn der Kostenbeamte von der Ausübung des Zurückbehaltungsrechts zu verständigen. Erhält der Empfangsberechtigte in derselben Angelegenheit eine sonstige Mitteilung, so ist die Nachricht, dass das Schriftstück zurückbehalten wird, nach Möglichkeit damit zu verbinden.

(4) Wegen des Vermerks der Ausübung des Zurückbehaltungsrechts und der Aufführung des dritten Empfangsberechtigten in der Kostenrechnung wird auf § 27 Abs. 7 verwiesen.

(5) Für die sichere Verwahrung von Wertpapieren, Sparkassenbüchern, Hypothekenbriefen und sonstigen Urkunden von besonderem Wert ist Sorge zu tragen.

(6) Die zurückbehaltenen Schriftstücke sind an den Empfangsberechtigten herauszugeben,

1. wenn die Gerichtskasse anzeigt, dass die Kosten gezahlt sind (vgl. § 27 Abs. 7),
2. wenn die Anordnung, dass Schriftstücke zurückzubehalten sind, vom Kostenbeamten oder durch gerichtliche Entscheidung aufgehoben wird.

Der Kostenbeamte hat in den Fällen der Nr. 2 die Gerichtskasse von der Herausgabe zu verständigen.

§ 26

(aufgehoben)

§ 27
Inhalt der Kostenrechnung

(1) Die Kostenrechnung enthält
1. die Bezeichnung der Sache und die Geschäftsnummer,
2. die einzelnen Kostenansätze und die Kostenvorschüsse unter Hinweis auf die angewendete Vorschrift, bei Wertgebühren auch den der Berechnung zugrunde gelegten Wert,
3. den Gesamtbetrag der Kosten,
4. Name, Anschrift und – soweit bekannt – Beruf und ggf. Geschäftszeichen der Kostenschuldner.

(2) Haften mehrere als Gesamtschuldner oder hat ein Kostenschuldner die Zwangsvollstreckung in ein bestimmtes Vermögen zu dulden, so ist dies zu vermerken. Bei der anteilmäßigen Inanspruchnahme des Kostenschuldners (z.B. § 8 Abs. 3) ist ein eindeutiger Vorbehalt über die Möglichkeit einer weiteren Inanspruchnahme in die Kostenrechnung aufzunehmen. Unter Beachtung der Grundsätze in § 8 Abs. 3 ist weiter anzugeben, wie die einzelnen Gesamtschuldner zunächst in Anspruch genommen werden sollen. Erst- und Zweitschuldner (§ 8 Abs. 1) sind ausdrücklich als solche zu bezeichnen. Wird der Zweitschuldner vor dem Erstschuldner in Anspruch genommen (§ 8 Abs. 1), so sind die Gründe hierfür kurz anzugeben.

(3) Ist bei mehreren Kostenschuldnern damit zu rechen, dass der zunächst in Anspruch genommene die Kosten bezahlen wird, so kann im Verfahren des ersten Rechtszuges die Aufführung der weiteren Gesamtschuldner durch ausdrücklichen Vermerk vorbehalten werden.

(4) Ein Abweichen vom Regelwert (z.B. § 20 Abs. 2, § 30 Abs. 2 KostO) ist kurz zu begründen.

(5) Sind die Kosten durch Kostenmarken oder durch Verwendung von Gerichtskostenstemplern entrichtet oder durch Aktenausdrucke nach § 696 Abs. 2 S. 1 ZPO mit Gerichtskostenrechnungen nachgewiesen, so ist zu vermerken, wo sich diese Zahlungsnachweise befinden. Sind Kosten bei der Gerichtskasse gebucht, so ist die Buchungsnummer anzugeben.

(6) Ergeben sich aus den Akten Anhaltspunkte dafür, dass noch weitere Kosten geltend gemacht werden können, die vom Kostenschuldner als Auslagen zu erheben sind (z.B. Pflichtverteidigervergütung, Sachverständigenentschädigung), so ist ein eindeutiger Vorbehalt über die Möglichkeit einer Inanspruchnahme für die weiteren, nach Art oder voraussichtlicher Höhe zu bezeichnenden Kosten in die Kostenrechnung aufzunehmen.

(7) Die Ausübung des Zurückbehaltungsrechts (§ 25) ist mit kurzer Begründung zu vermerken. Durch einen rot unterstrichenen Vermerk „ZA" ist die Gerichtskasse um Zahlungsanzeige zu ersuchen. Ist ein anderer als der Kostenschuldner zum Empfang des Schriftstücks berechtigt (§ 25 Abs. 3), so ist er gleichfalls in der Kostenrechnung aufgeführt.

(8) Enthält die Kostenrechnung Beträge, die anderen Berechtigten als der Staatskasse zustehen und nach der Einziehung an sie auszuzahlen sind (durchlaufende Gelder), so ist in den Fällen, in denen sie der Gerichtskasse zur Einziehung überwiesen werden, die Gerichtskasse gleichfalls durch rot zu unterstreichenden Vermerk „ZA" um Zahlungsanzeige zu ersuchen. Der Empfangsberechtigte ist in der Kostenrechnung aufzuführen. Im Falle des § 21 ist der Gerichtsvollzieher als empfangsberechtigt zu bezeichnen.

(9) Wenn für einen Vorschuss Sicherheit geleistet ist (§ 23), so ist dies durch rot zu unterstreichenden Vermerk anzugeben.

(10) Der Kostenbeamte vermerkt weiter, was ihm über die Zahlungsfähigkeit, die Einkommens- und Vermögensverhältnisse eines Kostenschuldners sowie über sonstige Umstände (z.B. drohende Verjährung) bekannt ist, die für die Einziehungsmaßnahmen der Gerichtskasse von Bedeutung sein können. Falls der Gerichtskasse in derselben Angelegenheit bereits Kosten zur Einziehung bei demselben Kostenschuldner überwiesen worden sind, vermerkt der Kostenbeamte die Nummern des Kostensollbuchs (Kostenüberwachungsbuchs) dieser früheren Sollstellungen. Die Vermerke sind rot zu unterstreichen.

(11) Ist der Kostenschuldner im Hinblick auf die Höhe der Kostenschuld zur Zahlung innerhalb der regelmäßigen Zahlungsfrist offensichtlich nicht in der Lage, so hat der Kostenbeamte durch den Vermerk „Stundungshinweis" die Aufnahme eines entsprechenden Hinweises in die Reinschrift der Kostenrechnung sicherzustellen.

(12) Der Kostenbeamte hat die Kostenrechnung unter Angabe von Ort, Tag und Amtsbezeichnung zu unterschreiben.

§ 28

(aufgehoben)

§ 29
Reinschriften der Kostenrechnung

(1) Hat der Kostenbeamte die Überweisung der Kosten an die Gerichtskasse verfügt (§ 4 Abs. 2), so lässt die Geschäftsstelle für jeden Kostenschuldner, der in Anspruch genommen werden soll, eine Reinschrift der Kostenrechnung sowie als Durchschrift der Vorderseite eine Sollkarte anfertigen.

(2) Aus der Kostenrechnung werden in Reinschrift übertragen

1. die den Kostenschuldner betreffenden Kostensätze und die Hinweise auf die angewendeten Vorschriften,
2. bei Wertgebühren der der Berechnung zugrunde gelegte Wert,
3. die Einzelbeträge und der Gesamtbetrag der Kosten, die von dem Kostenschuldner erhoben werden sollen,
4. der Vermerk über die Ausübung des Zurückbehaltungsrechts,
5. der Vermerk über einen Vorbehalt nach § 27 Abs. 2 oder Abs. 6,
6. der Vermerk nach § 27 Abs. 2 S. 5 über die Gründe der Inanspruchnahme des Zweitschuldners.

(3) Der Vermerk, dass der Kostenschuldner die Zwangsvollstreckung in ein bestimmtes Vermögen zu dulden habe (§ 27 Abs. 2 S. 1), ist gleichfalls in die Reinschrift zu übertragen. Die in der Reinschrift enthaltene Zahlungsaufforderung ist in diesen Fällen durch die Aufforderung zu ersetzen, die Zwangsvollstreckung in das bestimmte Vermögen zu dul-

den; ist der Kostenschuldner zugleich zahlungspflichtig, so ist er sowohl zur Zahlung als auch zur Duldung aufzufordern.

(4) Die Gründe für ein Abweichen vom Regelwert (§ 27 Abs. 4) werden nur auf ausdrückliche Anweisung des Kostenbeamten in die Reinschrift übertragen.

(5) Die in der Reinschrift enthaltene Aufforderung zur Zahlung wird von der Gerichtskasse unterschriftlich vollzogen oder mit dem Abdruck des Dienststempels versehen. Die in Abs. 3 vorgesehene Aufforderung zur Duldung der Zwangsvollstreckung ist in jedem unterschriftlich zu vollziehen. Der Beamte der Geschäftsstelle ist für die Richtigkeit und Vollständigkeit der Reinschrift verantwortlich.

§ 30
Übersendung der Kostenrechnung an die Gerichtskasse

(1) Die Geschäftsstelle leitet die Urschriften und die Reinschriften der Kostenrechnungen mit den Sollkarten ohne die Akten der zuständigen Gerichtskasse zu. Behörden am Sitz der Gerichtskasse geben die Unterlagen täglich, andere Behörden spätestens 3 Arbeitstage nach der letzten Absendung weiter. Die Zuleitung an die Gerichtskasse ist in den Akten zu vermerken.

(2) Die Urschrift der Kostenrechnung, die nach Abschluss des Verfahrens in der Rechtsmittelinstanz aufzustellen ist (Schlusskostenrechnung), wird der Gerichtskasse durch Vermittlung der Geschäftsstelle des ersten Rechtszuges übersandt, die auch für die Fertigung der erforderlichen Reinschriften und der Sollkarten zu sorgen hat. Sind Kosten des höheren Rechtszuges im Soll zu löschen oder zurückzuzahlen, so ist nach § 36 Abs. 3 zu verfahren. Der Kostenbeamte des ersten Rechtszuges hat vor Anordnung der Löschung im Soll oder der Rückzahlung zunächst festzustellen, ob die zum Soll gestellten Kosten des höheren Rechtszuges bereits entrichtet sind. Wenn diese Kostenrechnung noch offen steht, ist die Löschung im Soll oder die Rückzahlung so anzuordnen, wie es für die beteiligten Gerichtskassen und den Kostenschuldner zweckdienlich ist.

(3) Abs. 2 gilt nicht für die bei einem obersten Gerichtshof des Bundes entstandenen Kosten.

§ 31
Einforderung der Kosten durch die Geschäftsstelle mit
Kostennachricht – zu §§ 379a, 390 Abs. 4 StPO, §§ 12, 13, 17 Abs. 1 Satz 1, Abs. 2 GKG, § 8 Abs. 2 KostO –

(1) Vorweg zu erhebende Gebühren und Kostenvorschüsse, von deren Entrichtung die Vornahme einer Amtshandlung oder die Einleitung oder der Fortgang eines Verfahrens anhängig ist, fordert die Geschäftsstelle ohne vorherige Überweisung an die Gerichtskasse unmittelbar von dem Zahlungspflichtigen mit Kostennachricht an; das Gleiche gilt im Falle der Ausübung des Zurückbehaltungsrechts. § 27 Abs. 1 ist zu beachten.

(2) Steht der Wert des Streitgegenstandes oder der Geschäftswert noch nicht endgültig fest, so sind der Berechnung vorläufig die Angaben des Klägers oder Antragstellers zugrunde zu legen, sofern sie nicht offenbar unrichtig sind.

(3) Hat das Gericht den Betrag des Vorschusses und die Zahlungsfrist selbst bestimmt (z.B. in den Fällen der §§ 379a, 402 ZPO), so unterbleibt eine Kostennachricht mit der Entscheidung ist ein nach § 32 Abs. 1 vorbereiteter Überweisungsträger zu übersenden.

(4) Hat der Zahlungspflichtige auf die Gebühren oder Vorschüsse (Abs. 1) Beträge bezahlt, die zur Deckung nicht völlig ausreichen, so ist er auf den Minderbetrag hinzuweisen hat er noch keine Kostennachricht erhalten, so ist der Minderbetrag mit der Kostennachricht anzufordern. Ist der Minderbetrag nur gering, so führt der Kostenbeamte zunächst eine Entscheidung des Richters (Rechtspflegers) darüber herbei, ob der Sache gleichwohl Fortgang zu geben sei. Wird der Sache Fortgang gegeben, so wird der fehlende Betrag der Gerichtskasse zur Einziehung überwiesen, falls er nicht nach den bestehenden Bestimmungen wegen Geringfügigkeit außer Ansatz bleibt besteht der Richter (Rechtspfleger) dagegen auf Zahlung des Restbetrages, so ist nach S. 1 zu verfahren.

(5) Wird in den Fällen der §§ 379a, 390 Abs. 4 StPO der angeforderte Betrag nicht voll gezahlt, so sind die Akten alsbald dem Gericht (Vorsitzenden) zur Entscheidung vorzulegen.

§ 32
Behandlung von Kostennachrichten

(1) Allen Kostennachrichten ist ein auf ein Konto der Gerichtskasse oder, falls sich bei dem Gericht eine Gerichtszahlstelle befindet, auf deren Konto lautender Überweisungsträger beizufügen. Im Feld für die Angabe des Verwendungszwecks sind die Angelegenheit und das Aktenzeichen so zu bezeichnen, dass danach die Zahlungsanzeige zu den Sachakten erstattet werden kann.

(2) Die Kostennachricht soll dem Bevollmächtigten, insbesondere dem Prozessbevollmächtigten oder Notar, nur dann zugesandt werden, wenn er sich zur Vermittlung der Zahlung erboten hat oder die genaue Abschrift des Zahlungspflichtigen unbekannt ist. In sonstigen Fällen wird die Kostennachricht dem Zahlungspflichtigen selbst zugesandt.

(3) Ist die Zahlung des Vorschusses an eine Frist geknüpft (z.B. in den Fällen der §§ 379a, 390 Abs. 4 StPO, § 18 GBO), so ist die Kostennachricht von Amts wegen zuzustellen. In sonstigen Fällen wird sie regelmäßig als Brief abgesandt.

(4) Wird der in der Kostennachricht enthaltenen Zahlungsaufforderung keine Folge geleistet, so hat der Kostenbeamte die in der Sache etwa entstandenen oder noch entstehenden Kosten zu berechnen und an die Gerichtskasse zur Einziehung zu überweisen. Das Gleiche gilt, wenn die Anordnung, durch welche die Vornahme eines Geschäfts von der Vorauszahlung anhängig gemacht war, wieder aufgehoben oder wenn von der gesetzlich vorgesehenen Vorleistungspflicht eine Ausnahme bewilligt wird (z.B. nach § 14 GKG). Kommt der zur Vorleistung Verpflichtete in den Fällen des § 12 Abs. 1, 3 Satz 3 GKG der Zahlungsaufforderung nicht nach, so werden die in § 12 Abs. 1, 3 GKG genannten Gebühren nur insoweit angesetzt, als sich der Zahlungspflichtige nicht durch Rücknahme der Klage oder des Antrags von der Verpflichtung zur Zahlung befreien kann.

(5) War der Vorschuss mit Kostennachricht eingefordert, so ist dem Kostenschuldner eine Schlusskostenrechnung nur dann zu übersenden, wenn sich die endgültig festgestellte Kostenschuld mit dem Betrag des Vorschusses nicht deckt. Die Schlusskostenrechnung ist dann unverzüglich, jedenfalls vor Ablauf eines Monats nach Abschluss der Angelegenheiten, zu übersenden.

Abschnitt III
Aufgaben nach Absendung der Kostenrechnung oder Kostennachricht

§ 33
Behandlung von Gesuchen und Mitteilungen an die Gerichtskasse

(1) Ersucht die Gerichtskasse um Auskunft darüber, ob die Sachakten Näheres über die Einkommens- und Vermögensverhältnisse eines Kostenschuldners, insbesondere über das Vorhandensein pfändbarer Ansprüche, ergeben, so hat der Kostenbeamte die notwendigen Feststellungen zu treffen. Befinden sich die Akten beim Rechtsmittelgericht, so trifft diese Verpflichtung dem Kostenbeamten dieses Gerichts.

(2) Gibt die Gerichtskasse die Kostenrechnung zurück, weil der darin genannte Kostenschuldner nach ihrer Kenntnis zahlungsunfähig ist, so hat der Kostenbeamte diese Beurteilung seiner weiteren Prüfung zugrunde zu legen, wenn ihm nicht Tatsachen bekannt sind, die der Auffassung der Gerichtskasse entgegenstehen, insbesondere Tatsachen, aus denen sich ergibt, dass der Kostenschuldner nur vorübergehend zahlungsunfähig ist. Schließt sich der Kostenbeamte der Auffassung der Gerichtskasse an, so prüft er, ob weitere Kostenschuldner vorhanden sind, und stellt ggf. eine neue Kostenrechnung auf. Bleibt der Kostenbeamte dagegen bei der Auffassung, dass der ursprüngliche Kostenschuldner zahlungsfähig ist, so gibt er die Kostenrechnung mit einer kurzen Begründung seiner Auffassung an die Gerichtskasse zurück.

(3) Ersucht die Gerichtskasse um eine Änderung oder Ergänzung der Kostenrechnung, weil sie eine andere Heranziehung von Gesamtschuldnern oder eine Erstreckung der Kostenrechnung auf bisher nicht in Anspruch genommene Kostenschuldner für geboten hält, so hat der Kostenbeamte auf Grund der Ermittlungen der Gerichtskasse die Voraussetzungen für die Heranziehung dieser Kostenschuldner festzustellen (vgl. § 7 Abs. 1) und ggf. die Umschreibung des Kostensolls durch Aufstellung einer neuen oder Ergänzung der bisherigen Kostenrechnung zu veranlassen. Die Gründe für die Inanspruchnahme des weiteren Kostenschuldners sind in er Reinschrift der Kostenrechnung anzugeben. Soweit hier Kosten eines bereits erledigten Rechtsmittelverfahrens zu berücksichtigen sind, sind die dem Kostenbeamten obliegenden Dienstverpflichtungen von dem Kostenbeamten des Rechtsmittelgerichts zu erledigen; für die Beantwortung einer Zweitschuldneranfrage der Gerichtskasse ist der Kostenbeamte des Gerichts des ersten Rechtszuges zuständig, falls eine Zweitschuldnerhaftung nicht besteht.

(4) Die Bestimmungen des Absatzes 3 gelten entsprechend, wenn ein Kostenschuldner vorhanden ist, der wegen der Kostenschuld lediglich die Zwangsvollstreckung in ein bestimmtes Vermögen (z.B. der Grundstückseigentümer bei dinglich gesicherten Forderungen, für die er nicht persönlich haftet) zu dulden hat.

(5) Wird dem Kostenbeamten eine Nachricht der Gerichtskasse über die Löschung des Kostensolls vorgelegt, so hat er die Löschung auf der Kostenrechnung zu vermerken, den Vermerk rot zu unterstreichen und zu prüfen, ob nach den Akten noch Einziehungsmöglichkeiten bestehen (z.B. durch Pfändung einer im Rechtsstreit zuerkannten Forderung, Heranziehung eines der Gerichtskasse bisher noch nicht benannten Mithaftenden), ggf. ist die Gerichtskasse zu verständigen. Das Ergebnis der Prüfung ist auf der Löschungsnachricht kurz zu vermerken.

(6) Eine Zahlungsanzeige, die sich auf einen der Gerichtskasse zur Einziehung überwiesenen Betrag bezieht und nicht bei den Sachakten zu verbleiben hat, ist von dem Kostenbeamten an die Gerichtskasse (Gerichtszahlstelle) zurückzusenden. Der Grund der Rückgabe ist auf der Zahlungsanzeige zu vermerken oder in einem Begleitschreiben mitzuteilen. Ferner hat er Kostenbeamte die für die Abwicklung des Betrages bei der Gerichtskasse (Gerichtszahlstelle) erforderlichen Hinweise zu geben. Die Rücksendung einer Zahlungsanzeige hat er auf der vorderen Innenseite des Aktenumschlags zu vermerken. Der Vermerk muss den Einzahler, den Betrag der Einzahlung, die Buchungsnummer und den Grund der Rückgabe enthalten.

(7) Die Rücksendung einer Zweitschuldneranfrage und das mitgeteilte Ergebnis hat der Kostenbeamte auf der Urschrift der Kostenrechnung zu vermerken.

§ 34
Prüfung der Kostenrechnungen nach Rückgabe

Nach Rückgabe der Kostenrechnungen durch die Gerichtskasse prüft die Geschäftsstelle, ob die Kostenrechnung mit dem vorgeschriebenen Buchungsvermerk versehen sind. Kostenrechnungen, auf denen die Sollstellung in anderer Weise als vorgeschrieben (z.B. handschriftlich) bescheinigt sind, sind unverzüglich dem Behördenvorstand vorzulegen, der das Erforderliche zu veranlassen hat.

§ 35
Berichtigung des Kostenansatzes

(1) Der Kostenbeamte hat bei jeder Änderung der Kostenforderung den Kostenansatz zu berichtigen und, wenn hierdurch auch die Kosten eines anderen Rechtszuges berührt werden, den Kostenbeamten dieses Rechtszuges zu benachrichtigen, soweit er nicht selbst für den Kostenansatz des anderen Rechtszuges zuständig ist (z.B. § 5 Abs. 3).

(2) Solange eine gerichtliche Entscheidung oder eine Anordnung im Dienstaufsichtsweg nicht ergangen ist, hat er auf Erinnerung oder auch von Amts wegen unrichtige Kostenan-

sätze richtig zu stellen. Will er einer Erinnerung des Kostenschuldners nicht oder nicht in vollem Umfang abhelfen oder richtet sich die Erinnerung gegen Kosten, die auf Grund einer Beanstandung des Prüfungsbeamten angesetzt sind, so hat er sie mit den Akten dem Prüfungsbeamten vorzulegen.

§ 36
Nachträgliche Änderung der Kostenforderung

(1) Ändert sich nachträglich die Kostenforderung, so stellt der Kostenbeamte eine neue Kostenrechnung auf, es sei denn, dass die Kostenforderung völlig erlischt.

(2) Erhöht sich die Kostenforderung, so veranlasst er die Nachforderung des Mehrbetrages nach §§ 29 ff.

(3) Vermindert sie sich oder erlischt sie ganz, so ordnet er durch eine Kassenanordnung die Löschung im Soll oder die Rückzahlung an. Sind Kosten aus einem höheren Rechtszuge zu löschen oder zurückzuzahlen, so erlässt, wenn die Sache noch bei dem mit dem Rechtsmittel befassten Gericht anhängig ist, der Kostenbeamte dieses Gerichts, im Übrigen der Kostenbeamte des ersten Rechtszuges die Kassenanordnung. Handelt es sich jedoch um die Kosten eines obersten Gerichtshofs des Bundes, so ist der Kostenbeamte dieses Gerichts zuständig. In der Kassenanordnung sind sämtliche in derselben Rechtssache zum Soll gestellten oder eingezahlten Beträge, für die der Kostenschuldner haftet, anzugeben; dabei hat der Kostenbeamte, wenn mehrere Beträge zum Soll stehen, diejenigen Beträge zu bezeichnen, für die weitere Kostenschuldner vorhanden sind. Die Anordnung der Löschung oder Rückzahlung ist unter Angabe des Betrages auf der Urschrift der Kostenrechnung in auffälliger Weise zu vermerken; der Vermerk ist rot zu unterstreichen. Die Kassenanordnung ist der Gerichtskasse zusammen mit den erforderlichen Reinschriften der neuen Kostenrechnung zuzuleiten. Eine Reinschrift der neuen Kostenrechnung ist nicht erforderlich, wenn der Grund der Rückzahlung bei der Auszahlung im unbaren Zahlungsverkehr auf dem für den Empfänger bestimmten Postabschnitt ausreichend bezeichnet werden kann. Die Sachakten sind regelmäßig nicht beizufügen.

(4) Wird eine Partei durch einen Prozessbevollmächtigten (§ 81 ZPO) vertreten, so ist die Rückzahlung an ihn anzuordnen. In anderen Fällen ist die Rückzahlung an einen Bevollmächtigten anzuordnen,

a) wenn er eine Vollmacht seines Auftraggebers zu den Akten einreicht, die ihn allgemein zum Geldempfang oder zum Empfang der im Verfahren etwa zurückzuzahlenden Kosten ermächtigt, und wenn keine Zweifel bzgl. der Gültigkeit der Vollmacht bestehen, oder

b) wenn es sich bei dem Bevollmächtigten um einen Rechtsanwalt, Notar oder Rechtsbeistand handelt und dieser rechtzeitig vor Anordnung der Rückzahlung schriftlich erklärt, dass er die Kosten aus eigenen Mitteln bezahlt hat.

(5) Im Falle der Berichtigung wegen irrtümlichen Ansatzes muss aus der Kostenrechnung und aus der Kassenanordnung hervorgehen, inwiefern der ursprüngliche Ansatz unrichtig war.

(6) Hat die Dienstaufsichtsbehörde oder der Kostenprüfungsbeamte (§ 42) die Berichtigung angeordnet, so ist dies zu vermerken.

(7) Im Falle des Kostenerlasses ist die den Kostenerlass anordnende Verfügung zu bezeichnen.

(8) Beruht die Berichtigung oder Änderung auf einer mit Beschwerde anfechtbaren gerichtlichen Entscheidung, so ist anzugeben, dass die Entscheidung dem zur Vertretung der Staatskasse zuständigen Beamten vorgelegen hat.

(9) Die Vermerke nach Abs. 5, 6 und 7 sind auch in die Reinschrift der Kostenrechnung zu übertragen.

(10) Wird die Rückzahlung von Kosten veranlasst, die durch Verwendung von Kostenmarken oder Gerichtskostenstemplern entrichtet oder sonst ohne Sollstellung eingezahlt sind oder deren Zahlung durch Aktenausdrucke nach § 696 Abs. 2 S. 1 ZPO mit Gerichtskostenrechnungen nachgewiesen ist, so hat ein zweiter Beamter oder Angestellter der Geschäftsstelle in der Kassenanordnung zu bescheinigen, dass die Beträge nach den angegebenen Zahlungsnachweisen entrichtet und die Buchungsangaben aus den Zahlungsanweisungen über die ohne Sollstellung eingezahlten Beträge richtig übernommen sind. Die Anordnung der Rückzahlung ist bei oder auf dem betroffenen Zahlungsnachweis in auffälliger Weise zu vermerken; der Vermerk ist rot zu unterstreichen. Die Gerichtskasse ist befugt, sich durch Stichproben von der ordnungsgemäßen Verwendung der Kostenmarken und Gerichtskostenstempler zu überzeugen und die Sachakten anzufordern.

(11) Sind infolge der nachträglichen Änderung der Kostenrechnung nur Kleinbeträge nachzufordern, im Soll zu löschen oder zurückzuzahlen, so sind die für die Behandlung solcher Beträge getroffenen besonderen Bestimmungen zu beachten.

(12) Wird eine neue Kostenrechnung aufgestellt (Abs. 1), so ist in ihr die frühere Kostenrechnung zu bezeichnen. Die frühere Kostenrechnung ist mit einem rot zu unterstreichenden Hinweis auf die neue Kostenrechnung zu versehen.

§ 37
Nachträgliche Änderung der Kostenhaftung

(1) Tritt zu dem bisher in Anspruch genommenen Kostenschuldner ein neuer hinzu, der vor jenem in Anspruch zu nehmen ist (vgl. § 8), so stellt der Kostenbeamte zunächst fest, ob die eingeforderten Kosten bereits entrichtet sind. Erforderlichenfalls richtet er eine kurze Anfrage an die Gerichtskasse und ersucht gleichzeitig um Auskunft, ob ihr über die Zahlungsfähigkeit des nunmehr in Anspruch zu nehmenden Schuldners näheres bekannt ist. Soweit bezahlt ist, behält es dabei sein Bewenden. Sind die Kosten dagegen noch nicht oder noch nicht ganz bezahlt und ist auch nicht anzunehmen, dass der nunmehr in Anspruch zu nehmende Kostenschuldner zahlungsunfähig sein werde, so berichtigt der Kostenbeamte die Kostenrechnung oder stellt, wenn es zur Vermeidung von Unklarheiten angezeigt erscheint, eine neue Kostenrechnung auf. Er veranlasst sodann die Ausstellung der erforderlichen neuen Reinschriften und ersucht die Gerichtskasse um entsprechende Umschreibung des Kostensolls, soweit die Kosten nicht zur Umschreibung noch bezahlt werden sollen. Wird die Umschreibung des Kostensolls auf mehrere neue Schuldner erforderlich, so hat der Kostenbeamte die Löschung der gegen den bisherigen Schuldner geltend gemachten Forderung durch Kassenanordnung anzuordnen und die Sollstellung der neuen Kostenbeträge zu veranlassen.

(2) Erlischt nachträglich die Haftung eines Gesamtschuldners ganz oder teilweise, so berichtigt der Kostenbeamte die Kostenrechnung, veranlasst die Ausstellung der erforderli-

chen neuen Reinschriften und ersucht die Gerichtskasse, das Kostensoll entsprechend umzuschreiben und bereits bezahlte Beträge insoweit zurückzuzahlen, als nunmehr keinerlei Haftungsgrund vorliegt.

§ 37a
Einrede der Verjährung
– zu § 5 Abs. 2 GKG, § 17 Abs. 2 KostO, § 14 Abs. 1 JVKostO –

Ist der Anspruch auf Erstattung von Kosten verjährt, so hat der Kostenbeamte die Akten dem zur Vertretung der Staatskasse zuständigen Beamten vorzulegen. Soll nach dessen Auffassung die Verjährungseinrede erhoben werden, so ist hierzu die Einwilligung des unmittelbar vorgesetzten Präsidenten einzuholen. Von der Erhebung der Verjährungseinrede kann mit Rücksicht auf die Umstände des Falles abgesehen werden. Hat der zur Vertretung der Staatskasse zuständige Beamte dem Kostenbeamten mitgeteilt, dass die Verjährungseinrede nicht erhoben werden soll, so ist dies in der Kassenanordnung zu vermerken.

§ 38
Durchlaufende Gelder

(1) Sind durchlaufende Gelder in der Kostenrechnung enthalten (§ 27 Abs. 8), so hat der Kostenbeamte nach Eingang der Zahlungsanzeige eine Auszahlungsanordnung zu erteilen.
(2) Das Gleiche gilt, wenn durchlaufende Gelder durch Verwendung von Kostenmarken oder Gerichtskostenstemplern entrichtet oder sonst ohne Sollstellung eingegangen sind. § 36 Abs. 10 Sätze 1 und 3 gelten entsprechend.
(3) Die Anordnung der Auszahlung ist bei oder auf dem betroffenen Zahlungsnachweis oder auf der Urschrift der Kostenrechnung in auffälliger Weise zu vermerken. Der Vermerk ist rot zu unterstreichen.

§ 39
Berichtigung des Gebührenansatzes
nach Eröffnung einer Verfügung von Todes wegen
– zu §§ 15, 46 Abs. 5, §§ 101, 103 Abs. 4 KostO –

Nach Eröffnung einer in amtliche Verwahrung genommenen Verfügung von Todes wegen prüft der Kostenbeamte, ob Anlass besteht, die bei der Annahme zur amtlichen Verwahrung berechnete Gebühr (§ 101 KostO) neu zu berechnen. Die dazu erforderlichen Erhebungen über den Wert des reinen Vermögens zur Zeit der Fälligkeit der Gebühr sind mit den Erhebungen über den Wert des reinen Nachlasses nach Möglichkeit zu verbinden. Hat ein Notar die Verfügung von Todes wegen beurkundet, so soll er von der Feststellung einer beträchtlichen Erhöhung oder Verminderung des der Berechnung der Gerichtsgebühr (§ 101 KostO) zugrunde gelegten Wertes verständigt werden.

Abschnitt IV

§ 40
Kostenerlass

Für die Stundung, den Erlass, die Erstattung und die Anrechnung von Kosten aus Billigkeitsgründen gelten die darüber ergangenen besonderen Bestimmungen.

Abschnitt V
Kostenprüfung

§ 41
Aufsicht über den Kostenansatz

(1) Die Vorstände der Justizbehörden überwachen im Rahmen ihrer Aufsichtspflichten die ordnungsmäßige Erledigung des Kostenansatzes durch den Kostenbeamten.
(2) Die besondere Prüfung des Kostenansatzes ist Aufgabe des Kostenprüfungsbeamten (§ 42).
(3) Die dem Rechnungshof zustehenden Befugnisse bleiben unberührt.

§ 42
Kostenprüfungsbeamte

Kostenprüfungsbeamte sind
1. der Bezirksrevisor,
2. die weiter bestellten Prüfungsbeamten.

§ 43
Berichtigung des Kostenansatzes im Verwaltungsweg
– zu § 19 Abs. 5 GKG, § 14 Abs. 8 KostO –

Solange eine gerichtliche Entscheidung nicht ergangen ist, sind die Vorstände der Justizbehörden und die Kostenprüfungsbeamten befugt, den Kostenansatz zu beanstanden und den Kostenbeamten zur Berichtigung des Kostenansatzes anzuweisen. Der Kostenbeamte hat der Weisung Folge zu leisten; er ist nicht berechtigt, deshalb die Entscheidung des Gerichts herbeizuführen.

§ 44
Nichterhebung von Kosten wegen unrichtiger Sachbehandlung
– zu § 21 GKG, § 16 KostO –

Die Präsidenten der Gerichte und die Leiter der Staatsanwaltschaften sind für die ihrer Dienstaufsicht unterstellten Behörden zuständig, im Verwaltungswege anzuordnen, dass Kosten wegen unrichtiger Sachbehandlung nicht zu erheben sind. Über Beschwerden gegen den ablehnenden Bescheid einer dieser Stellen wird im Aufsichtsweg entschieden.

§ 45
Erinnerungen und Beschwerden der Staatskasse
– zu § 66 GKG, § 14 Abs. 2 bis 9 KostO, § 13 JKostO –

(1) Der Vertreter der Staatskasse soll Erinnerungen gegen den Kostenansatz nur dann einlegen, wenn es wegen der grundsätzlichen Bedeutung der Sache angezeigt erscheint, von einer Berichtigung im Verwaltungsweg (§ 43) abzusehen und eine gerichtliche Entscheidung herbeizuführen.
(2) Alle beschwerdefähigen gerichtlichen Entscheidungen einschließlich der Wertfestsetzungen, durch die der Kostenansatz zuungunsten der Staatskasse geändert wird, hat der Kostenbeamte des entscheidenden Gerichts dem zur Vertretung der Staatskasse zuständigen Beamten mitzuteilen. Legt der Kostenbeamte eine Erinnerung des Kostenschuldners dem zur Vertretung der Staatskasse zuständigen Beamten vor (§ 35 Abs. 2), so prüft dieser, ob der Kostenansatz im Verwaltungsweg zu ändern ist oder ob Anlass besteht, für die Staatskasse ebenfalls Erinnerung einzulegen. Soweit der Erinnerung nicht abgeholfen wird, veranlasst er, dass die Akten unverzüglich dem Gericht vorgelegt werden.

§ 46
Besondere Prüfung des Kostenansatzes

(1) Bei jeder Justizbehörde findet i.d.R. einmal im Haushaltsjahr eine unvermutete Prüfung des Kostenansatzes durch einen Kostenprüfungsbeamten (§ 42) statt.
(2) Zeit und Reihenfolge der Prüfungen bestimmt der Dienstvorgesetzte des Prüfungsbeamten, und zwar im Einvernehmen mit dem Dienstvorgesetzten der Staatsanwaltschaft, wenn die Prüfung bei einer Staatsanwaltschaft stattfinden soll.

§ 47
Aufgaben und Befugnisse des Prüfungsbeamten

(1) Der Prüfungsbeamte soll sich nicht auf die schriftliche Beanstandung vorgefundener Mängel und Verstöße beschränken, sondern durch mündliche Erörterung wichtiger Fälle mit dem Kostenbeamten, durch Anregungen und Belehrungen das Prüfungsgeschäft möglichst nutzbringend gestalten und auf die Beachtung einheitlicher Grundsätze beim Kostenansatz hinwirken. Nebensächlichen Dingen soll er nur nachgehen, wenn sich der Verdacht von Unregelmäßigkeiten oder fortgesetzten Nachlässigkeiten ergibt.
(2) Die Einsicht sämtlicher Akten, Bücher, Register, Verzeichnisse und Rechnungsbelege ist ihm gestattet.
(3) Von den beteiligten Beamten kann er mündlich näheren Aufschluss über die Behandlung von Geschäften verlangen.
(4) Aktenstücke über schwebende Rechtsstreitigkeiten sowie in Testaments-, Grundbuch- und Registersachen hat er i. d. R. an Ort und Stelle durchzusehen; sonstige Akten kann er sich an seinen Dienstsitz übersenden lassen.

§ 48
Umfang der Kostenprüfung

(1) Der Prüfungsbeamte hat besonders darauf zu achten,
1. ob Kosten rechtzeitig, richtig und vollständig angesetzt sind und ob sie, soweit erforderlich, der Gerichtskasse überwiesen oder mit Kostennachricht angefordert sind;
2. ob Kostenmarken verwendet und ordnungsgemäß entwertet und ob Gerichtskostenstempler bestimmungsgemäß verwendet sind sowie ob der Verbleib der Kostenmarken oder der Abdruck von Gerichtskostenstemplern, falls sie sich nicht mehr in den Akten befinden, nachgewiesen ist;
3. ob die Auslagen ordnungsgemäß vermerkt sind;
4. ob bei Bewilligung von Prozesskostenhilfe
a) die an beigeordnete Anwälte gezahlten Beträge im zulässigen Umfang von der zahlungspflichtigen Partei angefordert,
b) etwaige Ausgleichsansprüche gegen Streitgenossen geltend gemacht und
c) die Akten dem Rechtspfleger in den Fällen des § 120 Absätze 3 und 4 sowie des § 124 Nrn. 2 bis 4 ZPO zur Entscheidung vorgelegt worden sind und ob Anlass besteht, von dem Beschwerderecht gemäß § 127 Abs. 3 ZPO Gebrauch zu machen;
5. ob Anlass besteht, eine Änderung über die Entscheidung über festgesetzte Rechnungsgebühren herbeizuführen (§ 70 Abs. 2 S. 2 bis 4 GKG, § 139 Abs. 3 S. 2 bis 4 KostO).
(2) Soweit nicht im Abs. 1 etwas anderes bestimmt ist, erstreckt sich die Prüfung nicht auf den Ansatz und die Höhe solcher Auslagen, für deren Prüfung andere Dienststellen zuständig sind.

§ 49
Verfahren bei der Kostenprüfung

(1) Der Prüfungsbeamte soll aus jeder Gattung von Angelegenheiten, in denen Kosten entstehen können, selbst eine Anzahl von Akten auswählen und durchsehen, darunter auch solche, die nach ihrem Aktenzeichen unmittelbar aufeinanderfolgen. Bei der Auswahl sind auch die Geschäftsregister und das gemäß § 14 Abschnitt II zu führende Verzeichnis zu berücksichtigen und namentlich solche Akten zur Prüfung vorzumerken, in denen höhere Kostenbeträge in Frage kommen.

(2) Bei der Aktenprüfung ist auch darauf zu achten, dass die Sollstellungen in der vorgeschriebenen Weise nachgewiesen sind; stichprobenweise ist festzustellen, ob die in den Akten befindlichen Zahlungsanzeigen der Gerichtskasse (Gerichtszahlstelle) über Beträge, die ohne vorherige Sollstellung vereinbart sind, vorschriftsmäßig gebucht sind.

(3) Bei der Nachprüfung der Verwendung von Kostenmarken oder Gerichtskostenstemplern ist auch eine Anzahl älterer, insbesondere weggelegter Akten durchzusehen.

(4) Bei der Prüfung der Aktenvermerke über die Auslagen (§ 48 Abs. 1 Nr. 3) ist stichprobenweise festzustellen, ob die Auslagen vorschriftsmäßig in den Sachakten vermerkt und beim Kostenansatz berücksichtigt sind. Dies gilt entsprechend für Auslagen in Rechtssachen, die von der für das Oberlandesgericht zuständigen Gerichtskasse ausgezahlt worden sind.

§ 50
Beanstandungen

(1) Stellt der Prüfungsbeamte Unrichtigkeiten zum Nachteil der Staatskasse oder eines Kostenschuldners fest, so ordnet er die Berichtigung des Kostenansatzes an. Die Anordnung unterbleibt, wenn es sich um Kleinbeträge handelt, von deren Einziehung oder Erstattung nach den darüber getroffenen Bestimmungen abgesehen werden darf.

(2) An die Stelle der Berichtigung tritt ein Vermerk in der Niederschrift (§ 51), wenn eine gerichtliche Entscheidung ergangen ist oder der Kostenansatz auf einer Anordnung der Dienstaufsichtsbehörde beruht.

(3) Die Beanstandungen (Abs. 1 S. 1) sind für jede Sache auf einem besonderen Blatt zu verzeichnen, das zu den Akten zu nehmen ist. In dem Fall des Absatzes 1 S. 2 sind sie in kürzester Form unter der Kostenrechnung zu vermerken.

(4) Der Prüfungsbeamte vermerkt die Beanstandungen nach Abs. 1 außerdem in einer Nachweisung. Der Kostenbeamte ergänzt die Nachweisung durch Angabe der Sollbuchnummern oder der sonst erforderlichen Vermerke über die Erledigung; sodann gibt er sie dem Prüfungsbeamten zurück. Der Prüfungsbeamte stellt bei der nächsten Gelegenheit stichprobenweise fest, ob die entsprechenden Buchungen in den Kassenbüchern tatsächlich vorgenommen sind. Die Nachweisungen verwahrt er jahrgangsweise.

(5) Stellt der Prüfungsbeamte das Fehlen von Akten fest, so hat er alsbald dem Behördenvorstand Anzeige zu erstatten.

§ 51
Niederschrift über die Kostenprüfung

(1) Der Prüfungsbeamte fertigt über die Kostenprüfung eine Niederschrift, die einen Überblick über Gang und Ergebnis des Prüfungsgeschäfts ermöglichen soll.

(2) Er erörtert darin diejenigen Einzelfälle, die grundsätzliche Bedeutung haben, die anderwärts abweichend beurteilt werden oder die sonst von Erheblichkeit sind (vgl. dazu § 50 Abs. 2). Weiter führt er die Fälle auf, in denen die Einlegung der Erinnerung (§ 45 Abs. 1) angezeigt erscheint oder die zu Maßnahmen der Dienstaufsicht Anlass geben können. Die Niederschriften können in geeigneten Fällen für die einzelnen Geschäftsstellen getrennt gefertigt werden.

(3) Je einen Durchschlag der Niederschrift legt der Prüfungsbeamte dem Dienstvorgesetzten vor, die die Prüfung angeordnet oder mitangeordnet haben (§ 46 Abs. 2). Er schlägt dabei die Maßnahmen vor, die er nach seinen Feststellungen bei der Prüfung für angezeigt hält.

§ 52
Jahresberichte

(1) Bis zum 1. Juni eines jeden Jahres erstattet der Prüfungsbeamte seinem Dienstvorgesetzten Bericht über das Gesamtergebnis der Kostenprüfungen im abgelaufenen Haushaltsjahr. Er legt darin insbesondere die Grundsätze dar, von denen er sich bei der Behandlung einzelner Fälle von allgemeiner Bedeutung hat leiten lassen.

(2) Soweit nicht bei allen Dienststellen Prüfungen haben vorgenommen werden können, sind die Gründe kurz anzugeben.

(3) Die Präsidenten der Landgerichte (Präsidenten der Amtsgerichte) legen die Jahresberichte mit ihrer Stellungnahme dem Präsidenten des Oberlandesgerichts[8] vor. Die Direktoren der Sozialgerichte legen die Jahresberichte mit ihrer Stellungnahme dem Präsidenten des Landessozialgerichts vor.

(4) Der Präsident des Oberlandesgerichts, der Präsident des Oberverwaltungsgerichts und der Präsident des Finanzgerichts und der Präsident des Landessozialgerichts treffen nach Prüfung der Jahresberichte die für ihren Bezirk notwendigen Anordnungen und berichten über Einzelfragen von allgemeiner Bedeutung der Landesjustizverwaltung. Der Präsident des Oberlandesgerichts teilt die Berichte dem Generalstaatsanwalt mit, soweit sie für diesen vom Interesse sind.

[8] Berlin: Präsident des Kammergerichts.

Abschnitt VI
Justizverwaltungskosten

§ 53
Entscheidungen nach der Justizverwaltungskostenordnung[9]
– zu § 2 Abs. 2, §§ 3, 7 Abs. 2, § 12 JVKostO –

Die nach § 2 Abs. 2, §§ 3, 7 Abs. 2 und § 12 JVKostO der Behörde übertragenen Entscheidungen obliegen dem Beamten, der die Sachentscheidung zu treffen hat.

§ 54
Laufende Bezug von Abdrucken aus dem Schuldnerverzeichnis

Bei laufendem Bezug von Abdrucken aus dem Schuldnerverzeichnis ist die Absendung der noch nicht abgerechneten Abdrucke in einer Liste unter Angabe des Absendetages, des Empfängers und der Zahl der mitgeteilten Eintragungen zu vermerken.

§ 55

(aufgehoben)

Abschnitt VII
Notarkosten

§ 56 – zu § 156 KostO –

(1) Gibt der Kostenansatz eines Notars, dem die Kosten selbst zufließen, der Dienstaufsichtsbehörde zu Beanstandungen Anlass, so fordert sie den Notar auf, den Ansatz zu berichtigen, ggf. zuviel erhobene Beträge zu erstatten oder zuwenig erhobene Beträge nachzufordern und, falls er die Beanstandungen nicht als berechtigt anerkennt, die Entscheidung des Landgerichts herbeizuführen. Die Aufforderung soll unterbleiben, wenn es sich um Kleinbeträge handelt, von deren Erstattung oder Nachforderung nach den für Gerichtskosten im Verkehr mit Privatpersonen getroffenen Bestimmungen abgesehen wer-

---

9 JVKostO v. 14. 2. 1940 i. d. F. des G. v. 18. 2. 1998 (BGBl. 1998, 866).

den darf. Die Dienstaufsichtsbehörde kann es darüber hinaus dem Notar im Einzelfall gestatten, von der Nachforderung eines Betrages bis zu 25 Euro abzusehen.

(2) Hat der Kostenschuldner Beschwerde gegen den Kostenansatz eingelegt, so kann die Aufsichtsbehörde, wenn sie den Kostenansatz für zu niedrig hält, den Notar anweisen, sich der Beschwerde mit dem Ziel der Erhöhung des Kostenansatzes anzuschließen.

(3) Beschwerdeentscheidungen des Landgerichts, gegen die das Rechtsmittel der weiteren Beschwerde zulässig ist, hat der Kostenbeamte des Landgerichts mit den Akten alsbald der Dienstaufsichtsbehörde des Notars zur Prüfung vorzulegen, ob der Notar angewiesen werden soll, weitere Beschwerde zu erheben.

Anlage 1 (zu § 6 Abs. 1)
Kosten bei Verweisung oder Abgabe eines Verfahrens an ein Gericht eines anderen Landes

(1) Wird ein Verfahren an ein Gericht eines anderen Landes verwiesen, so werden die Kosten (Gebühren und Auslagen), die vor der Verweisung fällig geworden sind, bei dem verweisenden Gericht angesetzt und eingezogen. Kostenvorschüsse werden bei dem verweisenden Gericht eingezogen, wenn sie bereits vor der Verweisung angesetzt waren oder das Gericht eine Amtshandlung von ihrer Zahlung abhängig gemacht hatte.

(2) Die nach der Verweisung fällig werdenden Kosten werden ohne Rücksicht darauf, bei welchem Gericht sie entstanden sind, bei dem Gericht angesetzt und eingezogen, an das das Verfahren verwiesen worden ist. Dies gilt auch für Auslagenvorschüsse, die zwar vor der Verweisung fällig geworden sind, im Zeitpunkt der Verweisung bei dem verweisenden Gericht aber noch nicht angesetzt waren.

(3) Sind nach der Verweisung eines Verfahrens Kosten zurückzuzahlen, so wird die Rückzahlung bei dem Gericht angeordnet, an das das Verfahren verwiesen worden ist, auch wenn die Kosten bei dem verweisenden Gericht eingezogen worden sind.

(4) Die Nrn. 1 bis 3 gelten auch bei der Abgabe eines Verfahrens.

(5) Die Länder verzichten gegenseitig auf Erstattung von Beträgen, die nach den Nrn. 1 bis 4 eingezogen oder ausgezahlt werden.

Anlage 2 (zu § 6 Abs. 2)
Vergütung des beigeordneten Anwalts bei Verweisung oder Abgabe eines Verfahrens an das Gericht eines anderen Landes

(1) Wird ein Verfahren an ein Gericht eines anderen Landes verwiesen, so setzt der Urkundsbeamte der Geschäftsstelle dieses Gerichts die Vergütung des vom verweisenden Gericht im Wege der Prozesskostenhilfe beigeordneten Anwalts fest; er erteilt auch die Auszahlungsanordnung. Die Vergütung des beigeordneten Anwalts wird aus den Haushaltsmitteln des Landes gezahlt, an dessen Gericht das Verfahren verwiesen worden ist.

(2) Nr. 1 gilt nicht, wenn bereits vor der Versendung der Akten der Anspruch fällig geworden und der Festsetzungsantrag bei dem verweisenden Gericht eingegangen ist. Die Ge-

schäftsstelle des verweisenden Gerichts hat Festsetzungsanträge, die nachher bei ihr eingehen, an die nach Nr. 1 zuständige Geschäftsstelle weiterzugeben.

(3) Die Nrn. 1 und 2 gelten auch bei der Abgabe eines Verfahrens.

(4) Die Länder verzichten gegenseitig auf Erstattung der Ausgaben, die nach den Nrn. 1 bis 3 für ein anderes Land geleistet werden, sowie auf die Abführung der Einnahmen, die sich auf Grund des § 59 des Rechtsanwaltsvergütungsgesetzes ergeben.

Anlage 3
(aufgehoben)

Diese Anlage ist ersetzt durch die „Vereinbarung über den Ausgleich von Kosten in Verfahren vor den ordentlichen Gerichten usw. (Anlage 3 zu KostVfg)" der Länder, die dort zum 2. 1. 2002 eingeführt wurde. Sie ist veröffentlicht:

Baden-Württemberg: Die Justiz 2002, 45;

Bayern: JMBl. 2002, 22;

Berlin: ABl. 2001, 4474;

Brandenburg: JMBl. 2001, 188;

Bremen:

Hamburg: JVBl. 2001, 107;

Hessen: JMBl. 2001, 506;

Mecklenburg-Vorpommern: AVBl. 2001, 892;

Niedersachsen: NdsRPfl. 2001, 290:

Nordrhein-Westfalen: JMBl. 2001, 191;

Rheinland-Pfalz: JBl. 2001, 296;

Saarland: GMBl. 2001, 130;

Sachsen: JMBl. 2001, 130;

Sachsen-Anhalt: JMBl. 2001, 296;

Schleswig-Holstein: SchlHA 2001, 180;

Thüringen: JMBl. 2002, 140.

Anhang XIII
Durchführungsbestimmungen

zum Gesetz über die Prozesskostenhilfe und zur Stundung der Kosten des Insolvenzverfahrens (DB-PKHG/DB-InsO)

Die DB-PKHG/DB-InsO sind Verwaltungsvorschriften und demzufolge für den Richter nicht bindend.[1] Sie sind zwischen den Justizverwaltungen der Länder abgestimmt und im Wesentlichen inhaltsgleich. Veröffentlicht sind sie in:

Baden-Württemberg: Die Justiz 2004, 284;

Bayern: JMBl. 2004, 133;

Berlin: ABl. 1996, 2502;

Brandenburg: JMBl. 2004, 78;

Bremen: AO vom 10. 12. 1980;

Hamburg: JVBl. 1994, 62;

Hessen: JMBl. 2004, 615;

Mecklenburg-Vorpommern: AVBl. 1996, 656;

Niedersachsen: NdsRPfl. 2004, 173:

Nordrhein-Westfalen: JMBl. 2004, 158;

Rheinland-Pfalz: JBl. 2004, 182;

Saarland: ABl. 2004, 1378;

Sachsen: JMBl. 2004, 78;

Sachsen-Anhalt: MBl. 2006, 235;

Schleswig-Holstein: SchlHA 2002, 33 i. F. SchlHA 2007, 87;

Thüringen: JMBl. 2004, 59.

Im Folgenden ist die in Schleswig-Holstein geltende Fassung wiedergegeben:

---

1   OLG Düsseldorf Rpfleger 1986, 108.

1.   Antrag auf Prozesskostenhilfe

1.1 Einem Antrag auf Bewilligung der Prozesskostenhilfe ist grundsätzlich der Vordruck „Erklärung über die persönlichen und wirtschaftlichen Verhältnisse bei Prozesskostenhilfe" beizufügen (§ 117 Abs. 2–4 ZPO in Verbindung mit den Bestimmungen der PKH-Vordruckverordnung [PKHVV]). Wird der Antrag zu Protokoll der Geschäftsstelle erklärt, soll die Partei durch Aushändigung des Hinweisblattes zum Vordruck auf die Bedeutung der Prozesskostenhilfe hingewiesen werden.

1.2 Hat eine Partei die Bewilligung von Prozesskostenhilfe beantragt, so sind die Akten dem Gericht vorzulegen.

1.3 Dieser Verwaltungsvorschrift liegt eine Tabelle als Anlage an. Der Tabelle können die der PKH-Partei voraussichtlich entstehenden Verfahrenskosten in Klageverfahren der ordentlichen Gerichtsbarkeit sowie in Ehesachen, bestimmten Lebenspartnerschaftssachen und Folgesachen (Teil 1 Hauptabschnitt 3 KV-GKG) entnommen werden. Die Kosten setzen sich aus den bei einem normalen Verfahrensablauf entstehenden Gerichtsgebühren (Gebühr für das Verfahren im Allgemeinen) sowie den Gebühren für die Vertretung durch einen Prozessbevollmächtigten (Nrn. 3100 und 3104 bzw. Nrn. 3200 und 3202 VV-RVG) zuzüglich Auslagenpauschale und Umsatzsteuer zusammen. Voraussichtlich entstehende weitere Auslagen sind dem jeweiligen Kostenbetrag der Tabelle hinzuzurechnen.

2.   Mitwirkung der Geschäftsstelle

2.1 Die Vordrucke mit den Erklärungen über die persönlichen und wirtschaftlichen Verhältnisse und die dazugehörenden Belege sowie die bei der Durchführung der Prozesskostenhilfe entstehenden Vorgänge sind in allen Fällen unabhängig von der Zahl der Rechtszüge für jeden Beteiligten in einem besonderen Beiheft zu vereinigen. Das gilt insbesondere für Kostenrechnungen und Zahlungsanzeigen über Monatsraten und sonstige Beträge (§ 120 Abs. 1 ZPO).

In dem Beiheft sind ferner die Urschriften der die Prozesskostenhilfe betreffenden gerichtlichen Entscheidungen und die dazugehörigen gerichtlichen Verfügungen aufzubewahren. In die Hauptakten ist ein Abdruck der gerichtlichen Entscheidungen aufzunehmen. Jedoch sind zuvor die Teile der gerichtlichen Entscheidungen zu entfernen oder unkenntlich zu machen. die Angaben über die persönlichen und wirtschaftlichen Verhältnisse der Parteien enthalten. Enthält die gerichtliche Entscheidung keine Angaben über die persönlichen und wirtschaftlichen Verhältnisse der Partei, so kann die Urschrift auch zur Hauptakte genommen werden; in diesem Fall ist ein Abdruck im Beiheft aufzubewahren.

Das Beiheft sowie die darin zu verwahrenden Schriftstücke enthalten hinter dem Aktenzeichen den Klammerzusatz (PKH). Werden die Prozessakten zur Entscheidung über ein Rechtsmittel dem Rechtsmittelgericht vorgelegt, so ist den Akten das Beiheft beizufügen. Das Beiheft ist dagegen zurückzubehalten, wenn die Akten an nicht beteiligte Gerichte oder Behörden versand werden. Gleiches gilt, wenn dem Verfahrensgegner, seinem Prozessbevollmächtigten, Dritten oder ihren Bevollmächtigten Akteneinsicht (auch in Form von Übersendung der Akten) gewährt wird.

2.2 Hat das Gericht Prozesskostenhilfe bewilligt so vermerkt die Geschäftsstelle auf dem Aktendeckel neben dem Namen der Partei „Prozesskostenhilfe mit/ohne Zahlungsbestimmung bewilligt Bl. ...".

2.3 Der Geschäftsstelle des Gerichts, bei dem sich das Beiheft befindet, obliegen die Anforderungen der Zahlungen mit Kostennachricht (Nr. 4.1) und die Überwachung des Eingangs dieser Beträge.

Ist der Zahlungspflichtige mit einem angeforderten Betrag länger als einen Monat im Rückstand, so hat ihn die Geschäftsteile einmal unter Hinweis auf die Folgen des § 124 Nr. 4 ZPO an die Zahlung zu erinnern.

2.4 Dem Kostenbeamten sind die Akten – unbeschadet der Bestimmungen der Kostenverfügung – vorzulegen, sobald

2.4.1 das Gericht Prozesskostenhilfe bewilligt hat,

2.4.2 die Entscheidung über die Prozesskostenhilfe geändert worden ist,

2.4.3 das Rechtsmittelgericht andere Zahlungen als das Gericht der Vorinstanz bestimmt hat,

2.4.4 das Gericht die Entscheidung über die zu leistenden Zahlungen geändert oder die Bewilligung der Prozesskostenhilfe aufgehoben hat,

2.4.5 47 Monatsraten eingegangen sind.

2.5 Dem Rechtspfleger sind die Akten in folgenden Fällen vorzulegen:

2.5.1 nach Eingang der auf die Absendung der Kostennachricht (Nr. 4.5) folgenden ersten Zahlung der Partei zur Bestimmung einer Wiedervorlagefrist zwecks Prüfung der vorläufigen Einstellung der Zahlungen (§ 120 Abs. 3 Nr. 1 ZPO),

2.5.2 wenn die Partei, der Prozesskostenhilfe mit Zahlungsbestimmung bewilligt ist, mit der Zahlung einer Monatsrate oder eines sonstigen Betrages länger als drei Monate im Rückstand ist (§ 124 Nr. 4 ZPO),

2.5.3 wenn sich nach einer vorläufigen Einstellung der Zahlungen (§ 120 Abs. 3 Nr. 1 ZPO) Anhaltspunkte dafür ergeben, dass die bisherigen Zahlungen die voraussichtlich entstehenden Kosten nicht decken,

2.5.4 bei jeder Veränderung des Streitwertes,

2.5.5 wenn der Gegner Zahlungen auf Kosten leistet,

2. 5. 6 wenn eine Entscheidung über die Kosten ergeht oder diese vergleichsweise geregelt werden (§ 120 Abs. 3 Nr. 2 ZPO),

2.5.7 wenn die Akten nach Beendigung eines Rechtsmittelverfahrens an die erste Instanz zur Überprüfung zurückgegeben werden, ob die Zahlungen nach § 120 Abs. 3 ZPO vorläufig einzustellen sind,

2.5.8 wenn nach Ansatz der Kosten zu Lasten des Gegners eine Zweitschuldneranfrage der Gerichtskasse eingeht und die Partei, der Prozesskostenhilfe mit Zahlungsbestimmung bewilligt ist, als Zweitschuldner nach § 31 Abs. 2 Satz 1 GKG in Anspruch genommen werden kann (Nr. 4. 8).

3. Bewilligung von Prozesskostenhilfe ohne Zahlungsbestimmung

3.1 Soweit und solange ein Kostenschuldner nach den Vorschriften der Zivilprozessordnung von der Entrichtung der Kosten deshalb befreit ist, weil ihm oder seinem Gegner Prozesskostenhilfe ohne Zahlungsbestimmung bewilligt ist, wird wegen dieser Kosten eine Kostenrechnung (§ 27 KostVfg) auf ihn nicht ausgestellt.

3.2 Waren Kosten bereits vor der Bewilligung angesetzt und der Gerichtskasse zur Einziehung überwiesen, so ersucht der Kostenbeamte die Gerichtskasse, die Kostenforderung zu löschen, soweit die Kosten noch nicht gezahlt sind.

Die Rückzahlung bereits entrichteter Kosten, ist nur dann anzuordnen, wenn sie nach dem Zeitpunkt gezahlt sind, in dem die Bewilligung wirksam geworden ist. Wird der Partei, der Prozesskostenhilfe ohne Zahlungsbestimmung bewilligt ist, rechtskräftig in die Prozesskosten verurteilt (Entscheidungsschuldner auch § 29 Nr. 1 GKG), sind vom Gegner bereits entrichtete Kosten zurückzuzahlen (§ 31 Abs. 3 Satz 1 zweiter Halbsatz GKG).

3.3 Der Kostenbeamte hat den Eintritt der gesetzlichen Voraussetzungen, unter denen die Kosten von der Partei, der Prozesskostenhilfe ohne Zahlungsbestimmung bewilligt ist, und dem Gegner eingezogen werden können, genau zu überwachen. Zu beachten ist dabei Folgendes:

3.3.1 Zu Lasten der Partei dürfen die außer Ansatz gelassenen Beträge nur aufgrund einer gerichtlichen Entscheidung angesetzt werden, durch die die Bewilligung aufgehoben worden ist (§ 124 ZPO).

3.3.2 Zu Lasten des Gegners sind die Kosten, von deren Entrichtung die Partei befreit ist, erst anzusetzen, wenn der Gegner rechtskräftig in die Prozesskosten verurteilt ist oder sie durch eine vor Gericht abgegebene oder dem Gericht mitgeteilte Erklärung übernommen hat oder sonst für die Kosten haftet (§ 125 Abs. 1 ZPO, § 29 GKG); das gilt auch für die Geltendmachung von Ansprüchen, die nach § 59 RVG auf die Bundes- oder Landeskasse übergegangen sind. Die Gerichtskosten, von deren Zahlung der Gegner einstweilen befreit ist (§ 122 Abs. 2 ZPO), sind zu seinen Lasten anzusetzen, wenn er rechtskräftig in die Prozesskosten verurteilt ist oder der Rechtsstreit ohne Urteil über die Kosten durch Vergleich oder in sonstiger Weise beendet ist (§ 125 Abs. 2 ZPO). Wird ein Rechtsstreit, in dem dem Kläger, Berufungskläger oder Revisionskläger Prozesskostenhilfe ohne Zahlungsbestimmung bewilligt ist, mehr als nicht betrieben, ohne dass das Ruhen des Verfahrens (§ 251 ZPO) angeordnet ist, so stellt der Kostenbeamte durch Anfrage bei den Parteien fest, ob der Rechtsstreit beendet ist. Gibt keine der Parteien binnen angemessener Frist eine Erklärung ab, so setzt er auf den Gegner die diesen zur Last fallenden Kosten an. Das Gleiche gilt, wenn die Parteien den Rechtsstreit trotz der Erklärung, dass er nicht beendet sei, auch jetzt nicht weiter betreiben, oder wenn der Gegner erklärt, der Rechtsstreit ruhe oder sei beendet.

4. Bewilligung von Prozesskostenhilfe mit Zahlungsbestimmung

4.1 Der Kostenbeamte behandelt die festgesetzten Monatsraten und die aus dem Vermögen zu zahlenden Beträge (§ 120 Abs. 1 ZPO) wie Kostenforderungen. Sie werden von der Geschäftssteile ohne vorherige Überweisung an die Gerichtskasse unmittelbar von dem Zahlungspflichtigen mit Kostennachricht (§ 31 KostVfg) angefordert. Monatsraten, Teilbeträge und einmalige Zahlungen sowie deren Fälligkeitstermine sind sowohl in der Urschrift der Kostenrechnung als auch in der Kostennachricht besonders anzugeben.

4.2 Sind vor Bewilligung der Prozesskostenhilfe Gerichtskoten angesetzt und der Gerichtskasse zur Einziehung überwiesen, so ist zu prüfen, ob und ggf. wann diese bezahlt worden sind. Ist eine Zahlung noch nicht erfolgt, so veranlasst der Kostenbeamte die Löschung des Kostensolls.

4.3 Zahlungen vor Wirksamwerden der Prozesskostenhilfe sollen erst bei der Prüfung nach § 120 Abs. 3 Nr. 1 ZPO berücksichtigt werden, spätere Zahlungen sind auf die nach § 120 Abs. 1 ZPO zu leistenden anzurechnen.

4.4 Wird die Partei, der Prozesskostenhilfe bewilligt worden ist, rechtskräftig in die Prozesskosten verurteilt (Entscheidungsschuldner nach § 29 Nr. 1 GKG), sind vom Gegner bereits entrichtete Kosten zurückzuzahlen (§ 31 Abs. 3 Satz 1 Zweiter Halbsatz GKG).

4.5 Bestimmt das Rechtsmittelgericht andere Zahlungen als das Gericht der Vorinstanz, so ist von dem Kostenbeamten des Rechtsmittelgerichts eine entsprechende Änderung der Zahlungen zu veranlassen (Nr. 4.1). Dabei ist darauf hinzuweisen, das die Kostennachricht der Vorinstanz gegenstandslos ist. Die Geschäftsstelle des Gerichts der Vorinstanz hat noch eingehende Zahlungsanzeigen zu dem an das Rechtsmittelgericht abgegebenen Beiheft weiterzuleiten.

Nach Abschluss in der Rechtsmittelinstanz sendet die Geschäftsstelle des Rechtsmittelgerichts das Beiheft mit den Akten an das Gericht der Vorinstanz zur weiteren Bearbeitung zurück.

4.5.1 Jedoch gilt für Zahlungen, die während der Anhängigkeit des Verfahrens vor einem Gerichtshof des Bundes an die Landeskasse zu leisten sind (§ 120 Abs. 2 ZPO), Folgendes: Die Zahlungen werden (abweichend von der Nr. 2.3 Satz 1) nach den Hinweisen des Kostenbeamten eines Gerichtshofs von der Geschäftsstelle des Gerichts des ersten Rechtszuges angefordert und überwacht. Dabei werden der Geschäftsstelle die Entscheidungen des Gerichtshofes, soweit sie die Prozesskostenhilfe betreffen, in beglaubigter Abschrift mitgeteilt. Der Zahlungsverzug (Nr. 2.5.2) ist dem Gerichtshof anzuzeigen. Nach Rückkehr der Alten vom Rechtsmittelgericht (Nr. 4.4 Satz 4) werden die angefallenen Vorgänge mit dem Beiheft vereinigt.

4.5.2 Zahlungen, die nach § 120 Abs. 2 ZPO an die Bundeskasse zu leisten sind, werden von der Geschäftsstelle des Gerichtshofs des Bundes angefordert und überwacht.

4.6 Für die Behandlung der Kostennachricht gilt § 32 Abs. 1 und 2 KostVfg entsprechend.

4.7 Sieht der Rechtspfleger im Falle einer Vorlage nach Nr. 2.5.2 davon ab, die Bewilligung der Prozesskostenhilfe aufzuheben, so hat der Kostenbeamte die zu diesem Zeitpunkt rückständigen Beträge der Gerichtskasse zur Einziehung zu überweisen. Die Gerichtskasse ist durch einen rot zu unterstreichenden Vermerk „ZA" um Zahlungsanzeige zu ersuchen.

4.8 Zu Lasten des Gegners der Partei, der Prozesskostenhilfe bewilligt ist, sind die unter die Bewilligung fallenden Kosten erst anzusetzen, wenn er rechtskräftig in die Prozesskosten verurteilt ist oder sie durch eine vor Gericht abgegebene oder dem Gericht mitgeteilte Erklärung übernommen hat oder sonst für die Kosten haftet (§ 125 Abs. 1 ZPO, § 29 GKG). Nr. 3.3.2 Satz 1 letzter Halbsatz gilt entsprechend.

4.9 Wird dem Kostenbeamten eine Zweitschuldneranfrage der Gerichtskasse vorgelegt, so prüft er, ob die Partei, der Prozesskostenhilfe mit Zahlungsbestimmung bewilligt ist, für die gegen den Gegner geltend gemachten Gerichtskosten als Zweitschuldner ganz oder teilweise haftet. Liegen diese Voraussetzungen vor, so unterrichtet er die Gerichtskasse hiervon und legt die Akten mit einer Berechnung der Kosten, für die die Partei nach § 31 Abs. 2 GKG in Anspruch genommen werden kann, unverzüglich dem Rechtspfleger vor.

5. Gemeinsame Bestimmungen bei Bewilligung von Prozesskostenhilfe

5.1 Werden dem Kostenbeamten Tatsachen über die persönlichen oder wirtschaftlichen Verhältnisse bekannt, die eine Änderung oder Aufhebung der Bewilligung der Prozesskostenhilfe rechtfertigen könnten (§ 120 Abs. 4, § 124 Nrn. 2, 3 ZPO), hat er die Akten dem Rechtspfleger vorzulegen.

5.2 Hat der Gerichtsvollzieher Berechnungen über Kosten für Amtshandlungen, die er aufgrund der Prozesskostenhilfe unentgeltlich erledigt hat, zu den Akten mitgeteilt, so sind diese Kosten beim Ansatz wie sonstige Gerichtskosten zu behandeln.

5.3 Wenn bei einem obersten Gerichtshof des Bundes Kosten der Revisionsinstanz außer Ansatz geblieben sind, weil dem Kostenschuldner oder seinem Gegner Prozesskostenhilfe bewilligt ist, hat der Kostenbeamte diesem Gericht Nachricht zu geben, sobald sich ergibt, dass Beträge durch die Bundeskasse einzuziehen sind.

Dieser Fall kann eintreten,

5.3.1 wenn das Revisionsgericht die Sache zur anderweitigen Verhandlung und Entscheidung, auch über die Kosten des Revisionsverfahrens, zurückverwiesen hat und nach endgültigem Abschluss des Verfahrens zu Lasten des Gegners der Partei, der Prozesskostenhilfe bewilligt ist, Kosten des Revisionsverfahrens gemäß Nr. 3.3.2 oder 4.5 anzusetzen sind;

5.3.2 wenn der für die Revisionsinstanz beigeordnete Rechtsanwalt seinen Anspruch auf Vergütung gegen die Bundeskasse geltend macht, nachdem die Prozessakten zurückgesandt sind; in diesem Fall teilt der Urkundsbeamte der Geschäftsstelle des obersten Gerichtshofes des Bundes eine beglaubigte Abschrift des Beschlusses, durch den die Vergütung festgesetzt worden ist, zu den Prozessakten mit;

5.3.3 wenn nach Beendigung des Revisionsverfahrens ein Beschluss ergeht, durch den die Bewilligung der Prozesskostenhilfe aufgehoben wird.

5.4 In der Nachricht teilt der Kostenbeamte mit, ob und ggf. in welcher Höhe etwaige Zahlungen, die nach § 120 Abs. 2 ZPO an die Landeskasse entrichtet worden sind, auf die Kosten des Revisionsverfahrens zu verrechnen sind. Sind die Zahlungen nach § 120 Abs. 2 ZPO an die Bundeskasse zu leisten, so sind dem obersten Gerichtshof des Bundes alle die bewilligte Prozesskostenhilfe betreffenden Entscheidungen, die Kostenentscheidungen und eine Kostenrechnung unter Angabe der Beträge mitzuteilen, die in dem Verfahren von der Landeskasse vereinnahmt worden sind.

6. Verfahren bei Verweisung und Abgabe

6.1 Wird ein Verfahren an ein anderes Gericht verwiesen oder abgegeben, so hat der Kostenbeamte des übernehmenden Gerichts erneut eine Kostennachricht zu übersenden (Nrn. 4.1, 4.5). Dabei ist darauf hinzuweisen, dass die Kostennachricht des verweisenden oder abgebenden Gerichts gegenstandslos ist.

6.2 Die Geschäftsstelle des verweisenden oder abgebenden Gerichts hat noch eingehende Zahlungsanzeigen an das übernehmende Gericht weiterzuleiten.

7. Kostenansatz nach Entscheidung oder bei Beendigung des Verfahrens

7.1 Ergeht im Verfahren eine Kostenentscheidung, wird ein Vergleich geschlossen oder wird das Verfahren in dieser Instanz auf sonstige Weise beendet, setzt der Kostenbeamte die Kosten an und stellt die Kostenschuldner fest. In die Kostenrechnung sind die Gerichtskosten und die nach § 59 RVG auf die Staatskasse übergegangenen Ansprüche aufzunehmen.

Sämtliche Zahlungen der Partei sind – erforderlichenfalls nach Anfrage bei der Kasse – zu berücksichtigen.

Ist Prozesskostenhilfe mit Zahlungsbestimmung bewilligt worden, so sind die Akten nach Aufstellung der Kostenrechnung unverzüglich dem Rechtspfleger vorzulegen.

7.2 Die Kosten der Rechtsmittelinstanz werden von dem Kostenbeamten des Rechtsmittelgerichts angesetzt (§ 19 Abs. 1 Satz 1 GKG). Kann dieser die Zahlungen, die von der Partei geleistet worden sind, der Prozesskostenhilfe bewilligt wurde, noch nicht abrechnen, weil zu diesem Zeitpunkt die Vergütungen der Rechtsanwälte noch nicht bezahlt sind (§§ 50, 55) oder noch Zahlungen der Partei ausstehen, so hat die endgültige Abrechnung der Kostenbeamte der ersten Instanz vorzunehmen.

7.3 Der Partei, die Zahlungen zu leisten (*richtig wohl: „geleistet"*) hat, ist eine Abschrift der Kostenrechnung zu erteilen verbunden mit einem Nachforderungsvorbehalt, wenn eine Inanspruchnahme über den in der Kostenrechnung enthaltenen Betrag hinaus in Betracht kommt.

8.   Weiteres Verfahren nach Aufstellung der Kostenrechnung

8.1 Nach Vorlage der Akten (Nrn. 4.8, 7.1 Abs. 3) prüft der Rechtspfleger, welche Entscheidungen zur Wiederaufnahme oder Einstellung der Zahlungen zu treffen sind.

8.2 Ergibt sich eine Restschuld der Partei, der Prozesskostenhilfe bewilligt ist, so soll der Zeitpunkt der Einstellung der Zahlungen bestimmt werden. War vorher eine vorläufige Einstellung verfügt, so ist ihre Wiederaufnahme anzuordnen. Bei diesen Entscheidungen wird auch die zu den Akten mitgeteilte Vergütung der beigeordneten Rechtsanwälte (§ 50 Abs. 2 RVG) zu berücksichtigen sein, soweit die Vergütung noch nicht aus der Staatskasse beglichen ist und der Partei ein Erstattungsanspruch gegen den Gegner nicht zusteht. Teilt der Rechtsanwalt seine gesetzliche Vergütung (mit den Gebühren nach § 13 Abs. 1 RVG) nicht mit oder wird eine notwendige Kostenausgleichung nach § 106 ZPO nicht beantragt, so wird der Rechtspfleger seine Bestimmung ohne Rücksicht auf die Vergütungsansprüche des Rechtsanwalts treffen.

8.3 Ebenfalls zu berücksichtigen sind bereits bekannte Gerichtsvollzieherkosten (§ 122 Abs. 1 Nr. 1a ZPO).

8.4 Ergibt sich keine Restschuld der Partei so ist – unter Berücksichtigung der Vergütung des Rechtsanwalts oder der Kosten des Gerichtsvollziehers – die Einstellung der Zahlungen anzuordnen. Zu beachten ist, dass eine endgültige Einstellung der Zahlung unter Umständen erst nach Rechtskraft der Entscheidung verfügt werden kann, weil bei Einlegung eines Rechtsmittels durch die Partei die Raten bis zur 48. Monatsrate weiter zu zahlen sind. Gleiches gilt, wenn die Partei bei Rechtsmitteleinlegung des Prozessgegners Prozesskostenhilfe beantragt.

9.   Aufhebung und Änderung der Bewilligung der Prozesskostenhilfe

9.1 Hat das Gericht die Bewilligung der Prozesskostenhilfe aufgehoben (§ 124 ZPO), so berechnet der Kostenbeamte die bis zu diesem Zeitpunkt angefallenen Kosten (ggf. unter Einbeziehung der nach § 59 RVG auf die Staatskasse übergegangenen Ansprüche der Rechtsanwälte) und überweist sie der Gerichtskasse zur Einziehung; § 10 Kostenverfügung bleibt unberührt. Soweit erforderlich, ist der beigeordnete Rechanwalt zur Einreichung seiner Kostenrechnung aufzufordern (§§ 50 Abs. 2, 55 RVG). Die aufgrund der Bewilligung de Prozesskostenhilfe bezahlten Beträge sind abzusetzen. Die Löschung der Sollstellung über die vom Gericht gemäß § 120 Abs. 1 ZPO festgesetzten Zahlungen ist zu veranlassen.

9.2 Setzt das Gericht andere Zahlungen fest, so berichtigt der Kostenbeamte den Ansatz nach Nr. 4.1.

10. Verfahren bei der Verwaltungs-, Finanz- und Sozialgerichtsbarkeit

Bei den Gerichten der Verwaltungs-, Finanz und Sozialgerichtsbarkeit tritt in den vorstehenden Bestimmungen der Richter an die Stelle des Rechtspflegers.

11. Stundung der Kosten des Insolvenzverfahrens

11.1 Hat das Gericht die Stundung der Kosten des Insolvenzverfahrens nach § 4a InsO bewilligt, so vermerkt die Geschäftsstelle auf dem Aktendeckel neben dem Namen des Schuldners „Stundung bewilligt Bl. ...".

11.2 Werden nach Erteilung der Restschuldbefreiung die Stundung verlängert und Zahlungen festgelegt (§ 4b InsO), so gelten im Übrigen folgende Nummern entsprechend:

11.2.1 Nummer 2.1 mit der Maßgabe, dass die im Zusammenhang mit der Entscheidung nach § 4b InsO und ihrer Durchführung anfallenden Vorgänge in das Beiheft aufzunehmen sind. Der Klammerzusatz lautet „(Stundung)". Nach Abschluss des Insolvenzverfahrens und nach rechtskräftiger Gewährung der Restschuldbefreiung gilt § 117 Abs. 2 Satz 2 ZPO entsprechend

11.2.2 Nummer 2.3.4.

11.2.3 Nr. 2.4.1 mit folgendem Wortlaut:

„nach Eingang der auf die Absendung der Kostennachricht (Nr. 4.5) folgenden ersten Zahlung der Partei zur Bestimmung einer Wiedervorlagefrist zwecks Prüfung der Einstellung der Zahlungen."

11.2.4 Nummer 2.4.2 mit der Maßgabe, dass der Klammerzusatz „(§ 4c Nr. 3 InsO)" lautet,

11.2.5 Nummer 4.1 mit der Maßgabe, dass der Landesjustizkasse grundsätzlich der konkret berechnete Gesamtbetrag der Kosten des Insolvenzverfahrens als Höchstbetrag zur Einziehung zu überweisen ist."

11.2.6 Nummer 5.1 mit der Maßgabe, das der Klammerzusatz „(§ 4b Abs. 2 InsO mit § 120 Abs. 4 Satz 1 und 2 ZPO, § 4c Nrn. 1, 2 und 4 InsO)" lautet,

11.2.7 Nummer 9.1 Sätze 1 bis 3 mit der Maßgabe, dass der Klammerzusatz in Satz 1e „(§ 4c InsO)" lautet,

2.1.1 Nummer 9.2.

2.1.2 Nummer 10 mit der Maßgabe,

3 dass die Höhe der vom Kostenbeamten in der Schlusskostenrechnung berechneten Kosten des Insolvenzverfahrens dem Kostenschuldner mitzuteilen ist,

4 dass der Klammerzusatz in Nr. 10.2 Abs. 1 Satz 1 „(§ 4b InsO auch in Verbindung mit § 120 Abs. 4 Satz b1 und 2 ZPO, § 4c InsO)" lautet und

5 dass in dem Klammerzusatz in Nr. 10.3.1 und Nr. 10.4. Satz 1 jeweils die Angabe „§ 124 Nr. 4 ZPO" und die Angabe „§ 4c Nr. 3 InsO" ersetzt wird.

11.3 Dem Rechtspfleger sind die Akten ferner vorzulegen, wenn die Restschuldbefreiung versagt oder widerrufen wird (§ 4c Nr. 5 InsO) oder wenn der Schuldner keine angemessene Erwerbstätigkeit ausübt, sich nicht um eine Beschäftigung bemüht oder eine zumutbare Tätigkeit ablehnt (§ 4c Nr. 4 InsO).

Anlage zu Nr. 1.3 DB-PKHG/DB-InsO
(Stand: 1. Januar 2007)

Kostenvoranschlag zur Bewilligung von Prozesskostenhilfe (§ 115 Abs. 3 ZPO)

	Bürgerliche Rechtsstreitigkeiten ohne Ehesachen, Lebenspartnerschaftssachen und Folgesachen *(Teil 1 KV-GKG – ohne Hauptabschnitt 3 –)*						Verfahren in Ehesachen, Lebenspartnerschafts- und Folgesachen *(Teil 1 Hauptabschnitt 3 KV-GKG)*	
	I. Instanz				II. Instanz	I. Instanz	II. Instanz	
	nach Mahnverfahren		ohne Mahnverfahren					
Streitwert	nur GKG	GKG + RVG	nur GKG	GKG + RVG	GKG + RVG	GKG + RVG	GKG + RVG	
1	2	3	4	5	6	7	8	
Euro	Euro	Euro	Euro	Euro	Euro	Euro	Euro	
300	52	142	75	165	200	140	175	
600	82	240	105	263	314	228	279	
900	112	330	135	353	421	308	376	
1.200	138	415	165	442	528	387	473	
1.500	163	499	195	532	634	467	569	
2.000	183	602	219	639	759	566	686	
2.500	203	706	243	746	885	665	804	
3.000	223	809	267	854	1.010	765	921	
3.500	243	912	291	961	1.135	864	1.038	
4.000	263	1.016	315	1.068	1.261	963	1.156	
4.500	283	1.119	339	1.175	1.386	1.062	1.273	
5.000	303	1.222	363	1.283	1.511	1.162	1.390	
6.000	340	1.370	408	1.438	1.695	1.302	1.559	
7.000	378	1.517	453	1.593	1.878	1.442	1.727	
8.000	415	1.665	498	1.748	2.061	1.582	1.895	
9.000	453	1.813	543	1.903	2.244	1.722	2.063	
10.000	490	1.960	588	2.058	2.428	1.862	2.232	
13.000	548	2.137	657	2.246	2.653	2.027	2.434	
16.000	605	2.313	726	2.434	2.878	2.192	2.636	
19.000	663	2.490	795	2.622	3.103	2.357	2.838	

	Bürgerliche Rechtsstreitigkeiten ohne Ehesachen, Lebenspartnerschaftssachen und Folgesachen (Teil 1 KV-GKG – ohne Hauptabschnitt 3 –)					Verfahren in Ehesachen, Lebenspartnerschafts- und Folgesachen (Teil 1 Hauptabschnitt 3 KV-GKG)	
	I. Instanz				II. Instanz	I. Instanz	II. Instanz
	nach Mahnverfahren		ohne Mahnverfahren				
Streitwert	nur GKG	GKG + RVG	nur GKG	GKG + RVG	GKG + RVG	GKG + RVG	GKG + RVG
1	2	3	4	5	6	7	8
Euro	Euro	Euro	Euro	Euro	Euro	Euro	Euro
22.000	720	2.666	864	2.810	3.329	2.522	3.041
25.000	778	2.843	933	2.998	3.554	2.687	3.243
30.000	850	3.129	1.020	3.299	3.910	2.959	3.570
35.000	923	3.416	1.107	3.601	4.266	3.232	3.897
40.000	995	3.703	1.194	3.902	4.622	3.504	4.224
45.000	1.068	3.989	1.281	4.203	4.978	3.776	4.551
50.000	1.140	4.276	1.368	4.504	5.334	4.048	4.878
65.000	1.390	4.755	1.668	5.033	5.990	4.477	5.434
80.000	1.640	5.234	1.968	5.562	6.647	4.906	5.991
95.000	1.890	5.713	2.268	6.091	7.303	5.335	6.547
110.000	2.140	6.192	2.568	6.620	7.960	5.764	7.104
125.000	2.390	6.672	2.868	7.150	8.616	6.194	7.660
140.000	2.640	7.151	3.168	7.679	9.273	6.623	8.217
155.000	2.890	7.630	3.468	8.208	9.930	7.052	8.774
170.000	3.140	8.109	3.768	8.737	10.586	7.481	9.330
185.000	3.390	8.588	4.068	9.266	11.243	7.910	9.887
200.000	3.640	9.067	4.368	9.795	11.899	8.339	10.443
230.000	4.015	9.763	4.818	10.596	12.892	8.990	11.286
260.000	4.390	10.519	5.268	11.397	13.886	9.641	12.130
290.000	4.765	11.245	5.718	12.198	14.879	10.292	12.973
320.000	5.140	11.971	6.168	12.999	15.872	10.943	13.816
350.000	5.515	12.697	6.618	13.800	16.865	11.594	14.659
380.000	5.890	13.423	7.068	14.601	17.858	12.245	15.502
410.000	6.265	14.149	7.518	15.402	18.851	12.898	16.345
440.000	6.640	14.875	7.968	16.203	19.845	13.547	17.189
470.000	7.015	15.601	8.418	17.004	20.838	14.198	18.032
500.000	7.390	16.327	8.868	17.805	21.831	14.849	18.875

Anhang XIV
Vereinbarung über die Festsetzung der aus der Staatskasse zu gewährenden Vergütung der Rechtsanwältinnen, Rechtsanwälte, Patentanwältinnen, Patentanwälte, Rechtsbeistände, Steuerberaterinnen und Steuerberater

I.

Die Landesjustizverwaltungen und das Bundesministerium der Justiz haben die bundeseinheitliche Geltung der nachstehenden Vorschriften über die Vergütung der beigeordneten oder bestellten Rechtsanwältinnen und Rechtsanwälte, der beigeordneten Patentanwältinnen, Patentanwälte, Steuerberaterinnen und Steuerberater und für die Festsetzung von Vorschüssen vorgesehen. Sie werden hiermit von der Justizbehörde erlassen.[1]

II.

A.

Vergütung der beigeordneten oder bestellten Rechtsanwälte

I.   Festsetzungsantrag

1.   Allgemeine Bestimmungen

2.1 Festsetzungsantrag

Der Festsetzungsantrag mit der Berechnung der Gebühren und Auslagen (§ 10 RVG) ist bei der Geschäftsstelle zweifach einzureichen. Rechtsanwälte sind nicht verpflichtet, die Festsetzung der ihnen aus der Staatskasse zu zahlenden Vergütung mit den amtlichen

---

1   Die Bestimmungen sind zum 1. 11. 2005 vom Bund und von den Ländern in Kraft gesetzt worden. Abgedruckt ist die in Schleswig-Holstein geltende Fassung, zuletzt geändert durch AV vom 28. 11. 2005 (SchlHA 2006, 15).

Vordrucken zu beantragen. Formlos oder mit Hilfe von EDV-Anlagen erstellte Festsetzungsanträge sollen inhaltlich den amtlichen Vordrucken entsprechen.

1.2 Festsetzung

1.2.1 Die Festsetzung (§ 55 RVG) ist dem gehobenen Dienst vorbehalten.

1.2.2 Kann Verjährung in Betracht kommen (vgl. § 195, 199 BGB; § 8 RVG), so hat die Urkundsbeamtin oder der Urkundsbeamte der Geschäftsstelle (UdG) vor der Entscheidung über den Festsetzungsantrag die Akten mit einem entsprechenden Hinweis der Vertretung der Staatskasse vorzulegen (5. Nr. 1.44). Sieht diese von der Erhebung der Verjährungseinrede ab, so hat der UdG dies auf der Festsetzung zu vermerken.

1.2.3 Müssen die Sachakten wegen der Einlegung von Rechtsmitteln oder aus sonstigen Gründen versandt werden, so ist die Vergütung möglichst vorher festzusetzen. Sonst sind Akten, die für längere Zeit versandt sind, kurzfristig zurückzufordern.

1.2.4 Wird dem Festsetzungsantrag entsprochen, so ist keine Mitteilung erforderlich. Soweit die Entscheidung von dem Antrag abweicht, ist ihr Inhalt dem Rechtsanwalt schriftlich mitzuteilen.

1.2.5 Die Festsetzung ist zu den Sachakten zu nehmen. Auf dem Beiordnungsbeschluss ist neben dem Namen des beigeordneten Rechtsanwalts das Datum der Festsetzung in auffälliger Weise zu vermerken.

1.3 Auszahlungsanordnung

1.3.1 Die Auszahlungsanordnung wird von dem UdG des Gerichts erteilt, bei dem die Vergütung festgesetzt worden ist. Hat der UdG des Gerichts des ersten Rechtszugs die Vergütung festgesetzt und die Bundeskasse die Vergütung zu zahlen (§ 45 Abs. 1, 3 RVG), so hat er ein Exemplar der Festsetzung dem Gericht des Bundes zur Erteilung der Auszahlungsanordnung zu übersenden.

1.3.2 Ein Exemplar der Auszahlungsanordnung ist zu den Sachakten zu nehmen.

1.3.3 Werden in derselben Sache weitere Auszahlungsanordnungen notwendig, so sind auch davon Exemplare zu den Sachakten zu nehmen; in der Kostenberechnung sind sämtliche Gebühren und Auslagen aufzuführen; bereits gezahlte Beträge sind abzusetzen. Der Tag der früheren Auszahlungsanordnung ist anzugeben. Dies gilt auch, wenn Vorschüsse gezahlt sind (s. Nr. 1.5.3).

1.3.4 Nr. 2.4.4 ist zu beachten.

1.4 Vertretung der Staatskasse, Prüfung der Festsetzung

1.4.1 Die Vertretung der Staatskasse bei der Festsetzung einschließlich des Erinnerungs- und Beschwerdeverfahrens richtet sich nach den Bestimmungen des Abschnitts II.

1.4.2 Alle gerichtlichen Entscheidungen, durch die eine Festsetzung zu Ungunsten der Staatskasse geändert wird, hat der UdG vor Anweisung des Mehrbetrages der Vertretung der Staatskasse mitzuteilen.

1.4.3 Erinnerungen oder Beschwerden namens der Staatskasse sind nur zu erheben, wenn es sich um Fragen von grundsätzlicher Bedeutung oder um Beträge handelt, die nicht in offensichtlichem Missverhältnis zu dem durch das Erinnerungs- oder Beschwerdeverfahren entstehenden Zeit- und Arbeitsaufwand stehen.

1.4.4 Soll nach Auffassung der Vertretung der Staatskasse die Verjährungseinrede erhoben werden (s. Nr. 1.2.2). so hat sie dazu die Einwilligung der unmittelbar vorgesetzten Präsidentin oder des unmittelbar vorgesetzten Präsidenten einzuholen.

1.5 Vorschuss

1.5.1 Für die Festsetzung und Auszahlung des Vorschusses (§ 47 RVG) gelten die Bestimmungen für die Festsetzung und Auszahlung des endgültigen Betrages sinngemäß.

1.5.2 Die Auszahlungen sind als Abschlagszahlungen zu leisten und als Haushaltsausgaben zu buchen.

1.5.3 Der UdG überwacht die Fälligkeit der Vergütung und sorgt dafür, dass der Vorschuss alsbald abgerechnet wird (s. Nr. 1.3.3).

1.6 Wiedereinforderung überzahlter Beträge

Überzahlungen an Gebühren, Auslagen oder Vorschüssen sind nach der Justizbeitreibungsordnung einzuziehen.

2.   Besondere Bestimmungen für die Vergütung der im Wege der Prozesskostenhilfe beigeordneten Rechtsanwälte

2.1 Zuständigkeit für die Festsetzung im Allgemeinen

Die aus der Staatskasse zu gewährende Vergütung (§§ 45 Abs. 1, 50 Abs. 1 RVG) wird von dem UdG des Gerichts des ersten Rechtszugs festgesetzt (§ 55 Abs. 1 RVG). In Angelegenheiten, in denen sich die Gebühren nach Teil 3 des Vergütungsverzeichnisses zum RVG bestimmen, erfolgt die Festsetzung durch den UdG des Gerichts des Rechtszugs, nach Beendigung des Verfahrens durch rechtskräftige Entscheidung oder in sonstiger Weise jedoch durch den UdG des Gerichts des ersten Rechtszugs (§ 55 Abs. 2 RVG).

2.2 Zuständigkeit zur Festsetzung im Falle der Verweisung oder Abgabe eines Verfahrens

2.2.1 Bei Verweisung oder Abgabe eines Verfahrens an ein Gericht eines anderen Landes gilt die Vereinbarung über den Ausgleich von Kosten in der jeweils gültigen Fassung.

2.2.2 Bei Verweisung oder Abgabe eines Verfahrens an ein Gericht desselben Landes gilt folgendes: Der UdG des verweisenden oder abgebenden Gerichts setzt die aus der Staatskasse zu gewährende Vergütung fest, wenn bereits vor der Versendung der Akten an das Gericht, an das das Verfahren verwiesen oder abgegeben worden ist, der Anspruch fällig geworden und der Festsetzungsantrag eingegangen ist. Andernfalls sind Festsetzungsanträge an die Geschäftsstelle des Gerichts weiterzugeben, an das das Verfahren verwiesen oder abgegeben worden ist.

2.3 Vergütung des beigeordneten Anwalts, Kostenfestsetzung, Übergang auf die Staatskasse

2.3.1 Bei der Festsetzung der vom Gegner an die Partei, der Prozesskostenhilfe bewilligt ist, oder an deren Rechtsanwalt zu erstattenden Kosten (§§ 103 bis 107, 126 ZPO) prüft die Rechtspflegerin oder der Rechtspfleger, ob bereits eine Vergütung aus der Staatskasse gezahlt worden ist und ob der aus der Staatskasse gewährte Betrag ganz oder zum Teil auf die im Kostenfestsetzungsbeschluss festzusetzenden Kosten anzurechnen ist. Er stellt zugleich fest, ob und inwieweit der Erstattungsanspruch gegen die Zahlungspflichtige oder den Zahlungspflichtigen auf die Staatskasse übergegangen ist (§ 59 Abs. 1 Satz 1 RVG). Dabei berücksichtigt er, dass ein übergegangener Anspruch der Staatskasse nicht zusteht, soweit die an den Rechtsanwalt gezahlte Vergütung durch Zahlungen der Partei an die Staatskasse gedeckt ist. Den auf die Staatskasse übergegangenen Betrag vermerkt er auf dem Kostenfestsetzungsbeschluss. Nötigenfalls nimmt er eine erläuternde Berechnung auf. Soweit ein Erstattungsanspruch auf die Staatskasse übergegangen ist, nimmt der Rechtspfleger in den Kostenfestsetzungsbeschluss nur den Betrag auf, der an die Partei oder an deren Rechtsanwalt noch zu erstatten bleibt.

2.3.2 Macht der Rechtsanwalt seinen Vergütungsanspruch gegen die Staatskasse erst geltend, nachdem die von der gegnerischen Partei zu erstattenden Kosten bereits nach § 103 bis 107 und 126 ZPO festgesetzt worden sind, so fordert der Rechtspfleger die vollstreckbare Ausfertigung des Kostenfestsetzungsbeschlusses von der- oder demjenigen zurück, zu deren oder dessen Gunsten er ergangen ist. Nach der Festsetzung der aus der Staatskasse zu gewährenden Vergütung vermerkt der Rechtspfleger auf der vollstreckbaren Ausfertigung des Kostenfestsetzungsbeschlusses, um welchen Betrag sich die festgesetzten Kosten mindern und welcher Restbetrag noch zu erstatten ist: falls erforderlich, fügt er eine erläuternde Berechnung bei. Die gleichen Vermerke setzt er auf den Kostenfestsetzungsbeschluss und bescheinigt dort außerdem, dass die vollstreckbare Ausfertigung mit denselben Vermerken versehen und zurückgesandt worden ist.

2.3.3 Wird die Vergütung festgesetzt, ohne dass die vollstreckbare Ausfertigung des Kostenfestsetzungsbeschlusses vorgelegt worden ist, so hat der UdG den erstattungspflichtigen Gegner zu benachrichtigen.

2.3.4 Bei der Einziehung der auf die Staatskasse übergegangenen Beträge sind § 122 Abs. 1 Nr. 1 Buchstabe b ZPO, § 6 Abs. 2 KostVfg und Nr. 3.3.2 Satz 1 sowie Nr. 4.8 der Durchführungsbestimmungen zum Gesetz über die Prozesskostenhilfe und zur Stundung der Kosten des Insolvenzverfahrens (DB-PKHG/DB-InsO) zu beachten.

2.3.5 Zahlt die erstattungspflichtige gegnerische Partei bei der Vollstreckung aus dem Kostenfestsetzungsbeschluss freiwillig auch die nach Nr. 2.3.2 oder 2.3.3 abgesetzte Vergütung so hat die Gerichtsvollzieherin oder der Gerichtsvollzieher sie anzunehmen und an die Kasse abzuführen. Zieht der Gerichtsvollzieher nur den Restbetrag der festgesetzten Kosten ein, so hat er dies zu den Gerichtsakten mitzuteilen, damit der auf die Staatskasse übergegangene Betrag eingezogen werden kann (s. Nr. 2.4.1). Waren die einzuziehender Beträge bereits zum Soll gestellt, so gibt der UdG die Mitteilung an die Kasse weiter.

2.3.6 Beantragt der beigeordnete Rechtsanwalt nach Aufhebung der Bewilligung der Prozesskostenhilfe die Festsetzung der Vergütung gemäß § 11 RVG gegen die eigene Partei, so sind die Nrn. 2.3.1 bis 2.3.5 entsprechend anzuwenden.

2.4 Wiedereinforderung von der Partei, der Prozesskostenhilfe bewilligt worden ist, von der gegnerischen Partei oder von Streitgenossinnen oder Streitgenossen

2.4.1 Der UdG hat in jedem Fall zu prüfen und nötigenfalls zu überwachen, ob die aus der Staatskasse gezahlte Vergütung von der Partei oder von der erstattungspflichtigen gegnerischen Partei eingefordert werden kann (§ 59 RVG). Zu diesem Zweck hat er erforderlichenfalls die Parteien aufzufordern, ihre Kostenberechnung dem Gericht zur Ausgleichung mitzuteilen. Kann er die Mitwirkung der Parteien nicht erreichen, so hat er den Anspruch der Staatskasse nach Aktenlage zu berechnen. Der Anspruch gegen die Partei kann, solange die Bewilligung der Prozesskostenhilfe nicht aufgehoben ist (vgl. Nr. 3.3.1, Nr. 5.1 DB-PKHG/DB-InsO), nur nach den Bestimmungen geltend gemacht werden, die das Gericht getroffen hat (vgl. § 122 Abs. 1 Nr. 1 Buchstabe b ZPO). Gegebenenfalls ist eine Änderung dieser Bestimmungen anzuregen (vgl. § 120 Abs. 4 ZPO, Nr. 5.1 DB-PKHG/DB-InsO).

2.4.2 Der mit der Festsetzung der Vergütung befasste UdG hat Streitgenossen der Partei, die von dem dieser Partei beigeordneten Rechtsanwalt als Wahlanwalt vertreten werden, zur Zahlung des auf sie entfallenden Anteils an der aus der Staatskasse gezahlten Vergütung aufzufordern, soweit dies nicht aus besonderen Gründen, z. B. wegen feststehender Zahlungsunfähigkeit, untunlich erscheint.

2.4.3 Die Zahlungsaufforderung an die ausgleichspflichtigen Streitgenossen kann nicht auf § 59 RVG gestützt werden und darf daher nicht in der Form einer Gerichtskostenrechnung ergehen. Wird nicht freiwillig gezahlt, so sind die Vorgänge dem unmittelbar vorgesetzten Präsidenten vorzulegen, der gegebenenfalls die Klageerhebung veranlasst.

2.4.4 Wenn Streitgenossen der Partei, der Prozesskostenhilfe bewilligt ist, vorhanden sind, ist in der Festsetzung der Vergütung zu vermerken, ob und für welche Streitgenossen der Partei der beigeordnete Rechtsanwalt zugleich Wahlanwalt gewesen ist und ob ein Ausgleichsanspruch der Staatskasse gegen diese Streitgenossen geltend gemacht oder aus welchen Gründen davon abgesehen worden ist.

2.4.5 Die von Streitgenossen der Partei gezahlten Beträge sind bei den vermischten Einnahmen zu buchen. Die für die Buchung notwendigen Kassenanordnungen sind der zuständigen Kasse unverzüglich nach Zahlungseingang zuzuleiten. Eine ggf. zu den Sachakten erteilte Zahlungsanzeige ist beizufügen.

2.5 Festsetzung der weiteren Vergütung (§ 50 RVG)

2.5.1 Vor der Festsetzung der weiteren Vergütung hat sich der UdG davon zu überzeugen, dass

2.5.1.1 das Verfahren durch rechtskräftige Entscheidung oder in sonstiger Weise beendet ist,

2.5.1.2 sämtliche der Partei beigeordneten Rechtsanwälte und, soweit der gegnerischen Partei ebenfalls Prozesskostenhilfe bewilligt und die PKH-Partei der gegnerischen Partei erstattungspflichtig ist, auch die der gegnerischen Partei beigeordneten Rechtsanwalte ihre Vergütung (45 Abs. 1, 49 RVG) beantragt haben und dass über diese Anträge abschließend entschieden worden ist,

2.5.1.3 die Schlusskostenrechnung unter Berücksichtigung der gemäß § 59 Abs. 1 Satz 1 RVG auf die Staatskasse übergegangener Ansprüche (vgl. Nr. 2.5.1.2) aufgestellt worden und ein gegen die gegnerische Partei zum Soll gestellter Betrag, für den die Partei als Zweitschuldner haften würde, gezahlt ist, so dass feststeht, welcher Betrag zur Deckung der in § 122 Abs. 1 Nr. 1 ZPO bezeichneten Kosten und Ansprüche erforderlich ist,

2.5.1.4 sämtliche der Partei beigeordneten Rechtsanwälte die weitere Vergütung (§ 50 RVG) beantragt haben.

2.5.1.5 die von der Partei zu zahlenden Beträge (§ 120 ZPO, 50 Abs. 1 Satz 1 RVG) beglichen sind oder eine Zwangsvollstreckung in das bewegliche Vermögen der Partei erfolglos geblieben ist oder aussichtslos erscheint,

2.5.1.6 und ggf. in welcher Höhe nach Verrechnung der von der Partei gezahlten Beträge auf den nach Nr. 2.5.1.3 berechneten Betrag ein Überschuss verbleibt.

2.5.1.7 in dem Antrag angegeben ist, welche Zahlungen die beigeordneten Rechtsanwälte von der Partei oder einem Dritten erhalten haben.

2.5.2 Haben noch nicht sämtliche der Partei und ggf. der gegnerischen Partei beigeordneten Rechtsanwälte ihre Vergütung beantragt (vgl. Nrn. 2.5.1.2, 2.5.1.4) oder die erhaltenen Zahlungen angegeben (vgl. Nr. 2.5.1.7), so fordert der UdG sie unter Hinweis auf die Rechtsfolgen (55 Abs. 6 Satz 2 RVG) gegen Empfangsbekenntnis auf, innerhalb einer Frist von einem Monat bei der Geschäftsstelle des Gerichts, dem der UdG angehört, die Anträge einzureichen oder sich zu den Zahlungen zu erklären.

2.5.3 Waren die Zahlungen der Partei an die Staatskasse nach § 120 Abs. 3 ZPO durch das Gericht vorläufig eingestellt und reicht der Überschuss (vgl. Nr. 2.5.1.6) zur Deckung der weiteren Vergütung nicht aus, ist die Akte zunächst dem Rechtspfleger zur Entscheidung über die Wiederaufnahme der Zahlungen vorzulegen.

2.5.4 Verzögert sich die Entscheidung über den Antrag, weil z. B. das Ergebnis der Kosteneinziehung von der gegnerischen Partei, weitere Zahlungen der Partei oder der Eingang weiterer Anträge abzuwarten ist, hat der UdG den Rechtsanwalt über den Grund der Verzögerung zu unterrichten.

2.5.5 Die weitere Vergütung ist bei dem Haushaltstitel für die Vergütung beigeordneter Rechtsanwälte zu buchen.

2.5.6 Ändert sich nach der Festsetzung der weiteren Vergütung die Kostenforderung gegen die Partei (vgl. Nr. 2.5.1.3), sind die Akten dem UdG zur Prüfung vorzulegen, ob die Festsetzung zu berichtigen ist.

2.6 Die vorstehenden besonderen Bestimmungen gelten für die Vergütung der im Wege der Prozesskostenhilfe beigeordneten Patentanwalte und Steuerberater sowie die im Wege des § 625 ZPO beigeordneten oder nach § 57 58 ZPO bestellten Rechtsanwälte sinngemäß.

B

Vergütung bei Beratungshilfe

1. Für die Festsetzung der Vergütung bei Beratungshilfe gilt Teil A Nr. 1 bis 1.2.2, 1.2.4, 1.3 bis 1.3.3 und 1.4 bis 1.4.4 sinngemäß. Der Festsetzungsantrag kann mit Hilfe von EDV-Anlagen erstellt werden oder von dem Vordruck der Anlage 2 zur BerHVV abweichen, wenn er inhaltlich diesem entspricht. Die Geschäftsstellen geben die amtlichen Vordrucke für den Beratungshilfeantrag und für den Festsetzungsantrag unentgeltlich aus. Sofern ein Berechtigungsschein erteilt worden ist, ist die Festsetzung zur Durchschrift des Berechtigungsscheins zu nehmen.

2. Der UdG hat in jedem Fall zu prüfen und nötigenfalls zu überwachen, ob die aus der Landeskasse gezahlte Vergütung von erstattungspflichtigen Gegnern eingefordert werden kann (§ 59 Abs. 1, 3 RVG, § 9 BerHG). Unter gesetzlicher Vergütung im Sinne des § 9 Satz 1 BerHG ist die an nicht im Rahmen der Beratungshilfe tätige Rechtsanwälte zu zahlende Vergütung zu verstehen. Der auf die Landeskasse übergegangene schuldrechtliche Anspruch auf Erstattung der Vergütung ist wie der Anspruch gegen ausgleichspflichtige Streitgenossen geltend zu machen (vgl. Teil A Nrn. 2.4.2 bis 2.4.5).

II.

Ergänzend zu den vorgenannten Bestimmungen wird Folgendes bestimmt:

1.   Zu Teil A Nr. 1.3.2

Die Auszahlungsanordnung ist auf den dafür aufgelegten besonderen Vordrucken zu erteilen.

2.   Zu Teil A Nr. 1.4

2.1 In dem Festsetzungsverfahren, einschließlich des Erinnerungs- und Beschwerdeverfahrens, wird die Staatskasse durch die Bezirksrevisorin oder den Bezirksrevisor vertreten.

2.2 Der Bezirksrevisor hat die Festsetzungen und Auszahlungsanordnungen anlässlich der örtlichen Prüfung des Kostenansatzes anhand der Sachakten stichprobenweise zu prüfen. Sofern die Auszahlung nicht nennenswert verzögert wird, kann der Dienstvorgesetzte des Bezirksrevisors anordnen, dass in bestimmten Fällen (z. B. in Zweifelsfällen oder bei Bildung von Prüfungsschwerpunkten) Festsetzungen vor Vollzug der Auszahlungsanordnung durch den Bezirksrevisor zu prüfen sind.

2.3 Von der Erhebung der Verjährungseinrede wird regelmäßig abgesehen werden können, wenn

2.3.1. der Anspruch zweifelsfrei begründet ist und

2.3.2. entweder die Verjährungsfrist erst verhältnismäßig kurze Zeit abgelaufen ist oder der Anspruchsberechtigte aus verständlichen Gründen (z. B. Schweben eines Rechtsmittels oder eines Parallelprozesses, längeres Ruhen des Verfahrens, Tod des Anwalts), die in

einem Sachzusammenhang mit dem Erstattungsantrag stehen müssen, mit der Geltendmachung des Anspruchs gewartet hat.

III.

(nicht abgedruckt)

Anhang XV
Justizbeitreibungsordnung

vom 11. März 1937 (RGBl. I, 298) i.d.F. vom 25. 6. 2001 (BGBl. I, 1206) in der im BGBl. III – 365-1 veröffentlichten bereinigten Fassung,[1] zuletzt geändert durch Art. 4 Abs. 13 des Gesetzes v. 17. 12. 2006 (BGBl. I, 3171, 3173)

§ 1
Nach dieser Verordnung beizutreibende Ansprüche

(1) Nach dieser Justizbeitreibungsordnung werden folgende Ansprüche beigetrieben, und andere Ansprüche, deren Beitreibung sich nach den Vorschriften soweit sie von Justizbehörden des Bundes einzuziehen sind:

1. Geldstrafen über die Vollstreckung von Geldstrafen richtet;
2. gerichtlich erkannte Geldbußen und Nebenfolgen einer Ordnungswidrigkeit, die zu einer Geldzahlung verpflichten;
2a. Ansprüche aus gerichtlichen Anordnungen über den Verfall, die Einziehung und die Unbrauchbarmachung einer Sache;
2b. Ansprüche aus gerichtlichen Anordnungen über die Herausgabe von Akten und sonstigen Unterlagen nach § 407a Abs. 4 S. 2 der Zivilprozessordnung;
3. Ordnungs- und Zwangsgelder;
4. Gerichtskosten;
4a. Ansprüche auf Zahlung der vom Gericht im Verfahren der Prozesskostenhilfe oder nach § 4b der Insolvenzordnung bestimmten Beträge;
4b. nach §§ 56g, 69e S. 1 des Gesetzes über die Angelegenheiten der freiwilligen Gerichtsbarkeit festgesetzte Ansprüche;
5. Zulassungs- und Prüfungsgebühren;
6. alle sonstigen Justizverwaltungsabgaben;
7. Kosten der Gerichtsvollzieher und Vollziehungsbeamten, soweit sie selbständig oder gleichzeitig mit einem Anspruch, der nach den Vorschriften dieser Justizbeitreibungsordnung vollstreckt wird, bei dem Auftraggeber oder Ersatzpflichtigen beigetrieben werden;
8. Ansprüche gegen Beamte, nichtbeamtete Beisitzer und Vertrauenspersonen, gegen Rechtsanwälte, Vormünder, Betreuer, Pfleger und Verfahrenspfleger, gegen Zeugen und Sachverständige sowie gegen mittellose Personen auf Erstattung von Beträgen, die ihnen in einem gerichtlichen Verfahren zuviel gezahlt sind;

---

1 Vgl. dazu *App* MDR 1996, 769; *Lappe/Steinbild* JustBeitrO, Kommentar 1960.

9. Ansprüche gegen Beschuldigte und Nebenbeteiligte auf Erstattung von Beträgen, die ihnen in den Fällen der §§ 465, 467, 467a, 470, 472b, 473 der Strafprozessordnung zuviel gezahlt sind;

10. alle sonstigen Ansprüche, die nach Bundes- oder Landesrecht im Verwaltungszwangsverfahren beigetrieben werden können, soweit nicht ein Bundesgesetz vorschreibt, dass sich die Vollstreckung nach dem Verwaltungsvollstreckungsgesetz oder Abgabenordnung richtet.

(2) Die Justizbeitreibungsordnung findet auch auf die Einziehung von Ansprüchen i. S. d. Absatzes 1 durch Justizbehörden der Länder Anwendung, soweit die Ansprüche auf bundesrechtlicher Regelung beruhen.

(3) Die Vorschriften der Justizbeitreibungsordnung über das gerichtliche Verfahren finden auch dann Anwendung, wenn sonstige Ansprüche durch die Justizbehörden der Länder im Verwaltungszwangsverfahren eingezogen werden.

(4) Werden zusammen mit einem Anspruch nach Abs. 1 Nr. 1 bis 3 die Kosten des Verfahrens beigetrieben, so gelten auch für die Kosten die Vorschriften über die Vollstreckung dieses Anspruchs.

(5) Nach der Justizbeitreibungsordnung werden auch die Gebühren und Auslagen des Deutschen Patentamts und die sonstigen dem Abs. 1 entsprechenden Ansprüche, die beim Deutschen Patentamt entstehen, beigetrieben. Dies gilt auch für Ansprüche gegen Patentanwälte und Erlaubnisscheininhaber.

(6) Die Landesregierungen werden ermächtigt, durch Rechtsverordnung abweichend von der Justizbeitreibungsordnung zu bestimmen, dass Gerichtskosten in den Fällen des § 109 Abs. 2 des Gesetzes über Ordnungswidrigkeiten und des § 27 des Gerichtskostengesetzes nach den Vorschriften des Landesrechts beigetrieben werden. Die Landesregierungen können die Ermächtigung durch Rechtsverordnung auf die Landesjustizverwaltung übertragen.

§ 2
Vollstreckungsbehörden

(1) Die Beitreibung obliegt in den Fällen des § 1 Nr. 1 bis 3 den nach den Verfahrensgesetzen für die Vollstreckung dieser Ansprüche zuständigen Stellen, soweit nicht die in Abs. 2 bezeichnete Vollstreckungsbehörde zuständig ist, im Übrigen den Gerichtskassen als Vollstreckungsbehörden. Die Landesregierungen werden ermächtigt, an Stelle der Gerichtskassen andere Behörden als Vollstreckungsbehörden zu bestimmen. Die Landesregierungen können die Ermächtigung auf die Landesjustizverwaltung übertragen.

(2) Vollstreckungsbehörde für Ansprüche, die beim Bundesverfassungsgericht, Bundesministerium der Justiz, Bundesgerichtshof, Bundesverwaltungsgericht, Bundesfinanzhof, Generalbundesanwalt beim Bundesgerichtshof, Bundespatentgericht, Deutschen Patent- und Markenamt, Bundesamt für Justiz oder dem mit der Führung des Unternehmensregisters im Sinn des § 8b des Handelsgesetzbuchs Beliehenen entstehen, ist das Bundesamt für Justiz.

(3) Von den in Abs. 1 bezeichneten Vollstreckungsbehörden ist diejenige zuständig, die den beizutreibenden Anspruch einzuziehen hat. Dem Vollziehungsbeamten obliegende

Vollstreckungshandlungen kann die Vollstreckungsbehörde außerhalb ihres Amtsbezirks durch einen Vollziehungsbeamten vornehmen lassen, der für den Ort der Vollstreckung zuständig ist. Die Unzuständigkeit einer Vollstreckungsbehörde berührt die Wirksamkeit ihrer Vollstreckungsmaßnahmen nicht.

(4) Die Vollstreckungsbehörden haben einander Amtshilfe zu leisten.

§ 3
Zustellungen

Zustellungen sind nur erforderlich, soweit dies besonders bestimmt ist. Sie werden sinngemäß nach den Vorschriften der Zivilprozessordnung über Zustellungen von Amts wegen bewirkt. Die vom Gericht vorbehaltenen Anordnungen trifft die Vollstreckungsbehörde.

§ 4
Vollstreckungsschuldner

Die Vollstreckung kann gegen jeden durchgeführt werden, der nach den für den beizutreibenden Anspruch geltenden besonderen Vorschriften oder kraft Gesetzes nach den Vorschriften des bürgerlichen Rechts zur Leistung oder zur Duldung der Vollstreckung verpflichtet ist. Aus einer Zwangshypothek, die für einen der im § 1 bezeichneten Ansprüche eingetragen ist, kann auch gegen den Rechtsnachfolger des Schuldners in das belastete Grundstück vollstreckt werden.

§ 5
Vollstreckungsbeginn

(1) Die Vollstreckung darf erst beginnen, wenn der beizutreibende Anspruch fällig ist. In den Fällen des § 1 Abs. 1 Nr. 8 und 9 darf die Vollstreckung erst beginnen, wenn der Zahlungspflichtige von dem ihm zustehenden Rechtsbehelfen binnen zwei Wochen nach der Zahlungsaufforderung oder nach der Mitteilung der Entscheidung über seine Einwendungen gegen die Zahlungsaufforderung keinen Gebrauch gemacht hat. Vorschriften, wonach aus vollstreckbaren Entscheidungen oder Verpflichtungserklärungen erst nach deren Zustellung vollstreckt werden darf, bleiben unberührt.

(2) In der Regel soll der Vollstreckungsschuldner (§ 4) vor Beginn der Vollstreckung zur Leistung innerhalb von zwei Wochen schriftlich aufgefordert und nach vergeblichem Ablauf der Frist besonders gemahnt werden.

§ 6
Anzuwendende Vorschriften

(1) Für die Vollstreckung gelten nach Maßgabe der Absätze 2 bis 4 folgende Vorschriften sinngemäß:

1. §§ 735 bis 737, 739 bis 741, 743, 745 bis 748, 758, 758a, 759, 761, 762, 764, 765a, 766, 771 bis 776, 778, 779, 781 bis 784, 786, 788, 789, 792, 793, 803 bis 827, 828 Abs. 2 und 3, 829 bis 837a, 840 Abs. 1, Abs. 2 S. 2, §§ 841 bis 886, 899 bis 910, 913 bis 915h der Zivilprozessordnung.

2. sonstige Vorschriften des Bundesrechts, die die Zwangsvollstreckung aus Urteilen in bürgerlichen Rechtsstreitigkeiten beschränken, sowie

3. die landesrechtlichen Vorschriften über die Zwangsvollstreckung gegen Gemeindeverbände und Gemeinden.

(2) An die Stelle des Gläubigers tritt die Vollstreckungsbehörde. Bei der Zwangsvollstreckung in Forderungen und andere Vermögensrechte wird der Pfändungs- und Überweisungsbeschluss von der Vollstreckungsbehörde erlassen. Die Aufforderung zur Abgabe der in § 840 Abs. 1 der Zivilprozessordnung genannten Erklärungen ist in den Pfändungsbeschluss aufzunehmen.

(3) An die Stelle des Gerichtsvollziehers tritt der Vollziehungsbeamte. Der Vollziehungsbeamte wird zur Annahme der Leistung, zur Ausstellung von Empfangsbekenntnissen und zu Vollstreckungshandlungen durch einen schriftlichen Auftrag der Vollstreckungsbehörde ermächtigt. Aufträge, die mit Hilfe automatischer Einrichtungen erstellt werden, werden mit dem Dienstsiegel versehen; einer Unterschrift bedarf es nicht. Der Vollziehungsbeamte hat im Auftrag der Vollstreckungsbehörde auch die in § 840 Abs. 1 der Zivilprozessordnung bezeichneten Erklärungen entgegenzunehmen. Die in § 845 der Zivilprozessordnung bezeichnete Benachrichtigung hat er nach den Vorschriften der Zivilprozessordnung über die Zustellung auf Betreiben der Parteien zuzustellen.

(4) Gepfändete Forderungen sind nicht an Zahlungs Statt zu überweisen.

§ 7
Eidesstattliche Versicherung und Vollstreckung in das unbewegliche Vermögen

Die Abnahme der eidesstattlichen Versicherung beantragt die Vollstreckungsbehörde bei dem zuständigen Gerichtsvollzieher; die Vollstreckung in unbewegliches Vermögen beantragt sie bei dem zuständigen Amtsgericht.

§ 8
Einwendungen

(1) Einwendungen, die den beizutreibenden Anspruch selbst, die Haftung für den Anspruch oder die Verpflichtung zur Duldung der Vollstreckung betreffen, sind vom Schuldner gerichtlich geltend zu machen

bei Ansprüchen nach § 1 Abs. 1 Nr. 4, 6, 7 nach den Vorschriften über Erinnerungen gegen den Kostenansatz,

bei Ansprüchen gegen nichtbeamtete Beisitzer, Vertrauenspersonen, Rechtsanwälte; Zeugen, Sachverständige und mittellose Personen (§ 1 Abs. 1 Nr. 8) nach den Vorschriften über die Feststellung eines Anspruchs dieser Personen,

bei Ansprüchen nach § 1 Abs. 1 Nr. 9 nach den Vorschriften über Erinnerungen gegen den Festsetzungsbeschluss. Die Einwendung, dass mit einer Gegenforderung aufgerechnet worden sei, ist in diesem Verfahren nur zulässig, wenn die Gegenforderung anerkannt oder gerichtlich festgestellt ist. Das Gericht kann anordnen, dass die Beitreibung bis zum Erlass der Entscheidung gegen oder ohne Sicherheitsleistung eingestellt werde und dass Vollstreckungsmaßregeln gegen Sicherheitsleistung aufzuheben seien.

(2) Für Einwendungen, die auf Grund der §§ 781 bis 784, 786 der Zivilprozessordnung erhoben werden, gelten die Vorschriften der §§ 267, 769, 770 der Zivilprozessordnung sinngemäß. Für die Klage ist das Gericht zuständig, in dessen Bezirk die Vollstreckung stattgefunden hat.

§ 9
Einstellung; Zahlungsnachweis; Stundung

(1) Werden Einwendungen gegen die Vollstreckung erhoben, so kann die Vollstreckungsbehörde die Vollstreckungsmaßnahmen einstweilen einstellen, aufheben oder von weiteren Vollstreckungsmaßnahmen Abstand nehmen, bis über die Einwendung endgültig entschieden ist.

(2) Der Vollziehungsbeamte hat von der Pfändung abzusehen, wenn ihm die Zahlung oder die Stundung der Schuld nachgewiesen wird.

§ 10

(aufgehoben)

§ 11
Anwendung des GKG und des GvKostG

(1) Bei der Pfändung von Forderungen oder anderen Vermögensrechten gelten die Vorschriften des Gerichtskostengesetzes sinngemäß.

(2) Für die Tätigkeit des Vollziehungsbeamten gelten die Vorschriften Gerichtsvollzieherkostengesetzes.

§§ 12–18

(aufgehoben)

§ 19
Inkrafttreten

(1) Diese Verordnung tritt am 1. April 1937 in Kraft. (*gegenstandslos*)
(2) (Aufhebungsvorschrift)

Anhang XVI
Einforderungs- und Beitreibungsordnung (EBAO)

vom 20. November 1974 i.d.F. vom 10. Juli 1979

Vorbemerkung

Die Einforderungs- und Beitreibungsanordnung wurde zwischen dem Bundesminister der Justiz und den Landesjustizverwaltungen in einheitlicher Fassung vereinbart. Sie ersetzt die „Anordnung über die Einforderung und Beitreibung von Vermögensstrafen und Verfahrenskosten vom 5.12.1956". Sie wurde durch die nachstehenden Erlasse eingeführt, geändert und ergänzt: AV v. 25.11.1974 (BAnz. Nr. 230), v. 10.7.1979 (BAnz. Nr. 137). In den einzelnen Bundesländern ist sie jeweils in Kraft gesetzt worden. Einzelheiten sind insoweit länderspezifisch und im Folgenden nicht einzeln mitgeteilt. Sie sind veröffentlicht für:

Baden-Württemberg: AV vom 12.7.1979, Die Justiz 1979, 317;

Bayern: Bek. v. 25.3.1996, JMBl. 1996, 43;

Berlin: AV vom 10.7.1979, ABl. 1979, 1261;

Brandenburg: JKostG v. 3.6.1994 i.d.F. der AV v. 28.6.1996, JMBl. 1996, 94;

Bremen:

Hamburg: AV vom 10.7.1979, JVBl. 1979, 79;

Hessen: RdErl. v. 28.3.1994, JMBl. 1994, 137;

Mecklenburg-Vorpommern: Bek. v. 12.6.1991, Abl. 1991, 499;

Niedersachsen: AV vom 1.8.1996, NdsRPfl. 1996, 217;

Nordrhein-Westfalen: AV vom 10.7.1979, JMBl. 1979, 172;

Rheinland-Pfalz: AV vom 18.10.1995, JBl. 1995, 264;

Saarland: AV vom 10.7.1979, GMBl. 1979, 418;

Sachsen: VV vom 26.4.1996, JMBl. 1996, 78;

Sachsen-Anhalt:

Schleswig-Holstein: Bek. v. 10.7.1979, SchlHA 1979, 156, 173.

I. Abschnitt. Allgemeine Bestimmungen

§ 1
Grundsatz

(1) Die Einforderung und Beitreibung von

1. Geldstrafen und anderen Ansprüchen, deren Beitreibung sich nach den Vorschriften über die Vollstreckung von Geldstrafen richtet;

2. gerichtlich erkannten Geldbußen und Nebenfolgen einer Ordnungswidrigkeit, die zu einer Geldzahlung verpflichten;

3. Ordnungs- und Zwangsgeldern mit Ausnahme der im Auftrag des Gläubigers zu vollstreckenden Zwangsgelder (Geldbeträge) richten sich, soweit gesetzlich nichts anderes bestimmt ist, nach der Justizbeitreibungsordnung und nach dieser Anordnung.

(2) Gleichzeitig mit einem Geldbetrag (Abs. 1) sind auch die Kosten des Verfahrens einzufordern und beizutreiben, sofern nicht die Verbindung von Geldbetrag und Kosten gelöst wird (§ 15).

(3) Bei gleichzeitiger Einforderung und Beitreibung von Geldbetrag und Kosten gelten die Vorschriften dieser Anordnung auch für die Kosten.

(4) Die Einforderung und Beitreibung von Geldbeträgen ist Aufgabe der Vollstreckungsbehörde (§ 2). Ihr obliegt auch die Einforderung und Beitreibung der Kosten des Verfahrens, soweit und solange die Verbindung von Geldbetrag und Kosten besteht. Die Vollstreckungsbehörde beachtet hierbei die Bestimmungen der §§ 3 bis 14.

(5) Wird die Verbindung von Geldbetrag und Kosten gelöst, so werden die Kosten nach den Vorschriften der Kostenverfügung der Gerichtskasse zur Sollstellung überwiesen und von dieser nach den für sie geltenden Vorschriften eingefordert und eingezogen.

(6) Für die Einziehung von Geldbußen, die von Disziplinargerichten, Richterdienstgerichten oder Dienstvorgesetzten verhängt worden sind, und für die Kosten des Disziplinarverfahrens gelten besondere Bestimmungen.

§ 2
Vollstreckungsbehörde

Vollstreckungsbehörde ist, soweit gesetzlich nichts anderes bestimmt ist,

a) in den Fällen, auf die die Strafvollstreckungsordnung Anwendung findet, die darin bezeichnete Behörde;

b) im Übrigen diejenige Behörde oder Dienststelle der Behörde, die auf die Verpflichtung zur Zahlung des Geldbetrages erkannt hat, oder, soweit es sich um eine kollegiale Behörde oder Dienststelle handelt, deren Vorsitzender.

871

II. Abschnitt. Einforderung und Beitreibung durch die Vollstreckungsbehörde

§ 3
Anordnung der Einforderung

(1) Sofern nicht Zahlungserleichterungen (§ 8 Abs. 3, § 12) gewährt werden, ordnet die Vollstreckungsbehörde die Einforderung von Geldbetrag und Kosten an, sobald die darüber ergangene Entscheidung vollstreckbar ist.

(2) Die Zahlungsfrist beträgt vorbehaltlich anderer Anordnungen der Vollstreckungsbehörde zwei Wochen.

§ 4
Kostenrechnung

(1) Ist die Einforderung angeordnet, so stellt der Kostenbeamte der Vollstreckungsbehörde eine Kostenrechnung auf. Er nimmt darin sämtliche einzufordernden Beträge auf. Durch die Zeichnung übernimmt der Kostenbeamte die Verantwortung für die Vollständigkeit und Richtigkeit der Kostenrechnung.

(2) Die Zahlungsfrist (§ 3 Abs. 2) ist in der Kostenrechnung zu vermerken.

(3) Im Übrigen gilt für die Kostenrechnung die Bestimmung des § 27 der Kostenverfügung entsprechend.

§ 5
Einforderung

(1) Die in die Kostenrechnung aufgenommenen Beträge werden von dem Zahlungspflichtigen durch Übersendung einer Zahlungsaufforderung eingefordert. In der Zahlungsaufforderung ist zur Zahlung an die Gerichtskasse oder Gerichtszahlstelle am Sitz der Vollstreckungsbehörde aufzufordern.

(2) Die Reinschrift der Zahlungsaufforderung ist von dem Kostenbeamten unter Angabe des Datums und der Amts-(Dienst-)Bezeichnung unterschriftlich zu vollziehen. Soweit die oberste Justizbehörde dies zugelassen hat, kann sie ausgefertigt, beglaubigt, von der Geschäftsstelle unterschriftlich vollzogen oder mit dem Abdruck des Dienstsiegels versehen werden.

(3) Die Mitteilung einer besonderen Zahlungsaufforderung unterbleibt bei Strafbefehlen, die bereits die Kostenrechnung und die Zahlungsaufforderung enthalten.

(4) Der Zahlungsaufforderung (Abs. 1) oder dem Strafbefehl (Abs. 3) ist eine auf das Post-*scheck*konto der Gerichtskasse oder Gerichtszahlstelle lautende Zahlkarte beizufügen. Auf dem Empfängerabschnitt ist die Vollstreckungsbehörde in abgekürzter Form anzugeben

(z.B. StA bei dem LG X, Abs. 17) außerdem sind die Angelegenheit und das Aktenzeichen so vollständig zu bezeichnen, dass die Gerichtskasse (Gerichtszahlstelle) in der Lage ist, hiernach die Zahlungsanzeige zu erstatten. Die Kennzeichnung der Sache als Strafsache ist zu vermeiden.

(5) Die Erhebung durch Postnachnahme ist nicht zulässig.

§ 6
Nicht ausreichende Zahlung

Reicht die auf die Zahlungsaufforderung entrichtete Einzahlung zur Tilgung des gesamten eingeforderten Betrages nicht aus, so richtet sich die Verteilung nach den Vorschriften der Kassenordnung, soweit § 459b StPO, § 94 OWiG nichts anderes bestimmen.

§ 7
Mahnung

(1) Nach vergeblichem Ablauf der Zahlungsfrist soll der Zahlungspflichtige vor Anordnung der Beitreibung i. d. R. zunächst besonders gemahnt werden (§ 5 Abs. 2 JBeitrO).

(2) Die Mahnung unterbleibt, wenn damit zu rechen ist, dass der Zahlungspflichtige sie unbeachtet lassen wird.

§ 8
Anordnung der Beitreibung

(1) Geht binnen einer angemessenen Frist nach Abgang der Mahnung oder, sofern von einer Mahnung abgesehen worden ist, binnen einer Woche nach Ablauf der Zahlungsfrist (§ 3 Abs. 2) keine Zahlungsanzeige der Gerichtskasse oder Gerichtszahlstelle ein, so bestimmt die Vollstreckungsbehörde, welche Vollstreckungsmaßnahmen ergriffen werden sollen.

(2) In geeigneten Fällen kann sie die Gerichtskasse um Auskunft ersuchen, ob ihr über die Vermögens- und Einkommensverhältnisse des Zahlungspflichtigen und über die Einziehungsmöglichkeiten etwas bekannt ist.

(3) Welche Vollstreckungsmaßnahmen anzuwenden sind oder ob dem Zahlungspflichtigen Vergünstigungen eingeräumt werden können, richtet sich nach den für das Einziehungsverfahren maßgebenden gesetzlichen und Verwaltungsvorschriften (vgl. §§ 459 ff. StPO, §§ 91 ff. OWiG, §§ 6 ff. JBeitrO, § 49 StVollstrO).

(4) Im Übrigen sind die Vollstreckungsmaßnahmen anzuwenden, die nach Lage des Einzelfalles am schnellsten und sichersten zum Ziele führen. Auf die persönlichen und wirtschaftlichen Verhältnisse des Zahlungspflichtigen und seiner Familie ist dabei Rücksicht zu nehmen, soweit das Vollstreckungsziel hierdurch nicht beeinträchtigt wird.

(5) Kommt die Zwangsvollstreckung in Forderungen oder andere Vermögensrechte in Betracht, so hat die Vollstreckungsbehörde den Pfändungs- und Überweisungsbeschluss zu erlassen (§ 6 Abs. 2 JBeitrO).

(6) Ein Antrag auf Einleitung eines Zwangsversteigerungs- oder Zwangsverwaltungsverfahrens soll nur gestellt, der Beitritt zu einem solchen Verfahren nur erklärt werden, wenn ein Erfolg zu erwarten ist und das Vollstreckungsziel anders nicht erreicht werden kann. Ist Vollstreckungsbehörde (§ 2) der Richter beim Amtsgericht, so ist, soweit die Strafvollstreckungsordnung Anwendung findet, die Einwilligung des Generalstaatsanwalts, im Übrigen die des Präsidenten des Landgerichts (Präsidenten des Amtsgerichts) erforderlich.

§ 9
Vollstreckung in bewegliche Sachen

(1) Soll in bewegliche Sachen vollstreckt werden, so erteilt die Vollstreckungsbehörde dem Vollziehungsbeamten unmittelbar oder über die Geschäftsstelle des Amtsgerichts einen Vollstreckungsauftrag. In den Auftrag sind die Kosten früherer Einziehungsmaßnahmen als Nebenkosten aufzunehmen.

(2) Die Ausführung des Auftrags, die Ablieferung der von dem Vollziehungsbeamten eingezogenen oder beigetriebenen Geldbeträge und die Behandlung der erledigten Vollstreckungsaufträge bei der Gerichtskasse richten sich nach den Dienstvorschriften für die Vollziehungsbeamten und den Bestimmungen der Kassenordnung.

(3) Die Vollstreckungsbehörde überwacht die Ausführung des Vollstreckungsauftrags durch Anordnung einer Wiedervorlage der Akten.

(4) Die von dem Vollziehungsbeamten oder der Gerichtskasse an die Vollstreckungsbehörde zurückgegebenen Vollstreckungsaufträge mit den dazugehörigen Anlagen sind von der Geschäftsstelle zu den Akten zu nehmen und mit diesen dem für die Vollstreckung zuständigen Sachbearbeiter vorzulegen.

§ 10
Vollstreckung in bewegliche Sachen im Bezirk einer anderen Vollstreckungsbehörde

(1) Soll in bewegliche Sachen vollstreckt werden, die sich im Bezirk einer anderen Vollstreckungsbehörde befinden, so wird diese um Amtshilfe ersucht.

(2) Der Vollstreckungsbeamte rechnet über die eingezogenen Beträge mit der für ihn zuständigen Gerichtskasse ab, die die Vollstreckungsbehörde durch Rücksendung des Vollstreckungsauftrags oder des Ersuchens verständigt. Gehört die ersuchende Vollstreckungsbehörde einem anderen Lande an als der Vollziehungsbeamte, so führt dieser die eingezogenen Geldbeträge und die Kosten des Verfahrens an die für die ersuchende Vollstreckungsbehörde zuständige Gerichtskasse ab. Die eingezogenen Kosten der Vollstreckung sind an die für den Vollziehungsbeamten zuständige Gerichtskasse abzuführen; soweit sie von

dem Schuldner nicht eingezogen werden können, werden sie der Vollstreckungsbehörde eines anderen Landes nicht in Rechnung gestellt.

(3) Im Übrigen gilt § 9.

§ 11
Spätere Beitreibung

(1) Ist bei Uneinbringlichkeit eines Geldbetrages, an dessen Stelle eine Freiheitsstrafe nicht treten soll, mit der Möglichkeit zu rechnen, dass spätere Vollstreckungsmaßnahmen erfolgreich sein werden, so ordnet die Vollstreckungsbehörde eine Wiedervorlage der Akten an.

(2) Uneinbringlich gebliebene Kosten des Verfahrens werden, wenn sie nicht mehr zusammen mit dem Geldbetrag beigetrieben werden können, nach § 1 Abs. 5, § 15 Abs. 1 Buchstabe a der Gerichtskasse zur Einziehung überwiesen, sofern die Überweisung nicht nach § 16 Abs. 2 unterbleibt.

§ 12
Zahlungserleichterungen

(1) Werden für die Entrichtung eines Geldbetrages Zahlungserleichterungen bewilligt, so gelten diese Zahlungserleichterungen auch für die Kosten.

(2) Ist die Höhe der Kosten dem Zahlungspflichtigen noch nicht mitgeteilt worden, so ist dies bei der Mitteilung der Zahlungserleichterung nachzuholen. Die Androhung künftiger Zwangsmaßnahmen für den Fall der Nichtzahlung der Kosten unterbleibt hierbei. Einer Mitteilung der Höhe der Kosten bedarf es nicht, wenn das dauernde Unvermögen des Kostenschuldners zur Zahlung offenkundig ist.

§ 13
Zurückzahlung von Geldbeträgen und Kosten

(1) Sind Geldbeträge zu Unrecht vereinnahmt worden oder auf Grund besonderer Ermächtigung zurückzuzahlen, so ordnet die Vollstreckungsbehörde die Zurückzahlung an.

(2) Dasselbe gilt, wenn zusammen mit dem Geldbetrag Kosten des Verfahrens oder Vollstreckungskosten zurückzuzahlen sind.

(3) Bei unrichtiger Berechnung ist eine neue Kostenrechnung aufzustellen.

(4) In der Anordnung ist der Grund der Zurückzahlung (z. B. gnadenweiser Erlass durch Verfügung ... oder Zurückzahlung wegen irrtümlicher Berechnung) kurz anzugeben.

(5) Zu der Auszahlungsanordnung an die Gerichtskasse ist der für die Zurückzahlung bestimmte Vordruck zu verwenden er ist, soweit erforderlich, zu ändern. Der Anordnung ist

eine Benachrichtigung für den Empfangsberechtigten beizufügen. Die Gerichtskasse teilt diese Benachrichtigung dem Empfangsberechtigten mit.

§ 14
Durchlaufende Gelder

(1) Beträge, die nach den Vorschriften dieser Anordnung eingezogen werden, aber nicht der Landeskasse, sondern einem anderen Berechtigten zustehen, werden bei der Aufstellung der Kostenrechnung als durchlaufende Gelder behandelt.

(2) Auf Grund der Zahlungsanzeige der Gerichtskasse oder der Gerichtszahlstelle ordnet die Vollstreckungsbehörde die Auszahlung an den Empfangsberechtigten an. § 38 der Kostenverfügung gilt entsprechend.

III. Abschnitt. Lösung von Geldbetrag und Kosten

§ 15
Grundsatz

(1) Die Verbindung von Geldbetrag und Kosten (§ 1 Abs. 2) wird gelöst, wenn

a) sich die Beitreibung des Geldbetrages erledigt und für die Kostenforderung Beitreibungsmaßnahmen erforderlich werden,

b) nachträglich eine Gesamtgeldstrafe gebildet wird oder

c) die Vollstreckungsbehörde die getrennte Verfolgung beider Ansprüche aus Zweckmäßigkeitsgründen anordnet.

(2) Hat das Land aus einer wegen Geldbetrag und Kosten vorgenommen Zwangsvollstreckung bereits Rechte erworben, so darf eine Anordnung nach Abs. 1 Buchstabe c nur ergehen, wenn die Wahrnehmung dieser Rechte wegen der Kosten allein keine Schwierigkeiten bereitet oder wenn der Landeskasse durch die Aufgabe der wegen der Kosten begründeten Rechte kein Schaden erwächst.

§ 16
Überweisung der Kosten an die Gerichtskasse

(1) Bei der Überweisung der Kosten an die Kasse zur Einziehung (§ 4 Abs. 2 der Kostenverfügung) hat der Kostenbeamte, wenn bereits eine Zahlungsaufforderung an den Kostenschuldner ergangen war, die Aufnahme des nachstehenden Vermerks in die Reinschrift der Kostenrechnung zu veranlassen:

„Diese Zahlungsaufforderung tritt an die Stelle der Zahlungsaufforderung d. ..., vom ... Bei Zahlungen ist statt der bisherigen Geschäftsnummer nunmehr das Kassenzeichen anzugeben."

Hat sich der Kostenansatz nicht geändert, so genügt die Übersendung einer Rechnung, in der lediglich der Gesamtbetrag der früheren Rechnung, die geleisteten Zahlungen und der noch geschuldete Restbetrag anzugeben sind. Bewilligte Zahlungserleichterungen (§ 12) sind der Gerichtskasse mitzuteilen.

(2) Die Überweisung der Kosten unterbleibt, wenn die Voraussetzungen vorliegen, unter denen der Kostenbeamte von der Aufstellung einer Kostenrechnung absehen darf (§ 10 der Kostenverfügung).

(3) Der Kasse mit zu überweisen sind auch die nicht beigetriebenen Kosten eines der Lösung (§ 15) vorausgegangenen Einziehungsversuchs.

§ 17
Wahrnehmung der Rechte aus früheren Vollstreckungen

(1) Hatte das Land vor der Trennung von Geldbetrag und Kosten aus einer Zwangsvollstreckung wegen der Kosten bereits Rechte erlangt, so teilt die Vollstreckungsbehörde dies der Gerichtskasse unter Übersendung der vorhandenen Beitreibungsverhandlungen mit. Dies gilt nicht, wenn die wegen der Kosten begründeten Rechte nach § 15 Abs. 2 aufgegeben werden.

(2) Die Rechte der Landeskasse aus den wegen der Kosten erworbenen Rechten werden nunmehr von der Gerichtskasse wahrgenommen.

(3) Ist dem Vollziehungsbeamten ein Vollstreckungsauftrag erteilt (§ 9 Abs. 1, § 10 Abs. 1), so hat die Gerichtskasse dem Vollziehungsbeamten gegenüber jetzt die Stellung des Auftraggebers; sie hat ihn hiervon zu verständigen. Der Auftrag bleibt bestehen, bis die Gerichtskasse ihn zurücknimmt.

IV. Abschnitt

§ 18
Geldauflagen im Strafverfahren

(1) Geldzahlungen, die dem Zahlungspflichtigen nach § 56b Abs. 2 Nr. 2, § 57 Abs. 3 S. 1 StGB, § 153a StPO; § 15 Abs. 1 S. 1 Nr. 3, §§ 23, 29, 45, 88 Abs. 5 und 89 Abs. 3 JGG oder anlässlich eines Gnadenerweises auferlegt sind, werden nicht mit Zahlungsaufforderung (§ 5 Abs. 1) eingefordert. Ihre Beitreibung ist unzulässig.

(2) Wird die Geldauflage gestundet, so prüft die Vollstreckungsbehörde, ob die Gerichtskasse ersucht werden soll, die Einziehung der Kosten auszusetzen. Das Ersuchen empfiehlt sich, wenn die sofortige Einziehung der Kosten den mit der Stundung der Geldauflage verfolgten Zweck gefährden würde.

Anhang XVII
Gesetz über Kosten im Bereich der Justizverwaltung (Justizverwaltungskostenordnung – JVKostO)

vom 14. Februar 1940 (RGBl. I S. 357) in der im BGBl. III 363-1 veröffentlichten bereinigten Fassung, zuletzt geändert durch Art. 17 Abs. 3 des Gesetzes vom 12.12.2007 (BGBl. I, 2840, 2858)

Artikel I
Allgemeine Vorschriften

§ 1
Gebühren und Auslagen

(1) Soweit nichts anderes bestimmt ist, werden
1. in Justizverwaltungsangelegenheiten,
2. im Rechtshilfeverkehr mit dem Ausland nach dem Gesetz über die internationale Rechtshilfe in Strafsachen und
3. in der Zusammenarbeit mit dem Internationalen Strafgerichtshof nach dem IStGH-Gesetz
von den Justizbehörden des Bundes[1] und in Angelegenheiten nach den Nr. 203 und den Abschnitten 3 und 4 des Gebührenverzeichnisses von den Justizbehörden der Länder Kos-

---

1 Die JVKostO gilt auch für die Justizbehörden der Länder, u. zwar aufgrund deren gesetzlicher Bestimmungen, durch die die JBeitrO für anwendbar erklärt ist: Das Gebührenverzeichnis ist ergänzt im Saarland durch VO v. 7. 8. 1971 (ABl. S. 558). Nach dem Einigungsvertrag (Anl. I Kapitel III Sachgebiet A Abschn. III Ziff. 22a) gilt die JVKostO bis zum Inkrafttreten landesrechtlicher Vorschriften in der für die Justizbehörden des Bundes geltenden Fassung. Folgende landesrechtlichen Vorschriften sind erlassen worden:
Baden-Württemberg: Ges. i. d. F. v. 18. 12. 1995 (GBl. 1996, 29);
Bayern: Ges. i. d. F. v. 23. 12. 1994 (GVBl. 1994, 1051);
Berlin: Ges. i. d. F. v. 2. 12. 1994 (GVBl. 1994, 492);
Brandenburg: JKostG v. 3. 6. 1994 (GVBl. 1994, 172);
Bremen: Ges. i. d. F. v. 29. 11. 1994 (GVBl. 1994, 306);
Hamburg: Ges. i. d. F. v. 11. 4. 1995 (GVBl. 1994, 84);
Hessen: Ges. i. d. F. v. 29. 11. 1994 (GVBl. 1994, 683);
Mecklenburg-Vorpommern: Ges. i. d. F. v. 4. 7. 1996 (GVBl. 1996, 234);
Niedersachsen: Ges. i. d. F. v. 17. 12. 1994 (GVBl. 1994, 537);

ten (Gebühren und Auslagen) nach diesem Gesetz erhoben. § 7b gilt für die Justizbehörden der Länder.

(2) § 4 Abs. 8, § 5 Abs. 2 bis 4, § 6 Abs. 3 und 13 sind auch dann anzuwenden, wenn von Justizbehörden der Länder Kosten in Abs. 1 Satz 1 Nr. 1 bis 3 genannten Angelegenheiten erhoben werden.

§ 2
Gebührenverzeichnis; Rahmengebühren

(1) Die Gebühren bestimmen sich nach dem anliegenden Gebührenverzeichnis.

(2) Bei Rahmengebühren setzt die Behörde, die die gebührenpflichtige Amtshandlung vornimmt, die Höhe der Gebühr fest. Sie hat dabei insbesondere die Bedeutung der Angelegenheit für die Beteiligten, die mit der Vornahme der Amtshandlung verbundene Mühewaltung und die wirtschaftlichen Verhältnisse des Kostenschuldners zu berücksichtigen.

§ 3
Ablehnung oder Zurücknahme des Antrags

Bei der Ablehnung oder Zurücknahme eines Antrags auf Vornahme einer gebührenpflichtigen Amtshandlung kann die Behörde dem Antragsteller eine Gebühr bis zur Hälfte der für die Vornahme der Amtshandlung bestimmten Gebühr – bei Rahmengebühren jedoch nicht weniger als den Mindestbetrag – auferlegen. Das gleiche gilt, wenn die Ablehnung von der übergeordneten Behörde bestätigt wird.

§ 4
Dokumentenpauschale

(1) Für Ausfertigungen, Ablichtungen oder Ausdrucke, die auf besonderen Antrag erteilt, angefertigt oder per Telefax übermittelt werden, wird eine Dokumentenpauschale erhoben.

(2) § 136 Abs. 2 der Kostenordnung ist anzuwenden.

Nordrhein-Westfalen: Ges. i. d. F. v. 20. 6. 1995 (GVBl. 1995, 612);
Rheinland-Pfalz: Ges. i. d. F. v. 20. 12. 1994 (GVBl. 1994, 575);
Saarland: Ges. i. d. F. v. 8. 2. 1995 (ABl. 1995, 334);
Sachsen: Ges. i. d. F. v. 19. 5. 1995 (GVBl. 1995, 157);
Sachsen-Anhalt: Ges. i. d. F. v. 15. 3. 1995 (GVBl. 1995, 73);
Schleswig-Holstein: Ges. i. d. F. v. 8. 2. 2005 (GVBl. 2005, 130);
Thüringen: Ges. i. d. F. v. 4. 10. 1995 (GVBl. 1995, 309).

(3) Für einfache Ablichtungen oder Ausdrucke gerichtlicher Entscheidungen, die zur Veröffentlichung in Entscheidungssammlungen oder Fachzeitschriften beantragt werden, beträgt die Dokumentenpauschale höchstens 2,5 Euro je Entscheidung.

(4) Für die Überlassung von elektronisch gespeicherten Dateien anstelle der in den Absätzen 1 und 3 genannten Ausfertigungen, Ablichtungen und Ausdrucke beträgt die Dokumentenpauschale je Datei 2,5 Euro.

(5) Bei der Übermittlung elektronisch gespeicherter Daten auf Datenträgern wird daneben eine Datenträgerpauschale erhoben. Sie beträgt:

1. bei einer Speicherkapazität des Datenträgers von bis zu 2,0 Megabytes 2,50 Euro,
2. bei einer Speicherkapazität des Datenträgers von bis zu 500,0 Megabytes 25 Euro,
3. bei einer höheren Speicherkapazität 50 Euro.

(6) Die Behörde kann vom Ansatz der Dokumentenpauschale ganz oder teilweise absehen, wenn gerichtliche Entscheidungen für Zwecke verlangt werden, deren Verfolgung überwiegend im öffentlichen Interesse liegt, oder wenn Ablichtungen oder Ausdrucke amtlicher Bekanntmachungen anderen Tageszeitungen als den amtlichen Bekanntmachungsblättern auf Antrag zum unentgeltlichen Abdruck überlassen werden.

(7) Keine Kosten werden erhoben, wenn Daten im Internet zur nicht gewerblichen Nutzung bereitgestellt werden.

(8) Im Rechtshilfeverkehr mit dem Ausland in strafrechtlichen Angelegenheiten und in der Zusammenarbeit mit dem internationalen Strafgerichtshof wird eine Dokumentenpauschale nicht erhoben.

§ 5
Weitere Auslagen

(1) Für die Erhebung sonstiger Auslagen gilt § 137 Abs. 1 Nr. 1 bis 6, 9 bis 11, 13 und 15 der Kostenordnung entsprechend. Die Auslagen sind auch dann zu erheben, wenn eine Gebühr für die Amtshandlung nicht zum Ansatz kommt.

(2) Im Rechtshilfeverkehr mit dem Ausland in strafrechtlichen Angelegenheiten und in der Zusammenarbeit mit dem internationalen Strafgerichtshof werden von Abs. 1 die Auslagen erhoben, die in den Nrn. 9002 bis 9010, 9012 bis 9016 des Kostenverzeichnisses zum Gerichtskostengesetz bezeichnet sind. Dies gilt nicht, soweit nach § 75 des Gesetzes über die internationale Rechtshilfe in Strafsachen darauf verzichtet worden ist. Auslagen, die durch eine für begründet befundene Beschwerde entstanden sind, werden nicht erhoben, soweit das Beschwerdeverfahren gebührenfrei ist.

(3) Für den Vollzug der Haft nach dem Gesetz über die internationale Rechtshilfe in Strafsachen oder nach dem IStGH-Gesetz werden Kosten erhoben. Ihre Höhe richtet sich nach § 50 Abs. 2 und 3 des Strafvollzugsgesetzes.

(4) In den nach Absatz 2 Satz 1 und Absatz 3 bezeichneten Angelegenheiten werden Kosten nicht erhoben, wenn nach § 75 des Gesetzes über die internationale Rechtshilfe in Strafsachen oder nach § 71 des IStGH-Gesetzes darauf verzichtet worden ist oder in Verfahren nach dem Zweiten oder Dritten Abschnitt des Achten Teils des Gesetzes über die internationale Rechtshilfe in Strafsachen.

§ 6
Kostenschuldner

(1) Zur Zahlung der Gebühren und Auslagen, soweit nichts anderes bestimmt ist, ist verpflichtet:

1. derjenige, der die Amtshandlung veranlasst oder zu dessen Gunsten sie vorgenommen wird;

2. derjenige, der die Kosten durch eine vor der Behörde abgegebene oder ihr mitgeteilte Erklärung übernommen hat;

3. derjenige, der nach den Vorschriften des bürgerlichen Rechts für die Kostenschuld eines anderen kraft Gesetzes haftet;

4. derjenige, dem durch eine Entscheidung der Justizbehörde die Kosten auferlegt sind.

Die Jahresgebühr für die Führung des Unternehmensregisters schuldet jedes Unternehmen, das seine Rechnungslegungsunterlagen im elektronischen Bundesanzeiger bekannt zu machen hat, und jedes Unternehmen, das in dem betreffenden Kalenderjahr nach Abs. 8b Abs. 2 Nr. 9 und 10, Abs. 3 Satz 1 Nr. 2 des Handelsgesetzbuchs selbst oder durch einen von ihm beauftragten Dritten Daten an das Unternehmensregister übermittelt hat.

(2) Mehrere Kostenschuldner haften als Gesamtschuldner.

(3) Im Rechtshilfeverkehr mit dem Ausland in strafrechtlichen Angelegenheiten und in der Zusammenarbeit mit dem Internationalen Strafgerichtshof haftet der Verfolgte oder Verurteilte nicht nach Abs. 1 Nr. 1.

§ 7
Fälligkeit, Vorschuss, Zurückbehaltungsrecht

(1) Die Gebühren werden, soweit nichts anderes bestimmt ist, mit der Beendigung der gebührenpflichtigen Amtshandlung, Auslagen sofort nach ihrer Entstehung fällig. Wenn eine Kostenentscheidung der Justizbehörde ergeht, werden entstandene Kosten mit dem Erlass, später entstehende Kosten sofort fällig.

(2) Die Behörde kann die Zahlung eines Kostenvorschusses verlangen. Sie kann die Vornahme der Amtshandlung von der Zahlung oder Sicherstellung des Vorschusses abhängig machen.

(3) Bescheinigungen, Ausfertigungen, Ablichtungen und Ausdrucke sowie zurückzugebende Urkunden, die aus Anlass der Amtshandlung eingereicht sind, können zurückbehalten werden, bis die in der Angelegenheit erwachsenen Kosten bezahlt sind.

§ 7a
Übermittlung von Entscheidungen

(1) Für die Übermittlung gerichtlicher Entscheidungen in Form elektronisch auf Datenträgern gespeicherter Daten kann an Stelle der zu erhebenden Auslagen durch öffentlich-

rechtlichen Vertrag eine andere Art der Gegenleistung vereinbart werden, deren Wert den ansonsten zu erhebenden Kosten entspricht.

(2) Werden für die Übermittlung gerichtlicher Entscheidungen zusätzliche Leistungen beantragt, insbesondere eine Auswahl der Entscheidungen nach bestimmten Kriterien, und entsteht hierdurch ein nicht unerheblicher Aufwand, so ist eine Gegenleistung durch öffentlich-rechtlichen Vertrag zu vereinbaren, die zur Deckung der anfallenden Auslagen ausreicht.

(3) Werden Entscheidungen für Zwecke verlangt, deren Verfolgung überwiegend im öffentlichen Interesse liegt, so kann auch eine niedrigere Gegenleistung verlangt werden oder auf eine Gegenleistung verzichtet werden.

§ 7b
Automatisches Abrufverfahren

Zur Zahlung der in Abschnitt 4 des Gebührenverzeichnisses bestimmten Gebühren ist derjenige verpflichtet, der den Abruf tätigt. Erfolgt der Abruf unter einer Kennung, die auf Grund der Anmeldung zum Abrufverfahren vergeben worden ist, ist der Schuldner der Kosten derjenige, der sich zum Abrufverfahren angemeldet hat.

§ 7c
Forschungsvorhaben

Erfordert die Erteilung einer Auskunft für wissenschaftliche Forschungsvorhaben aus den vom Bundesamt für Justiz geführten Registern einen erheblichen Aufwand, ist eine Gegenleistung zu vereinbaren, welche die notwendigen Auslagen deckt. § 12 ist entsprechend anzuwenden.

§ 8
Kostenfreiheit

(1) Von der Zahlung der Gebühren sind befreit der Bund und die Länder sowie die nach den Haushaltsplänen des Bundes und der Länder für Rechnung des Bundes oder eines Landes verwalteten öffentlichen Anstalten und Kassen.

(2) Die sonstigen Vorschriften, durch die eine sachliche oder persönliche Kostenfreiheit gewährt wird, bleiben unberührt.

(3) Die Gebührenfreiheit entbindet, soweit nichts anderes bestimmt ist, nicht von der Verpflichtung zur Zahlung der Auslagen.

§ 9
Kostenfreie Vorgänge

Weder Gebühren noch Auslagen – ausgenommen Schreibauslagen nach § 4 – werden erhoben

1. für Amtshandlungen, die durch Anzeigen, Anträge und Beschwerden in Angelegenheiten der Strafverfolgung oder Strafvollstreckung, der Anordnung oder der Vollstreckung von Maßregeln der Besserung und Sicherung oder der Verfolgung einer Ordnungswidrigkeit oder der Vollstreckung einer gerichtlichen Bußgeldentscheidung veranlasst werden;
2. in Gnadensachen;
3. in Zentralregisterangelegenheiten, ausgenommen für die Erteilung von Führungszeugnissen nach § 30 des Bundeszentralregistergesetzes;
4. in Gewerbezentralregisterangelegenheiten, ausgenommen für die Erteilung von Auskünften nach § 150 der Gewerbeordnung;
5. im Verfahren über Anträge nach dem Gesetz über die Entschädigung für Strafverfolgungsmaßnahmen sowie über Anträge auf Entschädigung für sonstige Nachteile, die jemandem ohne sein Verschulden aus einem Straf- oder Bußgeldverfahren erwachsen sind;
6. für die Tätigkeit der Staatsanwaltschaft im Aufgebotsverfahren.

§ 10

(aufgehoben)

§ 11
Nichterhebung

Gebühren und Auslagen, die bei richtiger Behandlung der Sache nicht entstanden wären, werden nicht erhoben.

§ 12
Ermäßigung, Absehen von Kosten

Die Behörde kann ausnahmsweise, wenn dies mit Rücksicht auf die wirtschaftlichen Verhältnisse des Zahlungspflichtigen oder sonst aus Billigkeitsgründen geboten erscheint, die Gebühren unter die Sätze des Gebührenverzeichnisses ermäßigen oder von der Erhebung der Kosten absehen.

§ 13
Einwendungen

(1) Über Einwendungen gegen die Festsetzung und den Ansatz der Kosten oder gegen Maßnahmen gemäß § 7 Abs. 2, 3 entscheidet das Amtsgericht, in dessen Bezirk die Behörde ihren Sitz hat. Die §§ 1a und 14 Abs. 3 – 10 der Kostenordnung gilt entsprechend.

(2) Auf gerichtliche Entscheidungen ist § 157a der Kostenordnung entsprechend anzuwenden.

§ 14
Verjährung, Verzinsung

(1) Für die Verjährung der Kostenforderungen und der Ansprüche auf Rückzahlung zuviel gezahlter Kosten gilt § 17 der Kostenordnung entsprechend.
(2) Ansprüche auf Zahlung und Rückerstattung von Kosten werden nicht verzinst.

§ 15

(aufgehoben)

Artikel II. Schlussbestimmungen
Außerkrafttreten landesrechtlicher Vorschriften

§ 16
Übergangsvorschrift

Für Kosten, die vor dem Inkrafttreten einer Gesetzesänderung fällig geworden sind, gilt das bisherige Recht. Dies gilt auch, wenn Vorschriften geändert werden, auf die die Justizverwaltungskostenverordnung verweist.

§ 17
Beschwerde, Übergangsrecht

Für die Beschwerde finden die vor dem 1. Juli 2004 geltenden Vorschriften weiter Anwendung, wenn die anzufechtende Entscheidung vor dem 1. Juli 2004 der Geschäftsstelle übermittelt worden ist.

§ 18
Sonstiges Recht

(1) Die nicht reichsrechtlichen Vorschriften über Gebühren für Amtshandlungen der Justizverwaltung und für sonstige in den Bereich dieser Verordnung fallende Angelegenheiten treten außer Kraft.
(2), (3) *(gegenstandslos)*

§ 19
Landesrecht

In Kraft bleiben die landesrechtlichen Vorschriften über die Gebühren für Schiedsmänner, Friedensrichter, Ortsgerichte, Schätzungsämter und ähnliche Stellen im Bereich der Justizverwaltung.

§ 20

(gegenstandslose Aufhebungsvorschrift)

§ 21
Weiteres Übergangsrecht

(1) (gegenstandslose Übergangsvorschrift)
(2) Soweit die Justizbehörden in Auslandsnachlasssachen noch zur Aushändigung von Wertgegenständen zuständig sind, bleiben die landesrechtlichen Gebührenvorschriften in Kraft.

Anlage 1
(zu § 2 Abs. 1)

1.   Beglaubigungen

100	Beglaubigung von amtlichen Unterschriften für den Auslandsverkehr auf Urkunden, die keine rechtsgeschäftliche Erklärung enthalten, z.B. Patentschriften, Handelsregisterauszüge, Ernennungsurkunden	13,00 EUR
	Die Gebühr wird nur einmal erhoben, auch wenn eine weitere Beglaubigung durch die übergeordnete Justizbehörde erforderlich ist.	
101	Beglaubigung von amtlichen Unterschriften für den Auslandsverkehr auf sonstigen Urkunden	in Höhe der Gebühr nach § 45 Abs. 1 der Kostenordnung
102	Beglaubigung von Ablichtungen, Ausdrucken, Auszügen und Dateien	0,50 EUR für jede Seite, mindestens 5,00 EUR
	Die Gebühr wird nur erhoben, wenn die Beglaubigung beantragt ist; dies gilt nicht für Ausdrucke aus dem Un-	

ternehmensregister und für an deren Stelle tretende Dateien. Wird die Ablichtung oder der Ausdruck von der Behörde selbst hergestellt, so kommt die Dokumentenpauschale (§ 4) hinzu. Die Behörde kann vom Ansatz absehen,
wenn die Beglaubigung für Zwecke verlangt wird, deren
Verfolgung überwiegend im öffentlichen Interesse liegt.

2. Sonstige Justizangelegenheiten mit Auslandsbezug

(1) Gebühren nach den Nrn. 200 bis 202 werden nur in Zivilsachen und in Angelegenheiten der freiwilligen Gerichtsbarkeit erhoben. Die Gebühren nach den Nrn. 201 und 202
werden auch dann erhoben, wenn die Zustellung oder die Rechtshilfehandlung wegen
unbekannten Aufenthalts des Empfängers oder sonst Beteiligten oder aus ähnlichen
Gründen nicht ausgeführt werden kann. In den Fällen der Nrn. 201 und 202 werden Gebühren und Auslagen nicht erhoben, wenn die Gegenseitigkeit verbürgt ist. Die Bestimmungen des Staatsvertrags bleiben unberührt.

(2) Gebühren nach den Nrn. 204 bis 206 werden auch erhoben, wenn die Bundeszentral-
stelle entsprechende Tätigkeiten aufgrund einer Rechtsverordnung nach § 2a Abs. 4 S. 2
AdVermiG wahrnimmt.

200	Prüfung von Ersuchen nach dem Ausland	10,00 bis 50,00 EUR
201	Erledigung von Zustellungsanträgen in ausländischen Rechtsangelegenheiten	10,00 bis 20,00 EUR
202	Erledigung von Rechtshilfeersuchen in ausländischen Rechtsangelegenheiten	10,00 bis 250,00 EUR
203	Befreiung von der Beibringung des Ehefähigkeitszeugnisses (§ 1309 BGB)	10,00 bis 300,00 EUR
204	Mitwirkung der Bundeszentralstelle für Auslandsadoption (§ 1 Abs. 1 AdÜbAG, § 2a Abs. 4 S. 1 AdVermiG) bei Übermittlungen an die zentrale Behörde des Heimatstaates (§ 4 Abs. 6 AdÜbAG, § 2a Abs. 4 S. 2 AdVermiG) Die Gebühr wird in einem Adoptionsvermittlungsverfahren nur einmal erhoben.	10,00 bis 150,00 EUR
205	Bestätigung nach § 9 AdÜbAG	40,00 bis 100,00 EUR
206	Bescheinigungen nach § 7 Abs. 4 AdVermiG	40,00 bis 100,00 EUR
207*	Unterstützungsleistungen der Zentralen Behörde nach Kapitel V des Haager Übereinkommens vom 13. Januar 2000 über den internationalen Schutz von Erwachsenen	10,00 bis 300,00 EUR

---

* Nr. 207 ist eingefügt durch Art. 2 Abs. 4 des Gesetzes zur Umsetzung des Haager Übereinkommens
vom 13. Januar 2000 über den internationalen Schutz von Erwachsenen vom 17. März 2007 (BGBl. I,
314, 317) und tritt nach Art. 3 des Gesetzes an dem Tag in Kraft, an dem das Haager Übereinkommen
(BGBl. II, 323) nach seinem Art. 57 für die Bundesrepublik in Kraft tritt.

und nach dem Erwachsenenschutzübereinkommens-
Ausführungsgesetz

3. Registrierung nach dem Rechtsdienstleistungsgesetz

300	Registrierung nach dem RDG	150,00 EUR

Bei Registrierung einer juristischen Person oder einer Gesellschaft ohne Rechtspersönlichkeit wird mit der Gebühr
auch die einer qualifizierten Person in das Rechtsdienst-
leistungsregister abgegolten.

301	Eintragung einer qualifizierten Person in das Rechts-dienstleistungsregister, wenn die Eintragung nicht durch die Gebühr 300 abgegolten ist: Je Person:	150,00 EUR
302	Widerruf oder Rücknahme der Registrierung	75,00 EUR

4. Abruf von Daten in Handels-, dem Partnerschafts-, Genossenschafts- und dem Vereinsregisterangelegenheiten

(1) Dieser Abschnitt gilt für den Abruf von Daten und Dokumenten aus dem vom Regis-
tergericht geführten Datenbestand. Für den Abruf von Daten in der Geschäftsstelle des
Registergerichts bleibt § 90 KostO unberührt.

(2) Neben den Gebühren werden keine Auslagen erhoben

(3) Die Gebühren für den Abruf werden am 15. Tag des auf den Abruf folgenden Monats
fällig, sofern sie nicht über ein elektronisches Bezahlsystem sofort beglichen werden.

(4) Von den § 126 FGG genannten Stellen werden Gebühren nach diesem Abschnitt nicht
erhoben, wenn die Abrufe zum Zwecke der Erstattung eines vom Gericht geforderten
Gutachtens erforderlich sind.

400	Abruf von Daten aus dem Register. je Registerblatt	4,50 EUR
401	Abruf von Dokumenten, die zum Register eingereicht wurden; für jede abgerufene Datei:	4,50 EUR

5. Unternehmensregister

Mit der Jahresgebühr nach den Nummern 500 bis 502 wird der gesamte Aufwand zur
Führung des Unternehmensregisters entgolten. Sie umfasst nicht den Aufwand für die Erteilung von Ausdrucken oder Ablichtungen, die Überlassung von elektronische gespeicherten Dokumenten und die Beglaubigung von Ablichtungen, Ausdrucken, Auszügen
und Dateien. Die Jahresgebühr wird jeweils am 31. Dezember des abgelaufenen Kalenderjahres fällig.

500	Jahresgebühr für die Führung des Unternehmensregisters	5,00 EUR

für jedes Kalenderjahr, wenn das Unternehmen bei der
Offenlegung der Rechnungslegungsunterlagen die Erleichterungen nach § 326 HGB in Anspruch nehmen
kann

(1) Die Gebühr entsteht für jedes Kalenderjahr, für das ein Unternehmen die Rechnungslegungsunterlagen im elektronischen
Bundesanzeiger bekannt zu machen hat. Dies gilt auch, wenn die
bekannt zu machenden Unterlagen nur einen Teil des Kalenderjahres umfassen

(2) Die Gebühr wird nicht erhoben, wenn für das Kalenderjahr
eine Gebühr nach Nummer 502 entstanden ist.

501	Das Unternehmen kann die Erleichterungen nach § 326 HGB nicht in Anspruch nehmen:	
	Die Gebühr 500 beträgt	10,00 EUR
502	Jahresgebühr für die Führung des Unternehmensregisters für jedes Kalenderjahr, in dem das Unternehmen nach § 8b Abs. 2 Nr. 9 und 10, Abs. 3 Satz 1 Nr. 2 HGB selbst oder durch einen von ihm beauftragten Dritten Daten an des Unternehmensregister übermittelt hat.	30,00 EUR
503	Übertragung von Unterlagen der Rechnungslegung, die in Papierform zum Register eingereicht wurden, in ein elektronisches Dokument (§ 8b Abs. 4 Satz 2, § 9 Abs. 2 HGB und Artikel 61 Abs. 3 EGHGB)	3,00 EUR – mindestens 30,00 EUR
	Die Gebühr wird für die Dokumente eines jeden Unternehmens gesondert erhoben. Mit der Gebühr wird auch die einmalige elektronische Übermittlung der Dokumente an den Antragsteller abgegolten.	

6. Ordnungsgeldverfahren des Bundesamtes für Justiz

Wird ein Ordnungsgeldverfahren gegen mehrere Personen durchgeführt, werden die Gebühren von jeder Person gesondert erhoben.

600	Durchführung des Ordnungsgeldverfahrens nach § 335 HGB	50,00 EUR
601	Festsetzung eines zweiten und eines jeden weiteren Ordnungsgelds	50,00 EUR

7. Bescheinigungen, Zeugnisse, Auskünfte

700	Bescheinigungen und schriftliche Auskünfte aus Akten und Büchern	10 EUR

701	Bescheinigungen über die Beurkundungsbefugnis eines Justizbeamten, die zum Gebrauch einer Urkunde im Ausland verlangt werden	10 EUR
	Die Gebühr wird nicht erhoben, wenn eine Beglaubigungsgebühr nach Nr. 100 oder Nr. 101 zum Ansatz kommt.	
702	Zeugnisse über das im Bund oder in den Ländern geltende Recht	10,00 – 250,00 EUR
703	Führungszeugnis nach § 30 BZRG	7,50 EUR
704	Auskunft nach § 150 der Gewerbeordnung	7,50 EUR

Anhang XVIII
Gebührentabellen zum Gerichtskostengesetz
(Anlage 2 zu § 3 Abs. 2 GKG)

Tabelle 1: zu KV Teil 1–7

Streitwert bis... €	1,0 Gebühr €	0,25 Gebühr €	0,5 Gebühr €	0,75 Gebühr €	1,5 Gebühr €	2,0 Gebühr €	2,5 Gebühr €	3,0 Gebühr €	4,0 Gebühr €	5,0 Gebühr €	6,0 Gebühr €
300	25	6,25	12,50	18,75	37,50	50,00	62,50	75,00	100,00	125,00	150,00
600	35	8,75	17,50	26,25	52,50	70,00	87,50	105,00	140,00	175,00	210,00
900	45	11,25	22,50	33,75	67,50	90,00	112,50	135,00	180,00	225,00	270,00
1200	55	13,75	27,50	41,25	82,50	110,00	137,50	165,00	220,00	275,00	330,00
1500	65	16,25	32,50	48,75	97,50	130,00	162,50	195,00	260,00	325,00	390,00
2000	73	18,25	36,50	54,75	109,50	146,00	182,50	219,00	292,00	365,00	438,00
2500	81	20,25	40,50	60,75	121,50	162,00	202,50	243,00	324,00	405,00	486,00
3000	89	22,25	44,50	66,75	133,50	178,00	222,50	267,00	356,00	445,00	534,00
3500	97	24,25	48,50	72,75	145,50	194,00	242,50	291,00	388,00	485,00	582,00
4000	105	26,25	52,50	78,75	157,50	210,00	262,50	315,00	420,00	525,00	630,00
4500	113	28,25	56,50	84,75	169,50	226,00	282,50	339,00	452,00	565,00	678,00
5000	121	30,25	60,50	90,75	181,50	242,00	302,50	363,00	484,00	605,00	726,00
6000	136	34,00	68,00	102,00	204,00	272,00	340,00	408,00	544,00	680,00	816,00
7000	151	37,75	75,50	113,25	226,50	302,00	377,50	453,00	604,00	755,00	906,00
8000	166	41,50	83,00	124,50	249,00	332,00	415,00	498,00	664,00	830,00	996,00
9000	181	45,25	90,50	135,75	271,50	362,00	452,50	543,00	724,00	905,00	1086,00
10000	196	49,00	98,00	147,00	294,00	392,00	490,00	588,00	784,00	980,00	1176,00
13000	219	54,75	109,50	164,25	328,50	438,00	547,50	657,00	876,00	1095,00	1314,00
16000	242	60,50	121,00	181,50	363,00	484,00	605,00	726,00	968,00	1210,00	1452,00
19000	265	66,25	132,50	198,75	397,50	530,00	662,50	795,00	1060,00	1325,00	1590,00
22000	288	72,00	144,00	216,00	432,00	576,00	720,00	864,00	1152,00	1440,00	1728,00
25000	311	77,75	155,50	233,25	466,50	622,00	777,50	933,00	1244,00	1555,00	1866,00
30000	340	85,00	170,00	255,00	510,00	680,00	850,00	1020,00	1360,00	1700,00	2040,00
35000	369	92,25	184,50	276,75	553,50	738,00	922,50	1107,00	1476,00	1845,00	2214,00
40000	398	99,50	199,00	298,50	597,00	796,00	995,00	1194,00	1592,00	1990,00	2388,00
45000	427	106,75	213,50	320,25	640,50	854,00	1067,50	1272,00	1708,00	2135,00	2562,00
50000	456	114,00	228,00	342,00	684,00	912,00	1140,00	1368,00	1824,00	2280,00	2736,00
65000	556	139,00	278,00	417,00	834,00	1112,00	1390,00	1668,00	2224,00	2780,00	3336,00
80000	656	164,00	328,00	492,00	984,00	1312,00	1640,00	1968,00	2624,00	3280,00	3936,00
95000	756	189,00	378,00	567,00	1134,00	1512,00	1890,00	2268,00	3024,00	3780,00	4536,00
110000	856	214,00	428,00	642,00	1284,00	1712,00	2140,00	2568,00	3524,00	4280,00	5136,00
125000	956	239,00	478,00	717,00	1434,00	1912,00	2390,00	2868,00	3824,00	4780,00	5736,00
140000	1056	264,00	528,00	792,00	1584,00	2112,00	2640,00	3168,00	4224,00	5280,00	6336,00
155000	1156	289,00	578,00	867,00	1734,00	2312,00	2890,00	3468,00	4624,00	5780,00	6936,00
170000	1256	314,00	628,00	942,00	1884,00	2512,00	3140,00	3768,00	5024,00	6280,00	7536,00
185000	1356	339,00	678,00	1017,00	2034,00	2712,00	3390,00	4068,00	5424,00	6780,00	8136,00
200000	1456	364,00	728,00	1092,00	2184,00	2912,00	3640,00	4368,00	5824,00	7280,00	8736,00
230000	1606	401,50	803,00	1204,50	2409,00	3212,00	4015,00	4818,00	6424,00	8030,00	9636,00
260000	1756	439,00	878,00	1317,00	2634,00	3512,00	4390,00	5268,00	7024,00	8780,00	10536,00
290000	1906	476,50	953,00	1429,50	2859,00	3812,00	4765,00	5718,00	7624,00	9530,00	11436,00
320000	2056	514,00	1028,00	1542,00	3084,00	4112,00	5140,00	6168,00	8224,00	10280,00	12336,00
350000	2206	551,50	1103,00	1654,50	3309,00	4412,00	5515,00	6618,00	8824,00	11030,00	13236,00
380000	2356	589,00	1178,00	1767,00	3534,00	4712,00	5890,00	7068,00	9124,00	11780,00	14136,00
410000	2506	626,50	1253,00	1879,50	3759,00	5012,00	6265,00	7518,00	10024,00	12530,00	15036,00
440000	2656	664,00	1328,00	1992,00	3984,00	5312,00	6640,00	7968,00	10624,00	13280,00	15936,00
470000	2806	701,50	1403,00	2104,50	4209,00	5612,00	7015,00	8418,00	11224,00	14030,00	16836,00
500000	2956	739,00	1478,00	2217,00	4434,00	5912,00	7390,00	8868,00	11824,00	14780,00	17736,00

Tabelle 2: zu KV Teil 8 (ArbGG)

Streitwert bis ... €	1,0 Gebühr €	0,4 Gebühr €	0,6 Gebühr €	0,8 Gebühr €	1,2 Gebühr €	1,6 Gebühr €	2,4 Gebühr €	3,2 Gebühr €
300	25	10,00	15,00	20,00	30,00	40,00	60,00	80,00
600	35	14,00	21,00	28,00	42,00	56,00	84,00	112,00
900	45	18,00	27,00	36,00	54,00	72,00	108,00	144,00
1200	55	22,00	33,00	44,00	66,00	88,00	132,00	176,00
1500	65	26,00	39,00	52,00	78,00	104,00	156,00	208,00
2000	73	29,20	43,80	58,40	87,60	116,80	175,20	233,60
2500	81	32,40	48,60	64,80	97,20	129,60	194,40	259,20
3000	89	35,60	53,40	71,20	106,80	142,40	213,60	284,80
3500	97	38,80	58,20	77,60	116,40	155,20	232,80	310,40
4000	105	42,00	63,00	84,00	126,00	168,00	252,00	336,00
4500	113	45,20	67,80	90,40	135,60	180,80	271,20	361,60
5000	121	48,40	72,60	96,80	145,20	193,60	290,40	387,20
6000	136	54,40	81,60	108,80	162,20	217,60	326,40	435,20
7000	151	60,40	90,60	120,80	181,20	241,60	362,40	483,20
8000	166	66,40	99,60	132,80	199,20	265,60	398,40	531,20
9000	181	72,40	108,60	144,80	217,20	289,60	434,40	579,20
10000	196	78,40	117,60	156,80	235,20	313,60	470,40	627,20
13000	219	87,60	131,40	175,20	262,80	350,40	525,60	700,80
16000	242	96,80	145,20	193,60	290,40	387,20	580,80	774,40
19000	265	106,00	159,00	212,00	318,00	424,00	636,00	848,00
22000	288	115,20	172,80	230,40	345,60	460,80	691,20	921,60
25000	311	124,40	186,60	248,80	373,20	497,60	746,40	995,20
30000	340	136,00	204,00	272,00	408,00	544,00	816,00	1088,00
35000	369	147,60	221,40	295,20	442,80	590,40	885,60	1180,80
40000	398	159,20	238,80	318,40	477,60	636,80	955,20	1273,60
45000	427	170,80	256,20	341,60	512,40	683,20	1024,80	1366,40
50000	456	182,40	273,60	364,80	547,20	729,60	1094,40	1459,20
65000	556	222,40	333,60	444,80	667,20	889,60	1334,40	1779,20
80000	656	262,40	393,60	524,80	787,20	1049,60	1574,40	2099,20
95000	756	302,40	453,60	604,80	907,20	1209,60	1814,40	2419,20
110000	856	342,40	513,60	684,80	1027,20	1369,60	2054,40	2739,20
125000	956	382,40	573,60	764,80	1147,20	1529,60	2294,40	3059,20
140000	1056	422,40	633,60	844,80	1267,20	1689,60	2434,40	3379,20
155000	1156	462,40	693,60	924,80	1387,20	1849,60	2774,40	3699,20
170000	1256	502,40	753,60	1004,80	1507,20	2009,60	3014,40	4019,20
185000	1356	542,40	813,60	1084,80	1627,20	2089,60	3254,40	4339,20
200000	1456	582,40	873,60	1164,80	1747,20	2329,60	3494,40	4659,20
230000	1606	642,40	963,60	1284,80	1927,20	2569,60	3854,40	5139,20
260000	1756	702,40	1053,60	1404,80	2107,20	2809,60	4214,40	5619,20
290000	1906	762,40	1143,60	1524,80	2287,20	3049,60	4574,40	6099,20
320000	2056	822,40	1233,60	1644,80	2467,20	3289,60	4934,40	6579,20
350000	2206	882,40	1323,60	1764,80	2647,20	3529,60	5294,40	7059,20
380000	2356	942,40	1413,60	1884,80	2827,20	3769,60	5654,40	7539,20
410000	2506	1002,40	1503,60	2004,80	3007,20	4009,60	6014,40	8019,20
440000	2656	1062,40	1593,60	2124,80	3187,20	4249,60	6374,40	8499,20
470000	2806	1122,40	1683,60	2244,80	3367,20	4489,60	6734,40	8979,20
500000	2956	1182,40	1773,60	2364,80	3547,20	4729,60	7094,40	9459,20

Sachregister

Fette Ziffern bis 72 bezeichnen die Paragraphen des GKG bzw. auf die Teile des KV zum GKG, magere Ziffern verweisen auf die Randnummern, römische Ziffern verweisen auf die Anhänge I–IX.

21 15 = Randnummer 15 zu § 21;

A48 5 = Randnummer 5 zu Anhang zu § 48

KV 1 5 = Randnummer 5 zu Teil 1 des Kostenverzeichnisses

III = Anhang III

Weitere Stichworte, zu den Streitwerten befinden sich in den alphabetischen Zusammenstellungen in den Anhängen zu § 48 und § 52.

Abänderung
bei Arrest oder EV **53** 2 ff.
der Kostenentscheidung **63** 30
des Streitwertbeschlusses **20** 11; **63** 9, 31 ff.
von Unterhaltstiteln **42** 5, 20
der Vollstreckbarerklärung oder der Vollstreckungsklausel ausländischer Schuldtitel **KV 1** 132 ff.

Abänderungsbeschluss
Klage gegen den A. bei gesetzlicher Unterhaltspflicht **KV 1** 48

Abänderungsklage bei gesetzlicher Unterhaltspflicht **42** 5, 12, 20, 29

Abfindungssumme bei wiederkehrenden Leistungen **42** 21

Abführung s. Strafsachen

Abgabe des Verfahrens und Kostenansatz **19** 7–9

Abgaben öffentliche A. bei der Zwangsverwaltung **55** 5

Abgabesachen A 52 8, 10

Abgesonderte Befriedigung 58 4

Abhängigmachung der Dokumentenpauschale von Vorauszahlung **17** 35

Abhaltung des Zwangsversteigerungstermins **KV 2** 19

Abhilfe
im Beschwerdeverfahren **66** 41; **67** 10; **68** 10
bei Erinnerung **66** 27; **67** 10

Ablehnung
des Lohnsteuerjahresausgleichs **A 52** 35

von Richtern und Sachverständigen **A48** 10; **A52** 10, 35
eines Wiederaufnahmeantrags im OWi-Verfahren **KV 4** 20

Ablichtung Begriff der **KV 9** 17

Abnahme A48, 10, 61

Abrechnungsbescheid A52 35

Abschätzung des Gegenstandswertes **64**

Abschlag vom Regelunterhalt **42** 4

Abschriften
Begriff **KV 9** 1, 17
Dokumentenpauschale **KV 9** 1
bei Dokumentenpauschalenfreiheit **KV 9** 23
Unterlassung der Beigabe **KV 9** 21

Absehen s. Strafsachen

Aktenführung, elektronische 5a

Aktien A 48, 10

Aktiengesetz A 48 106 f.

Aktivmasse 37 3
im Zwangsversteigerungsverfahren **54**
im Zwangsverwaltungsverfahren **55**

Amnestie s. Strafsachen

Amtsfähigkeit, Verlust als Nebenfolge s. Strafsachen

Anderweitige Beendigung des Verfahrens oder der Instanz
Fälligkeit der Gebühren **9** 14
Ermäßigung der Gebühr bei **KV 1** 33

Anerkenntnisurteil KV 1 37

Anfechtung A48 10
von Verwaltungsakten **66** 14

Erledigungsfeststellungklage
Streitwert **47** 2

Erlöschen
der Prozesskostenhilfe **vor 22** 18
der Zahlungspflicht des Entscheidungs-
schuldners **30**

Ermäßigung
der allgemeinen Verfahrensgebühr **KV 1** 32 ff.

Ermittlungsverfahren Auslagen **KV 9** 69

Eröffnung des Insolvenzverfahrens (Kostenschuldner) **23** 1

Eröffnungsantrag im schifffahrtsrechtlichen
Verteilungsverfahren **59** 2

Ersatzteile eines Luftfahrzeugs, Zwangsvollstreckung **56** 1

Erstattungszinsen 5 19

Ersteher
Haftung im Zwangsversteigerungsverfahren
26 21
verschiedene E: bei der Zwangsversteigerung
54 14

Erstschuldner und Zweitschuldner 31 12

Ersuchtes Gericht
Kostenansatz **19** 6

Euro ( ) vor 1 8

Europäischer Gerichtshof 1 27

Eventualanträge 45 18, 19

Eventualwiderklage 45 18, 19

Fälligkeit
der Gebühren **6; 9**
des Rückerstattungsanspruchs **6** 12

Fahrtenbuch A52 8, 15

Familiensachen 48 20; **46**

Fehlbelegungsabgabe A52 8, 10

Feriensache A48 14

Fernsprechanschluss A48 14

Festsetzung
Rechtsanwaltsvergütung nach § 11 RVG **1** 15
der Vergütung des PKH-Anwalts **1** 16

Feststellungsklage 41 16; **42** 18, 25; **A48** 20, 93;
A52 7, 15, 40

Finanzgerichtsverfahren Streitwert **52**
Streitwertkatalog **A52** 34 ff.

Firma A48 14

Fischereirecht A48 14

Flurbereinigungsgesetz A52 8, 15

Folgesachen 48 14; **46** 2

Forderung A48 14

Forderungspfändung A52 40

Fortbestehen eines Vertrages 16 5

Fortdauer der Vorschusspflicht **18**

Fortsetzungsfeststellungsklage A52 7

Freigabe A48 14

Freiwillige Gerichtsbarkeit 1 26

Freiwillige Leistungen 42 10; **53** 14

Frist
keine F. für Erinnerung **66** 4
zur Streitwertänderung **62** 33, 35

Früchte A48 41; **43** 5

Führerschein s. *„Fahrerlaubnis"*

Gebrauchsmuster A48 15, 130; **51**

Gebühr
Arten **1** 41
Begriff **1** 40
erforderte G. **12** 9
Vorschuss **12** 5, 6, 10

Gebührenfreiheit
und Dokumentenpauschale **2** 2
von Kirchen und Religionsgemeinschaften
2 23
und Kostenansatz **19** 2
und Kostenschuld aus Vergleich **29** 18 ff.
Kostenvorauszahlungspflicht im Mahnverfahren bei Gebührenfreiheit **14** 12
in Rechtsmittelverfahren nach dem GKG
66 66, 67; **67** 13; **68** 26; **69** 8
Vorschusspflicht des Privat-/Nebenklägers **16**

Gegendarstellung 48 33; **A48** 15

Gegenforderung 3 23; **A48** 65

Gegenleistung 3 23; **A48** 65

Gegenvorbringen 45 27 ff.

Gegenvorstellung 20 4; **21** 17; **47** 1; **63** 6, 36, 41;
66 17, 63; **68** 7

Gehaltsforderung 42 23 ff.

Gehör
rechtliches **4** 16; **19** 13; **29** 5; **38** 26; **A48** 118;
63 17; **66** 41, 59; **67** 14; **68** 7, 14; **69** 5

Geldforderungen A48 15

Geltungsbereich des GKG 1

CPSIA information can be obtained
at www.ICGtesting.com
Printed in the USA
BVHW040931081219
565576BV00003BA/19/P